5급 PSAT

[언어논리 / 자료해석 / 상황판단]

킬러문항 공략집

머리말

5급 공채 PSAT 준비의 시작!
가장 효율적인 학습법은
기출문제를 분석하는 것입니다.

2004년 외무고등고시에 처음 도입된 공직적격성평가(이하 PSAT)는 이후 2005년 행정고등고시와 입법고등고시, 그리고 2011년 민간경력자 시험에도 도입되면서 그 중요성이 점차 강조되어 왔습니다. 이제 PSAT는 적용 범위를 더 확대하여 7급 공무원 채용시험에도 도입되는 등 그야말로 공무원 시험의 핵심요소로 자리 잡았습니다.

PSAT를 준비하는 수험생을 대상으로 한 설문조사에서 대부분의 수험생이 PSAT를 대비하기 위한 방법으로 '기출문제'를 선택하고 있다는 결과가 있었습니다. 이는 PSAT 시험이 해를 거듭하면서 어느 정도 고정된 문제 형태를 가지게 된 결과라고 할 수 있습니다.

처음 PSAT가 도입될 당시만 해도 생소한 출제유형과 평가제도로 인해 많은 수험생이 학습의 어려움을 호소했지만 각 영역에 대한 기출 분석 및 출제 방향에 대한 학습이 이루어지면서 이제는 어느 정도 PSAT의 대비책이 정립되었다고 볼 수 있습니다. 그러나 PSAT의 효율적인 학습을 위해서는 기출문제를 무작정 풀어보는 것이 아니라 과목별로 기출 유형을 꼼꼼히 파악하고 정리해두는 것이 중요합니다.

본서는 5급 PSAT 기출문제 중 빈출유형이 아닌 새로운 유형 또는 기존 출제 유형에서 진화한 유형의 문제인 '킬러문항'을 과목별로 80제씩 총 240제를 수록하여 수험생들이 안정적으로 합격에 도달할 수 있게끔 도서를 구성하였습니다.

또한 PSAT를 준비하는 수험생들의 눈높이에 맞도록 정확하고 상세한 해설로 구성하였으며 실전 풀이법을 통해 효율적인 학습이 가능하도록 하였습니다.

도서의 특징

❶ 8개년(2023～2016년) 5급 PSAT 기출문제 중 킬러문항을 엄선하여 영역별 80제씩 수록하였습니다.

❷ 문항별 상세한 해설 및 노하우가 담긴 실전 풀이법을 수록하였습니다.

❸ 문제가 함께 있는 해설편으로 편리한 학습이 가능하도록 하였습니다.

SD에듀는 수험생 여러분의 지치지 않는 노력을 응원하며 합격에 도달하는 가장 빠르고 정확한 길을 제시하고자 힘쓰고 있습니다. 수험생 여러분이 합격의 결승선에 도달하는 그날까지 언제나 함께 응원하겠습니다.

SD PSAT연구소 씀

공직적격성평가 PSAT

도입배경

21세기 지식기반사회가 필요로 하는 공직자는 정치 · 경제 · 사회 · 문화 등 각 분야에서 일어나는 급속한 변화에 신속히 적응하고 새롭게 발생하는 문제들에 대처할 수 있어야 합니다. 이러한 시대적 요구에 부응하기 위해 단순히 암기된 지식이 아닌 잠재적 학습능력과 문제해결능력을 측정하기 위한 PSAT 시험을 도입, 공직자로서 갖추어야 할 소양과 자질을 평가하고 있습니다.

평가영역

공직적격성평가(Public Service Aptitude Test)는 공직자에게 필요한 소양과 자질을 측정하는 시험으로, 논리적 · 비판적 사고능력, 자료의 분석 및 추론능력, 판단 및 의사 결정능력 등 종합적 사고력을 평가합니다.

❶ PSAT의 평가영역은 언어논리 · 자료해석 · 상황판단 세 영역으로 구성됩니다.

영역	내용
언어논리	글의 이해, 표현, 추론, 비판과 논리적 사고 등의 능력을 평가
자료해석	수치 자료의 정리와 이해, 처리와 응용계산, 분석과 정보 추출 등의 능력을 평가
상황판단	상황의 이해, 추론 및 분석, 문제 해결, 판단과 의사 결정 등의 능력을 평가

❷ PSAT는 특정한 지식의 정도를 측정하는 것이 아니라 능력을 측정하는 시험이기 때문에 대학입시수학능력시험과 유사한 측면이 있습니다. 그러나 수학능력시험은 학습능력을 측정하고 있는 데 반해, PSAT는 새로운 상황에서 적응하는 능력과 문제해결, 판단능력을 주로 측정하고 있기 때문에 학습능력보다는 공직자로서 당면하게 될 업무와 문제들에 대한 해결능력과 종합적이고 심도 있는 사고력을 요하는 문제가 중점적으로 출제됩니다.

시험 영역

헌법	+	PSAT		
25문항(25분)		언어논리 영역 40문항(90분)	자료해석 영역 40문항(90분)	상황판단 영역 40문항(90분)

PSAT 실시 시험 개관

구분	시행 형태		
	1차시험	2차시험	3차시험
5급 공개경쟁채용시험	PSAT · 헌법	직렬별 필수 / 선택과목(논문형)	면접
입법고시			
외교관후보자 선발시험		전공평가 / 통합논술(논문형)	
지역인재 7급 수습직원 선발시험		서류전형	
7급 공개경쟁채용시험	PSAT	전문과목(선택형)	
5 · 7급 민간경력자 선발시험		서류전형	

시험 일정

구분	2024년도 원서접수	1차시험		2차시험		3차시험 (면접)	최종합격자 발표
		시험일	합격자 발표일	시험일	합격자 발표일		
5급 행정	1.25. ~ 1.29.	3.02.	4.04.	6.28. ~ 7.03.	9.26.	10.29. ~ 10.31.	11.15.
5급 기술				7.04. ~ 7.09.	9.26.	10.29. ~ 10.31.	11.15.
외교관후보자 선발시험				6.28. ~ 7.03.	9.26.	11.01.	11.15.

※ 2024년도 기준 시험 일정입니다.

※ 시험일정은 변경될 수 있으므로 인사혁신처 또는 사이버국가고시센터의 공고사항을 반드시 확인하기 바랍니다.

2023년도 5급 PSAT 시험 경향 분석

2023년도 5급 PSAT 합격자 통계

2023년 5급 공채 및 외교관후보자 선발 제1차 시험인 PSAT에서 합격선은 올라가고 상위권 점수 지원자의 비율도 증가하였습니다. '80점 이상'의 상위권 합격자 비율이 증가하여 전체적으로 체감 난도는 낮았다고 볼 수 있습니다.

인사혁신처에서 공개한 2023년 제1차 시험 합격자 통계에 따르면 상위권의 비율이 증가했고 1차 합격선은 모든 직렬에서 최소 0.83점에서 최대 25.00점까지 오르면서 수험생들의 예상보다 증가폭이 더 컸습니다.

5급 공채(행정직)의 경우 '80점 이상' 상위권 응시자들의 비율은 지난해와 달리 두 자릿수로 증가하였습니다. 지난해 행정직 전체 응시자 중 '80점 이상'은 1.7%였지만 올해는 약 34%로 약 32.3%p 증가한 것으로 나타났습니다. 또한 전체 응시자 중 '90점 이상'의 최상위권 비율도 약 6.5%로 높았던 것으로 보아 올해 PSAT의 난도가 낮아 전체적으로 합격선이 증가한 것으로 보입니다.

구분	선발예정인원	응시인원	2023년		2022년		증감
			합격선 (지방 / 양성)	합격인원 (지방 / 여성)	합격선 (지방 / 양성)	합격인원 (지방 / 여성)	
계	**196**	**5,918**	**–**	**1,383 (104 / 549)**	**–**	**1,539 (123 / 637)**	**–**
행정 (일반행정)	102	3,466	84.16 (81.66 / –)	743 (71 / 319)	67.50 (65.00 / –)	845 (84 / 380)	⬆16.66
행정 (인사조직)	2	41	79.16	13 (– / 5)	71.66	15 (– / 4)	⬆7.50
행정 (법무행정)	5	282	82.50 (– / 80.33)	33 (– / 8)	64.16	38 (– / 14)	⬆18.34
행정 (재경)	60	1,071	85.83 (83.33 / 84.16)	407 (28 / 123)	69.16 (66.66 / –)	456 (30 / 139)	⬆16.67
행정 (국제통상)	10	338	80.00 (78.33 / –)	70 (5 / 41)	64.16 (61.66 / –)	75 (9 / 47)	⬆15.84
행정 (교육행정)	6	165	80.83	41 (– / 23)	66.66	43 (– / 27)	⬆14.17
사회복지 (사회복지)	3	75	80.83	20 (– / 9)	60.00	21 (– / 9)	⬆20.83
교정 (교정)	3	177	77.50	21 (– / 5)	61.66	15 (– / 3)	⬆15.84
보호 (보호)	2	48	71.66	13 (– / 8)	60.00	11 (– / 6)	⬆11.66
검찰 (검찰)	2	175	84.16	15 (– / 6)	66.66	13 (– / 5)	⬆17.50
출입국관리 (출입국관리)	1	80	85.83	7 (– / 2)	65.83	7 (– / 3)	⬆20.00

2023년도 5급 PSAT 언어논리 총평

수험생들에게 희망을 안겨주며 1교시를 마음 편히 즐길 수 있게 해준 과목이었습니다. 최근 들어 가장 쉽게 출제되었으며 합격권에 들기 위해서는 찍는 문제 없이 모든 문제를 풀어낼 수 있어야 했습니다.

먼저, **일치 – 부합형 문제**는 제시문 자체가 어렵지 않았고, 선택지 역시 명확하게 옳고 그름이 드러나게끔 구성되었습니다. 정답 선지는 제시문에서 명확하게 찾을 수 있는 내용으로 구성한 반면, 오답 선지는 제시문과 전혀 무관한 내용인 것들이 많아 손쉽게 문제를 풀어낼 수 있었을 것입니다.

빈칸형 문제는 PSAT이라는 이름에 걸맞지 않게 너무나도 쉽게 출제되었습니다. 지금까지의 빈칸형 문제들은 논리와 추론을 결합한 경우가 많았던 반면, 올해는 제시문만 정확히 읽어냈다면 별도의 해석 없이 텍스트만으로 풀이가 가능했습니다.

추론형 문제는 추론이라기보다는 거의 일치 – 부합형에 유사하게 출제되어 수험생들의 부담을 덜어주었습니다. 통상 추론형 문제는 제시문 자체가 어려운 경우가 많아 독해에만 상당한 시간이 필요했던 반면, 올해는 제시문이 매우 쉬워 선택지를 하나하나 꼼꼼하게 판단해볼 수 있었습니다.

논리학 지문이 결부된 문제는 예년과 다르게 아주 기초적인 내용들을 다루는 것들이 제시문으로 주어져 참 · 거짓을 쉽게 판단할 수 있었습니다. 어려운 논리학적 지문이 세트문제로 출제되어 체감 난이도를 끌어올렸던 예년의 시험들을 생각해보면 이 부분이 체감 난도를 떨어뜨리는 데 결정적인 역할을 한 것으로 생각됩니다.

논리퀴즈 문제 역시 매우 쉽게 출제되었습니다. 숨어있는 조건도 없었으며, 경우의 수도 많지 않았습니다. 대우명제의 변환과 확정된 정보만 빠르게 뽑아낼 수 있었다면 쉽게 풀이가 가능했습니다. 다만, 최근 빈도가 높아지고 있는 전칭 – 특칭명제에 관한 문제들은 평소 대비가 제대로 되어있지 않았다면 어려움을 겪었을 가능성이 있습니다. 따라서 기출문제와 모의고사들을 통해 이 부분에 대한 대비를 충분히 해두어야 할 것입니다.

많은 수험생들이 어려워하는 **강화 – 약화형 문제**는 제시문의 논리 구조가 뚜렷하게 드러난 덕분에 쉽게 접근할 수 있었습니다. 명확하게 드러난 논증을 부정하면 약화, 긍정하면 강화로만 접근해도 충분히 정답을 찾아낼 수 있었습니다.

전체적으로 쉽게 출제되었다는 것은 다른 수험생들도 쉽게 풀었다는 것을 의미하며, 이는 곧 합격선의 급상승으로 이어졌습니다. 찍어서 맞추는 문제는 거의 없어졌지만 그만큼 진검승부가 펼쳐졌던 시험이었다고 할 수 있습니다. 따라서 아주 작은 함정이라도 놓치지 않고 포착하는 매의 눈이 필요합니다.

2023년도 5급 PSAT 시험 경향 분석

2023년도 5급 PSAT 자료해석 총평

언어논리와 마찬가지로 쉽게 출제되었으나 자료해석의 특성상 언어논리와 같은 급격한 점수의 상승은 없었습니다.

가장 주목할 것은 **복잡한 계산을 필요로 하는 문제가 급격하게 감소**했다는 사실입니다. 대부분의 수치가 간단한 어림산 내지는 산식의 변형만으로도 정오판별이 가능하게끔 주어졌습니다. 이것은 올해 불합격한 수험생 혹은 내년 시험을 준비하는 수험생들에게 시사하는 바가 큽니다. 본인의 점수와 관계없이, 만약 올해의 문제를 풀이하면서 계산을 많이 했다면 그것은 자료해석의 접근 방향이 잘못되었다는 것을 의미합니다. 계산을 하지 않거나 단순화시킨다는 것은 그만큼 문제풀이의 시간이 단축된다는 것인데, 그렇지 않았다면 합격권에 있는 수험생들에 비해 상대적으로 많은 시간을 소모했을 것이고 그것은 풀이할 수 있는 문제의 수를 줄이는 결과를 가져오기 때문입니다.

계산이 간단했던 반면, **변별력을 높이기 위한 장치는 각주 혹은 조건들에 교묘하게 숨겨져 있었습니다.** 문제를 빠르게 풀다보면 놓치기 쉬운 포인트들을 절묘하게 건드린 함정들이 상당수 출제되었습니다. 매우 쉬웠다는 전체적인 반응과 달리 생각보다 점수가 크게 상승하지 않았던 것은 바로 이 함정에 걸려든 수험생이 많았다는 것을 의미합니다.

지금까지의 문제들이 복잡한 산식에 어떻게든 수치들을 대입해 어림산으로라도 답을 구해내야 했던 것들이었다면, 올해의 경우는 산식 내지는 **자료의 구조를 이해하면 아주 간단하게 풀이가 가능**하게끔 출제된 문제들이 많았습니다. 물론 전통적인 방식으로 풀이했더라도 답은 맞추었겠지만 산식의 이해를 통해 빠르게 풀이했던 수험생과의 시간차는 엄청났을 것입니다.

허무하게 풀렸던 문제들도 몇 있었습니다. 겉보기에는 많은 계산을 요구하는 것처럼 보여 난도가 높은 것으로 판단했지만, **실제 풀어보면 매우 단순했던 문제들**이 있었습니다. '겉만 보고 판단하지 말라'는 수험생을 향한 경고의 의미로 출제한 것인지는 알 수 없으나 문제를 보자마자 겉모습만 보고 바로 스킵하는 수험생들에게 시사하는 바가 크다고 생각됩니다.

전체적으로 쉽게 출제되었지만 시간 내에 모든 문제를 정확하게 풀어내기에는 여전히 시간이 부족합니다. 따라서 당락을 가르는 것은 결국 분수비교, 곱셈비교와 같이 계산을 줄이면서 정오를 판별할 수 있는 능력임이 다시 확인된 만큼, 평소 충분한 연습과 분석을 통해 자신의 약점을 메워나가는 전략이 필요합니다.

2023년도 5급 PSAT 상황판단 총평

역시 쉬웠습니다. 언어논리, 자료해석과 함께 상황판단까지 모두 쉽게 출제되는 것은 매우 드문 일인데, 덕분에 올해 시험을 치른 수험생들은 홀가분하게 길고 길었던 1차 시험을 마무리할 수 있었을 것 같습니다. 이것이 앞으로의 출제기조가 변화하는 것인지는 지켜볼 일이지만 어차피 다 풀지 못하는 경우가 대부분이어서 운이 어느 정도 작용했던 과거의 시험에 비추어보면, 진정한 실력자를 가려낼 수 있었던 시험이라는 점에서 긍정적인 평가를 내리고 싶습니다.

법조문형 문제는 내용이 어렵지 않고, 출제 포인트인 단서 조항도 명확하게 드러나 있어 정오를 판별하는 데에 큰 무리가 없었습니다. 하지만 선택지의 사례들을 하나하나 맞춰보아야 하는 특성상 어느 정도의 시간 소모는 있을 수밖에 없는데, 여기서 얼마나 시간을 절약했는지가 관건이었습니다. 올해의 경우 1번부터 5번까지가 법조문형 문제였으며 이 구간을 얼마나 빨리 통과했느냐가 전체 시험에 영향을 주었을 것입니다.

수리퀴즈 문제는 언제나 그렇듯 사고가 유연한 수험생에게 유리하게 출제되었습니다. 이 유형은 같은 문제를 풀더라도 여러 가지 풀이법이 존재하는데, 그 중에서 가장 빠른 풀이법을 선택해 풀었다면 이후 등장하는 규칙 – 조건적용 문제들에 투입할 수 있는 시간을 벌 수 있었을 것입니다. 이 능력은 한 순간에 길러지는 것이 아니기에 평소 문제들을 유형화하여 몸에 익히는 것이 중요합니다.

규칙적용 문제는 전체적으로 평이했지만 어느 정도 숫자감각이 요구되었습니다. 때문에 평소 많은 문제를 접해보지 않았던 수험생이라면 접근 방법 자체를 찾아내지 못하는 경우도 있었을 것이라고 생각됩니다. 처음 출제되는 유형은 모두에게 생소합니다. 하지만 대다수의 문제들은 이전에 출제되었던 아이디어를 차용하여 출제되는 경우가 대부분이므로 기출문제 분석이 그 어느 유형보다 중요합니다.

세트형 문제는 매우 쉽게 출제되었습니다. 추상적인 퀴즈가 결합된 제시문이 아니라 석유시추사업, 산지전용과 같이 매우 구체적인 내용들이 제시되어 사실상 정보확인형 문제로 출제되었습니다. 앞부분에서 시간을 허비해 이 문제들을 풀지 못했다면 합격권에서 멀어졌다고 봐도 무방할 정도로 난도가 낮았는데, 이런 추세는 작년에도 비슷했습니다. 따라서 세트형 문제를 초중반에 먼저 풀이하는 전략도 검토해볼만 합니다.

상황판단 과목은 이제 어느 정도 유형화가 이뤄진 것으로 보입니다. 물론, 새로운 아이디어들이 결합된 실험적인 문제들이 여전히 출제되고는 있지만 대부분의 문제들은 과거의 기출문제들을 통해 어느 정도 유사성을 찾을 수 있습니다. 따라서 기출문제들을 '외형적 유사성'이 아닌 '아이디어의 유사성'으로 유형화시켜 반복한다면 '상황판단 울렁증'도 극복 가능할 것입니다.

구성과 특징

2023년 5급 PSAT 총평

2023년 3월 4일에 시행된 5급 PSAT에 대한 총평을 수록하였습니다.
영역별 문제를 철저하게 분석하여 작성된 총평을 통해 2024년 5급 PSAT를 대비할 수 있도록 하였습니다.

2023년도 5급 PSAT 시험 경향 분석

2023년도 5급 PSAT 자료해석 총평

언어논리와 마찬가지로 쉽게 출제되었으나 자료해석의 특성상 언어논리와 같은 급격한 점수의 상승은 없었습니다.

가장 주목할 것은 **복잡한 계산을 필요로 하는 문제가 급격하게 감소**했다는 사실입니다. 대부분의 수치가 간단한 어림산 내지는 산식의 변형만으로도 정오판별이 가능하게끔 주어졌습니다. 이것은 올해 불합격한 수험생 혹은 내년 시험을 준비하는 수험생들에게 시사하는 바가 큽니다. 본인의 점수와 관계없이, 만약 올해의 문제를 풀이하면서 계산을 많이 했다면 그것은 자료해석의 접근 방향이 잘못되었다는 것을 의미합니다. 계산을 하지 않거나 단순화시킨다는 것은 그만큼 문제풀이의 시간이 단축된다는 것인데, 그렇지 않았다면 합격권에 있는 수험생들에 비해 상대적으로 많은 시간을 소모했을 것이고 그것은 풀이할 수 있는 문제의 수를 줄이는 결과를 가져오기 때문입니다.

계산이 간단했던 반면, **변별력을 높이기 위한 장치는 각주 혹은 조건들에 교묘하게 숨겨져 있었습니다.** 문제를 빠르게 풀다보면 놓치기 쉬운 포인트들을 절묘하게 건드린 함정들이 상당수 출제되었습니다. 매우 쉬웠다는 전체적인 반응과 달리 생각보다 점수가 크게 상승하지 않았던 것은 바로 이 함정에 걸려든 수험생이 많았다는 것을 의미합니다.

지금까지의 문제들이 복잡한 산식에 어떻게든 수치들을 대입해 어림산으로라도 답을 구해내야 했던 것들이었다면, 올해의 경우는 산식 내지는 **자료의 구조를 이해하면 아주 간단하게 풀이가 가능**하게끔 출제된 문제들이 많았습니다. 물론 전통적인 방식으로 풀이했더라도 답은 맞추었겠지만 산식의 이해를 통해 빠르게 풀이했던 수험생과의 시간차는 엄청났을 것입니다.

허무하게 풀렸던 문제들도 몇 있었습니다. 겉보기에는 많은 계산을 요구하는 것처럼 보여 난도가 높은 것으로 판단했지만, **실제 풀어보면 매우 단순했던 문제들**이 있었습니다. '겉만 보고 판단하지 말라'는 수험생을 향한 경고의 의미로 출제한 것인지는 알 수 없으나 문제를 보자마자 겉모습만 보고 바로 스킵하는 수험생들에게 시사하는 바가 크다고 생각됩니다.

전체적으로 쉽게 출제되었지만 시간 내에 모든 문제를 정확하게 풀어내기에는 여전히 시간이 부족합니다. 따라서 당락을 가르는 것은 결국 분수비교, 곱셈비교와 같이 계산을 줄이면서 정오를 판별할 수 있는 능력임이 다시 확인된 만큼, 평소 충분한 연습과 분석을 통해 자신의 약점을 메워나가는 전략이 필요합니다.

영역별 킬러문항 80제

8개년(2023～2016년) 5급 PSAT 기출문제 중 엄선한 킬러문항만을 모아 연습할 수 있게 하였습니다.

Public Service Aptitude Test

CHAPTER 01 언어논리

문 1. **다음 글에서 알 수 있는 것은?** 2019년

조선 시대에는 역대 국왕과 왕비의 신주가 있는 종묘에서 정기적으로 제사를 크게 지냈으며, 그때마다 종묘제례악에 맞추어 '일무(佾舞)'라는 춤을 추는 의식을 행했다. 일무란 일정한 수의 행과 열을 맞추어 추는 춤으로 황제에 대한 제사의 경우에는 팔일무를 추는 것이 원칙이었고, 제후에 대한 제사에는 육일무를 추었다. 팔일무는 행과 열을 각각 8개씩 지어 모두 64명이 추는 춤이다. 육일무는 행과 열을 각각 6개씩 지어 추는 춤으로서, 참여하는 사람의 수는 36명이다. 대한제국을 선포하기 전까지 조선 왕조는 제후국의 격식에 맞추어 육일무를 거행했다.

일무에는 문무(文舞)와 무무(武舞)라는 두 가지 종류가 있는데, 문무를 먼저 춘 다음에 같은 사람들이 무무를 뒤이어 추는 것이 정해진 규칙이었다. 일무를 출 때는 손에 무구라는 도구를 들고 춤을 추게 했는데, 문무를 출 때는 왼손에 '약'이라는 피리를 들고 오른손에 '적'이라는 꿩 깃털 장식물을 들었다. 문무를 추는 사람은 이렇게 한 사람당 2종의 무구를 들고 춤을 추었다. 한편 중국 역대 왕조는 무무를 거행할 때 창, 검, 궁시(활과 화살)를 들고 춤을 추게 했다. 이에 비해 조선에서는 궁시를 무구로 쓰지 않았다. 조선에서는 무무를 출 때 앞쪽 세 줄에 선 사람들로 하여금 한 사람당 검 하나씩만 잡고 춤을 추게 했으며, 뒤쪽의 세 줄에 선 사람들은 한 사람당 창 하나씩만 잡은 채 춤을 추게 했다.

한편 1897년에 고종이 대한제국을 선포한 이후에는 황제국의 격식에 맞게 64명이 일무를 추었다. 그러나 일제 강점기에는 다시 36명이 일무를 추는 것으로 바뀌었다. 종묘에서 제사를 지내는 일은 광복 후 잠시 중단되었다가, 1960년대에 종묘제례악이 중요무형문화재로 지정됨에 따라 복원되었다. 복원된 종묘제례의 일무는 팔일무였으며, 예전처럼 먼저 문무를 추고 뒤이어 무무를 추는 방식을 지켰다. 문무를 출 때 손에 드는 무구는 조선 시대의 것과 동일했고, 무무를 출 때 앞의 네 줄에 선 사람들은 검을 들되 뒤의 네 줄에 선 사람들은 창을 들게 했다. 종묘제례 행사는 1969년부터 전주 이씨 대동종약원이 맡아 오늘날까지 정기적으로 시행하고 있는데, 그 형식은 1960년대에 복원된 것을 그대로 따르고 있다.

① 대한제국 시기에는 종묘제례에서 문무를 출 때 궁시를 들지 않고 검과 창만 들었다.
② 일제 강점기 때 거행된 종묘제례에서는 문무를 육일무로 추었고, 무무는 팔일무로 추었다.
③ 조선 시대에는 종묘제례에서 무무를 출 때 한 사람당 4종의 무구를 손에 들고 춤을 추게 했다.
④ 조선 시대에 종묘제례를 거행할 때에는 육일무를 추도록 하되 제후국의 격식에 맞추어 무무만 추었다.
⑤ 오늘날 시행되고 있는 종묘제례 행사에서 문무를 추는 사람들은 한 사람당 2종의 무구를 손에 들고 춤을 춘다.

2 PART 1 문제편

CHAPTER 01 언어논리 정답 및 해설

01	02	03	04	05	06	07	08	09	10	11	12	13	14	15	16	17	18	19	20
⑤	①	⑤	①	⑤	⑤	②	①	⑤	⑤	④	①	④	⑤	④	③	④	①	③	②
21	22	23	24	25	26	27	28	29	30	31	32	33	34	35	36	37	38	39	40
③	③	③	④	③	③	①	②	②	④	⑤	⑤	②	①	④	④	⑤	⑤	⑤	①
41	42	43	44	45	46	47	48	49	50	51	52	53	54	55	56	57	58	59	60
④	③	③	⑤	⑤	④	③	④	③	②	③	③	②	①	⑤	②	②	⑤	⑤	③
61	62	63	64	65	66	67	68	69	70	71	72	73	74	75	76	77	78	79	80
④	④	②	④	①	①	④	⑤	⑤	④	④	②	④	②	④	③	④	④	④	④

01 정답 ⑤

다음 글에서 알 수 있는 것은? 2019년

실전 풀이법

조선 시대, 대한제국 … 의 일무가 어떠 … 주목하며 …

실전 풀이법

킬러문항에 대한 실전 풀이법을 수록하여 상세한 해설과 더불어 효율적인 학습을 할 수 있게 하였습니다.

문제와 함께 보는 해설편

문제와 해설을 번갈아 확인하지 않고 한 번에 학습이 가능하도록 해설편에 문제를 한 번 더 수록하여 편리한 학습이 될 수 있게 하였습니다.

이 책의 차례

PART 1 문제편

PART 2 해설편

PART 1

문제편

CHAPTER 01 언어논리

문 1. 다음 글에서 알 수 있는 것은? 2019년

> 조선 시대에는 역대 국왕과 왕비의 신주가 있는 종묘에서 정기적으로 제사를 크게 지냈으며, 그때마다 종묘제례악에 맞추어 '일무(佾舞)'라는 춤을 추는 의식을 행했다. 일무란 일정한 수의 행과 열을 맞추어 추는 춤으로 황제에 대한 제사의 경우에는 팔일무를 추는 것이 원칙이었고, 제후에 대한 제사에는 육일무를 추었다. 팔일무는 행과 열을 각각 8개씩 지어 모두 64명이 추는 춤이다. 육일무는 행과 열을 각각 6개씩 지어 추는 춤으로서, 참여하는 사람의 수는 36명이다. 대한제국을 선포하기 전까지 조선 왕조는 제후국의 격식에 맞추어 육일무를 거행했다.
>
> 일무에는 문무(文舞)와 무무(武舞)라는 두 가지 종류가 있는데, 문무를 먼저 춘 다음에 같은 사람들이 무무를 뒤이어 추는 것이 정해진 규칙이었다. 일무를 출 때는 손에 무구라는 도구를 들고 춤을 추게 했는데, 문무를 출 때는 왼손에 '약'이라는 피리를 들고 오른손에 '적'이라는 꿩 깃털 장식물을 들었다. 문무를 추는 사람은 이렇게 한 사람당 2종의 무구를 들고 춤을 추었다. 한편 중국 역대 왕조는 무무를 거행할 때 창, 검, 궁시(활과 화살)를 들고 춤을 추게 했다. 이에 비해 조선에서는 궁시를 무구로 쓰지 않았다. 조선에서는 무무를 출 때 앞쪽 세 줄에 선 사람들로 하여금 한 사람당 검 하나씩만 잡고 춤을 추게 했으며, 뒤쪽의 세 줄에 선 사람들은 한 사람당 창 하나씩만 잡은 채 춤을 추게 했다.
>
> 한편 1897년에 고종이 대한제국을 선포한 이후에는 황제국의 격식에 맞게 64명이 일무를 추었다. 그러나 일제 강점기에는 다시 36명이 일무를 추는 것으로 바뀌었다. 종묘에서 제사를 지내는 일은 광복 후 잠시 중단되었다가, 1960년대에 종묘제례악이 중요무형문화재로 지정됨에 따라 복원되었다. 복원된 종묘제례의 일무는 팔일무였으며, 예전처럼 먼저 문무를 추고 뒤이어 무무를 추는 방식을 지켰다. 문무를 출 때 손에 드는 무구는 조선 시대의 것과 동일했고, 무무를 출 때 앞의 네 줄에 선 사람들은 검을 들되 뒤의 네 줄에 선 사람들은 창을 들게 했다. 종묘제례 행사는 1969년부터 전주 이씨 대동종약원이 맡아 오늘날까지 정기적으로 시행하고 있는데, 그 형식은 1960년대에 복원된 것을 그대로 따르고 있다.

① 대한제국 시기에는 종묘제례에서 문무를 출 때 궁시를 들지 않고 검과 창만 들었다.

② 일제 강점기 때 거행된 종묘제례에서는 문무를 육일무로 추었고, 무무는 팔일무로 추었다.

③ 조선 시대에는 종묘제례에서 무무를 출 때 한 사람당 4종의 무구를 손에 들고 춤을 추게 했다.

④ 조선 시대에 종묘제례를 거행할 때에는 육일무를 추도록 하되 제후국의 격식에 맞추어 무무만 추었다.

⑤ 오늘날 시행되고 있는 종묘제례 행사에서 문무를 추는 사람들은 한 사람당 2종의 무구를 손에 들고 춤을 춘다.

문 2. 다음 ㉠에 따를 때 도덕적으로 허용될 수 없는 것만을 〈보기〉에서 모두 고르면? 2017년

우리는 어떤 행위를 그것이 가져올 결과가 좋다는 근거만으로 허용할 수는 없다. 예컨대 그 행위 덕분에 더 많은 수의 생명을 구할 수 있다는 사실만으로 그 행위를 허용할 수는 없다는 것이다. ㉠ A원리에 따르면 어떤 행위든 무고한 사람의 죽음 자체를 의도하는 것은 언제나 그른 행위이고 따라서 도덕적으로 허용될 수 없다. 여기서 의도란 단순히 자기 행위의 결과가 어떨지 예상하고 그 내용을 이해한다는 것을 넘어서, 그 행위의 결과 자체가 자신이 그 행위를 선택하게 된 이유임을 의미한다.

예를 들어 우리가 제한된 의료 자원으로 한 명의 환자를 살리는 것과 다수의 환자를 살리는 것 사이에서 선택을 해야만 할 경우, 비록 한 명의 환자가 죽게 되더라도 다수의 환자를 살리는 것이 도덕적으로 허용될 수도 있다. 이때 그의 죽음은 피치 못할 부수적인 결과였기 때문이다. 하지만 만일 그 한 명의 환자를 치료하지 않은 이유가 그가 죽은 후 그의 장기를 장기이식을 기다리는 다른 여러 사람에게 이식하기 위한 것이었다면 그 행위는 허용될 수 없다.

〈보기〉

ㄱ. 적국의 산업시설을 폭격하면 그 근처에 거주하는 다수의 민간인이 처참하게 죽게 되고 적국 시민이 그 참상에 공포심을 갖게 되어, 전쟁이 빨리 끝날 것이라는 기대감에 폭격하는 행위
ㄴ. 뛰어난 심장 전문의가 어머니의 임종을 지키기 위해 급하게 길을 가던 중 길거리에서 심장마비를 일으킨 사람을 발견했으나 그 사람을 치료하지 않고 어머니에게 가는 행위
ㄷ. 브레이크가 고장 난 채 달리고 있는 기관차의 선로 앞에 묶여 있는 다섯 명의 어린이를 구하기 위해 다른 선로에 홀로 일하고 있는 인부를 보고도 그 선로로 기관차의 진로를 변경하는 행위

① ㄱ
② ㄴ
③ ㄱ, ㄴ
④ ㄱ, ㄷ
⑤ ㄴ, ㄷ

문 3. 다음 글의 내용이 참일 때, 반드시 참인 것만을 〈보기〉에서 모두 고르면? 2019년

A부서에서는 새로운 프로젝트인 〈하늘〉을 진행할 예정이다. 이 부서에는 남자 사무관 가훈, 나훈, 다훈, 라훈 4명과 여자 사무관 모연, 보연, 소연 3명이 소속되어 있다. 아래의 조건을 지키면서 이들 가운데 4명을 뽑아 〈하늘〉 전담팀을 꾸리고자 한다.

- 남자 사무관 가운데 적어도 한 사람은 뽑아야 한다.
- 여자 사무관 가운데 적어도 한 사람은 뽑지 말아야 한다.
- 가훈, 나훈 중 적어도 한 사람을 뽑으면, 라훈과 소연도 뽑아야 한다.
- 다훈을 뽑으면, 모연과 보연은 뽑지 말아야 한다.
- 소연을 뽑으면, 모연도 뽑아야 한다.

〈보기〉

ㄱ. 남녀 동수로 팀이 구성된다.
ㄴ. 다훈과 보연 둘 다 팀에 포함되지 않는다.
ㄷ. 라훈과 모연 둘 다 팀에 포함된다.

① ㄱ
② ㄷ
③ ㄱ, ㄴ
④ ㄴ, ㄷ
⑤ ㄱ, ㄴ, ㄷ

문 4. 다음 글에서 알 수 있는 것은? 2021년

주식회사의 이사는 주주총회에서 선임된다. 1주 1의결권 원칙이 적용되는 주주총회에서 주주는 본인이 보유하고 있는 주식 비율에 따라 의결권을 갖는다. 예를 들어 5%의 주식을 가진 주주는 전체 의결권 중에서 5%의 의결권을 갖는다.

주주총회에서 이사를 선임할 때에는 각 이사 후보자별 의결이 별도로 이루어진다. 예를 들어 2인의 이사를 선임하는 주주총회에서 3인의 이사 후보가 있다면, 각 후보를 이사로 선임하는 세 건의 안건을 올려 각각 의결한다. 즉, 총 세 번의 의결 후 찬성 수를 가장 많이 얻은 2인을 이사로 선임하는 것이다. 이를 단순투표제라 한다. 단순투표제에서 발행주식 총수의 50%를 초과하는 지분을 가진 주주는 모든 이사를 자신이 원하는 사람으로 선임할 수 있게 되고, 그럴 경우 50% 미만을 보유하고 있는 주주는 자신이 원하는 사람을 한 명도 이사로 선임하지 못하게 된다.

집중투표제는 이러한 문제를 해결하기 위해 고안된 방안이다. 이는 복수의 이사를 한 건의 의결로 선임하는 방법으로 단순투표제와 달리 행사할 수 있는 의결권이 각 후보별로 제한되지 않는다. 예를 들어 회사의 발행주식이 100주이고 선임할 이사는 5인, 후보는 8인이라고 가정해 보자. 집중투표제를 시행한다면 25주를 가진 주주는 선임할 이사가 5인이기 때문에 총 125개의 의결권을 가지며 75주를 가진 지배주주는 총 375개의 의결권을 가진다. 각 주주는 자신의 의결권을 자신이 원하는 후보에게 집중하여 배분할 수 있다. 125개의 의결권을 가진 주주는 자신이 원하는 이사 후보 1인에게 125표를 집중 투표하여 이사로 선임될 가능성을 높일 수 있다. 최종적으로 5인의 이사는 찬성 수를 많이 얻은 순서에 따라 선임된다.

주주가 집중투표를 청구하기 위해서는 주식회사의 정관에 집중투표를 배제하는 규정이 없어야 한다. 이러한 방식을 옵트아웃 방식이라고 한다. 정관에서 명문으로 규정해야 제도를 시행할 수 있는 옵트인 방식과는 반대되는 것이다. 하지만 현재 우리나라 전체 상장회사의 90% 이상은 집중투표를 배제하는 정관을 가지고 있어 집중투표제의 활용이 미미한 상황이다.

① 한 안건에 대해 단순투표제와 집중투표제 모두 1주당 의결권의 수는 그 의결로 선임할 이사의 수와 동일하다.
② 집중투표제에서 대주주는 한 건의 의결로 선임될 이사의 수가 가능한 한 많아지기를 원할 것이다.
③ 집중투표제로 이사를 선임하는 경우 소액주주는 본인이 원하는 최소 1인의 이사를 선임할 수 있다.
④ 정관에 집중투표제에 관한 규정이 없다면 주주는 이사를 선임할 때 집중투표를 청구할 수 없다.
⑤ 단순투표제에서는 전체 의결권의 과반수를 얻어야만 이사로 선임된다.

문 5. 다음 ㉠의 사례로 적절한 것만을 〈보기〉에서 모두 고르면? 2017년

적혈구는 일정한 수명을 가지고 있어서 그 수와 관계 없이 총 적혈구의 약 0.8% 정도는 매일 몸 안에서 파괴된다. 파괴된 적혈구로부터 빌리루빈이라는 물질이 유리되고, 이 빌리루빈은 여러 생화학적 대사 과정을 통해 간과 소장에서 다른 물질로 변환된 후에 대변과 소변을 통해 배설된다.

적혈구로부터 유리된 빌리루빈은 강한 지용성 물질이어서 혈액의 주요 구성물질인 물에 녹지 않는다. 이런 빌리루빈을 비결합 빌리루빈이라고 하며, 혈액 내에서 비결합 빌리루빈은 알부민이라는 혈액 단백질에 부착된 상태로 혈류를 따라 간으로 이동한다. 간에서 이 비결합 빌리루빈은 담즙을 만드는 간세포에 흡수되고 글루쿠론산과 결합하여 물에 잘 녹는 수용성 물질인 결합 빌리루빈으로 바뀌게 된다. 결합 빌리루빈의 대부분은 간세포에서 만들어져 담관을 통해 분비되는 담즙에 포함되어 소장으로 배출되지만 일부는 다시 혈액으로 되돌려 보내져 혈액 내에서 알부민과 결합하지 않고 혈류를 따라 순환한다.

간세포에서 분비된 담즙을 통해 소장으로 들어온 결합 빌리루빈의 절반은 장세균의 작용에 의해 소장에서 흡수되어 혈액으로 이동하는 유로빌리노젠으로 전환된다. 나머지 절반의 결합 빌리루빈은 소장에서 흡수되지 않고 대변에 포함되어 배설된다. 혈액으로 이동한 유로빌리노젠의 일부분은 혈액이 신장을 통과할 때 혈액으로부터 여과되어 신장으로 이동한 후 소변으로 배설된다. 하지만 대부분의 혈액 내 유로빌리노젠은 간으로 이동하여 간세포에서 만든 담즙을 통해 소장으로 배출되어 대변을 통해 배설된다.

빌리루빈의 대사와 배설에 장애가 있을 때 여러 임상 증상이 나타날 수 있다. 따라서 빌리루빈이나 빌리루빈 대사물의 양을 측정한 후, 그 값을 정상치와 비교하면 임상 증상을 일으키는 원인이 되는 질병이나 문제를 ㉠ 추측할 수 있다.

〈보기〉

ㄱ. 소변 내 유로빌리노젠의 양이 정상치보다 높으면, 혈액의 적혈구 파괴 비율이 증가하는 용혈성 질병이 있을 수 있다.
ㄴ. 혈액 내 비결합 빌리루빈의 양이 정상치보다 높으면, 담즙을 만드는 간세포의 기능이 망가진 간경화가 있을 수 있다.
ㄷ. 대변 내 결합 빌리루빈이 발견되지 않으면, 담석에 의해 담관이 막혀 담즙이 배출되지 않은 담관폐쇄증이 있을 수 있다.

① ㄱ
② ㄴ
③ ㄱ, ㄷ
④ ㄴ, ㄷ
⑤ ㄱ, ㄴ, ㄷ

문 6. **다음 글의 내용이 참일 때 반드시 참인 것은?** 2022년

> 수습 사무관 갑, 을, 병, 정을 A, B, C, D 네 도시 중 필요한 도시에 배치해 연수 프로그램을 시행하였다. 이와 관련해 다음과 같은 사실이 알려져 있다.
>
> • 세 명 이상의 수습 사무관이 배치되는 도시는 없다.
> • 두 도시 이상에 배치되는 수습 사무관은 아무도 없다.
> • 갑이 A시에 배치되면, 을은 C시에 배치되지 않는다.
> • 갑은 B시에 배치되지 않는다.
> • 을과 병은 같은 시에 배치된다.
> • 병이 B시에 배치되면, 갑은 D시에 배치되지 않는다.
> • D시에는 한 명이 배치된다.

① 갑이 C시에 배치되면, 병은 A시에 배치된다.
② 을이 B시에 배치되지 않으면, 정은 D시에 배치된다.
③ 병이 C시에 배치되면, 갑은 D시에 배치되지 않는다.
④ 정이 D시에 배치되면, 갑은 A시에 배치된다.
⑤ 정이 D시에 배치되지 않으면, 을은 B시에 배치되지 않는다.

문 7. **다음 글의 갑~병에 대한 평가로 적절한 것만을 〈보기〉에서 모두 고르면?** 2022년

> 에스키모는 노쇠한 부모를 벌판에 유기하는 관습을 가지고 있었다. 반면에 로마인은 노쇠한 부모를 정성을 다해 모셨다. 도덕 상대주의는 이와 같은 인류학적 사실에 근거하고 있다. 도덕 상대주의에 따르면, 사회마다 다른 도덕적 관습을 가지며 옳고 그름에 대한 신념 체계는 사회마다 상이하다. 또한 다양한 도덕적 관습과 신념 체계 중 어떤 것이 옳은지 판별할 수 있는 객관적인 기준은 없다.
>
> 다음은 도덕 상대주의에 대한 비판들이다.
>
> 갑 : 에스키모와 로마인의 관습상 차이는 서로 다른 도덕원리에서 기인한 것처럼 보일 수 있다. 그러나 하나의 도덕원리가 각기 다른 상황에 적용되면서 서로 다른 관습을 초래한 것일 수 있다. 부모와 자식 간의 애정에 근거한 동일한 도덕원리가 에스키모와 로마인에게서 다른 관습을 초래할 수 있다.
>
> 을 : 도덕 상대주의가 맞다면, 다른 사회의 관습과 신념 체계를 평가할 수 있는 객관적 기준은 존재하지 않는다. 그래서 다른 사회의 관습과 신념 체계에 대한 평가는 불가능하며 이에 대해 '침묵'해야 한다. 이런 침묵의 의무는 어떤 사회를 막론하고 모든 사회의 구성원에게 절대적인 구속력을 갖는다. 결국 도덕 상대주의는 도덕 절대주의의 이념을 수용해야 하는 역설에 빠지게 된다.
>
> 병 : 도덕 상대주의는 시간적 차원에도 적용된다. 따라서 도덕 상대주의를 받아들이면 사회 관습이나 신념 체계의 진보를 말할 수 없게 된다. 과거의 것과 달라졌을 뿐이지 더 낫거나 못하다고 말할 수 없기 때문이다. 그러나 사회 관습이나 신념 체계가 진보했다고 말할 수 있는 사례가 존재한다. 예를 들어 과거와는 달리 노예제를 받아들이는 도덕적 관습이나 신념 체계를 가진 사회는 없다.

〈보기〉

ㄱ. "두 사회의 관습이 같다면 그 사회들의 도덕원리가 같다."라는 것이 사실이면 갑의 주장은 약화된다.
ㄴ. 우월한 도덕 체계와 열등한 도덕 체계를 객관적으로 구분할 수 있다면 을의 주장은 약화되지 않는다.
ㄷ. 현재의 관습과 신념 체계가 과거의 것보다 퇴보한 사회가 있다면 병의 주장은 약화된다.

① ㄱ
② ㄴ
③ ㄱ, ㄷ
④ ㄴ, ㄷ
⑤ ㄱ, ㄴ, ㄷ

문 8. 다음 글에 비추어 볼 때, 〈실험〉에서 추론한 것으로 적절한 것만을 〈보기〉에서 모두 고르면? 2021년

A식물은 머리카락 모양의 털을 잎 표피에서 생산한다. 어떤 A식물은 털에서 당액을 분비하여 잎이 끈적하다. 반면 다른 A식물의 잎은 털의 모양은 비슷하지만 당액이 분비되지 않으므로 매끄럽다. 만약 자연에서 두 표현형이 같은 장점을 갖고 있다면 끈적한 A식물과 매끄러운 A식물은 1 : 1의 비율로 나타나야 한다. 하지만 A식물의 잎을 갉아먹는 B곤충이 있는 환경에서는 끈적한 식물과 매끄러운 식물이 1 : 1로 발견되는 반면, B곤충이 없는 환경에서는 끈적한 식물보다 매끄러운 식물이 더 많이 발견된다. 끈적한 식물은 종자 생산에 사용해야 할 광합성 산물의 일정량을 끈적한 당액의 분비에 소모한다. B곤충이 잎을 갉아먹으면 A식물의 광합성 산물의 생산량이 줄어든다. A식물이 만들어 내는 종자의 수는 광합성 산물의 양에 비례한다. 한 표현형이 다른 표현형보다 종자를 많이 생산하면 그 표현형을 가진 개체가 더 많이 나타난다.

〈실험〉

B곤충으로부터 보호되는 환경에서 끈적한 A식물과 매끄러운 A식물을, 종자를 생산할 수 있을 만큼 성장시킨다. 그렇게 기른 두 종류의 A식물을 각각 절반씩 나누어, 절반은 B곤충의 침입을 허용하는 환경에, 나머지 절반은 B곤충을 차단하는 환경에 두었다. B곤충이 침입하는 조건에서 매끄러운 개체는 끈적한 개체보다 잎이 더 많이 갉아먹혔다. 매끄러운 개체와 끈적한 개체가 생산한 종자의 수 사이에 의미 있는 차이는 나타나지 않았다. 한편 B곤충이 없는 조건에서는 끈적한 개체가 매끄러운 개체보다 종자를 45% 더 적게 생산했다.

〈보기〉

ㄱ. B곤충이 없는 환경에 비해 B곤충이 있는 환경에서, 매끄러운 식물의 종자 수가 감소한 정도는 끈적한 식물의 종자 수가 감소한 정도보다 컸다.
ㄴ. B곤충이 있는 환경에서 매끄러운 식물이 생산하는 광합성 산물은, B곤충이 없는 환경에서 매끄러운 식물이 생산하는 광합성 산물보다 양이 더 많았다.
ㄷ. B곤충이 있는 환경에서, 끈적한 식물이 매끄러운 식물보다 종자 생산에 소모한 광합성 산물의 양이 더 많았다.

① ㄱ
② ㄴ
③ ㄱ, ㄷ
④ ㄴ, ㄷ
⑤ ㄱ, ㄴ, ㄷ

문 9. 다음 글의 A와 B에 대한 분석으로 가장 적절한 것은? 2021년

A는 근대화란 곧 산업화이고, 산업화는 농촌을 벗어난 농민들이 도시의 임금노동자가 되어가는 과정이라고 생각했다. 토지에 얽매이지 않으며 노동력 말고는 팔 것이 없는 이들을 '자유로운 노동자'라고 불렀다. 이들 중에서 한 사람의 임금으로 가족 전부를 부양할 수 있을 만큼의 급여를 확보한 특권적인 노동자가 나타난다. 이 노동자가 한 집안의 가장 혹은 '빵을 벌어오는 사람'이다. 이렇게 자신과 가족의 생활을 유지할 만큼 급여를 받는 피고용자를 정규직이라 불러왔다. 그 급여 수준이 어느 정도인지, 일주일에 몇 시간을 노동해야 하는지에 대해서는 역사적으로 각 사회의 '건강하고 문화적인' 생활수준과 노사협의를 통해서 결정된다. A는 산업화가 지속적으로 진전되면 세상의 모든 사람은 정규직 임금노동자가 된다고 예측했다.

이에 이의를 제기한 B는 산업화가 진전됨에 따라 노동자들이 크게 핵심부, 반주변부, 주변부로 나뉜다고 주장했다. 핵심부에 속하는 노동자들은 혼자 벌어 가정을 유지할 만큼의 급여를 확보하는 정규직 노동자들인데, 이들의 일자리는 사회적 희소재로서 앞으로는 늘어나지 않을 것으로 예측되었다. 그 대신에 반주변부에는 정규직보다 급여가 낮은 비정규직을 포함하는 일반 노동자들이, 그리고 시장 바깥의 주변부에는 실업자를 포함해서 반주변부보다 열악한 상황에 놓인 노동자들이 계속해서 남아돌게 될 것이라고 했다. 그의 예측은 적중했다.

산업화가 진전된 선진국에서는 고용의 파이가 더 이상 확대되지 않거나 축소되었다. 일반적으로 노조가 발달한 선진국에는 노동자에게 '선임자 특권'이라는 것이 있다. 이로 인해 이미 고용된 나이 많은 노동자를 해고하는 것이 어려워져 신규 채용을 회피하게 된다. 그 결과 국제적으로 정규직의 파이는 거의 모든 사회에서 축소되는 경향을 낳았다. 그러한 바탕 위에 노동시장에서 고용의 비정규직화는 지속적으로 강화되었으며 청년 실업률 또한 높아졌다.

① A는 정규직 노동자의 실질 급여 수준이 산업화가 진전됨에 따라 지속적으로 하락할 것으로 보았다.
② B는 산업화가 진전됨에 따라 기존의 주변부 노동자들과는 다른 새로운 형태의 주변부 노동자들이 계속해서 생성될 것이라고 보았다.
③ A와 B는 모두 선임자 특권이 청년 실업률을 높이는 데 기여한다고 보았다.
④ A와 B는 모두 산업화가 진전되면 궁극적으로 한 사회의 노동자들의 급여가 다양한 수준에서 결정된다고 보았다.
⑤ A는 정규직 노동자가, B는 핵심부 노동자가 한 사람의 노동자 급여로 가족을 부양할 수 있다고 보았다.

문 10. 다음 글에서 추론할 수 있는 것은? 2020년

두 국가에서 소득을 얻은 개인이 두 국가 모두의 거주자로 간주되면, 두 국가에서 벌어들인 소득 합계에 대한 세금을 두 국가 모두에 납부해야 한다. 이러한 이중 부과는 불합리하다. 이에, 다음 〈기준〉에 따라 〈사례〉의 개인 갑~정을 X국과 Y국 중 어느 국가의 거주자인지 결정하고자 한다. 갑~정의 국적은 각 하나씩이며, 네 명 모두 X국과 Y국에서만 소득을 얻는다. 〈기준〉의 각 항목은 거주국이 결정될 때까지 '첫째'부터 순서대로 적용하되, 항목에 명시된 '경우'에 해당하지 않으면 적용하지 않는다. 거주국이 결정되면 그 뒤의 항목들은 고려하지 않는다.

〈기준〉

첫째, 소득을 얻는 국가 중 한 국가에만 영구적인 주소가 있는 경우, 그 국가의 거주자로 본다. 둘째, 소득을 얻는 두 국가 모두에 영구적인 주소가 있는 경우, 더 중요한 이해관계를 가지는 쪽 국가의 거주자로 본다. 셋째, 소득을 얻는 두 국가 중 어느 쪽에도 영구적인 주소가 없거나 어느 쪽 국가에도 더 중요한 이해관계를 가지지 않는 경우에는 통상적으로 거주하는, 즉 1년의 50%를 초과하여 거주하는 국가의 거주자로 본다. 넷째, 소득을 얻는 두 국가 중 어느 쪽에도 통상적으로 거주하지 않는 경우, 국적에 따라 거주국을 결정한다.

〈사례〉

- X국 국적자 갑은 X국 법인의 회장으로 재직하여 X국에 더 중요한 이해관계를 가지며, 어느 나라에도 영구적인 주소가 없으나 1년에 약 3개월은 X국에 거주하고 나머지는 Y국에 거주한다.
- Z국 국적자 을은 Y국 법인의 이사로 재직하여 Y국에 더 중요한 이해관계를 가진다. 을은 Y국에 통상적으로 거주하며 그가 유일하게 영구적인 주소를 가진 X국에는 1년에 4개월 정도 거주하는데 그 기간에는 영상회의로 Y국 법인의 업무에 참여한다.
- Y국 국적자 병은 X국과 Y국에 각각 영구적인 주소를 가지며 1년 중 X국에 1/4, Y국에 3/4을 체류한다. 병은 Y국에 체류할 때는 주로 휴식을 취하지만 X국에 체류하는 동안에는 X국의 공장을 운영하는 등, X국에 더 중요한 이해관계를 가진다.
- Y국 국적자 정은 Z국에만 영구적인 주소를 가지나, 거주는 X국과 Y국에서 정확히 50%씩 한다. 정은 X국과 Y국 중 어느 쪽에도 더 중요한 이해관계를 가지지 않는다.

① 갑과 병은 거주국이 같다고 결정된다.
② 갑~정 중 거주국이 결정되지 않는 사람이 있다.
③ 갑~정 중 국적이 Z국인 사람은 Y국의 거주자로 결정된다.
④ 갑~정 중 Z국에 영구적인 주소를 가지는 사람의 거주국은 X국으로 결정된다.
⑤ 갑~정 중, X국의 거주자로 결정된 사람의 수와 Y국의 거주자로 결정된 사람의 수는 같다.

문 11. 다음 논쟁에 대한 분석으로 가장 적절한 것은? 2020년

갑 : 무게 중심이 어느 쪽으로도 치우치지 않은 동전 c가 있다. 그럼 'c를 던졌을 때 앞면이 나올 확률은 50%이다.'라는 진술 A가 뜻하는 바는 무엇인가? 이는 분명 참이다. 하지만 형태, 색, 무게 등 c의 물리적 특징을 조사한다고 하더라도, '50%의 확률'에 대응하는 특징을 찾을 수 없다. 도대체 진술 A의 의미가 무엇이길래 참이라고 말할 수 있는가?

을 : c를 여러 번 던져 진술 A의 의미를 결정할 수 있다. c를 같은 방식으로 여러 번 던지면 일부는 앞면이 나오고 일부는 뒷면이 나올 것이다. 이런 실제 동전 던지기 결과를 통해 진술 A의 의미가 결정된다. 즉 진술 A는 'c를 같은 방식으로 던진 실제 결과들 중 앞면이 나온 빈도가 50%이다.'를 뜻한다.

병 : c를 같은 방식으로 여러 번 던지는 것이 실제로 가능한가? 아무리 비슷하게 던지려 하더라도 언제나 미세한 차이가 있을 것이다. 따라서 c를 같은 방식으로 던지는 것은 거의 불가능하고, 가능하더라도 그 수는 매우 작을 것이다. 극단적으로, 그런 경우가 단 한 번밖에 없다면 앞면이 나온 빈도는 0% 또는 100%일 수밖에 없다. 이런 경우, 우리는 진술 A가 거짓이라고 말해야 한다. 하지만 이는 받아들일 수 없다.

정 : c가 같은 방식으로 던져진 실제 세계 사례의 수는 무척 작을 것이다. 하지만 진술 A는 실제 세계에서 일어난 일에 대한 것이 아니다. 오히려 그와 유사한 가상 상황에서 일어난 일에 관련된다. 진술 A는 '실제 세계와 유사한 가상 상황에서 c를 같은 방식으로 수없이 던졌을 때, 앞면이 나온 빈도는 50%에 근접한다.'를 뜻한다.

① 갑은 A가 참이라고 생각하지만, 병은 거짓이라고 생각한다.
② 을은 c를 같은 방식으로 여러 차례 던질 수 없다고 주장하지만, 병은 그렇지 않다.
③ 병은 c를 다양한 방식으로 던진 동전 던지기의 결과가 A의 진위에 영향을 끼친다고 주장하지만, 정은 그렇지 않다.
④ 병과 정은 실제 세계에서 c를 같은 방식으로 던지는 사례의 수가 매우 작을 수 있다는 것에 동의한다.
⑤ 갑, 을, 정 모두 c의 물리적 특징을 안다면 A의 뜻을 결정할 수 있다는 것에 동의한다.

문 12. 다음 글에서 알 수 있는 것은? 2019년

조선 시대에는 농지에서 생산된 곡물의 일정량을 조세로 징수했는데, 건국 초에는 면적 단위 1결마다 거두도록 규정된 조세량이 일정했다. 하지만 이에 불만을 품은 사람들이 많았다. 생산성이 좋은 농지를 가진 자는 정해진 액수만 내면 남은 양에 상관없이 그 모두를 가질 수 있었던 반면, 생산성이 낮은 농지를 가진 자는 수확량이 적어 정해진 세액도 못 낼 수 있기 때문이었다. 이는 모든 농지를 결이라는 동일한 크기의 면적으로 나누고 결마다 같은 액수의 조세를 받기 때문에 생긴 문제였다. 조선 왕조는 이런 문제점을 완화하고자 작황을 살핀 후 적당히 세액을 깎아주는 '답험손실법'이라는 제도를 시행하였다.

답험손실법에 따라 작황을 살펴보는 행위를 '답험'이라고 불렀다. 답험 실행 주체는 농지의 성격에 따라 달랐다. 국가에 조세를 내야 하는 땅은 그 농지가 위치한 곳의 지방관이 답험을 했다. 또 과전법의 적용을 받아 국가 대신 조세를 받는 사람이 지정된 땅의 경우에는 권리 수급자가 직접 답험을 했다. 그런데 답험 과정에서 지방관이 납세 의무자로부터 뇌물을 받거나 제대로 답험을 하지 않는 문제가 자주 일어났다.

세종은 이러한 문제점을 없애고자 조세 개혁에 관한 초안을 만들었다. 이 초안에는 이전에 했던 방식대로 결당 세액을 고정하는 대신, 중앙 관청이 모든 토지의 작황을 일괄적으로 답험하겠다는 내용이 담겼다. 세종은 이 초안에 대해 백성들이 어떻게 생각하는지 알아보았다. 그 결과 함경도 농민들은 1결마다 부과할 세액을 고정하는 데 반대하지만, 전라도 농민들은 환영한다는 것을 알게 되었다. 전라도 농민들은 생산성이 높은 농지가 많았기 때문에 찬성한 것이고, 함경도 농민들은 생산성이 낮은 농지가 많았기 때문에 반대한 것이다. 이처럼 찬반이 엇갈리자 세종은 1결당 세액을 동일한 액수로 고정하되, 전국의 농지를 비옥도에 따라 6개의 등급으로 나누고 등급에 따라 결의 면적을 달리하였다. 6등전과 1등전의 절대 면적을 기준으로 비교할 때, 6등전 1결의 절대 면적이 1이라면 1등전 1결은 0.4였다. 한편 세종은 도 관찰사로 하여금 관할 도 안에 있는 모든 농지의 작황을 매년 조사한 후 그에 따라 결당 세액을 군현별로 조정하는 정책을 시행하였다. 이와 같이 세종 때 농지의 생산성과 연도별 작황을 감안해 세액과 결을 조정한 제도를 '공법'이라고 부른다.

① 공법에 따르면 같은 군현 안에 있고 농지 절대 면적의 총합이 동일한 마을들 중 1등전만 있는 마을 주민들이 내는 조세의 총액이 2등전만 있는 마을의 조세 납부 총액보다 많아진다.
② 공법 시행 후에 같은 등급에 속한 농지들은 1결의 크기가 같아지므로 지역에 상관없이 매년 같은 액수의 조세를 냈다.
③ 절대 면적이 동일한 경우라도 공법 시행 후에는 1등전만 있는 마을이 2등전만 있는 마을보다 결의 수가 더 적어졌다.
④ 과전법에 의해 조세를 국가 대신 받는 개인은 공법 시행으로 매년 그 땅의 작황을 조사해 중앙 관청에 보고해야 했다.
⑤ 세종의 초안대로라면 함경도 주민들이 내는 조세의 총액은 전라도 주민들이 내는 조세의 총액보다 많아진다.

문 13. 다음 글에서 알 수 있는 것은? 2020년

철은 구성 성분과 용도 그리고 단단함의 정도(강도), 질긴 정도(인성), 부드러운 정도(연성), 외부 충격에 깨지지 않고 늘어나는 정도(가단성)등의 성질에 따라 다양한 종류로 나뉜다.

순철은 거의 100% 철로 되어 있다. 순철을 가열하면 약 910℃에서 체심입방격자에서 면심입방격자로 구조 변화가 일어나면서 수축이 일어나고 이 구조는 약 1,400℃까지 유지된다. 그 이상의 온도에서는 구조가 다시 체심입방격자로 바뀌면서 팽창이 일어난다. 순철은 얇게 펼 수 있으며, 용접하기 쉽고, 쉽게 부식되지 않지만, 상온에서 매우 부드러워서 전자기 재료, 촉매, 합금용 등 그 활용 범위가 제한되어 있으며 공업적으로 조금 생산된다. 따라서 대부분의 경우 철은 순철 자체로 사용되기보다 탄소가 혼합된 형태로 사용된다.

선철은 용광로에서 철광석을 녹여 만든 철로서 탄소, 규소, 망간, 인, 황이 많이 포함되어 있고 단단하지만 부서지기 쉽다. 선철에는 탄소가 특히 많이 함유되어 있기 때문에 순철보다 인성과 가단성이 낮아 주형에 부어 주물로 만들 수는 있지만, 압력을 가해 얇게 펴거나 늘리는 가공은 어렵다. 대부분 선철은 강(鋼)을 만들기 위한 원료로 사용되며, 용광로에서 나와 가공되기 전 녹아 있는 상태의 선철을 용선이라고 한다.

제강로에 선철을 넣으면 탄소나 기타 성분이 제거되는 정련 과정이 일어나며, 이를 통해 강이 만들어진다. 강은 질기고 외부의 충격에 깨지지 않고 늘어나는 성질이 강하기 때문에 불에 달구어서 두들기거나 압연기 사이로 통과시키면서 압력을 가해 여러 형태의 판이나 봉, 관 등의 구조재를 만들 수 있다. 또한 외부 충격에 견디는 힘이 높아 그 용도가 무궁무진하다.

강은 탄소 함유량에 따라 저탄소강, 중탄소강, 고탄소강으로 구분한다. 탄소강은 가공과 열처리를 통해 성질을 다양하게 변화시킬 수 있고 값도 매우 싸기 때문에 실용 재료로써 그 가치가 매우 크다. 하지만 모든 성질이 우수한 탄소강을 만드는 것은 불가능하기에 다양한 제강 과정을 거쳐서 용도에 따른 특수강을 만들어 사용한다. 강에 특수한 성질을 주기 위하여 니켈, 크롬, 텅스텐, 몰리브덴 등의 특수 원소를 첨가하거나 탄소, 규소, 망간, 인, 황 중 일부를 첨가하여 내열강, 내마모강, 고장력강 등을 만드는데 이것을 특수강이라고 부른다.

① 순철은 연성이 높기 때문에 온도에 의한 구조 변화와 수축·팽창이 쉽게 일어난다.
② 순철은 선철보다 덜 질기고 외부 충격에 깨지지 않고 늘어나는 정도가 더 낮다.
③ 용선이 가지고 있는 탄소의 양은 저탄소강이 가지고 있는 탄소의 양보다 적다.
④ 제강로에서 일어나는 정련 과정은 선철의 인성과 가단성을 높인다.
⑤ 고장력강의 탄소 함유량은 고탄소강의 탄소 함유량보다 더 낮다.

문 14. 다음 글의 내용이 참일 때 반드시 참인 것만을 〈보기〉에서 모두 고르면? 2022년

행복대학교 학생은 매 학기 성적, 봉사, 외국어, 윤리, 체험이라는 다섯 영역에 관해 평가 받는다. 이 중 두 영역은 동창회 장학금과 재단 장학금 수혜자를 선정할 때 고려하는 영역이기도 하다. 그 두 영역 중에서 어느 쪽이든 한 영역의 기준만 충족하면 동창회 장학금을 받고, 두 영역의 기준을 모두 충족하면 재단 장학금을 받는다. 그 외의 경우에는 둘 중 어느 것도 받지 못한다. 단, 두 장학금을 동시에 받을 수는 없다.

이 학교 학생 갑, 을, 병에 관하여 다음과 같은 사실이 알려져 있다.

- 갑은 봉사 영역과 외국어 영역 기준을 충족하지 못하고 성적 영역 기준은 충족했는데, 동창회 장학금 수혜자가 아니다.
- 을은 성적 영역 기준을 충족하지 못하고 나머지 네 영역 기준은 충족했는데, 재단 장학금 수혜자가 아니다.
- 병은 성적 영역과 윤리 영역 기준을 충족했는데, 동창회 장학금 수혜자이다.

〈보기〉

ㄱ. 성적 영역 기준만 충족한 행복대학교 학생은 동창회 장학금 수혜자가 된다.

ㄴ. 체험 영역 기준을 충족하지 못한 행복대학교 학생은 재단 장학금 수혜자가 되지 못한다.

ㄷ. 봉사 영역과 외국어 영역 기준만 충족한 행복대학교 학생은 동창회 장학금과 재단 장학금 중 어느 쪽 수혜자도 되지 못한다.

① ㄱ

② ㄴ

③ ㄱ, ㄷ

④ ㄴ, ㄷ

⑤ ㄱ, ㄴ, ㄷ

문 15. 다음 ㉠의 사례로 가장 적절한 것은? 2017년

보통 '관용'은 도덕적으로 바람직한 것으로 간주된다. 관용은 특정 믿음이나 행동, 관습 등을 잘못된 것이라고 여김에도 불구하고 용인하거나 불간섭하는 태도를 의미한다. 여기서 관용이란 개념의 본질적인 두 요소를 발견할 수 있다. 첫째 요소는 관용을 실천하는 사람이 관용의 대상이 되는 믿음이나 관습을 거짓이거나 잘못된 것으로 여긴다는 점이다. 이런 요소가 없다면, 우리는 '관용'을 말하고 있는 것이 아니라 '무관심'이나 '승인'을 말하는 셈이다. 둘째 요소는 관용을 실천하는 사람이 관용의 대상을 용인하거나 최소한 불간섭해야 한다는 점이다. 하지만 관용을 이렇게 이해하면 역설이 발생할 수 있다.

자국 문화를 제외한 다른 문화는 모두 미개하다고 생각하는 사람을 고려해보자. 그는 모든 문화가 우열 없이 동등하다는 생각이 틀렸다고 확신하고 있다. 하지만 그는 그런 자신의 믿음에도 불구하고 전략적인 이유로, 예를 들어 동료들의 비난을 피하기 위해 자신이 열등하다고 판단하는 문화를 폄하하려는 욕구를 억누르고 있다고 하자. 다른 문화를 폄하하고 싶은 그의 욕구가 크면 클수록, 그리고 그가 자신의 이런 욕구를 성공적으로 자제하면 할수록, 우리는 그가 더 관용적이라고 말해야 할 것 같다. 하지만 이는 받아들이기 어려운 역설적 결론이다.

이번에는 자신이 잘못이라고 믿는 수많은 믿음을 모두 용인하는 사람을 생각해 보자. 이 경우 이 사람이 용인하는 믿음이 많으면 많을수록 우리는 그가 더 관용적이라고 말해야 할 것 같다. 그런데 그럴 경우 우리는 인종차별주의처럼 우리가 일반적으로 잘못인 것으로 판단하는 믿음까지 용인하는 경우에도 그 사람이 더 관용적이라고 말해야 한다. 하지만 도덕적으로 잘못된 것을 용인하는 것은 그 자체가 도덕적으로 잘못이라고 보는 것이 마땅하다. 결국 우리는 관용적일수록 도덕적으로 잘못을 저지르게 될 가능성이 높아지게 되는데 이는 역설적이다.

이상의 논의를 고려하면 종교에 대한 관용처럼 비교적 단순해 보이는 사안에 대해서조차 ㉠ 역설이 발생한다. 이로부터 우리는 관용의 맥락에서, 용인하는 믿음이나 관습의 내용에 일정한 한계가 있어야 함을 알 수 있다.

① 종교적 문제에 대해 별다른 의견이 없는 사람을 관용적이라고 평가하게 된다.

② 모든 종교적 믿음은 거짓이라고 생각하고 배척하는 사람을 관용적이라고 평가하게 된다.

③ 자신의 종교가 주는 가르침만이 유일한 진리라고 믿는 사람일수록 덜 관용적이라고 평가하게 된다.

④ 보편적 도덕 원칙에 어긋나는 가르침을 주장하는 종교까지 용인하는 사람을 더 관용적이라고 평가하게 된다.

⑤ 자신이 유일하게 참으로 믿는 종교 이외의 다른 종교적 믿음에 대해서도 용인하는 사람일수록 더 관용적이라고 평가하게 된다.

문 16. 다음 글에서 추론할 수 있는 것만을 〈보기〉에서 모두 고르면? 2021년

신경계는 우리 몸 안팎에서 일어나는 여러 자극을 전달하여 이에 대한 반응을 유발하는 기관계이며, 그 기본 구성단위는 뉴런이다. 신경계 중 소화와 호흡처럼 뇌의 직접적인 제어를 받지 않는 자율신경계는 교감신경과 부교감신경으로 구성되어 있다. 교감신경과 부교감신경은 눈의 홍채와 같은 다양한 표적기관의 기능을 조절한다.

교감신경과 부교감신경 모두 일렬로 배열된 절전뉴런과 절후뉴런으로 구성되어 있다. 이 두 뉴런이 서로 인접해 있는 곳이 신경절이며, 절전뉴런은 신경절의 앞쪽에, 절후뉴런은 신경절의 뒤쪽에 있다. 절후뉴런의 끝은 표적기관과 연결된다. 교감신경이 활성화되면 교감신경의 절전뉴런 끝에서 신호물질인 아세틸콜린이 분비된다. 분비된 아세틸콜린은 교감신경의 절후뉴런을 활성화시키고, 절전뉴런으로부터 받은 신호를 표적기관에 전달하게 한다. 부교감신경 역시 활성화되면 부교감신경의 절전뉴런 끝에서 아세틸콜린이 분비된다. 아세틸콜린은 부교감신경의 절후뉴런을 활성화시킨다. 교감신경의 절후뉴런 끝에서는 노르아드레날린이, 부교감신경의 절후뉴런 끝에서는 아세틸콜린이 표적기관의 기능을 조절하기 위해 분비된다.

눈에 있는 동공의 크기 조절은 자율신경계가 표적기관의 기능을 조절하는 좋은 사례이다. 동공은 수정체의 앞쪽에 위치해 있는 홍채의 가운데에 있는 구멍이다. 홍채는 동공의 직경을 조절함으로써 눈의 망막에 도달하는 빛의 양을 조절한다. 동공 크기 변화는 홍채에 있는 두 종류의 근육인 '돌림근'과 '부챗살근'의 수축에 의해 일어난다. 이 두 근육은 각각 근육층을 이루는데, 홍채의 안쪽에는 돌림근층이, 바깥쪽에는 부챗살근층이 있다. 어두운 곳에서 밝은 곳으로 이동하면 부교감신경이 활성화되고, 부교감신경의 절후뉴런 끝에 있는 표적기관인 홍채의 돌림근이 수축한다. 돌림근은 동공 둘레에 돌림 고리를 형성하고 있어서, 돌림근이 수축하면 두꺼워지면서 동공의 크기가 줄어든다. 반대로 밝은 곳에서 어두운 곳으로 이동하면 교감신경이 활성화되고, 교감신경의 절후뉴런 끝에 있는 표적기관인 홍채의 부챗살근이 수축한다. 부챗살근은 자전거 바퀴의 살처럼 배열되어 있어서 수축할 때 부챗살근의 길이가 짧아지고 동공의 직경이 커진다. 이렇게 변화된 동공의 크기는 빛의 양에 변화가 일어날 때까지 일정하게 유지된다.

〈보기〉

ㄱ. 밝은 곳에서 어두운 곳으로 이동하면 교감신경의 절전뉴런 끝에서 아세틸콜린이 분비된다.
ㄴ. 어두운 곳에서 밝은 곳으로 이동하면 부교감신경의 절후뉴런 끝에서 아세틸콜린이 분비되고 돌림근이 두꺼워진다.
ㄷ. 노르아드레날린은 돌림근의 수축을 일으키는 반면 아세틸콜린은 부챗살근의 수축을 일으킨다.

① ㄴ
② ㄷ
③ ㄱ, ㄴ
④ ㄱ, ㄷ
⑤ ㄱ, ㄴ, ㄷ

문 17. 다음 글에서 알 수 있는 것만을 〈보기〉에서 모두 고르면? 2017년

골격근에서 전체근육은 근육섬유를 뼈에 연결시키는 주변 조직인 힘줄과 결합조직을 모두 포함한다. 골격근의 근육섬유가 수축할 때 전체근육의 길이가 항상 줄어드는 것은 아니다. 근육 수축의 종류 중 근육섬유가 수축함에 따라 전체근육의 길이가 변화하는 것을 '등장수축'이라 하는데, 등장수축은 근육섬유 수축과 함께 전체근육의 길이가 줄어드는 '동심 등장수축'과 전체근육의 길이가 늘어나는 '편심 등장수축'으로 나뉜다.

반면에 근육섬유가 수축함에도 불구하고 전체근육의 길이가 변하지 않는 수축을 '등척수축'이라고 한다. 예를 들어 아령을 손에 들고 팔꿈치의 각도를 일정하게 유지하고 있는 상태에서 위팔의 이두근 근육섬유는 끊임없이 수축하고 있지만, 이 근육에서 만드는 장력이 근육에 걸린 부하량 즉 아령의 무게와 같아 전체근육의 길이가 변하지 않기 때문에 등척수축을 하는 것이다. 등척수축은 골격근의 주변 조직과 근육섬유 내에 있는 탄력섬유의 작용에 의해 일어난다. 근육에 부하가 걸릴 때, 이 부하를 견디기 위해 탄력섬유가 늘어나기 때문에 근육섬유는 수축하지만 전체근육의 길이는 변하지 않는 등척수축이 일어날 수 있다.

아래 그래프는 근육이 최대 장력으로 수축운동을 하는 동안 해당 근육에 걸린 초기 부하량이 전체근육의 수축 속도에 어떤 영향을 미치는지를 나타내고 있다. 그래프의 Y축에서 양의 값은 전체근육의 길이가 줄어드는 속도를 나타내고, 음의 값은 근육에 최대 장력을 초과하는 부하가 걸리면 근육섬유는 수축하지만 전체근육의 길이가 늘어나는 속도를 나타낸다.

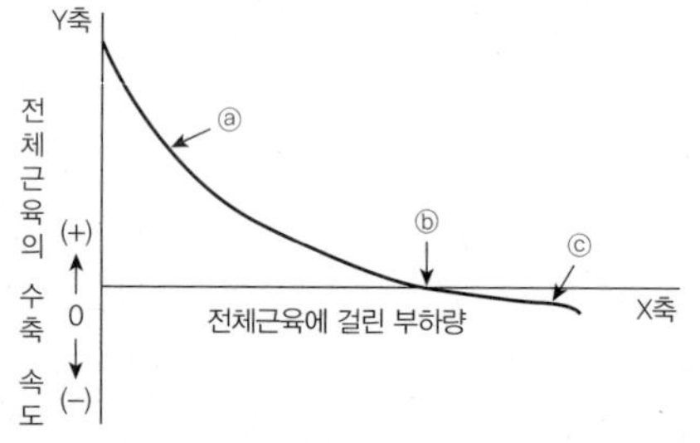

〈보기〉

ㄱ. ⓐ에서 일어나는 근육 수축은 편심 등장수축이다.
ㄴ. ⓑ는 탄력섬유의 작용에 의해 일어나는 근육 수축에 해당한다.
ㄷ. 최대 장력이 10kg인 이두근이 있는 팔의 팔꿈치가 일정한 각도를 유지하고 있을 때, 이두근에 10kg을 초과하는 부하를 걸어주면 ⓒ가 발생할 수 있다.

① ㄱ
② ㄴ
③ ㄱ, ㄷ
④ ㄴ, ㄷ
⑤ ㄱ, ㄴ, ㄷ

문 18. **다음 글의 ㉠과 ㉡에 들어갈 문장을 〈보기〉에서 골라 바르게 짝지은 것은?** 2019년

> 한편에서는 "C시에 건설될 도시철도는 무인운전 방식으로 운행된다."라고 주장하고, 다른 한편에서는 "C시에 건설될 도시철도는 무인운전 방식으로 운행되지 않는다."라고 주장한다고 하자. 이 두 주장은 서로 모순되는 것처럼 보인다. 하지만 양편이 팽팽히 대립한 회의가 "C시에 도시철도는 적합하지 않다고 판단되므로, 없던 일로 합시다."라는 결론으로 끝날 가능성도 있다는 사실을 우리는 고려해야 한다. C시에 도시철도가 건설되지 않을 경우에도 양편의 주장에 참이나 거짓이라는 값을 매겨야 한다면 어떻게 매겨야 옳을까?
>
> 한 가지 분석 방안에 따르면, "C시에 건설될 도시철도는 무인운전 방식으로 운행된다."라는 문장은 "[㉠]"라는 것을 의미하는 것으로 해석한다. 이렇게 해석할 경우, C시에 도시철도를 건설하지 않기로 했으므로 원래의 문장은 거짓이 된다. 이런 분석은 "C시에 건설될 도시철도는 무인운전 방식으로 운행되지 않는다."에 대해서도 똑같이 적용되어 그것에도 거짓이라는 값을 부여한다.
>
> 원래 문장, "C시에 건설될 도시철도는 무인운전 방식으로 운행된다."를 분석하는 둘째 방안도 있다. 이 방안에서는 우선 원래 문장은 "[㉡]"라는 것을 의미하는 것으로 해석한다. 그런 다음 이렇게 분석된 이 문장은 C시에 도시철도를 건설해 그것을 무인운전이 아닌 방식으로 운행하는 일은 없다는 주장과 같은 의미를 나타낸다고 이해한다. 이렇게 해석할 경우 원래의 문장은 참이 된다. 왜냐하면 C시에 도시철도를 건설하지 않기로 했으므로 C시에 도시철도를 건설해 그것을 무인운전이 아닌 방식으로 운행하는 일도 당연히 없을 것이기 때문이다. 이런 분석은 "C시에 건설될 도시철도는 무인운전 방식으로 운행되지 않는다."에 대해서도 똑같이 적용되어 그것에도 참이라는 값을 부여한다.

〈보기〉

(가) C시에 도시철도가 건설되고, 그 도시철도는 무인운전 방식으로 운행된다.
(나) C시에 무인운전 방식으로 운행되는 도시철도가 건설되거나, 아니면 아무 도시철도도 건설되지 않는다.
(다) C시에 도시철도가 건설되면, 그 도시철도는 무인운전 방식으로 운행된다.
(라) C시에 도시철도가 건설되는 경우에만, 그 도시철도는 무인운전 방식으로 운행된다.

	㉠	㉡
①	(가)	(다)
②	(가)	(라)
③	(나)	(다)
④	(나)	(라)
⑤	(라)	(다)

문 19. **다음 글에서 추론할 수 있는 것만을 〈보기〉에서 모두 고르면?** 2020년

> '공립학교 인종차별 금지 판결의 준수를 종용하면서, 어떤 법률에 대해서는 의도적으로 그 준수를 거부하니 이는 기괴하다.'라고 할 수 있습니다. '어떤 법률은 준수해야 한다고 하면서도 어떤 법률에 대해서는 그를 거부하라 할 수 있습니까?'라고 물을 수도 있습니다. 하지만 이에는 '불의한 법률은 결코 법률이 아니다.'라는 아우구스티누스의 말을 살펴 답할 수 있습니다. 곧, 법률에는 정의로운 법률과 불의한 법률, 두 가지가 있습니다.
>
> 이 두 가지 법률 간 차이는 무엇입니까? 법률이 정의로운 때가 언제이며, 불의한 때는 언제인지 무엇을 보고 결정해야 합니까? 우리 사회에서 통용되는 법률들을 놓고 생각해 봅시다. 우리 사회에서 지켜야 할 법률이라는 점에서 정의로운 법률과 불의한 법률 모두 사람에게 적용되는 규약이기는 합니다. 하지만 정의로운 법률은 신의 법, 곧 도덕법에 해당한다는 데에 동의할 것으로 믿습니다. 그렇다면 불의한 법률은 그 도덕법에 배치되는 규약이라 할 것입니다. 도덕법을 자연법이라 표현한 아퀴나스의 말을 빌리면, 불의한 법률은 결국 사람끼리의 규약에 불과합니다. 사람끼리의 규약이 불의한 이유는 그것이 자연법에 기원한 것이 아니기 때문입니다.
>
> 인간의 성품을 고양하는 법률은 정의롭습니다. 인간의 품성을 타락시키는 법률은 물론 불의한 것입니다. 인종차별을 허용하는 법률은 모두 불의한 것인데 그 까닭은 인종차별이 영혼을 왜곡하고 인격을 해치기 때문입니다. 가령 인종을 차별하는 자는 거짓된 우월감을, 차별당하는 이는 거짓된 열등감을 느끼게 되는데 여기서 느끼는 우월감과 열등감은 영혼의 본래 모습이 아니라서 올바른 인격을 갖추지 못하도록 합니다.
>
> 따라서 인종차별은 정치 · 사회 · 경제적으로 불건전할 뿐 아니라 죄악이며 도덕적으로 그른 것입니다. 분리는 곧 죄악이라 할 것인데, 인간의 비극적인 분리를 실존적으로 드러내고, 두려운 소외와 끔찍한 죄악을 표출하는 상징이 인종차별 아니겠습니까? 공립학교 인종차별 금지 판결이 올바르기에 그 준수를 종용할 수 있는 한편, 인종차별을 허용하는 법률은 결단코 그르기에 이에 대한 거부에 동참해달라고 호소하는 바입니다.

〈보기〉

ㄱ. 인간의 성품을 고양하는 법률은 도덕법에 해당한다.
ㄴ. 사람끼리의 규약에 해당하는 법률은 자연법이 아니다.
ㄷ. 인종차별적 내용을 포함하지 않는 모든 법률은 신의 법에 해당한다.

① ㄱ
② ㄷ
③ ㄱ, ㄴ
④ ㄴ, ㄷ
⑤ ㄱ, ㄴ, ㄷ

문 20. 다음 글의 〈논증〉을 강화하는 것만을 〈보기〉에서 모두 고르면? 2021년

우리에게는 어떤 행위를 해야만 하는지에 관한 도덕적 의무가 있는 것으로 보인다. 그럼, 어떤 믿음을 믿어야만 하는지에 관한 인식적 의무도 있을까? 이 물음을 해결하기 위해 먼저 도덕적 의무에 대해 생각해 보자. 우리가 어떤 행위 A에 대해 도덕적 의무를 갖는다면 우리는 A를 자신의 의지만으로 행할 수 있어야 한다. 물론 A는 행하기 힘든 것일 수도 있고, A를 행하지 않고 다른 행위를 했다고 비난받을 수도 있다. 그러나 우리에게 그 행위를 행할 능력이 아예 없다면 우리는 그 행위에 대해 의무를 갖지 않을 것이다. 인식적 의무의 경우도 마찬가지이다. 우리가 어떤 믿음에 대해 옳고 그름을 판단해야 하는 인식적 의무를 갖는다면 우리는 의지만으로 그 믿음을 가질 수도 있고 갖지 않을 수도 있어야 한다. 우리가 그 믿음을 갖는다면 인식적 의무를 다한 것이고, 갖지 않는다면 인식적 의무를 다하지 않은 것이다. 이런 생각에 기초해 우리에게 인식적 의무가 없다는 것을 다음과 같이 논증할 수 있다.

〈논증〉

전제1 : 만약 우리에게 인식적 의무가 있다면, 종종 우리는 자신의 의지만으로 어떤 믿음을 가질지 정할 수 있다.

전제2 : 대부분의 경우 우리는 자신의 의지만으로 결코 어떤 믿음을 가질지 정할 수 없다.

결론 : 우리에게 인식적 의무가 없다.

〈보기〉

ㄱ. 인간에게 인식적 의무가 없다는 것과 어떤 경우에는 자신의 의지만으로 어떤 믿음을 가질지 정할 수 있다는 것은 양립할 수 없다. 가령 내 의지만으로 오늘 눈이 온다고 믿을 수 있다면, 그 믿음을 가져야 하는지 그렇게 하지 않아도 되는지를 나는 구분해야 한다.

ㄴ. 내 의지로는 믿고 싶지 않음에도 불구하고 믿을 수밖에 없는 경우들이 있다. 가령 나의 가장 친한 친구가 나의 차를 훔쳤다는 것을 증명하는 강력한 증거를 내가 확보했다고 하자. 이러한 상황에서 나는 나의 가장 친한 친구가 나의 차를 훔쳤다는 것을 믿고 싶지 않겠지만 결국 믿을 수밖에 없다. 왜냐하면 나에게는 그것을 증명하는 강력한 증거가 있기 때문이다.

ㄷ. 인간에게 인식적 의무가 있다는 것과 항상 우리가 자신의 의지만으로 어떤 믿음을 가질지 정할 수 있다는 것은 양립할 수 없다. 가령 오늘 나의 우울한 감정을 해소하기 위해 다음 주에 승진한다는 믿음을 가질 수 있다는 주장과 그러한 믿음에 대해 옳고 그름을 따져야 한다는 주장이 동시에 참일 수는 없다.

① ㄱ
② ㄴ
③ ㄱ, ㄴ
④ ㄱ, ㄷ
⑤ ㄴ, ㄷ

문 21. 다음 글의 내용이 참일 때, 반드시 참인 것은? 2020년

호텔 A에서 살인 사건이 발생했고, 손님 중에 범인(들)이 있다. 이 사건에 대하여 갑, 을, 병 세 사람이 각각 다음과 같이 두 개씩 진술을 했다. 이 세 사람 중 한 사람의 진술은 모두 참이고 다른 한 사람의 진술은 모두 거짓이며, 또 다른 한 사람의 진술은 하나는 참이고 다른 하나는 거짓이다.

갑 : • 이 사건의 범인은 단독범이고, 그는 이 호텔의 2층에 묵고 있다.
• 이 호텔 2층의 방은 모두 손님이 투숙하고 있어 2층에는 빈방이 없다.

을 : • 이 사건이 단독범의 소행이라면, 그 범인은 이 호텔의 5층에 투숙하고 있다.
• 이 사건의 범인은 단독범이 아니고 그들은 같은 방에 투숙하고 있지도 않다.

병 : • 이 사건이 단독범의 소행이 아니라면, 범인들은 같은 방에 투숙하고 있다.
• 이 호텔의 모든 방은 손님이 투숙하고 있어 빈방이 없다.

① 갑의 진술 둘 다 거짓일 수 있다.
② 2층에는 빈방이 없지만, 다른 층에는 빈방이 있다.
③ 병의 진술이 둘 다 거짓이라면, 갑의 진술 중 하나는 거짓이다.
④ 을의 진술이 둘 다 거짓이라면, 이 사건은 단독범의 소행이 아니다.
⑤ 갑의 진술 중 하나만 참이라면, 이 사건의 범인은 단독범이 아니다.

문 22. **다음 글에서 알 수 있는 것은?** 2020년

> 조선 시대에는 국왕의 부모에 대한 제사를 국가의례로 거행했다. 하지만 국왕의 생모가 후궁이라면, 아무리 왕을 낳았다고 해도 그에 대한 제사를 국가의례로 간주하지 않는 것이 원칙이었다. 그런데 이 원칙은 영조 때부터 무너지기 시작했다. 영조는 왕이 된 후에 자신의 생모인 숙빈 최씨를 위해 육상궁이라는 사당을 세웠다. 또 국가의례에 관한 규례가 담긴 『국조속오례의』를 편찬할 때, 육상궁에 대한 제사를 국가의례로 삼아 그 책 안에 수록해 두었다. 영조는 선조의 후궁이자, 추존왕 원종을 낳은 인빈 김씨의 사당도 매년 방문했다. 이 사당의 이름은 저경궁이다. 원종은 인조의 생부로서, 아들 인조가 국왕이 되었으므로 사후에 왕으로 추존된 인물이다. 한편 영조의 선왕이자 이복형인 경종도 그 생모 희빈 장씨를 위해 대빈궁이라는 사당을 세웠지만, 영조는 단 한 번도 대빈궁을 방문하지 않았다.
>
> 영조의 뒤를 이은 국왕 정조는 효장세자의 생모인 정빈 이씨의 사당을 만들어 연호궁이라 불렀다. 잘 알려진 바와 같이 정조는 사도세자의 아들이다. 그런데 영조는 아들인 사도세자를 죽인 후, 오래전 사망한 자기 아들인 효장세자를 정조의 부친으로 삼겠다고 공포했다. 이런 연유로 정조는 정빈 이씨를 조모로 대우하고 연호궁에서 매년 제사를 지냈다. 정조는 연호궁 외에도 사도세자의 생모인 영빈 이씨의 사당도 세워 선희궁이라는 이름을 붙이고 제사를 지냈다. 정조의 아들로서, 그 뒤를 이어 왕이 된 순조 역시 자신의 생모인 수빈 박씨를 위해 경우궁이라는 사당을 세워 제사를 지냈다.
>
> 이처럼 후궁의 사당이 늘어났으나 그 위치가 제각각이어서 관리하기가 어려웠다. 이에 순종은 1908년에 대빈궁, 연호궁, 선희궁, 저경궁, 경우궁을 육상궁 경내로 모두 옮겨 놓고 제사를 지내게 했다. 1910년에 일본이 대한제국의 국권을 강탈했으나, 이 사당들에 대한 제사는 유지되었다. 일제 강점기에는 고종의 후궁이자 영친왕 생모인 엄씨의 사당 덕안궁도 세워졌는데, 이것도 육상궁 경내에 자리 잡게 되었다. 이로써 육상궁 경내에는 육상궁을 포함해 후궁을 모신 사당이 모두 7개에 이르게 되었으며, 이때부터 그곳을 칠궁이라 부르게 되었다.

① 경종은 선희궁과 연호궁에서 거행되는 제사에 매년 참석했다.
② 『국조속오례의』가 편찬될 때 대빈궁, 연호궁, 선희궁, 경우궁에 대한 제사가 국가의례에 처음 포함되었다.
③ 영빈 이씨는 영조의 후궁이었던 사람이며, 수빈 박씨는 정조의 후궁이었다.
④ 고종이 대빈궁, 연호궁, 선희궁, 저경궁, 경우궁을 육상궁 경내로 이전해 놓음에 따라 육상궁은 칠궁으로 불리게 되었다.
⑤ 조선 국왕으로 즉위해 실제로 나라를 다스린 인물의 생모에 해당하는 후궁으로서 일제 강점기 때 칠궁에 모셔져 있던 사람은 모두 5명이었다.

문 23. **다음 글의 ㉠에 대한 평가로 적절한 것만을 〈보기〉에서 모두 고르면?** 2022년

> 지식 귀속 문제는 한 사람이 특정 지식을 가졌는지를 다른 사람이 판단하는 것과 관련된 문제이다. 이와 관련해 두 가지 입장이 있다. 입장 X는 평가자가 평가 대상자(이하 대상자)에게 지식을 귀속시킬지 여부를 판단하는 데 있어서, 대상자와 관련된 이해관계가 중요할수록 평가자는 대상자에게 더 엄격한 기준을 적용한다는 것이다. 입장 Y는 평가자의 대상자에 대한 지식 귀속 여부 판단은 대상자의 이해관계와 무관하다는 것이다. 이 두 입장과 관련해 ㉠ <u>X가 Y보다 대상자에 대한 평가자의 지식 귀속 판단을 더 잘 설명한다</u>는 가설을 검증하기 위해 다음 두 사례를 이용한 실험이 진행되었다.
>
> 사례1 : 희수는 한자를 병용해야 하는 글쓰기 과제를 마무리했다. 담당교수는 잘못된 한자 표기를 싫어한다. 희수는 이번 과제에서 꼭 90점 이상을 받아야 할 동기가 없지만, 틀린 한자 표기가 하나도 없기를 바란다. 희수는 한자사전을 사용해서 과제를 꼼꼼히 검토할 예정이다.
>
> 사례2 : 서현도 같은 과목의 같은 과제를 마무리했다. 서현은 이 과제에서 90점 이상을 받아야만 A학점을 받을 수 있고, A학점을 받지 못하면 장학금을 받지 못해 학교를 계속 다닐 수 없게 된다. 서현도 한자사전을 사용해서 과제를 꼼꼼히 검토할 예정이다.
>
> 이 실험에서 귀속되는 지식은 “내 과제에는 한자 표기에 오류가 없다.”이다. 이 사례를 제시한 뒤 평가자에게 희수와 서현이 몇 번이나 과제를 검토해야 이들에게 이 지식을 귀속시킬지 물었다. 평가자가 추정한 희수의 검토 횟수와 서현의 검토 횟수를 각각 m과 n이라고 하자.

〈보기〉

ㄱ. m이 n보다 훨씬 더 작다면 ㉠이 강화된다.
ㄴ. 평가자의 이해관계가 중요할수록 m이 커지면 ㉠이 강화된다.
ㄷ. 서현이 이 과목에서 받을 학점과 상관없이 장학금을 받게 된다고 사례2의 내용을 변경하더라도, 평가자가 응답한 n에 변화가 없다면 ㉠이 약화된다.

① ㄱ
② ㄴ
③ ㄱ, ㄷ
④ ㄴ, ㄷ
⑤ ㄱ, ㄴ, ㄷ

문 24. 다음 글에서 추론할 수 있는 것만을 〈보기〉에서 모두 고르면? 2022년

> 기계식 한글 타자기를 구현하는 것이 어려운 이유는 크게 두 가지이다.
>
> 첫째, 영문 타자기는 한 알파벳을 찍을 때마다 종이가 한 칸씩 움직인다. 그러나 한글은 자음과 모음을 조합하여 초성, 중성, 종성을 한 음절로 모아쓰는 문자이므로 타자기가 하나의 자음 또는 모음을 찍을 때마다 종이가 한 칸씩 움직인다면 받침을 제자리에 찍을 수 없다. 따라서 한글 타자기는 영문 타자기처럼 하나의 자음이나 모음을 찍을 때마다 종이가 움직이는 '움직글쇠'로만 구성되어서는 안 되며, 글쇠 중 일부는 자음 또는 모음이 찍혀도 종이가 움직이지 않는 '안움직글쇠'여야 한다.
>
> 둘째, 모아쓰는 과정에서 낱글자들의 모양이 조금씩 바뀌는 문제이다. 'ㄱ'이 초성으로 쓰일 때, 종성으로 쓰일 때는 물론, 어떤 모음과 어울려 쓰는지, 받침이 있는지 없는지에 따라 다른 모양을 갖는다. 중성에서 쓰이는 모음도 두 가지 이상의 다른 모양을 갖는다. 이러한 모양을 다 구현하는 타자기를 만들려면 적어도 300여 개의 글쇠가 필요하다.
>
> 이런 문제로 인해 한글 타자기는 적절한 글쇠의 수를 결정할 필요가 있었다. 다섯벌식 타자기의 경우, 'ㅗ'나 'ㅜ'처럼 가로로 긴 모음과 어울려 쓰는 초성 자음 한 벌, 나머지 모음('ㅣ'나 'ㅏ'처럼 세로로 긴 모음과 이 모음이 들어간 이중모음)과 어울려 쓰는 초성 자음 한 벌, 받침이 있을 때 쓰는 모음 한 벌, 받침이 없을 때 쓰는 모음 한 벌, 종성 자음 한 벌이 있다.
>
> 네벌식의 경우, 세로로 긴 모음과 어울려 쓰는 초성 자음 한 벌, 세로로 긴 모음이 들어간 이중모음과 어울려 쓰는 초성 자음 한 벌, 모음 한 벌이 있다. 가로로 긴 모음과 어울려 쓰는 초성 자음 한 벌은 다섯벌식 타자기와 같은 글쇠를 사용한다. 종성 자음은 가로로 긴 모음과 어울려 쓰는 초성 자음 글쇠를 기계적인 방법을 통해 글쇠가 찍히는 위치를 조정하는 방식으로 활용한다.

〈보기〉

ㄱ. 한글 타자기의 받침이 있는 글자의 모음에 대한 글쇠는 움직글쇠이다.

ㄴ. 다섯벌식 한글 타자기에서 '밤'이라는 글자의 'ㅏ'를 쓰기 위해 사용하는 글쇠와 '나'라는 글자의 'ㅏ'를 쓰기 위해 사용하는 글쇠는 다르다.

ㄷ. 다섯벌식 한글 타자기에서 '꿈'이라는 글자의 'ㅁ'을 쓰기 위해 사용하는 글쇠와 '목'이라는 글자의 'ㅁ'을 쓰기 위해 사용하는 글쇠는 다르지만, 네벌식 한글 타자기에서는 같다.

① ㄱ

② ㄴ

③ ㄱ, ㄷ

④ ㄴ, ㄷ

⑤ ㄱ, ㄴ, ㄷ

문 25. 다음 (가)와 (나)에 대한 평가로 적절한 것만을 〈보기〉에서 모두 고르면? 2017년

> (가) 탄수화물은 우리 몸의 에너지원으로 쓰이는 필수 영양소이다. 건강한 신체 기능을 유지하기 위해서는 탄수화물 섭취열량이 하루 총 섭취 열량의 55~70%가 되는 것이 이상적이다. 이에 해당하는 탄수화물의 하루 필요섭취량은 성인 기준 100~130g이다. 국민 건강영양조사에 따르면, 우리나라 성인의 하루 탄수화물 섭취량은 평균 289.1g으로 필요섭취량의 약 2~3배에 가깝다. 이에 비추어 볼 때, 한국인은 탄수화물을 지나치게 많이 섭취하고 있다.
>
> (나) 우리가 탄수화물을 계속 섭취하지 않으면 우리 몸은 에너지로 사용되던 연료가 고갈되는 상태에 이르게 된다. 이 경우 몸은 자연스레 '대체 연료'를 찾기 위해 처음에는 근육의 단백질을 분해하고, 이어 내장지방을 포함한 지방을 분해한다. 지방 분해 과정에서 '케톤'이라는 대사성 물질이 생겨나면서 수분 손실이 나타나고 혈액 내의 당분이 정상보다 줄어들게 된다. 이 과정에서 체내 세포들의 글리코겐 양이 감소한다. 특히 이러한 현상은 간세포에서 두드러지게 나타난다. 이로 인해 혈액 및 소변 등의 체액과 인체조직에서는 케톤 수치가 높아지면서 신진대사 불균형이 초래된다. 이를 '케토시스 현상'이라 부른다. 케토시스 현상이 생기면 두통, 설사, 집중력 저하, 구취 등의 불편한 증상이 나타난다. 따라서 탄수화물을 극단적으로 제한하는 식단은 바람직하지 않다.

〈보기〉

ㄱ. 아시아의 경우 성인 기준 하루 300g 이상의 탄수화물 섭취가 필요하다는 연구결과는 (가)를 약화한다.

ㄴ. 우리나라 성인뿐 아니라 성인이 아닌 사람들의 탄수화물 섭취량 또한 과하다는 것이 밝혀지면 (가)의 설득력이 높아진다.

ㄷ. 우리 몸의 탄수화물이 충분한 상황에서 케토시스 현상이 나타나지 않는다는 연구결과는 (나)를 약화한다.

① ㄴ

② ㄷ

③ ㄱ, ㄴ

④ ㄱ, ㄷ

⑤ ㄱ, ㄴ, ㄷ

문 26. 다음 글의 빈칸에 들어갈 내용으로 적절하지 않은 것은?

2023년

△△부에서는 국가 간 정책 교류를 위해 사무관 A~E 중 UN에 파견할 사무관을 선정하기로 했다. 파견 여부를 정하기 위해 다음의 기준을 세웠다.

- A를 파견하면 B를 파견한다.
- B를 파견하면 D를 파견하지 않는다.
- C를 파견하면 E를 파견하지 않는다.
- D를 파견하지 않으면 C를 파견한다.
- E를 파견하지 않으면 D를 파견한다.

위의 기준으로는 사무관 세 명의 파견 여부가 확정되지만 두 명의 파견 여부는 확정되지 않는다. 하지만 "[   ]"를 기준으로 추가하면, 모든 사무관의 파견 여부를 확정할 수 있다.

① A를 파견하지 않으면 C를 파견한다.
② B를 파견하지 않으면 C를 파견한다.
③ C를 파견하지 않으면 D를 파견하지 않는다.
④ C를 파견하지 않으면 E를 파견하지 않는다.
⑤ D나 E를 파견하면 C를 파견한다.

문 27. 다음 글에서 알 수 있는 것은?

2021년

젊은이를 가리키는 말로 조선 시대에는 '소년', '약년', '자제', '청년' 등 다양한 표현이 사용되었다. 일반적으로 소년과 자제를 가장 흔히 사용하였으나, 약년이나 청년이라는 표현도 젊은이를 가리키는 말로 간혹 쓰였다. 약년은 스무 살 즈음을 칭하는 표현이다. 실제 사료에서도 20대를 약년이나 약관으로 칭한 사례가 많다. 1508년 우의정 이덕형은 상소문에서 자신이 약년에 벼슬길에 올랐다고 하였다. 그런데 이 약년은 훨씬 더 어린 나이에도 사용되었다. 1649년 세손의 교육 문제를 논한 기록에는 만 8세의 세손을 약년이라고 하였다.

조선 후기에는 젊은이를 일반적으로 소년이라고 하였다. 오늘날 소년은 청소년기 이전의 어린이를 지칭하는 말로 그 의미가 변하였지만, 전통 사회의 소년은 나이가 적은 자, 즉 젊은이를 의미하는 말이었다. 적어도 조선 후기 사회에서는 아이와 구분되는 젊은이를 소년이라고 부르는 것이 일반적이었다. 신분과 계층 그리고 시기에 따라 다르지만, 연령으로는 최대 15세까지 아이로 보았던 듯하다.

소년이 유년이나 장년과 구분되기는 하였지만, 상대적으로 젊은 사람을 뜻하는 경우도 많았다. 40대나 50대 사람이더라도 상대에 따라 젊은 사람으로 표현되기도 하였다. 소년이 장년, 노년과 구분되는 연령 중심의 지칭이었음에 비해, 자제는 부로(父老), 부형(父兄)으로 표현되는 연장자가 이끌고 가르쳐서 그 뒤를 이어가게 하는 '다음 세대'라는 의미로 사용되었다. 일반적으로 자제는 막연한 후손이라는 의미보다는 특정한 신분에 있는 각 가문의 젊은 세대라는 의미로 통하였다. 고려시대 공민왕이 젊은이를 뽑아 만들었다는 자제위도 단순히 잘생긴 젊은이가 아니라 명문가의 자제를 선발한 것이었다. 자제가 소년보다는 가문의 지체나 신분을 반영하는 지칭이었으므로, 교육과 인재 양성 면에서 젊은이를 칭할 때는 거의 자제라고 표현하였다.

또한 소년이란 아직 성숙하지 못한 나이, 다소간 치기에서 벗어나지 못한 어린 또는 젊은 사람이라는 의미를 가지는 경우도 많았다. 연륜을 쌓은 노성(老成)함에 비해 나이가 적고 젊다는 것은 부박하고 상황의 판단이 아직 충분히 노련하지 못하다는 의미로 사용되었다. 마찬가지로 자제 역시 어른 세대에게 가르침을 받아야 하는 존재, 즉 아직 미숙한 존재로 인식되었다.

젊은 시절을 의미하는 말로 쓰인 청년은 그 자체가 찬미의 대상이 되기보다는 대체로 노년과 짝을 이루어 늙은이가 과거를 회상하는 표현으로 사용되는 경우가 많았다.

① 소년으로 불리는 대상 중 자제로 불리지 않는 경우가 있었다.
② 젊은이를 지시하는 말 중 청년이 가장 부정적으로 쓰였다.
③ 약년은 충분히 노련하지 못한 어른을 지칭하기도 하였다.
④ 약년은 소년과 자제의 의미를 포괄하여 사용되었다.
⑤ 명문가의 후손을 높여 부를 때 자제라고 하였다.

문 28. 다음 글의 내용이 모두 참일 때 반드시 참인 것만을 〈보기〉에서 모두 고르면? 2018년

대한민국의 모든 사무관은 세종, 과천, 서울 청사 중 하나의 청사에서만 근무하며, 세 청사의 사무관 수는 다르다. 단, 세종 청사의 사무관 수가 서울 청사의 사무관 수보다 많다. 세 청사 중 사무관 수가 두 번째로 많은 청사의 사무관은 모두 일자리 창출 업무를 겸임한다. 세 청사의 사무관들 중 갑~정에 관하여 다음과 같은 사실이 알려져 있다.

- 갑과 병 중 적어도 한 명은 세종 청사에서 근무하고, 정은 서울 청사에서 근무한다.
- 일자리 창출 업무를 겸임하지 않는 사람은 이들 중 을뿐이다.
- 과천 청사에서 근무하는 사무관은 이들 중 2명이다.
- 을이 근무하는 청사는 사무관 수가 가장 적은 청사가 아니다.

〈보기〉

ㄱ. 갑, 을, 병, 정 중 사무관 수가 가장 적은 청사에서 일하는 사무관은 일자리 창출 업무를 겸임하지 않는다.
ㄴ. 을이 세종 청사에서 근무하거나 병이 서울 청사에서 근무한다.
ㄷ. 정이 근무하는 청사의 사무관 수가 가장 적다.

① ㄱ
② ㄷ
③ ㄱ, ㄴ
④ ㄴ, ㄷ
⑤ ㄱ, ㄴ, ㄷ

문 29. 다음 글에서 알 수 있는 것만을 〈보기〉에서 모두 고르면? 2018년

손익이 동일해도 상황에 따라 그 손익에 대한 효용은 달라질 수 있다. 손익이 양수이면 수익을 얻고 손익이 음수이면 손실을 입는다. 효용이 양수이면 만족감을 느끼고 효용이 음수이면 상실감을 느낀다. 효용의 차이는 다음과 같은 세 가지 특징을 통해 설명할 수 있다.

첫 번째 특징은 준거점 의존성이다. 사람들은 기대손익을 준거점으로 삼는다. 기대손익이 다르면 실제 손익이 같다 하더라도 그에 따른 만족감이나 상실감이 달라진다. 철수의 기대수익이 200만 원이었을 때 실제 수익이 300만 원이라면 그는 100만큼의 만족감을 느낀다. 하지만 그의 실제 수익이 300만 원으로 같아도 기대수익이 1,000만 원이었다면 그는 700만큼의 상실감을 느낀다. 두 번째 특징은 민감성 반응이다. 재산의 상황에 따라 민감성 반응도 달라진다. 재산이 양수이면 자산을 갖고 재산이 음수이면 부채를 갖는다. 사람들은 자산이 많을수록 동일한 수익에 대해 둔감하게 반응한다. 마찬가지로 부채가 많을수록 동일한 손실에 대해 둔감하게 반응한다. 예를 들어 100만 원의 손실을 입을 경우, 부채가 200만 원일 때 발생하는 상실감보다 부채가 1,000만 원일 때 발생하는 상실감이 더 작다. 세 번째 특징은 손실 회피성이다. 이는 심리적으로 수익보다 손실에 더 큰 가중치를 두는 것을 말한다. 기대손익과 재산이 고정되어 있는 경우, 한 사람이 100만 원의 수익을 얻었을 때 느끼는 만족감보다 100만 원의 손실을 입었을 때 느끼는 상실감이 더 크다. 연구에 따르면, 이 경우 상실감은 만족감의 2배로 나타났다.

〈보기〉

ㄱ. 손실을 입은 사람은 상실감을 느낀다.
ㄴ. 동일한 수익을 얻은 경우라도 자산이 x였을 때 자산이 y였을 때보다 더 큰 만족감을 느꼈다면, x는 y보다 작다.
ㄷ. 갑이 x의 손실을 입고 을이 x의 수익을 얻은 경우, 갑이 느끼는 상실감은 을이 느끼는 만족감의 2배이다.

① ㄱ
② ㄴ
③ ㄱ, ㄷ
④ ㄴ, ㄷ
⑤ ㄱ, ㄴ, ㄷ

문 30. 다음 글의 ㉠과 ㉡에 들어갈 내용을 〈보기〉에서 골라 적절하게 짝지은 것은? 2021년

> 경제가 어려울수록 사람들은 경제적 재화가 똑같이 분배되는 사회를 소망한다. 하지만 이러한 단순 평등 사회가 달성된다고 하더라도 그 상태는 유지될 수 없다. 처음에 경제적 재화를 똑같이 분배받는다고 하더라도 사람들은 자신의 선택에 따라 재화를 자유롭게 사용할 것이고, 그렇게 되면 시간이 지남에 따라 결국 다시 불평등한 사회가 될 것이기 때문이다. 이러한 불평등을 반복적으로 제거하면 다시 단순 평등 사회로 되돌아갈 수 있을지도 모른다. 하지만 그것은 오직 국가의 개입과 통제가 있어야만 가능한 일이다. 문제는 누구도 개인의 자유를 억압하는 사회를 원치 않는데, 국가의 개입과 통제가 필연적으로 개인의 자유를 억압한다는 것이다. 따라서 단순 평등 사회는 [㉠].
>
> 그렇다면 우리는 어떤 의미의 평등 사회를 지향해야 할까? 어떤 사람들이 비싼 물건을 살 능력이 있고 어떤 사람들은 그렇지 못하다는 경제적 불평등은 부정할 수 없는 현실이다. 하지만 우리는 경제적 재화 이외에도 자유, 사회적 지위, 정치권력 등의 다양한 사회적 가치들을 유용하다고 인정한다. 그래서 더욱 심각한 문제는 경제적 재화와 같은 하나의 사회적 가치가 불평등하게 분배되는 것이 정당한 이유 없이 다른 사회적 가치의 분배 문제에서까지 불평등을 유발할 수 있다는 것이다. 이런 결과를 초래하는 것은 바람직하지 않다. 재산이 많다고 정당한 이유 없이 정치권력을 소유하게 되거나, 정치권력을 가졌다고 정당한 이유 없이 높은 사회적 지위를 갖게 되는 것이 그런 예이다. 따라서 평등한 사회를 달성하기 위해서는 [㉡].

〈보기〉

ㄱ. 개인의 자유를 억압하지 않는다면 지속 가능한 것이다
ㄴ. 지속 가능하지도 않고 개인의 자유를 희생하면서까지 원하는 것이 아니다
ㄷ. 모든 사회적 가치 각각을 공정하게 분배하는 것이 중요하다
ㄹ. 하나의 사회적 가치에 대한 불평등이 다른 영역에서의 불평등으로 이어지는 것을 막는 것이 중요하다
ㅁ. 다양한 사회적 가치를 공정하게 분배하는 방법의 출발점으로 하나의 사회적 가치를 공정하게 분배하는 것부터 시작해야 한다

	㉠	㉡
①	ㄱ	ㄹ
②	ㄱ	ㅁ
③	ㄴ	ㄷ
④	ㄴ	ㄹ
⑤	ㄴ	ㅁ

문 31. 다음 글의 내용이 참일 때 반드시 참인 것만을 〈보기〉에서 모두 고르면? 2023년

> 부서에서 검토 중인 과제를 여섯 개의 범주, '중점 추진 과제', '타 부서와 협의가 필요한 과제', '많은 예산이 필요한 과제', '장기 시행 과제', '인력 재배치가 필요한 과제', '즉각적인 효과가 나타나는 과제'로 나누어 검토해 본 결과는 다음과 같다.
>
> - 중점 추진 과제 가운데 인력 재배치가 필요한 과제는 없지만 장기 시행 과제는 있다.
> - 타 부서와 협의가 필요한 과제 가운데 즉각적인 효과가 나타나는 과제는 없다.
> - 많은 예산이 필요한 과제 가운데 즉각적인 효과가 나타나는 과제가 있다.
> - 장기 시행 과제 가운데 타 부서와 협의가 필요하지 않은 과제는 모두 인력 재배치가 필요한 과제이다.
> - 인력 재배치가 필요한 과제 가운데 많은 예산이 필요한 과제는 없다.

〈보기〉

ㄱ. 장기 시행 과제이면서 즉각적인 효과가 나타나는 과제 가운데는 많은 예산이 필요한 과제가 없다.
ㄴ. 인력 재배치가 필요하지 않은 과제 가운데 즉각적인 효과가 나타나지 않는 과제가 있다.
ㄷ. 장기 시행 과제가 아니면서 많은 예산이 필요한 과제가 있다.

① ㄱ　　② ㄷ
③ ㄱ, ㄴ　　④ ㄴ, ㄷ
⑤ ㄱ, ㄴ, ㄷ

문 32. 윗마을에 사는 남자는 참말만 하고 여자는 거짓말만 한다. 아랫마을에 사는 남자는 거짓말만 하고 여자는 참말만 한다. 이 마을들에 사는 이는 남자거나 여자다. 윗마을 사람 두 명과 아랫마을 사람 두 명이 다음과 같이 대화하고 있을 때, 반드시 참인 것은? 2018년

> 갑 : 나는 아랫마을에 살아.
> 을 : 나는 아랫마을에 살아. 갑은 남자야.
> 병 : 을은 아랫마을에 살아. 을은 남자야.
> 정 : 을은 윗마을에 살아. 병은 윗마을에 살아.

① 갑은 윗마을에 산다.
② 갑과 을은 같은 마을에 산다.
③ 을과 병은 다른 마을에 산다.
④ 을, 병, 정 가운데 둘은 아랫마을에 산다.
⑤ 이 대화에 참여하고 있는 이들은 모두 여자다.

문 33. 다음 갑~병의 견해에 대한 분석으로 적절한 것만을 <보기>에서 모두 고르면? 2020년

> 갑 : 현대 사회에서 '기술'이라는 용어는 낯설지 않다. 이 용어는 어떻게 정의될 수 있을까? 한 가지 분명한 사실은 우리가 기술이라고 부를 수 있는 것은 모두 물질로 구현된다는 것이다. 기술이 물질로 구현된다는 말은 그것이 물질을 소재 삼아 무언가 물질적인 결과물을 산출한다는 의미이다. 나노기술이나 유전자조합기술도 당연히 이 조건을 만족하는 기술이다.
>
> 을 : 기술은 반드시 물질로 구현되는 것이어야 한다는 말은 맞지만 그렇게 구현되는 것들을 모두 기술이라고 부를 수는 없다. 가령, 본능적으로 개미집을 만드는 개미의 재주 같은 것은 기술이 아니다. 기술로 인정되려면 그 안에 지성이 개입해 있어야 한다. 나노기술이나 유전자조합기술을 기술이라 부를 수 있는 이유는 둘 다 고도의 지성의 산물인 현대과학이 그 안에 깊게 개입해 있기 때문이다. 더 나아가 기술에 대한 우리의 주된 관심사가 현대 사회에 끼치는 기술의 막강한 영향력에 있다는 점을 고려할 때, '기술'이란 용어의 적용을 근대 과학혁명 이후에 등장한 과학이 개입한 것들로 한정하는 것이 합당하다.
>
> 병 : 근대 과학혁명 이후의 과학이 개입한 것들이 기술이라는 점을 부인하지 않는다. 하지만 그런 과학이 개입한 것들만 기술로 간주하는 정의는 너무 협소하다. 지성이 개입해야 기술인 것은 맞지만 기술을 만들어내기 위해 과학의 개입이 꼭 필요한 것은 아니다. 오히려 기술은 과학과 별개로 수많은 시행착오를 통해 발전해 나가기도 한다. 이를테면 근대 과학혁명 이전에 인간이 곡식을 재배하고 가축을 기르기 위해 고안한 여러 가지 방법들도 기술이라고 불러야 마땅하다. 따라서 우리는 '기술'을 더 넓게 적용할 수 있도록 정의할 필요가 있다.

〈보기〉

ㄱ. '기술'을 적용하는 범위는 셋 중 갑이 가장 넓고 을이 가장 좁다.

ㄴ. 을은 '모든 기술에는 과학이 개입해 있다.'라는 주장에 동의하지만, 병은 그렇지 않다.

ㄷ. 병은 시행착오를 거쳐 발전해온 옷감 제작법을 기술로 인정하지만, 갑은 그렇지 않다.

① ㄱ

② ㄴ

③ ㄱ, ㄷ

④ ㄴ, ㄷ

⑤ ㄱ, ㄴ, ㄷ

문 34. 다음 중 자신이 한 진술들이 동시에 참일 수 있는 사람만을 모두 고르면? 2018년

> 나나 : 역사 안에서 일어나는 모든 일에는 선과 악이 없어. 하지만 개인이 선할 가능성은 여전히 남아있지. 자연의 힘으로 벌어지는 모든 일에는 선과 악이 없고, 역사란 자연의 힘만으로 전개되는 것이야. 개인이 노력한다고 해서 역사가 달라지지도 않아. 만일 개인이 노력한다고 해서 역사가 달라지지 않고 역사 안에서 일어나는 모든 일에 선과 악이 없다면, 개인은 역사 바깥에 나갈 때에만 선할 수 있어. 물론 개인은 역사 바깥에 나가지도 못하고, 자연의 힘을 벗어날 수도 없지.
>
> 모모 : 개인은 역사 바깥에 나가지도 못하고, 자연의 힘을 벗어날 수도 없어. 자연의 힘으로 벌어지는 모든 일에는 선과 악이 없다는 것도 참이야. 하지만 역사 안에서 일어나는 일 가운데는 선과 악이 있는 일도 있어. 왜냐하면 역사 안에서 일어나는 모든 일이 자연의 힘만으로 벌어지는 것은 아니니까. 역사 안에서 일어나는 일 중에는 지성과 사랑의 힘에 의해 일어나는 일도 있어. 지성과 사랑의 힘에 의해 일어나는 일에는 선과 악이 있지.
>
> 수수 : 역사 중에는 물론 지성의 역사와 사랑의 역사도 있지. 하지만 그것을 포함한 모든 역사는 오직 자연의 힘만으로 벌어지지. 지성과 사랑의 역사도 진화의 역사일 뿐이고, 진화의 역사는 오직 자연의 힘만으로 벌어지기 때문이야. 자연의 힘만으로 벌어지는 모든 일에는 선과 악이 없지만, 진화의 역사에서 오직 자연의 힘만으로 인간 지성과 사랑이 출현한 일에는 선이 있음이 분명해.

① 모모

② 수수

③ 나나, 모모

④ 나나, 수수

⑤ 나나, 모모, 수수

문 35. 다음 글의 ㉠에 대한 평가로 적절한 것만을 〈보기〉에서 모두 고르면? 2020년

지금까지 알려진 적이 없는 어느 부족의 언어를 최초로 번역해야 하는 번역자 S를 가정하자. S가 사용할 수 있는 자료는 부족민들의 언어 행동에 관한 관찰 증거뿐이다. S는 부족민들의 말을 듣던 중에 여러 번 '가바가이'라는 말소리를 알아들었는데, 그때마다 항상 눈앞에 토끼가 있다는 사실을 관찰했다. 이에 S는 '가바가이'를 하나의 단어로 추정하면서 그에 대한 몇 가지 가능한 번역어를 생각했다. 그것은 '한 마리의 토끼'라거나 '살아있는 토끼' 등 여러 상이한 의미로 번역될 수 있었다. 관찰 가능한 증거들은 이런 번역 모두와 어울렸기 때문에 S는 어느 번역이 옳은지 결정할 수 없었다.

이 문제를 해결하는 방안으로 제시된 ㉠ 이론 A는 전체의 의미로부터 그 구성요소의 의미를 결정하고자 한다. 즉, 문제의 단어를 포함하는 문장들을 충분히 모아 각 문장의 의미를 확정한 후에 이것을 기반으로 각 문장의 구성요소에 해당하는 단어의 의미를 결정하려는 것이다. 이런 점은 과학에서 단어의 의미를 확정하는 사례를 통해서 분명하게 드러난다. 예를 들어, '분자'의 의미는 "기체의 온도는 기체를 구성하는 분자들의 충돌에 의한 것이다."와 같은 문장들의 의미를 확정함으로써 결정할 수 있다. 그리고 이 문장들의 의미는 수많은 문장들로 구성된 과학 이론 속에서 결정될 것이다. 결국 과학의 단어가 지니는 의미는 과학 이론에 의존하게 되는 것이다.

〈보기〉

ㄱ. "고래는 포유류이다."의 의미를 확정하기 위해서는 먼저 '포유류'의 의미를 결정해야 한다는 점은 ㉠을 강화한다.
ㄴ. 뉴턴역학에서 사용되는 '힘'이라는 단어의 의미가 뉴턴역학에 의거하여 결정될 수 있다는 점은 ㉠을 강화한다.
ㄷ. 토끼와 같은 일상적인 단어는 언어 행위에 대한 직접적인 관찰 증거만으로 그 의미를 결정할 수 있다는 점은 ㉠을 약화한다.

① ㄱ
② ㄴ
③ ㄱ, ㄷ
④ ㄴ, ㄷ
⑤ ㄱ, ㄴ, ㄷ

문 36. 다음 글에서 알 수 있는 것은? 2022년

조선 후기에 백성의 작은 살림집을 짓는 목재 정도는 민간 목재 상인인 목상에게 사서 쓰면 되었지만, 궁궐이나 성곽 건설처럼 대규모 관영 공사에 사용되는 재료는 그럴 수가 없었다. 목상은 대개 수요가 많은 작은 목재만 취급했기 때문이다. 관영 공사에 필요한 재료는 임시건설 본부격인 도감에서 직접 구하거나 나라에 물자를 납품하는 공인으로부터 공급받았다. 공인은 전인과 도고 상인으로 나누어지는데, 선혜청에서 물건 값을 선불로 지급하고 납품받는 방식인 원공은 전인이, 호조에서 후불로 지급하는 방식인 별무는 도고 상인이 담당했다. 원공은 시가보다 물건 값을 많이 받을 수 있었지만 1768년에 폐지되었다. 이후 목재를 비롯한 건축 재료 납품은 도고 상인이 전담하였다. 도고 상인은 시가보다 낮은 비용을 받으면서 과중한 세금을 감내했는데, 그 이유는 벌목권을 얻기 위해서였다. 그러나 운송 기술 발달과 민간 상업 발전에 따라 공인의 경쟁력은 점점 약화됐고, 19세기부터는 주로 민간 목재 상인이 관영 공사의 목재를 공급했다.

산지의 목재는 수로를 통해 배로 운송되었다. 수로 운송을 맡았던 배는 시기별로 달랐다. 17세기에는 세곡을 운송하는 조세선이 주로 쓰이고 군선이 동원되기도 했다. 그러나 18세기에는 조세선보다는 군선과 개인이 소유한 사선의 비중이 커졌다. 군선은 조세선보다 크고 튼튼했기 때문에 자주 동원되었다. 그럼에도 조세선에 의한 건축 재료 운송이 완전히 사라지지 않은 것은, 원거리 운항 기술이 축적되어 있었고 항해술이 노련하여 군선보다는 사고 위험이 덜했기 때문이다. 이에 원거리 운송은 조세선이 담당했다.

17세기까지 건축 재료의 하역과 각 창고까지의 운송은 백성들의 부역 노동으로 해결하였지만, 1707년에 마계를 창설하여 이를 전담시켰다. 한편 관영 공사에 필요한 건축 재료를 구하고 운송하는 책임은 영역부장에게 있었는데, 1789년에 패장이 설치되어 이를 대신하였다. 영역부장은 도감의 최하위 관리직으로 작업소별로 몇 명씩 배정되어 실무를 맡았다. 영역부장 위의 도청은 재료의 반입 및 공사장의 검수 등 행정 전반을 진두지휘했다. 하지만 지방의 관영 공사에 필요한 재료 구입은 지방 감영 소속의 군수나 만호가 담당했다.

① 선혜청에 목재를 납품하는 것보다 도감에 납품하는 것이 보다 큰 수익을 올릴 수 있었다.
② 19세기부터 관영 공사의 목재 공급과 운송을 주로 목상이 담당하면서 영역부장이 폐지되었다.
③ 만호가 지방 관영 공사에 사용하기 위해 구입한 목재는 도청의 책임하에 마계가 창고까지 운송하였다.
④ 건축 재료 값을 관청에서 선불로 지급하고 납품받는 방식이 폐지된 해의 원거리 운송은 조세선이 담당하였다.
⑤ 17세기에 이루어진 관영 공사에서 도감의 영역부장은 전인으로부터 목재를 구입하여 운송할 책임이 있었다.

문 37. 다음 글에서 알 수 있는 것은? 2021년

통제되지 않는 자연재해와 지배자의 요구에 시달리면서 겨우 생계를 유지하는 전(前)자본주의 농업사회 농민들에게, 신고전주의 경제학에서 말하는 '이윤의 극대화'를 위한 계산의 여지는 거의 없다. 정상적인 농민이라면 큰 벌이는 되지만 모험적인 것을 시도하기보다는 자신과 자신의 가족들을 파멸시킬 수도 있는 실패를 피하려고 하기 마련이다. 이와 같은 악조건은 농민들에게 삶의 거의 모든 측면에서 안전 추구를 최우선으로 여기는 성향을 체득하도록 한다. 이러한 '안전 제일의 원칙'을 추구하기 위해, 농민들은 경험 축적을 바탕으로 하는 종자의 다양화, 경작지의 분산화, 재배 기술 개선 등 생계 안정성을 담보하는 기술적 장치를 필요로 한다. 또한 마을 내에서 이루어지는 다양한 유형의 호혜성, 피지배층이 지배층에 기대하는 관대함, 그리고 토지의 공동체적 소유 및 공동 노동 등 절박한 농민들에게 최소한의 생존을 보장하는 사회적 장치도 필요로 한다.

이런 측면에서 지주와 소작인 간의 소작제도 역시 흥미롭다. 소작인이 지주에게 납부하는 지대의 종류에는 수확량의 절반씩을 나누어 갖는 분익제와 일정액을 지대로 지불하는 정액제가 있다. 분익제에서는 수확이 없으면 소작료를 요구하지 않지만, 정액제에서는 벼 한 포기 자라지 않았어도 의무 수행을 요구한다. 생존을 위협할 정도의 흉년이 자주 있던 것이 아니라는 점을 감안하면, 정액제는 분익제에 비해 소작인의 이윤을 극대화할 수도 있는 방법이었지만 전자본주의 농업사회에서 보다 일반적인 방식은 분익제였다.

이러한 상황은 필리핀 정부가 벼 생산 분익농들을 정액 소작농으로 전환시키고자 시도한 루손 지역에서도 관찰되었다. 정부는 소작농들에게 분익제하에서 부담하던 평균 지대의 1/4에 해당하는 수치를 정액제 지대로 제시하였다. 새로운 체제에서 소작인은 대략적으로 이전 연평균 수입의 두 배, 새로운 종자를 채택할 경우는 그 이상의 수입을 실현할 수 있으리라는 기대를 가질 수 있었다. 그러나 새로운 체제가 제시하는 기대 수입에서의 상당한 이득에도 불구하고, 많은 농민들은 정액제 자체에 내포되어 있는 생계에 관련된 위험성 때문에 전환을 꺼렸다.

① 안전 제일의 원칙은 신고전주의 경제학에서 말하는 이윤 극대화를 위한 계산 논리에 부합한다.
② 전자본주의 농업사회 농민들은 모험적인 시도가 큰 벌이로 이어질 수 있다는 사실을 인식하지 못했다.
③ 안전 추구를 최우선으로 여기는 전자본주의 농업사회의 기술적 장치는, 사회적 장치들이 최소한의 생존을 보장하는 환경하에 발달했다.
④ 루손 지역의 농민들이 정액제로의 전환을 꺼렸던 것은 정액제를 택했을 때 생계에 관련된 위험성이 분익제를 택했을 때보다 작다고 느꼈기 때문이다.
⑤ 어느 농가의 수확량이 이전 연도보다 두 배로 늘었을 경우, 이전 연도 수확량의 절반을 내기로 계약하는 정액제를 택하는 것이 분익제를 택하는 것보다 이윤이 크다.

문 38. 다음 글의 ㉠~㉢에 대한 평가로 적절한 것만을 〈보기〉에서 모두 고르면? 2020년

종소리를 울린다고 개가 침을 흘리지는 않지만, 먹이를 줄 때마다 종소리를 내면 종소리만으로도 개가 침을 흘리게 된다. 이처럼 원래 반응을 일으키지 않는 '중립적 자극'과 무조건 반응을 일으키는 '무조건 자극'을 결합하여 중립적 자극만으로도 반응이 일어나게 되는 과정을 '조건화'라고 한다. 조건화의 특성에 관하여 다음과 같은 주장이 있다. 첫째, ㉠ <u>조건화가 이루어지려면 중립적 자극과 무조건 자극이 여러 차례 연결되어야 한다</u>. 둘째, ㉡ <u>조건화가 이루어지려면 중립적 자극과 무조건 자극 간의 간격이 0~1초 정도로 충분히 짧아야 한다</u>. 셋째, ㉢ <u>무조건 자극과 중립적 자극이 각각 어떤 종류의 자극인지는 조건화의 정도에 영향을 미치지 않는다</u>.

조건화의 특성을 확인하기 위해 쥐를 가지고 두 가지 실험을 했다. 실험에는 사카린을 탄 '단물'과 빛을 쬐어 밝게 빛나는 '밝은 물'을 이용하였다. 방사능을 쬔 쥐는 무조건 반응으로 구토증을 일으키고, 전기 충격을 받은 쥐는 무조건 반응으로 쇼크를 경험한다.

〈실험 A〉

쥐들을 두 집단으로 나누어 실험군에 속한 쥐들에게는 단물을 주고 30분 후 한 차례 방사능에 노출했다. 한편, 대조군에 속한 쥐들에게는 맹물을 주고 30분 후 한 차례 방사능에 노출했다. 사흘 뒤 두 집단의 쥐들에게 단물을 주었더니 물맛을 본 실험군의 쥐들은 구토 증상을 나타냈지만 대조군의 쥐들은 그러지 않았다.

〈실험 B〉

쥐들을 네 집단으로 나누었다. 집단 1의 쥐들에게 단물을 주면서 방사능에 노출했고, 집단 2의 쥐들에게는 단물을 주면서 전기 충격을 가했다. 집단 3의 쥐들에게 밝은 물을 주면서 방사능에 노출했고, 집단 4의 쥐들에게는 밝은 물을 주면서 전기 충격을 가했다. 이런 과정을 여러 차례 반복하고 사흘 뒤 자극에 대한 반응을 조사했다. 단물을 주자 일부 쥐들에서 미미한 쇼크 반응이 나타난 집단 2와 달리 집단 1의 쥐들은 확연한 구토 반응을 보였다. 또 밝은 물을 주었을 때, 미미한 구토 반응을 보인 집단 3과 달리 집단 4의 쥐들은 몸을 떨며 쇼크에 해당하는 반응을 보였다.

〈보기〉

ㄱ. 〈실험 A〉는 ㉠을 약화하지만 ㉢을 약화하지 않는다.
ㄴ. 〈실험 B〉는 ㉠을 약화하지 않지만 ㉢을 약화한다.
ㄷ. 〈실험 A〉는 ㉡을 약화하지만 〈실험 B〉는 ㉡을 약화하지 않는다.

① ㄱ
② ㄴ
③ ㄱ, ㄷ
④ ㄴ, ㄷ
⑤ ㄱ, ㄴ, ㄷ

문 39. 다음 대화의 ㉠과 ㉡에 들어갈 말을 적절하게 나열한 것은? 2022년

갑 : 당뇨 환자에게 처방할 약품 A~G를 어떤 방식으로 사용해야 할지 고민하고 있는데, 정말 난감한 상황이야. A를 사용하지 않으면 C를 사용해야 하고, B를 사용하지 않으면 D를 사용해야 해서 말이야.
을 : 그게 걱정이 되는 이유는 뭐야?
갑 : 결국 C나 D 중 적어도 하나를 사용할 수밖에 없게 되잖아. 그런데 지난달부터 C와 D가 금지 약물로 지정되어서 C나 D를 사용할 수 없게 되었어.
을 : 그렇게 걱정하는 걸 보니, 너는 [㉠]고 생각하고 있구나? 그렇다면 걱정할 필요 없어.
병 : 실은 나도 그것 때문에 걱정인데, 어째서 걱정할 필요가 없어?
을 : E와 F를 모두 사용하지 않을 경우에는 A와 B를 모두 사용해야 하거든.
병 : 그래? 그럼 너는 E도 F도 모두 사용하지 않게 될 것이라고 생각하는구나?
을 : 맞아.
병 : 네 말이 모두 참이라면 정말 금지 약물을 걱정할 필요가 없겠네.
갑 : 아니야. 을이 잘못 알고 있는 게 있어. F는 필수적으로 사용해야 하거든.
을 : 그래도 걱정할 필요는 없어. 왜냐하면, [㉡]고 하거든.
갑 : 그래? 그럼 걱정할 필요가 없겠네. G를 사용할 필요는 없으니까.

① ㉠ : A와 B 중 적어도 하나는 사용해야 한다
　㉡ : A와 B를 모두 사용할 경우 F는 사용해야 한다
② ㉠ : A와 B 중 적어도 하나는 사용하지 않아야 한다
　㉡ : A와 B를 모두 사용할 경우 F는 사용해야 한다
③ ㉠ : A와 B 중 적어도 하나는 사용하지 않아야 한다
　㉡ : A와 B를 모두 사용할 경우 G를 사용하지 않아야 한다
④ ㉠ : A와 B 중 적어도 하나는 사용해야 한다
　㉡ : F를 사용하고 G를 사용하지 않을 경우, A와 B를 모두 사용해야 한다
⑤ ㉠ : A와 B 중 적어도 하나는 사용하지 않아야 한다
　㉡ : F를 사용하고 G를 사용하지 않을 경우, A와 B를 모두 사용해야 한다

문 40. 다음 글의 A~D에 대한 분석으로 적절한 것만을 〈보기〉에서 모두 고르면? 2019년

A : '정격연주'란 음악을 연주할 때 그것이 작곡된 시대에 연주된 느낌을 정확하게 구현하는 것을 목표로 하는 연주이다. 그럼 어떻게 정격연주가 가능할까? 그 방법은 옛 음악을 작곡 당시에 공연된 것과 똑같이 재연하는 것이다. 이런 연주는 가능하며, 그렇다면 우리는 음악이 작곡되었던 때와 똑같은 느낌을 구현할 수 있을 것이다.

B : 옛 음악을 작곡 당시에 연주된 것과 똑같이 재연하는 것은 이상일 뿐이지 현실화할 수 없다. 18세기 오페라 공연에서 거세된 사람만 할 수 있었던 카스트라토 역을 오늘날에는 도덕적인 이유에서 여성 소프라노가 맡아서 노래한다. 따라서 과거와 현재의 연주 관습상 차이 때문에, 옛 음악을 작곡 당시와 똑같이 재연하는 것은 불가능하다.

C : 똑같이 재연하지 못한다고 해서 정격연주가 불가능한 것은 아니다. 작곡자는 명확히 하나의 의도를 갖고 작품을 창작한다. 작곡자가 자신의 작품이 어떻게 들리기를 의도했는지 파악해 연주하면, 작곡된 시대에 연주된 느낌을 정확하게 구현할 수 있다. 따라서 작곡자의 의도를 파악할 수 있다면 정격연주를 할 수 있다.

D : 작곡자의 의도대로 한 연주가 작곡된 시대에 연주된 느낌을 정확하게 구현하지 못할 수 있다. 작곡된 시대에 연주된 느낌을 정확하게 구현하려면 작곡자의 의도뿐만 아니라 당시의 연주 관습도 고려해야 한다. 전근대 시대에 악기 구성이나 프레이징 등은 작곡자의 의도만이 아니라 연주자와 연주 상황에 따라 관습적으로 결정되었다. 따라서 작곡자의 의도와 연주 관습을 모두 고려하지 않는다면 정격연주를 실현할 수 없다.

〈보기〉

ㄱ. A와 C는 옛 음악을 과거와 똑같이 재연한다면 과거의 연주 느낌이 구현될 수 있다는 것을 부정하지 않는다.
ㄴ. B는 어떤 과거 연주 관습은 현대에 똑같이 재연될 수 없다는 것을 인정하지만 D는 그렇지 않다.
ㄷ. C와 D는 작곡자의 의도를 파악한다면 정격연주가 가능하다는 것에 동의한다.

① ㄱ
② ㄴ
③ ㄱ, ㄷ
④ ㄴ, ㄷ
⑤ ㄱ, ㄴ, ㄷ

문 41. 다음 글의 ㉠과 ㉡에 들어갈 말을 가장 적절하게 나열한 것은? 2020년

축산업은 지난 50여 년 동안 완전히 바뀌었다. 예를 들어, 1967년 미국에는 약 100만 곳의 돼지 농장이 있었지만, 2005년에 들어서면서 전체 돼지 농장의 수는 10만을 조금 넘게 되었다. 이러는 가운데 전체 돼지 사육 두수는 크게 증가하여 [㉠] 밀집된 형태에서 대규모로 돼지를 사육하는 농장이 출현하기 시작하였다. 이러한 농장은 경제적 효율성을 지녔지만, 사육 가축들의 병원균 전염 가능성을 높인다. 이러한 농장에서 가축들이 사육되면, 소규모 가축 사육 농장에 비해 벌레, 쥐, 박쥐 등과의 접촉으로 병원균들의 침입 가능성은 높아진다. 또한 이러한 농장의 가축 밀집 상태는 가축 간 접촉을 늘려 병원균의 전이 가능성을 높임으로써 전염병을 쉽게 확산시킨다.

축산업과 관련된 가축의 가공 과정과 소비 형태 역시 변화하였다. 과거에는 적은 수의 가축을 도축하여 고기 그 자체를 그대로 소비할 수밖에 없었다. 그러나 현대에는 소수의 대규모 육류가공기업이 많은 지역으로부터 수집한 수많은 가축의 고기를 재료로 햄이나 소시지 등의 육류가공제품을 대량으로 생산하여 소비자에 공급한다. 이렇게 되면 오늘날의 개별 소비자들은 적은 양의 육류가공제품을 소비하더라도, 엄청나게 많은 수의 가축과 접촉한 결과를 낳는다. 이는 소비자들이 감염된 가축의 병원균에 노출될 가능성을 높인다.

정리하자면 [㉡] 결과를 야기하기 때문에, 오늘날의 변화된 축산업은 소비자들이 가축을 통해 전염병에 노출될 가능성을 높인다.

① ㉠ : 농장당 돼지 사육 두수는 줄고 사육 면적당 돼지의 수도 줄어든
   ㉡ : 가축 사육량과 육류가공제품 소비량이 증가하는
② ㉠ : 농장당 돼지 사육 두수는 줄고 사육 면적당 돼지의 수도 줄어든
   ㉡ : 가축 간 접촉이 늘고 소비자도 많은 수의 가축과 접촉한
③ ㉠ : 농장당 돼지 사육 두수는 늘고 사육 면적당 돼지의 수도 늘어난
   ㉡ : 가축 사육량과 육류가공제품 소비량이 증가하는
④ ㉠ : 농장당 돼지 사육 두수는 늘고 사육 면적당 돼지의 수도 늘어난
   ㉡ : 가축 간 접촉이 늘고 소비자도 많은 수의 가축과 접촉한
⑤ ㉠ : 농장당 돼지 사육 두수는 늘고 사육 면적당 돼지의 수도 늘어난
   ㉡ : 가축 간 접촉이 늘고 소비자는 적은 수의 가축과 접촉한

문 42. 다음 글의 빈칸에 들어갈 진술로 가장 적절한 것은? 2018년

기분관리 이론은 사람들의 기분과 선택 행동의 관계에 대해 설명하기 위한 이론이다. 이 이론의 핵심은 사람들이 현재의 기분을 최적 상태로 유지하려고 한다는 것이다. 따라서 기분관리 이론은 흥분 수준이 최적 상태보다 높을 때는 사람들이 이를 낮출 수 있는 수단을 선택한다고 예측한다. 반면에 흥분 수준이 낮을 때는 이를 회복시킬 수 있는 수단을 선택한다고 예측한다. 예를 들어, 음악 선택의 상황에서 전자의 경우에는 차분한 음악을 선택하고 후자의 경우에는 흥겨운 음악을 선택한다는 것이다. 기분조정 이론은 기분관리 이론이 현재 시점에만 초점을 맞추고 있다는 점을 지적하고 이를 보완하고자 한다. 기분조정 이론을 음악 선택의 상황에 적용하면, [ ] 고 예측할 수 있다.

연구자 A는 음악 선택 상황을 통해 기분조정 이론을 검증하기 위한 실험을 했다. 그는 실험 참가자들을 두 집단으로 나누고 집단 1에게는 한 시간 후 재미있는 놀이를 하게 된다고 말했고, 집단 2에게는 한 시간 후 심각한 과제를 하게 된다고 말했다. 집단 1은 최적 상태 수준에서 즐거워했고, 집단 2는 최적 상태 수준을 벗어날 정도로 기분이 가라앉았다. 이때 연구자 A는 참가자들에게 기다리는 동안 음악을 선택하게 했다. 그랬더니 집단 1은 다소 즐거운 음악을 선택한 반면, 집단 2는 과도하게 흥겨운 음악을 선택했다. 그런데 30분이 지나고 각 집단이 기대하는 일을 하게 될 시간이 다가오자 두 집단 사이에는 뚜렷한 차이가 나타났다. 집단 1의 선택에는 큰 변화가 없었으나, 집단 2는 기분을 가라앉히는 차분한 음악을 선택하는 쪽으로 변하는 경향을 보인 것이다. 이러한 선택의 변화는 기분조정 이론을 뒷받침하는 것으로 간주되었다.

① 사람들은 현재의 기분을 지속하는 데 도움이 되는 음악을 선택한다
② 사람들은 다음에 올 상황을 고려해 흥분을 유발할 수 있는 음악을 선택한다
③ 사람들은 다음에 올 상황에 맞추어 현재의 기분을 조정하는 음악을 선택한다
④ 사람들은 현재의 기분과는 상관없이 자신이 평소 선호하는 음악을 선택한다
⑤ 사람들은 현재의 기분이 즐거운 경우에는 그것을 조정하기 위해 그와 반대되는 기분을 자아내는 음악을 선택한다

문 43. 다음 글에서 알 수 있는 것은? 2020년

산소가 관여하는 신진대사에서 부산물로 만들어지는 활성산소는 노화나 질병을 일으킬 수 있다. 따라서 활성산소를 제거하는 항산화 물질을 섭취하는 것은 건강을 지키기 위해 중요하다.

항산화 물질 중 하나인 폴리페놀은 맥주, 커피, 와인, 찻잎뿐만 아니라 여러 식물에 있다. 폴리페놀의 구성물질 중 약 절반은 항산화 복합물인 플라보노이드이며, 플라보노이드는 플라보놀과 플라바놀이라는 두 항산화 물질로 구성되어 있다.

찻잎에는 플라바놀에 속하는 카데킨이 있으며, 이 카데킨이 활성산소를 제거하는 중요한 항산화 물질이다. 카데킨은 여러 항산화 물질로 되어있는데, 이중 에피갈로카데킨 갈레이트는 차가 우러날 때 쓰고 떫은맛을 내는 성분인 탄닌이다. 탄닌은 차뿐만 아니라 와인 맛의 특징을 결정짓는 중요한 요소이다.

제조 과정에서 산화 과정이 일어나지 않아서 비산화 차로 분류되는 녹차는 카데킨을 많이 함유하고 있다. 하지만 산화차인 홍차는 제조하는 동안 일어나는 산화 과정에서 카데킨의 일부가 테아플라빈과 테아루비딘이라는 또 다른 항산화 물질로 전환되는데, 이 두 물질이 홍차를 홍차답게 만드는 맛과 색상을 내는 것에 주된 영향을 미친다. 테아플라빈은 홍차를 만들기 위한 산화가 시작되면서 첫 번째로 나타나는 물질이다. 테아플라빈은 차의 색깔을 오렌지색 계통의 금색으로 변화시키며 다소 투박하고 떫은맛을 내게 한다. 이후에 산화가 더 진행되면 테아루비딘이 나타나는데, 테아루비딘은 차가 좀 더 부드럽고 감미로운 맛을 내고 어두운 적색 계통의 갈색을 갖게 한다. 따라서 산화를 길게 하면 할수록 테아루비딘의 양이 많아지고 차는 더욱더 부드럽고 감미로워진다.

중국 홍차가 인도나 스리랑카 홍차보다 대체로 부드러운 것은 산화 과정을 더 오래 하기 때문이다. 즉 홍차의 제조 방법과 조건이 차에 있는 테아플라빈과 테아루비딘의 상대적 비율을 결정하고 차의 색상과 맛의 스펙트럼에 영향을 미치는 중요한 요소가 되는 것이다.

① 테아루비딘의 양에 대한 테아플라빈의 양의 비율은 오렌지색 계통의 금색 홍차보다 어두운 적색 계통의 갈색 홍차에서 더 높다.
② 찻잎에 있는 플라보노이드는 활성산소가 생성되지 못하게 함으로써 항산화 작용을 한다.
③ 와인과 커피는 플라바놀이 들어있는 폴리페놀을 가지고 있다.
④ 에피갈로카데킨 갈레이트는 녹차보다 홍차에 더 많이 들어있다.
⑤ 인도 홍차보다 중국 홍차에 카데킨이 더 많이 들어있다.

문 44. 다음 글의 내용이 참일 때, 반드시 참인 것만을 〈보기〉에서 모두 고르면? 2021년

철학과에서는 학생들의 수강 실태를 파악하여 향후 학과 교과목 개편에 반영할 예정이다. 실태를 파악한 결과, 〈논리학〉, 〈인식론〉, 〈과학철학〉, 〈언어철학〉을 모두 수강한 학생은 없었다. 〈논리학〉을 수강한 학생들은 모두 〈인식론〉도 수강하였다. 일부 학생들은 〈인식론〉과 〈과학철학〉을 둘 다 수강하였다. 그리고 〈언어철학〉을 수강하지 않은 학생들은 누구도 〈과학철학〉을 수강하지 않았다.

〈보기〉

ㄱ. 〈논리학〉을 수강하지 않은 학생이 있다.
ㄴ. 〈논리학〉과 〈과학철학〉을 둘 다 수강한 학생은 없다.
ㄷ. 〈인식론〉과 〈언어철학〉을 둘 다 수강한 학생이 있다.

① ㄱ
② ㄴ
③ ㄱ, ㄷ
④ ㄴ, ㄷ
⑤ ㄱ, ㄴ, ㄷ

문 45. 다음 글에서 알 수 있는 것은? 2018년

조선시대에는 변경의 급보를 전할 때 봉수를 이용하는 경우가 많았다. 봉수의 '봉'은 횃불을 의미하며, '수'는 연기라는 뜻을 지닌다. 봉수란 밤에는 횃불, 낮에는 연기를 사용해 릴레이식으로 신호를 보내는 것이다.

봉수 제도는 삼국시대부터 있었다. 그러나 그것이 체계적으로 정비된 것은 조선시대 세종 때의 일이다. 세종은 병조 아래에 무비사(武備司)라는 기구를 두어 봉수를 관할하도록 하는 한편, 각 지방에 봉수대를 설치하였다. 봉수대는 연변봉수대, 내지봉수대, 경봉수대로 나뉘어져 있었다. 연변봉수대에서는 외적이 접근할 때 곧바로 연기나 불을 올려 급보를 전했다. 그러면 그 소식이 여러 곳의 봉수대를 거쳐 한양으로 전해지도록 되어 있었다.

봉수로는 다섯 개 노선으로 나뉘어져 있었다. 제1로는 함경도 경흥에서 출발하여 각지의 봉수대를 거친 다음 한양의 경봉수대로 이어졌다. 제2로는 동래에서 출발하는 노선이었고, 제3로와 제4로는 평안도 강계와 의주에서 각각 출발하는 노선이었다. 제5로도 순천에서 시작하여 경봉수대까지 연결되어 있었다. 봉수대에서는 봉수를 다섯 개까지 올릴 수 있었다. 평상시에는 봉수를 1개만 올렸고, 적이 멀리서 접근하는 것이 보이면 2개를 올렸다. 적이 국경에 거의 다가왔을 때에는 3개, 국경을 침범하면 4개를 올렸다. 또 조선군이 외적과 전투를 시작할 때 5개를 올려 이를 알려야 했다.

연변봉수대가 외적의 접근을 알리는 봉수를 올리면 그 소식이 하루 안에 한양으로 전달되었다고 한다. 그러나 아무리 봉수를 올려도 어떤 내지봉수대에서는 앞봉수대의 신호가 잘 보이지 않는 경우가 있었다. 날씨 때문에 앞 봉수대에서 봉수가 몇 개 올라갔는지 분간하기 어려울 수 있었던 것이다. 그때에는 봉수군이 직접 그 봉수대까지 달려가서 확인해야 했다.

봉수대를 지키는 봉수군에게는 매일 올리는 봉수를 꺼지지 않도록 할 의무가 있었다. 그러나 그 일이 너무 고되었기 때문에 의무를 다하지 않고 도망가 버리는 경우가 적지 않았다. 이 때문에 을묘왜변 때에는 연변봉수대의 신호가 내지봉수대들에게 제대로 전달되지 못했다. 선조는 선왕이 을묘왜변 당시 발생한 이 문제를 시정하지 못했다는 점을 인지하고, 봉수가 원활하게 전달되지 않을 때를 대비하여 파발 제도를 운영하였다.

① 선조는 내지봉수대가 제 기능을 하지 않자 을묘왜변 때 봉수 제도를 폐지하고 파발을 운영하였다.

② 햇빛이 강한 날에는 정해진 규칙에 따라 봉수를 올리지 않고 봉수군이 다음 봉수대로 달려가 소식을 전했다.

③ 연변봉수대는 군사적으로 긴급한 상황이 발생할 때 낮에 횃불을 올리고 밤에는 연기를 올려 경봉수대에 알려야 했다.

④ 연변봉수대는 평상시에 1개의 봉수를 올렸지만, 외적이 국경을 넘으면 바로 2개의 봉수를 올려 위급한 상황을 알렸다.

⑤ 조선군이 국경을 넘은 외적과 싸우기 시작할 때 연변봉수대는 5개의 봉수를 올려 이 사실을 내지봉수대로 전해야 했다.

문 46. 다음 글에서 추론할 수 없는 것은? 2020년

장수 비결에 관한 연구 결과에 따르면 행복한 결혼생활과 규칙적인 운동이 장수에 필요한 조건이라는 사실이 밝혀졌다. 또 하나 필요한 조건은 짜거나 기름진 음식을 즐겨 먹지 말아야 한다는 것이다.

이 연구 결과를 검증하기 위해 90세 이상 장수 노인 100명과 전국 평균에도 못 미치는 나이에 세상을 떠난 조기 사망자 100명, 총 200명으로 구성된 하나의 표본 집단 X를 구성하여 조사한 결과, 장수 노인 중에 이 연구 결과에 부합하지 않는 사례는 한 명도 없었다. 이번 조사를 통해 X에 속한 사람들에 대해 추가로 알려진 정보는 다음과 같다.

결혼생활이 행복하지 않은 사람들은 모두 면역지수가 낮았는데, 조기 사망자는 모두 면역지수가 낮았다. 짜거나 기름진 음식을 즐겨 먹지 않는 사람들의 경우 모두 혈중 콜레스테롤 지수가 낮게 나타났는데, 조기 사망자는 모두 혈중 콜레스테롤 지수가 높았다. 규칙적인 운동을 하지 않은 사람들은 모두 β호르몬이 평균치보다 적게 분비된 것으로 나타났는데, β호르몬이 평균치보다 적게 분비된 사람은 모두 체지방 비율이 정상 범위를 넘어섰다고 한다. 그런데 조기 사망자는 아무도 체지방 비율이 정상 범위를 넘어서지 않았던 것으로 드러났다.

① X에 속한 모든 사람은 규칙적으로 운동을 했다.

② X에 속한 장수 노인 중에 혈중 콜레스테롤 지수가 높은 사람은 없다.

③ X에 속한 조기 사망자 중에 짜거나 기름진 음식을 즐겨 먹은 사람이 있었다.

④ X에 속한 장수 노인 중에 체지방 비율이 정상 범위를 넘어서지 않는 사람이 있다.

⑤ X에 속한 조기 사망자라면 누구나 결혼생활이 행복하지 않았거나 β호르몬이 평균치보다 적게 분비되지 않았다.

문 47. 다음 글에서 알 수 있는 것은? 2021년

15~16세기에 이질은 사람들을 괴롭히는 가장 주요한 질병이 되었다. 조선은 15세기부터 냇둑을 만들어 범람원(汎濫原)을 개간하기 시작하였고, 『농사직설』을 편찬하여 적극적으로 벼농사를 보급하였다. 이질은 이처럼 벼농사를 중시하여 냇가를 개간한 조선이 감당하여야 하는 숙명이었다.

벼농사를 짓는 논은 밭 위에 물을 가두어 농사를 짓는 농업 시설이었다. 새로 생긴 논 주변의 구릉에는 마을들이 생겨났다. 하지만 사람들이 쏟아내는 오물이 도랑을 통해 논으로 흘러들었고, 사람의 눈에 보이지 않는 미생물 중 수인성(水因性) 병균이 번성하였다. 그중 위산을 잘 견디는 시겔라균은 사람의 몸에 들어오면 적은 양이라도 대장까지 곧바로 도달하였고, 어김없이 이질을 일으켰다.

이질은 15세기 초반 급증하기 시작하여 17세기 이후에는 크게 감소하였다. 이러한 변화의 원인은 생태환경의 측면에서 찾을 수 있다. 15~16세기 냇둑에 의한 농지 개간은 범람원을 논으로 바꾸었다. 장마나 강우에 의해 일시적으로 범람하여 발생하는 짧은 침수 기간을 제외하면 범람원은 나머지 대부분의 시간 동안 건조한 상태를 유지하는 벌판을 형성한다. 이곳은 홍수에 잘 견디는 나무로 구성된 숲이 발달하였던 곳이다. 한반도의 하천 변에 분포하는 넓은 범람원의 숲이 논으로 개발되면서 뜨거운 여름 동안 습지로 바뀌었고 건조한 환경에 적합한 미생물 생태계가 습한 환경에 적합한 새로운 미생물 생태계로 바뀌었다. 수인성 세균인 병원성 살모넬라균과 시겔라균은 이러한 습지의 생태계에서 번성하여 장티푸스와 이질의 발병률을 크게 높였다.

그런데 17세기 이후 농지 개간의 중심축이 범람원 개간에서 산간 지역 개발로 이동하였다. 이는 수인성 전염병 발생을 크게 줄이는 결과를 낳았다. 농법의 측면에서도 17세기 이후에는 남부지역의 벼농사에서 이모작과 이앙법이 확대되었고, 이는 마을에 인접한 논의 사용법을 변화시켰다. 특히 논에 물을 가둬두는 기간이 줄어서 이질 등 수인성 질병 발생의 감소를 가져왔다.

① 『농사직설』을 통한 벼농사 보급 이전의 조선에는 수인성 병균에 의한 질병이 발견되지 않았다.
② 15~16세기 조선의 하천에서 번성하던 시겔라균이 17세기 이후 감소하였다.
③ 17세기 이후 조선에서는 논의 미생물 생태계가 변화되어 이질 감소에 기여하였다.
④ 17세기 이후 조선에서 개간 대상 지역이 바뀌어 인구 밀집지역이 점차 하천 주변에서 산간 지역으로 바뀌었다.
⑤ 17세기 이후 조선 농법의 변화는 건조한 지역에도 농지를 개간할 수 있도록 하여 이질과 장티푸스 발병률을 낮추었다.

문 48. 다음 글에서 알 수 없는 것은? 2019년

생체에서 신호물질로 작용하는 것에는 기체 형태의 신호물질이 있다. 이 신호물질이 작용하는 표적세포는 신호물질을 만든 세포에 인접한 세포 중 신호물질에 대한 수용체를 가지고 있는 것이다. 이 신호물질과 수용체의 결합은 표적세포의 구조적 상태를 변화시키고 결국 이 세포가 있는 표적조직의 상태를 변화시켜 생리적 현상을 유도한다.

대표적인 기체 형태의 신호물질인 산화질소는 다음과 같은 경로를 통해 작용한다. 먼저 표적조직의 상태를 변화시켜 생리적 현상을 유도하는 자극이 '산화질소 합성효소'를 가지고 있는 세포에 작용한다. 이에 그 세포 안에 있는 산화질소 합성효소가 활성화된다. 활성화된 산화질소 합성효소는 그 세포 내에 있는 아르기닌과 산소로부터 산화질소를 생성하는 화학반응을 일으킨다. 만들어진 산화질소는 인접한 표적세포에 있는 수용체와 결합하여 표적세포 안에 있는 'A효소'를 활성화시킨다. 활성화된 A효소는 표적세포 안에서 cGMP를 생성하고, cGMP는 표적세포의 상태를 변하게 한다. 결국 표적세포의 구조적 상태가 변함에 따라 표적세포를 가지고 있는 조직의 상태가 변하게 된다.

혈관의 팽창은 산화질소에 의해 일어나는 대표적인 생리적 현상이다. 혈관에서 혈액이 흐르는 공간은 내피세포로 이루어진 내피세포층이 감싸고 있다. 이 내피세포층의 바깥쪽은 혈관 평활근세포로 된 혈관 평활근육 조직이 감싸고 있다. 혈관이 팽창되기 위해 먼저 혈관의 내피세포는 혈관의 팽창을 유도하는 자극을 받는다. 이 내피세포에서는 산화질소가 만들어지고, 산화질소는 혈관 평활근세포에 작용하여 세포 내에서 cGMP를 생성한다. cGMP의 작용으로 수축되어 있던 혈관 평활근세포가 이완되고 결국에 혈관 평활근육 조직이 이완되면서 혈관이 팽창하게 된다. 이와 같은 산화질소의 기능 때문에 산화질소를 내피세포-이완인자라고도 한다.

① cGMP는 혈관 평활근육 조직의 상태를 변화시킨다.
② 혈관의 내피세포는 산화질소 합성효소를 가지고 있다.
③ 혈관 평활근세포에서 A효소가 활성화되면 혈관 팽창이 일어난다.
④ A효소는 표적세포에서 아르기닌과 산소로부터 산화질소를 생성시킨다.
⑤ 혈관 평활근세포는 내피세포-이완인자에 대한 수용체를 가지고 있다.

문 49. 다음 글의 빈칸에 들어갈 내용으로 가장 적절한 것은?

2020년

> 어떤 수를 나누어떨어지게 하는 수를 약수라고 한다. 예를 들어 20의 약수는 1, 2, 4, 5, 10, 20이다. 소수는 자연수 중에서 1과 자신 이외의 수로는 나누어떨어지지 않는 수를 말한다. 이때 1은 소수가 아니라고 본다. 수학자들은 '1을 제외한 모든 자연수가 소수이거나 소수를 약수로 가진다.'라는 것을 증명했다. 더 나아가 수학자들은 '소수는 무한히 많다.'라는 명제를 증명하고 싶어 했다. 그런데 소수를 일일이 꼽아보는 과정을 통해서는 원하는 증명을 얻을 수 없다. 대신 수학자들은 논증을 통해 이 명제를 증명했는데, 이는 '임의의 소수 N에 대해서 N보다 큰 소수가 존재한다.'라는 것을 보임으로써 이루어진다.
>
> 우선 1부터 자연수 N 사이의 모든 자연수를 곱한 수, 1×2×3×…×N, 즉 N!을 생각해 보자. 이 수는 N까지의 모든 자연수로 나누어떨어진다. 그렇다면 N!에 1을 더한 수, (N!+1)은 어떤가? 이 수는 2로 나누어도 1이 남고, 3으로 나누어도 1이 남고, N으로 나누어도 1이 남는다. 따라서 (N!+1)은 2에서 N까지의 어떤 소수로도 나누어떨어지지 않는다. 그렇다면 __________. (N!+1)이 소수일 경우에는 (N!+1)은 N보다 크므로 N보다 큰 소수가 존재한다. (N!+1)이 그보다 작은 소수로 나누어떨어지는 경우에도, 그 소수는 N보다 클 수밖에 없다. 따라서 이런 경우에도 N보다 큰 소수가 존재한다. 이는 임의의 자연수에 대해서 참이므로, N이 소수인 경우에도 참이다. 즉 임의의 소수 N에 대해서, N보다 큰 소수가 존재한다는 것을 알 수 있다.

① (N!+1)은 소수이다
② (N!+1)은 소수이거나, N보다 작은 소수를 약수로 갖는다
③ (N!+1)은 소수이거나, N보다 크고 (N!+1)보다 작은 소수를 약수로 갖는다
④ (N!+1)은, N보다 크고 (N!+1)보다 작은 소수를 약수로 갖는다
⑤ (N!+1)은 소수가 아니고, N보다 크고 (N!+1)보다 작은 소수를 약수로 갖는다

문 50. 다음 글의 A와 B에 대한 분석으로 적절한 것만을 〈보기〉에서 모두 고르면?

2022년

> 기체에 고전역학의 운동방정식을 직접 적용해야 하는지에 대하여 물리학자 A와 B는 다음과 같은 의견을 제시했다.
>
> A : 기체 상태 변화를 예측하기 위해서 고전역학을 직접 적용할 필요가 없다. 작은 부피의 기체에도 엄청나게 많은 수의 분자가 포함되어 있고, 이들은 복잡하게 운동하므로 개별 분자의 운동을 예측하기 위해서는 방대한 양의 고전역학의 운동방정식을 풀어야 한다. 반면, 기체 상태 변화를 예측하는 데 쓰이는 거시적 지표인 온도, 압력, 밀도 등의 물리량은 평균적 분자운동에 관한 것이기 때문에, 그것들을 얻기 위해 각 분자의 운동을 분석할 필요가 없다. 개별 분자의 운동을 정확히 알지 못하더라도 분자의 집단적인 운동은 통계적 방법만으로 분석할 수 있다.
>
> B : 모든 개별 분자의 운동 상태를 결정하는 것은 어렵지만 필요하다. 기체와 관련된 대부분의 현상에서, 개별 분자가 아닌 분자 집단에 대한 분석을 통해 평균속도를 포함한 기체 상태 변화에 대한 정보를 알아낼 수 있다는 사실에는 동의한다. 하지만 통계적 방법을 적용하기 어려운 상황에서는 기체 상태 변화를 정확히 예측할 수 없는 경우가 있다는 것에 주목해야 한다. 이때에는 분자와 분자의 충돌이나 각 분자의 운동에 대한 개별 방정식을 푸는 것이 필요하다. 외부에서 주어지는 힘 등의 조건을 이용하여 운동방정식을 계산하면 어떤 경우라도 개별 분자들의 위치와 속도를 포함하여 기체에 대한 완전한 정보를 얻을 수 있으므로, 이런 상황을 설명하는 데에도 아무 문제가 없다. 이런 정보들을 종합하면 모든 기체 상태 변화와 관련된 거시적 지표의 변화를 예측할 수 있다.

〈보기〉

ㄱ. A는 개별 기체 분자의 운동을 완전히 예측하는 것이 불가능하다는 것에 동의한다.
ㄴ. B는 개별 기체 분자의 운동과 관련된 값을 계산하는 것보다는 이들의 집단적 운동을 탐구하는 것이 더 다양한 기체 상태 변화를 예측할 수 있다는 것에 동의한다.
ㄷ. 기체 분자 집단의 운동을 통계적 방법으로 분석하는 것으로는 기체 상태 변화 예측이 불가능한 경우가 있다는 것에 A는 동의하지 않지만, B는 동의한다.

① ㄴ
② ㄷ
③ ㄱ, ㄴ
④ ㄱ, ㄷ
⑤ ㄱ, ㄴ, ㄷ

문 51. 다음 글에 대한 분석으로 적절한 것만을 〈보기〉에서 모두 고르면? 2019년

이론 A는 행위자들의 선호가 제도적 맥락 속에서 형성된다고 본다. 한편, 행위를 설명하기 위해 선호를 출발점으로 삼는 이론 B는 선호의 형성 과정에 주목하지 않는다. 왜냐하면 선호는 '주어진 것'이며 제도나 개인의 심리에 의해 설명해야 할 대상이 아니라고 보기 때문이다. 이 주어진 선호는 합리적인 것으로 간주된다. 왜냐하면 이론 B에서 상정된 개인은 자기 자신의 이익을 최대화하는 전략을 선택하는 존재, 즉 합리적 존재라 가정되기 때문이다.

이론 A는 행위자들의 선호를 주어진 것으로 간주해서는 안 된다고 본다. 행위의 구체적 맥락을 이해하지 못한다면 자기 이익을 최대화하는 전략을 따른 행위를 강조하는 것이 아무런 의미를 갖지 못한다고 보기 때문이다. 구체적인 상황 속에서 행위자는 특정한 목적과 수단을 가지고 행위하기 마련이다. 그렇다면 그런 행위자들의 행위를 제대로 설명하기 위해서는 그 목적과 수단이 왜 자신의 이익을 최대화한다고 생각했는지, 즉 왜 그런 선호가 형성되었는지 설명해야 한다. 그런데 제도와 같은 맥락적 요소를 배제하면, 그런 선호 형성을 설명할 수 없다. 따라서 이론 A는 행위자들의 선호 형성도 설명해야 할 대상으로 상정한다.

이론 A가 선호의 형성을 설명하려 한다고 해서 개인의 심리를 분석하려는 것은 아니다. 이론 A에 따르면, 제도는 구체적 상황에 처한 행위자들의 선택을 제약함으로써 그들의 전략에 영향을 준다. 또한 제도는 행위자들이 자신이 추구하는 목적을 구체화하는 데도 영향을 미친다. 그렇다고 행위가 제도에 의해 완전히 결정된다는 것은 아니다. 구체적 상황에서의 행위자들의 행위를 이해하게 해주는 단서는 제도적 맥락으로부터 찾아야 한다는 것이 이론 A의 견해이다.

〈보기〉

ㄱ. 선호 형성과 관련해 이론 A와 이론 B는 모두 개인의 심리에 대한 분석에 주목하지 않는다.
ㄴ. 이론 A는 맥락적 요소를 이용해 선호 형성 과정을 설명하려고 하지만 이론 B는 선호 형성 과정을 설명하려 하지 않는다.
ㄷ. 이론 B는 행위자가 자기 자신의 이익을 최대화하는 전략에 따른다는 것을 부정하지만 이론 A는 그렇지 않다.

① ㄱ
② ㄷ
③ ㄱ, ㄴ
④ ㄴ, ㄷ
⑤ ㄱ, ㄴ, ㄷ

문 52. 다음 글의 흐름에 맞지 않는 곳을 ㉠~㉤에서 찾아 수정할 때 가장 적절한 것은? 2021년

진화 과정에서 빛을 방출하는 일부 원생생물은 그렇지 않은 원생생물보다 어떤 점에서 생존에 더 유리했을까? 요각류라고 불리는 동물이 밤에 발광하는 원생생물인 와편모충을 먹는다는 사실은 이러한 의문을 풀어줄 실마리를 제공한다. 와편모충이 만든 빛은 요각류를 잡아먹는 어류를 유인할 수 있다. 이때 ㉠ 발광하는 와편모충을 잡아먹는 요각류가 발광하지 않는 와편모충만을 잡아먹는 요각류보다 그들의 포식자인 육식을 하는 어류에게 잡아먹힐 위험성이 더 높아질 것이다.

연구자들은 실험실의 커다란 수조 속에 요각류와 요각류의 포식자 중 하나인 가시고기를 같이 두어 이 가설을 검증하였다. 수조의 절반에는 발광하는 와편모충을 넣고 다른 절반에는 발광하지 않는 와편모충을 넣었다. 연구자들은 방을 어둡게 한 상태에서 요각류는 와편모충을, 그리고 가시고기는 요각류를 잡아먹게 하였다. 몇 시간 후 ㉡ 연구자들은 수조 속 살아남은 요각류의 수를 세었다.

그 결과는 예상과 같았다. 가시고기는 수조에서 ㉢ 빛을 내지 않는 와편모충이 있는 쪽보다 빛을 내는 와편모충이 있는 쪽에서 요각류를 더 적게 먹었다. 이러한 결과는 원생생물이 자신을 잡아먹는 동물에게 포식 위협을 증가시킴으로써 잡아먹히는 것을 회피할 수 있음을 시사한다. ㉣ 요각류에게는 빛을 내는 와편모충을 계속 잡는 것보다 도망치는 편이 더 이익이다. 이때 발광하는 와편모충은 요각류의 저녁 식사가 될 확률이 낮아지므로, 자연선택은 이들 와편모충에서 생물발광이 유지되도록 하였다.

만약 우리가 생물발광하는 원생생물이 자라고 있는 해변을 밤에 방문한다면 원생생물이 내는 불빛을 보게 될 것이다. 원생생물이 내는 빛은 ㉤ 포식자인 육식동물들에게 원생생물을 잡아먹는 동물이 근처에 있을 수 있다는 신호가 된다.

① ㉠을 "발광하지 않는 와편모충을 잡아먹는 요각류가 발광하는 와편모충만을 잡아먹는 요각류보다"로 고친다.
② ㉡을 "연구자들은 수조 속 살아남은 와편모충의 수를 세었다."로 고친다.
③ ㉢을 "빛을 내지 않는 와편모충이 있는 쪽보다 빛을 내는 와편모충이 있는 쪽에서 요각류를 더 많이 먹었다."로 고친다.
④ ㉣을 "요각류에게는 도망치는 것보다 빛을 내는 와편모충을 계속 잡는 편이 더 이익이다."로 고친다.
⑤ ㉤을 "포식자인 육식동물들에게 자신들의 먹이가 되는 원생생물이 많이 있음을 알려주는 신호가 된다."로 고친다.

문 53. **다음 글의 내용이 참일 때 반드시 참인 것은?** 2021년

> K부처는 관리자 연수과정에 있는 연수생 중에 서류심사와 부처 면접을 통해 새로운 관리자를 선발하기로 하였다. 먼저 서류심사를 진행하여 서류심사 접수자 중 세 명만을 면접 대상자로 결정하고 나머지 접수자들은 탈락시킨다. 그리고 면접 대상자들을 상대로 면접을 진행하여, 두 명만 새로운 관리자로 선발한다. 서류심사 접수자는 갑, 을, 병, 정, 무 총 5명이다. 다음은 이들이 나눈 대화이다.
>
> 갑 : 나는 면접 대상자로 결정되었고 병은 서류심사에서 탈락했어.
> 을 : 나는 서류심사에서 탈락했지만 병은 면접 대상자로 결정되었어.
> 병 : 무는 새로운 관리자로 선발되었어.
> 정 : 나는 새로운 관리자로 선발되었고 면접에서 병과 무와 함께 있었어.
> 무 : 나는 갑과 정이랑 함께 면접 대상자로 결정되었어.
>
> 대화 이후 서류심사 결과와 부처 면접 결과가 모두 공개되자, 이들 중 세 명의 진술은 참이고 나머지 두 명의 진술은 거짓인 것으로 밝혀졌다.

① 갑은 면접 대상자로 결정되었다.
② 을은 서류심사에서 탈락하였다.
③ 병은 면접 대상자로 결정되었다.
④ 정은 새로운 관리자로 선발되었다.
⑤ 무는 새로운 관리자로 선발되지 않았다.

문 54. **다음 글에 대한 분석으로 적절한 것만을 〈보기〉에서 모두 고르면?** 2020년

> 영혼이 불멸하냐는 질문에 어떤 철학자는 다음과 같이 대답한다. 정의로움, 아름다움, 선함과 같은 ㉠ 형상은 물질적 대상이 아니다. 즉, 정의 그 자체나 선함 그 자체는 물질이 아니다. 그는 이런 사실로부터 ㉡ 이성은 물질적인 것이 아니다라는 것을 이끌어낸다. ㉢ 형상이 물질적 대상이 아니라면, 그 어떤 물질적인 것도 결코 형상을 이해할 수 없다고 그는 생각했다. 반면 이성과는 달리 육체는 물질적 대상임이 분명하다.
>
> 하지만 이성이 비물질적이라 하더라도, 그로부터 물질적 대상인 육체가 죽음으로 소멸해도 ㉣ 영혼은 불멸한다는 것이 보장되지는 않는다. 그래서 그 철학자는 ㉤ 이성과 영혼은 같다는 것, 그리고 ㉥ 만약 이성이 형상을 이해할 수 있고 형상이 불멸한다면, 이성 역시 불멸한다는 것으로부터 영혼의 불멸성을 이끌어낸다.

〈보기〉

ㄱ. 이성이 형상을 이해할 수 있다는 것이 전제되면 ㉠과 ㉢으로부터 ㉡이 도출된다.
ㄴ. 오직 불멸하는 이성만이 비물질적이라는 것이 전제되면 ㉡으로부터 ㉣이 도출된다.
ㄷ. 불멸하는 것만이 불멸하는 것을 이해할 수 있다는 것이 전제되면 ㉤과 ㉥으로부터 ㉣이 도출된다.

① ㄱ
② ㄴ
③ ㄱ, ㄷ
④ ㄴ, ㄷ
⑤ ㄱ, ㄴ, ㄷ

문 55. **다음 글의 내용이 참일 때 반드시 거짓인 것은?** 2022년

갑, 을, 병 세 사람이 A, B, C, D, E, F, G, H의 총 8권의 고서를 나누어 소장하고 있다. 이와 관련해 다음과 같은 사실이 알려져 있다.

- 갑이 가장 많은 고서를 소장하고 있으며, 그 다음은 을이며, 병은 가장 적은 수의 고서를 소장하고 있다.
- A, B, C, D, E는 서양서이며, F, G, H는 동양서이다.
- B를 소장한 이는 D도 소장하고 있으나 C는 소장하고 있지 않다.
- E를 소장한 이는 F도 소장하고 있으나 그 외 다른 동양서를 소장하고 있지는 않다.
- G를 소장한 이는 서양서를 소장하고 있지 않다.
- H는 갑이 소장하고 있다.

① 갑은 A와 D를 소장하고 있다.
② 을은 3권의 책을 소장하고 있다.
③ 병은 G를 소장하고 있다.
④ C를 소장한 이는 E도 소장하고 있다.
⑤ D를 소장한 이는 F도 소장하고 있다.

문 56. **다음 글의 ㉠을 이끌어내기 위하여 추가해야 할 전제로 가장 적절한 것은?** 2022년

사진작가 슬레이터는 '나루토'라는 이름의 원숭이에게 카메라를 빼앗긴 일이 있었는데 다시 찾은 그의 카메라에는 나루토의 모습이 찍힌 사진이 저장되어 있었다. 슬레이터는 나루토가 찍은 사진을 자신의 책을 통해 소개하였는데, 이 사진이 인터넷에 무단으로 돌아다니면서 나루토의 사진이 저작권의 대상이 되느냐가 논란이 되었다.

논란의 초점은 나루토의 사진이 과연 '셀카'인가 하는 것이었다. 셀카는 자신의 모습을 담으려는 의도로 스스로 찍은 사진이며, 그렇기에 셀카는 저작권의 대상이 된다는 것이 통념이다. 나루토가 찍은 사진이 셀카가 아니라면 저작권의 대상이 되지 않을 것이다. 나루토가 찍은 사진이 셀카로 인정받으려면, 그가 카메라를 사용하여 그 자신의 사진을 찍었을 뿐 아니라 찍을 때 자기 모습을 찍으려는 의도가 있어야 하고 그 의도를 실현할 능력이 있어야 한다. 슬레이터는 나루토가 이런 의미의 셀카를 찍었다고 주장한다. 하지만 이는 인간의 행위를 원숭이에 투사하는 바람에 빚어진 오해다. 자아가 없는 나루토가 한 일은 단지 카메라를 조작하는 인간의 행위를 흉내 낸 것뿐이기 때문이다. 따라서 ㉠ 나루토의 사진은 저작권의 대상이 될 수 없다. 나루토는 그저 카메라를 특별히 잘 다루는 원숭이였을 뿐이다.

① 자아를 가지지 않으면서 인간의 행위를 흉내 낼 수는 없다.
② 자기 모습을 찍으려는 의도가 있다는 것은 자아를 가졌다는 것이다.
③ 자기 모습을 찍으려는 의도를 실현할 능력이 있는 경우에만 자아를 가진다.
④ 자기 모습을 찍으려는 의도가 있다는 것은 그 사진에 대한 저작권이 있다는 것이다.
⑤ 자기 모습을 찍으려는 의도를 실현할 능력이 없으면서 인간의 행위를 흉내 낼 수는 없다.

문 57. 다음 글의 ㉠~㉢에 들어갈 내용을 〈보기〉에서 골라 적절하게 나열한 것은? 2021년

촛불의 연소와 동물의 호흡이 지속되기 위해서는 산소가 포함된 공기가 제공되어야 한다는 공통점이 있다. 즉 촛불의 연소는 공기 중 산소를 사용하며 이는 이산화탄소로 바뀐다. 동물의 호흡도 체내로 흡수된 공기 내 산소가 여러 대사 과정에 사용된 후 이산화탄소로 바뀌어 호흡기를 통해 공기 중으로 배출된다. 공기 내 산소가 줄어들어 이산화탄소가 일정 수준 이상이 되면 촛불은 꺼지고 동물은 호흡을 할 수 없어서 죽는다.

이런 사실을 근거로 A는 식물의 광합성과 산소 발생에 관한 세 가지 실험을 실시하였다. 또한 실험을 통제하여 산소 부족만이 촛불이 꺼지거나 쥐가 죽는 환경요인이 되도록 하였다. 그리하여 식물에서 광합성이 일어나기 위해서는 빛과 이산화탄소가 모두 필요하다는 것과 식물의 산소 생산에 빛이 필요하다는 결론을 얻었다.

실험1 : [㉠] 이로부터 식물이 산소를 생산한다는 것을 알 수 있었다.

실험2 : [㉡] 이로부터 식물이 산소를 생산하기 위해서는 빛이 필요하다는 것을 알 수 있었다.

실험3 : [㉢] 이로부터 식물에서 광합성이 일어나기 위해서는 빛과 이산화탄소가 모두 있어야 한다는 것을 알 수 있었다.

〈보기〉

ㄱ. 빛이 있는 곳에서 밀폐된 유리 용기에 쥐와 식물을 넣어두면 일정 시간이 지나도 쥐는 죽지 않지만, 빛이 없는 곳에서 밀폐된 유리 용기에 쥐와 식물을 넣어두면 그 시간이 지나기 전에 쥐는 죽는다.

ㄴ. 밀폐된 용기에 촛불을 넣고 일정 시간이 지나면 촛불이 꺼지지만, 식물과 함께 촛불을 넣어두면 동일한 시간이 지나도 촛불은 꺼지지 않는다.

ㄷ. 빛이 없는 곳에 있는 식물에 이산화탄소를 공급하거나 빛이 있는 곳의 식물에 이산화탄소를 공급하지 않으면 광합성이 일어나지 않지만, 빛이 있는 곳의 식물에 이산화탄소를 공급하면 광합성이 일어난다.

	㉠	㉡	㉢
①	ㄱ	ㄴ	ㄷ
②	ㄴ	ㄱ	ㄷ
③	ㄴ	ㄷ	ㄱ
④	ㄷ	ㄱ	ㄴ
⑤	ㄷ	ㄴ	ㄱ

문 58. 다음 글의 논지로 가장 적절한 것은? 2018년

베블런에 의하면 사치품 사용 금기는 전근대적 계급에 기원을 두고 있다. 즉, 사치품 소비는 상류층의 지위를 드러내는 과시소비이기 때문에 피지배계층이 사치품을 소비하는 것은 상류층의 안락감이나 쾌감을 손상한다는 것이다. 따라서 상류층은 사치품을 사회적 지위 및 위계질서를 나타내는 기호(記號)로 간주하여 피지배계층의 사치품 소비를 금지했다. 또한 베블런은 사치품의 가격 상승에도 그 수요가 줄지 않고 오히려 증가하는 이유가 사치품의 소비를 통하여 사회적 지위를 과시하려는 상류층의 소비 행태 때문이라고 보았다.

그러나 소득 수준이 높아지고 대량 생산에 의해 물자가 넘쳐흐르는 풍요로운 현대 대중사회에서 서민들은 과거 왕족들이 쓰던 물건들을 일상생활 속에서 쓰고 있고 유명한 배우가 쓰는 사치품도 쓸 수 있다. 모든 사람들이 명품을 살 수 있는 돈을 갖고 있을 때 명품의 사용은 더 이상 상류층을 표시하는 기호가 될 수 없다. 따라서 새로운 사회의 도래는 베블런의 과시소비이론으로 설명하기 어려운 소비행태를 가져왔다. 이때 상류층이 서민들과 구별될 수 있는 방법은 오히려 아래로 내려가는 것이다. 현대의 상류층에게는 차이가 중요한 것이지 사물 그 자체가 중요한 것이 아니기 때문이다. 월급쟁이 직원이 고급 외제차를 타면 사장은 소형 국산차를 타는 것이 그 예이다.

이와 같이 현대의 상류층은 고급, 화려함, 낭비를 과시하기보다 서민들처럼 소박한 생활을 한다는 것을 과시한다. 이것은 두 가지 효과가 있다. 사치품을 소비하는 서민들과 구별된다는 점이 하나이고, 돈 많은 사람이 소박하고 겸손하기까지 하여 서민들에게 친근감을 준다는 점이 다른 하나이다.

그러나 그것은 극단적인 위세의 형태일 뿐이다. 뽐냄이 아니라 남의 눈에 띄지 않는 겸손한 태도와 검소함으로 자신을 한층 더 드러내는 것이다. 이런 행동들은 결국 한층 더 심한 과시이다. 소비하기를 거부하는 것이 소비 중에서도 최고의 소비가 된다. 다만 그들이 언제나 소형차를 타는 것은 아니다. 차별화해야 할 아래 계층이 없거나 경쟁 상대인 다른 상류층 사이에 있을 때 그들은 마음 놓고 경쟁적으로 고가품을 소비하며 자신을 마음껏 과시한다. 현대사회에서 소비하지 않기는 고도의 교묘한 소비이며, 그것은 상류층의 표시가 되었다. 그런 점에서 상류층을 따라 사치품을 소비하는 서민층은 순진하다고 하지 않을 수 없다.

① 현대의 상류층은 낭비를 지양하고 소박한 생활을 지향함으로써 서민들에게 친근감을 준다.
② 현대의 서민들은 상류층을 따라 겸손한 태도로 자신을 한층 더 드러내는 소비행태를 보인다.
③ 현대의 상류층은 그들이 접하는 계층과는 무관하게 절제를 통해 자신의 사회적 지위를 과시한다.
④ 현대에 들어와 위계질서를 드러내는 명품을 소비하면서 과시적으로 소비하는 새로운 행태가 나타났다.
⑤ 현대의 상류층은 사치품을 소비하는 것뿐만 아니라 소비하지 않기를 통해서도 자신의 사회적 지위를 과시한다.

문 59. 다음 글의 ㉠과 ㉡에 들어갈 내용을 적절하게 짝지은 것은? 2021년

> 당신은 사람들로 붐비는 해변에서 즐거운 시간을 보내고 집으로 돌아가려 한다. 당신은 쓰레기를 집으로 가져갈지 아니면 해변에 버리고 갈지를 고민하고 있다. 이때 당신은 다음과 같은 네 경우를 생각할 수 있다.
>
> (가) 당신은 X를 하고, 다른 사람들은 모두 X를 한다.
> (나) 당신은 X를 하고, 다른 사람들은 모두 Y를 한다.
> (다) 당신은 Y를 하고, 다른 사람들은 모두 X를 한다.
> (라) 당신은 Y를 하고, 다른 사람들은 모두 Y를 한다.
>
> (가)로 인한 해변의 상태는 (다)로 인한 해변의 상태와 별반 다르지 않을 것이다. 마찬가지로 (나)의 결과는 (라)의 결과와 별반 다르지 않을 것이다. 이제 다음과 같은 물음을 던져 보자.
>
> (1) 다른 사람들이 X를 행할 경우, 당신은 X와 Y 중 어떤 것을 행하는 것을 선호하는가?
> (2) 다른 사람들이 Y를 행할 경우, 당신은 X와 Y 중 어떤 것을 행하는 것을 선호하는가?
>
> 아마도 당신은 물음 (1)에 [㉠], (2)에 Y라고 답할 것이다. 이러한 답변에는 쓰레기를 집으로 가지고 가는 번거로운 행동이 해변의 상태에 유의미한 변화를 가져오지 않는다면 그 번거로운 행동을 피하는 것을 선호하는 생각이 전제되어 있다. 또한 당신이 다른 조건이 모두 동등할 경우 해변이 버려진 쓰레기로 난장판이 되는 것보다 그렇게 되지 않는 것을 선호한다면, 당신은 (가)~(라) 중에서 [㉡]를 가장 선호하게 될 것이다.

	㉠	㉡
①	X	(나)
②	X	(다)
③	X	(라)
④	Y	(가)
⑤	Y	(다)

문 60. 다음 ㉠과 ㉡에 들어갈 말을 가장 적절하게 나열한 것은? 2018년

> 사람들은 모국어의 '음소'가 아닌 소리를 들으면, 그 소리를 변별적으로 인식하지 못한다. 가령, 물리적으로 다르지만 유사하게 들리는 음성 [x]와 [y]가 있다고 가정해 보자. 이때 우리는 [x]와 [y]가 서로 다르다고 인식할 수도 있고 다르다는 것을 인식하지 못할 수도 있다. [x]와 [y]가 다르다고 인식할 때 우리는 두 소리가 서로 변별적이라고 하고, [x]와 [y]가 다르다는 것을 인식하지 못할 때 두 소리가 서로 비변별적이라고 한다. 변별적으로 인식하는 소리를 음소라고 하고, 변별적으로 인식하지 못하는 소리를 이음 또는 변이음이라고 한다. 우리가 [x]와 [y]를 변별적으로 인식한다면, [x]와 [y]는 둘 다 음소로서의 지위를 갖는다. 반면 [x]와 [y] 가운데 하나는 음소이고 다른 하나가 음소가 아니라면, [x]와 [y]를 서로 변별적으로 인식하지 못한다. 다시 말해 [㉠]
>
> 여기서 변별적이라는 것은 달리 말하면 대립을 한다는 것을 뜻한다. 어떤 소리가 대립을 한다는 말은 그 소리가 단어의 뜻을 갈라내는 기능을 한다는 것을 의미한다. 비변별적이라는 것은 대립을 하지 못한다는 것을 뜻한다. 그러므로 대립을 하는 소리는 당연히 변별적이고, 대립을 하지 못하는 소리는 비변별적이다.
>
> 인간이 발성 기관을 통해 낼 수 있는 소리의 목록은 비록 언어가 다르더라도 동일하다고 가정하지만, 변별적으로 인식하는 소리 즉, 음소의 수와 종류는 언어마다 다르다. 언어가 문화적 산물이라는 사실을 이해하면, 이는 당연한 일이다. 나라마다 문화가 다르듯이 언어 역시 문화적 산물이므로 차이가 나는 것은 당연하고, 언어를 구성하는 가장 작은 단위인 음소의 수와 종류에도 차이가 나는 것은 당연하다. 우리가 다른 문화권의 사람이라는 것을 인지하는 가장 기본적인 요소 중의 하나가 언어라면, 언어가 다르다고 인지하는 가장 핵심적인 요소 중의 하나가 바로 음소 목록의 차이이다. 그렇기 때문에 모국어의 음소 목록에 포함되어 있지 않은 소리를 들었다면, [㉡]

① ㉠ : [x]를 들어도 [y]로 인식한다면 [x]는 음소이다.
㉡ : 소리는 들리지만 그 소리가 무슨 소리인지 알 수 없다.

② ㉠ : [y]를 들어도 [x]로 인식한다면 [y]는 음소이다.
㉡ : 그 소리를 모국어에 존재하는 음소 중의 하나로 인식하게 된다.

③ ㉠ : [x]를 들어도 [y]로 인식한다면 [x]는 [y]의 변이음이다.
㉡ : 그 소리를 모국어에 존재하는 음소 중의 하나로 인식하게 된다.

④ ㉠ : [x]를 들어도 [y]로 인식한다면 [x]는 [y]의 변이음이다.
㉡ : 그 소리를 듣고 모국어에 존재하는 유사한 음소들의 중간음으로 인식하게 된다.

⑤ ㉠ : [y]를 들어도 [x]로 인식한다면 [x]는 [y]의 변이음이다.
㉡ : 그 소리를 듣고 모국어에 존재하는 유사한 음소들의 중간음으로 인식하게 된다.

문 61. 다음 글에서 알 수 없는 것은? 2021년

의사는 치료를 시작하기 전에 환자의 동의를 얻어야 한다. 다른 말로 환자의 동의 없이 환자의 복지에 영향을 끼치는 처방을 하는 것은 의사에게 허용되지 않는다. 그런데 단순히 동의를 얻는 것만으로는 충분하지 않다. 환자가 결정하기에 충분한 정보, 즉 치료에 따르는 위험과 다른 치료법에 관한 정보가 제공되어야 한다. 치료를 허락한 환자의 결정은 무지로 인한 것이어서는 안 된다. 동의의 의무는 의사가 환자를 기만해서는 안 된다는 기만 금지 의무의 연장선에 있다. 둘 다, 자신에게 영향을 끼칠 치료에 관해 스스로가 결정할 기회를 환자에게 제공해야 한다는 자율성 존중 원리에 기반을 두고 있다.

그러나 수 세기 동안, 심지어 20세기 초까지도 의사가 때로는 환자를 속여도 된다고 여겼다. 환자의 복지에 해가 될 수 있는 것을 행하면 안 된다는 악행 금지의 원리에 근거해서, 환자에게 진실을 말하는 것이 환자의 복지에 해가 될 수 있다는 생각으로 기만이 정당화되었다. 오늘날에는 더 이상 이러한 생각을 받아들이지 않는다. 실제로 '의사와 환자 상호교류 규제법'은 의사의 기만 사례를 금지하고 있다. 오늘날 사람들은 환자가 진실 때문에 자신의 자율성이 침해되거나 해를 입게 될 것이라고는 생각하지 않는다. 따라서 사람들은 진실 말하기에 관한 한, 악행 금지의 원리가 자율성 존중 원리와 서로 충돌하지 않는다고 생각한다.

그런데 자율성 존중 원리를 지키기 위해서는 단순히 기만을 삼가는 것만으로는 부족하다. 예컨대 의사가 환자를 실제로 속이지는 않지만 환자가 특정 결정을 하도록 유도하기 위해 관련 정보 제공을 보류하거나 직접적 관련성이 작은 정보를 필요 이상으로 제공하는 경우를 상상할 수 있다. 이처럼 의사가 정보 제공을 조종하는 것은 환자의 자율성을 존중하지 않는 것이다. 한편 의사가 관련된 정보를 환자에게 모두 밝히면 환자는 조종된 결정이 아닌 자신의 결정을 하게 될 것이고, 환자의 자율성은 존중될 것이다.

① 환자의 동의는 치료를 하기 위한 필요조건 중 하나이다.
② 악행 금지의 원리가 환자의 자율성을 침해한 때가 있었다.
③ 기만 금지 의무와 동의의 의무는 동일한 원리에 기반을 둔다.
④ 의사가 환자에게 제공하는 정보의 양이 많을수록 환자의 자율성은 더 존중된다.
⑤ 의사가 복지를 위해 환자를 기만하는 행위는 오늘날에는 윤리적으로 정당화되지 않는다.

문 62. 다음 글의 〈논증〉에 대한 분석으로 적절한 것만을 〈보기〉에서 모두 고르면? 2022년

철학자 A에 따르면, "오늘 비가 온다."와 같이 참, 거짓을 판단할 수 있는 문장만 의미가 있다. A는 이러한 문장과 달리 신의 존재에 대한 문장은 진위를 판단할 수 없고 따라서 무의미하다고 말한다. 하지만 그는 자신이 무신론자도 불가지론자도 아니라고 한다. 다음은 이와 관련된 A의 논증이다.

〈논증〉

무신론자에 따르면 ㉠ "신이 존재하지 않는다."가 참이다. 불가지론자는 신의 존재 여부를 알 수 없다고 말한다. 무신론자의 견해는 신의 존재를 주장하는 문장이 무의미하다는 것과 양립할 수 없다. ㉡ "신이 존재한다."가 무의미하다면, "신이 존재하지 않는다."도 마찬가지로 무의미하다. 그 이유는 ㉢ 의미가 있는 문장이어야만 그 문장의 부정문도 의미가 있다는 것이 성립하기 때문이다. 따라서 "신이 존재한다."가 무의미하다면, "신이 존재하지 않는다."가 참이라는 무신론자의 주장은 받아들일 수 없다. 한편 불가지론자는 ㉣ "신이 존재한다."가 참인지 거짓인지 알 수 없다고 주장한다. 이 주장은 "신이 존재한다."가 의미가 있다는 것을 전제하고 있다. 그러므로 불가지론자의 주장도 "신이 존재한다."가 무의미하다는 것과 양립할 수 없다.

〈보기〉

ㄱ. ㉡과 ㉢으로부터 "신이 존재하지 않는다."가 무의미하다는 것이 도출된다.
ㄴ. ㉡의 부정으로부터 ㉠과 ㉣ 중 적어도 하나가 도출된다.
ㄷ. "의미가 없는 문장은 참인지 거짓인지 알 수 없다."라는 전제가 추가되면 ㉡으로부터 ㉣이 도출된다.

① ㄴ
② ㄷ
③ ㄱ, ㄴ
④ ㄱ, ㄷ
⑤ ㄱ, ㄴ, ㄷ

문 63. 다음 A, B학파에 대한 판단으로 적절하지 않은 것은? 2018년

> 비정규 노동은 파트타임, 기간제, 파견, 용역, 호출 등의 근로 형태를 의미한다. IMF 외환위기 이후 정규직과 비정규직 사이의 차별이 사회문제로 대두되었는데 그중 가장 심각한 문제가 임금 차별이다. 정규직과 비정규직 사이의 임금수준 격차는 점차 커져 비정규직 임금이 2001년에는 정규직의 63% 수준이었다가 2016년에는 53.5% 수준으로 떨어졌다. 이 문제를 어떻게 해결할 것인가를 놓고 크게 두 가지 시각이 대립한다.
>
> A학파는 차별적 관행을 고수하는 기업들은 비차별적 기업들과의 경쟁에서 자연적으로 도태되기 때문에 기업 간 경쟁이 임금차별 완화의 핵심이라고 이야기한다. 기업이 노동자 개인의 능력 이외에 다른 잣대를 바탕으로 차별하는 행위는 비합리적이기 때문에, 기업들 사이의 경쟁이 강화될수록 임금차별은 자연스럽게 줄어들 수밖에 없다는 것이다. 예를 들어 정규직과 비정규직 가릴 것 없이 오직 능력에 비례하여 임금을 결정하는 회사는 정규직 또는 비정규직이라는 이유만으로 무능한 직원들을 임금 면에서 우대하고 유능한 직원들을 홀대하는 회사보다 경쟁에서 앞서 나갈 것이다.
>
> B학파는 실제로는 고용주들이 비정규직을 차별한다고 해서 기업 간 경쟁에서 불리해지지는 않는 현실을 근거로 A학파를 비판한다. B학파에 따르면 고용주들은 오직 사회적 비용이라는 추가적 장애물의 위협에 직면했을 때에만 정규직과 비정규직 사이의 임금차별 관행을 근본적으로 재고한다. 여기서 말하는 사회적 비용이란, 국가가 제정한 법과 제도를 수용하지 않음으로써 조직의 정당성이 낮아짐을 뜻한다. 기업의 경우엔 조직의 정당성이 낮아지게 되면 조직의 생존 가능성 역시 낮아지게 된다. 그래서 기업은 임금차별을 줄이는 강제적 제도를 수용함으로써 사회적 비용을 낮추는 선택을 하게 된다는 것이다. 따라서 B학파는 법과 제도에 의한 규제를 통해 임금차별이 줄어들 것이라고 본다.

① A학파에 따르면 경쟁이 치열한 산업군일수록 근로형태에 따른 임금 격차는 더 적어진다.

② A학파는 시장에서 기업 간 경쟁이 약화되는 것을 방지하기 위한 보완 정책이 수립되어야 한다고 본다.

③ A학파는 정규직과 비정규직 사이의 임금차별이 어떻게 줄어드는가에 대해 B 학파와 견해를 달리한다.

④ B학파는 기업이 자기 조직의 생존 가능성을 낮춰가면서까지 임금차별 관행을 고수하지는 않을 것이라고 전제한다.

⑤ B학파에 따르면 다른 조건이 동일할 때 기업의 비정규직에 대한 임금차별은 주로 강제적 규제에 의해 시정될 수 있다.

문 64. 다음 글의 내용이 참일 때, 반드시 참인 것은? 2017년

> 전 세계적 금융위기로 인해 그 위기의 근원지였던 미국의 경제가 상당한 피해를 입었다. 미국에서는 경제 회복을 위해 통화량을 확대하는 양적완화 정책을 실시할 것인지를 두고 논란이 있었다. 미국의 양적완화는 미국 경제회복에 효과가 있겠지만, 국제 경제에 적지 않은 영향을 줄 수 있기 때문이다.
>
> 미국이 양적완화를 실시하면, 달러화의 가치가 하락하고 우리나라의 달러 환율도 하락한다. 우리나라의 달러 환율이 하락하면 우리나라의 수출이 감소한다. 우리나라 경제는 대외 의존도가 높기 때문에 경제의 주요지표들이 개선되기 위해서는 수출이 감소하면 안 된다.
>
> 또 미국이 양적완화를 중단하면 미국 금리가 상승한다. 미국 금리가 상승하면 우리나라 금리가 상승하고, 우리나라 금리가 상승하면 우리나라에 대한 외국인 투자가 증가한다. 또한 우리나라 금리가 상승하면 우리나라의 가계부채 문제가 심화된다. 가계부채 문제가 심화되는 나라의 국내소비는 감소한다. 국내소비가 감소하면, 경제의 전망이 어두워진다.

① 우리나라의 수출이 증가했다면 달러화 가치가 하락했을 것이다.

② 우리나라의 가계부채 문제가 심화되었다면 미국이 양적 완화를 중단했을 것이다.

③ 우리나라에 대한 외국인 투자가 감소하면 우리나라 경제의 전망이 어두워질 것이다.

④ 우리나라 경제의 주요지표들이 개선되었다면 우리나라의 달러 환율이 하락하지 않았을 것이다.

⑤ 우리나라의 국내소비가 감소하지 않았다면 우리나라에 대한 외국인 투자가 감소하지 않았을 것이다.

문 65. 다음 글의 내용이 모두 참일 때 반드시 참인 것만을 〈보기〉에서 모두 고르면? 2018년

A부서에서는 올해부터 직원을 선정하여 국외 연수를 보내기로 하였다. 선정 결과 가영, 나준, 다석이 미국, 중국, 프랑스에 한 명씩 가기로 하였다. A부서에 근무하는 갑~정은 다음과 같이 예측하였다.

갑 : 가영이는 미국에 가고 나준이는 프랑스에 갈 거야.

을 : 나준이가 프랑스에 가지 않으면, 가영이는 미국에 가지 않을 거야.

병 : 나준이가 프랑스에 가고 다석이가 중국에 가는 그런 경우는 없을 거야.

정 : 다석이는 중국에 가지 않고 가영이는 미국에 가지 않을 거야.

하지만 을의 예측과 병의 예측 중 적어도 한 예측은 그르다는 것과 네 예측 중 두 예측은 옳고 나머지 두 예측은 그르다는 것이 밝혀졌다.

〈보기〉

ㄱ. 가영이는 미국에 간다.

ㄴ. 나준이는 프랑스에 가지 않는다.

ㄷ. 다석이는 중국에 가지 않는다.

① ㄱ

② ㄴ

③ ㄱ, ㄷ

④ ㄴ, ㄷ

⑤ ㄱ, ㄴ, ㄷ

문 66. 다음 글의 내용과 부합하지 않는 것은? 2019년

연방준비제도(이하 연준)가 고용 증대에 주안점을 둔 정책을 입안한다 해도 정책이 분배에 미치는 영향을 고려하지 않는다면, 그 정책은 거품과 불평등만 부풀릴 것이다. 기술 산업의 거품 붕괴로 인한 경기 침체에 대응하여 2000년대 초에 연준이 시행한 저금리 정책이 이를 잘 보여준다.

특정한 상황에서는 금리 변동이 투자와 소비의 변화를 통해 경기와 고용에 영향을 줄 수 있다. 하지만 다른 수단이 훨씬 더 효과적인 상황도 많다. 가령 부동산 거품에 대한 대응책으로는 금리 인상보다 주택 담보 대출에 대한 규제가 더 합리적이다. 생산적 투자를 위축시키지 않으면서 부동산 거품을 가라앉힐 수 있기 때문이다.

경기 침체기라 하더라도, 금리 인하는 은행의 비용을 줄여주는 것 말고는 경기 회복에 별다른 도움이 되지 않을 수 있다. 대부분의 부문에서 설비 가동률이 낮은 상황이라면, 대출 금리가 낮아져도 생산적인 투자가 별로 증대하지 않는다. 2000년대 초가 바로 그런 상황이었기 때문에, 당시의 저금리 정책은 생산적인 투자 증가 대신에 주택 시장의 거품만 초래한 것이다.

금리 인하는 국공채에 투자했던 퇴직자들의 소득을 감소시켰다. 노년층에서 정부로, 정부에서 금융업으로 부의 대규모 이동이 이루어져 불평등이 심화되었다. 이에 따라 금리 인하는 다양한 경로로 소비를 위축시켰다. 은퇴 후의 소득을 확보하기 위해, 혹은 자녀의 학자금을 확보하기 위해 사람들은 저축을 늘렸다. 연준은 금리 인하가 주가 상승으로 이어질 것이므로 소비가 늘어날 것이라고 주장했다. 하지만 2000년대 초 연준의 금리 인하 이후 주가 상승에 따라 발생한 이득은 대체로 부유층에 집중되었으므로 대대적인 소비 증가로 이어지지 않았다.

2000년대 초 고용 증대를 기대하고 시행한 연준의 저금리 정책은 노동을 자본으로 대체하는 투자를 증대시켰다. 인위적인 저금리로 자본 비용이 낮아지자 이런 기회를 이용하려는 유인이 생겨났다. 노동력이 풍부한 상황인데도 노동을 절약하는 방향의 혁신이 강화되었고, 미숙련 노동자들의 실업률이 높은 상황인데도 가게들은 계산원을 해고하고 자동화 기계를 들여놓았다. 경기가 회복되더라도 실업률이 떨어지지 않는 구조가 만들어진 것이다.

① 2000년대 초 연준의 금리 인하로 국공채에 투자한 퇴직자의 소득이 줄어들어 금융업으로부터 정부로 부가 이동하였다.

② 2000년대 초 연준은 고용 증대를 기대하고 금리를 인하했지만 결과적으로 고용 증대가 더 어려워지도록 만들었다.

③ 2000년대 초 기술 산업 거품의 붕괴로 인한 경기 침체기에 설비 가동률은 대부분의 부문에서 낮은 상태였다.

④ 2000년대 초 연준이 금리 인하 정책을 시행한 후 주택 가격과 주식 가격은 상승하였다.

⑤ 금리 인상은 부동산 거품 대응 정책 가운데 가장 효과적인 정책이 아닐 수 있다.

문 67. 다음 글에서 알 수 있는 것은? 2023년

> 나이가 들면 시간이 흘러가는 것이 젊었을 때와 다르게 느껴진다. 나이가 든 사람과 젊은 사람은 물리적 시간의 경과를 다르게 느낀다고 하는데 그 이유는 무엇일까?
>
> 연구자 A는 이 질문과 관련하여 새로운 설명을 제시하였다. A는 시간을 두 종류로 구분하였다. 하나는 객관적으로 측정할 수 있는 물리적 시간인 '시계 시간'이고 다른 하나는 마음으로 그 경과를 지각하는 '마음 시간'이다. 마음 시간은 뇌 속에서 일어나는 이미지 전환에 의해 지각된다. 이 이미지들은 감각기관의 자극을 통해 만들어지고 뇌 속에서 처리되어 저장된다. 그런데 나이가 들어 신경망의 크기와 복잡성이 커지면 신호를 전달하는 경로가 더 길어질 뿐 아니라 신호전달 경로도 활력이 떨어져 신호의 흐름이 둔해지게 된다. 결과적으로 신체가 노화하면 뇌가 이미지를 습득하고 처리하는 속도가 느려져 마음 시간도 느려진다. 따라서 똑같은 물리적 시간에 나이든 사람이 처리하는 이미지 수는 젊은 사람보다 적게 된다. 가령, 젊어서 1시간 동안 N개의 이미지를 처리하고 저장하는 사람은 N개의 이미지의 연쇄에 의해 저장된 사건들이 1시간 동안 일어난 것으로 인지하게 된다. 그런데 나이가 들어서 1시간 동안 N/2개의 이미지만을 처리할 수 있게 되면, 2시간 동안 벌어진 사건들을 N개의 이미지로 저장하게 되어, 이 N개의 이미지의 연쇄를 1시간의 경과로 인식하게 된다. 다시 말해서, 인간의 마음은 자신이 인지한 이미지가 바뀌는 것을 단위로 삼아 시간의 경과를 인식한다.

① 나이가 들면 젊었을 때보다 마음 시간이 더 빨리 간다.
② 시계 시간은 나이가 들어감에 따라 흐르는 속도가 빨라진다.
③ 마음 시간과 시계 시간의 빠르기는 신체 노화에 따라 변한다.
④ 뇌에서 이미지 처리 속도가 느려지면 시계 시간이 더 빠르게 흐르는 것으로 느끼게 된다.
⑤ 신경망의 크기와 복잡성이 클수록 같은 시계 시간 동안 처리할 수 있는 이미지의 수는 많아진다.

문 68. 다음 글에서 추론할 수 있는 것만을 〈보기〉에서 모두 고르면? 2020년

> 란체스터는 한 국가의 상대방 국가에 대한 군사력 우월의 정도를, 전쟁의 승패가 갈린 전쟁 종료 시점에서 자국의 손실비의 역수로 정의했다. 예컨대 전쟁이 끝났을 때 자국의 손실비가 1/2이라면 자국의 군사력은 적국보다 2배로 우월하다는 것이다. 손실비는 아래와 같이 정의된다.
>
> $$\text{자국의 손실비} = \frac{\text{자국의 최초 병력 대비 잃은 병력 비율}}{\text{적국의 최초 병력 대비 잃은 병력 비율}}$$
>
> A국과 B국이 전쟁을 벌인다고 하자. 전쟁에는 양국의 궁수들만 참가한다. A국의 궁수는 2,000명이고, B국은 1,000명이다. 양국 궁수들의 숙련도와 명중률 등 개인의 전투 능력, 그리고 지형, 바람 등 주어진 조건은 양국이 동일하다고 가정한다. 양측이 동시에 서로를 향해 1인당 1발씩 화살을 발사한다고 하자. 모든 화살이 적군을 맞힌다면 B국의 궁수들은 1인 평균 2개의 화살을, A국 궁수는 평균 0.5개의 화살을 맞을 것이다. 하지만 화살이 제대로 맞지 않거나 아예 안 맞을 수도 있으니, 발사된 전체 화살 중에서 적 병력의 손실을 발생시키는 화살의 비율은 매번 두 나라가 똑같이 1/10이라고 하자. 그렇다면 첫 발사에서 B국은 200명, A국은 100명의 병력을 잃을 것이다.
>
> 따라서 ㉠ 첫 발사에서의 B국의 손실비는 $\frac{200/1,000}{100/2,000}$ 이다.
>
> 마찬가지 방식으로, 남은 A국 궁수 1,900명은 두 번째 발사에서 B국에 190명의 병력 손실을 발생시킨다. 이제 B국은 병력의 39%를 잃었다. 이런 손실을 당하고도 버틸 수 있는 군대는 많지 않아서 전쟁은 B국의 패배로 끝난다. B국은 A국에 첫 번째 발사에서 100명, 그 다음엔 80명의 병력 손실을 발생시켰다. 전쟁이 끝날 때까지 A국이 잃은 궁수는 최초 병력의 9%에 지나지 않는다. 이로써 ㉡ B국에 대한 A국의 군사력이 명확히 드러난다.

〈보기〉

ㄱ. 다른 조건이 모두 같으면서 A국 궁수의 수가 4,000명으로 증가하면 ㉠은 16이 될 것이다.
ㄴ. ㉡의 내용은 A국의 군사력이 B국보다 4배 이상으로 우월하다는 것이다.
ㄷ. 전쟁 종료 시점까지 자국과 적국의 병력 손실이 발생했고 그 수가 동일한 경우, 최초 병력의 수가 적은 쪽의 손실비가 더 크다.

① ㄱ
② ㄷ
③ ㄱ, ㄴ
④ ㄴ, ㄷ
⑤ ㄱ, ㄴ, ㄷ

문 69. 다음 글의 내용과 부합하는 것은? 2018년

> 국민주권에 바탕을 둔 민주주의 원리는 모든 국가기관의 의사가 국민의 의사로 귀착될 수 있어야 한다는 것이다. 이러한 민주주의 원리로부터 국민의 생활에 중요한 영향을 미치는 국가기관일수록 국민의 대표성이 더 반영되어야 한다는 '민주적 정당성'의 원리가 도출된다. 헌법재판 역시 그 중대성을 감안할 때 국민의 대의기관이 직접 담당하는 것이 민주적 정당성의 원리에 부합할 것이다. 헌법재판은 과거 세대와 현재 및 미래 세대에게 아울러 적용되는 헌법과 인권의 가치를 수호하는 특수한 기능을 수행한다. 헌법재판소는 항구적인 인권 가치를 수호하기 위하여 의회입법이나 대통령의 행위를 위헌이라고 선언할 수 있다. 이는 현재 세대의 의사와 배치될 수도 있는 작업이다. 그렇다면 이는 의회와 같은 현 세대의 대표자가 직접 담당하기에는 부적합하다. 헌법재판관들은 현재 다수 국민들의 실제 의사를 반영하기 위하여 임명되는 것이 아니다. 그들의 임무는 현재 국민들이 헌법을 개정하지 않는 한 헌법에 선언된 과거 국민들의 미래에 대한 약정을 최대한 실현하는 것이다. 그렇다면 헌법재판은 의회로부터 어느 정도 독립되고, 전문성을 갖춘 재판관들이 담당해야 한다.
>
> 한편 헌법재판은 사법적으로 이루어질 때 보다 공정하고 독립적으로 이루어질 수 있다. 이는 독립된 재판관에 의하여 이루어지는 법해석을 중심으로 판단이 이루어져야 한다는 것을 말한다. 그런데 독립된 헌법재판소를 두더라도 헌법재판관의 구성방법이 문제된다. 헌법 제1조 제2항에 따라 모든 국가권력은 국민에게 귀착되어야 하는 정당성의 사슬로 연결되어 있기에 헌법재판관 선출은 국민의 직접 위임에 의한 것이 이상적이다. 그러나 현실적으로 국민의 직접선거로 재판관을 선출하는 것은 용이하지 않다. 따라서 대의기관이 관여하여 헌법재판관을 임명함으로써 최소한의 민주적 정당성을 갖추어야 할 것이다. 그러므로 헌법재판관들이 선출되지 않은 소수 혹은 국민에 대하여 책임지지 않는 소수라는 이유만으로 민주적 정당성이 없다고 하는 것은, 헌법재판관 선출에 의회와 대통령이 관여한다는 점에서 무리한 비판이라고 볼 것이다.

① 헌법재판관들은 현행 헌법 개정에 구속되지 않고 미래 세대에 대한 약정을 최대한 실현해야 한다.

② 헌법재판소가 다수의 이익을 대표하는 대의기관의 행위를 위헌이라고 판단하는 것은 민주적 정당성의 원리에 배치된다.

③ 현재 헌법재판관 선출방법은 모든 국가권력이 국민에게 귀착되어야 한다는 민주적 정당성의 원리를 이상적으로 실현하고 있다.

④ 헌법재판은 현재와 미래 세대에게 아울러 적용되는 헌법과 항구적인 인권의 가치를 수호해야 하지만, 이는 현재 세대의 의사와 배치되어서는 안 된다.

⑤ 헌법재판은 사법기관이 담당하는 것이 바람직하며, 그 기관은 현재 세대를 대표하는 대의기관으로부터 어느 정도 독립되고 전문성을 갖출 필요가 있다.

문 70. 다음 ㉠~㉧에 대한 분석으로 가장 적절한 것은? 2018년

> 우리의 사고는 구조를 가지고 있을까? 이를 알아보기 위해 한국어 문장 "철수는 영희를 사랑한다."에서 출발해 보자. ㉠ 이 문장에 포함되어 있는 고유명사 '철수'와 '영희'가 지시하는 대상이 존재한다면, 이 문장이 유의미하다는 점을 부정할 사람은 없을 것이다. 그런데 ㉡ 이 문장이 유의미하다면, 두 고유명사의 위치를 서로 바꾼 문장 "영희는 철수를 사랑한다."도 유의미하다. 언어의 이러한 속성을 체계성이라고 한다. ㉢ 언어의 체계성은 해당 언어의 문장이 구조를 가질 경우에만 보장된다.
>
> 이번에는 언어의 생산성에 관해 생각해 보자. 한 언어가 생산적이라는 말의 의미는, 그 언어 내의 임의의 문장을 이용하여 유의미한 문장을 새롭게 구성할 수 있다는 것이다. 예를 들어, "철수는 귀엽다."와 "영희는 씩씩하다."는 문장들을 가지고 새로운 문장 "철수는 귀엽고 영희는 씩씩하다."를 얻을 수 있다. 또한 여기에다가 "영희는 철수를 사랑한다."를 덧붙여서 "철수는 귀엽고 영희는 씩씩하고 영희는 철수를 사랑한다."를 얻을 수 있다. 이러한 과정은 끝없이 확대될 수 있다. ㉣ 언어의 이러한 특성 역시 해당 언어의 문장이 구조를 가질 경우에만 보장된다.
>
> 이제 우리는 ㉤ 언어의 체계성과 생산성은 언어가 구조를 가질 경우에만 보장된다고 결론지을 수 있다. 이러한 결론은 우리의 사고에 대해서도 성립할 가능성이 있다. 왜냐하면 ㉥ 우리의 사고가 체계성과 생산성을 가지고 있다는 것은 부정할 수 없는 사실이기 때문이다. ㉦ 우리는 A가 B를 사랑한다고 생각할 수 있다면, B가 A를 사랑한다고 생각할 수도 있다. 뿐만 아니라 ㉧ 우리는 A가 귀엽다고 생각하고 B가 씩씩하다고 생각할 수 있다면, A는 귀엽고 B는 씩씩하다고 생각할 수 있다. 언어의 경우와 유사하게 사고의 경우도 이처럼 체계성과 생산성을 가지고 있다. 결국 언어와 마찬가지로 ㉨ 우리의 사고도 구조를 가지고 있다는 유추가 가능하다.

① ㉠은 ㉡을 지지한다.

② ㉥은 ㉤을 지지한다.

③ ㉢과 ㉣이 참이라고 할지라도 ㉤은 거짓일 수 있다.

④ ㉤과 ㉥이 참이라고 할지라도 ㉨은 거짓일 수 있다.

⑤ ㉥이 참이라고 할지라도 ㉦과 ㉧은 거짓일 수 있다.

문 71. 다음 글에서 추론할 수 있는 것만을 〈보기〉에서 모두 고르면? 2019년

곤충이 유충에서 성체로 발생하는 과정에서 단단한 외골격은 더 큰 것으로 주기적으로 대체된다. 곤충이 유충, 번데기, 성체로 변화하는 동안, 이러한 외골격의 주기적 대체는 몸 크기를 증가시키는 것과 같은 신체 형태 변화에 필수적이다. 이러한 외골격의 대체를 '탈피'라고 한다. 성체가 된 이후에 탈피하지 않는 곤충들의 경우, 그것들의 최종 탈피는 성체의 특성이 발현되고 유충의 특성이 완전히 상실될 때 일어난다. 이런 유충에서 성체로의 변태 과정을 조절하는 호르몬에는 탈피호르몬과 유충호르몬이 있다.

탈피호르몬은 초기 유충기에 형성된 유충의 전흉선에서 분비된다. 탈피 시기가 되면, 먹이 섭취 활동과 관련된 자극이 유충의 뇌에 전달된다. 이 자극은 이미 뇌의 신경분비세포에서 합성되어 있던 전흉선자극호르몬의 분비를 촉진하여 이 호르몬이 순환계로 방출될 수 있게끔 만든다. 분비된 전흉선자극호르몬은 순환계를 통해 전흉선으로 이동하여, 전흉선에서 허물벗기를 촉진하는 탈피호르몬이 분비되도록 한다. 그리고 탈피호르몬이 분비되면 탈피의 첫 단계인 허물벗기가 시작된다. 성체가 된 이후에 탈피하지 않는 곤충들의 경우, 성체로의 마지막 탈피가 끝난 다음에 탈피호르몬은 없어진다.

유충호르몬은 유충 속에 있는 알라타체라는 기관에서 분비된다. 이 유충호르몬은 탈피 촉진과 무관하며, 유충의 특성이 남아 있게 하는 역할만을 수행한다. 따라서 각각의 탈피 과정에서 분비되는 유충호르몬의 양에 의해서, 탈피 이후 유충으로 남아 있을지, 유충의 특성이 없는 성체로 변태할지가 결정된다. 유충호르몬의 방출량은 유충호르몬의 분비를 억제하는 알로스테틴과 분비를 촉진하는 알로트로핀에 의해 조절된다. 이 알로스테틴과 알로트로핀은 곤충의 뇌에서 분비된다. 한편, 유충호르몬의 방출량이 정해져 있을 때 그 호르몬의 혈중 농도는 유충호르몬에스터라제와 같은 유충호르몬 분해 효소와 유충호르몬결합단백질에 의해 조절된다. 유충호르몬결합단백질은 유충호르몬에스터라제 등의 유충호르몬 분해 효소에 의해서 유충호르몬이 분해되어 혈중 유충호르몬의 농도가 낮아지는 것을 막으며, 유충호르몬을 유충호르몬 작용 조직으로 안전하게 수송한다.

〈보기〉

ㄱ. 유충의 전흉선을 제거하면 먹이 섭취 활동과 관련된 자극이 유충의 뇌에 전달될 수 없다.
ㄴ. 변태 과정 중에 있는 곤충에게 유충기부터 알로트로핀을 주입하면, 그것은 성체로 발생하지 않을 수 있다.
ㄷ. 유충호르몬이 없더라도 변태 과정 중 탈피호르몬이 분비되면 탈피가 시작될 수 있다.

① ㄱ
② ㄴ
③ ㄱ, ㄷ
④ ㄴ, ㄷ
⑤ ㄱ, ㄴ, ㄷ

문 72. 다음 글의 내용과 부합하는 것은? 2021년

『승정원일기』는 조선시대 왕의 비서 기관인 승정원의 업무 일지이다. 승정원에서 처리한 업무는 당시 최고의 국가 기밀이었으므로 『승정원일기』에는 중앙과 지방에서 수집된 주요한 정보와 긴급한 국정 사항이 생생하게 기록되었다. 『승정원일기』가 왕의 통치 기록으로서 주요한 자리를 차지할 수 있었던 것은 조선의 통치 구조와 관련이 있다. 조선은 모든 국가 조직이 왕을 중심으로 짜여 있는 중앙집권제 국가였다. 국가 조직은 크게 여섯 분야로 나뉘어져 이, 호, 예, 병, 형, 공의 육조가 이를 담당하였다. 승정원도 육조에 맞추어 육방으로 구성되었고, 육방에는 담당 승지가 한 명씩 배치되었다. 중앙과 지방의 모든 국정 업무는 육조를 통해 수합되었고, 육조는 이를 다시 승정원의 해당 방의 승지에게 보고하였다. 해당 승지는 이를 다시 왕에게 보고하였고, 왕의 명령이 내려지면 담당 승지가 받아 해당 부서에 전하였다.

승정원에 보고된 육조의 모든 공문서는 승정원의 주서가 받아서 기록하였는데, 상소문이나 탄원서 등의 문서도 마찬가지였다. 만약 사헌부, 사간원, 홍문관 등에서 특정 관료나 사안에 대해 비판하는 경우 주서가 그 내용을 기록하였으며, 왕과 신료가 만나 국정을 의논하거나 경연을 할 때 주서는 반드시 참석하여 그 대화 내용을 기록하였다. 즉 주서는 사관의 역할도 겸하였으며, 주서가 사관으로서 기록한 것을 사초라 하였다. 하루 일과가 끝나면 주서는 자신이 기록한 사초를 정리하여 이것을 승정원에서 처리한 공문서나 상소문과 함께 모두 모아 매일 『승정원일기』를 작성하였다. 한 달이 되면 이를 한 책으로 엮어 왕에게 보고하였고, 왕의 결재를 받은 다음 자신이 근무하는 승정원 건물에 보관하였다.

『승정원일기』는 오직 한 부만 작성되었으므로 궁궐의 화재로 원본 자체가 소실되기도 하였다. 임진왜란 전에 승정원은 경복궁 근정전 서남쪽에 위치하였는데, 왜란으로 경복궁이 불타면서 『승정원일기』도 함께 소실되었다. 이후에도 여러 차례 궁궐에 화재가 발생하였다. 영조 23년에는 창덕궁에 불이 나 『승정원일기』가 거의 타버렸으나 영조는 이를 복원하도록 하였다.

① 주서는 사초에 근거하여 육조의 국정 업무 자료를 선별해 수정한 뒤 책으로 엮어 왕에게 보고하였다.
② 형조에서 수집한 지방의 공문서는 승정원의 형방 승지를 통해 왕에게 보고되었다.
③ 왕이 사간원에 내리는 공문서는 사간원에 배치된 승지를 통해 전달되었다.
④ 사관의 역할을 겸하였던 주서와 승지는 함께 『승정원일기』를 작성하였다.
⑤ 경복궁에 보관되어 있던 『승정원일기』는 영조 대의 화재로 소실되었다.

문 73. 다음 글의 ㉠을 약화하는 것만을 〈보기〉에서 모두 고르면? 2022년

고대 아테네에서는 공적 기관에서 일할 공직자를 추첨으로 선발하였다. 이는 오늘날의 민주정과 구분되는 아테네 민주정의 핵심 특징이다. 아테네가 추첨으로 공직자를 뽑은 이유는 그들의 자유와 평등 개념에서 찾을 수 있다.

아테네 민주정의 고유한 정의 개념은 공직을 포함한 사회적 재화들이 모든 자유 시민에게 고루 배분되어야 한다는 것이다. 이러한 점에서 평등은 시민들이 통치 업무에서 동등한 몫을 갖는다는 의미로서 원칙상 공직을 맡을 기회가 균등할 때 실현가능하다. 바로 추첨이 이러한 평등을 보장해 주는 것이다. 자유의 측면에서도 추첨의 의미를 조명할 수 있다. 아테네에서 자유란 한 개인이 정치체제의 근본 원칙을 수립하는 통치 주체가 되는 것이다. 추첨 제도 덕분에 아테네의 모든 시민은 자유를 누리고 있었다고 볼 수 있다. 공적 업무의 교대 원칙과 결합한 추첨 제도를 시행함으로써 아테네 시민은 누구나 일생에 적어도 한 번은 공직을 맡게 될 것이었기 때문이다.

또한 아리스토텔레스가 말한 것처럼, '통치하고 통치받는 일을 번갈아 하는 것'은 민주정의 기본 원칙 가운데 하나이고, 그렇게 통치와 복종을 번갈아 하는 것이 민주 시민의 덕성이기도 했다. 명령에 복종하던 시민이 명령을 내리는 통치자가 되면 자신의 결정과 명령에 영향을 받게 될 시민의 입장을 더 잘 참작할 수 있을 것이다. 자신의 통치가 피지배자에게 어떤 영향을 미칠지 생생하게 예측할 수 있게 되면서 정의로운 결정을 위해 더욱 신중하게 숙고할 것이기 때문에, 시민들이 통치와 복종을 번갈아 한다는 것은 좋은 정부를 만드는 훌륭한 수단이 되는 것이다.

결국 ㉠ 이런 점들을 고려할 때, 추첨식 민주정은 자유와 평등의 이념과 공동체 호혜의 정신을 실천하는 데 적합한 제도였다고 평가할 수 있다.

〈보기〉

ㄱ. 추첨이 아닌 다른 제도를 통해서도 사실상 공직을 맡을 기회가 모든 시민에게 균등하게 배분될 수 있다.

ㄴ. 사람마다 능력과 적성이 다르며, 능력과 적성에 맞지 않는 일을 하는 사람은 그 일의 진정한 주체가 될 수 없다.

ㄷ. 도덕적 소양을 갖춘 사람이 아니라면, "내가 싫어하는 것은 남들에게 하지 말아야겠어!"라고 생각하기보다 "나도 당했으니 너도 당해봐!"라고 생각하는 경우가 더 흔하다.

① ㄱ
② ㄴ
③ ㄱ, ㄷ
④ ㄴ, ㄷ
⑤ ㄱ, ㄴ, ㄷ

문 74. 다음 글의 내용이 참일 때 반드시 참인 것은? 2022년

프랜차이즈 회사 갑은 올해 우수매장을 선정했는데 선정 과정에 본사 경영진이 개입했다는 주장이 있지만 이는 아직 불분명하다. 본사 경영진이 우수매장 선정에 개입했다면, A매장이 선정되었을 것이다. 한편 B매장이 선정되었다면, 우수매장 선정에 본사 경영진이 개입했다는 주장이 거짓임이 밝혀진 셈이다. 최종 선정된 우수매장 후보는 A와 B매장 둘뿐이며 이 중 한 군데만이 선정될 상황이었다. 만약 A매장이 우수매장으로 선정되었다면, 갑의 매장 대부분이 본사 직영점이라는 주장이 거짓임이 밝혀졌을 것이다. 또한, B매장이 우수매장으로 선정되었다면, 갑의 매장은 모두 방역 클린 매장이라는 주장과 모두 친환경 매장이라는 주장이 둘 다 거짓인 것은 아니다. 10년째 영업 중인 갑의 B매장은 방역 클린 매장이지만 친환경 매장은 아니다.

① 갑의 올해 우수매장 선정에 본사 경영진의 개입이 없었다면, A매장이 선정되었을 것이다.
② 갑의 매장 대부분이 본사 직영점이라면, 갑의 매장은 모두 방역 클린 매장이다.
③ 갑의 매장 중에는 본사 직영점도 아니고 친환경 매장도 아닌 곳이 있다.
④ 우수매장으로 선정된 곳은 방역 클린 매장이자 친환경 매장이다.
⑤ 갑의 매장 중 방역 클린 매장이 아닌 곳도 있다.

문 75. 다음 글의 내용이 참일 때, 반드시 참인 것은? 2020년

외교부에서는 남자 6명, 여자 4명으로 이루어진 10명의 신임 외교관을 A, B, C 세 부서에 배치하고자 한다. 이때 따라야 할 기준은 다음과 같다.

- 각 부서에 적어도 한 명의 신임 외교관을 배치한다.
- 각 부서에 배치되는 신임 외교관의 수는 각기 다르다.
- 새로 배치되는 신임 외교관의 수는 A가 가장 적고, C가 가장 많다.
- 여자 신임 외교관만 배치되는 부서는 없다.
- B에는 새로 배치되는 여자 신임 외교관의 수가 새로 배치되는 남자 신임 외교관의 수보다 많다.

① A에는 1명의 신임 외교관이 배치된다.
② B에는 3명의 신임 외교관이 배치된다.
③ C에는 5명의 신임 외교관이 배치된다.
④ B에는 1명의 남자 신임 외교관이 배치된다.
⑤ C에는 2명의 여자 신임 외교관이 배치된다.

문 76. 다음 글에 대한 분석으로 적절한 것만을 〈보기〉에서 모두 고르면? 2022년

㉠ 힘센 국가나 조직이 지구의 기상을 마음대로 조작하고 있다는 음모론은 수십 년 전부터 사람들의 입에 오르내려 왔다. 이에 따르면 수십 년 전부터 강대국들은 군사적 목적으로 기류의 흐름을 조종하고 폭풍우를 임의로 만들어내고, 적국에 한파나 폭염을 불러일으키는 등의 날씨를 조작하는 환경전(環境戰)을 펼쳐왔다. 이들 중 특히 C단체에 따르면 ㉡ 산업 현장 등에서 배출하는 과다한 온실 기체 때문에 지구온난화 현상이 일어나는 것이 아니다. 이들은 ㉢ 강대국 정부가 군사적 목적에서 행하는 비밀스러운 기상조작 활동 때문에 지구온난화 현상이 일어난다고 주장한다.

C단체가 이렇게 주장하는 근거는 무엇인가? 이와 관련하여 이들은 ㉣ 기상조작 기술을 군사적 혹은 상업적으로 이용 및 수출하는 것을 금지하는 국제 통상 조항이 있다는 사실에 주목한다. 바로 이것이 ㉤ 기상조작 기술을 실제로 군사적 혹은 상업적으로 이용하고 있다는 증거라는 것이다. 그리고 C단체는 재해 예방을 위한 인공강우 활용 사례들이 보여주는 것처럼 기상조작 기술은 이미 실용화된 기술이라는 점도 지적한다. 이 때문에 이들은 ㉥ 기상조작 기술이 손쉽게 군사적으로 전용될 수 있다고 여긴다. 이에 더해 ㉦ 강대국 정부들은 자국의 기업들이 지구온난화의 책임으로 납부하는 거액의 세금을 환영한다는 사실 역시 정부가 실제로 기상조작 행위를 수행하고 있음을 보여준다고 C단체는 말한다.

그러나 지구온난화 현상이 일으키는 국가적 비용은 음모론자들이 말하는 환경전을 통해 얻을 수 있는 재정상의 이익을 압도한다. 그렇기에 정부가 그런 비용을 치르면서까지 기상조작을 수행할 이유가 없다. 따라서 기상조작 음모론은 터무니없다.

〈보기〉

ㄱ. ㉠에 동의해도 ㉡에 동의할 필요는 없다.
ㄴ. ㉤, ㉥, ㉦에 모두 동의한다면 ㉢에 동의해야 한다.
ㄷ. 무언가가 실제로 행해지고 있을 때만 그것을 금지하는 규정이 존재한다고 전제하면 ㉣로부터 ㉤이 도출된다.

① ㄱ
② ㄴ
③ ㄱ, ㄷ
④ ㄴ, ㄷ
⑤ ㄱ, ㄴ, ㄷ

문 77. 다음 글의 내용과 부합하는 것은? 2021년

화원(畵員)이란 조선시대의 관청인 도화서 소속의 직업 화가를 말한다. 화원은 임금의 초상화인 어진과 공신초상, 의궤와 같은 궁중기록화, 궁중장식화, 각종 지도, 청화백자의 그림, 왕실 행사를 장식하는 단청 등 왕실 및 조정이 필요로 하는 모든 종류의 회화를 제작하고 여러 도화(圖畵) 작업을 담당하였다. 그림과 관련된 온갖 일을 한 화원들은 사실상 거의 막노동에 가까운 일을 했던 사람들이다.

고된 노역과 적은 녹봉에도 불구하고 이들은 왜 어려서부터 그림 공부를 하여 도화서에 들어가려고 한 것일까? 그림에 재능이 있는 사람이 화원이 되려고 한 이유는 생각보다 간단하다. 화원이 된다는 것은 국가가 인정한 20~30명의 최상급 화가 중 한 사람이 된다는 것을 의미한다. 비록 중인이지만 화원이 되면 종9품에서 종6품 사이의 벼슬을 받는 하급 관료가 되는 것이다. 따라서 화원이 된 사람은 국가가 인정한 최상급 화가라는 자격과 함께, 경제적으로는 별 도움이 되는 것은 아니지만 관료라는 지위를 갖게 된다.

실상 화원은 국가가 주는 녹봉으로 생활했던 사람들이 아니었다. 이들은 낮에는 국가를 위해 일했으나 퇴근 후에는 사적으로 주문을 받아 작품을 제작하였다. 화원들은 벌어들이는 돈의 대부분을 사적 주문에 의한 그림 제작을 통해 획득하였다. 국가 관료라는 지위와 최상급 화가라는 명예는 그림 시장에서 그들의 작품에 보다 높은 가치를 부여하였고, 녹봉에만 의지하는 다른 하급 관료보다 경제적으로 풍요롭게 만들었다. 반면 도화서에 들어가지 못한 일반 화가들은 경제적으로 곤궁하였다. 이들은 일정한 수입이 없었으며 그때그때 값싼 그림을 팔아 생활하였다. 따라서 화원과 비교해 볼 때 시정(市井)의 직업 화가들의 경제 여건은 늘 불안정하였다. 이런 이유로 화원 집안에서는 대대로 화원을 배출하려고 노력했고, 조선후기에는 몇몇 가문이 도화서 화원직을 거의 독점하게 되었다.

① 일반 직업 화가들은 화원 밑에서 막노동에 가까운 일을 담당하였으나 신분은 중인이었다.
② 화원은 국가 관료라는 지위를 가졌으나 경제적 여건은 일반 하급 관료에 비해 좋지 않은 편이었다.
③ 임금의 초상화를 그리는 도화서 소속 화가는 다른 화원에 비해 국가가 인정한 최상급 화가라는 자격을 부여받았다.
④ 도화서 소속 화가는 수입의 가장 많은 부분을 사적으로 주문된 그림을 제작하는 데서 얻었다.
⑤ 적은 녹봉에도 불구하고 화원이 되려는 경쟁이 치열했으므로 화원직의 세습은 힘들었다.

문 78. 다음 글의 '나'의 암묵적 전제로 볼 수 있는 것만을 〈보기〉에서 모두 고르면? 2019년

> 나는 최근에 수집한 암석을 분석하였다. 암석의 겉껍질은 광물이 녹아서 엉겨 붙어 있는 상태인데, 이것은 운석이 대기를 통과할 때 가열되면서 나타나는 대표적인 현상이다. 암석은 유리를 포함하고 있었고 이 유리에는 약간의 기체가 들어있었다. 이 기체는 현재의 지구나 원시 지구의 대기와 비슷하지 않지만 바이킹 화성탐사선이 측정한 화성의 대기와는 흡사하였다. 특히 암석에서 발견된 산소는 지구의 암석에 있는 것과 동위원소 조성이 달랐다. 그러나 화성에서 기원한 다른 운석에서 나타나는 동위원소 조성과는 일치하였다.
>
> 놀랍게도 이 암석에서는 박테리아처럼 보이는 작은 세포 구조가 발견되었다. 그 크기는 100나노미터였고 모양은 둥글거나 막대기 형태였다. 이 구조는 매우 정교하여 살아 있는 세포처럼 보였다. 추가 분석으로 이 암석에서 탄산염 광물을 발견하였고 이 탄산염 광물은 박테리아가 활동하는 곳에서 형성된 지구의 퇴적물과 닮았다는 것을 알게 되었다. 이 탄산염 광물에서는 특이한 자철석 결정이 발견되었다. 지구에서 발견되는 A종류의 박테리아는 자체적으로 합성한, 특이한 형태와 높은 순도를 지닌 자철석 결정의 긴 사슬을 이용해 방향을 감지한다. 이 자철석은 지층에 퇴적될 수 있다. 자성을 띤 화석은 지구상에 박테리아가 나타나기 시작한 20억 년 전의 암석에서도 발견된다. 내가 수집한 암석에서 발견된 자철석은 A종류의 박테리아에 의해 생성되는 것과 같은 결정형과 높은 순도를 지니고 있었다.
>
> 따라서 나는 최근에 수집한 암석이 생명체가 화성에서 실재하였음을 나타내는 증거라고 확신한다.

〈보기〉

ㄱ. 크기가 100나노미터 이하의 구조는 생명체로 볼 수 없다.
ㄴ. 산소의 동위원소 조성은 행성마다 모두 다르게 나타난다.
ㄷ. A종류의 박테리아가 없었다면 특이한 결정형의 자철석이 나타나지 않는다.

① ㄱ

② ㄴ

③ ㄱ, ㄷ

④ ㄴ, ㄷ

⑤ ㄱ, ㄴ, ㄷ

문 79. 다음 글의 ㉠에 대한 평가로 가장 적절한 것은? 2021년

> 우리나라에서 주먹도끼가 처음 발견된 곳은 경기도 연천이다. 첫 발견 이후 대대적인 발굴조사를 통해 연천의 전곡리 유적이 세상에 그 존재를 드러내게 되었고 그렇게 발견된 주먹도끼는 단숨에 세계 학자들의 주목 대상이 되었다. 그동안 동아시아에서는 찍개만 발견되었을 뿐 전기 구석기의 대표적인 석기인 주먹도끼는 발견되지 않았기 때문이었다.
>
> 찍개는 초기 인류부터 사용했으며 세계 곳곳에서 발견되었다. 반면 프랑스의 아슐에서 처음 발견된 주먹도끼는 양쪽 면을 갈아 만든 거의 완벽에 가까운 좌우대칭 형태의 타원형 도구이다. 사냥감의 가죽을 벗겨 내고, 구멍을 뚫고, 빻거나 자르는 등 다양한 작업에 사용된 다용도 도구였다. 학계가 주먹도끼에 주목했던 것은 그것이 찍개에 비해 복잡한 가공작업을 거쳐 만든 것이므로 인류의 진화 과정을 풀 열쇠라고 보았기 때문이다. 주먹도끼를 만들기 위해서는 만들 대상을 결정하고 그에 따른 모양을 설계한 뒤, 적합한 재료를 선택해 제작하는 복잡한 과정을 거쳐야 했다. 이는 구석기인들의 지적 수준이 계획과 실행이 가능한 수준으로 도약했다는 것을 확인해 주는 부분이다. 아동 심리발달 단계에 따르면 12세 정도가 되면 형식적 조작기에 도달하게 되는데, 주먹도끼처럼 3차원적이며 대칭적인 물건을 만들 수 있으려면 이런 형식적 조작기 수준의 인지 능력, 즉 추상적 개념에 대하여 논리적 · 체계적 · 연역적으로 사고할 수 있을 정도의 인지 능력을 갖추어야 한다. 더 나아가 형식적 조작 능력을 갖추었을 때 비로소 언어적 지능이 발달하게 된다. 즉 주먹도끼를 제작할 수 있다는 것은 추상적 사고를 할 수 있으며 그런 추상적 개념을 언어로 표현하고 대화할 수 있다는 것을 의미한다.
>
> 전곡리에서 주먹도끼가 발견되었을 당시 학계는 ㉠ <u>모비우스 학설</u>이 지배하고 있었다. 이 학설은 주먹도끼가 발견되지 않은 인도 동부를 기준으로 모비우스 라인이라는 가상선을 긋고, 그 서쪽 지역인 유럽이나 아프리카는 주먹도끼 문화권으로, 그 동쪽인 동아시아는 찍개 문화권으로 구분하였다. 더불어 모비우스 라인 동쪽 지역은 서쪽 지역보다 인류의 지적 · 문화적 발전 속도가 뒤떨어졌다고 하였다.

① 주먹도끼를 만들어 사용한 인류가 찍개를 만들어 사용한 인류보다 두개골이 더 컸다는 것이 밝혀진다면 ㉠이 강화된다.

② 형식적 조작기 수준의 인지 능력을 가진 인류가 구석기 시대에 동아시아에서 유럽으로 이동했다는 것이 밝혀진다면 ㉠이 강화된다.

③ 계획과 실행을 할 수 있는 지적 수준의 인류가 거주했던 증거가 동아시아 전기 구석기 유적에서 발견되고 추상적 개념을 언어로 표현하며 소통했던 증거가 유럽의 전기 구석기 유적에서 발견된다면 ㉠이 강화된다.

④ 학술 연구를 통해 전곡리 유적이 전기 구석기 시대의 유적으로 확증된다면 ㉠이 약화된다.

⑤ 동아시아에서는 주로 열매를 빻기 위해 석기를 제작하였고 모비우스 라인 서쪽에서는 주로 짐승 가죽을 벗기기 위해 석기를 제작하였다는 것이 밝혀진다면 ㉠이 약화된다.

문 80. 다음 글의 내용이 참일 때, 반드시 참인 것은? 2019년

- 김대리, 박대리, 이과장, 최과장, 정부장은 A회사의 직원들이다.
- A회사의 모든 직원은 내근과 외근 중 한 가지만 한다.
- A회사의 직원 중 내근을 하면서 미혼인 사람에는 직책이 과장 이상인 사람은 없다.
- A회사의 직원 중 외근을 하면서 미혼이 아닌 사람은 모두 그 직책이 과장 이상이다.
- A회사의 직원 중 외근을 하면서 미혼인 사람은 모두 연금 저축에 가입해 있다.
- A회사의 직원 중 미혼이 아닌 사람은 모두 남성이다.

① 김대리가 내근을 한다면, 그는 미혼이다.
② 박대리가 미혼이면서 연금 저축에 가입해 있지 않다면, 그는 외근을 한다.
③ 이과장이 미혼이 아니라면, 그는 내근을 한다.
④ 최과장이 여성이라면, 그는 연금 저축에 가입해 있다.
⑤ 정부장이 외근을 한다면, 그는 연금 저축에 가입해 있지 않다.

문 1. 다음 〈표〉와 〈그림〉은 우리나라의 에너지 유형별 1차에너지 생산과 최종에너지 소비에 관한 자료이다. 이에 대한 〈보기〉의 설명으로 옳지 않은 것은? 2019년

〈표 1〉 2008~2012년 1차에너지의 유형별 생산량

(단위 : 천 TOE)

유형 연도	석탄	수력	신재생	원자력	천연가스	합
2008	1,289	1,196	5,198	32,456	236	40,375
2009	1,171	1,213	5,480	31,771	498	40,133
2010	969	1,391	6,064	31,948	539	40,911
2011	969	1,684	6,618	33,265	451	42,987
2012	942	1,615	8,036	31,719	436	42,748

※ 국내에서 생산하는 1차에너지 유형은 제시된 5가지로만 구성됨

〈그림〉 2012년 1차에너지의 지역별 생산량 비중(TOE 기준)

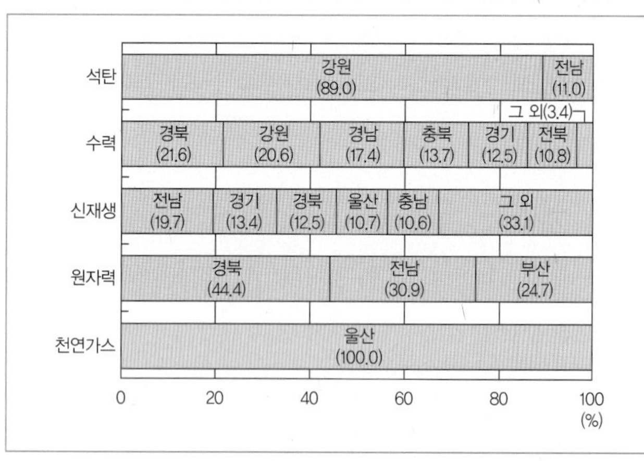

〈표 2〉 유형별 최종에너지 소비 추이(2008~2012년)와 지역별 최종에너지 소비(2012년)

(단위 : 천 TOE)

유형 연도·지역	석탄	석유제품	천연 및 도시가스	전력	열	신재생	합
2008	26,219	97,217	19,765	33,116	1,512	4,747	182,576
2009	23,895	98,370	19,459	33,925	1,551	4,867	182,067
2010	29,164	100,381	21,640	37,338	1,718	5,346	195,587
2011	33,544	101,976	23,672	39,136	1,702	5,833	205,863
2012	31,964	101,710	25,445	40,127	1,751	7,124	208,121
서울	118	5,863	4,793	4,062	514	218	15,568
부산	62	3,141	1,385	1,777	–	104	6,469
대구	301	1,583	970	1,286	80	214	4,434
인천	54	6,798	1,610	1,948	–	288	10,698
광주	34	993	630	699	–	47	2,403
대전	47	945	682	788	–	51	2,513
울산	451	19,357	2,860	2,525	–	336	25,529
경기	335	10,139	5,143	8,625	1,058	847	26,147
강원	1,843	1,875	312	1,368	–	644	6,042
충북	1,275	2,044	752	1,837	59	471	6,438
충남	5,812	17,184	1,454	3,826	5	143	28,424
전북	27	2,177	846	1,846	–	337	5,233
전남	11,675	21,539	975	2,450	–	2,251	38,890
경북	9,646	3,476	1,505	3,853	–	879	19,359
경남	284	3,873	1,515	2,839	35	266	8,812
제주	–	721	13	332	–	28	1,094
기타	–	2	–	66	–	–	68

※ 국내에서 소비하는 최종에너지 유형은 제시된 6가지로만 구성됨

① 2008년 대비 2012년의 생산량 증가율이 가장 큰 1차에너지 유형은 천연가스이다.

② 2012년 1차에너지를 가장 많이 생산한 지역에서는 같은 해 최종에너지 중 석유제품을 가장 많이 소비하였다.

③ 2012년 석탄 1차에너지 생산량은 2012년 경기 지역의 신재생 1차에너지 생산량보다 적다.

④ 2012년에 1차에너지 생산량이 최종에너지 소비량의 합보다 많은 지역이 존재한다.

⑤ 2008년 대비 2012년의 소비량 증가율이 가장 큰 최종에너지 유형은 신재생이다.

문 2. 다음 〈표〉와 〈그림〉은 조선시대 A군의 조사시기별 가구 수 및 인구 수와 가구 구성비에 대한 자료이다. 이에 대한 〈보기〉의 설명 중 옳은 것만을 모두 고르면? 2016년

〈표〉 A군의 조사시기별 가구 수 및 인구 수

(단위 : 호, 명)

조사시기	가구 수	인구 수
1729년	1,480	11,790
1765년	7,210	57,330
1804년	8,670	68,930
1867년	27,360	144,140

〈그림〉 A군의 조사시기별 가구 구성비

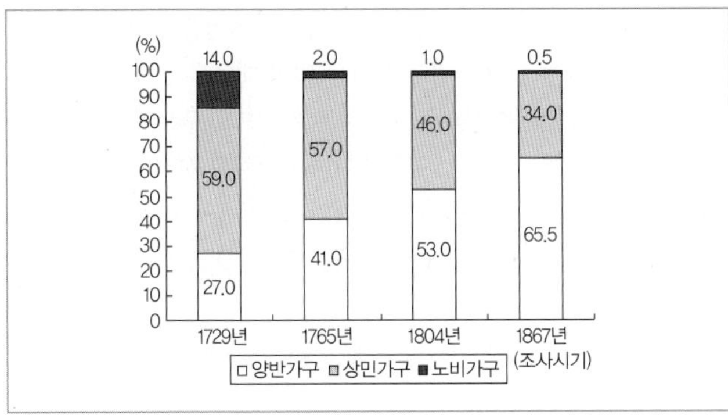

〈보기〉

ㄱ. 1804년 대비 1867년의 가구당 인구 수는 증가하였다.
ㄴ. 1765년 상민가구 수는 1804년 양반가구 수보다 적다.
ㄷ. 노비가구 수는 1804년이 1765년보다는 적고 1867년보다는 많다.
ㄹ. 1729년 대비 1765년에 상민가구 구성비는 감소하였고 상민가구 수는 증가하였다.

① ㄱ, ㄴ
② ㄱ, ㄷ
③ ㄴ, ㄹ
④ ㄱ, ㄷ, ㄹ
⑤ ㄴ, ㄷ, ㄹ

문 3. 다음 〈그림〉과 〈표〉는 '갑'시에서 '을'시로의 이동에 대한 자료이다. 이와 다음 〈계산식〉을 적용하여 이동방법 A, B, C를 이동비용이 적은 것부터 순서대로 나열하면? 2018년

〈그림〉 '갑' → '을' 이동방법 A, B, C의 경로

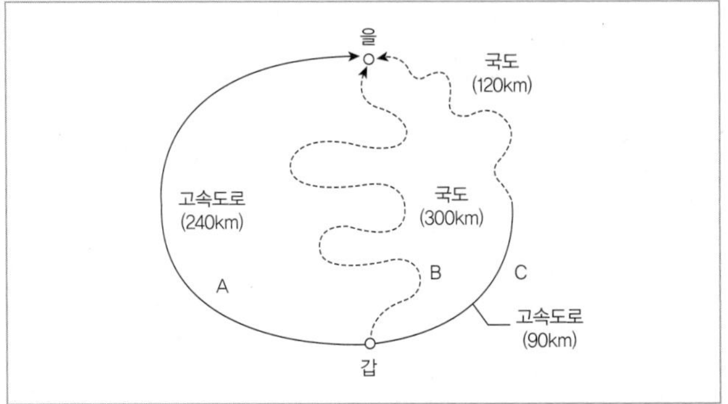

〈표〉 '갑' → '을' 이동방법별 주행관련 정보

구분 \ 이동방법 / 이용도로	A	B	C	
	고속도로	국도	고속도로	국도
거리(km)	240	300	90	120
평균속력(km/시간)	120	60	90	60
주행시간(시간)	2.0	( )	1.0	( )
평균연비(km/L)	12	15	12	15
연료소비량(L)	( )	20.0	7.5	( )
휴식시간(시간)	1.0	1.5	0.5	0.5
통행료(원)	8,000	0	5,000	0

〈계산식〉

- 이동비용=시간가치+연료비+통행료
- 시간가치=소요시간(시간)×1,500(원/시간)
- 소요시간=주행시간+휴식시간
- 연료비=연료소비량(L)×1,500(원/L)

① A, B, C
② B, A, C
③ B, C, A
④ C, A, B
⑤ C, B, A

문 4. 다음 〈표〉는 산림경영인의 산림경영지원제도 인지도에 대한 설문조사 결과이다. 이에 대한 설명으로 옳지 않은 것은? 2020년

〈표〉 산림경영인의 산림경영지원제도 인지도

(단위 : 명, %, 점)

구분	항목	응답자 수	인지도 점수별 응답자 비율					인지도 평균 점수
			1점	2점	3점	4점	5점	
경영주체	독림가	173	2.9	17.3	22.0	39.3	18.5	3.53
	임업후계자	292	4.5	27.1	20.9	33.9	13.7	3.25
	일반산주	353	11.0	60.9	10.5	16.4	1.1	2.36
거주지 권역	경기	57	12.3	40.4	3.5	36.8	7.0	2.86
	강원	112	6.3	20.5	11.6	43.8	17.9	3.46
	충청	193	7.8	35.2	20.2	25.9	10.9	2.97
	전라	232	6.9	44.0	20.7	20.3	8.2	2.79
	경상	224	5.4	48.2	15.2	25.9	5.4	2.78
소유면적	2ha 미만	157	8.9	63.7	11.5	14.0	1.9	2.36
	2ha 이상 6ha 미만	166	9.0	43.4	16.9	22.9	7.8	2.77
	6ha 이상 11ha 미만	156	7.7	35.3	16.7	32.7	7.7	2.97
	11ha 이상 50ha 미만	232	4.3	30.6	17.2	36.2	11.6	3.20
	50ha 이상	107	5.6	24.3	22.4	28.0	19.6	3.32
소재지 거주 여부	소재산주	669	5.8	41.0	15.7	28.4	9.1	2.94
	부재산주	149	12.1	33.6	20.8	23.5	10.1	2.86

※ 인지도 점수별 응답자 비율(인지도 평균점수)은 소수점 둘째(셋째) 자리에서 반올림한 값임

① 소유면적별 인지도 평균점수는 '50ha 이상'이 '2ha 미만'의 1.4배 이상이다.

② 거주지 권역별 인지도 평균점수는 '강원'이 '경기'보다 높다.

③ 인지도 점수를 2점 이하로 부여한 응답자 대비 4점 이상으로 부여한 응답자의 비율이 가장 높은 거주지 권역은 '충청'이다.

④ 인지도 점수를 1점으로 부여한 '소재산주'는 5점으로 부여한 '부재산주'의 2배 이상이다.

⑤ 인지도 점수를 3점 이상으로 부여한 응답자가 가장 많은 경영주체는 '임업후계자'이다.

문 5. 다음 〈표〉와 〈조건〉은 고객기관 유형별 기관 수와 고객기관 유형별 공공데이터 자체활용 및 제공 현황이고, 〈그림〉은 공공데이터의 제공 경로를 나타낸다. 이에 대한 〈보기〉의 설명 중 옳은 것만을 모두 고르면? 2016년

〈표〉 고객기관 유형별 기관 수

(단위 : 개)

유형	기관 수
1차 고객기관	600
2차 고객기관	300

〈조건〉

- 모든 1차 고객기관은 공공데이터 원천기관으로부터 제공받은 공공데이터를 보유하고 있으며, 1차 고객기관은 공공데이터를 자체활용만 하는 기관과 자체활용 없이 개인고객 또는 2차 고객기관에게 공공데이터를 제공하는 기관으로 구분된다.
- 1차 고객기관 중 25%는 공공데이터를 자체활용만 한다.
- 1차 고객기관 중 50%는 2차 고객기관에게 공공데이터를 제공하고, 1차 고객기관 중 60%는 개인고객에게 공공데이터를 제공한다.
- 2차 고객기관 중 30%는 공공데이터를 자체활용만 하고, 70%는 개인고객에게 공공데이터를 제공한다.
- 1차 고객기관으로부터 공공데이터를 제공받지 않는 2차 고객기관은 없다.

〈그림〉 공공데이터의 제공 경로

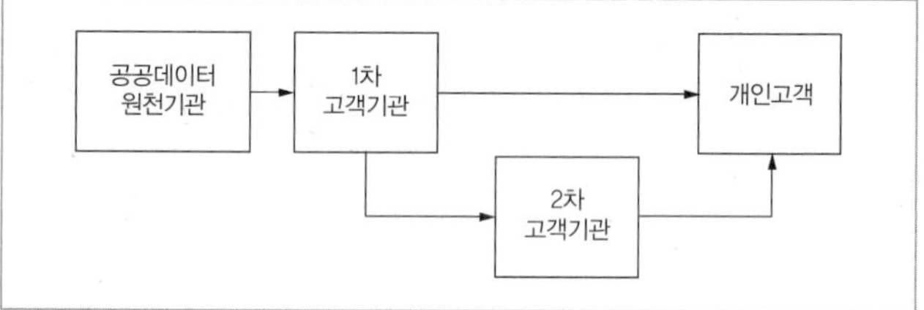

〈보기〉

ㄱ. 개인고객에게 공공데이터를 제공하는 기관의 수는 1차 고객기관이 2차 고객기관보다 크다.

ㄴ. 공공데이터를 자체활용만 하는 기관의 수는 1차 고객기관이 2차 고객기관보다 크다.

ㄷ. 1차 고객기관 중 개인고객에게만 공공데이터를 제공하는 기관의 수는 1차 고객기관의 25%이다.

ㄹ. 1차 고객기관 중 개인고객에게만 공공데이터를 제공하는 기관의 수는 1차 고객기관 중 2차 고객기관에게만 공공데이터를 제공하는 기관의 수에 비해 70% 이상 더 크다.

① ㄱ, ㄴ

② ㄱ, ㄷ

③ ㄴ, ㄹ

④ ㄱ, ㄴ, ㄷ

⑤ ㄱ, ㄴ, ㄹ

문 6. 다음 〈그림〉과 〈표〉는 2021년 '갑'국 생물 갈치와 냉동 갈치의 유통구조 및 물량 현황에 관한 자료이다. 이에 대한 〈보기〉의 설명 중 옳은 것만을 모두 고르면? 2022년

〈그림 1〉 생물 갈치의 유통구조 및 물량비율

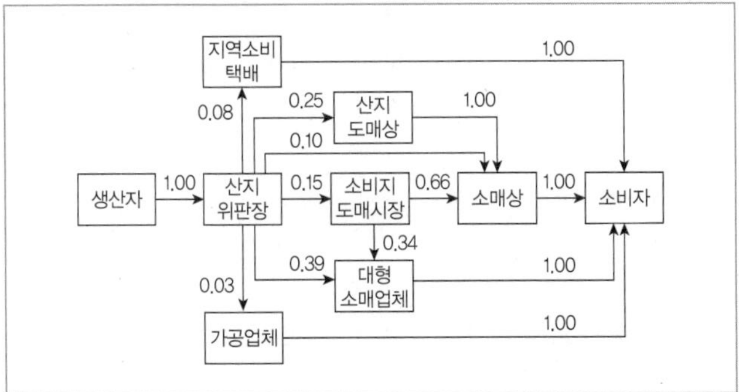

〈그림 2〉 냉동 갈치의 유통구조 및 물량비율

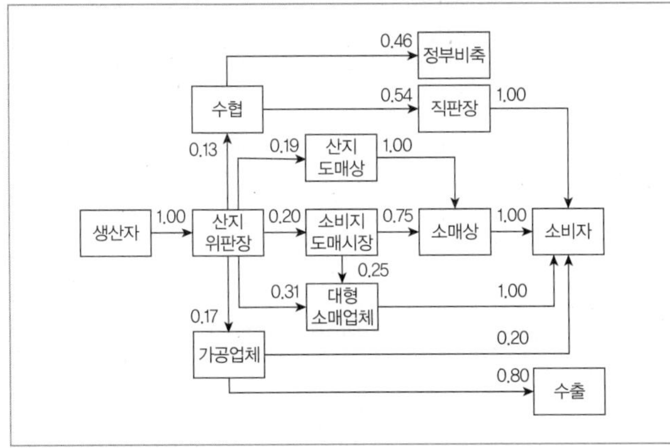

※ 유통구조 내 수치는 물량비율$\left(=\frac{\text{다음 유경로에 전달되는 유통물량}}{\text{해당 유통경로에 투입되는 유통물량}}\right)$을 의미함.

예를 들어, 가 —0.20→ 나 는 해당 유통경로 '가'에 100톤의 유통물량이 투입되면 이 중 20톤(=100톤×0.20)의 유통물량이 다음 유통경로 '나'에 전달되어 투입됨을 의미함

〈표〉 생산자가 공급한 생물 갈치와 냉동 갈치의 물량

(단위 : 톤)

구분	생물 갈치	냉동 갈치
물량	42,100	7,843

〈보기〉

ㄱ. '생산자'가 공급한 냉동 갈치 물량의 85% 이상이 유통구조를 거쳐 '소비자'에게 전달되었다.

ㄴ. '소매상'을 통해 유통된 물량은 생물 갈치가 냉동 갈치의 6배 이상이다.

ㄷ. '대형소매업체'를 통해 유통된 생물 갈치와 냉동 갈치 물량의 합은 20,000톤 미만이다.

ㄹ. 2022년 냉동 갈치 '수출' 물량이 2021년보다 60% 증가한다면, 2022년 냉동 갈치 '수출' 물량은 2021년 '소비지 도매시장'을 통해 유통된 냉동 갈치 물량보다 많다.

① ㄱ, ㄴ　② ㄱ, ㄷ

③ ㄴ, ㄹ　④ ㄷ, ㄹ

⑤ ㄴ, ㄷ, ㄹ

문 7. 다음 〈표〉는 '갑'국의 2021학년도 중등교사 임용시험 과목별 접수인원 및 경쟁률 현황에 대한 자료이다. 이에 대한 〈보기〉의 설명 중 옳은 것만을 고르면? 2021년

〈표〉 2021학년도 중등교사 임용시험 과목별 접수 현황

(단위 : 명)

과목 \ 구분	모집정원	접수인원	경쟁률	2020학년도 경쟁률
국어	383	6,493	16.95	19.55
영어	(　)	4,235	15.92	19.10
중국어	31	819	26.42	23.98
도덕윤리	297	1,396	4.70	(　)
일반사회	230	1,557	6.77	7.06
지리	150	1,047	(　)	6.83
역사	229	3,268	14.27	15.22
수학	(　)	4,452	12.54	14.20
물리	133	(　)	7.46	7.10
화학	142	1,122	7.90	8.10
생물	159	1,535	(　)	11.14
지구과학	115	795	6.91	7.25
가정	141	1,048	7.43	8.03
기술	144	424	(　)	2.65
정보컴퓨터	145	(　)	6.26	5.88
음악	193	2,574	(　)	11.33
미술	209	1,998	9.56	10.62
체육	425	4,046	9.52	9.46

※ 경쟁률$=\frac{\text{접수인원}}{\text{모집정원}}$

〈보기〉

ㄱ. 2021학년도 경쟁률이 전년 대비 하락한 과목 수는 상승한 과목 수보다 많다.

ㄴ. 2021학년도 경쟁률 상위 3과목과 접수인원 상위 3과목은 일치한다.

ㄷ. 2021학년도 경쟁률이 5.0 미만인 과목의 모집정원은 각각 150명 이상이다.

ㄹ. 2021학년도 과목별 모집정원은 수학이 영어보다 많다.

① ㄱ, ㄴ

② ㄱ, ㄷ

③ ㄱ, ㄹ

④ ㄴ, ㄷ

⑤ ㄴ, ㄹ

문 8. 다음 〈표〉는 종합체전 10개 종목의 입장권 판매점수 관련 자료이다. 〈표〉와 〈조건〉에 근거한 〈보기〉의 설명 중 옳은 것만을 모두 고르면? 2020년

〈표〉 종합체전 종목별 입장권 판매점수

(단위 : 점)

종목	국내 판매점수	해외 판매점수	판매율 점수	총점
A	506	450	290	1,246
B	787	409	160	1,356
C	547	438	220	1,205
D	2,533	1,101	( )	4,104
E	( )	( )	170	3,320
F	194	142	120	456
G	74	80	140	294
H	1,030	323	350	( )
I	1,498	638	660	( )
J	782	318	510	( )

※ 소수점 첫째 자리에서 반올림한 값임

〈조건〉

• 국내판매점수 $= \frac{\text{해당 종목 입장권 국내 판매량}}{\text{입장권 국내 판매량}} \times 10,000$

• 해외판매점수 $= \frac{\text{해당 종목 입장권 해외 판매량}}{\text{입장권 해외 판매량}} \times 5,000$

• 판매율점수 $= \frac{\text{해당 종목 입장권(국내+해외) 판매량}}{\text{해당 종목 입장권 발행량}} \times 1,000$

• 총점 = 국내판매점수 + 해외판매점수 + 판매율점수

〈보기〉

ㄱ. E종목의 '국내판매점수'는 '해외판매점수'의 1.5배 이상이다.

ㄴ. '입장권 국내 판매량'이 14만 매이고 '입장권 해외 판매량'이 10만 매라면, 입장권 판매량이 국내보다 해외가 많은 종목 수는 4개이다.

ㄷ. '해당 종목 입장권 발행량'이 가장 적은 종목은 G이다.

① ㄱ

② ㄴ

③ ㄱ, ㄴ

④ ㄱ, ㄷ

⑤ ㄱ, ㄴ, ㄷ

문 9. 다음 〈표〉는 A시 초등학생과 중학생의 6개 식품 섭취율을 조사한 결과이다. 이에 대한 설명으로 옳은 것은? 2020년

〈표〉 A시 초등학생과 중학생의 6개 식품 섭취율

(단위 : %)

식품	섭취 주기	초등학교			중학교		
		남학생	여학생	전체	남학생	여학생	전체
라면	주 1회 이상	77.6	71.8	74.7	89.0	89.0	89.0
탄산음료	주 1회 이상	76.6	71.6	74.1	86.0	79.5	82.1
햄버거	주 1회 이상	64.4	58.2	61.3	73.5	70.5	71.7
우유	매일	56.7	50.9	53.8	36.0	27.5	30.9
과일	매일	36.1	38.9	37.5	28.0	30.0	29.2
채소	매일	30.4	33.2	31.8	28.5	29.0	28.8

※ 1) 섭취율(%) $= \frac{\text{섭취한다고 응답한 학생 수}}{\text{응답 학생 수}} \times 100$

2) 초등학생, 중학생 각각 2,000명을 대상으로 조사하였으며, 전체 조사 대상자는 6개 식품에 대해 모두 응답하였음

① 라면을 주 1회 이상 섭취하는 중학교 남학생 수와 중학교 여학생의 수는 같다.

② 채소를 매일 섭취하는 중학교 남학생 수는 과일을 매일 섭취하는 중학교 남학생 수보다 적다.

③ 우유를 매일 섭취하는 중학교 여학생 수는 275명이다.

④ 과일을 매일 섭취하는 초등학교 남학생 중 햄버거를 주 1회 이상 섭취하는 학생 수는 4명 이하이다.

⑤ 채소를 매일 섭취하는 여학생 수는 중학생이 초등학생보다 많다.

문 10. 다음 〈표〉는 2016년 10월, 2017년 10월 순위 기준 상위 11개국의 축구 국가대표팀 순위 변동에 관한 자료이다. 이에 대한 설명으로 옳은 것은? 2018년

〈표〉 축구 국가대표팀 순위 변동

구분 / 순위	2016년 10월			2017년 10월		
	국가	점수	등락	국가	점수	등락
1	아르헨티나	1,621	−	독일	1,606	↑1
2	독일	1,465	↑1	브라질	1,590	↓1
3	브라질	1,410	↑1	포르투갈	1,386	↑3
4	벨기에	1,382	↓2	아르헨티나	1,325	↓1
5	콜롬비아	1,361	−	벨기에	1,265	↑4
6	칠레	1,273	−	폴란드	1,250	↓1
7	프랑스	1,271	↑1	스위스	1,210	↓3
8	포르투갈	1,231	↓1	프랑스	1,208	↑2
9	우루과이	1,175	−	칠레	1,195	↓2
10	스페인	1,168	↑1	콜롬비아	1,191	↓2
11	웨일스	1,113	↑1	스페인	1,184	−

※ 1) 축구 국가대표팀 순위는 매월 발표됨
2) 등락에서 ↑, ↓, −는 전월 순위보다 각각 상승, 하락, 변동없음을 의미하고, 옆의 숫자는 전월대비 순위의 상승폭 혹은 하락폭을 의미함

① 2016년 10월과 2017년 10월에 순위가 모두 상위 10위 이내인 국가 수는 9개이다.
② 2017년 10월 상위 10개 국가 중, 2017년 9월 순위가 2016년 10월 순위보다 낮은 국가는 높은 국가보다 많다.
③ 2017년 10월 상위 5개 국가의 점수 평균이 2016년 10월 상위 5개 국가의 점수 평균보다 높다.
④ 2017년 10월 상위 11개 국가 중 전년 동월 대비 점수가 상승한 국가는 전년 동월 대비 순위도 상승하였다.
⑤ 2017년 10월 상위 11개 국가 중 2017년 10월 순위가 전월 대비 상승한 국가는 전년 동월 대비 상승한 국가보다 많다.

문 11. 다음 〈표〉와 〈그림〉은 2015년 A~D국의 산업별 기업수와 국내총생산(GDP)에 대한 자료이다. 이와 〈조건〉에 근거하여 A~D에 해당하는 국가를 바르게 나열한 것은? 2018년

〈표〉 A~D국의 산업별 기업수

(단위 : 개)

국가 \ 산업	전체	제조업	서비스업	기타
A	3,094,595	235,093	2,283,769	575,733
B	3,668,152	396,422	2,742,627	529,103
C	2,975,674	397,171	2,450,288	128,215
D	3,254,196	489,530	2,747,603	17,063

〈그림〉 A~D국의 전체 기업수와 GDP

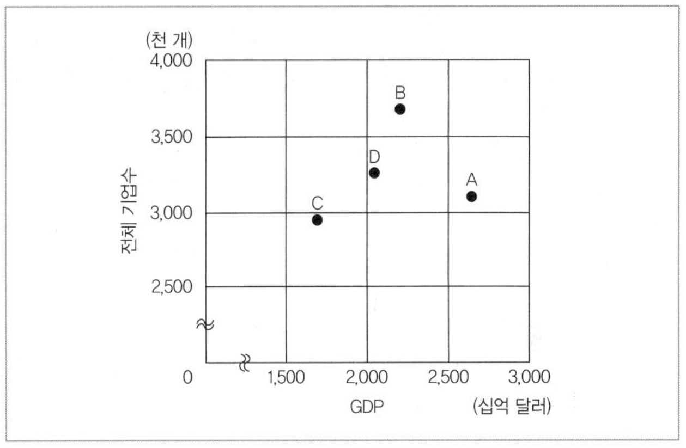

〈조건〉

- '갑'~'정'국 중 전체 기업수 대비 서비스업 기업수의 비중이 가장 큰 국가는 '갑'국이다.
- '정'국은 '을'국보다 제조업 기업수가 많다.
- '을'국은 '병'국보다 전체 기업수는 많지만 GDP는 낮다.

	A	B	C	D
①	갑	정	을	병
②	을	병	정	갑
③	병	을	갑	정
④	병	을	정	갑
⑤	정	을	병	갑

문 12. 다음 〈그림〉은 A시와 B시의 시민단체 사회연결망 분석도이다. 이에 대한 〈보기〉의 설명 중 옳은 것만을 모두 고르면? 2018년

〈그림〉 A시와 B시의 시민단체 사회연결망 분석도

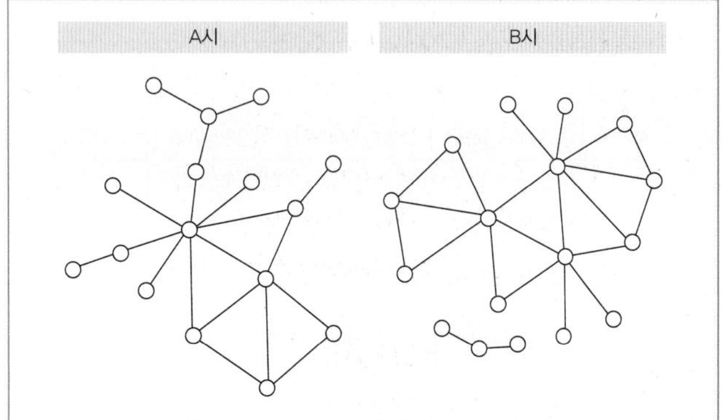

※ 1) 'o—o'에서 'o'는 시민단체, '—'은 두 시민단체 간 직접연결을 나타냄
2) 각 시민단체의 연결중심성은 해당 시민단체에 직접연결된 다른 시민단체수임
3) 각 시의 연결망 밀도 $= \frac{2 \times \text{해당 시의 직접연결 개수 총합}}{\text{해당 시의 시민단체수} \times (\text{해당 시의 시민단체수} - 1)}$

〈보기〉

ㄱ. 연결중심성이 가장 큰 시민단체는 A시에 있다.
ㄴ. 연결중심성이 1인 시민단체수는 A시가 B시보다 많다.
ㄷ. 시민단체수는 A시가 B시보다 많다.
ㄹ. 연결망 밀도는 A시가 B시보다 크다.

① ㄱ, ㄴ
② ㄱ, ㄹ
③ ㄴ, ㄷ
④ ㄱ, ㄴ, ㄹ
⑤ ㄴ, ㄷ, ㄹ

문 13. 다음 〈표〉는 소프트웨어 A~E의 제공 기능 및 가격과 사용자별 필요 기능 및 보유 소프트웨어에 관한 자료이다. 이에 대한 〈보기〉의 설명 중 옳은 것만을 모두 고르면? 2018년

〈표 1〉 소프트웨어별 제공 기능 및 가격

(단위 : 원)

구분 \ 소프트웨어	기능 1	기능 2	기능 3	기능 4	기능 5	기능 6	기능 7	기능 8	기능 9	기능 10	가격
A	○		○		○		○	○		○	79,000
B		○	○	○		○			○	○	62,000
C	○	○	○	○	○	○		○	○		58,000
D		○				○	○		○		54,000
E	○		○	○	○	○	○	○			68,000

※ 1) ○ : 소프트웨어가 해당 번호의 기능을 제공함을 뜻함
2) 각 기능의 가격은 해당 기능을 제공하는 모든 소프트웨어에서 동일하며, 소프트웨어의 가격은 제공 기능 가격의 합임

〈표 2〉 사용자별 필요 기능 및 보유 소프트웨어

구분 \ 사용자	기능 1	기능 2	기능 3	기능 4	기능 5	기능 6	기능 7	기능 8	기능 9	기능 10	보유 소프트웨어
갑			○		○		○	○			A
을		○	○	○		○			○	○	B
병	○		○					○			( )

※ 1) ○ : 사용자가 해당 번호의 기능이 필요함을 뜻함
2) 각 사용자는 소프트웨어 A~E 중 필요 기능을 모두 제공하는 1개의 소프트웨어를 보유함
3) 각 소프트웨어는 여러 명의 사용자가 동시에 보유할 수 있음

〈보기〉

ㄱ. '갑'의 필요 기능을 모두 제공하는 소프트웨어 중 가격이 가장 낮은 것은 E이다.
ㄴ. 기능 1, 5, 8의 가격 합과 기능 10의 가격 차이는 3,000원 이상이다.
ㄷ. '을'의 보유 소프트웨어와 '병'의 보유 소프트웨어로 기능 1~10을 모두 제공하려면, '병'이 보유할 수 있는 소프트웨어는 E뿐이다.

① ㄱ
② ㄱ, ㄴ
③ ㄱ, ㄷ
④ ㄴ, ㄷ
⑤ ㄱ, ㄴ, ㄷ

문 14. 다음 〈표〉는 2017년 기준 농림어업 생산액 상위 20개국의 GDP 및 농림어업 생산액에 관한 자료이다. 이에 대한 설명으로 옳지 않은 것은? 2022년

〈표〉 2017년 기준 농림어업 생산액 상위 20개국의 GDP 및 농림어업 생산액 현황

(단위 : 십억 달러, %)

국가 \ 연도·구분	2017 GDP	2017 농림어업 생산액	2017 GDP 대비 비율	2012 GDP	2012 농림어업 생산액	2012 GDP 대비 비율
중국	12,237	(　)	7.9	8,560	806	9.4
인도	2,600	(　)	15.5	1,827	307	16.8
미국	(　)	198	1.0	16,155	194	1.2
인도네시아	1,015	133	13.1	917	122	13.3
브라질	2,055	93	(　)	2,465	102	(　)
나이지리아	375	78	20.8	459	100	21.8
파키스탄	304	69	(　)	224	53	(　)
러시아	1,577	63	4.0	2,210	70	3.2
일본	4,872	52	1.1	6,230	70	1.1
터키	851	51	6.0	873	67	7.7
이란	454	43	9.5	598	45	7.5
태국	455	39	8.6	397	45	11.3
멕시코	1,150	39	3.4	1,201	38	3.2
프랑스	2,582	38	1.5	2,683	43	1.6
이탈리아	1,934	37	1.9	2,072	40	1.9
호주	1,323	36	2.7	1,543	34	2.2
수단	117	35	29.9	68	22	32.4
아르헨티나	637	35	5.5	545	31	5.7
베트남	223	34	15.2	155	29	18.7
스페인	1,311	33	2.5	1,336	30	2.2
전세계	80,737	3,351	4.2	74,993	3,061	4.1

① 2017년 농림어업 생산액 상위 5개국 중, 농림어업 생산액의 GDP 대비 비율이 전세계보다 낮은 국가는 미국뿐이다.

② 2017년 농림어업 생산액 상위 3개국의 GDP 합은 전세계 GDP의 50% 이상이다.

③ 2017년 농림어업 생산액 상위 20개국 중, 2012년 대비 2017년 농림어업 생산액의 GDP 대비 비율이 증가한 국가는 모두 2012년 대비 2017년 GDP가 감소하였다.

④ 2017년 농림어업 생산액은 중국이 인도의 2배 이상이다.

⑤ 파키스탄은 농림어업 생산액의 GDP 대비 비율이 2012년 대비 2017년에 감소하였다.

문 15. 다음 〈그림〉은 국내 7개 권역별 전국 대비 면적, 인구, 산업 생산액 비중 현황을 나타낸 것이다. 이를 토대로 〈보기〉에 제시된 각 항목의 값이 두 번째로 큰 권역을 바르게 나열한 것은? 2016년

〈그림〉 권역별 전국 대비 면적, 인구, 산업 생산액 비중 현황

(단위 : %)

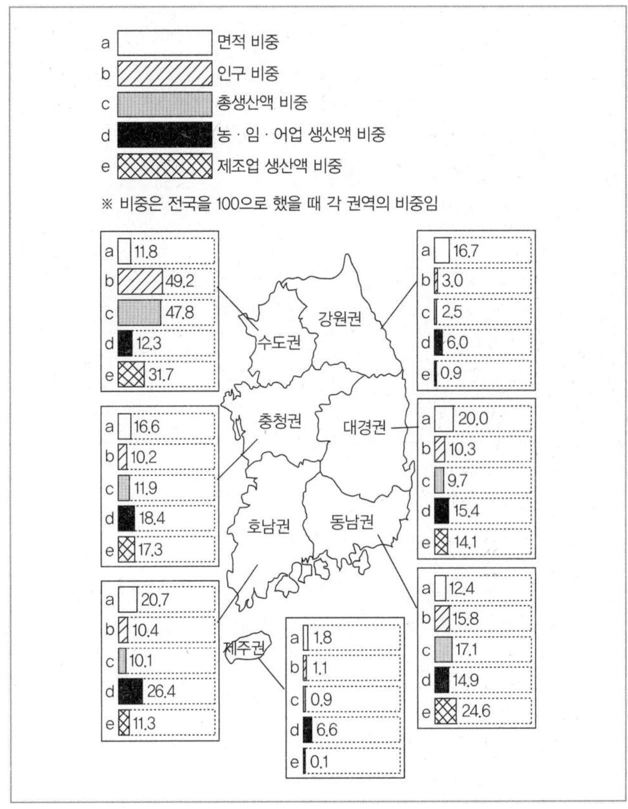

〈보기〉

ㄱ. 면적 대비 총생산액

ㄴ. 면적 대비 농 · 임 · 어업 생산액

ㄷ. 인구 대비 제조업 생산액

	ㄱ	ㄴ	ㄷ
①	충청권	동남권	동남권
②	충청권	호남권	대경권
③	동남권	동남권	대경권
④	동남권	호남권	대경권
⑤	동남권	호남권	동남권

문 16. 다음 〈표〉는 가정용 정화조에서 수집한 샘플의 수중 질소 성분 농도를 측정한 자료이다. 이에 대한 〈보기〉의 설명 중 옳은 것만을 모두 고르면? 2019년

〈표〉 수집한 샘플의 수중 질소 성분 농도

(단위 : mg/L)

항목 / 샘플	총질소	암모니아성 질소	질산성 질소	유기성 질소	TKN
A	46.24	14.25	2.88	29.11	43.36
B	37.38	6.46	( )	25.01	( )
C	40.63	15.29	5.01	20.33	35.62
D	54.38	( )	( )	36.91	49.39
E	41.42	13.92	4.04	23.46	37.38
F	( )	( )	5.82	( )	34.51
G	30.73	5.27	3.29	22.17	27.44
H	25.29	12.84	( )	7.88	20.72
I	( )	5.27	1.12	35.19	40.46
J	38.82	7.01	5.76	26.05	33.06
평균	39.68	( )	4.34	( )	35.34

※ 1) 총질소 농도=암모니아성 질소 농도+질산성 질소 농도+유기성 질소 농도
2) TKN 농도=암모니아성 질소 농도+유기성 질소 농도

〈보기〉

ㄱ. 샘플 A의 총질소 농도는 샘플 I의 총질소 농도보다 높다.
ㄴ. 샘플 B의 TKN 농도는 30mg/L 이상이다.
ㄷ. 샘플 B의 질산성 질소 농도는 샘플 D의 질산성 질소 농도보다 낮다.
ㄹ. 샘플 F는 암모니아성 질소 농도가 유기성 질소 농도보다 높다.

① ㄱ, ㄴ
② ㄱ, ㄷ
③ ㄴ, ㄷ
④ ㄱ, ㄷ, ㄹ
⑤ ㄴ, ㄷ, ㄹ

문 17. 다음 〈정보〉와 〈표〉는 2014년 '부패영향평가' 의뢰기한 준수도 평가에 관한 자료이다. '갑'~'무' 기관을 평가한 결과 '무' 기관이 3위를 하였다면 '무' 기관의 G 법령안 '부패영향평가' 의뢰일로 가능한 날짜는? 2016년

〈정보〉

- 각 기관은 소관 법령을 제정 · 개정하기 위하여 법령안을 제출하여 '부패영향평가'를 의뢰한다.
- 각 기관의 '부패영향평가' 의뢰기한 준수도는 각 기관이 의뢰한 법령안들의 의뢰시기별 평가점수 평균이고, 순위는 평가점수 평균이 높은 기관부터 순서대로 부여한다.
- 법령안의 의뢰시기별 평가점수
  - 관계기관 협의일 이전 : 10점
  - 관계기관 협의일 후 입법예고 시작일 이전 : 5점
  - 입법예고 시작일 후 입법예고 마감일 이전 : 3점
  - 입법예고 마감일 후 : 0점

〈표 1〉 2014년 '갑'~'무' 기관의 의뢰시기별 '부패영향평가' 의뢰현황

(단위 : 건)

구분 / 기관	의뢰시기별 법령안 건수				
	관계기관 협의일 이전	관계기관 협의일 후 입법예고 시작일 이전	입법예고 시작일 후 입법예고 마감일 이전	입법예고 마감일 후	합
갑	8	0	12	7	27
을	40	0	6	0	46
병	12	8	3	0	23
정	24	3	20	3	50
무	( )	( )	( )	( )	7

※ 예 '갑' 기관의 '부패영향평가' 의뢰기한 준수도 :
$\frac{(8건\times10점)+(0건\times5점)+(12건\times3점)+(7건\times0점)}{27}=4.30$

〈표 2〉 2014년 '무' 기관 소관 법령안별 관련 입법절차 일자 및 '부패영향평가' 의뢰일

법령안	관계기관 협의일	입법예고 시작일	입법예고 마감일	'부패영향평가' 의뢰일
A	1월 3일	1월 17일	2월 24일	1월 8일
B	2월 20일	2월 26일	4월 7일	2월 24일
C	3월 20일	3월 26일	5월 7일	3월 7일
D	3월 11일	3월 14일	4월 23일	3월 10일
E	4월 14일	5월 29일	7월 11일	5월 30일
F	7월 14일	7월 21일	8월 25일	8월 18일
G	9월 19일	10월 15일	11월 28일	( )

① 9월 17일
② 10월 6일
③ 11월 20일
④ 12월 1일
⑤ 12월 8일

문 18. 다음 〈표〉와 〈그림〉의 내용과 〈분배규칙〉을 바탕으로 작성한 〈보고서〉의 설명 중 옳은 것만을 모두 고르면? 2018년

〈표〉 업체별 · 연도별 온실가스 배출량

(단위 : 천tCO2eq.)

구분 업체	배출량				예상 배출량
	2015년	2016년	2017년	3년 평균 (2015~2017년)	2018년
A	1,021	990	929	980	910
B	590	535	531	552	524
C	403	385	361	383	352
D	356	( )	260	284	257
E	280	271	265	272	241
F	168	150	135	151	132
G	102	101	100	( )	96
H	92	81	73	82	71
I	68	59	47	58	44
J	30	29	28	( )	24
기타	28	27	20	25	22
전체	3,138	2,864	( )	2,917	2,673

〈그림〉 업체 A~J의 3년 평균(2015~2017년) 철강 생산량과 온실가스 배출량

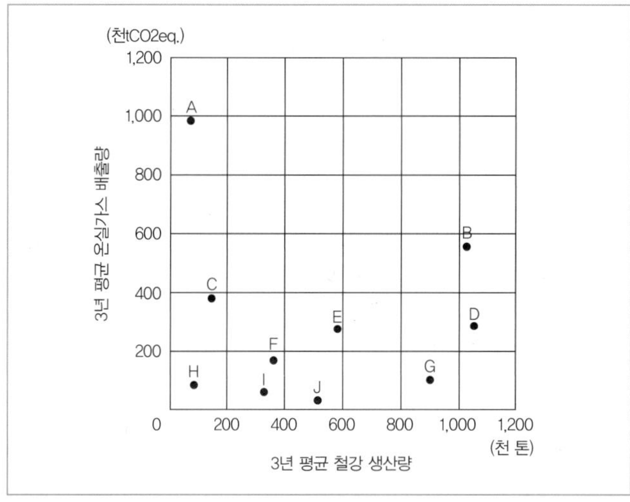

※ 온실가스 배출 효율성 $= \frac{\text{3년 평균 철강 생산량}}{\text{3년 평균 온실가스 배출량}} \times 100$

〈분배규칙〉

• 해당년도 업체별 온실가스 배출권(천tCO2eq.) =

$$\text{해당년도 온실가스 배출권 총량} \times \frac{\text{해당 업체의 직전 3년 평균 온실가스 배출량}}{\text{철강산업 전체의 직전 3년 평균 온실가스 배출량}}$$

〈보고서〉

2015~2017년 동안 철강산업의 업체별 온실가스 배출량을 조사하였다. 조사결과 ㉠ 매년 온실가스 배출량 기준 상위 3개 업체의 순위에는 변화가 없었으며, 상위 10개 업체가 철강산업 전체 온실가스 배출량의 90% 이상을 차지하였다. 철강 생산량과 온실가스 배출량의 관계를 살펴보면, 3년 평균(2015~2017년)을 기준으로 할 때 ㉡ D업체는 E업체에 비하여 철강 1톤을 생산하는 데 50% 이상의 온실가스를 더 배출하는 등 업체별 온실가스 배출 효율성에 큰 차이가 있다.

현황 조사를 기반으로 온실가스배출권거래제도의 시행을 위하여 철강산업의 온실가스 배출량 기준 상위 10개 업체를 온실가스배출권거래제도 적용대상 업체로 선정하여 2018년도 온실가스 배출권 총량 2,600천tCO2eq.를 〈분배규칙〉에 따라 업체별로 분배하였다.

분배결과, ㉢ B업체는 C업체보다 더 많은 온실가스 배출권을 할당받았다. 온실가스배출권거래제도에서는 온실가스 배출권보다 더 많은 양의 온실가스를 배출한 업체는 거래시장에서 배출권 부족분을 구매해야 한다. 반대로, 배출권보다 적은 양을 배출한 업체는 배출권 잉여분을 시장에 판매하는 것이 가능하다. 2018년도 업체별 온실가스 예상 배출량을 기준으로 살펴보면, ㉣ G업체의 예상 배출량은 온실가스 배출권보다 많아 배출권을 구매하는 것이 필요할 것으로 예상된다.

① ㄱ, ㄴ

② ㄱ, ㄹ

③ ㄱ, ㄴ, ㄷ

④ ㄱ, ㄷ, ㄹ

⑤ ㄴ, ㄷ, ㄹ

문 19. 다음 〈표〉는 특별 · 광역 · 특별자치시의 도로현황이다. 이를 바탕으로 〈조건〉을 모두 만족하는 두 도시 A, B를 비교한 것으로 옳은 것은? 2018년

〈표〉 특별 · 광역 · 특별자치시의 도로현황

구분	면적 (km^2)	인구 (천 명)	도로 연장 (km)	포장 도로 (km)	도로 포장률 (%)	면적당 도로 연장 (km/km^2)	인구당 도로 연장 (km/천 명)	자동차 대수 (천 대)	자동차당 도로 연장 (km/천 대)	도로 보급률
서울	605	10,195	8,223	8,223	100.0	13.59	0.81	2,974	2.76	3.31
부산	770	3,538	3,101	3,022	97.5	4.03	0.88	1,184	2.62	1.88
대구	884	2,506	2,627	2,627	100.0	2.97	1.05	1,039	2.53	1.76
인천	1,041	2,844	2,743	2,605	95.0	2.63	0.96	1,142	2.40	1.59
광주	501	1,469	1,806	1,799	99.6	3.60	1.23	568	3.18	2.11
대전	540	1,525	2,077	2,077	100.0	3.85	1.36	606	3.43	2.29
울산	1,060	1,147	1,760	1,724	98.0	1.66	1.53	485	3.63	1.60
세종	465	113	412	334	81.1	0.89	3.65	53	7.77	1.80
전국	100,188	50,948	106,440	87,798	82.5	1.06	2.09	19,400	5.49	1.49

〈조건〉

- 자동차당 도로연장은 A시와 B시 모두 전국보다 짧다.
- A시 인구는 B시 인구의 2배 이상이다.
- A시는 B시에 비해 면적이 더 넓다.
- A시는 B시에 비해 도로포장률이 더 높다.

① 자동차 대수 : A < B
② 도로보급률 : A < B
③ 면적당 도로연장 : A > B
④ 인구당 도로연장 : A > B
⑤ 자동차당 도로연장 : A > B

문 20. 다음 〈표〉는 2014~2018년 A기업의 직군별 사원수 현황에 대한 자료이다. 이에 대한 〈보기〉의 설명 중 옳은 것을 고르면? 2020년

〈표〉 2014~2018년 A기업의 직군별 사원수 현황

(단위 : 명)

연도 \ 직군	영업직	생산직	사무직
2018	169	105	66
2017	174	121	68
2016	137	107	77
2015	136	93	84
2014	134	107	85

※ 사원은 영업직, 생산직, 사무직으로만 구분됨

〈보기〉

ㄱ. 전체 사원수는 매년 증가한다.
ㄴ. 영업직 사원수는 생산직과 사무직 사원수의 합보다 매년 적다.
ㄷ. 생산직 사원의 비중이 30% 미만인 해는 전체 사원수가 가장 적은 해와 같다.
ㄹ. 영업직 사원의 비중은 매년 증가한다.

① ㄱ, ㄴ
② ㄱ, ㄷ
③ ㄴ, ㄷ
④ ㄴ, ㄹ
⑤ ㄷ, ㄹ

문 21. 다음 〈표〉는 방한 중국인 관광객에 관한 자료이다. 〈보고서〉를 작성하기 위해 〈표〉 이외에 추가로 필요한 자료만을 〈보기〉에서 모두 고르면? 2018년

〈표 1〉 2016~2017년 월별 방한 중국인 관광객수

(단위 : 만 명)

년 \ 월	1	2	3	4	5	6	7	8	9	10	11	12	계
2016	60	47	80	80	78	95	87	102	107	106	55	54	951
2017	15	15	18	17	17	20	15	21	13	19	12	13	195

※ 2017년 자료는 추정값임

〈표 2〉 2016년 방한 중국인 관광객 1인당 관광 지출액

(단위 : 달러)

구분	쇼핑	숙박·교통	식음료	기타	총지출
개별	1,430	422	322	61	2,235
단체	1,296	168	196	17	1,677
전체	1,363	295	259	39	1,956

※ 전체는 방한 중국인 관광객 1인당 관광 지출액임

〈보고서〉

2017년 3월부터 7월까지 5개월간 전년 동기간 대비 방한 중국인 관광객수는 300만 명 이상 감소한 것으로 추정된다. 해당 규모에 2016년 기준 전체 방한 중국인 관광객 1인당 관광 지출액인 1,956달러를 적용하면 중국인의 한국 관광 포기로 인한 지출 감소액은 약 65.1억 달러로 추정된다.

2017년 전년 대비 연간 추정 방한 중국인 관광객 감소 규모는 약 756만 명이며, 추정 지출 감소액은 약 147.9억 달러로 나타난다. 이는 각각 2016년 중국인 관광객을 제외한 연간 전체 방한 외국인 관광객수의 46.3%, 중국인 관광객 지출액을 제외한 전체 방한 외국인 관광객 총 지출액의 55.8% 수준이다.

2017년 산업부문별 추정 매출 감소액을 살펴보면, 도소매업의 매출액 감소가 전년 대비 108.9억 달러로 가장 크고, 다음으로 식음료업, 숙박업 순으로 나타났다.

〈보기〉

ㄱ. 2016년 방한 외국인 관광객의 국적별 1인당 관광 지출액
ㄴ. 2016년 전체 방한 외국인 관광객수 및 지출액 현황
ㄷ. 2016년 산업부문별 매출액 규모 및 구성비
ㄹ. 2017년 산업부문별 추정 매출액 규모 및 구성비

① ㄱ, ㄷ
② ㄴ, ㄷ
③ ㄴ, ㄹ
④ ㄱ, ㄴ, ㄹ
⑤ ㄴ, ㄷ, ㄹ

문 22. 다음 〈표〉는 성별, 연령대별 전자금융서비스 인증수단 선호도에 관한 자료이다. 이에 대한 설명으로 옳지 않은 것은? 2019년

〈표〉 성별, 연령대별 전자금융서비스 인증수단 선호도 조사결과

(단위 : %)

구분 \ 인증수단		휴대폰 문자 인증	공인 인증서	아이핀	이메일	전화 인증	신용 카드	바이오 인증
성별	남성	72.2	69.3	34.5	23.1	22.3	21.1	9.9
	여성	76.6	71.6	27.0	25.3	23.9	20.4	8.3
연령대	10대	82.2	40.1	38.1	54.6	19.1	12.0	11.9
	20대	73.7	67.4	36.0	24.1	25.6	16.9	9.4
	30대	71.6	76.2	29.8	15.7	28.0	22.3	7.8
	40대	75.0	77.7	26.7	17.8	20.6	23.3	8.6
	50대	71.9	79.4	25.7	21.1	21.2	26.0	9.4
전체		74.3	70.4	30.9	24.2	23.1	20.8	9.2

※ 1) 응답자 1인당 최소 1개에서 최대 3개까지의 선호하는 인증수단을 선택했음
2) 인증수단 선호도는 전체 응답자 중 해당 인증수단을 선호한다고 선택한 응답자의 비율임
3) 전자금융서비스 인증수단은 제시된 7개로만 한정됨

① 연령대별 인증수단 선호도를 살펴보면, 30대와 40대 모두 아이핀이 3번째로 높다.
② 전체 응답자 중 선호 인증수단을 3개 선택한 응답자 수는 40% 이상이다.
③ 선호하는 인증수단으로, 신용카드를 선택한 남성 수는 바이오인증을 선택한 남성 수의 3배 이하이다.
④ 20대와 50대 간의 인증수단별 선호도 차이는 공인인증서가 가장 크다.
⑤ 선호하는 인증수단으로, 이메일을 선택한 20대 모두가 아이핀과 공인인증서를 동시에 선택했다면, 신용카드를 선택한 20대 모두가 아이핀을 동시에 선택한 것이 가능하다.

문 23. 다음 〈표〉는 '갑'국 국민 4,000명을 대상으로 공동인증서 비밀번호 변경주기를 조사한 자료이다. 이에 대한 〈보기〉의 설명 중 옳은 것만을 모두 고르면? 2022년

〈표〉 공동인증서 비밀번호 변경주기 조사 결과

(단위 : 명, %)

구분		대상자 수	변경하였음					변경하지 않았음
				1년 초과	6개월 초과 1년 이하	3개월 초과 6개월 이하	3개월 이하	
전체		4,000	70.0	30.9	21.7	10.5	6.9	29.7
성별	남성	2,059	70.5	28.0	23.2	11.7	7.6	29.1
	여성	1,941	69.5	34.0	20.1	9.2	6.2	30.3
연령대	15~19세	367	55.0	22.9	12.5	12.0	7.6	45.0
	20대	702	67.7	32.5	17.0	9.5	8.7	32.3
	30대	788	74.7	33.8	20.4	11.9	8.6	24.5
	40대	922	71.0	29.5	25.1	10.1	6.4	28.5
	50대 이상	1,221	72.0	31.6	25.5	10.0	4.9	27.8
직업	전문직	691	70.3	28.7	23.7	11.4	6.5	29.2
	사무직	1,321	72.7	30.8	23.1	11.6	7.3	26.7
	판매직	374	74.3	32.4	22.2	11.5	8.3	25.4
	기능직	242	73.1	29.8	25.6	9.1	8.7	26.9
	농림어업직	22	81.8	13.6	31.8	18.2	18.2	18.2
	학생	611	58.9	27.5	12.8	11.0	7.7	41.1
	전업주부	506	73.5	36.4	24.5	7.5	5.1	26.5
	기타	233	63.5	35.6	19.3	6.0	2.6	36.1

※ 항목별로 중복응답은 없으며, 전체 대상자 중 무응답자는 12명임

〈보기〉

ㄱ. 변경주기가 1년 이하인 응답자 수는 남성이 여성보다 많다.
ㄴ. 전체 무응답자 중 '사무직' 남성은 2명 이상이다.
ㄷ. 20대 응답자 중 변경주기가 6개월 이하인 비율은 40대 응답자 중 변경주기가 6개월 이하인 비율보다 높다.
ㄹ. 비밀번호를 변경한 응답자 중 변경주기가 1년 초과인 응답자 수는 '학생'이 '전업주부'보다 많다.

① ㄱ, ㄷ
② ㄱ, ㄹ
③ ㄴ, ㄹ
④ ㄱ, ㄴ, ㄷ
⑤ ㄴ, ㄷ, ㄹ

문 24. 다음 〈표〉는 A~D마을로 구성된 '갑'지역의 가구수에 관한 자료이다. 〈표〉를 이용하여 작성한 그래프로 옳은 것은? 2022년

〈표 1〉 마을별 1인 가구 현황

(단위 : 가구, %)

연도 \ 마을	A	B	C	D
2018	90(18.0)	130(26.0)	200(40.0)	80(16.0)
2019	220(36.7)	60(10.0)	130(21.7)	190(31.7)
2020	305(43.6)	240(34.3)	80(11.4)	75(10.7)
2021	120(15.0)	205(25.6)	160(20.0)	315(39.4)

※ (　)안 수치는 연도별 '갑'지역 1인 가구수 중 해당 마을 1인 가구수의 비중임

〈표 2〉 마을별 총가구수

(단위 : 가구)

마을	A	B	C	D
총가구수	600	550	500	500

※ A~D마을별 총가구수는 매년 변동 없음

① 연도별 '갑'지역 1인 가구수

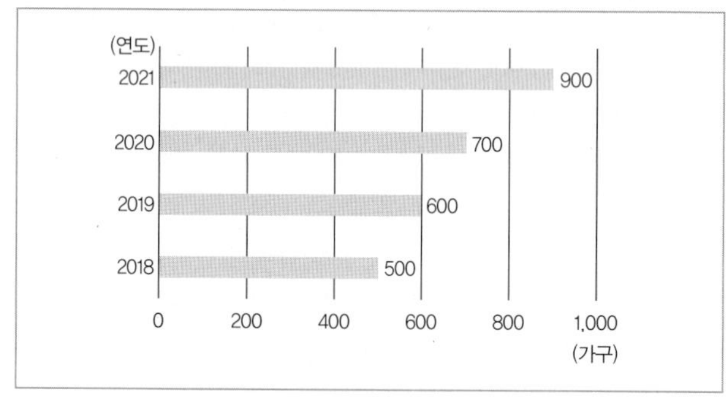

② 2021년 '갑'지역 2인 이상 가구의 마을별 구성비

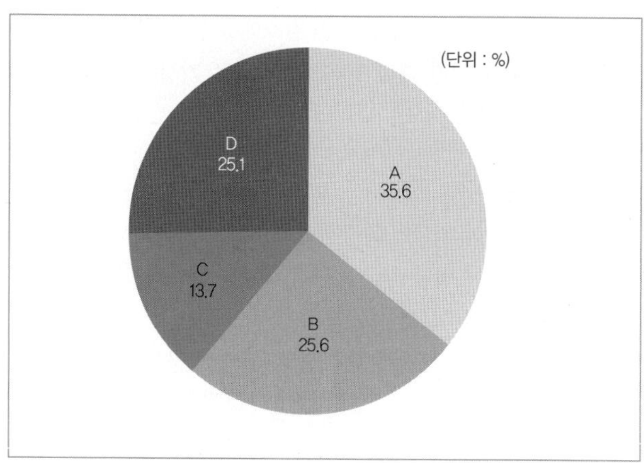

③ 연도별 A마을의 총가구수 대비 1인 가구수 비중

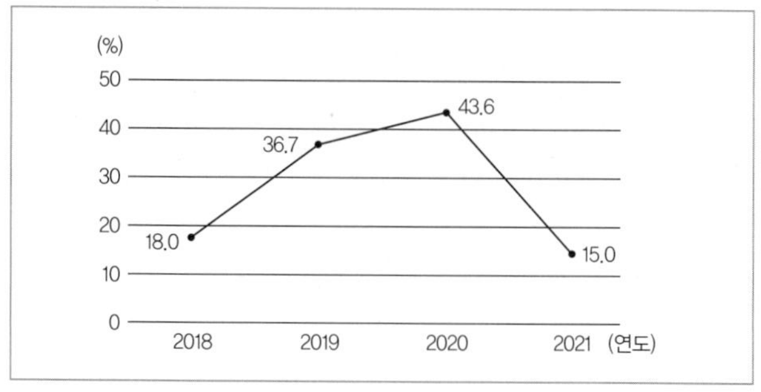

④ 연도별 B, C마을의 2인 이상 가구수와 1인 가구수 차이

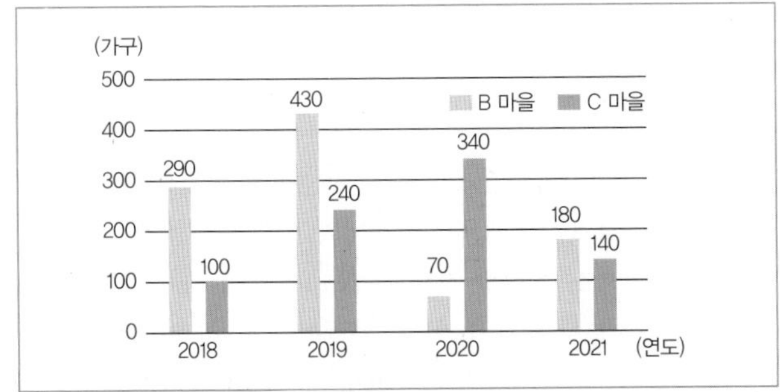

⑤ 연도별 D마을의 전년 대비 1인 가구수 증가율

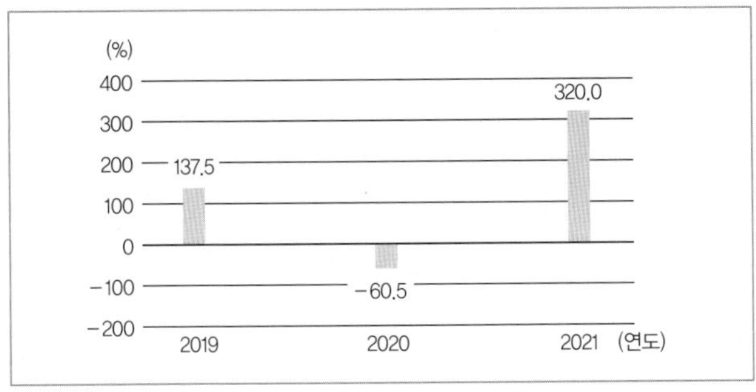

문 25. 다음 〈표〉는 A국 전체 근로자의 회사 규모 및 근로자 직급별 출퇴근 소요시간 분포와 유연근무제도 유형별 활용률에 관한 자료이다. 이에 대한 설명으로 옳은 것은? 2016년

〈표 1〉 회사 규모 및 근로자 직급별 출퇴근 소요시간 분포

(단위 : %)

규모 및 직급 \ 출퇴근 소요시간		30분 이하	30분 초과 60분 이하	60분 초과 90분 이하	90분 초과 120분 이하	120분 초과 150분 이하	150분 초과 180분 이하	180분 초과	전체
규모	중소기업	12.2	34.6	16.2	17.4	8.4	8.5	2.7	100.0
	중견기업	22.8	35.7	16.8	16.3	3.1	3.4	1.9	100.0
	대기업	21.0	37.7	15.3	15.6	4.7	4.3	1.4	100.0
직급	대리급 이하	20.5	37.3	15.4	13.8	5.0	5.3	2.6	100.0
	과장급	16.9	31.6	16.7	19.9	5.6	7.7	1.7	100.0
	차장급 이상	12.6	36.3	18.3	19.3	7.3	4.2	1.9	100.0

〈표 2〉 회사 규모 및 근로자 직급별 유연근무제도 유형별 활용률

(단위 : %)

규모 및 직급 \ 유연근무제도 유형		재택 근무제	원격 근무제	탄력 근무제	시차 출퇴근제
규모	중소기업	10.4	54.4	15.6	41.7
	중견기업	29.8	11.5	39.5	32.0
	대기업	8.6	23.5	19.9	27.0
직급	대리급 이하	0.7	32.0	23.6	29.0
	과장급	30.2	16.3	27.7	28.7
	차장급 이상	14.2	26.4	25.1	33.2

① 출퇴근 소요시간이 60분 이하인 근로자 수는 출퇴근 소요 시간이 60분 초과인 근로자 수보다 모든 직급에서 많다.

② 출퇴근 소요시간이 90분 초과인 대리급 이하 근로자 비율은 탄력근무제를 활용하는 대리급 이하 근로자 비율보다 낮다.

③ 출퇴근 소요시간이 120분 이하인 과장급 근로자 중에는 원격근무제를 활용하는 근로자가 있다.

④ 원격근무제를 활용하는 중소기업 근로자 수는 탄력근무제와 시차출퇴근제 중 하나 이상을 활용하는 중소기업 근로자 수보다 적다.

⑤ 출퇴근 소요시간이 60분 이하인 차장급 이상 근로자 수는 원격근무제와 탄력근무제 중 하나 이상을 활용하는 차장급 이상 근로자 수보다 적다.

문 26. 다음 〈표〉는 2018~2021년 '갑'국의 가구수 및 반려동물 보유가구 현황과 관련 시장 매출액에 관한 자료이다. 이에 대한 〈보기〉의 설명 중 옳은 것만을 모두 고르면? 2023년

구분 \ 연도		2018	2019	2020	2021
가구수		17,495	18,119	19,013	19,524
개	보유가구 비중	16.3	16.0	19.1	24.2
	보유가구당 마릿수	1.47	1.38	1.28	1.34
	총보유 마릿수	4,192	( )	( )	6,318
고양이	보유가구 비중	1.7	3.4	5.2	8.5
	보유가구당 마릿수	1.92	1.70	1.74	1.46
	총보유 마릿수	571	1,047	1,720	2,425
전체	보유가구 비중	17.4	17.9	21.8	29.4
	보유가구당 마릿수	1.56	1.56	1.54	1.52
	총보유 마릿수	4,763	5,048	6,369	8,743

※ 1) '갑'국의 반려동물은 개와 고양이뿐임

2) 반려동물 보유가구 비중(%)$=\frac{\text{반려동물 보유가구수}}{\text{가구수}}\times 100$

〈표 2〉 2018~2021년 반려동물 관련 시장 매출액

(단위 : 백만 원)

구분 \ 연도	2018	2019	2020	2021
사료	385,204	375,753	422,807	494,089
수의 서비스	354,914	480,696	579,046	655,077
동물 관련 용품	287,408	309,876	358,210	384,855
장묘 및 보호 서비스	16,761	19,075	25,396	33,848
보험	352	387	405	572
전체	1,044,639	1,185,787	1,385,864	1,568,441

〈보기〉

ㄱ. 개의 총보유 마릿수는 2019년에 전년 대비 감소하였다가 2020년에 전년 대비 증가하였다.

ㄴ. 반려동물 보유가구수는 매년 증가하였다.

ㄷ. 2018년 대비 2021년 매출액 증가율이 가장 높은 반려동물 관련 시장은 '수의 서비스'이다.

ㄹ. 2019년 반려동물 한 마리당 '동물 관련 용품' 매출액은 7만 원 이상이다.

① ㄱ, ㄴ

② ㄱ, ㄹ

③ ㄴ, ㄷ

④ ㄱ, ㄷ, ㄹ

⑤ ㄴ, ㄷ, ㄹ

문 27. 다음 〈보고서〉는 2017년 '갑'국의 공연예술계 시장 현황에 관한 자료이다. 〈보고서〉의 내용과 부합하는 자료만을 〈보기〉에서 모두 고르면? 2020년

〈보고서〉

2017년 '갑'국의 공연예술계 관객수는 410만 5천 명, 전체 매출액은 871억 5천만 원으로 집계되었다. 이는 매출액 기준 전년 대비 100% 이상 성장한 것으로, 2014년 이후 공연예술계 매출액과 관객수 모두 매년 증가하는 추세이다.

2017년 '갑'국 공연예술계의 전체 개막편수 및 공연횟수를 월별로 분석한 결과, 월간 개막편수가 전체 개막편수의 10% 이상을 차지하는 달은 3월뿐이고 월간 공연횟수가 전체 공연횟수의 10% 이상을 차지하는 달은 8월뿐인 것으로 나타났다.

반면, '갑'국 공연예술계 매출액 및 관객수의 장르별 편차는 매우 심한 것으로 나타났는데, 2017년 기준 공연예술계 전체 매출액의 60% 이상이 '뮤지컬' 한 장르에서 발생하였으며 또한 관객수 상위 3개 장르가 공연예술계 전체 관객수의 90% 이상을 차지하는 것으로 조사되었다.

2017년 '갑'국 공연예술계 관객수를 입장권 가격대별로 살펴보면 가장 저렴한 '3만 원 미만' 입장권 관객수가 절반 이상을 차지하였고, 이는 가장 비싼 '7만 원 이상' 입장권 관객수의 3.5배 이상이었다.

〈보기〉

ㄱ. 2014~2017년 매출액 및 관객수

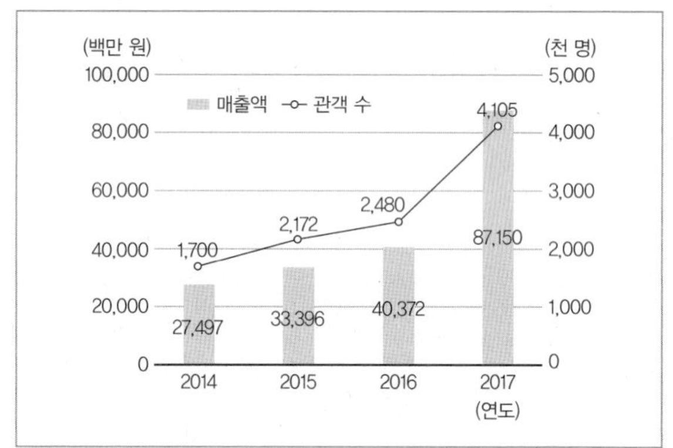

ㄴ. 2017년 개막편수 및 공연횟수

(단위 : 편, 회)

월 \ 구분	개막편수	공연횟수
1	249	4,084
2	416	4,271
3	574	4,079
4	504	4,538
5	507	4,759
6	499	4,074
7	441	5,021
8	397	5,559
9	449	3,608
10	336	3,488
11	451	3,446
12	465	5,204
전체	5,288	52,131

ㄷ. 2017년 장르별 매출액 및 관객수

(단위 : 백만 원, 천 명)

장르 \ 구분	매출액	관객수
연극	10,432	808
뮤지컬	56,014	1,791
클래식	13,580	990
무용	5,513	310
국악	1,611	206
전체	87,150	4,105

ㄹ. 2017년 입장권 가격대별 관객수 구성비

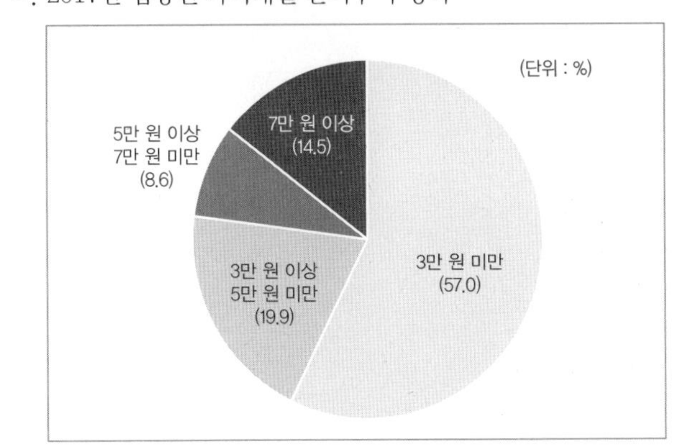

① ㄱ, ㄷ

② ㄴ, ㄷ

③ ㄴ, ㄹ

④ ㄱ, ㄴ, ㄹ

⑤ ㄱ, ㄷ, ㄹ

문 28. '갑'은 2017년 1월 전액 현금으로만 다음 〈표〉와 같이 지출하였다. 만약 '갑'이 2017년 1월에 A~C신용카드 중 하나만을 발급받아 할인 전 금액이 〈표〉와 동일하도록 그 카드로만 지출하였다면, 〈신용카드별 할인혜택〉에 근거한 할인 후 예상청구액이 가장 적은 카드부터 순서대로 나열한 것은? 2017년

〈표〉 2017년 1월 지출내역

(단위 : 만 원)

분류	세부항목		금액	합
교통비	버스 · 지하철 요금		8	20
	택시 요금		2	
	KTX 요금		10	
식비	외식비	평 일	10	30
		주 말	5	
	카페 지출액		5	
	식료품 구입비	대형마트	5	
		재래시장	5	
의류구입비	온라인		15	30
	오프라인		15	
여가 및 자기계발비	영화관람표(1만 원/회×2회)		2	30
	도서구입비 (2만 원/권×1권, 1만 5천 원/권×2권, 1만 원/권×3권)		8	
	학원수강료		20	

〈신용카드별 할인혜택〉

- A신용카드
  - 버스 · 지하철, KTX 요금 20% 할인(단, 할인액의 한도는 월 2만 원)
  - 외식비 주말 결제액 5% 할인
  - 학원 수강료 15% 할인
  - 최대 총 할인한도액은 없음
  - 연회비 1만 5천 원이 발급 시 부과되어 합산됨
- B신용카드
  - 버스 · 지하철, KTX 요금 10% 할인(단, 할인액의 한도는 월 1만 원)
  - 온라인 의류구입비 10% 할인
  - 도서구입비 권당 3천 원 할인(단, 권당 가격이 1만 2천 원 이상인 경우에만 적용)
  - 최대 총 할인한도액은 월 3만 원
  - 연회비 없음
- C신용카드
  - 버스 · 지하철, 택시 요금 10% 할인(단, 할인액의 한도는 월 1만 원)
  - 카페 지출액 10% 할인
  - 재래시장 식료품 구입비 10% 할인
  - 영화관람료 회당 2천 원 할인(월 최대 2회)
  - 최대 총 할인한도액은 월 4만 원
  - 연회비 없음

※ 1) 할부나 부분청구는 없음
2) A~C신용카드는 매달 1일부터 말일까지의 사용분에 대하여 익월 청구됨

① A - B - C
② A - C - B
③ B - A - C
④ B - C - A
⑤ C - A - B

문 29. 다음 〈표〉는 2008~2013년 '갑'국 농 · 임업 생산액과 부가가치 현황에 대한 자료이다. 이에 대한 〈보기〉의 설명 중 옳은 것만을 모두 고르면? 2017년

〈표 1〉 농 · 임업 생산액 현황

(단위 : 10억 원, %)

구분 \ 연도		2008	2009	2010	2011	2012	2013
농 · 임업 생산액		39,663	42,995	43,523	43,214	46,357	46,648
분야별 비중	곡물	23.6	20.2	15.6	18.5	17.5	18.3
	화훼	28.0	27.7	29.4	30.1	31.7	32.1
	과수	34.3	38.3	40.2	34.7	34.6	34.8

※ 1) 분야별 비중은 농 · 임업 생산액 대비 해당 분야의 생산액 비중임
2) 곡물, 화훼, 과수는 농 · 임업의 일부 분야임

〈표 2〉 농 · 임업 부가가치 현황

(단위 : 10억 원, %)

구분 \ 연도		2008	2009	2010	2011	2012	2013
농 · 임업 부가가치		22,587	23,540	24,872	26,721	27,359	27,376
GDP 대비 비중	농업	2.1	2.1	2.0	2.1	2.0	2.0
	임업	0.1	0.1	0.2	0.1	0.2	0.2

※ 1) GDP 대비 비중은 GDP 대비 해당 분야의 부가가치 비중임
2) 농 · 임업은 농업과 임업으로만 구성됨

〈보기〉

ㄱ. 농 · 임업 생산액이 전년보다 작은 해에는 농 · 임업 부가가치도 전년보다 작다.
ㄴ. 화훼 생산액은 매년 증가한다.
ㄷ. 매년 곡물 생산액은 과수 생산액의 50% 이상이다.
ㄹ. 매년 농업 부가가치는 농 · 임업 부가가치의 85% 이상이다.

① ㄱ, ㄴ
② ㄱ, ㄷ
③ ㄴ, ㄷ
④ ㄴ, ㄹ
⑤ ㄷ, ㄹ

문 30. 다음 〈표〉는 감염자와 비감염자로 구성된 유증상자 1,000명을 대상으로 인공지능 시스템 A~E의 정확도를 측정한 결과이다. 〈표〉에 근거한 〈보기〉의 설명 중 옳은 것만을 모두 고르면? 2020년

〈표〉 인공지능 시스템 A~E의 정확도

(단위 : 명, %)

시스템 판정 / 실제 감염 여부 / 시스템	양성		음성		음성 정답률	양성 검출률	정확도
	감염자	비감염자	감염자	비감염자			
A	0	1	8	991	( )	0.0	99.1
B	8	0	0	992	( )	100.0	100.0
C	6	4	2	988	99.8	75.0	99.4
D	8	2	0	990	100.0	( )	99.8
E	0	0	8	992	99.2	( )	99.2

※ 1) $\text{정확도(\%)} = \frac{\text{'양성' 판정된 감염자} + \text{'음성' 판정된 비감염자}}{\text{유증상자}} \times 100$

2) $\text{'양성(음성)' 정답률(\%)} = \frac{\text{'양성(음성)' 판정된 감염(비감염)자}}{\text{'양성(음성)' 판정된 유증상자}} \times 100$

3) $\text{'양성(음성)' 검출률(\%)} = \frac{\text{'양성(음성)' 판정된 감염(비감염)자}}{\text{감염(비감염)자}} \times 100$

〈보기〉

ㄱ. 모든 유증상자를 '음성'으로 판정한 시스템의 정확도는 A보다 높다.
ㄴ. B, D는 '음성' 정답률과 '양성' 검출률 모두 100%이다.
ㄷ. B의 '양성' 정답률과 '음성' 정답률은 같다.
ㄹ. '양성' 검출률이 0%인 시스템의 '음성' 정답률은 100%이다.

① ㄱ, ㄴ
② ㄱ, ㄷ
③ ㄱ, ㄹ
④ ㄴ, ㄹ
⑤ ㄱ, ㄴ, ㄷ

문 31. 다음 〈표〉는 2017~2021년 '갑'국의 불법체류외국인 현황에 관한 자료이다. 이에 대한 설명으로 옳은 것은? 2022년

〈표 1〉 연도별 체류외국인 현황

(단위 : 명, %)

구분 연도	체류 외국인	불법체류 외국인	체류유형별 구성비			
			단기체류 외국인	등록 외국인	외국국적 동포 국내거소 신고자	전체
2017	1,797,618	208,778	54.0	45.0	1.0	100.0
2018	1,899,519	214,168	59.8	39.7	0.5	100.0
2019	2,049,441	208,971	63.5	36.0	0.5	100.0
2020	2,180,498	251,041	66.6	33.0	0.4	100.0
2021	2,367,607	355,126	74.4	25.4	0.3	100.0

※ 체류외국인은 불법체류외국인과 합법체류외국인으로 구분됨

〈표 2〉 체류자격별 불법체류외국인 현황

(단위 : 명, %)

연도 체류자격	2017	2018	2019	2020	2021	구성비
사증면제	46,117	56,307	63,319	85,196	162,083	45.6
단기방문	45,746	47,373	46,041	56,331	67,157	18.9
비전문취업	52,760	49,272	45,567	46,618	47,373	13.3
관광통과	15,899	19,658	19,038	20,662	30,028	8.5
일반연수	4,816	4,425	4,687	7,209	12,613	3.6
기타	43,440	37,133	30,319	35,025	35,872	10.1
전체	208,778	214,168	208,971	251,041	355,126	100.0

※ 체류자격은 불법체류외국인의 입국 당시 체류자격을 의미함

〈표 3〉 국적별 불법체류외국인 현황

(단위 : 명, %)

연도 국적	2017	2018	2019	2020	2021	구성비
A	53,689	61,943	65,647	81,129	153,485	43.2
B	79,717	76,757	65,379	75,507	85,964	24.2
C	36,338	35,987	37,410	44,371	56,950	16.0
D	16,814	17,698	19,694	25,399	30,813	8.7
기타	22,220	21,783	20,841	24,635	27,914	7.9
전체	208,778	214,168	208,971	251,041	355,126	100.0

① 2020년 대비 2021년 불법체류외국인 증가인원 중에서 국적이 A인 불법체류외국인이 차지하는 비중은 60% 이상이다.

② 체류유형이 등록외국인인 불법체류외국인의 수는 매년 감소한다.

③ 불법체류외국인 수가 많은 상위 3개 체류자격을 그 수가 큰 것부터 순서대로 나열하면 사증면제, 단기방문, 비전문취업 순으로 매년 동일하다.

④ 체류외국인 대비 불법체류외국인 비중은 매년 증가한다.

⑤ 2021년 체류외국인은 전년 대비 10% 이상 증가하였다.

문 32. 다음 〈표〉는 스마트폰 기종별 출고가 및 공시지원금에 대한 자료이다. 〈조건〉과 〈정보〉를 근거로 A~D에 해당하는 스마트폰 기종 '갑'~'정'을 바르게 나열한 것은? 2016년

〈표〉 스마트폰 기종별 출고가 및 공시지원금

(단위 : 원)

구분 기종	출고가	공시지원금
A	858,000	210,000
B	900,000	230,000
C	780,000	150,000
D	990,000	190,000

〈조건〉

- 모든 소비자는 스마트폰을 구입할 때 '요금할인' 또는 '공시지원금' 중 하나를 선택한다.
- 사용요금은 월정액 51,000원이다.
- '요금할인'을 선택하는 경우의 월 납부액은 사용요금의 80%에 출고가를 24(개월)로 나눈 월 기기값을 합한 금액이다.
- '공시지원금'을 선택하는 경우의 월 납부액은 출고가에서 공시지원금과 대리점보조금(공시지원금의 10%)을 뺀 금액을 24(개월)로 나눈 월 기기값에 사용요금을 합한 금액이다.
- 월 기기값, 사용요금 이외의 비용은 없고, 10원 단위 이하 금액은 절사한다.
- 구입한 스마트폰의 사용기간은 24개월이고, 사용기간 연장이나 중도해지는 없다.

〈정보〉

- 출고가 대비 공시지원금의 비율이 20% 이하인 스마트폰 기종은 '병'과 '정'이다.
- '공시지원금'을 선택하는 경우의 월 납부액보다 '요금할인'을 선택하는 경우의 월 납부액이 더 큰 스마트폰 기종은 '갑' 뿐이다.
- '공시지원금'을 선택하는 경우 월 기기값이 가장 작은 스마트폰 기종은 '정'이다.

	A	B	C	D
①	갑	을	정	병
②	을	갑	병	정
③	을	갑	정	병
④	병	을	정	갑
⑤	정	병	갑	을

문 33. 다음 〈표〉는 서울시 10개구의 대기 중 오염물질 농도 및 오염물질별 대기환경지수 계산식에 관한 것이다. 이에 대한 〈보기〉의 설명 중 옳은 것만을 모두 고르면? 2018년

〈표 1〉 대기 중 오염물질 농도

오염물질 / 지역	미세먼지 (μg/m³)	초미세먼지 (μg/m³)	이산화질소 (ppm)
종로구	46	36	0.018
중구	44	31	0.019
용산구	49	35	0.034
성동구	67	23	0.029
광진구	46	10	0.051
동대문구	57	25	0.037
중랑구	48	22	0.041
성북구	56	21	0.037
강북구	44	23	0.042
도봉구	53	14	0.022
평균	51	24	0.033

〈표 2〉 오염물질별 대기환경지수 계산식

계산식 / 오염물질	조건	계산식
미세먼지 (μg/m³)	농도가 51 이하일 때	0.9×농도
	농도가 51 초과일 때	1.0×농도
초미세먼지 (μg/m³)	농도가 25 이하일 때	2.0×농도
	농도가 25 초과일 때	1.5×(농도−25)+51
이산화질소 (ppm)	농도가 0.04 이하일 때	1,200×농도
	농도가 0.04 초과일 때	800×(농도−0.04)+51

※ 통합대기환경지수는 오염물질별 대기환경지수 중 최댓값임

〈보기〉

ㄱ. 용산구의 통합대기환경지수는 성동구의 통합대기환경지수보다 작다.

ㄴ. 강북구의 미세먼지 농도와 초미세먼지 농도는 각각의 평균보다 낮고, 이산화질소 농도는 평균보다 높다.

ㄷ. 중랑구의 통합대기환경지수는 미세먼지의 대기환경지수와 같다.

ㄹ. 세 가지 오염물질 농도가 각각의 평균보다 모두 높은 구는 2개 이상이다.

① ㄱ, ㄴ
② ㄱ, ㄷ
③ ㄷ, ㄹ
④ ㄱ, ㄴ, ㄹ
⑤ ㄴ, ㄷ, ㄹ

문 34. 다음 〈그림〉은 '갑' 소독제 소독실험에서 소독제 누적주입량에 따른 병원성미생물 개체수의 변화를 나타낸 것이다. 〈그림〉과 〈실험정보〉에 근거한 〈보기〉의 설명 중 옳은 것만을 모두 고르면? 2017년

〈그림〉 소독제 누적주입량에 따른 병원성미생물 개체수 변화

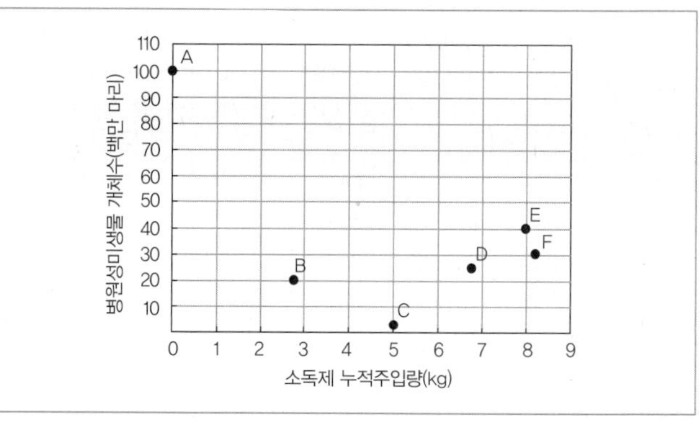

〈실험정보〉

- 이 실험은 1회 시행한 단일 실험임
- 실험 시작시점(A)에서 측정한 값과, 이후 5시간 동안 소독제를 주입하면서 매 1시간이 경과하는 시점을 순서대로 B, C, D, E, F라고 하고 각 시점에서 측정한 값을 표시하였음
- 소독효율(마리/kg) = $\frac{\text{시작시점(A) 병원성미생물 개체수} - \text{측정시점 병원성미생물 개체수}}{\text{측정시점의 소독제 누적주입량}}$
- 구간 소독속도(마리/시간) = $\frac{\text{구간의 시작시점 병원성미생물 개체수} - \text{구간의 종료시점 병원성미생물 개체수}}{\text{두 측정시점 사이의 시간}}$

〈보기〉

ㄱ. 실험시작 후 2시간이 경과한 시점의 소독효율이 가장 높다.

ㄴ. 소독효율은 F가 D보다 낮다.

ㄷ. 구간 소독속도는 B~C 구간이 E~F 구간보다 낮다.

① ㄱ
② ㄴ
③ ㄷ
④ ㄴ, ㄷ
⑤ ㄱ, ㄴ, ㄷ

문 35. 다음 〈표〉와 〈그림〉은 2015년과 2016년 '갑'~'무'국의 경상수지에 관한 자료이다. 이와 〈조건〉을 이용하여 A~E에 해당하는 국가를 바르게 나열한 것은? 2018년

〈표〉 국가별 상품수출액과 서비스수출액

(단위 : 백만 달러)

국가	항목 \ 연도	2015	2016
A	상품수출액	50	50
	서비스수출액	30	26
B	상품수출액	30	40
	서비스수출액	28	34
C	상품수출액	60	70
	서비스수출액	40	46
D	상품수출액	70	62
	서비스수출액	55	60
E	상품수출액	50	40
	서비스수출액	27	33

〈그림 1〉 국가별 상품수지와 서비스수지

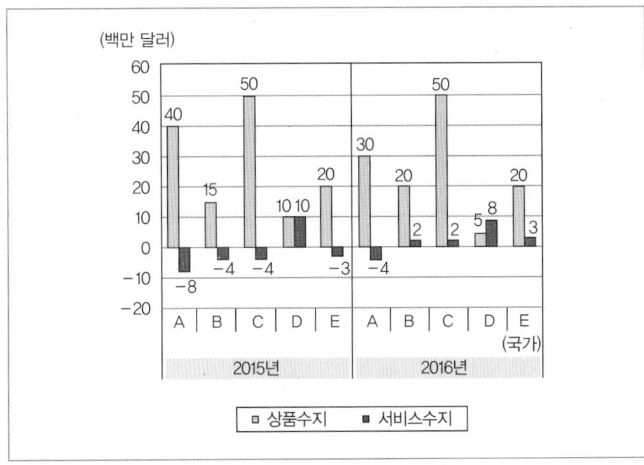

※ 상품(서비스)수지 = 상품(서비스)수출액 − 상품(서비스)수입액

〈그림 2〉 국가별 본원소득수지와 이전소득수지

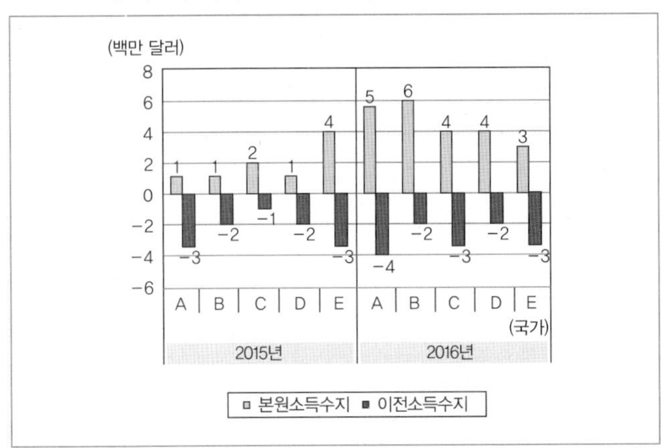

〈조건〉

- 2015년 대비 2016년의 상품수입액 증가폭이 동일한 국가는 '을'국과 '정'국이다.
- 2015년과 2016년의 서비스수입액이 동일한 국가는 '을'국, '병'국, '무'국이다.
- 2015년 본원소득수지 대비 상품수지 비율은 '병'국이 '무'국의 3배이다.
- 2016년 '갑'국과 '병'국의 이전소득수지는 동일하다.

	A	B	C	D	E
①	을	병	정	갑	무
②	을	무	갑	정	병
③	정	갑	을	무	병
④	정	병	을	갑	무
⑤	무	을	갑	정	병

문 36. 다음 〈표〉는 '갑'국의 2017～2021년 소년 범죄와 성인 범죄 현황에 관한 자료이다. 이에 대한 〈보기〉의 설명 중 옳은 것만을 모두 고르면? 2022년

〈표〉 소년 범죄와 성인 범죄 현황

(단위 : 명, %)

구분 / 연도	소년 범죄			성인 범죄			소년 범죄자 비율
	범죄자 수	범죄율	발생지수	범죄자수	범죄율	발생 지수	
2017	63,145	1,172	100.0	953,064	2,245	100.0	6.2
2018	56,962	1,132	96.6	904,872	2,160	96.2	5.9
2019	61,162	1,246	106.3	920,760	2,112	94.1	(　)
2020	58,255	1,249	(　)	878,991	2,060	(　)	6.2
2021	54,205	1,201	102.5	878,917	2,044	91.0	5.8

※ 1) 범죄는 소년 범죄와 성인 범죄로만 구분함
2) 소년(성인) 범죄율은 소년(성인) 인구 10만 명당 소년(성인) 범죄자수를 의미함
3) 소년(성인) 범죄 발생지수는 2017년 소년(성인) 범죄율을 100.0으로 할 때, 해당 연도 소년(성인) 범죄율의 상대적인 값임
4) 소년 범죄자 비율(%) $= \left(\frac{\text{소년 범죄자수}}{\text{소년 범죄자수}+\text{성인 범죄자수}}\right) \times 100$

〈보기〉

ㄱ. 2017년 대비 2021년 소년 인구는 증가하고 소년 범죄자수는 감소하였다.
ㄴ. 소년 범죄율이 2017년 대비 6.0% 이상 증가한 연도의 소년 범죄자 비율은 6.0% 이상이다.
ㄷ. 소년 범죄 발생지수와 성인 범죄 발생지수 모두 2021년이 2020년보다 작다.
ㄹ. 소년 범죄 발생지수가 전년 대비 증가한 연도에는 소년 범죄자수도 전년 대비 증가하였다.

① ㄱ, ㄴ
② ㄱ, ㄷ
③ ㄴ, ㄷ
④ ㄴ, ㄹ
⑤ ㄷ, ㄹ

문 37. 다음 〈표〉는 2015～2019년 '갑'국 음식점 현황에 관한 자료이다. 〈표〉를 이용하여 작성한 그래프로 옳지 않은 것은? 2020년

〈표〉 '갑'국 음식점 현황

(단위 : 개, 명, 억 원)

구분	업종 \ 연도	2015	2016	2017	2018	2019
사업체	한식	157,295	156,707	155,555	158,398	159,852
	서양식	1,182	1,356	1,306	4,604	1,247
	중식	13,102	9,940	9,885	10,443	10,099
	계	171,579	168,003	166,746	173,445	171,198
종사자	한식	468,351	473,878	466,685	335,882	501,056
	서양식	17,748	13,433	13,452	46,494	14,174
	중식	80,193	68,968	72,324	106,472	68,360
	계	566,292	556,279	552,461	488,848	583,590
매출액		67,704	90,600	75,071	137,451	105,603
부가가치액		28,041	31,317	23,529	23,529	31,410

① 업종별 종사자

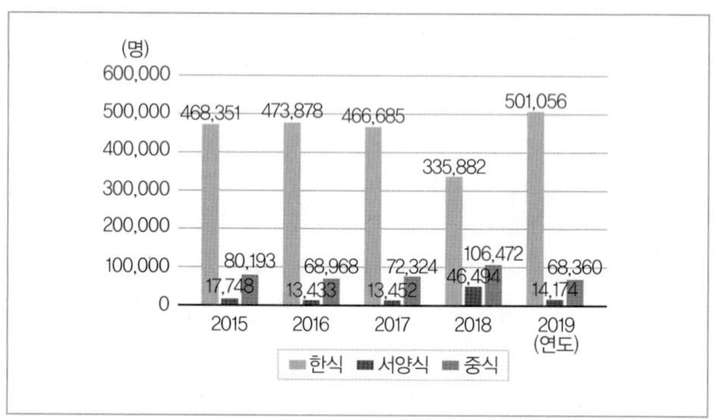

② 업종별 사업체 구성비

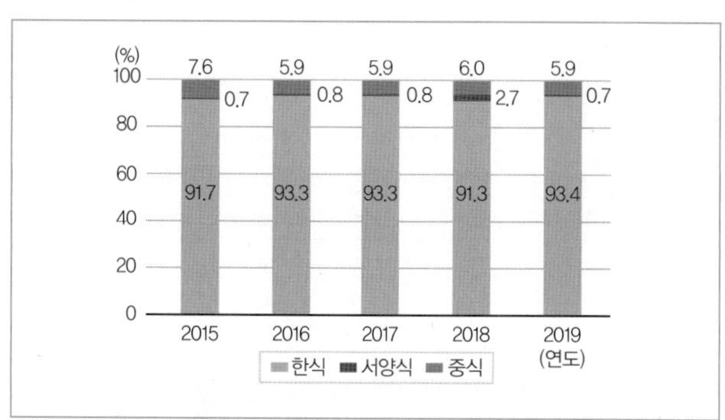

③ 업종별 사업체당 종사자

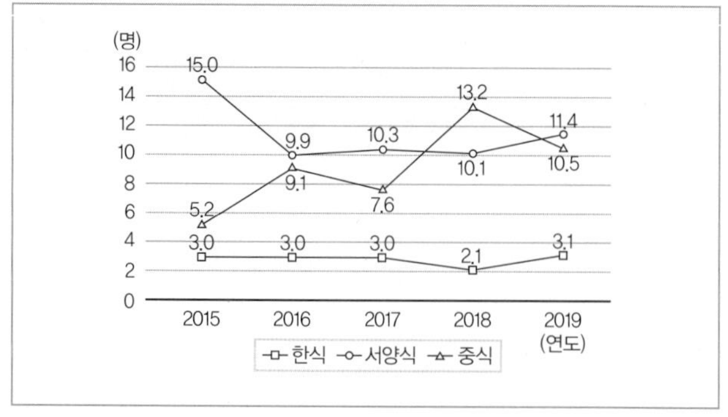

④ 한식, 중식 종사자의 전년 대비 증가율

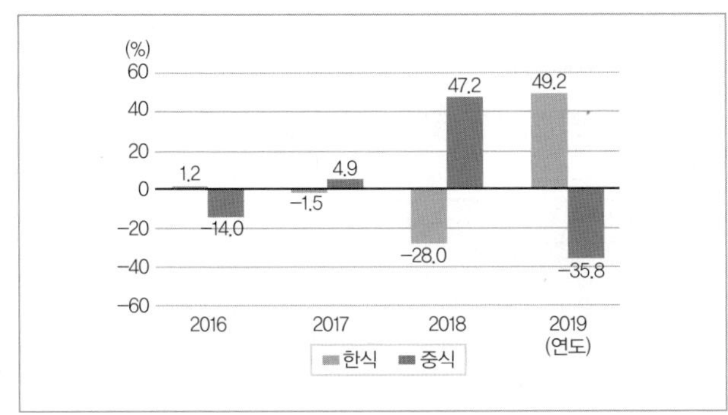

⑤ 매출액 대비 부가가치액 비율

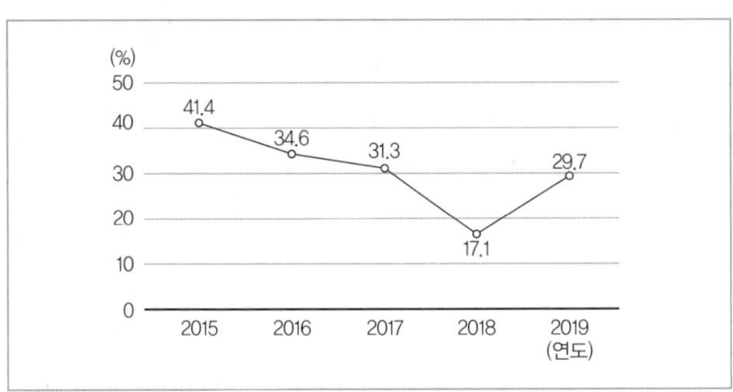

문 38. 다음 〈보고서〉는 2015년 A국의 노인학대 현황에 관한 것이다. 〈보고서〉의 내용과 부합하는 자료만을 〈보기〉에서 모두 고르면? 2018년

〈보고서〉

2015년 1월 1일부터 12월 31일까지 한 해 동안 전국 29개 지역의 노인보호전문기관에 신고된 전체 11,905건의 노인학대 의심사례 중에 학대 인정사례는 3,818건으로 나타났다. 이는 전년 대비 학대 인정사례 건수가 8% 이상 증가한 것이다.

학대 인정사례 3,818건을 신고자 유형별로 살펴보면 신고의무자에 의해 신고된 학대 인정사례는 707건, 비신고의무자에 의해 신고된 학대 인정사례는 3,111건이었다. 신고의무자에 의해 신고된 학대 인정사례 중 사회복지전담 공무원의 신고에 의한 학대 인정사례가 40% 이상으로 나타났다. 비신고의무자에 의해 신고된 학대 인정사례 중에서는 관련기관 종사자의 신고에 의한 학대 인정사례가 48% 이상으로 가장 높았고, 학대 행위자 본인의 신고에 의한 학대 인정사례의 비율이 가장 낮았다.

또한 3,818건의 학대 인정사례를 발생장소별로 살펴보면 기타를 제외하고 가정 내 학대가 85.8%로 가장 높게 나타났으며, 다음으로 생활시설 5.4%, 병원 2.3%, 공공장소 2.1%의 순으로 나타났다. 학대 인정사례 중 병원에서의 학대 인정사례 비율은 2012~2015년 동안 매년 감소한 것으로 나타났다.

한편, 학대 인정사례를 가구형태별로 살펴보면 2012~2015년 동안 매년 학대 인정사례 건수가 가장 많은 가구형태는 노인단독 가구였다.

〈보기〉

ㄱ. 2015년 신고자 유형별 노인학대 인정사례 건수

(단위 : 건)

신고자 유형		건수
신고의무자		707
	의료인	44
	노인복지시설 종사자	178
	장애노인시설 종사자	16
	가정폭력 관련 종사자	101
	사회복지전담 공무원	290
	노숙인 보호시설 종사자	31
	구급대원	9
	재가장기요양기관 종사자	38
비신고의무자		3,111
	학대피해노인 본인	722
	학대행위자 본인	8
	친 족	567
	타 인	320
	관련기관 종사자	1,494

ㄴ. 2014년과 2015년 노인보호전문기관에 신고된 노인 학대 의심사례 신고 건수와 구성비

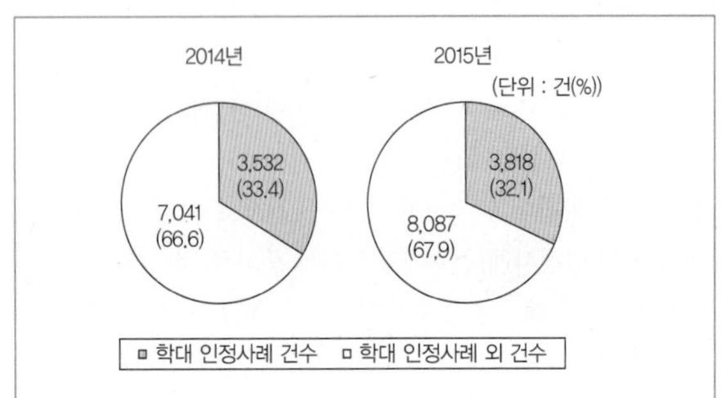

※ 구성비는 소수점 둘째 자리에서 반올림한 값임

ㄷ. 발생장소별 노인학대 인정사례 건수와 구성비

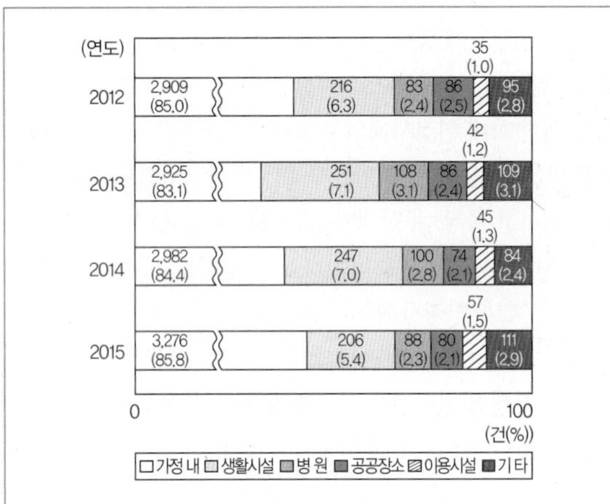

※ 구성비는 소수점 둘째 자리에서 반올림한 값임

ㄹ. 가구형태별 노인학대 인정사례 건수

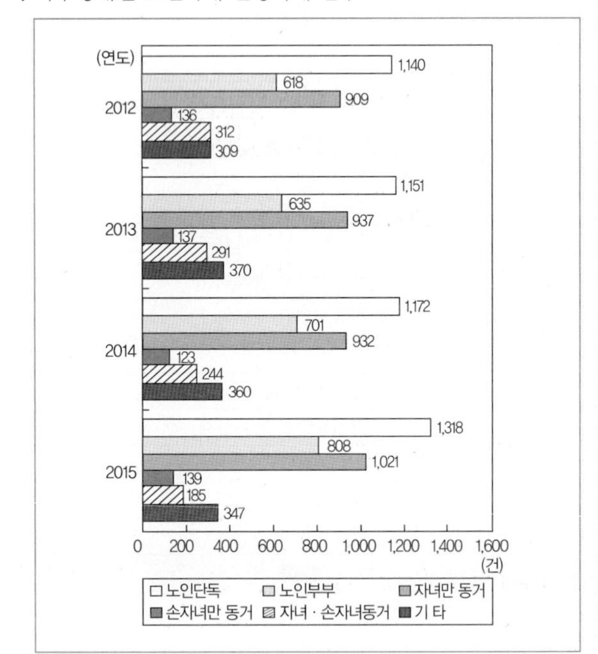

① ㄱ, ㄹ

② ㄴ, ㄷ

③ ㄱ, ㄴ, ㄷ

④ ㄱ, ㄴ, ㄹ

⑤ ㄴ, ㄷ, ㄹ

문 39. 다음 〈표〉는 2021년 A시 자녀장려금 수급자의 특성별 수급횟수를 조사한 자료이다. 이에 대한 〈보기〉의 설명 중 옳은 것만을 모두 고르면? 2022년

〈표〉 자녀장려금 수급자 특성별 수급횟수 비중

(단위 : 명, %)

수급자 특성		수급자 수	수급횟수			
대분류	소분류		1회	2회	3회	4회 이상
연령대	20대 이하	8	37.5	25.0	0.0	37.5
	30대	583	37.2	30.2	19.0	13.6
	40대	347	34.9	27.7	23.9	13.5
	50대 이상	62	29.0	30.6	35.5	4.8
자녀수	1명	466	42.3	28.1	19.7	9.9
	2명	459	31.2	31.8	22.2	14.8
	3명	66	27.3	22.7	27.3	22.7
	4명 이상	9	11.1	11.1	44.4	33.3
주택보유 여부	무주택	732	35.0	29.5	22.0	13.5
	유주택	268	38.4	28.7	20.5	12.3
전체		1,000	35.9	29.3	21.6	13.2

〈보기〉

ㄱ. 자녀장려금 수급자의 전체 수급횟수는 2,000회 이상이다.

ㄴ. 자녀장려금을 1회 수령한 수급자 수는 30대가 40대의 1.5배 이상이다.

ㄷ. 자녀수가 2명인 수급자의 자녀장려금 전체 수급횟수는 자녀수가 1명인 수급자의 자녀장려금 전체 수급횟수보다 많다.

ㄹ. 자녀장려금을 2회 이상 수령한 수급자 수는 무주택 수급자가 유주택 수급자의 2.5배 이상이다.

① ㄱ

② ㄷ, ㄹ

③ ㄱ, ㄴ, ㄷ

④ ㄱ, ㄴ, ㄹ

⑤ ㄴ, ㄷ, ㄹ

문 40. 다음 〈표〉는 2016년 1~6월 월말종가기준 A, B사의 주가와 주가지수에 대한 자료이다. 이에 대한 〈보기〉의 설명 중 옳은 것만을 모두 고르면? 2017년

〈표〉 A, B사의 주가와 주가지수(2016년 1~6월)

구분		1월	2월	3월	4월	5월	6월
주가(원)	A사	5,000	( )	5,700	4,500	3,900	( )
	B사	6,000	( )	6,300	5,900	6,200	5,400
주가지수		100.00	( )	109.09	( )	91.82	100.00

※ 1) 주가지수 $= \frac{\text{해당 월 A사의 주가} + \text{해당 월 B사의 주가}}{\text{1월 A사의 주가} + \text{1월 B사의 주가}} \times 100$

2) 해당 월의 주가 수익률(%) $= \frac{\text{해당 월의 주가} - \text{전월의 주가}}{\text{전월의 주가}} \times 100$

〈보기〉

ㄱ. 3~6월 중 주가지수가 가장 낮은 달에 A사와 B사의 주가는 모두 전월 대비 하락하였다.

ㄴ. A사의 주가는 6월이 1월보다 높다.

ㄷ. 2월 A사의 주가가 전월 대비 20% 하락하고 B사의 주가는 전월과 동일하면, 2월의 주가지수는 전월 대비 10% 이상 하락한다.

ㄹ. 4~6월 중 A사의 주가 수익률이 가장 낮은 달에 B사의 주가는 전월 대비 하락하였다.

① ㄱ, ㄴ

② ㄱ, ㄷ

③ ㄴ, ㄷ

④ ㄴ, ㄹ

⑤ ㄷ, ㄹ

문 41. 다음 〈표〉는 2013~2017년 A~E국의 건강보험 진료비에 관한 자료이다. 이에 대한 〈보기〉의 설명 중 옳은 것만을 모두 고르면? 2019년

〈표 1〉 A국의 건강보험 진료비 발생 현황

(단위 : 억 원)

구분 \ 연도		2013	2014	2015	2016	2017
의료기관	소계	341,410	360,439	390,807	419,353	448,749
	입원	158,365	160,791	178,911	190,426	207,214
	외래	183,045	199,648	211,896	228,927	241,534
약국	소계	120,969	117,953	118,745	124,897	130,844
	처방	120,892	117,881	118,678	124,831	130,775
	직접조제	77	72	66	66	69
계		462,379	478,392	509,552	544,250	579,593

〈표 2〉 A국의 건강보험 진료비 부담 현황

(단위 : 억 원)

구분 \ 연도	2013	2014	2015	2016	2017
공단부담	345,652	357,146	381,244	407,900	433,448
본인부담	116,727	121,246	128,308	136,350	146,145
계	462,379	478,392	509,552	544,250	579,593

〈표 3〉 국가별 건강보험 진료비의 전년 대비 증가율

(단위 : %)

국가 \ 연도	2013	2014	2015	2016	2017
B	16.3	3.6	5.2	4.5	5.2
C	10.2	8.6	7.8	12.1	7.3
D	4.5	3.5	1.8	0.3	2.2
E	5.4	−0.6	7.6	6.3	5.5

〈보기〉

ㄱ. 2016년 건강보험 진료비의 전년 대비 증가율은 A국이 C국보다 크다.

ㄴ. 2014~2017년 동안 A국의 건강보험 진료비 중 약국의 직접조제 진료비가 차지하는 비중은 전년 대비 매년 감소한다.

ㄷ. 2013~2017년 동안 A국 의료기관의 입원 진료비 중 공단부담 금액은 매년 3조 8천억 원 이상이다.

ㄹ. B국의 2012년 대비 2014년 건강보험 진료비의 비율은 1.2 이상이다.

① ㄱ, ㄴ

② ㄴ, ㄷ

③ ㄷ, ㄹ

④ ㄱ, ㄴ, ㄹ

⑤ ㄴ, ㄷ, ㄹ

문 42. 다음 〈그림〉은 2013년과 2014년 침해유형별 개인정보 침해경험을 설문조사한 결과이다. 이에 대한 설명으로 옳은 것은? 2016년

〈그림〉 침해유형별 개인정보 침해경험 설문조사 결과

(단위 : %)

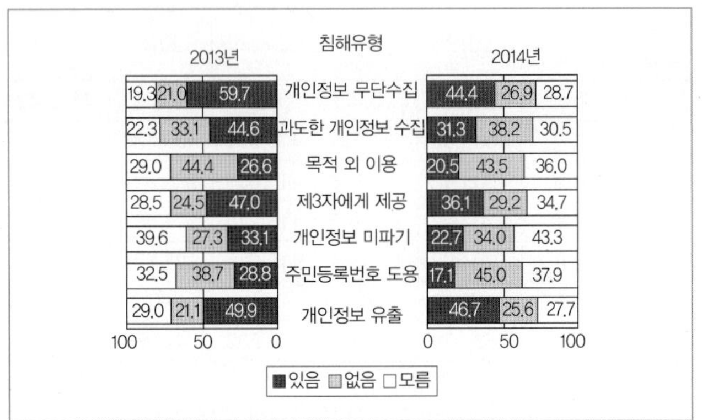

① '있음'으로 응답한 비율이 큰 침해유형부터 순서대로 나열하면 2013년과 2014년의 순서는 동일하다.

② 2014년 '개인정보 무단수집'을 '있음'으로 응답한 비율은 '개인정보 미파기'를 '있음'으로 응답한 비율의 2배 이상이다.

③ 2014년 '있음'으로 응답한 비율의 전년 대비 감소폭이 가장 큰 침해유형은 '과도한 개인정보 수집'이다.

④ 2014년 '모름'으로 응답한 비율은 모든 침해유형에서 전년대비 증가하였다.

⑤ 2014년 '있음'으로 응답한 비율의 전년 대비 감소율이 가장 큰 침해유형은 '주민등록번호 도용'이다.

문 43. 다음 〈보고서〉와 〈표〉는 2015년 '갑'국의 수출입 현황에 대한 자료이다. 이에 대한 설명으로 옳지 않은 것은? 2019년

〈보고서〉

- 2015년 '갑'국의 총 수출액에서 전자제품은 29.9%, 석유제품은 16.2%, 기계류는 11.2%, 농수산물은 6.3%를 차지한다.
- 2015년 '갑'국의 총 수입액에서 전자제품은 23.7%, 농수산물은 12.5%, 기계류는 11.2%, 플라스틱은 3.8%를 차지한다.

〈표 1〉 '갑'국의 수출입액 상위 10개 국가 현황

(단위 : 억 달러, %)

순위	수출			수입		
	국가명	수출액	'갑'국의 총 수출액에 대한 비율	국가명	수입액	'갑'국의 총 수입액에 대한 비율
1	싱가포르	280	14.0	중국	396	18.0
2	중국	260	13.0	싱가포르	264	12.0
3	미국	188	9.4	미국	178	8.1
4	일본	180	9.0	일본	161	7.3
5	태국	114	5.7	태국	121	5.5
6	홍콩	100	5.0	대만	106	4.8
7	인도	82	4.1	한국	97	4.4
8	인도네시아	76	3.8	인도네시아	86	3.9
9	호주	72	3.6	독일	70	3.2
10	한국	64	3.2	베트남	62	2.8

※ 무역수지는 수출액에서 수입액을 뺀 값으로, 이 값이 양(+)이면 흑자, 음(−)이면 적자임

〈표 2〉 '갑'국의 대(對) '을'국 수출입액 상위 5개 품목 현황

(단위 : 백만 달러, %)

순위	수출			수입		
	품목명	금액	전년 대비 증가율	품목명	금액	전년 대비 증가율
1	천연가스	2,132	33.2	농수산물	1,375	305.2
2	집적회로 반도체	999	14.5	집적회로 반도체	817	19.6
3	농수산물	861	43.0	평판 디스플레이	326	45.6
4	개별소자 반도체	382	40.6	기타정밀 화학원료	302	6.6
5	컴퓨터부품	315	14.9	합성고무	269	5.6

① 2015년 '갑'국의 수출액 상위 10개 국가 중 2015년 '갑'국과의 교역에서 무역수지 흑자를 기록한 국가는 4개국이다.

② 2014년 '갑'국의 대(對) '을'국 집적회로반도체 수출액은 수입액보다 크다.

③ 2015년 '갑'국의 무역수지는 적자이다.

④ 2015년 '갑'국의 전체 농수산물 수출액에서 '을'국에 대한 농수산물 수출액이 차지하는 비율은 2015년 '갑'국의 전체 농수산물 수입액에서 '을'국으로부터의 농수산물 수입액이 차지하는 비율보다 작다.

⑤ 2015년 '갑'국의 전자제품 수출액은 수입액보다 크다.

문 44. 다음 〈표〉는 '갑'국 축구 국가대표팀 코치(A～F)의 분야별 잠재능력을 수치화한 것이다. 각 코치가 맡은 모든 분야를 체크(✓)로 표시할 때, 〈표〉와 〈조건〉에 부합하는 코치의 역할 배분으로 가능한 것은? 2019년

〈표〉 코치의 분야별 잠재능력

분야 코치	체력	전술	수비	공격
A	18	20	18	15
B	18	16	15	20
C	16	18	20	15
D	20	16	15	18
E	20	18	16	15
F	16	14	20	20

〈조건〉

- 각 코치는 반드시 하나이상의 분야를 맡는다.
- 코치의 분야별 투입능력 $= \frac{\text{코치의 분야별 잠재능력}}{\text{코치가 맡은 분야의 수}}$
- 각 분야별로 그 분야를 맡은 모든 코치의 분야별 투입능력 합은 24 이상이어야 한다.

①

분야 코치	체력	전술	수비	공격
A	✓	✓		✓
B		✓	✓	
C	✓			
D		✓	✓	
E	✓			✓
F			✓	✓

②

분야 코치	체력	전술	수비	공격
A		✓		
B		✓	✓	✓
C	✓		✓	
D	✓	✓		✓
E	✓			✓
F			✓	

③

분야 코치	체력	전술	수비	공격
A		✓	✓	
B				✓
C	✓	✓		✓
D	✓		✓	
E		✓		✓
F	✓		✓	

④

분야 코치	체력	전술	수비	공격
A		✓	✓	
B		✓		✓
C			✓	
D	✓			✓
E	✓		✓	✓
F	✓	✓		

⑤

분야 코치	체력	전술	수비	공격
A	✓			✓
B				✓
C	✓	✓	✓	
D		✓	✓	✓
E	✓			
F		✓	✓	

문 45. 다음 〈표〉는 A～D지역으로만 이루어진 '갑'국의 2015년 인구 전입 · 전출과 관련한 자료이다. 이에 대한 〈보고서〉의 내용 중 옳은 것만을 모두 고르면? 2017년

〈표 1〉 2015년 인구 전입 · 전출

(단위 : 명)

전출지 \ 전입지	A	B	C	D
A		190	145	390
B	123		302	260
C	165	185		110
D	310	220	130	

※ 1) 전입 · 전출은 A～D지역 간에서만 이루어짐
2) 2015년 인구 전입 · 전출은 2015년 1월 1일부터 12월 31일까지 발생하며, 동일인의 전입 · 전출은 최대 1회만 가능함
3) 예시 : 〈표 1〉에서 '190'은 A지역에서 190명이 전출하여 B지역으로 전입하였음을 의미함

〈표 2〉 2015, 2016년 지역별 인구

(단위 : 명)

지역 \ 연도	2015	2016
A	3,232	3,105
B	3,120	3,030
C	2,931	( )
D	3,080	( )

※ 1) 인구는 매년 1월 1일 0시를 기준으로 함
2) 인구변화는 전입 · 전출에 의해서만 가능함

〈보고서〉

'갑'국의 지역 간 인구 이동을 파악하기 위해 2015년의 전입 · 전출을 분석한 결과 총 2,530명이 주소지를 이전한 것으로 파악되었다. '갑'국의 4개 지역 가운데 ㉠ 전출자 수가 가장 큰 지역은 A이다. 반면, ㉡ 전입자 수가 가장 큰 지역은 A, B, D 지역으로부터 총 577명이 전입한 C이다. 지역 간 인구 이동은 지역경제 활성화에 따른 일자리 수요와 밀접하게 연관된다. 2015년 인구 이동 결과, ㉢ 2016년 인구가 가장 많은 지역은 D이며, ㉣ 2015년과 2016년의 인구 차이가 가장 큰 지역은 A이다.

① ㄱ, ㄴ
② ㄱ, ㄷ
③ ㄴ, ㄹ
④ ㄷ, ㄹ
⑤ ㄱ, ㄷ, ㄹ

문 46. 다음 〈그림〉은 2013～2017년 '갑' 기업의 '가', '나' 사업장의 연간 매출액에 대한 자료이고, 다음 〈보고서〉는 2018년 '갑' 기업의 '가', '나' 사업장의 직원 증원에 대한 내부 검토 내용이다. 〈그림〉과 〈보고서〉를 근거로 2018년 '가', '나' 사업장의 증원인원별 연간 매출액을 추정한 결과로 옳은 것은? 2018년

〈그림〉 2013～2017년 '갑' 기업 사업장별 연간 매출액

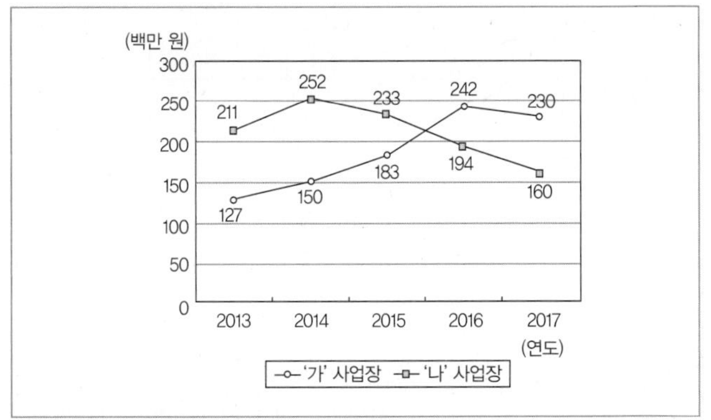

〈보고서〉

• 2018년 '가', '나' 사업장은 각각 0～3명의 직원을 증원할 계획임
• 추정 결과, 직원을 증원하지 않을 경우 '가', '나' 사업장의 2017년 대비 2018년 매출액 증감률은 각각 10% 이하일 것으로 예상됨
• 직원 증원이 없을 때와 직원 3명을 증원할 때의 2018년 매출액 차이는 '나' 사업장이 '가' 사업장보다 클 것으로 추정됨
• '나' 사업장이 2013～2017년 중 최대 매출액을 기록했던 2014년보다 큰 매출액을 기록하기 위해서는 2018년에 최소 2명의 직원을 증원해야 함

①

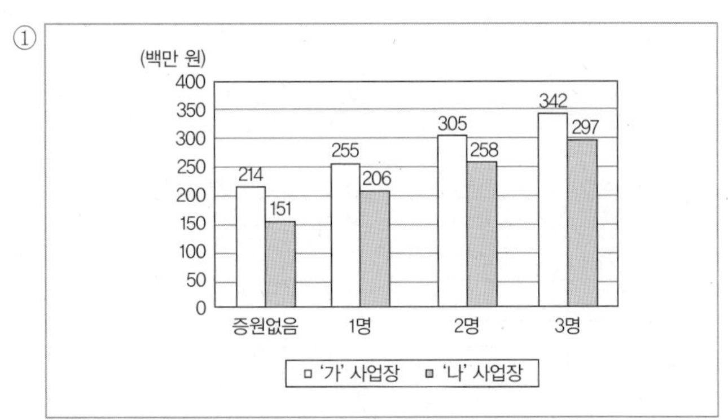

②

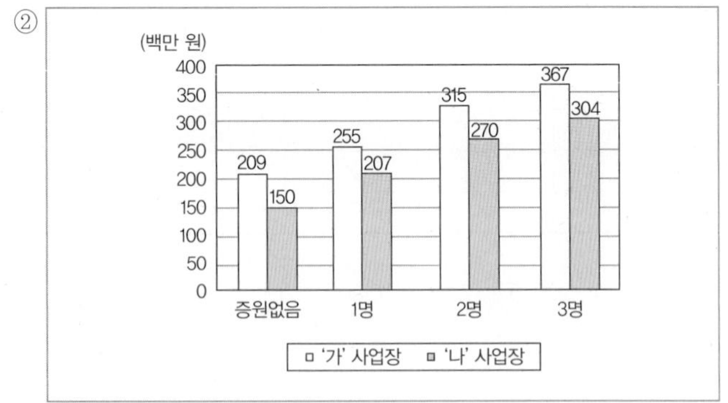

③

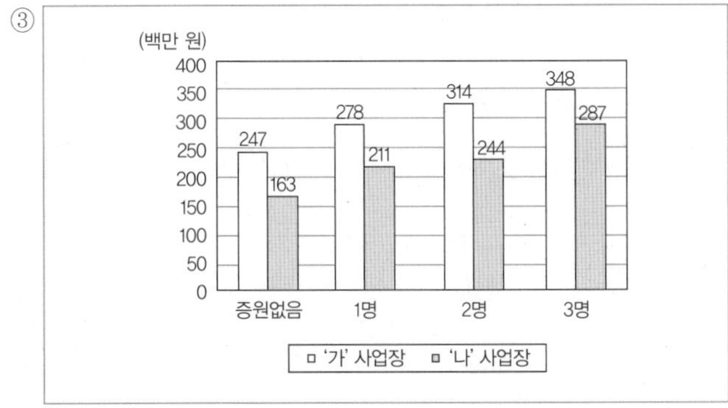

④

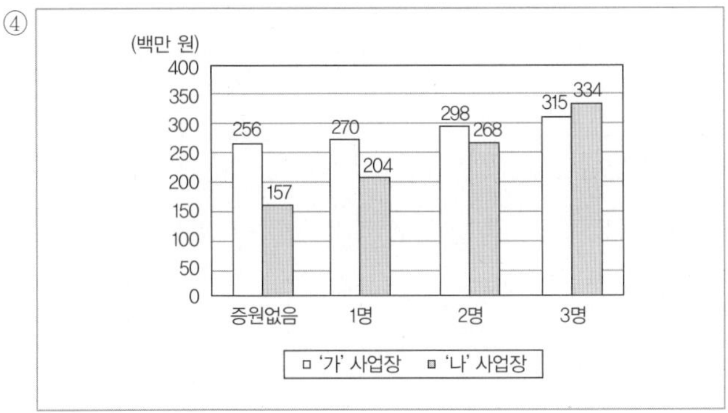

⑤

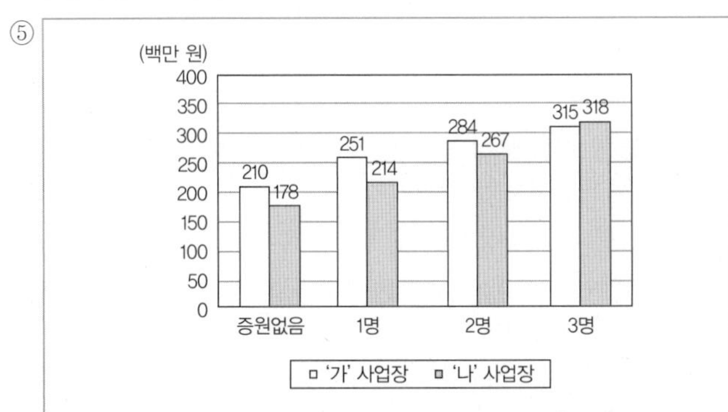

문 47. 다음 〈표〉는 6개 지목으로 구성된 A지구의 토지수용 보상비 산출을 위한 자료이다. 이에 대한 〈보기〉의 설명 중 옳은 것만을 모두 고르면? 2020년

〈표〉 지목별 토지수용 면적, 면적당 지가 및 보상 배율

(단위 : m^2, 만 원/m^2)

지목	면적	면적당 지가	보상 배율	
			감정가 기준	실거래가 기준
전	50	150	1.8	3.2
답	50	100	1.8	3.0
대지	100	200	1.6	4.8
임야	100	50	2.5	6.1
공장	100	150	1.6	4.8
창고	50	100	1.6	4.8

※ 1) 총보상비는 모든 지목별 보상비의 합임
2) 보상비=용지 구입비+지장물 보상비
3) 용지 구입비=면적×면적당 지가×보상 배율
4) 지장물 보상비는 해당 지목 용지 구입비의 20%임

〈보기〉

ㄱ. 모든 지목의 보상 배율을 감정가 기준에서 실거래가 기준으로 변경하는 경우, 총보상비는 변경 전의 2배 이상이다.
ㄴ. 보상 배율을 감정가 기준에서 실거래가 기준으로 변경하는 경우, 보상비가 가장 많이 증가하는 지목은 '대지'이다.
ㄷ. 보상 배율이 실거래가 기준인 경우, 지목별 보상비에서 용지 구입비가 차지하는 비율은 '임야'가 '창고'보다 크다.
ㄹ. '공장'의 감정가 기준 보상비와 '전'의 실거래가 기준 보상비는 같다.

① ㄱ, ㄷ
② ㄱ, ㄹ
③ ㄴ, ㄷ
④ ㄴ, ㄹ
⑤ ㄱ, ㄴ, ㄹ

문 48. 다음 〈표〉와 〈그림〉에 대한 〈보기〉의 설명 중 옳은 것만을 모두 고르면? 2018년

〈표〉 업체별 · 연도별 온실가스 배출량

(단위 : 천tCO2eq.)

업체 \ 구분	배출량				예상 배출량
	2015년	2016년	2017년	3년 평균 (2015~2017년)	2018년
A	1,021	990	929	980	910
B	590	535	531	552	524
C	403	385	361	383	352
D	356	(　)	260	284	257
E	280	271	265	272	241
F	168	150	135	151	132
G	102	101	100	(　)	96
H	92	81	73	82	71
I	68	59	47	58	44
J	30	29	28	(　)	24
기타	28	27	20	25	22
전체	3,138	2,864	(　)	2,917	2,673

〈그림〉 업체 A~J의 3년 평균(2015~2017년) 철강 생산량과 온실가스 배출량

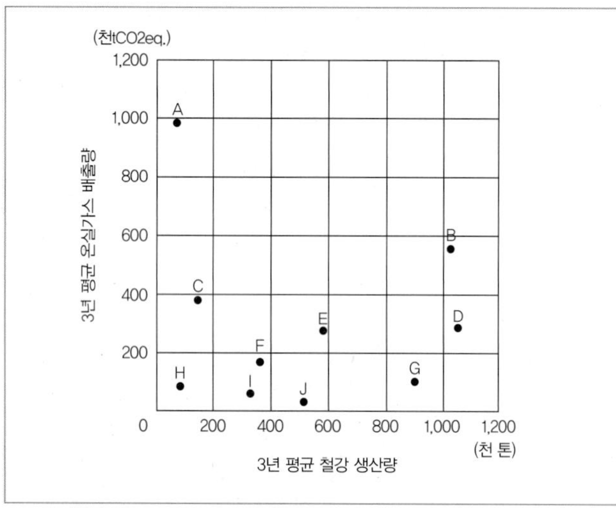

※ 온실가스 배출 효율성 $=\frac{\text{3년 평균 철강 생산량}}{\text{3년 평균 온실가스 배출량}}\times 100$

〈보기〉

ㄱ. 2015~2017년 동안 매년 온실가스 배출량 기준 상위 2개 업체가 해당년도 전체 온실가스 배출량의 50% 이상을 차지하고 있다.

ㄴ. 2015~2017년 동안 철강산업의 전체 온실가스 배출량은 매년 감소하였다.

ㄷ. 업체 A~J 중 2015~2017년의 온실가스 배출 효율성이 가장 낮은 업체는 J이고, 가장 높은 업체는 A이다.

ㄹ. 2015~2017년 동안 업체 A~J 각각의 온실가스 배출량은 매년 감소하였다.

① ㄱ, ㄴ
② ㄱ, ㄷ
③ ㄱ, ㄴ, ㄷ
④ ㄱ, ㄴ, ㄹ
⑤ ㄴ, ㄷ, ㄹ

문 49. 다음 〈표〉는 2024년 예상 매출액 상위 10개 제약사의 2018년, 2024년 매출액에 관한 자료이다. 이에 대한 〈보기〉의 설명 중 옳은 것만을 고르면? 2021년

〈표〉 2024년 매출액 상위 10개 제약사의 2018년, 2024년 매출액

(단위 : 억 달러)

2024년 기준 매출액 순위	기업명	2024년	2018년	2018년 대비 2024년 매출액 순위변화
1	Pfizer	512	453	변화없음
2	Novartis	498	435	1단계 상승
3	Roche	467	446	1단계 하락
4	J&J	458	388	변화없음
5	Merck	425	374	변화없음
6	Sanofi	407	351	변화없음
7	GSK	387	306	5단계 상승
8	AbbVie	350	321	2단계 상승
9	Takeda	323	174	7단계 상승
10	AstraZeneca	322	207	4단계 상승
매출액 소계		4,149	3,455	
전체 제약사 총매출액		11,809	8,277	

※ 2024년 매출액은 예상 매출액임

〈보기〉

ㄱ. 2018년 매출액 상위 10개 제약사의 2018년 매출액 합은 3,700억 달러 이상이다.

ㄴ. 2024년 매출액 상위 10개 제약사 중, 2018년 대비 2024년 매출액이 가장 많이 증가한 기업은 Takeda이고 가장 적게 증가한 기업은 Roche이다.

ㄷ. 2024년 매출액 상위 10개 제약사의 매출액 합이 전체 제약사 총매출액에서 차지하는 비중은 2024년이 2018년보다 크다.

ㄹ. 2024년 매출액 상위 10개 제약사 중, 2018년 대비 2024년 매출액 증가율이 60% 이상인 기업은 2개이다.

① ㄱ, ㄴ
② ㄱ, ㄷ
③ ㄱ, ㄹ
④ ㄴ, ㄷ
⑤ ㄴ, ㄹ

문 50. 다음 〈표〉는 2019년 3월 사회인 축구리그 경기일별 누적 승점에 대한 자료이다. 〈표〉와 〈조건〉에 근거한 설명으로 옳지 않은 것은? 2020년

〈표〉 경기일별 경기 후 누적승점

(단위 : 점)

경기일(요일) \ 팀	A	B	C	D	E	F
9일(토)	3	0	0	3	1	1
12일(화)	6	1	0	3	2	4
14일(목)	7	2	3	4	2	5
16일(토)	8	2	3	7	3	8
19일(화)	8	5	3	8	4	11
21일(목)	8	8	4	9	7	11
23일(토)	9	9	5	10	8	12
26일(화)	9	12	5	13	11	12
28일(목)	10	12	8	16	12	12
30일(토)	11	12	11	16	15	13

〈조건〉

- 팀별로 다른 팀과 2번씩 경기한다.
- 경기일별로 세 경기가 진행된다.
- 경기일별로 팀당 한 경기만 진행한다.
- 승리팀은 승점 3점을 얻고, 패배팀은 승점 0점을 얻는다.
- 무승부일 경우 두 팀 모두 각각 승점 1점을 얻는다.
- 3월 30일 경기 후 누적승점이 가장 높은 팀이 우승팀이 된다.

① A팀과 C팀은 승리한 횟수가 같다.
② B팀은 화요일에는 패배한 적이 없다.
③ 모든 팀이 같은 경기일에 무승부를 기록한 적이 있다.
④ C팀은 3월 14일에 E팀과 경기하여 승리하였다.
⑤ 3월 30일 경기결과가 달라져도 우승팀은 바뀌지 않는다.

문 51. 다음 〈표〉는 A업체에서 판매한 전체 주류와 주세에 관한 자료이다. 이에 대한 〈보기〉의 설명 중 옳은 것만을 모두 고르면? 2018년

〈표 1〉 주류별 판매량과 판매가격

(단위 : 천 병, 원)

구분 \ 주류	탁주	청주	과실주
판매량	1,500	1,000	1,600
병당 판매가격	1,500	1,750	1,000

〈표 2〉 주세 계산 시 주류별 공제금액과 세율

(단위 : 백만 원, %)

구분 \ 주류	탁주	청주	과실주
공제금액	450	350	400
세율	10	20	15

※ 주류별 세율(%) = $\frac{\text{주류별 주세}}{\text{주류별 판매액} - \text{주류별 공제금액}} \times 100$

〈보기〉

ㄱ. 탁주, 청주는 판매량과 병당 판매가격이 각각 10% 증가하고 과실주는 변화가 없다면, A업체의 주류별 판매액 합은 15% 증가한다.
ㄴ. 탁주의 주세는 과실주의 주세보다 크다.
ㄷ. 각 주류의 판매량과 공제금액이 각각 10% 증가할 경우, A업체의 주류별 주세 합은 708백만 원이다.
ㄹ. 각 주류의 판매량은 각각 10% 증가하고 각 주류의 병당 판매가격은 각각 10% 하락한 경우, A업체의 주류별 판매액 합은 5,544백만 원이다.

① ㄱ, ㄴ
② ㄱ, ㄷ
③ ㄱ, ㄹ
④ ㄴ, ㄷ
⑤ ㄷ, ㄹ

문 52. 다음 〈표〉는 유통업체 '가'~'바'의 비정규직 간접고용 현황에 대한 자료이다. 이에 대한 〈보기〉의 설명 중 옳은 것만을 모두 고르면? 2020년

〈표〉 유통업체 '가'~'바'의 비정규직 간접고용 현황

(단위 : 명, %)

유통업체	사업장	업종	비정규직 간접고용 인원	비정규직 간접고용 비율
가	A	백화점	3,408	74.9
나	B	백화점	209	31.3
다	C	백화점	2,149	36.6
	D	백화점	231	39.9
	E	마트	8,603	19.6
라	F	백화점	146	34.3
	G	마트	682	34.4
마	H	마트	1,553	90.4
바	I	마트	1,612	48.7
	J	마트	2,168	33.6
전체			20,761	29.9

※ 비정규직 간접고용 비율(%)

$$=\frac{\text{비정규직 간접고용 인원}}{\text{비정규직 간접고용 인원}+\text{비정규직 직접고용 인원}}\times 100$$

〈보기〉

ㄱ. 업종별 비정규직 간접고용 총인원은 마트가 백화점의 2배 이상이다.

ㄴ. 비정규직 직접고용 인원은 A가 H의 10배 이상이다.

ㄷ. 비정규직 간접고용 비율이 가장 낮은 사업장의 비정규직 직접고용 인원은 다른 9개 사업장의 비정규직 직접고용 인원의 합보다 많다.

ㄹ. 유통업체별 비정규직 간접고용 비율은 '다'가 '라'보다 높다.

① ㄱ, ㄷ

② ㄴ, ㄹ

③ ㄷ, ㄹ

④ ㄱ, ㄴ, ㄷ

⑤ ㄱ, ㄴ, ㄹ

문 53. 다음 〈표〉는 2014~2018년 '갑'국의 예산 및 세수 실적과 2018년 세수항목별 세수 실적에 관한 자료이다. 이에 대한 설명으로 옳지 않은 것은? 2019년

〈표 1〉 2014~2018년 '갑'국의 예산 및 세수 실적

(단위 : 십억 원)

연도 \ 구분	예산액	징수결정액	수납액	불납결손액
2014	175,088	198,902	180,153	7,270
2015	192,620	211,095	192,092	8,200
2016	199,045	208,745	190,245	8
2017	204,926	221,054	195,754	2,970
2018	205,964	237,000	208,113	2,321

〈표 2〉 2018년 '갑'국의 세수항목별 세수 실적

(단위 : 십억 원)

세수항목 \ 구분	예산액	징수결정액	수납액	불납결손액
총 세수	205,964	237,000	208,113	2,321
내국세	183,093	213,585	185,240	2,301
교통 · 에너지 · 환경세	13,920	14,110	14,054	10
교육세	5,184	4,922	4,819	3
농어촌 특별세	2,486	2,674	2,600	1
종합 부동산세	1,281	1,709	1,400	6

※ 1) 미수납액 = 징수결정액 − 수납액 − 불납결손액

2) 수납비율(%) $=\frac{\text{수납액}}{\text{예산액}}\times 100$

① 미수납액이 가장 큰 연도는 2018년이다.

② 수납비율이 가장 높은 연도는 2014년이다.

③ 2018년 내국세 미수납액은 총 세수 미수납액의 95% 이상을 차지한다.

④ 2018년 세수항목 중 수납비율이 가장 높은 항목은 종합부동산세이다.

⑤ 2018년 교통 · 에너지 · 환경세 미수납액은 교육세 미수납액보다 크다.

문 54. 다음 〈표〉는 인공지능(AI)의 동물식별 능력을 조사한 결과이다. 이에 대한 〈보기〉의 설명으로 옳은 것만을 모두 고르면?

2018년

〈표〉 AI의 동물식별 능력 조사 결과

(단위 : 마리)

실제 \ AI 식별 결과	개	여우	돼지	염소	양	고양이	합계
개	457	10	32	1	0	2	502
여우	12	600	17	3	1	2	635
돼지	22	22	350	2	0	3	399
염소	4	3	3	35	1	2	48
양	0	0	1	1	76	0	78
고양이	3	6	5	2	1	87	104
전체	498	641	408	44	79	96	1,766

〈보기〉

ㄱ. AI가 돼지로 식별한 동물 중 실제 돼지가 아닌 비율은 10% 이상이다.

ㄴ. 실제 여우 중 AI가 여우로 식별한 비율은 실제 돼지 중 AI가 돼지로 식별한 비율보다 낮다.

ㄷ. 전체 동물 중 AI가 실제와 동일하게 식별한 비율은 85% 이상이다.

ㄹ. 실제 염소를 AI가 고양이로 식별한 수보다 양으로 식별한 수가 많다.

① ㄱ, ㄴ

② ㄱ, ㄷ

③ ㄴ, ㄷ

④ ㄱ, ㄷ, ㄹ

⑤ ㄴ, ㄷ, ㄹ

문 55. 다음 〈표〉는 12대 주요 산업별 총산업인력과 기술인력 현황에 관한 자료이다. 이에 대한 〈보기〉의 설명 중 옳은 것만을 고르면?

2021년

〈표〉 12대 주요 산업별 총산업인력과 기술인력 현황

(단위 : 명, %)

부문	산업 \ 구분	총산업인력	기술인력 현원	기술인력 비중	기술인력 부족인원	기술인력 부족률
제조	기계	287,860	153,681	53.4	4,097	( )
	디스플레이	61,855	50,100	( )	256	( )
	반도체	178,734	92,873	( )	1,528	1.6
	바이오	94,364	31,572	33.5	1,061	( )
	섬유	131,485	36,197	( )	927	2.5
	자동차	325,461	118,524	( )	2,388	2.0
	전자	416,111	203,988	( )	5,362	2.6
	조선	107,347	60,301	56.2	651	( )
	철강	122,066	65,289	( )	1,250	1.9
	화학	341,750	126,006	36.9	4,349	3.3
서비	소프트웨어	234,940	139,454	( )	6,205	( )
	IT 비즈니스	111,049	23,120	20.8	405	( )

※ 1) 기술인력 비중(%) = $\frac{\text{기술인력 현원}}{\text{총산업인력}} \times 100$

2) 기술인력 부족률(%) = $\frac{\text{기술인력 부족인원}}{\text{기술인력 현원} + \text{기술인력 부족인원}} \times 100$

〈보기〉

ㄱ. 디스플레이 산업의 기술인력 비중은 80% 미만이다.

ㄴ. 기술인력 비중이 50% 이상인 산업은 6개다.

ㄷ. 소프트웨어 산업의 기술인력 부족률은 5% 미만이다.

ㄹ. 기술인력 부족률이 두 번째로 낮은 산업은 반도체 산업이다.

① ㄱ, ㄴ

② ㄱ, ㄷ

③ ㄴ, ㄷ

④ ㄴ, ㄹ

⑤ ㄷ, ㄹ

문 56. 다음 〈표〉는 A~D지역의 면적, 동 수 및 인구 현황에 관한 자료이다. 〈표〉와 〈조건〉을 근거로 A~D에 해당하는 지역을 바르게 나열한 것은? 2022년

〈표〉 A~D지역의 면적, 동 수 및 인구 현황

(단위 : km^2, %, 개, 명)

구분 지역	면적	구성비				동수		행정동 평균 인구
		주거	상업	공업	녹지	행정동	법정동	
A	24.5	35.0	20.0	10.0	35.0	16	30	9,175
B	15.0	65.0	35.0	0.0	0.0	19	19	7,550
C	27.0	40.0	2.0	3.0	55.0	14	13	16,302
D	21.5	30.0	3.0	45.0	22.0	11	12	14,230

※ 1) 각 지역은 용도에 따라 주거, 상업, 공업, 녹지로만 구성됨
2) 지역을 동으로 구분하는 방법에는 행정동 기준과 법정동 기준이 있음. 예를 들어, A지역의 동 수는 행정동 기준으로 16개이지만 법정동 기준으로 30개임

〈조건〉

- 인구가 15만 명 미만인 지역은 '행복'과 '건강'이다.
- 주거 면적당 인구가 가장 많은 지역은 '사랑'이다.
- 행정동 평균 인구보다 법정동 평균 인구가 많은 지역은 '우정'이다.
- 법정동 평균 인구는 '우정' 지역이 '행복' 지역의 3배 이상이다.

	A	B	C	D
①	건강	행복	사랑	우정
②	건강	행복	우정	사랑
③	사랑	행복	건강	우정
④	행복	건강	사랑	우정
⑤	행복	건강	우정	사랑

문 57. 다음 〈표〉는 '갑'국 A~J지역의 대형종합소매업 현황에 대한 자료이다. 이에 대한 〈보기〉의 설명 중 옳은 것만을 모두 고르면? 2019년

〈표〉 지역별 대형종합소매업 현황

구분 지역	사업체 수(개)	종사자 수(명)	매출액(백만 원)	건물 연면적(m^2)
A	47	6,731	4,878,427	1,683,092
B	33	4,173	2,808,881	1,070,431
C	35	4,430	3,141,552	1,772,698
D	18	2,247	1,380,511	677,288
E	22	3,152	1,804,262	765,096
F	19	2,414	1,473,698	633,497
G	147	18,287	11,625,278	5,032,741
H	17	1,519	861,094	364,296
I	19	2,086	1,305,468	535,880
J	16	1,565	879,172	326,373
전체	373	46,604	30,158,343	12,861,392

〈보기〉

ㄱ. 사업체당 종사자 수가 100명 미만인 지역은 모두 2개이다.
ㄴ. 사업체당 매출액은 G지역이 가장 크다.
ㄷ. I지역의 종사자당 매출액은 E지역의 종사자당 매출액보다 크다.
ㄹ. 건물 연면적이 가장 작은 지역이 매출액도 가장 작다.

① ㄱ, ㄷ
② ㄱ, ㄹ
③ ㄴ, ㄷ
④ ㄴ, ㄹ
⑤ ㄱ, ㄴ, ㄷ

문 58. 다음 〈보고서〉는 2005~2013년 신고 접수된 노(老)-노(老)학대 현황에 관한 자료이다. 〈보고서〉의 내용과 부합하지 않는 것은? 2016년

〈보고서〉

노(老)-노(老)학대란 노인인 학대행위자가 노인을 학대하는 것을 의미한다. 노(老)-노(老)학대는 주로 고령 부부 간의 배우자 학대, 고령 자녀 및 며느리에 의한 부모 학대, 그리고 노인이 본인 스스로를 돌보지 않는 자기방임 유형의 학대로 나타난다.

신고 접수된 노(老)-노(老)학대행위 건수는 2005~2013년 동안 매년 증가하였다. 2013년에 신고 접수된 노(老)-노(老) 학대행위 건수는 총 1,374건으로, 이 건수는 학대행위자 수와 동일하였다. 또한 2013년 신고 접수된 노(老)-노(老)학대 행위 건수는 2005년 신고 접수된 노(老)-노(老)학대행위 건수의 300% 이상 증가하였다.

2013년 신고 접수된 노(老)-노(老)학대행위의 가구형태별 비율을 살펴보면, '노인단독' 가구형태가 36.3%로 가장 높고, '노인부부' 가구형태가 33.0%, '자녀동거' 가구형태가 17.4%의 비율을 나타내고 있다. 노(老)-노(老)학대의 가구형태 중에는 '자녀, 손자녀 동거', '손자녀 동거'와 같이 손자녀가 포함된 가구도 있다.

2013년 노(老)-노(老)학대의 학대행위자 유형별 학대행위 건수를 살펴보면, '아들'에 의한 학대가 '딸'에 의한 학대의 3배 이상이고 '며느리'에 의한 학대가 '사위'에 의한 학대의 4배 이상이다. '손자녀'에 의한 학대는 한 건도 없다.

2013년 노(老)-노(老)학대의 학대행위자 직업 유형을 살펴보면 '무직'이 70.0% 이상으로 가장 많은 비율을 차지하고 있다. '공무원', '전문직', '사무종사자' 합은 '무직'을 제외한 직업 유형에 속한 학대행위자의 10.0% 미만이다.

2013년 노(老)-노(老)학대를 신고한 신고자 유형을 살펴보면, 비신고의무자의 신고 건수가 전체 신고 건수의 75.0% 이상이다. 비신고의무자의 세부유형을 신고 건수가 많은 것부터 순서대로 나열하면 '관련기관', '학대피해노인 본인', '친족', '친족 외 타인', '학대행위자 본인' 순이다.

① 2005~2013년 노(老)-노(老)학대행위 건수

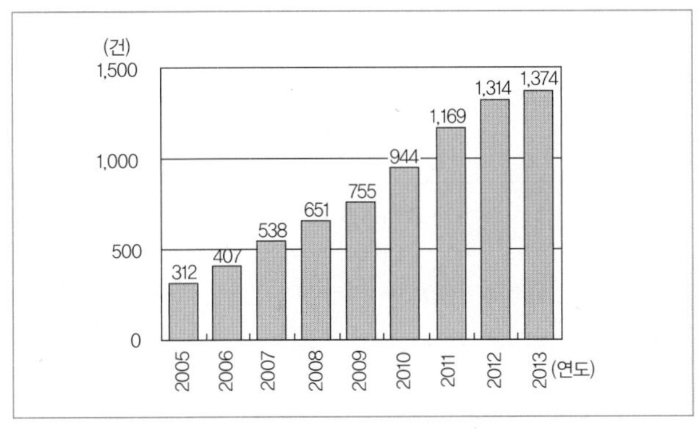

② 2013년 노(老)-노(老)학대행위의 가구형태별 비율

(단위 : %)

가구형태	노인단독	노인부부	자녀동거	자녀, 손자녀 동거	손자녀 동거	기타	계
비 율	36.3	33.0	17.4	3.9	2.2	7.2	100.0

③ 2013년 노(老)-노(老)학대의 학대행위자 유형별 학대행위 건수

(단위 : 건)

학대행위자 유형	피해자 본인	친족								친족 외 타인	기관	계
		배우자	아들	며느리	딸	사위	손자녀	친척	소계			
건수	370	530	198	29	53	6	0	34	850	122	32	1,374

④ 2013년 노(老)-노(老)학대의 학대행위자 직업 유형

(단위 : 명)

직업 유형	인원수
공무원	5
전문직	30
기술공	9
사무종사자	9
판매종사자	36
농·어·축산업 종사자	99
기능종사자	11
기계조작원	2
노무종사자	79
자영업자	72
기 타	7
무 직	1,015
계	1,374

⑤ 2013년 노(老)-노(老)학대의 신고자 유형별 신고 건수

(단위 : 건)

신고자 유형	세부유형	건수
신고 의무자	의료인	15
	노인 복지시설 종사자	70
	장애인 복지시설 종사자	0
	가정폭력관련 종사자	41
	사회복지전담 공무원	122
	사회복지관, 부랑인 및 노숙인 보호시설 관련 종사자	11
	구급대원	4
	재가 장기요양기관 종사자	13
	건강가정지원센터 종사자	0
	소 계	276
비신고 의무자	학대피해노인 본인	327
	학대행위자 본인	5
	친 족	180
	친족 외 타인	113
	관련기관	473
	소 계	1,098
합 계		1,374

문 59. 다음 〈표〉와 〈그림〉은 2017년 지역별 정보탐색에 관한 자료이다. 이에 대한 설명으로 옳은 것은? 2019년

〈표〉 지역별 인구 수 및 정보탐색 시도율과 정보탐색 성공률

(단위 : 명, %)

구분 성별 지역	인구 수		정보탐색 시도율		정보탐색 성공률	
	남	여	남	여	남	여
A	5,800	4,200	35.0	39.0	90.1	91.6
B	1,000	800	28.0	30.0	92.9	95.8
C	2,500	3,000	15.0	25.0	88.0	92.0
D	4,000	3,500	37.0	40.0	91.2	92.9
E	4,800	3,200	42.0	45.0	87.3	84.7
F	6,000	6,500	20.0	33.0	81.7	93.2
G	1,200	900	35.0	28.0	95.2	95.2
H	1,400	1,600	16.0	13.0	89.3	91.3

※ 1) 정보탐색 시도율(%) = $\frac{\text{정보탐색 시도자 수}}{\text{인구 수}} \times 100$

2) 정보탐색 성공률(%) = $\frac{\text{정보탐색 성공자 수}}{\text{정보탐색 시도자 수}} \times 100$

〈그림〉 지역별 정보탐색 시도율과 정보탐색 성공률 분포

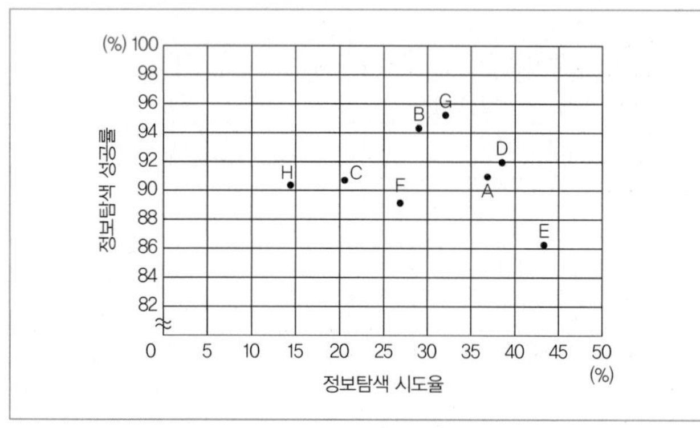

① 인구 수 대비 정보탐색 성공자 수의 비율은 B지역이 D지역보다 높다.

② 인구 수 대비 정보탐색 성공자 수의 비율이 가장 낮은 지역은 H지역이다.

③ 정보탐색 시도율이 높은 지역일수록 정보탐색 성공률도 높다.

④ 인구 수가 가장 작은 지역과 남성 정보탐색 성공자 수가 가장 작은 지역은 동일하다.

⑤ D지역의 여성 정보탐색 성공자 수는 C지역의 여성 정보탐색 성공자 수의 2배 이상이다.

문 60. 다음 〈보고서〉는 국내 스마트폰 이용 행태를 조사한 자료이다. 〈보고서〉의 내용과 부합하지 않는 것은? 2016년

〈보고서〉

전체 응답자 중 스마트폰 이용자는 3,701명, 스마트폰 비이용자는 2,740명이었다. 각 응답자는 모든 문항에 응답하였다.

스마트폰 이용자의 연령대별 비율을 살펴본 결과, 가장 높은 비율을 차지하는 연령대의 비율과 가장 낮은 비율을 차지하는 연령대의 비율 차이는 25.5%p이다. 그리고 스마트폰 비이용자 중 40대 이상의 비율이 84.0%이다.

스마트폰 이용자와 비이용자의 TV 시청빈도를 살펴본 결과, 스마트폰 이용자 중 매일 TV를 시청하는 사람은 2,000명 이상이다. TV를 시청하지 않는 스마트폰 비이용자가 TV를 시청하지 않는 스마트폰 이용자보다 적다.

스마트폰 선택 시 고려하는 요소를 응답 비율이 높은 것부터순서대로 나열하면 '단말기 브랜드', '이동통신사', '가격', '디자인', '운영체제' 순이다. '단말기 브랜드'와 '이동 통신사'를 모두 고려한다는 응답 비율은 전체 응답의 55.9%이다.

스마트폰 이용자의 콘텐츠별 이용 상황 비율을 살펴본 결과, 'TV 프로그램', '라디오 프로그램', '영화', '기타' 각각에서 '이동 중' 이용의 비율이 가장 높다. 그리고 '영화' 콘텐츠를 '이동 중'에만 이용하는 사람의 비율은 최소 20.8%, 최대 51.5%이다.

한편, 스마트폰 비이용자의 스마트폰 비이용 이유를 살펴본 결과, '불필요해서'를 선택한 사람과 '이용요금이 비싸서'를 선택한 사람의 합은 1,800명 이상이다. 또한 '관심이 없어서'라고 응답한 사람의 비율은 15.7%이다.

① 연령대별 스마트폰 이용자와 비이용자

(단위 : %)

연령대	비율	스마트폰 이용자	스마트폰 비이용자
10대 이하	11.6	15.3	6.5
20대	15.3	24.9	2.3
30대	18.9	27.6	7.2
40대	19.8	21.4	17.8
50대	15.9	8.7	25.7
60대 이상	18.5	2.1	40.5
계	100.0	100.0	100.0

② 스마트폰 이용자와 비이용자의 TV 시청 빈도별 비율

(단위 : %)

TV시청 빈도 구분	매일	1주일에 5~6일	1주일에 3~4일	1주일에 1~2일	시청 안 함	합
스마트폰 이용자	61.1	14.3	9.4	8.7	6.5	100.0
스마트폰 비이용자	82.0	7.4	3.9	3.4	3.3	100.0

③ 스마트폰 선택 시 고려 요소

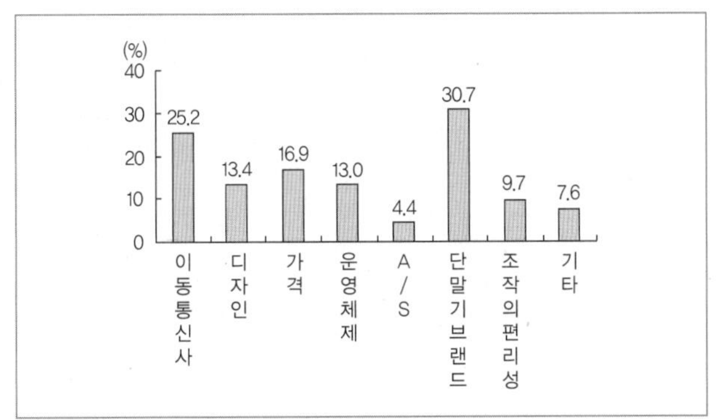

※ 복수응답 가능

④ 스마트폰 이용자의 콘텐츠별 이용 상황

(단위 : %)

이용 상황 / 콘텐츠	이동 중	약속 대기 중	집에서	회사 및 학교에서	기타
TV 프로그램	50.3	32.2	26.4	16.8	2.8
라디오 프로그램	57.9	32.7	22.6	15.9	3.4
영화	51.5	34.3	30.0	11.1	3.8
기타	42.3	32.0	37.3	20.4	5.2

※ 복수응답 가능

⑤ 스마트폰 비이용자의 스마트폰 비이용 이유

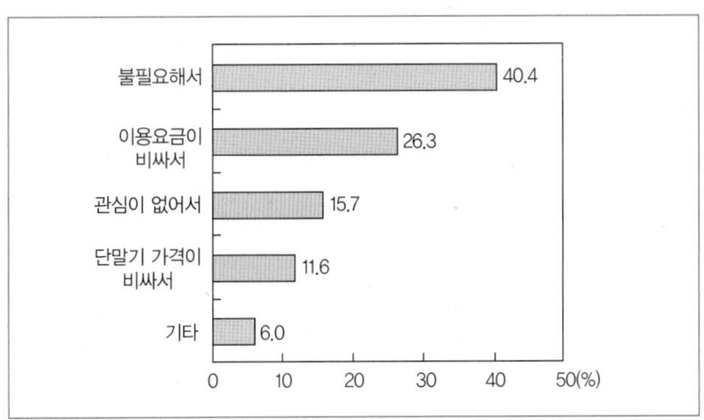

※ 복수응답 없음

문 61. 다음 〈표〉는 '갑'대학교 정보공학과 학생 A~I의 3개 교과목 점수에 관한 자료이다. 이에 대한 〈보기〉의 설명 중 옳은 것만을 모두 고르면? 2020년

〈표〉 학생 A~I의 3개 교과목 점수

(단위 : 점)

교과목 / 학생	인공지능	빅데이터	사물인터넷	평균
A	(　)	85.0	77.0	74.3
B	(　)	90.0	92.0	90.0
C	71.0	71.0	(　)	71.0
D	28.0	(　)	65.0	50.0
E	39.0	63.0	82.0	61.3
F	(　)	73.0	74.0	(　)
G	35.0	(　)	50.0	45.0
H	40.0	(　)	70.0	53.3
I	65.0	61.0	(　)	70.3
평균	52.4	66.7	74.0	(　)
중앙값	45.0	63.0	74.0	64.0

※ 중앙값은 학생 A~I의 성적을 크기순으로 나열했을 때 한가운데 위치한 값임

〈보기〉

ㄱ. 각 교과목에서 평균 이하의 점수를 받은 학생은 각각 5명 이상이다.
ㄴ. 교과목별로 점수 상위 2명에게 1등급을 부여할 때, 1등급을 받은 교과목 수가 1개 이상인 학생은 4명이다.
ㄷ. 학생 D의 빅데이터 교과목과 사물인터넷 교과목의 점수가 서로 바뀐다면, 빅데이터 교과목 평균은 높아진다.
ㄹ. 최고점수와 최저점수의 차이가 가장 작은 교과목은 사물인터넷이다.

① ㄱ, ㄴ
② ㄴ, ㄷ
③ ㄴ, ㄹ
④ ㄱ, ㄴ, ㄷ
⑤ ㄱ, ㄷ, ㄹ

문 62. 다음 〈그림〉은 '갑'국의 급수 사용량과 사용료에 관한 자료이다. 이에 대한 〈보기〉의 설명 중 옳은 것만을 모두 고르면?

2022년

〈그림 1〉 2016~2021년 연간 급수 사용량

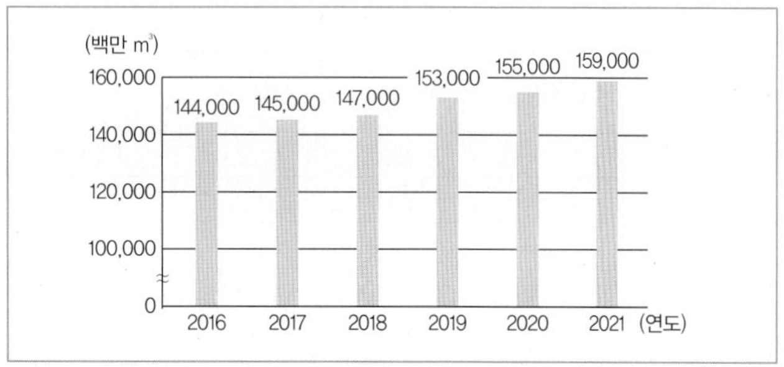

〈그림 2〉 2021년 용도별 급수 사용량과 사용료

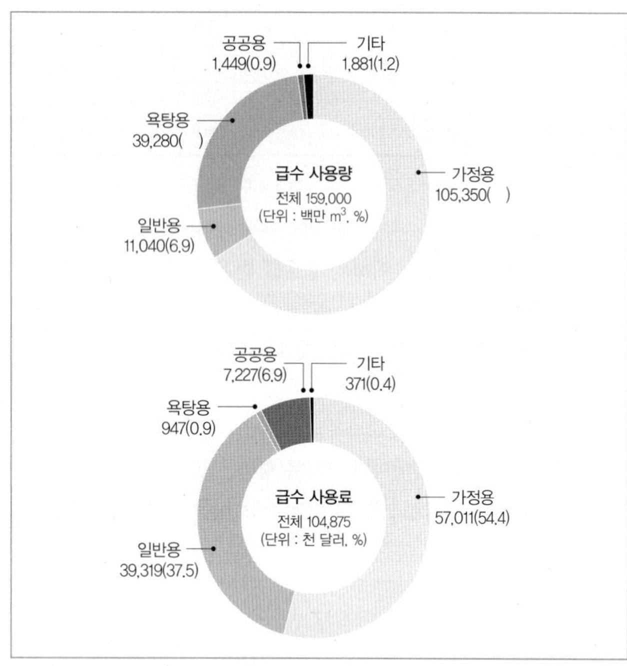

※ 1) 괄호 안의 수치는 전체에서 해당 용도가 차지하는 비중임

2) 용도별 급수단가(달러/m³) = $\frac{\text{용도별 급수 사용료}}{\text{용도별 급수 사용량}}$

〈보기〉

ㄱ. 2018년 이후 급수 사용량의 전년 대비 증가율은 매년 감소한다.

ㄴ. 2021년 급수 사용량의 60% 이상이 가정용이다.

ㄷ. 2016년 용도별 급수 사용량의 구성비와 용도별 급수단가가 2021년과 동일하다면, 2016년 전체 급수 사용료는 1억 달러 이상이다.

ㄹ. 2021년 공공용 급수단가는 가정용 급수단가의 9배 이상이다.

① ㄱ, ㄷ

② ㄴ, ㄷ

③ ㄴ, ㄹ

④ ㄱ, ㄷ, ㄹ

⑤ ㄴ, ㄷ, ㄹ

문 63. 다음 〈표〉는 축구팀 '가'~'다' 사이의 경기 결과이다. 이에 대한 〈보기〉의 설명 중 옳은 것만을 모두 고르면?

2017년

〈표〉 경기 결과

기록 팀	승리 경기수	패배 경기수	무승부 경기수	총득점	총실점
가	2	( )	( )	( )	2
나	( )	( )	( )	4	5
다	( )	( )	1	2	8

※ 각 팀이 나머지 두 팀과 각각 한 번씩만 경기를 한 결과임

〈보기〉

ㄱ. '가'의 총득점은 8점이다.

ㄴ. '나'와 '다'의 경기 결과는 무승부이다.

ㄷ. '가'는 '나'와의 경기에서 3:2로 승리했다.

ㄹ. '가'는 '다'와의 경기에서 5:0으로 승리했다.

① ㄱ, ㄷ

② ㄱ, ㄹ

③ ㄴ, ㄷ

④ ㄴ, ㄹ

⑤ ㄴ, ㄷ, ㄹ

문 64. 다음 〈표〉는 금융기관별, 개인신용등급별 햇살론 보증잔액 현황에 관한 자료이다. 〈그림〉은 〈표〉를 이용하여 6개 금융기관 중 2개 금융기관의 개인신용등급별 햇살론 보증잔액 구성비를 나타낸 것이다. 〈그림〉의 금융기관 A와 B를 바르게 나열한 것은?

2016년

〈표〉 금융기관별, 개인신용등급별 햇살론 보증잔액 현황

(단위 : 백만 원)

금융기관 / 개인신용등급	농협	수협	축협	신협	새마을금고	저축은행	합
1	2,425	119	51	4,932	7,783	3,785	19,095
2	6,609	372	77	14,816	22,511	16,477	60,862
3	8,226	492	176	18,249	24,333	27,133	78,609
4	20,199	971	319	44,905	53,858	72,692	192,944
5	41,137	2,506	859	85,086	100,591	220,535	450,714
6	77,749	5,441	1,909	147,907	177,734	629,846	1,040,586
7	58,340	5,528	2,578	130,777	127,705	610,921	935,849
8	11,587	1,995	738	37,906	42,630	149,409	244,265
9	1,216	212	75	1,854	3,066	1,637	8,060
10	291	97	2	279	539	161	1,369
계	227,779	17,733	6,784	486,711	560,750	1,732,596	3,032,353

〈그림〉 금융기관 A와 B의 개인신용등급별 햇살론 보증잔액 구성비

(단위 : %)

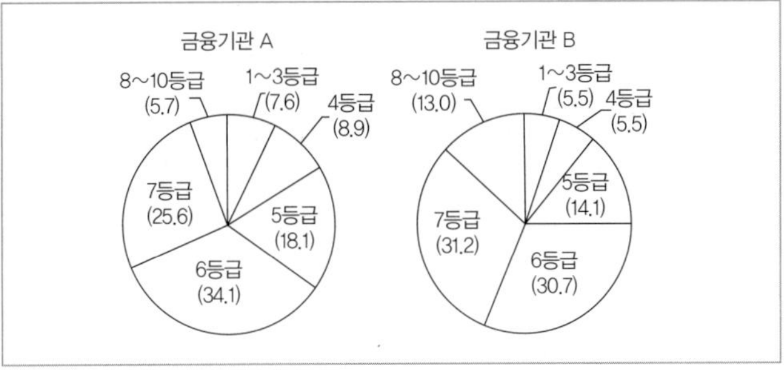

※ 1) '1~3등급'은 개인신용등급 1, 2, 3등급을 합한 것이고, '8~10등급'은 개인신용등급 8, 9, 10등급을 합한 것임
2) 보증잔액 구성비는 소수점 둘째 자리에서 반올림한 값임

	A	B
①	농협	수협
②	농협	축협
③	수협	신협
④	저축은행	수협
⑤	저축은행	축협

문 65. 다음 〈표〉와 〈그림〉은 2011~2015년 국가공무원 및 지방자치단체공무원 현황에 관한 자료이다. 이에 대한 설명으로 옳지 않은 것은?

2017년

〈표〉 국가공무원 및 지방자치단체공무원 현황

(단위 : 명)

구분 / 연도	2011	2012	2013	2014	2015
국가공무원	621,313	622,424	621,823	634,051	637,654
지방자치단체 공무원	280,958	284,273	287,220	289,837	296,193

〈그림〉 국가공무원 및 지방자치단체공무원 중 여성 비율

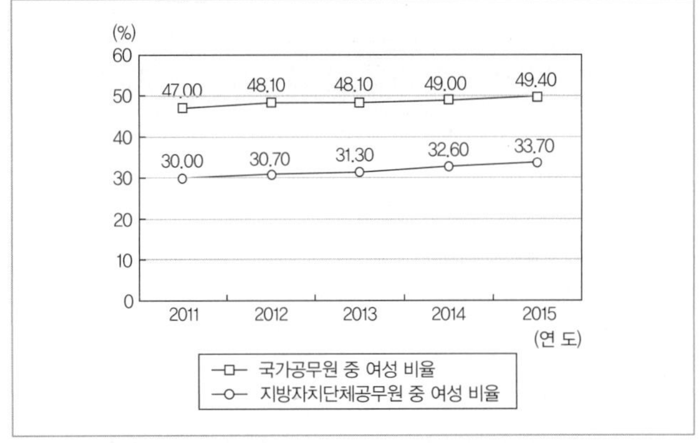

① 매년 국가공무원 중 여성 수는 지방자치단체공무원 중 여성 수의 3배 이상이다.

② 지방자치단체공무원 중 여성 수는 매년 증가하였다.

③ 매년 국가공무원 중 여성 수는 지방자치단체공무원 수보다 많다.

④ 국가공무원 중 남성 수는 2013년이 2012년보다 적다.

⑤ 국가공무원 중 여성 비율과 지방자치단체공무원 중 여성 비율의 차이는 매년 감소한다.

문 66. 다음 〈자료〉와 〈표〉는 2017년 11월 말 기준 A지역 청년통장 사업 참여인원에 관한 자료이다. 이에 대한 〈보기〉의 설명 중 옳은 것만을 모두 고르면? 2018년

〈자료〉

• 청년통장 사업에 참여한 근로자의 고용형태별, 직종별, 근무연수별 인원

1) 고용형태

(단위 : 명)

전체	정규직	비정규직
6,500	4,591	1,909

2) 직 종

(단위 : 명)

전체	제조업	서비스업	숙박 및 음식점업	운수업	도·소매업	건설업	기타
6,500	1,280	2,847	247	58	390	240	1,438

3) 근무연수

(단위 : 명)

전체	6개월 미만	6개월 이상 1년 미만	1년 이상 2년 미만	2년 이상
6,500	1,669	1,204	1,583	2,044

〈표〉 청년통장 사업별 참여인원 중 유지인원 현황

(단위 : 명)

사업명	참여인원	유지인원	중도해지인원
청년통장 I	500	476	24
청년통장 II	1,000	984	16
청년통장 III	5,000	4,984	16
전체	6,500	6,444	56

〈보기〉

ㄱ. 청년통장 사업에 참여한 근로자의 70% 이상이 정규직 근로자이다.

ㄴ. 청년통장 사업에 참여한 정규직 근로자 중 근무연수가 2년 이상인 근로자의 비율은 2% 이상이다.

ㄷ. 청년통장 사업에 참여한 정규직 근로자 중 제조업과 서비스업을 제외한 직종의 근로자는 450명보다 적다.

ㄹ. 참여인원 대비 유지인원 비율은 청년통장 I 이 가장 높고 다음으로 청년통장 II, 청년통장 III 순이다.

① ㄱ, ㄴ
② ㄱ, ㄷ
③ ㄱ, ㄹ
④ ㄴ, ㄹ
⑤ ㄷ, ㄹ

문 67. 다음 〈표〉는 '갑'도매시장에서 출하되는 4개 농산물의 수송 방법별 운송량에 관한 자료이다. 이에 대한 〈보기〉의 설명 중 옳은 것만을 모두 고르면? 2022년

〈표〉 4개 농산물의 수송 방법별 운송량

(단위 : 톤)

수송 방법 \ 농산물	쌀	밀	콩	보리	합계
도로	10,600	16,500	400	2,900	30,400
철도	5,800	7,500	600	7,100	21,000
해운	1,600	3,000	4,000	2,000	10,600

※ '갑'도매시장 농산물 수송 방법은 도로, 철도, 해운으로만 구성됨

〈보기〉

ㄱ. 농산물별 해운 운송량이 각각 100톤씩 증가하면 4개 농산물 해운 운송량의 평균은 2,750톤이다.

ㄴ. 보리의 수송 방법별 운송량이 각각 50%씩 감소하고 콩의 수송 방법별 운송량이 각각 100%씩 증가하더라도, 4개 농산물 전체 운송량에는 변동이 없다.

ㄷ. 도로 운송량이 많은 농산물일수록 해당 농산물의 운송량 중 도로 운송량이 차지하는 비중이 더 크다.

ㄹ. 해운 운송량이 적은 농산물일수록 해당 농산물의 운송량 중 해운 운송량이 차지하는 비중이 더 작다.

① ㄱ, ㄷ
② ㄱ, ㄹ
③ ㄴ, ㄷ
④ ㄴ, ㄹ
⑤ ㄷ, ㄹ

문 68. 다음 〈보고서〉와 〈표〉는 '갑'국의 부동산 투기 억제 정책과 세대유형별 주택담보대출에 관한 자료이다. 이에 대한 〈보기〉의 내용 중 옳은 것만을 모두 고르면? 2019년

〈보고서〉

'갑'국 정부는 심화되는 부동산 투기를 억제하고자 2017년 8월 2일에 부동산 대책을 발표하였다. 부동산 대책에 의해 투기지역의 주택을 구매할 때 구매 시점부터 적용되는 세대유형별 주택담보대출비율(LTV)과 총부채상환비율(DTI)은 2017년 8월 2일부터 〈표 1〉과 같이 변경 적용되며, 2018년 4월 1일부터는 DTI 산출 방식이 변경 적용된다.

〈표 1〉 세대유형별 LTV, DTI 변경 내역

(단위 : %)

세대유형 \ 구분	LTV		DTI	
	변경 전	변경 후	변경 전	변경 후
서민 실수요 세대	70	50	60	50
주택담보대출 미보유 세대	60	40	50	40
주택담보대출 보유 세대	50	30	40	30

※ 1) 구매하고자 하는 주택을 담보로 한 신규 주택담보대출 최대금액은 LTV에 따른 최대금액과 DTI에 따른 최대금액 중 작은 금액임

2) $\text{LTV}(\%)=\frac{\text{신규 주택담보대출 최대금액}}{\text{주택공시가격}}\times 100$

3) 2018년 3월 31일까지의 DTI 산출방식

$$\text{DTI}(\%)=\frac{\left(\begin{matrix}\text{신규 주택담보대출}\\ \text{최대금액의 연 원리금 상환액}\end{matrix}+\begin{matrix}\text{기타 대출}\\ \text{연 이자 상환액}\end{matrix}\right)}{\text{연간소득}}\times 100$$

4) 2018년 4월 1일까지의 DTI 산출방식

$$\text{DTI}(\%)=\frac{\left(\begin{matrix}\text{신규 주택담보대출 최대금액의}\\ \text{연 원리금 상환액}\end{matrix}+\begin{matrix}\text{기 주택담보대출 연}\\ \text{원리금 상환액}\end{matrix}+\begin{matrix}\text{기타 대출}\\ \text{연 이자 상환액}\end{matrix}\right)}{\text{연간소득}}\times 100$$

〈표 2〉 A~C세대의 신규 주택담보대출 금액산출 근거

(단위 : 만 원)

세대	세대유형	기 주택담보대출 연 원리금 상환액	기타 대출 연 이자 상환액	연간소득
A	서민 실수요 세대	0	500	3,000
B	주택담보대출 미보유 세대	0	0	6,000
C	주택담보대출 보유 세대	1,200	100	10,000

※ 1) 신규 주택담보대출 최대금액의 연 원리금 상환액은 신규 주택담보대출 최대금액의 10%임

2) 기 주택담보대출 연 원리금 상환액, 기타 대출 연 이자상환액, 연간소득은 변동 없음

〈보기〉

ㄱ. 투기지역의 공시가격 4억 원인 주택을 2017년 10월에 구매하는 A세대가 구매 시점에 적용받는 신규 주택담보대출 최대금액은 2억 원이다.

ㄴ. 투기지역의 공시가격 4억 원인 주택을 2017년 10월에 구매하는 B세대가 2017년 6월에 구매할 때와 비교하여 구매 시점에 적용받는 신규 주택담보대출 최대금액의 감소폭은 1억 원 미만이다.

ㄷ. 투기지역의 공시가격 4억 원인 주택을 구매하는 C세대가 2018년 10월 구매 시점에 적용받는 신규 주택담보대출 최대금액은 2017년 10월 구매 시점에 적용받는 신규 주택담보대출 최대금액보다 작다.

① ㄱ

② ㄴ

③ ㄱ, ㄷ

④ ㄴ, ㄷ

⑤ ㄱ, ㄴ, ㄷ

문 69. 다음 〈표〉는 2012년 34개국의 국가별 1인당 GDP와 학생들의 수학성취도 자료이고, 〈그림〉은 〈표〉의 자료를 그래프로 나타낸 것이다. 이에 대한 〈보기〉의 설명 중 옳은 것만을 모두 고르면? 2017년

〈표〉 국가별 1인당 GDP와 수학성취도

(단위 : 천 달러, 점)

국가	1인당 GDP	수학성취도
룩셈부르크	85	490
카타르	77	( )
싱가포르	58	573
미국	47	481
노르웨이	45	489
네덜란드	42	523
아일랜드	41	501
호주	41	504
덴마크	41	500
캐나다	40	518
스웨덴	39	478
독일	38	514
핀란드	36	519
일본	35	536
프랑스	34	495
이탈리아	32	485
스페인	32	484
한국	29	554
이스라엘	27	466
포르투칼	26	487
체코	25	499
헝가리	21	477
폴란드	20	518
러시아	20	482
칠레	17	423
아르헨티나	16	388
터키	16	448
멕시코	15	413
말레이시아	15	421
불가리아	14	439
브라질	13	391
태국	10	427
인도네시아	5	( )
베트남	4	511

〈그림〉 국가별 1인당 GDP와 수학성취도

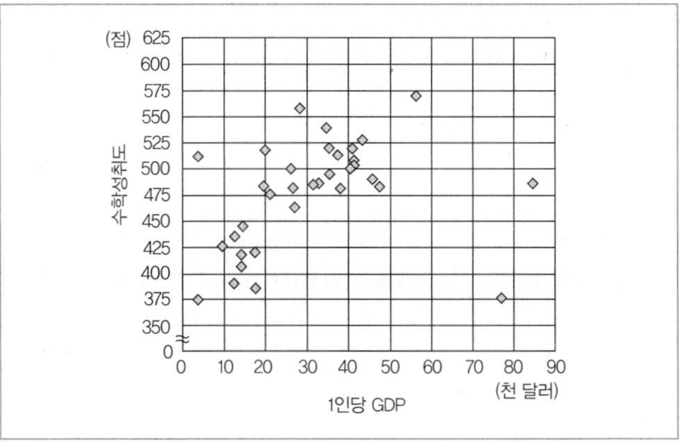

※ 국가별 학생 수는 동일하지 않고, 각 국가의 수학성취도는 해당국 학생 전체의 수학성취도 평균이며, 34개국 학생 전체의 수학성취도 평균은 500점임

〈보기〉

ㄱ. 1인당 GDP가 체코보다 높은 국가 중에서 수학성취도가 체코보다 높은 국가의 수와 낮은 국가의 수는 같다.
ㄴ. 수학성취도 하위 7개 국가의 1인당 GDP는 모두 2만 달러 이하이다.
ㄷ. 1인당 GDP 상위 5개 국가 중에서 수학성취도가 34개국 학생 전체의 평균보다 높은 국가는 1개이다.
ㄹ. 수학성취도 상위 2개 국가의 1인당 GDP 차이는 수학성취도 하위 2개 국가의 1인당 GDP 차이보다 크다.

① ㄱ, ㄴ
② ㄱ, ㄷ
③ ㄴ, ㄷ
④ ㄴ, ㄹ
⑤ ㄱ, ㄷ, ㄹ

문 70. 다음 〈그림〉은 '갑' 택지지구의 개발 적합성 평가 기초 자료이다. 〈조건〉을 이용하여 '갑' 택지지구 내 A~E 지역의 개발 적합성 점수를 계산했을 때, 개발 적합성 점수가 가장 낮은 지역과 가장 높은 지역을 바르게 나열한 것은? 2016년

〈그림〉 '갑' 택지지구의 개발 적합성 평가 기초 자료

A~E 지역 위치

	A			
		B		
C				
	D			
			E	

토지이용 유형 (1–산림, 2–농지, 3–주택지)

1	1	2	2	2
1	2	2	2	3
2	2	2	3	3
2	2	3	3	3
2	3	3	3	3

경사도(%)

15	15	20	20	20
15	15	20	20	20
10	15	15	15	20
10	10	15	15	15
10	10	10	15	15

토지소유 형태 (1–국유지, 2–사유지)

2	2	2	2	2
1	1	1	1	1
1	1	1	1	1
2	2	2	2	2
2	2	2	2	2

※ 음영 지역(■)은 개발제한구역을 의미함

〈조건〉

- 평가 점수=(0.6×토지이용 기준 점수)+(0.4×경사도 기준 점수)
- 토지이용 기준 점수는 유형에 따라 산림 5점, 농지 8점, 주택지 10점이다.
- 경사도 기준 점수는 경사도 10%이면 10점, 나머지는 5점이다.
- 개발 적합성 점수는 토지소유 형태가 사유지이면 '평가 점수'의 80%를 부여하고, 국유지이면 100%를 부여한다. 단, 토지소유 형태와 상관없이 개발제한구역의 개발 적합성 점수는 0점으로 한다.

	가장 낮은 지역	가장 높은 지역
①	A	B
②	A	C
③	A	E
④	D	C
⑤	D	E

문 71. 다음 〈표〉와 〈그림〉은 기계 100대의 업그레이드 전 · 후 성능지수에 관한 자료이다. 이에 대한 설명으로 옳은 것은? 2018년

〈표〉 업그레이드 전 · 후 성능지수별 대수

(단위 : 대)

구분 \ 성능지수	65	79	85	100
업그레이드 전	80	5	0	15
업그레이드 후	0	60	5	35

※ 성능지수는 네 가지 값(65, 79, 85, 100)만 존재하고, 그 값이 클수록 성능지수가 향상됨을 의미함

〈그림〉 성능지수 향상폭 분포

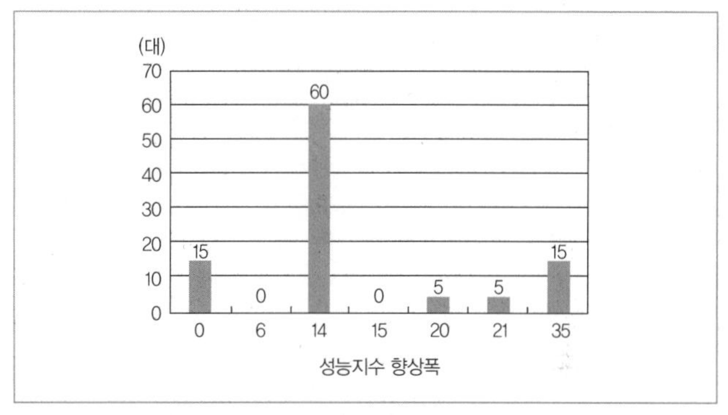

※ 1) 업그레이드를 통한 성능 감소는 없음
2) 성능지수 향상폭=업그레이드 후 성능지수−업그레이드 전 성능지수

① 업그레이드 후 1대당 성능지수는 업그레이드 전 1대당 성능지수에 비해 20 이상 향상되었다.

② 업그레이드 전 성능지수가 65이었던 기계의 15%가 업그레이드 후 성능지수 100이 된다.

③ 업그레이드 전 성능지수가 79이었던 모든 기계가 업그레이드 후 성능지수 100이 된 것은 아니다.

④ 업그레이드 전 성능지수가 100이 아니었던 기계 중, 업그레이드를 통한 성능지수 향상폭이 0인 기계가 있다.

⑤ 업그레이드를 통한 성능지수 향상폭이 35인 기계 대수는 업그레이드 전 성능지수가 100이었던 기계 대수와 같다.

문 72. 다음 〈표〉는 2019년 화학제품 매출액 상위 9개 기업의 매출액에 대한 자료이다. 〈표〉와 〈조건〉에 근거하여 A~D에 해당하는 기업을 바르게 나열한 것은? 2020년

〈표〉 2019년 화학제품 매출액 상위 9개 기업의 매출액

(단위 : 십억 달러, %)

기업 \ 구분	화학제품 매출액	전년 대비 증가율	총매출액	화학제품 매출액 비율
비스프	72.9	17.8	90.0	81.0
A	62.4	29.7	( )	100.0
B	54.2	28.7	( )	63.2
자빅	37.6	5.3	39.9	94.2
C	34.6	26.7	( )	67.0
포르오사	32.1	14.2	55.9	57.4
D	29.7	10.0	( )	54.9
리오넬바셀	28.3	15.0	34.5	82.0
이비오스	23.2	24.7	48.2	48.1

※ 화학제품 매출액 비율(%)$=\frac{\text{화학제품 매출액}}{\text{총매출액}}\times 100$

〈조건〉

- '드폰'과 'KR화학'의 2018년 화학제품 매출액은 각각 해당 기업의 2019년 화학제품 매출액의 80% 미만이다.
- '벡슨모빌'과 '시노텍'의 2019년 화학제품 매출액은 각각 총매출액에서 화학제품을 제외한 매출액의 2배 미만이다.
- 2019년 총매출액은 '포르오사'가 'KR화학'보다 작다.
- 2018년 화학제품 매출액은 '자빅'이 '시노텍'보다 크다.

	A	B	C	D
①	드폰	벡슨모빌	KR화학	시노텍
②	드폰	시노텍	KR화학	벡슨모빌
③	벡슨모빌	KR화학	시노텍	드폰
④	KR화학	시노텍	드폰	벡슨모빌
⑤	KR화학	벡슨모빌	드폰	시노텍

문 73. 다음 〈표〉는 '갑'국 신입사원에게 필요한 10개 직무역량 중요도의 산업분야별 자료이다. 이에 대한 〈보기〉의 설명 중 옳은 것만을 모두 고르면? 2020년

〈표〉 신입사원의 직무역량 중요도

(단위 : 점)

직무역량 \ 산업분야	신소재	게임	미디어	식품
의사소통능력	4.34	4.17	4.42	4.21
수리능력	4.46	4.06	3.94	3.92
문제해결능력	4.58	4.52	4.45	4.50
자기개발능력	4.15	4.26	4.14	3.98
자원관리능력	4.09	3.97	3.93	3.91
대인관계능력	4.35	4.00	4.27	4.20
정보능력	4.33	4.09	4.27	4.07
기술능력	4.07	4.24	3.68	4.00
조직이해능력	3.97	3.78	3.88	3.88
직업윤리	4.44	4.66	4.59	4.39

※ 중요도는 5점 만점임

〈보기〉

ㄱ. 신소재 산업분야에서 중요도 상위 2개 직무역량은 '문제해결능력'과 '수리능력'이다.

ㄴ. 산업분야별 직무역량 중요도의 최댓값과 최솟값 차이가 가장 큰 것은 '미디어'이다.

ㄷ. 각 산업분야에서 중요도가 가장 낮은 직무역량은 '조직이해능력'이다.

ㄹ. 4개 산업분야 직무역량 중요도의 평균값이 가장 높은 직무역량은 '문제해결능력'이다.

① ㄱ, ㄴ

② ㄱ, ㄷ

③ ㄷ, ㄹ

④ ㄱ, ㄴ, ㄹ

⑤ ㄴ, ㄷ, ㄹ

문 74. 다음 〈그림〉은 2020년 A기관의 조직 및 운영에 관한 자료이다. 이에 대한 〈보기〉의 설명 중 옳은 것만을 모두 고르면? 2021년

〈그림〉 2020년 A기관의 조직 및 운영 현황

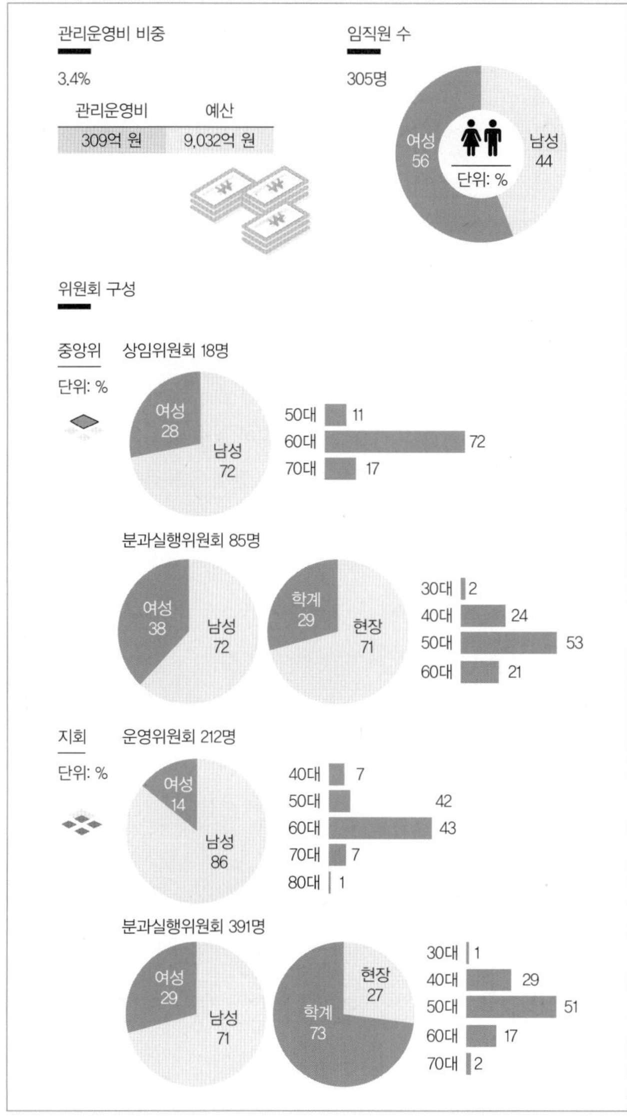

※ 중앙회는 상임위원회와 분과실행위원회로만 구성되고, 지회는 운영위원회와 분과실행위원회로만 구성됨

〈보기〉

ㄱ. 2020년 임직원당 관리운영비는 1억 원 이상이다.
ㄴ. 분과실행위원회의 현장 위원 수는 중앙회가 지회보다 많다.
ㄷ. 중앙회 상임위원회의 모든 여성 위원이 동시에 중앙회 분과실행위원회 위원이라면, 중앙회 여성 위원 수는 총 32명이다.
ㄹ. 지회 분과실행위원회의 50대 학계 위원은 80명 이상이다.

① ㄱ, ㄴ
② ㄱ, ㄹ
③ ㄴ, ㄷ
④ ㄴ, ㄹ
⑤ ㄱ, ㄷ, ㄹ

문 75. 다음 〈표〉는 2016년과 2017년 추석교통대책기간 중 고속도로교통현황에 관한 자료이다. 이에 대한 〈보고서〉의 내용 중 옳은 것만을 모두 고르면? 2018년

〈표 1〉 일자별 고속도로 이동인원 및 교통량

(단위 : 만 명, 만 대)

일자 \ 연도·구분	2016 이동인원	2016 교통량	2017 이동인원	2017 교통량
D−5	−	−	525	470
D−4	−	−	520	439
D−3	−	−	465	367
D−2	590	459	531	425
D−1	618	422	608	447
추석 당일	775	535	809	588
D+1	629	433	742	548
D+2	483	346	560	433
D+3	445	311	557	440
D+4	−	−	442	388
D+5	−	−	401	369
계	3,540	2,506	6,160	4,914

※ 2016년, 2017년 추석교통대책기간은 각각 6일(D−2∼D+3), 11일(D−5∼D+5)임

〈표 2〉 고속도로 구간별 최대 소요시간 현황

연도	서울−대전 귀성	서울−대전 귀경	서울−부산 귀성	서울−부산 귀경	서울−광주 귀성	서울−광주 귀경	서서울−목포 귀성	서서울−목포 귀경	서울−강릉 귀성	서울−강릉 귀경
2016	4:15	3:30	7:15	7:20	7:30	5:30	8:50	6:10	5:00	3:40
2017	4:00	4:20	7:50	9:40	7:00	7:50	7:00	9:50	4:50	5:10

※ 'A:B'에서 A는 시간, B는 분을 의미함. 예를 들어, 4:15는 4시간 15분을 의미함

〈보고서〉

㉠ 2017년 추석교통대책기간 중 총 고속도로 이동인원은 6,160만 명으로 전년 대비 70% 이상 증가하였으나, ㉡ 1일 평균 이동인원은 560만 명으로 전년 대비 10% 이상 감소하였다. 2017년 추석 당일 고속도로 이동인원은 사상 최대인 809만 명으로 전년 대비 약 4.4% 증가하였다. 2017년 추석연휴기간의 증가로 나들이 차량 등이 늘어 추석교통대책기간 중 1일 평균 고속도로 교통량은 약 447만 대로 전년 대비 6% 이상 증가하였다. 특히 ㉢ 추석 당일 고속도로 교통량은 588만 대로 전년 대비 9% 이상 증가하였다. ㉣ 2017년 고속도로 최대 소요시간은 귀성의 경우, 제시된 구간에서 전년보다 모두 감소하였으며, 특히 서서울−목포 7시간, 서울−광주 7시간이 걸려 전년 대비 각각 1시간 50분, 30분 감소하였다. 반면 귀경의 경우, 서서울−목포 9시간 50분, 서울−부산 9시간 40분으로 전년 대비 각각 3시간 40분, 2시간 20분 증가하였다.

① ㄱ, ㄴ
② ㄱ, ㄷ
③ ㄴ, ㄷ
④ ㄴ, ㄹ
⑤ ㄷ, ㄹ

문 76. 다음 〈표〉와 〈정보〉는 5월 '갑'국의 관측날씨와 '가'~'라' 팀의 예보날씨에 관한 자료이다. 〈표〉와 〈정보〉를 근거로 '정확도가 가장 높은 팀'과 '임계성공지수가 가장 낮은 팀'을 바르게 나열한 것은? 2020년

〈표〉 5월 '갑'국의 관측날씨와 팀별 예보날씨

구분 \ 날짜(일)		1	2	3	4	5	6	7	8	9	10	11	12
관측날씨		☂	☂	☼	☼	☂	☼	☼	☼	☼	☂	☼	☼
예보날씨	가	☂	☂	☼	☼	☼	☼	☼	☼	☼	☂	☂	☼
	나	☂	☂	☂	☼	☂	☂	☼	☼	☂	☂	☂	☼
	다	☂	☂	☼	☼	☼	☼	☼	☼	☂	☼	☼	☼
	라	☂	☼	☼	☼	☼	☼	☼	☼	☼	☼	☼	☼

〈정보〉

• 각 팀의 예보날씨와 실제 관측날씨 분류표

예보날씨 \ 관측날씨	☂	☼
☂	H	F
☼	M	C

※ H, F, M, C는 각각의 경우에 해당하는 빈도를 뜻하며, 예를 들어 '가'팀의 H는 3임

• 정확도$=\frac{H+C}{H+F+M+C}$

• 임계성공지수$=\frac{H}{H+F+M}$

	정확도가 가장 높은 팀	임계성공지수가 가장 낮은 팀
①	가	나
②	가	라
③	다	나
④	다	라
⑤	라	다

문 77. 다음은 2014~2018년 부동산 및 기타 재산 압류건수 관련 정보가 일부 훼손된 서류이다. 이에 대한 〈보기〉의 설명 중 옳은 것을 고르면? 2020년

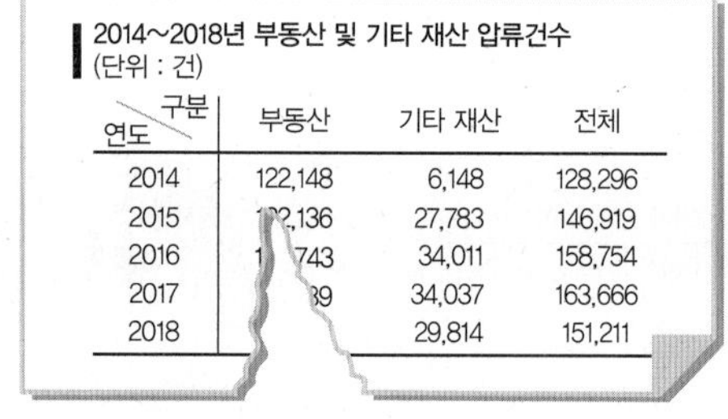

2014~2018년 부동산 및 기타 재산 압류건수
(단위 : 건)

연도 \ 구분	부동산	기타 재산	전체
2014	122,148	6,148	128,296
2015	[illegible]2,136	27,783	146,919
2016	1[illegible]743	34,011	158,754
2017	[illegible]39	34,037	163,666
2018	[illegible]	29,814	151,211

〈보기〉

ㄱ. 부동산 압류건수는 매년 기타 재산 압류건수의 4배 이상이다.

ㄴ. 전체 압류건수가 가장 많은 해에 부동산 압류건수도 가장 많다.

ㄷ. 2019년 부동산 압류건수가 전년 대비 30% 감소하고 기타 재산 압류건수는 전년과 동일하다면, 전체 압류건수의 전년 대비 감소율은 25% 미만이다.

ㄹ. 2016년 부동산 압류건수는 2014년 대비 2.5% 이상 증가했다.

① ㄱ, ㄴ

② ㄱ, ㄷ

③ ㄴ, ㄷ

④ ㄴ, ㄹ

⑤ ㄷ, ㄹ

문 78. 다음 〈표〉는 18세기 조선의 직업별 연봉 및 품목별 가격에 관한 자료이다. 이에 대한 설명으로 옳지 않은 것은? 2018년

〈표 1〉 18세기 조선의 직업별 연봉

구분		곡물(섬)		면포(필)	현재 원화 가치(원)
		쌀	콩		
관료	정1품	25	3	–	5,854,400
	정5품	17	1	–	3,684,800
	종9품	7	1	–	1,684,800
궁녀	상 궁	11	1	–	(　)
	나 인	5	1	–	1,284,800
군인	기 병	7	2	9	(　)
	보 병	3	–	9	1,500,000

〈표 2〉 18세기 조선의 품목별 가격

품목	곡물(1섬)		면포 (1필)	소고기 (1근)	집(1칸)	
	쌀	콩			기와집	초가집
가격	5냥	7냥 1전 2푼	2냥 5전	7전	21냥 6전 5푼	9냥 5전 5푼

※ 1냥=10전=100푼

① 18세기 조선의 1푼의 가치는 현재 원화가치로 환산할 경우 400원과 같다.
② '기병' 연봉은 '종9품' 연봉보다 많고 '정5품' 연봉보다 적다.
③ '정1품' 관료의 12년치 연봉은 100칸의 기와집 가격보다 적다.
④ '상궁' 연봉은 '보병' 연봉의 2배 이상이다.
⑤ '나인'의 1년치 연봉으로 살 수 있는 소고기는 40근 이상이다.

문 79. 다음 〈표〉는 2016~2018년 '갑'국의 공무원 집합교육 실적에 관한 자료이다. 이를 바탕으로 작성한 〈보고서〉의 B, C, D에 해당하는 내용을 바르게 나열한 것은? 2020년

〈표〉 공무원 집합교육 실적

(단위 : 회, 명)

분류	과정 \ 구분 \ 연도	2016 차수	2016 교육인원	2016 연인원	2017 차수	2017 교육인원	2017 연인원	2018 차수	2018 교육인원	2018 연인원
기본교육	고위	2	146	13,704	2	102	14,037	3	172	14,700
	과장	1	500	2,500	1	476	1,428	2	580	2,260
	5급	3	2,064	81,478	3	2,127	86,487	3	2,151	89,840
	6급 이하	6	863	18,722	6	927	19,775	5	1,030	22,500
	소계	12	3,573	116,404	12	3,632	121,727	13	3,933	129,300
가치교육	공직가치	5	323	1,021	3	223	730	2	240	800
	국정과제	8	1,535	2,127	8	467	1,349	6	610	1,730
	소계	13	1,858	3,148	11	690	2,079	8	850	2,530
전문교육	직무	6	395	1,209	9	590	1,883	9	660	2,100
	정보화	30	2,629	8,642	29	1,486	4,281	31	1,812	5,096
	소계	36	3,024	9,851	38	2,076	6,164	40	2,472	7,196
전체		61	8,455	129,403	61	6,398	129,970	61	7,255	139,026

※ 차수는 해당 교육과정이 해당 연도 내에 진행되는 횟수를 의미하며, 교육은 시작한 연도에 종료됨

〈보고서〉

2017년 공무원 집합교육 실적을 보면, 연인원은 전년보다 500명 이상 증가하였으나, 교육인원은 전년 대비 20% 이상 감소하였다. 2017년 공무원 집합교육 과정별 실적을 보면, 교육인원과 연인원은 각각 [A] 과정이 가장 많았으며, 차수당 교육인원은 [B] 과정이 가장 많았다.

2018년 공무원 집합교육 실적을 보면, 전체 차수는 2017년과 같은 61회였으나, 교육인원과 연인원은 각각 전년보다 [C]. 한편, 기본교육 중 '과장'과정의 교육인원 대비 연인원 비율을 보면, 2018년은 2017년에 비해서는 [D] 하였으나, 2016년에 비해서는 [E] 하였다.

	B	C	D
①	5급	적었다	감소
②	5급	많았다	증가
③	5급	많았다	감소
④	과장	적었다	증가
⑤	과장	많았다	감소

문 80. 다음 〈표〉는 '갑'국의 인구 구조와 노령화에 대한 자료이다. 이에 대한 〈보기〉의 설명 중 옳은 것만을 모두 고르면? 2018년

〈표 1〉 인구 구조 현황 및 전망

(단위 : 천 명, %)

연도	총인구	유소년인구 (14세 이하)		생산가능인구 (15~64세)		노인인구 (65세 이상)	
		인구수	구성비	인구수	구성비	인구수	구성비
2000	47,008	9,911	21.1	33,702	71.7	3,395	7.2
2010	49,410	7,975	( )	35,983	72.8	5,452	11.0
2016	51,246	( )	( )	( )	( )	8,181	16.0
2020	51,974	( )	( )	( )	( )	9,219	17.7
2030	48,941	5,628	11.5	29,609	60.5	( )	28.0

※ 2020년, 2030년은 예상치임

〈표 2〉 노년부양비 및 노령화지수

(단위 : %)

구분 \ 연도	2000	2010	2016	2020	2030
노년부양비	10.1	15.2	( )	25.6	46.3
노령화지수	34.3	68.4	119.3	135.6	243.5

※ 1) 노년부양비(%) $= \frac{\text{노인인구}}{\text{생산가능인구}} \times 100$

2) 노령화지수(%) $= \frac{\text{노인인구}}{\text{유소년인구}} \times 100$

〈보기〉

ㄱ. 2020년 대비 2030년의 노인인구 증가율은 55% 이상으로 예상된다.

ㄴ. 2016년에는 노인인구가 유소년인구보다 많다.

ㄷ. 2016년 노년부양비는 20% 이상이다.

ㄹ. 2020년 대비 2030년의 생산가능인구 감소폭은 600만 명 이상일 것으로 예상된다.

① ㄱ, ㄷ

② ㄴ, ㄷ

③ ㄴ, ㄹ

④ ㄱ, ㄴ, ㄷ

⑤ ㄴ, ㄷ, ㄹ

상황판단

문 1. 다음 글을 근거로 판단할 때, 태은이의 만족도 점수의 합은? 2020년

태은이는 모처럼의 휴일을 즐길 계획을 세우고 있다. 예산 10만 원을 모두 사용하여 외식, 전시회 관람, 쇼핑을 한 번씩 한다. 태은이는 만족도 점수의 합이 최대가 되도록 항목별로 최대 6만 원까지 1만 원 단위로 지출한다. 다음은 항목별 지출에 따른 태은이의 만족도 점수이다.

구분	1만 원	2만 원	3만 원	4만 원	5만 원	6만 원
외식	3점	5점	7점	13점	15점	16점
전시회 관람	1점	3점	6점	9점	12점	13점
쇼핑	1점	2점	6점	8점	10점	13점

① 23점
② 24점
③ 25점
④ 26점
⑤ 27점

문 2. 다음 〈휴양림 요금규정〉과 〈조건〉에 근거할 때, 〈상황〉에서 甲, 乙, 丙 일행이 각각 지불한 총 요금 중 가장 큰 금액과 가장 작은 금액의 차이는? 2017년

〈휴양림 요금규정〉

• 휴양림 입장료(1인당 1일 기준)

구분	요금(원)	입장료 면제
어른	1,000	• 동절기(12월~3월) • 다자녀 가정
청소년 (만 13세 이상~19세 미만)	600	
어린이(만 13세 미만)	300	

※ '다자녀 가정'은 만 19세 미만의 자녀가 3인 이상 있는 가족을 말함

• 야영시설 및 숙박시설(시설당 1일 기준)

구분		요금(원)		비고
		성수기 (7~8월)	비수기 (7~8월 외)	
야영시설 (10인 이내)	황토데크 (개)	10,000		휴양림 입장료 별도
	캐빈(동)	30,000		
숙박시설	3인용(실)	45,000	24,000	휴양림 입장료 면제
	5인용(실)	85,000	46,000	

※ 일행 중 '장애인'이 있거나 '다자녀 가정'인 경우 비수기에 한해 야영시설 및 숙박시설 요금의 50%를 할인함

〈조건〉

• 총요금=(휴양림 입장료)+(야영시설 또는 숙박시설 요금)
• 휴양림 입장료는 머문 일수만큼, 야영시설 및 숙박시설 요금은 숙박 일수만큼 계산함(예. 2박 3일의 경우 머문 일수는 3일, 숙박 일수는 2일).

〈상황〉

• 甲(만 45세)은 아내(만 45세), 자녀 3명(각각 만 17세, 15세, 10세)과 함께 휴양림에 7월 중 3박 4일간 머물렀다. 甲 일행은 5인용 숙박시설 1실을 이용하였다.
• 乙(만 25세)은 어머니(만 55세, 장애인), 아버지(만 58세)를 모시고 휴양림에서 12월 중 6박 7일간 머물렀다. 乙 일행은 캐빈 1동을 이용하였다.
• 丙(만 21세)은 동갑인 친구 3명과 함께 휴양림에서 10월 중 9박 10일 동안 머물렀다. 丙 일행은 황토데크 1개를 이용하였다.

① 40,000원　② 114,000원
③ 125,000원　④ 144,000원
⑤ 165,000원

문 3. 다음 글을 근거로 판단할 때, 수호가 세탁을 통해 가질 수 있는 수건의 색조합으로 옳지 않은 것은? 2019년

- 수호는 현재 빨간색, 파란색, 노란색, 흰색, 검은색 수건을 각 1개씩 가지고 있다.
- 수호는 본인의 세탁기로 세탁하며, 동일한 수건을 여러 번 세탁할 수 있다.
- 수호가 가지고 있는 세탁기는 수건을 2개까지 동시에 세탁할 수 있고, 다른 색의 수건을 함께 세탁하면 다음과 같이 색이 변한다.
  - 빨간색 수건과 파란색 수건을 함께 세탁하면, 모두 보라색 수건이 된다.
  - 빨간색 수건과 노란색 수건을 함께 세탁하면, 각각 빨간색 수건과 주황색 수건이 된다.
  - 파란색 수건과 노란색 수건을 함께 세탁하면, 각각 파란색 수건과 초록색 수건이 된다.
  - 흰색 수건을 다른 색 수건과 함께 세탁하면, 모두 그 다른 색 수건이 된다.
  - 검은색 수건을 다른 색 수건과 함께 세탁하면, 모두 검은색 수건이 된다.

① 빨간색 1개, 파란색 1개, 보라색 2개, 검은색 1개
② 주황색 1개, 파란색 1개, 노란색 1개, 검은색 2개
③ 빨간색 1개, 주황색 1개, 파란색 2개, 검은색 1개
④ 보라색 3개, 초록색 1개, 검은색 1개
⑤ 빨간색 2개, 초록색 1개, 검은색 2개

문 4. 다음 글을 근거로 판단할 때, 창렬이가 결제할 최소 금액은? 2020년

- 창렬이는 이번 달에 인터넷 면세점에서 가방, 영양제, 목베개를 각 1개씩 구매한다. 각 물품의 정가와 이번 달 개별 물품의 할인율은 다음과 같다.

구분	정가(달러)	이번 달 할인율(%)
가방	150	10
영양제	100	30
목베개	50	10

- 이번 달 개별 물품의 할인율은 자동 적용된다.
- 이번 달 구매하는 모든 물품의 결제 금액에 대해 20%를 일괄적으로 할인받는 '이달의 할인 쿠폰'을 사용할 수 있다.
- 이번 달은 쇼핑 행사가 열려, 결제해야 할 금액이 200달러를 초과할 때 '20,000원 추가 할인 쿠폰'을 사용할 수 있다.
- 할인은 '개별 물품 할인 → 이달의 할인 쿠폰 → 20,000원 추가 할인 쿠폰' 순서로 적용된다.
- 환율은 1달러 당 1,000원이다.

① 180,000원
② 189,000원
③ 196,000원
④ 200,000원
⑤ 210,000원

문 5. 다음 글과 〈상황〉을 근거로 판단할 때 옳은 것은? 2017년

민사소송에서 판결은 다음의 어느 하나에 해당하면 확정되며, 확정된 판결에 대해서 당사자는 더 이상 상급심 법원에 상소를 제기할 수 없게 된다.

첫째, 판결은 선고와 동시에 확정되는 경우가 있다. 예컨대 대법원 판결에 대해서는 더 이상 상소할 수 없기 때문에 그 판결은 선고 시에 확정된다. 그리고 하급심 판결이라도 선고 전에 당사자들이 상소하지 않기로 합의하고 이 합의서를 법원에 제출할 경우, 판결은 선고 시에 확정된다.

둘째, 상소기간이 만료된 때에 판결이 확정되는 경우가 있다. 상소는 패소한 당사자가 제기하는 것으로, 상소를 하고자 하는 자는 판결문을 송달받은 날부터 2주 이내에 상소를 제기해야 한다. 이 기간 내에 상소를 제기하지 않으면 더 이상 상소할 수 없게 되므로, 판결은 상소기간 만료 시에 확정된다. 또한 상소기간 내에 상소를 제기하였더라도 그 후 상소를 취하하면 상소기간 만료 시에 판결은 확정된다.

셋째, 상소기간이 경과되기 전에 패소한 당사자가 법원에 상소포기서를 제출하면, 제출 시에 판결은 확정된다.

〈상황〉

원고 甲은 피고 乙을 상대로 ○○지방법원에 매매대금지급 청구소송을 제기하였다. ○○지방법원은 甲에게 매매대금지급청구권이 없다고 판단하여 2016년 11월 1일 원고 패소 판결을 선고하였다. 이 판결문은 甲에게는 2016년 11월 10일 송달되었고, 乙에게는 2016년 11월 14일 송달되었다.

① 乙은 2016년 11월 28일까지 상소할 수 있다.
② 甲이 2016년 11월 28일까지 상소하지 않으면, 같은 날 판결은 확정된다.
③ 甲이 2016년 11월 11일 상소한 후 2016년 12월 1일 상소를 취하하였다면, 취하한 때 판결은 확정된다.
④ 甲과 乙이 상소하지 않기로 하는 내용의 합의서를 2016년 10월 25일 법원에 제출하였다면, 판결은 2016년 11월 1일 확정된다.
⑤ 甲이 2016년 11월 21일 법원에 상소포기서를 제출하면, 판결은 2016년 11월 1일 확정된 것으로 본다.

문 6. 다음 글을 근거로 판단할 때, 입찰공고 기간을 준수한 것은? 2022년

제00조 ① 입찰공고(이하 '공고'라 한다)는 입찰서 제출마감일의 전일부터 기산(起算)하여 7일 전에 이를 행하여야 한다.
② 공사를 입찰하는 경우로서 현장설명을 실시하는 경우에는 현장설명일의 전일부터 기산하여 7일 전에 공고하여야 한다. 다만 입찰참가자격을 사전에 심사하려는 공사에 관한 입찰의 경우에는 현장설명일의 전일부터 기산하여 30일 전에 공고하여야 한다.
③ 공사를 입찰하는 경우로서 현장설명을 실시하지 아니하는 경우에는 입찰서 제출마감일의 전일부터 기산하여 다음 각 호에서 정한 기간 전에 공고하여야 한다.
1. 입찰가격이 10억 원 미만인 경우 : 7일
2. 입찰가격이 10억 원 이상 50억 원 미만인 경우 : 15일
3. 입찰가격이 50억 원 이상인 경우 : 40일
④ 제1항부터 제3항까지의 규정에도 불구하고 다음 각 호의 어느 하나에 해당하는 경우에는 입찰서 제출마감일의 전일부터 기산하여 5일 전까지 공고할 수 있다.
1. 재공고입찰의 경우
2. 다른 국가사업과 연계되어 일정조정이 불가피한 경우
3. 긴급한 행사 또는 긴급한 재해예방 · 복구 등을 위하여 필요한 경우
⑤ 협상에 의해 계약을 체결하는 경우에는 제1항 및 제4항에도 불구하고 제안서 제출마감일의 전일부터 기산하여 40일 전에 공고하여야 한다. 다만 다음 각 호의 어느 하나에 해당하는 경우에는 제안서 제출마감일의 전일부터 기산하여 10일 전까지 공고할 수 있다.
1. 제4항 각 호의 어느 하나에 해당하는 경우
2. 입찰가격이 고시금액 미만인 경우

① A부서는 건물 청소 용역업체 교체를 위해 제출마감일을 2021. 4. 1.로 정하고 2021. 3. 26. 공고를 하였다.
② B부서는 입찰참가자격을 사전에 심사하고 현장설명을 실시하는 신청사 건설공사 입찰가격을 30억 원에 진행하고자, 현장설명일을 2021. 4. 1.로 정하고 2021. 3. 15. 공고를 하였다.
③ C부서는 협상에 의해 헬기도입에 관한 계약을 체결하려고 하였는데, 다른 국가사업과 연계되어 일정조정이 불가피하게 되자 제출마감일을 2021. 4. 1.로 정하고 2021. 3. 19. 공고를 하였다.
④ D부서는 협상에 의해 다른 국가사업과 관계없는 계약을 체결하고자, 제출마감일을 2021. 4. 1.로 정하고 2021. 3. 26. 공고를 하였다.
⑤ E부서는 현장설명 없이 5억 원에 주차장 공사를 입찰하고자 2021. 4. 1.을 제출마감일로 하여 공고하였으나, 입찰자가 1개 회사밖에 없어 제출마감일을 2021. 4. 9.로 다시 정하고 2021. 4. 5. 재공고하였다.

문 7. 다음 글을 근거로 판단할 때, 〈보기〉에서 옳은 것만을 모두 고르면? 2022년

> A마을에서는 다음과 같이 양의 이름을 짓는다.
> - '물', '불', '돌', '눈' 중 한 개 이상의 글자를 사용하여 이름을 짓는다.
> - 봄에 태어난 양의 이름에는 '물', 여름에 태어난 양의 이름에는 '불', 가을에 태어난 양의 이름에는 '돌', 겨울에 태어난 양의 이름에는 '눈'이 반드시 포함되어야 한다.
> - 수컷 양의 이름에는 '물', 암컷 양의 이름에는 '불'이 반드시 포함되어야 한다.
> - 같은 글자가 두 번 이상 사용되어서는 안 된다.

〈보기〉

ㄱ. 겨울에 태어난 A마을 양이 암컷이라면, 그 양에게 붙일 수 있는 두 글자 이름은 두 가지이다.
ㄴ. A마을 양 '물불'은 여름에 태어났다면 수컷이고 봄에 태어났다면 암컷이다.
ㄷ. A마을 양의 이름은 모두 두 글자 이상 네 글자 이하이다.

① ㄱ　② ㄴ
③ ㄷ　④ ㄱ, ㄴ
⑤ ㄴ, ㄷ

문 8. 다음 글을 근거로 판단할 때, A물건 1개의 무게로 가능한 것은? 2021년

> 甲이 가진 전자식 체중계는 소수점 이하 첫째 자리에서 반올림하여 kg 단위의 자연수로 무게를 표시한다. 甲은 이 체중계를 아래와 같이 이용하여 A물건의 무게를 추정하고자 한다.
>
> - 甲이 체중계에 올라갔더니 66이 표시되었다.
> - 甲이 A물건을 2개 들고 체중계에 올라갔지만 66이 그대로 표시되었다.
> - 甲이 A물건을 3개 들고 체중계에 올라갔더니 67이 표시되었다.
> - 甲이 A물건을 4개 들고 체중계에 올라갔을 때에도 67이 표시되었다.
> - 甲이 A물건을 5개 들고 체중계에 올라갔더니 68이 표시되었다.

① 200g　② 300g
③ 400g　④ 500g
⑤ 600g

문 9. 다음 글을 근거로 판단할 때, 〈보기〉에서 옳은 것만을 모두 고르면? 2020년

> - 甲과 乙은 총 10장의 카드를 5장씩 나누어 가진 후에 심판의 지시에 따라 게임을 한다.
> - 카드는 1부터 9까지의 서로 다른 숫자가 하나씩 적힌 9장의 숫자카드와 1장의 만능카드로 이루어진다.
> - 이 중 6 또는 9가 적힌 숫자카드는 9와 6 중에서 원하는 숫자카드 하나로 활용할 수 있다.
> - 만능카드는 1부터 9까지의 숫자 중 원하는 숫자가 적힌 카드 하나로 활용할 수 있다.

〈보기〉

ㄱ. 심판이 가장 큰 다섯 자리의 수를 만들라고 했을 때, 가능한 가장 큰 수는 홀수이다.
ㄴ. 상대방보다 작은 두 자리의 수를 만들면 승리한다고 했을 때, 乙이 '12'를 만들었다면 승리한다.
ㄷ. 상대방보다 큰 두 자리의 수를 만들면 승리한다고 했을 때, 甲이 '98'을 만들었다면 승리한다.
ㄹ. 심판이 10보다 작은 3의 배수를 상대방보다 많이 만들라고 했을 때, 乙이 3개를 만들었다면 승리한다.

① ㄱ, ㄴ
② ㄱ, ㄷ
③ ㄷ, ㄹ
④ ㄱ, ㄴ, ㄹ
⑤ ㄴ, ㄷ, ㄹ

문 10. 다음 글을 근거로 판단할 때 옳지 않은 것은? 2019년

A구와 B구로 이루어진 신도시 甲시에는 어린이집과 복지회관이 없다. 이에 甲시는 60억 원의 건축 예산을 사용하여 아래 〈건축비와 만족도〉와 〈조건〉 하에서 시민 만족도가 가장 높도록 어린이집과 복지회관을 신축하려고 한다.

〈건축비와 만족도〉

지역	시설 종류	건축비(억 원)	만족도
A구	어린이집	20	35
	복지회관	15	30
B구	어린이집	15	40
	복지회관	20	50

〈조건〉

1) 예산 범위 내에서 시설을 신축한다.
2) 시민 만족도는 각 시설에 대한 만족도의 합으로 계산한다.
3) 각 구에는 최소 1개의 시설을 신축해야 한다.
4) 하나의 구에 동일 종류의 시설을 3개 이상 신축할 수 없다.
5) 하나의 구에 동일 종류의 시설을 2개 신축할 경우, 그 시설 중 한 시설에 대한 만족도는 20% 하락한다.

① 예산은 모두 사용될 것이다.
② A구에는 어린이집이 신축될 것이다.
③ B구에는 2개의 시설이 신축될 것이다.
④ 甲시에 신축되는 시설의 수는 4개일 것이다.
⑤ 〈조건〉 5)가 없더라도 신축되는 시설의 수는 달라지지 않을 것이다.

문 11. 다음 글을 근거로 판단할 때, ○○백화점이 한 해 캐롤 음원이용료로 지불해야 하는 최대 금액은? 2019년

○○백화점에서는 매년 크리스마스 트리 점등식(11월 네 번째 목요일) 이후 돌아오는 첫 월요일부터 크리스마스(12월 25일)까지 백화점 내에서 캐롤을 틀어 놓는다(단, 휴점일 제외). 이 기간 동안 캐롤을 틀기 위해서는 하루에 2만 원의 음원이용료를 지불해야 한다. ○○백화점 휴점일은 매월 네 번째 수요일이지만, 크리스마스와 겹칠 경우에는 정상영업을 한다.

① 48만 원
② 52만 원
③ 58만 원
④ 60만 원
⑤ 66만 원

문 12. 다음 글을 근거로 판단할 때, 평가대상기관(A~D) 중 최종순위 최상위기관과 최하위기관을 고르면? 2018년

〈공공시설물 내진보강대책 추진실적 평가기준〉

• 평가요소 및 점수부여

– 내진성능평가지수 $= \dfrac{\text{내진보강공사실적건수}}{\text{내진보강대상건수}} \times 100$

– 내진보강공사지수 $= \dfrac{\text{내진성능평가실적건수}}{\text{내진보강대상건수}} \times 100$

– 산출된 지수 값에 따른 점수는 아래 표와 같이 부여한다.

구분	지수 값 최상위 1개 기관	지수 값 중위 2개 기관	지수 값 최하위 1개 기관
내진성능 평가점수	5점	3점	1점
내진보강 공사점수	5점	3점	1점

• 최종순위 결정

– 내진성능평가점수와 내진보강공사점수의 합이 큰 기관에 높은 순위를 부여한다.

– 합산 점수가 동점인 경우에는 내진보강대상건수가 많은 기관을 높은 순위로 한다.

〈평가대상기관의 실적〉

(단위 : 건)

구분	A	B	C	D
내진성능 평가실적	82	72	72	83
내진보강 공사실적	91	76	81	96
내진보강 대상	100	80	90	100

	최상위기관	최하위기관
①	A	B
②	B	C
③	B	D
④	C	D
⑤	D	C

문 13. 다음 글을 근거로 판단할 때 옳은 것은? 2019년

ㅁㅁ학과는 지망자 5명(A~E) 중 한 명을 교환학생으로 추천하기 위하여 각각 5회의 평가를 실시하고, 그 결과에 바탕을 둔 추첨을 하기로 했다. 평가 및 추첨 방식과 현재까지 진행된 평가 결과는 아래와 같다.

- 매 회 100점 만점으로 10점 단위의 점수를 매기며, 100점을 얻은 지망자에게는 5장의 카드, 90점을 얻은 지망자에게는 2장의 카드, 80점을 얻은 지망자에게는 1장의 카드를 부여한다. 70점 이하를 얻은 지망자에게는 카드를 부여하지 않는다.
- 5회차 평가 이후 각 지망자는 자신이 받은 모든 카드에 본인의 이름을 적고, 추첨함에 넣는다. 다만 5번의 평가의 총점이 400점 미만인 지망자는 본인의 카드를 추첨함에 넣지 못한다.
- ㅁㅁ학과장은 추첨함에서 한 장의 카드를 무작위로 뽑아 카드에 이름이 적힌 지망자를 ㅁㅁ학과의 교환학생으로 추천한다.

〈평가 결과〉

(단위 : 점)

구분	1회	2회	3회	4회	5회
A	90	90	90	90	
B	80	80	70	70	
C	90	70	90	70	
D	70	70	70	70	
E	80	80	90	80	

① A가 5회차 평가에서 80점을 얻더라도 다른 지망자의 점수에 관계없이 추천될 확률이 가장 높다.

② B가 5회차 평가에서 90점을 얻는다면 적어도 D보다는 추천될 확률이 높다.

③ C가 5회차 평가에서 카드를 받지 못하더라도 B보다는 추천될 확률이 높다.

④ D가 5회차 평가에서 100점을 받고 다른 지망자가 모두 80점을 받는다면 D가 추천될 확률은 세 번째로 높다.

⑤ E가 5회차 평가에서 카드를 받지 못하더라도 E는 추첨 대상에 포함될 수 있다.

문 14. 다음 글과 〈상황〉을 근거로 판단할 때 옳은 것은? 2022년

제○○조 ① 사업주는 다음 각 호의 어느 하나에 해당하는 작업을 도급하여 자신의 사업장에서 수급인의 근로자가 그 작업을 하도록 해서는 아니 된다.

1. 도금작업
2. 수은, 납 또는 카드뮴을 가공·처리하는 작업

② 사업주는 제1항에도 불구하고 다음 각 호의 어느 하나에 해당하는 경우에는 제1항 각 호에 따른 작업을 도급하여 자신의 사업장에서 수급인의 근로자가 그 작업을 하도록 할 수 있다.

1. 일시적·간헐적으로 하는 작업을 도급하는 경우
2. 수급인이 보유한 기술이 전문적이고 해당 사업주의 사업 운영에 필수불가결한 경우로서 고용노동부장관의 승인을 받은 경우

③ 제2항 제2호에 따른 승인을 받은 작업을 도급받은 수급인은 그 작업을 하도급할 수 없다.

제ㅁㅁ조 도급인은 수급인의 근로자가 자신의 사업장에서 작업을 하는 경우, 자신의 근로자와 수급인의 근로자의 산업재해를 예방하기 위하여 필요한 안전조치 및 보건조치를 하여야 한다.

제△△조 고용노동부장관은 사업주가 다음 각 호의 어느 하나에 해당하는 경우에는 10억 원 이하의 과징금을 부과·징수할 수 있다.

1. 제○○조 제1항을 위반하여 도급한 경우
2. 제○○조 제2항 제2호를 위반하여 승인을 받지 아니하고 도급한 경우
3. 제○○조 제3항을 위반하여 재하도급한 경우

제◇◇조 제ㅁㅁ조를 위반한 자는 3년 이하의 징역 또는 3천만 원 이하의 벌금에 처한다.

※ 도급(都給) : 공사 등을 타인(수급인)에게 맡기는 일

〈상황〉

장신구 제조업체 甲(도급인)은 도금작업을 위해 도금 전문업체 乙(수급인)과 도급계약을 체결하였다.

① 도금작업이 일시적인 경우, 甲은 고용노동부장관의 승인 없이 乙의 근로자를 자신의 사업장에서 작업하도록 할 수 있다.

② 도금작업이 상시적인 경우, 甲이 乙의 근로자를 자신의 사업장에서 작업하도록 하였다면 3년 이하의 징역에 처한다.

③ 乙은 자신의 기술이 甲의 사업 운영에 필수불가결한 경우가 아니라면 그 작업을 하도급할 수 없다.

④ 乙의 근로자가 甲의 사업장에서 작업을 하는 경우, 안전조치 및 보건조치를 할 의무는 乙이 진다.

⑤ 甲이 자신의 사업장에서 작업을 하는 乙의 근로자에 대해 필요한 안전조치 및 보건조치를 하지 않을 경우, 고용노동부장관은 3억 원의 과징금을 부과할 수 있다.

문 15. 다음 글을 근거로 판단할 때, 〈보기〉에서 옳은 것만을 모두 고르면?(단, 주어진 조건 외에 다른 조건은 고려하지 않는다)

2017년

A회사의 모든 직원이 매일 아침 회사에서 요일별로 제공되는 빵을 먹었다. 직원 가운데 甲, 乙, 丙, 丁 네 사람은 빵에 포함된 특정 재료로 인해 당일 알레르기 증상이 나타났다. A회사는 요일별로 제공된 빵의 재료와 甲, 乙, 丙, 丁에게 알레르기 증상이 나타난 요일을 아래와 같이 표로 정리했으나, 화요일에 제공된 빵에 포함된 두 가지 재료가 확인되지 않았다. 甲, 乙, 丙, 丁은 각각 한 가지 재료에 대해서만 알레르기 증상을 보였다.

구분	월	화	수	목	금
재료	밀가루, 우유	밀가루, ?, ?	옥수수가루, 아몬드, 달걀	밀가루, 우유, 달걀	밀가루, 우유, 달걀, 식용유
알레르기 증상 발생자	甲	丁	乙, 丁	甲, 丁	甲, 丙, 丁

※ 알레르기 증상은 발생한 당일 내에 사라짐

〈보기〉

ㄱ. 甲이 알레르기 증상을 보인 것은 밀가루 때문이다.

ㄴ. 甲, 乙, 丙은 서로 다른 재료에 대하여 알레르기 증상을 보였다.

ㄷ. 화요일에 제공된 빵의 확인되지 않은 재료 중 한 가지는 달걀이다.

ㄹ. 만약 화요일에 제공된 빵에 포함된 재료 중 한 가지가 아몬드였다면, 乙의 알레르기 증상은 옥수수가루 때문이다.

① ㄱ, ㄷ

② ㄴ, ㄹ

③ ㄷ, ㄹ

④ ㄱ, ㄴ, ㄹ

⑤ ㄴ, ㄷ, ㄹ

문 16. 다음 글을 근거로 판단할 때, 〈보기〉에서 옳은 것만을 모두 고르면?

2020년

A과에는 4급 과장 1명, 5급 사무관 3명, 6급 주무관 6명이 근무한다. A과의 내선번호는 253? 네 자리로 이루어져 있으며, 맨 뒷자리 번호는 0~9 중에서 하나씩 과원에게 배정된다.

맨 뒷자리 번호 배정규칙은 다음과 같다. 먼저 직급 순으로 배정한다. 따라서 과장에게 0, 사무관에게 1~3, 주무관에게 4~9를 배정한다. 다음으로 동일 직급 내에서는 여성에게 앞 번호가 배정된다. 성별도 같은 경우, 나이가 많은 사람에게 앞 번호가 배정된다. 나이도 같은 경우에는 소속 팀명의 '가', '나', '다' 순으로 앞 번호가 배정된다.

〈A과 조직도〉

과장 : 50세, 여성

가팀	나팀	다팀
사무관1 : 48세, 여성	사무관2 : 45세, 여성	사무관3 : 45세, (　)
주무관1 : 58세, 여성 주무관2 : 39세, 남성	주무관3 : (　), (　) 주무관4 : 27세, 여성	주무관5 : 44세, 남성 주무관6 : 31세, 남성

〈보기〉

ㄱ. 사무관3이 배정받는 내선번호는 그의 성별에 따라서 달라지지 않는다.

ㄴ. 여성이 총 5명이라면, 배정되는 내선번호가 확정되는 사람은 4명뿐이다.

ㄷ. 주무관3이 남성이고 31세 이상 39세 이하인 경우, 모든 과원의 내선번호를 확정할 수 있다.

ㄹ. 사무관3의 성별과 주무관3의 나이와 성별을 알게 된다면, 현재의 배정규칙으로 모든 과원의 내선번호를 확정할 수 있다.

① ㄱ, ㄴ

② ㄱ, ㄷ

③ ㄴ, ㄹ

④ ㄱ, ㄷ, ㄹ

⑤ ㄴ, ㄷ, ㄹ

문 17. 다음 〈지원계획〉과 〈연구모임 현황 및 평가결과〉를 근거로 판단할 때, 연구모임 A~E 중 두 번째로 많은 총지원금을 받는 모임은? 2017년

〈지원계획〉

- 지원을 받기 위해서는 한 모임당 6명 이상 9명 미만으로 구성되어야 한다.
- 기본지원금
  한 모임당 1,500천 원을 기본으로 지원한다. 단, 상품개발을 위한 모임의 경우는 2,000천 원을 지원한다.
- 추가지원금
  연구 계획 사전평가결과에 따라,
  '상' 등급을 받은 모임에는 구성원 1인당 120천 원을,
  '중' 등급을 받은 모임에는 구성원 1인당 100천 원을,
  '하' 등급을 받은 모임에는 구성원 1인당 70천 원을 추가로 지원한다.
- 협업 장려를 위해 협업이 인정되는 모임에는 위의 두 지원금을 합한 금액의 30%를 별도로 지원한다.

〈연구모임 현황 및 평가결과〉

모임	상품개발 여부	구성원 수	연구 계획 사전평가결과	협업 인정 여부
A	○	5	상	○
B	×	6	중	×
C	×	8	상	○
D	○	7	중	×
E	×	9	하	×

① A
② B
③ C
④ D
⑤ E

문 18. 다음 글을 근거로 판단할 때, 〈보기〉에서 옳은 것만을 모두 고르면? 2019년

- 4종류(A, B, C, D)의 세균을 대상으로 세균 간 '관계'에 대한 실험을 2일간 진행한다.
- 1일차 실험에서는 4종류의 세균 중 2종류의 세균을 짝지어 하나의 수조에 넣고, 나머지 2종류의 세균을 짝지어 다른 하나의 수조에 넣어 관찰한다.
- 2일차 실험에서는 1일차 실험의 수조에서 각 종류의 세균을 분리하여 채취한 후 짝을 바꾸어 1일차와 같은 방식으로 진행한다.
- 4종류의 세균 간에는 함께 보관 시에 아래와 같이 공생, 독립, 기피, 천적의 4가지 관계가 존재한다.
  - A와 B : 독립관계
  - A와 C : 기피관계
  - A와 D : 천적관계(A강세, D약세)
  - B와 C : 기피관계
  - B와 D : 공생관계
  - C와 D : 천적관계(C강세, D약세)
- 2종류의 세균을 짝을 지어 하나의 수조에 보관했을 때 생존지수는 1일마다 각각의 관계에 따라 아래와 같이 일정하게 변화한다.
  - 공생관계 : 각각 3만큼 증가
  - 독립관계 : 불변
  - 기피관계 : 각각 2만큼 감소
  - 천적관계 : 강세측은 불변, 약세측은 4만큼 감소
- 각 세균의 1일차 실험시작 직전 초기 생존지수와 2일차 실험이 종료된 후의 생존지수는 아래와 같다.

구분	A	B	C	D
초기 생존지수	10	20	30	40
2일차 실험종료 후 생존지수	8	21	26	39

〈보기〉

ㄱ. 실험기간 동안 천적관계에 있는 세균끼리 짝을 지어 하나의 수조에서 실험한 적은 없다.
ㄴ. 실험기간 동안 독립관계에 있는 세균끼리 짝을 지어 하나의 수조에서 실험한 적은 없다.
ㄷ. 1일차와 2일차 모두 적어도 1개의 수조에는 기피관계에 있는 세균끼리 짝을 지어 실험했다.
ㄹ. 한 종류의 세균에 대해서는 1일차와 2일차 모두 동일한 '관계'에 있는 세균끼리 짝을 지어 실험했다.

① ㄱ, ㄴ
② ㄴ, ㄷ
③ ㄱ, ㄴ, ㄷ
④ ㄱ, ㄷ, ㄹ
⑤ ㄴ, ㄷ, ㄹ

문 19. 다음 글을 근거로 판단할 때, 〈보기〉에서 옳은 것만을 모두 고르면? 2019년

- 甲과 乙은 민원을 담당하는 직원으로 각자 한 번에 하나의 민원만 접수한다.
- 민원은 'X민원'과 'Y민원' 중 하나이고, 민원을 접수한 직원은 'X민원' 접수 시 기분이 좋아져 감정도가 10 상승하지만 'Y민원' 접수 시 기분이 나빠져 감정도가 20 하락한다.
- 甲과 乙은 오늘 09:00부터 18:00까지 근무했다.
- 09:00에 甲과 乙의 감정도는 100이다.
- 매시 정각 甲과 乙의 감정도는 5씩 상승한다(단, 09:00, 13:00, 18:00 제외).
- 13:00에는 甲과 乙의 감정도가 100으로 초기화된다.
- 18:00가 되었을 때, 감정도가 50 미만인 직원에게는 1일의 월차를 부여한다.
- 甲과 乙이 오늘 접수한 각각의 민원은 아래 〈민원 등록 대장〉에 모두 기록됐다.

〈민원 등록 대장〉

접수 시각	접수한 직원	민원 종류
09:30	甲	Y민원
10:00	乙	X민원
11:40	甲	Y민원
13:20	乙	Y민원
14:10	甲	Y민원
14:20	乙	Y민원
15:10	甲	㉠
16:10	乙	Y민원
16:50	乙	㉡
17:00	甲	X민원
17:40	乙	X민원

〈보기〉

ㄱ. ㉠, ㉡에 상관없이 18:00에 甲의 감정도는 乙의 감정도보다 높다.
ㄴ. ㉡이 'Y민원'이라면, 乙은 1일의 월차를 부여받는다.
ㄷ. 12:30에 乙의 감정도는 125이다.

① ㄱ
② ㄴ
③ ㄱ, ㄷ
④ ㄴ, ㄷ
⑤ ㄱ, ㄴ, ㄷ

문 20. 다음 글을 근거로 판단할 때, 〈보기〉에서 민원을 정해진 기간 이내에 처리한 것만을 모두 고르면? 2020년

제00조 ① 행정기관의 장은 '질의민원'을 접수한 경우에는 다음 각 호의 기간 이내에 처리하여야 한다.
1. 법령에 관해 설명이나 해석을 요구하는 질의민원 : 7일
2. 제도 · 절차 등에 관해 설명이나 해석을 요구하는 질의민원 : 4일

② 행정기관의 장은 '건의민원'을 접수한 경우에는 10일 이내에 처리하여야 한다.
③ 행정기관의 장은 '고충민원'을 접수한 경우에는 7일 이내에 처리하여야 한다. 단, 고충민원의 처리를 위해 14일의 범위에서 실지조사를 할 수 있고, 이 경우 실지조사 기간은 처리기간에 산입(算入)하지 아니한다.
④ 행정기관의 장은 '기타민원'을 접수한 경우에는 즉시 처리하여야 한다.

제00조 ① 민원의 처리기간을 '즉시'로 정한 경우에는 3근무시간 이내에 처리하여야 한다.
② 민원의 처리기간을 5일 이하로 정한 경우에는 민원의 접수시각부터 '시간' 단위로 계산한다. 이 경우 1일은 8시간의 근무시간을 기준으로 한다.
③ 민원의 처리기간을 6일 이상으로 정한 경우에는 '일' 단위로 계산하고 첫날을 산입한다.
④ 공휴일과 토요일은 민원의 처리기간과 실지조사 기간에 산입하지 아니한다.

※ 업무시간은 09:00~18:00임(점심시간 12:00~13:00 제외)
※ 3근무시간 : 업무시간 내 3시간
※ 광복절(8월 15일, 화요일)과 일요일은 공휴일이고, 그 이외에 공휴일은 없다고 가정함

〈보기〉

ㄱ. A부처는 8.7(월) 16시에 건의민원을 접수하고, 8.21(월) 14시에 처리하였다.
ㄴ. B부처는 8.14(월) 13시에 고충민원을 접수하고, 10일간 실지조사를 하여 9.7(목) 10시에 처리하였다.
ㄷ. C부처는 8.16(수) 17시에 기타민원을 접수하고, 8.17(목) 10시에 처리하였다.
ㄹ. D부처는 8.17(목) 11시에 제도에 대한 설명을 요구하는 질의민원을 접수하고, 8.22(화) 14시에 처리하였다.

① ㄱ, ㄴ
② ㄱ, ㄷ
③ ㄴ, ㄹ
④ ㄱ, ㄷ, ㄹ
⑤ ㄴ, ㄷ, ㄹ

문 21. 다음 글과 〈상황〉을 근거로 판단할 때, 〈보기〉에서 옳은 것만을 모두 고르면? 2019년

'에너지이용권'은 에너지 취약계층에게 난방에너지 구입을 지원하는 것으로 관련 내용은 다음과 같다.

구분	내용
월별 지원금액	1인 가구 : 81,000원 2인 가구 : 102,000원 3인 이상 가구 : 114,000원
지원형태	신청서 제출 시 실물카드와 가상카드 중 선택 • 실물카드 : 에너지원(등유, 연탄, LPG, 전기, 도시가스)을 다양하게 구매 가능함. 단, 아파트 거주자는 관리비가 통합고지서로 발부되기 때문에 신청할 수 없음 • 가상카드 : 전기 · 도시가스 · 지역난방 중 택일. 매월 요금이 자동 차감됨. 단, 사용기간(발급일로부터 1개월) 만료 시 잔액이 발생하면 전기요금 차감
신청대상	생계급여 또는 의료급여 수급자로서 다음 각 호의 어느 하나에 해당하는 사람을 포함한 가구의 가구원 1. 1954. 12. 31. 이전 출생자 2. 2002. 1. 1. 이후 출생자 3. 등록된 장애인(1~6급)
신청방법	수급자 본인 또는 가족이 신청 ※ 담당공무원이 대리 신청 가능
신청서류	1. 에너지이용권 발급 신청서 2. 전기, 도시가스 또는 지역난방 요금고지서(영수증), 아파트 거주자의 경우 관리비 통합고지서 3. 신청인의 신분증 사본 4. 대리 신청일 경우 신청인 본인의 위임장, 대리인의 신분증 사본

〈상황〉

甲~丙은 에너지이용권을 신청하고자 한다.
- 甲 : 3급 장애인, 실업급여 수급자, 1인 가구, 아파트 거주자
- 乙 : 2005. 1. 1. 출생, 의료급여 수급자, 4인 가구, 단독 주택 거주자
- 丙 : 1949. 3. 22. 출생, 생계급여 수급자, 2인 가구, 아파트 거주자

〈보기〉

ㄱ. 甲은 에너지이용권 발급 신청서, 관리비 통합고지서, 본인 신분증 사본을 제출하고, 81,000원의 에너지이용권을 요금 자동 차감 방식으로 지급받을 수 있다.
ㄴ. 담당공무원인 丁이 乙을 대리하여 신청 서류를 모두 제출하고, 乙은 114,000원의 에너지이용권을 실물카드 형태로 지급받을 수 있다.
ㄷ. 丙은 도시가스를 선택하여 102,000원의 에너지이용권을 가상카드 형태로 지급받을 수 있으며, 이용권 사용기간 만료 시 잔액이 발생한다면 전기요금이 차감될 것이다.

① ㄱ ② ㄴ
③ ㄷ ④ ㄱ, ㄷ
⑤ ㄴ, ㄷ

문 22. 다음 글을 근거로 판단할 때, 우수부서 수와 기념품 구입 개수를 옳게 짝지은 것은? 2020년

A기관은 탁월한 업무 성과로 포상금 5,000만 원을 지급받았다. 〈포상금 사용기준〉은 다음과 같다.

〈포상금 사용기준〉

- 포상금의 40% 이상은 반드시 각 부서에 현금으로 배분한다.
  - 전체 15개 부서를 우수부서와 보통부서 두 그룹으로 나누어 우수부서에 150만 원, 보통부서에 100만 원을 현금으로 배분한다.
  - 우수부서는 최소한으로 선정한다.
- 포상금 중 2,900만 원은 직원 복지 시설을 확충하는 데 사용한다.
- 직원 복지 시설을 확충하고 부서별로 현금을 배분한 후 남은 금액을 모두 사용하여 개당 1만 원의 기념품을 구입한다.

	우수부서 수	기념품 구입 개수
①	9개	100개
②	9개	150개
③	10개	100개
④	10개	150개
⑤	11개	50개

문 23. 다음 글을 근거로 판단할 때, 5세트가 시작한 시점에 경기장에 남아 있는 관람객 수의 최댓값은? 2022년

- 총 5세트의 배구경기에서 각 세트를 이길 때마다 세트 점수 1점을 획득하여 누적 세트 점수 3점을 먼저 획득하는 팀이 승리한다.
- 경기 시작 전, 경기장에는 홈팀을 응원하는 관람객 5,000명과 원정팀을 응원하는 관람객 3,000명이 있었다.
- 각 세트가 끝날 때마다 누적 세트 점수가 낮은 팀을 응원하는 관람객이 경기장을 나가는데, 홈팀은 1,000명, 원정팀은 500명이 나간다.
- 경기장을 나간 관람객은 다시 들어오지 못하며, 경기 중간에 들어온 관람객은 없다.
- 경기는 원정팀이 승리했으나 홈팀이 두 세트를 이기며 분전했다.

① 6,000명
② 6,500명
③ 7,000명
④ 7,500명
⑤ 8,000명

문 24. 다음 글과 〈상황〉을 근거로 판단할 때, A가 새로 읽기 시작한 350쪽의 책을 다 읽은 때는? 2022년

- A는 특별한 일이 없는 경우 월~금요일까지 매일 시외버스를 타고 30분씩 각각 출근과 퇴근을 하며 밤 9시 이전에 집에 도착한다.
- A는 대중교통을 이용할 때 책을 읽는다. 단, 시내버스에서는 책을 읽지 않고, 또 밤 9시가 넘으면 어떤 대중교통을 이용해도 책을 읽지 않는다.
- A는 10분에 20쪽의 속도로 책을 읽는다. 다만 책의 1쪽부터 30쪽까지는 10분에 15쪽의 속도로 읽는다.

〈상황〉

A는 이번 주 월~금요일까지 출퇴근을 했는데, 화요일에는 회사 앞에서 회식이 있어 밤 8시 30분에 시외버스를 타고 30분 후에 집 근처 정류장에 내려 퇴근했다. 수요일에는 오전 근무를 마치고 회의를 위해서 지하철로 20분 이동한 후 다시 시내버스를 30분 타고 회의 장소로 갔다. 회의가 끝난 직후 밤 9시 10분에 지하철을 40분 타고 퇴근했다. A는 200쪽까지 읽은 280쪽의 책을 월요일 아침 출근부터 이어서 읽었고, 그 책을 다 읽은 직후 곧바로 350쪽의 새로운 책을 읽기 시작했다.

① 수요일 회의 장소 이동 중
② 수요일 퇴근 중
③ 목요일 출근 중
④ 목요일 퇴근 중
⑤ 금요일 출근 중

문 25. 다음 〈조건〉과 〈상황〉을 근거로 판단할 때 옳지 않은 것은? 2017년

〈조건〉

민우의 스마트폰은 아래 사항 중 어느 하나라도 위배되면 자동으로 전원이 종료된다.

- 3개 이상의 메신저 애플리케이션이 동시에 실행 중일 수 없다.
- 총 메모리 사용량이 메모리의 용량을 초과할 수 없다.(단, 기본 메모리 용량은 1.5GB이나, 1.6GB로 확장할 수 있다)
- 실행 중인 애플리케이션 이름의 글자 수 합이 22자를 초과할 수 없다.
- 서로 종류(메신저, 게임, 지도, 뱅킹)가 다른 4가지의 애플리케이션이 동시에 실행 중일 수 없다.

〈상황〉

- 민우의 스마트폰에는 총 9개의 애플리케이션이 아래와 같이 설치되어 있다.

이름	종 류	메모리 사용량(MB)
바나나톡	메신저	400
나인	메신저	300
모노그램	메신저	150
쿠키워크	게 임	350
레일런	게 임	150
녹색지도	지 도	300
고글지도	지 도	100
컨트리은행	뱅 킹	90
구한은행	뱅 킹	260

- 현재 민우의 스마트폰은 전원이 켜져 있다.
- 현재 민우의 스마트폰에서는 총 6개의 애플리케이션이 실행 중이다.
- 현재 민우의 스마트폰에서는 '바나나톡', '구한은행'이 실행 중이다.

※ 1GB는 1,024MB임
※ 총 메모리 사용량은 실행 중인 개별 애플리케이션 메모리 사용량의 합임

① 현재 '나인'은 실행 중이다.
② 현재 '컨트리은행'은 실행되지 않고 있다.
③ 현재 게임 애플리케이션은 모두 실행 중이다.
④ 현재 '고글지도'는 실행되지 않고 있다.
⑤ 민우의 스마트폰은 메모리가 확장되어 현재 1.6GB인 상태이다.

문 26. 다음 글을 근거로 판단할 때, 〈보기〉에서 옳은 것만을 모두 고르면? 2023년

나이는 현재 연도에서 출생 연도를 뺀 '연 나이'와, 태어난 날을 0살로 하여 매해 생일에 한 살씩 더하는 '만 나이'로 구분된다. 연 나이와 만 나이에 따라 甲~丁이 각각 존댓말 사용 여부를 결정하는 방식은 다음과 같다.

甲 : 만 나이 기준으로 자신보다 나이가 많으면 존댓말을 쓰고, 그렇지 않으면 존댓말을 쓰지 않는다.

乙 : 연 나이 기준으로 자신보다 두 살 이상 많으면 존댓말을 쓰고, 그렇지 않으면 존댓말을 쓰지 않는다.

丙 : 연 나이 기준으로 자신보다 두 살 이상 많거나 만 나이 기준으로 한 살 이상 많으면 존댓말을 쓰고, 그렇지 않으면 존댓말을 쓰지 않는다.

丁 : 연 나이, 만 나이 모두 자신과 같으면 존댓말을 쓰지 않고, 그렇지 않으면 존댓말을 쓴다.

甲은 1995년 10월 21일에, 乙은 1994년 7월 19일에, 丙은 1994년 7월 6일에, 丁은 1994년 11월 22일에 태어났다.

〈보기〉

ㄱ. 甲은 乙에게 항상 존댓말을 쓴다.
ㄴ. 乙과 丙은 서로에게 존댓말을 쓰지 않는다.
ㄷ. 2022년 9월 26일에 丁은 甲에게 존댓말을 쓰지 않는다.
ㄹ. 乙은 丁에게 존댓말을 쓰지 않지만, 丁은 乙에게 존댓말을 쓰는 경우가 있다.

① ㄱ, ㄴ
② ㄴ, ㄷ
③ ㄷ, ㄹ
④ ㄱ, ㄴ, ㄹ
⑤ ㄱ, ㄷ, ㄹ

문 27. 다음 글을 근거로 판단할 때, 〈보기〉에서 옳은 것만을 모두 고르면? 2020년

甲국은 출산장려를 위한 경제적 지원 정책으로 다음과 같은 세 가지 안(A~C)을 고려 중이다.

- A안 : 18세 이하의 자녀가 있는 가정에 수당을 매월 지급하되, 자녀가 둘 이상인 경우에 한한다. 18세 이하의 자녀에 대해서 첫째와 둘째는 각각 15만 원, 셋째는 30만 원, 넷째부터는 45만 원씩의 수당을 해당 가정에 지급한다.
- B안 : 18세 이하의 자녀가 있는 가정에 수당을 매월 지급한다. 다만 자녀가 18세를 초과하더라도 재학 중인 경우에는 24세까지 수당을 지급한다. 첫째와 둘째는 각각 20만 원, 셋째는 22만 원, 넷째부터는 25만 원씩의 수당을 해당 가정에 지급한다.
- C안 : 자녀가 중학교를 졸업할 때(상한 연령 16세)까지만 해당 가정에 수당을 매월 지급한다. 우선 3세 미만의 자녀가 있는 가정에는 3세 미만의 자녀 1명 당 10만 원을 지급한다. 3세부터 초등학교를 졸업할 때까지는 첫째와 둘째는 각각 8만 원, 셋째부터는 10만 원씩 해당 가정에 지급한다. 중학생 자녀의 경우, 일률적으로 1명 당 8만 원씩 해당 가정에 지급한다.

〈보기〉

ㄱ. 18세 이하 자녀 3명만 있는 가정의 경우, 지급받는 월 수당액은 A안보다 B안을 적용할 때 더 많다.
ㄴ. A안을 적용할 때 자녀가 18세 이하 1명만 있는 가정은 월 15만 원을 수당으로 지급받는다.
ㄷ. C안의 수당을 50% 증액하더라도 중학생 자녀 2명(14세, 15세)만 있는 가정은 A안보다 C안을 적용할 때 더 적은 월 수당을 지급받는다.
ㄹ. C안을 적용할 때 한 자녀에 대해 지급되는 월 수당액은 그 자녀가 성장하면서 지속적으로 증가하는 특징이 있다.

① ㄱ, ㄷ
② ㄱ, ㄹ
③ ㄴ, ㄹ
④ ㄱ, ㄴ, ㄷ
⑤ ㄴ, ㄷ, ㄹ

문 28. 다음 글을 근거로 판단할 때, 〈보기〉에서 옳은 것만을 모두 고르면? 2018년

- 甲과 乙은 책의 쪽 번호를 이용한 점수 게임을 한다.
- 책을 임의로 펼쳐서 왼쪽 면 쪽 번호의 각 자리 숫자를 모두 더하거나 모두 곱해서 나오는 결과와 오른쪽 면 쪽 번호의 각 자리 숫자를 모두 더하거나 모두 곱해서 나오는 결과 중에 가장 큰 수를 본인의 점수로 한다.
- 점수가 더 높은 사람이 승리하고, 같은 점수가 나올 경우 무승부가 된다.
- 甲과 乙이 가진 책의 시작 면은 1쪽이고, 마지막 면은 378쪽이다. 책을 펼쳤을 때 왼쪽 면이 짝수, 오른쪽 면이 홀수 번호이다.
- 시작 면이나 마지막 면이 나오게 책을 펼치지는 않는다.

※ 쪽 번호가 없는 면은 존재하지 않음
※ 두 사람은 항상 서로 다른 면을 펼침

〈보기〉

ㄱ. 甲이 98쪽과 99쪽을 펼치고, 乙은 198쪽과 199쪽을 펼치면 乙이 승리한다.
ㄴ. 甲이 120쪽과 121쪽을 펼치고, 乙은 210쪽과 211쪽을 펼치면 무승부이다.
ㄷ. 甲이 369쪽을 펼치면 반드시 승리한다.
ㄹ. 乙이 100쪽을 펼치면 승리할 수 없다.

① ㄱ, ㄴ
② ㄱ, ㄷ
③ ㄱ, ㄹ
④ ㄴ, ㄷ
⑤ ㄴ, ㄹ

문 29. 다음 글을 근거로 판단할 때, 甲이 구매하게 될 차량은? 2018년

甲은 아내 그리고 자녀 둘과 함께 총 4명이 장거리 이동이 가능하도록 배터리 완전충전 시 주행거리가 200km 이상인 전기자동차 1대를 구매하려고 한다. 구매와 동시에 집 주차장에 배터리 충전기를 설치하려고 하는데, 배터리 충전시간(완속 기준)이 6시간을 초과하지 않으면 완속 충전기를, 6시간을 초과하면 급속 충전기를 설치하려고 한다.

한편 정부는 전기자동차 활성화를 위하여 전기자동차 구매 보조금을 구매와 동시에 지원하고 있는데, 승용차는 2,000만 원, 승합차는 1,000만 원을 지원하고 있다. 승용차 중 경차는 1,000만 원을 추가로 지원한다. 배터리 충전기에 대해서는 완속 충전기에 한하여 구매 및 설치 비용을 구매와 동시에 전액 지원하며, 2,000만 원이 소요되는 급속 충전기의 구매 및 설치 비용은 지원하지 않는다.

이러한 상황을 감안하여 甲은 차량 A~E 중에서 실구매 비용(충전기 구매 및 설치 비용 포함)이 가장 저렴한 차량을 선택하려고 한다. 단, 실구매 비용이 동일할 경우에는 아래의 '점수 계산 방식'에 따라 점수가 가장 높은 차량을 구매하려고 한다.

차량	A	B	C	D	E
최고속도(km/h)	130	100	120	140	120
완전충전 시 주행거리(km)	250	200	250	300	300
충전시간(완속 기준)	7시간	5시간	8시간	4시간	5시간
승차 정원	6명	8명	2명	4명	5명
차종	승용	승합	승용(경차)	승용	승용
가격(만 원)	5,000	6,000	4,000	8,000	8,000

- 점수 계산 방식
  - 최고속도가 120km/h 미만일 경우에는 120km/h를 기준으로 10km/h가 줄어들 때마다 2점씩 감점
  - 승차 정원이 4명을 초과할 경우에는 초과인원 1명당 1점씩 가점

① A
② B
③ C
④ D
⑤ E

문 30. 다음 글을 근거로 판단할 때, 1차 투표와 2차 투표에서 모두 B안에 투표한 주민 수의 최솟값은? 2020년

> ○○마을은 새로운 사업을 추진하기 위해 주민 100명을 대상으로 투표를 실시하였다. 주민들에게 사업안 A, B, C 중 하나를 선택하도록 하였다. 사전 자료를 바탕으로 1차 투표를 한 후, 주민들끼리 토론을 거쳐 2차 투표로 최종안을 결정하였다. 1차와 2차 투표 모두 투표율은 100%였고, 무효표는 없었다. 투표 결과는 다음과 같다.
>
> | 구분 | 1차 투표 | 2차 투표 |
> |---|---|---|
> | A안 | 30명 | (   )명 |
> | B안 | 50명 | (   )명 |
> | C안 | 20명 | 35명 |
>
> 1차 투표와 2차 투표에서 모두 A안에 투표한 주민은 20명이었고, 2차 투표에서만 A안에 투표한 주민은 5명이었다.

① 10
② 15
③ 20
④ 25
⑤ 30

문 31. 다음 글과 〈상황〉을 근거로 판단할 때 옳은 것은? 2022년

> 제○○조 ① 소비자는 물품 등의 사용으로 인한 피해의 구제를 한국소비자원에 신청할 수 있다.
> ② 국가 · 지방자치단체 또는 소비자단체는 소비자로부터 피해구제의 신청을 받은 때에는 한국소비자원에 그 처리를 의뢰할 수 있다.
> ③ 사업자는 소비자로부터 피해구제의 신청을 받은 때에는 다음 각 호의 어느 하나에 해당하는 경우에 한하여 한국소비자원에 그 처리를 의뢰할 수 있다.
> 1. 소비자로부터 피해구제의 신청을 받은 날부터 30일이 경과하여도 합의에 이르지 못하는 경우
> 2. 한국소비자원에 피해구제의 처리를 의뢰하기로 소비자와 합의한 경우
>
> 제□□조 ① 한국소비자원장은 피해구제신청사건을 처리함에 있어서 당사자 또는 관계인이 법령을 위반한 것으로 판단되는 때에는 관계 기관에 이를 통보하고 적절한 조치를 의뢰하여야 한다. 다만 다음 각 호의 경우에는 그러하지 아니하다.
> 1. 피해구제신청사건의 당사자가 피해보상에 관한 합의를 하고 법령위반행위를 시정한 경우
> 2. 관계 기관에서 위법사실을 이미 인지 · 조사하고 있는 경우
>
> ② 한국소비자원장은 피해구제신청의 당사자에 대하여 피해보상에 관한 합의를 권고할 수 있다.
>
> 제△△조 한국소비자원장은 제○○조의 규정에 따라 피해구제의 신청을 받은 날부터 30일 이내에 제□□조 제2항의 규정에 따른 합의가 이루어지지 아니하는 때에는 지체 없이 소비자분쟁조정위원회에 분쟁조정을 신청하여야 한다.
>
> 제◇◇조 한국소비자원의 피해구제 처리절차 중에 법원에 소를 제기한 당사자는 그 사실을 한국소비자원에 통보하여야 한다.

〈상황〉

> 소비자 甲은 사업자 乙이 생산한 물품을 사용하다가 피해를 입었다. 이에 甲은 乙에게 피해구제를 신청하였다.

① 乙이 신청을 받은 날부터 30일이 지나도록 甲과 합의에 이르지 못한 경우, 乙은 한국소비자원에 그 처리를 의뢰할 수 있다.
② 甲과 乙이 한국소비자원에 피해구제의 처리를 의뢰하기로 합의한 경우, 乙은 30일 이내에 소비자분쟁조정위원회에 분쟁조정을 신청하여야 한다.
③ 한국소비자원이 甲의 피해구제 처리절차를 진행하는 중에는 甲은 해당 사건에 대해 법원에 소를 제기할 수 없다.
④ 한국소비자원장이 권고한 피해보상에 관한 합의가 甲과 乙 사이에 이루어지지 않은 경우, 한국소비자원장은 30일 이내에 소비자분쟁조정위원회에 분쟁조정을 신청하여야 한다.
⑤ 한국소비자원장은 피해구제신청사건을 처리함에 있어서 乙이 법령을 위반한 것으로 판단되면, 관계 기관에서 위법사실을 이미 인지 · 조사하고 있는 경우라도 관계 기관에 이를 통보하고 적절한 조치를 의뢰하여야 한다.

문 32. 다음 글과 〈상황〉을 근거로 판단할 때 옳은 것은? 2017년

저작자는 미술저작물, 건축저작물, 사진저작물(이하 "미술 저작물 등"이라 한다)의 원본이나 그 복제물을 전시할 권리를 가진다. 전시권은 저작자인 화가, 건축물 설계자, 사진작가에게 인정되므로, 타인이 미술저작물 등을 전시하기 위해서는 저작자의 허락을 얻어야 한다. 다만 전시는 일반인에 대한 공개를 전제로 하는 것이므로, 예컨대 가정 내에서 진열하는 때에는 저작자의 허락이 필요 없다. 또한 저작자는 복제권도 가지기 때문에 타인이 미술저작물 등을 복제하기 위해서는 저작자의 허락을 얻어야 한다. 그런데 저작자가 미술저작물 등을 타인에게 판매하여 소유권을 넘긴 경우에는 저작자의 전시권·복제권과 소유자의 소유권이 충돌하는 문제가 발생한다. 저작권법은 미술저작물 등의 전시·복제와 관련된 문제들을 다음과 같이 해결하고 있다.

첫째, 미술저작물 등의 원본의 소유자나 그의 허락을 얻은 자는 자유로이 미술저작물 등의 원본을 전시할 수 있다. 다만 가로·공원·건축물의 외벽 등 공중에게 개방된 장소에 항시 전시하는 경우에는 저작자의 허락을 얻어야 한다.

둘째, 개방된 장소에 항시 전시되어 있는 미술저작물 등은 제3자가 어떠한 방법으로든지 이를 복제하여 이용할 수 있다. 다만 건축물을 건축물로 복제하는 경우, 조각 또는 회화를 조각 또는 회화로 복제하는 경우, 미술 저작물 등을 판매목적으로 복제하는 경우에는 저작자의 허락을 얻어야 한다.

셋째, 화가 또는 사진작가가 고객으로부터 위탁을 받아 완성한 초상화 또는 사진저작물의 경우, 화가 또는 사진작가는 위탁자의 허락이 있어야 이를 전시·복제할 수 있다.

〈상황〉

- 화가 甲은 자신이 그린 「군마」라는 이름의 회화를 乙에게 판매하였다.
- 화가 丙은 丁의 위탁을 받아 丁을 모델로 한 초상화를 그려 이를 丁에게 인도하였다.

① 乙이 「군마」를 건축물의 외벽에 잠시 전시하고자 할 때라도 甲의 허락을 얻어야만 한다.
② 乙이 감상하기 위해서 「군마」를 자신의 거실 벽에 걸어 놓을 때는 甲의 허락을 얻어야 한다.
③ A가 공원에 항시 전시되어 있는 「군마」를 회화로 복제하고자 할 때는 乙의 허락을 얻어야 한다.
④ 丙이 丁의 초상화를 복제하여 전시하고자 할 때는 丁의 허락을 얻어야 한다.
⑤ B가 공원에 항시 전시되어 있는 丁의 초상화를 판매목적으로 복제하고자 할 때는 丙의 허락을 얻을 필요가 없다.

문 33. 다음 글을 근거로 판단할 때, 〈보기〉에서 옳은 것만을 모두 고르면? 2019년

보다 많은 고객을 끌어들일 수 있는 이상적인 점포 입지를 결정하기 위한 상권분석이론에는 'X가설'과 'Y가설'이 있다. X가설에 의하면, 소비자는 유사한 제품을 판매하는 점포들 중 한 점포를 선택할 때 가장 가까운 점포를 선택한다. 그러나이동거리가 점포 선택에 큰 영향을 미치기는 하지만, 소비자가 항상 가장 가까운 점포를 찾는다는 X가설이 적용되기 어려운 상황들이 있다. 가령, 소비자들은 먼 거리에 위치한 점포가 보다 나은 구매기회를 제공함으로써 이동에 따른 추가 노력을 보상한다면 기꺼이 먼 곳까지 찾아간다.

한편 Y가설은 다른 조건이 동일하다면 두 도시 사이에 위치하는 어떤 지역에 대한 각 도시의 상거래 흡인력은 각 도시의 인구에 비례하고, 각 도시로부터의 거리 제곱에 반비례한다고 본다. 즉, 인구가 많은 도시일수록 더 많은 구매기회를 제공할 가능성이 높으므로 소비자를 끌어당기는 힘이 크다고 본 것이다.

예를 들어, 일직선상에 A, B, C 세 도시가 있고, C시는 A시와 B시 사이에 위치하며, C시는 A시로부터 5km, B시로부터 10km 떨어져 있다. 그리고 A시 인구는 50만 명, B시의 인구는 400만 명, C시의 인구는 9만 명이다. 만약 A시와 B시가 서로 영향을 주지 않고, C시의 모든 인구가 A시와 B시에서만 구매한다고 가정하면, Y가설에 따라 A시와 B시로 구매활동에 유인되는 C시의 인구 규모를 계산할 수 있다. A시의 흡인력은 20,000(=50만÷25), B시의 흡인력은 40,000(=400만÷100)이다. 따라서 9만 명인 C시의 인구 중 1/3인 3만 명은 A시로, 2/3인 6만 명은 B시로 흡인된다.

〈보기〉

ㄱ. X가설에 따르면, 소비자가 유사한 제품을 판매하는 점포들 중 한 점포를 선택할 때 소비자는 더 싼 가격의 상품을 구매하기 위해 더 먼 거리에 있는 점포에 간다.
ㄴ. Y가설에 따르면, 인구 및 다른 조건이 동일할 때 거리가 가까운 도시일수록 이상적인 점포 입지가 된다.
ㄷ. Y가설에 따르면, C시로부터 A시와 B시가 떨어진 거리가 5km로 같다고 가정할 때 C시의 인구 중 8만 명이 B시로 흡인된다.

① ㄱ
② ㄴ
③ ㄱ, ㄷ
④ ㄴ, ㄷ
⑤ ㄱ, ㄴ, ㄷ

문 34. 다음 글을 근거로 판단할 때, 〈보기〉에서 옳은 것만을 모두 고르면? 2018년

甲, 乙, 丙이 바둑돌을 손가락으로 튕겨서 목표지점에 넣는 게임을 한다. 게임은 총 5라운드까지 진행하며, 라운드마다 바둑돌을 목표지점에 넣을 때까지 손가락으로 튕긴 횟수를 해당 라운드의 점수로 한다. 각 라운드의 점수가 가장 낮은 사람이 해당 라운드의 1위가 되며, 모든 라운드의 점수를 합산하여 그 값이 가장 작은 사람이 게임에서 우승한다.

아래의 표는 각 라운드별로 甲, 乙, 丙의 점수를 기록한 것이다. 4라운드와 5라운드의 결과는 실수로 지워졌는데, 그중 한 라운드에서는 甲, 乙, 丙 모두 점수가 같았고, 다른 한 라운드에서는 바둑돌을 한 번 튕겨서 목표지점에 넣은 사람이 있었다.

구분	1라운드	2라운드	3라운드	4라운드	5라운드	점수 합
甲	2	4	3			16
乙	5	4	2			17
丙	5	2	6			18

〈보기〉

ㄱ. 4라운드와 5라운드만을 합하여 바둑돌을 튕긴 횟수가 가장 많은 사람은 甲이다.
ㄴ. 바둑돌을 한 번 튕겨서 목표지점에 넣은 사람은 乙이다.
ㄷ. 丙의 점수는 라운드마다 달랐다.
ㄹ. 만약 각 라운드에서 단독으로 1위를 한 횟수가 가장 많은 사람이 우승하는 것으로 규칙을 변경한다면, 丙이 우승한다.

① ㄱ, ㄴ
② ㄱ, ㄷ
③ ㄴ, ㄹ
④ ㄱ, ㄷ, ㄹ
⑤ ㄴ, ㄷ, ㄹ

문 35. 다음 〈감독의 말〉과 〈상황〉을 근거로 판단할 때, 甲～戊 중 드라마에 캐스팅되는 배우는? 2019년

〈감독의 말〉

안녕하세요 여러분. '열혈 군의관, 조선시대로 가다!' 드라마 오디션에 지원해 주셔서 감사합니다. 잠시 후 오디션을 시작할 텐데요. 이번 오디션에서 캐스팅하려는 역은 20대 후반의 군의관입니다. 오디션 실시 후 오디션 점수를 기본 점수로 하고, 다음 채점 기준의 해당 점수를 기본 점수에 가감하여 최종 점수를 산출하며, 이 최종 점수가 가장 높은 사람을 캐스팅합니다.

첫째, 28세를 기준으로 나이가 많거나 적은 사람은 1세 차이당 2점씩 감점하겠습니다. 둘째, 이전에 군의관 역할을 연기해 본 경험이 있는 사람은 5점을 감점하겠습니다. 시청자들이 식상해 할 수 있을 것 같아서요. 셋째, 저희 드라마가 퓨전 사극이기 때문에, 사극에 출연해 본 경험이 있는 사람에게는 10점의 가점을 드리겠습니다. 넷째, 최종 점수가 가장 높은 사람이 여럿인 경우, 그중 기본 점수가 가장 높은 한 사람을 캐스팅하도록 하겠습니다.

〈상황〉

- 오디션 지원자는 총 5명이다.
- 오디션 점수는 甲이 76점, 乙이 78점, 丙이 80점, 丁이 82점, 戊가 85점이다.
- 각 배우의 오디션 점수에 각자의 나이를 더한 값은 모두 같다.
- 오디션 점수가 세 번째로 높은 사람만 군의관 역할을 연기해 본 경험이 있다.
- 나이가 가장 많은 배우만 사극에 출연한 경험이 있다.
- 나이가 가장 적은 배우는 23세이다.

① 甲
② 乙
③ 丙
④ 丁
⑤ 戊

문 36. 다음 글과 〈상황〉을 근거로 판단할 때, 〈보기〉에서 옳은 것만을 모두 고르면? 2022년

甲 : 수면무호흡증으로 고생하고 있는데 양압기를 사용하면 많이 개선된다고 들었어요. 건강보험 급여 적용을 받으면 양압기 대여료가 많이 저렴해진다던데 설명 좀 들을 수 있을까요?

乙 : 급여 대상이 되려면 수면다원검사를 받으시고, 검사 결과 무호흡·저호흡 지수가 15 이상이면 돼요. 무호흡·저호흡 지수가 10 이상 15 미만이면 불면증·주간졸음·인지기능저하·기분장애 중 적어도 하나에 해당하면 돼요.

甲 : 그러면 제가 부담하는 대여료는 얼마인가요?

乙 : 일단 수면다원검사 결과 급여 대상에 해당하면 양압기 처방을 받으실 수 있어요. 양압기는 자동형과 수동형이 있는데 둘 중 하나를 선택해야 하고 중간에 바꿀 수는 없어요. 자동형의 기준금액은 하루에 3,000원이고 수동형은 하루에 2,000원이에요. 대여기간 중에는 사용 여부와 관계없이 대여료가 부과돼요. 처방일부터 최대 90일간 순응기간이 주어져요. 순응기간에는 기준금액 중 50%만 고객님이 부담하시면 되고, 나머지는 건강보험공단에서 저희 회사로 지급해요. 90일 기간 내에 연이은 30일 중 하루 4시간 이상 사용한 일수가 21일이 되면 그날로 순응기간이 종료돼요. 그러면 바로 그다음 날부터는 정식사용기간이 시작되어 기준금액의 20%만 고객님이 부담하시면 됩니다.

〈상황〉

수면다원검사 결과 甲의 무호흡·저호흡 지수는 16이었다. 甲은 2021년 4월 1일 양압기 처방을 받고 그날 양압기를 대여받았다.

〈보기〉

ㄱ. 甲은 불면증·주간졸음·인지기능저하·기분장애 증상이 없었더라도 양압기 처방을 받았을 것이다.
ㄴ. 甲이 2021년 4월 한 달 동안 부담한 양압기 대여료가 30,000원이라면, 甲은 수동형 양압기를 대여받았을 것이다.
ㄷ. 甲의 순응기간이 2021년 5월 21일에 종료되었다면, 甲은 해당 월에 양압기를 최소한 48시간 이상 사용하였을 것이다.
ㄹ. 甲이 자동형 양압기를 대여받았고 2021년 6월에 부담한 대여료가 36,000원이라면, 甲이 처방일부터 3개월간 부담한 총 대여료는 126,000원일 것이다.

① ㄱ, ㄷ
② ㄴ, ㄹ
③ ㄷ, ㄹ
④ ㄱ, ㄴ, ㄷ
⑤ ㄱ, ㄴ, ㄹ

문 37. 다음 글과 〈상황〉을 근거로 판단할 때, 〈보기〉에서 옳은 것만을 모두 고르면? 2021년

제00조 ① 급식은 유아의 교육을 위하여 설립·운영되는 국립·공립·사립 유치원을 대상으로 실시한다.
② 제1항에도 불구하고 원아수 50명 미만의 사립 유치원은 급식 대상에서 제외한다. 다만 교육감이 필요하다고 인정하는 경우 급식 대상에 포함시킬 수 있다.
③ 교육감은 제2항에 따라 급식 대상에서 제외되는 유치원의 명칭과 주소를 매년 1월말까지 공시하여야 한다.
제00조 ① 유치원에 두는 영양교사의 배치기준은 다음 각 호와 같다.
1. 급식을 실시할 유치원에는 영양교사 1명을 둔다.
2. 제1호에도 불구하고 같은 교육지원청의 관할구역에 있는 원아수 각 200명 미만인 유치원은 2개 이내의 유치원에 순회 또는 공동으로 영양교사를 둘 수 있다.
② 교육감은 급식을 위한 시설과 설비를 갖춘 유치원 중 원아수 100명 미만의 유치원에 대하여 영양관리, 식생활 지도 등의 업무를 지원하기 위하여 교육지원청에 전담직원을 둘 수 있다. 이 경우 교육지원청의 지원을 받는 유치원에는 영양교사를 둔 것으로 본다.

〈상황〉

• 현재 유치원 현황은 다음과 같다.

유치원	분류	원아수	관할 교육지원청
A	공립	223	甲
B	사립	152	乙
C	사립	123	乙
D	사립	74	丙
E	공립	46	丙

〈보기〉

ㄱ. A유치원은 급식을 실시하기 위하여 영양교사 1명을 배치해야 한다.
ㄴ. B유치원과 C유치원은 공동으로 영양교사 1명을 배치할 수 있다.
ㄷ. 급식을 위한 시설과 설비를 갖춘 D유치원이 丙교육지원청의 전담직원을 통하여 영양관리, 식생활 지도 등의 업무를 지원받고 있다면, D유치원은 영양교사를 둔 것으로 본다.
ㄹ. E유치원은 급식 대상에서 제외되는 유치원으로 그 명칭과 주소가 매년 1월말까지 공시되어야 한다.

① ㄱ, ㄴ
② ㄱ, ㄹ
③ ㄷ, ㄹ
④ ㄱ, ㄴ, ㄷ
⑤ ㄴ, ㄷ, ㄹ

문 38. 다음 글을 근거로 판단할 때 옳은 것은? 2019년

- 가뭄 예 · 경보는 농업용수 분야와 생활 및 공업용수 분야로 구분하여 발령한다.
- 예 · 경보 발령은 '주의', '심함', '매우심함' 3단계로 구분하며, '매우심함'이 가장 심각한 단계이다.
- 가뭄 예 · 경보는 다음에서 정한 날에 발령한다.
  - 주의 : 해당 기준에 도달한 매 월 10일
  - 심함 : 해당 기준에 도달한 매 주 금요일
  - 매우심함 : 해당 기준에 도달한 매 일마다 수시

〈가뭄 예 · 경보 발령 기준〉

주의	농업용수	영농기(4~9월)에 저수지 저수율이 평년의 70% 이하 또는 밭 토양 유효수분율이 60% 이하에 해당되는 경우
	생활 및 공업용수	하천여유수량을 감량 공급하는 상황에서 현재 하천유지유량이 고갈되거나, 장래 1~3개월 후 하천 및 댐 등에서 농업용수 공급이 어려울 것으로 판단되는 경우
심함	농업용수	영농기(4~9월)에 저수지 저수율이 평년의 60% 이하 또는 밭 토양 유효수분율이 40% 이하에 해당되는 경우
	생활 및 공업용수	하천유지유량을 감량 공급하는 상황에서 현재 하천 및 댐 등에서 농업용수 공급이 부족하거나, 장래 1~3개월 후 생활 및 공업용수 공급이 어려울 것으로 판단되는 경우
매우심함	농업용수	영농기(4~9월)에 저수지 저수율이 평년의 50% 이하 또는 밭 토양 유효수분율이 30% 이하에 해당되는 경우
	생활 및 공업용수	현재 하천 및 댐 등에서 농업용수, 생활 및 공업용수 공급이 부족하고, 장래 1~3개월 후 생활 및 공업용수 공급에도 차질이 발생할 것으로 판단되는 경우

※ 단, 상황이 여러 기준에 모두 해당되는 경우 더 심각한 단계에 해당되는 것으로 판단

① 영농기에 저수지 저수율이 평년의 50%라면 농업용수 가뭄 예 · 경보 기준의 심함에 해당한다.

② 영농기에 밭 토양 유효수분율이 70%일 경우 농업용수 가뭄 예 · 경보를 그 달 10일에 발령한다.

③ 하천유지유량을 감량 공급하는 상황에서 현재 하천 및 댐 등에서 농업용수 공급이 부족한 경우, 농업용수 가뭄 예 · 경보 기준의 심함에 해당한다.

④ 12월 23일 금요일에 저수지 저수율이 평년의 60% 이하이거나 밭 토양 유효수분율이 40% 이하이면 농업용수 가뭄 예 · 경보가 발령될 것이다.

⑤ 5월 19일 목요일에 생활 및 공업용수 가뭄 예 · 경보가 발령되었다면, 현재 하천 및 댐 등에서 농업용수, 생활 및 공업용수 공급이 부족하고, 장래 1~3개월 후 생활 및 공업용수 공급에도 차질이 발생할 것으로 판단되는 경우일 것이다.

문 39. 다음 글과 〈상황〉을 근거로 판단할 때, 2022년에 건강검진을 받을 직원이 가장 많은 검진항목은? 2022년

A기관은 직원들을 대상으로 건강검진 프로그램을 운영하고 있다. 직원들은 각 검진항목의 대상에 해당하는 경우 주기에 맞춰 반드시 검진을 받는다. 다만 검진주기가 2년인 검진항목은 최초 검진대상이 되는 해 또는 그다음 해에 검진을 받아야 한다. 예를 들어 2021년에 45세가 된 직원은 2021년 또는 2022년 중 한 번 심장 검진을 받고, 이후 2년마다 심장 검진을 받아야 한다.

〈A기관 건강검진 프로그램〉

검진항목	대상	주기
위	40세 이상	2년
대장	50세 이상	1년
심장	45세 이상	2년
자궁경부	30세 이상 45세 미만 여성	2년
간	40세 이상 간암 발생 고위험군	1년

〈상황〉

A기관 직원 甲~戊의 2020년 건강검진 기록은 다음과 같다. 2020년 검진 이후 A기관 직원 현황과 간암 발생 고위험군 직원은 변동이 없다.

〈2020년 A기관 직원 건강검진 기록〉

이름	나이(세)	성별	검진항목
甲	28	여	없음
乙	45	남	위
丙	40	여	간
丁	48	남	심장
戊	54	여	대장

① 위

② 대장

③ 심장

④ 자궁경부

⑤ 간

문 40. 다음 글을 근거로 판단할 때, 하이디와 페터가 키우는 양의 총 마리 수와 ㉠~㉣ 중 옳게 기록된 것만을 짝지은 것은?

2018년

- 하이디와 페터는 알프스의 목장에서 양을 키우는데, 목장은 4개의 구역(A~D)으로 이루어져 있다. 양들은 자유롭게 다른 구역을 넘나들 수 있지만 목장을 벗어나지 않는다.
- 하이디와 페터는 양을 잘 관리하기 위해 구역별 양의 수를 파악하고 있어야 하는데, 양들이 계속 구역을 넘나들기 때문에 양의 수를 정확히 헤아리는 데 어려움을 겪고 있다. 고민 끝에 하이디와 페터는 시간별로 양의 수를 기록하되, 하이디는 특정 시간 특정 구역의 양의 수만을 기록하고, 페터는 양이 구역을 넘나들 때마다 그 시간과 그때 이동한 양의 수를 기록하기로 하였다.
- 하이디와 페터가 같은 날 오전 9시부터 오전 10시 15분까지 작성한 기록표는 다음과 같으며, ㉠~㉣을 제외한 모든 기록은 정확하다.

하이디의 기록표			페터의 기록표		
시간	구역	마리 수	시간	구역 이동	마리 수
09:10	A	17마리	09:08	B → A	3마리
09:22	D	21마리	09:15	B → D	2마리
09:30	B	8마리	09:18	C → A	5마리
09:45	C	11마리	09:32	D → C	1마리
09:58	D	㉠ 21마리	09:48	A → C	4마리
10:04	A	㉡ 18마리	09:50	D → B	1마리
10:10	B	㉢ 12마리	09:52	C → D	3마리
10:15	C	㉣ 10마리	10:05	C → B	2마리

※ 구역 이동 외의 양의 수 변화는 고려하지 않음

① 59마리, ㉡, ㉣
② 59마리, ㉢, ㉣
③ 60마리, ㉠, ㉢
④ 61마리, ㉠, ㉡
⑤ 61마리, ㉡, ㉣

문 41. 다음 글을 근거로 판단할 때, 甲과 乙이 콩을 나누기 위한 최소 측정 횟수는?

2020년

甲이 乙을 도와 총 1,760g의 콩을 수확한 후, 甲은 400g을 가지고 나머지는 乙이 모두 가지기로 하였다. 콩을 나눌 때 사용할 수 있는 도구는 2개의 평형접시가 달린 양팔저울 1개, 5g짜리 돌멩이 1개, 35g짜리 돌멩이 1개뿐이다. 甲과 乙은 양팔저울 1개와 돌멩이 2개만을 이용하여 콩의 무게를 측정한다. 양팔저울의 평형접시 2개가 평형을 이룰 때 1회의 측정이 이루어진 것으로 본다.

① 2
② 3
③ 4
④ 5
⑤ 6

문 42. 다음 글과 〈라운드별 음식값〉을 근거로 판단할 때, 음식값을 가장 많이 낸 사람과 그가 낸 음식값을 고르면? 2018년

- 甲, 乙, 丙이 가위바위보를 하여 음식값 내기를 하고 있다.
- 라운드당 한 번씩 가위바위보를 하여 음식값을 낼 사람을 정하며 총 5라운드를 겨룬다.
- 가위바위보에서 승패가 가려진 경우 패자는 해당 라운드의 음식값을 낸다.
- 비긴 경우에는 세 사람이 모두 음식값을 낸다. 단, 직전 라운드 가위바위보의 승자는 음식값을 내지 않는다.
- 음식값을 낼 사람이 2명 이상인 라운드에서는 음식값을 낼 사람들이 동일한 비율로 음식값을 나누어 낸다.
- 甲은 가위-바위-보-가위-바위를 순서대로 낸다.
- 乙은 1라운드에서 바위를 낸 후 2라운드부터는 직전 라운드 가위바위보에서 이긴 경우 가위를, 비긴 경우 바위를, 진 경우 보를 낸다. 단, 乙이 직전 라운드에서 음식값을 낸 경우에는 가위를 낸다.
- 丙은 1라운드에서 바위를 낸 후 2라운드부터는 직전 라운드 가위바위보에서 이긴 경우 보를, 비긴 경우 바위를, 진 경우 가위를 낸다.

※ 주어진 조건 외에는 고려하지 않음

〈라운드별 음식값〉

라운드	1	2	3	4	5
음식값(원)	12,000	15,000	18,000	25,000	30,000

	음식값을 가장 많이 낸 사람	음식값
①	甲	57,000원
②	乙	44,000원
③	乙	51,500원
④	丙	44,000원
⑤	丙	51,500원

문 43. 다음 글을 근거로 판단할 때, 甲～丁 4명이 모두 외출 준비를 끝내는 데 소요되는 최소 시간은? 2020년

甲～丁 4명은 화장실 1개, 세면대 1개, 샤워실 2개를 갖춘 숙소에 묵었다. 다음날 아침 이들은 화장실, 세면대, 샤워실을 이용한 후 외출을 하려고 한다.

- 화장실, 세면대, 샤워실 이용을 마치면 외출 준비가 끝난다.
- 화장실, 세면대, 샤워실 순서로 1번씩 이용한다.
- 화장실, 세면대, 각 샤워실은 한 번에 한 명씩 이용한다.

〈개인별 이용시간〉

(단위 : 분)

구분	화장실	세면대	샤워실
甲	5	3	20
乙	5	5	10
丙	10	5	5
丁	10	3	15

① 40분
② 42분
③ 45분
④ 48분
⑤ 50분

문 44. 다음 〈상황〉과 〈대화〉를 근거로 판단할 때 乙의 점수는? 2020년

〈상황〉

- 甲, 乙, 丙이 과제를 제출하여 각자 성적을 받았다.
- 甲, 乙, 丙의 점수는 서로 다른 자연수로서 세 명의 점수를 합하면 100점이 되며, 甲, 乙, 丙은 이 사실을 알고 있다.
- 甲, 乙, 丙은 자신의 점수는 알지만 다른 사람의 점수는 모르고 있다.

〈대화〉

甲 : 내가 우리 셋 중에 가장 높은 점수를 받았어.
乙 : 甲의 말을 들으니 우리 세 사람이 받은 점수를 확실히 알겠네.
丙 : 나도 이제 우리 세 사람의 점수를 확실히 알겠어.

① 1
② 25
③ 33
④ 41
⑤ 49

문 45. 다음 글과 〈표〉를 근거로 판단할 때, 〈보기〉에서 세 사람 사이의 관계가 '모호'한 것만을 모두 고르면? 2018년

- 임의의 두 사람 사이의 관계는 '동갑'과 '위아래' 두 가지 경우로 나뉜다.
  - 두 사람이 태어난 연도가 같은 경우 초등학교 입학년도에 상관없이 '동갑' 관계가 된다.
  - 두 사람이 태어난 연도가 다른 경우 '위아래' 관계가 된다. 이때 생년이 더 빠른 사람이 '윗사람', 더 늦은 사람이 '아랫사람'이 된다.
  - 두 사람이 태어난 연도가 다르더라도 초등학교 입학년도가 같고 생년월일의 차이가 1년 미만이라면 '동갑' 관계가 된다.
- 두 사람 사이의 관계를 바탕으로 임의의 세 사람(A~C) 사이의 관계는 '명확'과 '모호' 두 가지 경우로 나뉜다.
  - A와 B, A와 C가 '동갑' 관계이고 B와 C 또한 '동갑' 관계인 경우 세 사람 사이의 관계는 '명확'하다.
  - A와 B가 '동갑' 관계이고 A가 C의 '윗사람', B가 C의 '윗사람'인 경우 세 사람 사이의 관계는 '명확'하다.
  - A와 B, A와 C가 '동갑' 관계이고 B와 C가 '위아래' 관계인 경우 세 사람 사이의 관계는 '모호'하다.

〈표〉

이름	생년월일	초등학교 입학년도
甲	1992. 4. 11.	1998
乙	1991. 10. 3.	1998
丙	1991. 3. 1.	1998
丁	1992. 2. 14.	1998
戊	1993. 1. 7.	1999

〈보기〉

ㄱ. 甲, 乙, 丙
ㄴ. 甲, 乙, 丁
ㄷ. 甲, 丙, 丁
ㄹ. 乙, 丁, 戊

① ㄱ, ㄴ
② ㄱ, ㄷ
③ ㄴ, ㄹ
④ ㄱ, ㄷ, ㄹ
⑤ ㄴ, ㄷ, ㄹ

문 46. 다음 글을 근거로 판단할 때, 〈보기〉에서 옳은 것만을 모두 고르면? 2019년

A부족과 B부족은 한쪽 손의 손모양으로 손가락 셈법(지산법)을 사용하여 셈을 한다.

- A부족의 손가락 셈법에 따르면, 손모양을 보아 손바닥이 보이면 펴져 있는 손가락 개수만큼 더하고, 손등이 보이면 펴져 있는 손가락 개수만큼을 뺀다.
- B부족의 손가락 셈법에 따르면, 손모양을 보아 엄지가 펴져 있으면 엄지를 제외하고 펴져 있는 손가락 개수만큼 더하고, 엄지가 접혀 있으면 펴져 있는 손가락 개수만큼 뺀다.

〈보기〉

ㄱ. 손바닥이 보이는 채로, 손가락 다섯 개가 세 번 모두 펴져 있으면, 셈의 합은 A부족이 15이고 B부족은 12일 것이다.
ㄴ. B부족의 셈법에 따르면, 세 번 다 엄지만이 펴져 있는 것의 셈의 합과 세 번 다 주먹이 쥐어져 있는 것의 셈의 합은 동일하다.
ㄷ. 손바닥이 보이는 채로, 첫 번째는 엄지·검지·중지만이 펴져 있고, 두 번째는 엄지가 접혀 있고 검지·중지만 펴져 있고, 세 번째는 다른 손가락은 접혀 있고 엄지만 펴져 있다. 이 경우 셈의 합은 A부족이 6이고 B부족은 3일 것이다.
ㄹ. 세 번 동안 손가락이 몇 개씩 펴져 있는지는 알 수 없으나 세 번 내내 엄지는 꼭 펴져 있었다. 이를 A부족, B부족 각각의 셈법에 따라 셈을 하였을 때, 셈의 합이 똑같이 9가 나올 수 있다.

① ㄱ, ㄴ
② ㄴ, ㄷ
③ ㄷ, ㄹ
④ ㄱ, ㄴ, ㄹ
⑤ ㄱ, ㄷ, ㄹ

문 47. 다음 글을 근거로 판단할 때, A시 예산성과금을 가장 많이 받는 사람은? 2021년

〈A시 예산성과금 공고문〉

• 제도의 취지
  – 예산의 집행방법과 제도 개선 등으로 예산을 절감하거나 수입을 증대시킨 경우 그 일부를 기여자에게 성과금(포상금)으로 지급함으로써 예산의 효율적 사용 장려
• 지급요건 및 대상
  – 자발적 노력을 통한 제도 개선 등으로 예산을 절감하거나 세입원을 발굴하는 등 세입을 증대한 경우
  – 예산절감 및 수입증대 발생시기 : 2020년 1월 1일~2020년 12월 31일
  – A시 공무원, A시 사무를 위임(위탁) 받아 수행하는 기관의 임직원
  – 예산낭비를 신고하거나, 지출절약이나 수입증대에 관한 제안을 제출하여 A시의 예산절감 및 수입증대에 기여한 국민
• 지급기준
  – 1인당 지급액

구분	예산절감		수입증대
	주요사업비	경상적 경비	
지급액	절약액의 20%	절약액의 50%	증대액의 10%

  – 타 부서나 타 사업으로 확산 시 지급액의 30%를 가산하여 지급

① 사업물자 계약방법을 개선하여 2019년 12월 주요사업비 8천만 원을 절약한 A시 사무관 甲
② 제도 개선을 통해 2020년 5월 주요사업비 3천 5백만 원을 절약하여 개선된 제도가 A시청 전 부서에 확대 시행되는 데 기여한 A시 사무관 乙
③ A시 지역축제에 관한 제안을 제출하여 2020년 7월 8천만 원의 수입증대에 기여한 국민 丙
④ A시 위임사무를 수행하면서 제도 개선을 통해 2020년 8월 경상적 경비 1천 8백만 원을 절약한 B기관 이사 丁
⑤ A시장의 지시를 받아 사무용품 조달방법을 개선하여 2020년 9월 경상적 경비 1천만 원을 절약한 A시 사무관 戊

문 48. 다음 글을 근거로 판단할 때, 길동이가 오늘 아침에 수행한 아침 일과에 포함될 수 없는 것은? 2019년

길동이는 오늘 아침 7시 20분에 기상하여, 25분 후인 7시 45분에 집을 나섰다. 길동이는 주어진 25분을 모두 아침 일과를 쉼 없이 수행하는 데 사용했다.

아침 일과를 수행하는 데 정해진 순서는 없으며, 같은 아침 일과를 두 번 이상 수행하지 않는다.

단, 머리를 감았다면 반드시 말리며, 각 아침 일과 수행 중에 다른 아침 일과를 동시에 수행할 수는 없다. 각 아침 일과를 수행하는 데 소요되는 시간은 아래와 같다.

아침 일과	소요 시간
샤워	10분
세수	4분
머리 감기	3분
머리 말리기	5분
몸치장 하기	7분
구두 닦기	5분
주스 만들기	15분
양말 신기	2분

① 세수
② 머리 감기
③ 구두 닦기
④ 몸치장 하기
⑤ 주스 만들기

문 49. 다음 글과 〈상황〉을 근거로 판단할 때, 일반하역사업 등록이 가능한 사업자만을 모두 고르면? 2022년

〈일반하역사업의 최소 등록기준〉

구분	1급지 (부산항, 인천항, 포항항, 광양항)	2급지 (여수항, 마산항, 동해 · 묵호항)	3급지 (1급지와 2급지를 제외한 항)
총시설 평가액	10억 원	5억 원	1억 원
자본금	3억 원	1억 원	5천만 원

- 사업자의 시설 중 본인 소유 시설평가액 총액이 등록기준에서 정한 급지별 '총시설평가액'의 3분의 2 이상이어야 한다.
- 사업자의 하역시설 평가액 총액은 해당 사업자의 시설평가액 총액의 3분의 2 이상이어야 한다.
- 3급지 항에 대해서는 자본금이 1억 원 이상이면 등록기준에서 정한 급지별 '총시설평가액'을 2분의 1로 완화한다.

〈상황〉

- 시설 A~F 중 하역시설은 A, B, C이다.
- 사업자 甲~丁 현황은 다음과 같다.

사업자	항만	자본금	시설	시설 평가액	본인 소유여부
甲	부산항	2억 원	B	4억 원	○
			C	2억 원	○
			D	1억 원	×
			E	3억 원	×
乙	광양항	3억 원	C	8억 원	○
			E	1억 원	×
			F	2억 원	×
丙	동해 · 묵호항	4억 원	A	1억 원	○
			C	4억 원	○
			D	3억 원	×
丁	대산항	1억 원	A	6천만 원	○
			B	1천만 원	×
			C	1천만 원	×
			D	1천만 원	○

① 甲, 乙
② 甲, 丙
③ 乙, 丙
④ 乙, 丁
⑤ 丙, 丁

문 50. 다음 글을 근거로 판단할 때 옳지 않은 것은? 2021년

A협회는 매년 12월 열리는 정기총회에서 다음해 협회장을 선출한다. 협회장의 선출은 ① 입후보자가 1인인 경우에는 '찬반투표'로 이루어지고, ② 입후보자가 2인 이상인 경우에는 '선거'를 통해 이루어진다.

'찬반투표'에 참여할 수 있는 회원의 자격은 투표일 현재까지 A협회의 정회원인 사람으로 한정한다. A협회의 정회원은 A협회의 준회원으로 만 1년 이상을 활동한 후 정회원 가입 신청을 하고 연회비를 납부한 자를 말한다. 기준에 따라 정회원 가입을 신청하고 연회비를 납부한 그 날부터 정회원 자격이 부여된다. 정회원은 정회원 자격을 획득한 다음해부터 매해 1월 30일까지 연회비를 납부하여야 그 자격이 유지된다. 기한 내에 연회비를 납부하지 않은 정회원은 그 자격이 유보되어 권리를 행사할 수 없고, 정회원 자격을 회복하기 위해서는 그 다음해 연회비 납부일까지 연회비의 3배를 납부하여야 한다. 2년 연속 연회비를 납부하지 않은 사람은 A협회의 회원 자격이 영구히 박탈된다.

한편 '선거'에 참여할 수 있는 회원의 자격은 선거일을 기준으로 정회원 자격을 얻은 후 만 1년을 경과한 정회원으로 한정한다. 연회비 미납부로 정회원 자격이 유보된 사람도 정회원 자격을 회복한 후 만 1년을 경과하여야 선거에 참여할 수 있다.

① 2019년 10월 A협회 정회원 자격을 얻은 甲은 '2020년 협회장' 선출을 위한 '선거'에 참여할 수 있었다.
② 2018년 10월 A협회 정회원 자격을 얻은 乙은 2019년 연회비 납부 여부와 관계없이 '2019년 협회장' 선출을 위한 '찬반투표'에 참여할 수 있었다.
③ 2017년 10월 A협회 정회원 자격을 얻은 丙이 연회비 미납부로 자격이 유보되었다가 2019년에 정회원 자격을 회복하였더라도 '2020년 협회장' 선출을 위한 '선거'에 참여할 수 없었다.
④ 2017년 10월 A협회 준회원 활동을 시작한 丁이 최소 요구 연한 경과 직후에 정회원 자격을 획득하였다면 '2019년 협회장' 선출을 위한 '찬반투표'에 참여할 수 있었다.
⑤ 2016년 10월 처음으로 A협회 정회원 자격을 얻은 戊가 2017년부터 연회비를 계속 납부하지 않았다면 협회장 선출을 위한 '선거'에 한 번도 참여할 수 없었다.

문 51. 다음 글을 근거로 판단할 때, 사과 사탕 1개와 딸기 사탕 1개를 함께 먹은 사람과 戊가 먹은 사탕을 옳게 짝지은 것은? 2018년

> 사과 사탕, 포도 사탕, 딸기 사탕이 각각 2개씩 있다. 다섯 명의 사람(甲~戊) 중 한 명이 사과 사탕 1개와 딸기 사탕 1개를 함께 먹고, 다른 네 명이 남은 사탕을 각각 1개씩 먹었다. 이 사실만을 알고 甲~戊는 차례대로 다음과 같이 말했으며, 모두 진실을 말하였다.
>
> 甲 : 나는 포도 사탕을 먹지 않았어.
> 乙 : 나는 사과 사탕만을 먹었어.
> 丙 : 나는 사과 사탕을 먹지 않았어.
> 丁 : 나는 사탕을 한 종류만 먹었어.
> 戊 : 너희 말을 다 듣고 아무리 생각해봐도 나는 딸기 사탕을 먹은 사람 두 명 다 알 수는 없어.

① 甲, 포도 사탕 1개
② 甲, 딸기 사탕 1개
③ 丙, 포도 사탕 1개
④ 丙, 딸기 사탕 1개
⑤ 戊, 사과 사탕 1개와 딸기 사탕 1개

문 52. 다음 글을 근거로 판단할 때, 〈보기〉에서 옳은 것만을 모두 고르면? 2021년

> 제00조 이 법에서 사용하는 용어의 뜻은 다음과 같다.
> 1. '임종과정에 있는 환자'란 담당의사와 해당 분야의 전문의 1명으로부터 임종과정에 있다는 의학적 판단을 받은 자를 말한다.
> 2. '연명의료계획서'란 말기환자 등의 의사에 따라 담당의사가 환자에 대한 연명의료중단결정 및 호스피스에 관한 사항을 계획하여 문서(전자문서를 포함한다)로 작성한 것을 말한다.
> 3. '사전연명의료의향서'란 19세 이상인 사람이 자신의 연명의료중단결정 및 호스피스에 관한 의사를 직접 문서(전자문서를 포함한다)로 작성한 것을 말한다.
> 4. '연명의료중단결정'이란 임종과정에 있는 환자에 대한 연명의료를 시행하지 아니하거나 중단하기로 하는 결정을 말한다.
>
> 제00조 ① 말기환자 등은 담당의사에게 연명의료계획서의 작성을 요청할 수 있다.
> ② 의료기관의 장은 작성된 연명의료계획서를 등록 · 보관하여야 한다.
>
> 제00조 ① 연명의료중단결정을 원하는 환자의 의사는 다음 각 호의 어느 하나의 방법으로 확인한다.
> 1. 의료기관에서 작성된 연명의료계획서가 있는 경우 이를 환자의 의사로 본다.
> 2. 담당의사가 사전연명의료의향서의 내용을 환자에게 확인하는 경우 이를 환자의 의사로 본다.
>
> ② 제1항에 해당하지 아니하여 환자의 의사를 확인할 수 없고 환자가 의사표현을 할 수 없는 의학적 상태인 경우 다음 각 호의 어느 하나에 해당할 때에는 해당 환자를 위한 연명의료중단결정이 있는 것으로 본다. 다만 담당의사 또는 해당 분야 전문의 1명이 환자가 연명의료중단결정을 원하지 아니하였다는 사실을 확인한 경우는 제외한다.
> 1. 미성년자인 환자의 법정대리인(친권자에 한정한다)이 연명의료중단결정의 의사표시를 하고 담당의사와 해당 분야 전문의 1명이 확인한 경우
> 2. 환자가족 중 다음 각 목에 해당하는 사람(19세 이상인 사람에 한정하며, 행방불명자 등 대통령령으로 정하는 사유에 해당하는 사람은 제외한다) 전원의 합의로 연명의료중단결정의 의사표시를 하고 담당의사와 해당 분야 전문의 1명이 확인한 경우
>   가. 배우자
>   나. 1촌 이내의 직계 존속 · 비속

〈보기〉

ㄱ. 17세 환자가 자신의 연명의료중단결정에 관한 전자문서를 직접 작성하였다면, 그 문서는 사전연명의료의향서에 해당된다.

ㄴ. 말기환자의 요청에 따라 담당의사가 의료기관에서 문서로 작성한 연명의료계획서가 등록·보관되어 있는 경우, 연명의료중단결정을 원하는 환자의 의사가 있는 것으로 본다.

ㄷ. 21세 환자가 의사를 표현할 수 없는 의학적 상태인 경우, 환자가 1년 전 작성해 둔 사전연명의료의향서가 있다면 담당의사의 확인이 없더라도 연명의료중단결정을 원하는 환자의 의사가 있는 것으로 본다.

ㄹ. 임종과정에 있는 환자에게 배우자, 자녀, 손자녀가 있는 경우, 그 환자에 대한 연명의료중단결정에는 이들 모두의 합의된 의사표시가 필요하다.

① ㄴ

② ㄹ

③ ㄱ, ㄴ

④ ㄴ, ㄷ

⑤ ㄷ, ㄹ

문 53. 다음 글을 근거로 판단할 때, 〈보기〉에서 옳은 것만을 모두 고르면? 2020년

- A청은 업무능력 평가를 통해 3개 부서(甲~丙) 중 평가항목별 최종점수의 합계가 높은 2개 부서를 포상한다.
- 4명의 평가위원(가~라)은 문제인식, 실현가능성, 성장전략으로 구성된 평가항목을 5개 등급(최상, 상, 중, 하, 최하)으로 각각 평가하여 점수를 부여한다.
- 각 평가항목의 등급별 점수는 다음과 같다.

구분	최상	상	중	하	최하
문제인식	30	24	18	12	6
실현가능성	30	24	18	12	6
성장전략	40	32	24	16	8

- 평가항목별 최종점수는 아래의 식에 따라 산출한다. 단, 최고점수 또는 최저점수가 복수인 경우 각각 하나씩만 차감한다.

$$\frac{\text{평가항목에 대한 점수 합계}-(\text{최고점수}+\text{최저점수})}{\text{평가위원 수}-2}$$

- 평가결과는 다음과 같다.

구분	평가위원	점수		
		문제인식	실현가능성	성장전략
甲	가	30	24	24
	나	24	30	24
	다	30	18	40
	라	ⓐ	12	32
乙	가	6	24	32
	나	12	24	ⓑ
	다	24	18	16
	라	24	18	32
丙	가	12	30	ⓒ
	나	24	24	24
	다	18	12	40
	라	30	6	24

〈보기〉

ㄱ. ⓐ값에 관계없이 문제인식 평가항목의 최종점수는 甲이 제일 높다.

ㄴ. ⓑ=ⓒ>16이라면, 성장전략 평가항목의 최종점수는 乙이 丙보다 낮지 않다.

ㄷ. ⓐ=18, ⓑ=24, ⓒ=24일 때, 포상을 받게 되는 부서는 甲과 丙이다.

① ㄴ

② ㄷ

③ ㄱ, ㄴ

④ ㄱ, ㄷ

⑤ ㄱ, ㄴ, ㄷ

문 54. 다음 글을 근거로 판단할 때, 甲이 얻을 수 있는 최대 이윤과 이때 채굴한 원석의 개수로 옳게 짝지은 것은?(단, 원석은 정수 단위로 채굴한다) 2019년

보석 가공업자인 甲은 원석을 채굴하여 목걸이용 보석과 반지용 보석으로 1차 가공한다. 원석 1개를 1차 가공하면 목걸이용 보석 60개와 반지용 보석 40개가 생산된다.

이렇게 생산된 보석들은 1차 가공 직후 판매할 수 있지만, 2차 가공을 거쳐서 판매할 수도 있다. 목걸이용 보석 1개는 2차 가공을 통해 목걸이 1개로, 반지용 보석 1개는 2차 가공을 통해 반지 1개로 생산된다. 甲은 보석 용도별로 2차 가공 여부를 판단하는데, 2차 가공하여 판매할 때의 이윤이 2차 가공을 하지 않고 판매할 때의 이윤보다 큰 경우에만 2차 가공하여 판매한다.

〈생산단계별 비용 및 판매가격〉

- 원석 채굴 : 최초에 원석 1개를 채굴할 때에는 300만 원의 비용이 들고, 두 번째 채굴 이후부터는 원석 1개당 채굴 비용이 100만 원씩 증가한다. 즉, 두 번째 원석의 채굴 비용은 400만 원이 되어 원석 2개의 총 채굴 비용은 700만 원이다.
- 1차 가공 : 원석의 1차 가공 비용은 개당 250만 원이며, 목걸이용 보석은 개당 7만 원에, 반지용 보석은 개당 5만 원에 판매된다.
- 2차 가공 : 목걸이용 보석의 2차 가공 비용은 개당 40만 원이며, 목걸이는 개당 50만 원에 판매된다. 반지용 보석의 2차 가공 비용은 개당 20만 원이며, 반지는 개당 15만 원에 판매된다.

	최대 이윤	원석의 개수
①	400만 원	2개
②	400만 원	3개
③	450만 원	3개
④	450만 원	4개
⑤	500만 원	4개

문 55. 다음 글과 〈상황〉을 근거로 판단할 때, 甲소방서에서 폐기대상을 제외하고 가장 먼저 교체대상이 될 장비는? 2022년

- 〈소방장비 내용연수 기준〉에 따라 소방장비 구비목록의 소방장비를 교체해야 한다. 사용연수가 내용연수 기준을 초과한 소방장비는 폐기하고, 초과하지 않은 소방장비는 내용연수가 적게 남은 것부터 교체해야 한다.

〈소방장비 내용연수 기준〉

구분		내용연수
소방자동차		10
소방용로봇		7
구조장비	산악용 들것	5
	구조용 안전벨트	3
방호복	특수방호복	5
	폭발물방호복	10

※ 내용연수 : 소방장비의 내구성을 고려할 때, 최대 사용연수로 적절한 기준 연수

- 내용연수 기준을 초과한 소방장비의 기한을 연장하여 사용할 필요가 있는 경우에는 다음 기준에 따라 1회에 한해 연장 사용할 수 있으며, 이 경우 내용연수 기준을 초과하지 않은 것으로 본다.
  - 소방자동차 : 1년(단, 특수정비를 받은 경우에는 3년까지 가능)
  - 그 밖의 소방장비 : 1년
- 위의 내용연수 기준과 연장 사용 기준에도 불구하고 다음 어느 하나에 해당하는 경우에는 내용연수 기준을 초과한 것으로 본다.
  - 소방자동차의 운행거리가 12만km를 초과한 경우
  - 실사용량이 경제적 사용량을 초과한 경우

〈상황〉

- 甲소방서의 현재 소방장비 구비목록은 다음과 같다.

구분	사용연수	연장사용 여부	비고
소방 자동차1	12	2년 연장	운행거리 15만km 특수정비 받음
소방 자동차2	9	없음	운행거리 8만km 특수정비 불가
소방용로봇	4	없음	
구조용 안전벨트	5	1년 연장	경제적 사용량 1,000회 실사용량 500회
폭발물 방호복	9	없음	경제적 사용량 500회 실사용량 600회

① 소방자동차1
② 소방자동차2
③ 소방용로봇
④ 구조용 안전벨트
⑤ 폭발물방호복

문 56. 다음 글을 근거로 판단할 때, 다음 주 수요일과 목요일의 청소당번을 옳게 짝지은 것은? 2022년

> A~D는 다음 주 월요일부터 금요일까지 하루에 한 명씩 청소당번을 정하려고 한다. 청소당번을 정하는 규칙은 다음과 같다.
> - A~D는 최소 한 번씩 청소당번을 한다.
> - 시험 전날에는 청소당번을 하지 않는다.
> - 발표 수업이 있는 날에는 청소당번을 하지 않는다.
> - 한 사람이 이틀 연속으로는 청소당번을 하지 않는다.
>
> 다음은 청소당번을 정한 후 A~D가 나눈 대화이다.
>
> A : 나만 두 번이나 청소당번을 하잖아. 월요일부터 청소당번이라니!
>
> B : 미안. 내가 월요일에 발표 수업이 있어서 그날 너밖에 할 사람이 없었어.
>
> C : 나는 다음 주에 시험이 이틀 있는데, 발표 수업이 매번 시험 보는 날과 겹쳐서 청소할 수 있는 요일이 하루밖에 없었어.
>
> D : 그래도 금요일에 청소하고 가야 하는 나보다는 나을걸.

	수요일	목요일
①	A	B
②	A	C
③	B	A
④	C	A
⑤	C	B

문 57. 다음 글을 근거로 판단할 때, 〈보기〉에서 옳은 것만을 모두 고르면? 2020년

> 甲과 乙은 시계와 주사위를 이용한 게임을 하며, 규칙은 다음과 같다.
> - 1~12시까지 적힌 시계 문자판을 말판으로 삼아, 1개의 말을 12시에 놓고 게임을 시작한다.
> - 주사위를 던져 짝수가 나오면 말을 시계 방향으로 1시간 이동시키며, 홀수가 나오면 말을 반시계 방향으로 1시간 이동시킨다.
> - 甲과 乙이 번갈아 주사위를 각 12번씩 총 24번 던져 말의 최종 위치로 게임의 승자를 결정한다.
> - 말의 최종 위치가 1~5시이면 甲이 승리하고, 7~11시이면 乙이 승리한다. 6시 또는 12시이면 무승부가 된다.

〈보기〉

> ㄱ. 말의 최종 위치가 3시일 확률은 $\frac{1}{12}$이다.
>
> ㄴ. 말의 최종 위치가 4시일 확률과 8시일 확률은 같다.
>
> ㄷ. 乙이 마지막 주사위를 던질 때, 홀수가 나오는 것보다 짝수가 나오는 것이 甲에게 항상 유리하다.
>
> ㄹ. 乙이 22번째 주사위를 던져 말을 이동시킨 결과 말의 위치가 12시라면, 甲이 승리할 확률은 무승부가 될 확률보다 낮다.

① ㄱ, ㄷ

② ㄴ, ㄷ

③ ㄴ, ㄹ

④ ㄷ, ㄹ

⑤ ㄱ, ㄴ, ㄹ

문 58. 다음 글을 근거로 판단할 때, 〈보기〉에서 옳은 것만을 모두 고르면? 2018년

- 甲, 乙, 丙은 12장의 카드로 게임을 하고 있다.
- 12장의 카드 중에는 봄, 여름, 가을, 겨울 4가지 종류의 계절 카드가 각각 3장씩 있는데, 카드 뒷면만 보고는 어느 계절 카드인지 알 수 없다.
- 참가자들은 게임을 시작할 때 무작위로 4장씩 카드를 나누어 갖는다.
- 참가자들은 자신의 카드를 확인한 후 1대 1로 카드를 각자 2장씩 맞바꿀 수 있다. 맞바꿀 카드는 상대방의 카드 뒷면만 보고 무작위로 동시에 선택한다.
- 가장 먼저 봄, 여름, 가을, 겨울 카드를 모두 갖게 된 사람이 우승한다.
- 게임을 시작하여 4장의 카드를 나누어 가진 직후에 참가자들은 자신들이 가진 카드에 대해 아래와 같이 사실을 말했다.
  甲 : 겨울 카드는 내가 모두 갖고 있다.
  乙 : 나는 봄과 여름 2가지 종류의 계절 카드만 갖고 있다.
  丙 : 나는 여름 카드가 없다.

〈보기〉

ㄱ. 게임 시작 시 3가지 종류의 계절 카드를 받은 사람은 1명이다.
ㄴ. 게임 시작 시 참가자 모두 봄 카드를 받았다면, 가을 카드는 모두 丙이 갖고 있다.
ㄷ. 첫 번째 맞바꾸기에서 甲과 乙이 카드를 맞바꿔서 甲이 바로 우승했다면, 게임 시작 시 丙은 봄 카드를 2장 받았다.

① ㄱ
② ㄴ
③ ㄱ, ㄴ
④ ㄱ, ㄷ
⑤ ㄴ, ㄷ

문 59. 다음 글과 〈진술 내용〉을 근거로 판단할 때, 첫 번째 사건의 가해차량 번호와 두 번째 사건의 목격자를 옳게 짝지은 것은? 2020년

- 어제 두 건의 교통사고가 발생하였다.
- 첫 번째 사건의 가해차량 번호는 다음 셋 중 하나이다.
  99★2703, 81★3325, 32★8624
- 어제 사건에 대해 진술한 목격자는 甲, 乙, 丙 세 명이다. 이 중 두 명의 진술은 첫 번째 사건의 가해차량 번호에 대한 것이고 나머지 한 명의 진술은 두 번째 사건의 가해차량 번호에 대한 것이다.
- 첫 번째 사건의 가해차량 번호는 두 번째 사건의 목격자 진술에 부합하지 않는다.
- 편의상 차량 번호에서 ★ 앞의 두 자리 수는 A, ★ 뒤의 네 자리 수는 B라고 한다.

〈진술 내용〉

- 甲 : A를 구성하는 두 숫자의 곱은 B를 구성하는 네 숫자의 곱보다 작다.
- 乙 : B를 구성하는 네 숫자의 합은 A를 구성하는 두 숫자의 합보다 크다.
- 丙 : B는 A의 50배 이하이다.

	첫 번째 사건의 가해차량 번호	두 번째 사건의 목격자
①	99★2703	甲
②	99★2703	乙
③	81★3325	乙
④	81★3325	丙
⑤	32★8624	丙

문 60. 다음 글을 근거로 판단할 때, ㉠에 들어갈 일시는? 2018년

- 서울에 있는 甲사무관, 런던에 있는 乙사무관, 시애틀에 있는 丙사무관은 같은 프로젝트를 진행하면서 다음과 같이 영상업무회의를 진행하였다.
- 회의 시각은 런던을 기준으로 11월 1일 오전 9시였다.
- 런던은 GMT+0, 서울은 GMT+9, 시애틀은 GMT−7을 표준시로 사용한다. (즉, 런던이 오전 9시일 때, 서울은 같은 날 오후 6시이며 시애틀은 같은 날 오전 2시이다)

甲 : 제가 프로젝트에서 맡은 업무는 오늘 오후 10시면 마칠 수 있습니다. 런던에서 받아서 1차 수정을 부탁드립니다.

乙 : 네, 저는 甲사무관님께서 제시간에 끝내 주시면 다음날 오후 3시면 마칠 수 있습니다. 시애틀에서 받아서 마지막 수정을 부탁드립니다.

丙 : 알겠습니다. 저는 앞선 두 분이 제시간에 끝내 주신다면 서울을 기준으로 모레 오전 10시면 마칠 수 있습니다. 제가 업무를 마치면 프로젝트가 최종 마무리 되겠군요.

甲 : 잠깐, 다들 말씀하신 시각의 기준이 다른 것 같은데요? 저는 처음부터 런던을 기준으로 이해하고 말씀드렸습니다.

乙 : 저는 처음부터 시애틀을 기준으로 이해하고 말씀드렸는데요?

丙 : 저는 처음부터 서울을 기준으로 이해하고 말씀드렸습니다. 그렇다면 계획대로 진행될 때 서울을 기준으로 (㉠)에 프로젝트를 최종 마무리할 수 있겠네요.

甲, 乙 : 네, 맞습니다.

① 11월 2일 오후 3시
② 11월 2일 오후 11시
③ 11월 3일 오전 10시
④ 11월 3일 오후 3시
⑤ 11월 3일 오후 7시

문 61. 다음 글을 근거로 판단할 때, 오늘날을 기준으로 1석(石)은 몇 승(升)인가? 2020년

옛날 도량에는 두(斗), 구(區), 부(釜), 종(鍾) 등이 있었다. 1두(斗)는 4승(升)인데, 4두(斗)가 1구(區)이고, 4구(區)가 1부(釜)이며, 10부(釜)가 1종(鍾)이었다.

오늘날 도량은 옛날과 다소 달라졌다. 지금의 1승(升)이 옛날 1승(升)에 비해 네 배가 되어 옛날의 1두(斗)와 같아졌다. 오늘날 4구(區)는 1부(釜)로 옛날과 같지만, 4승(升)이 1구(區)가 되며, 1부(釜)는 1두(豆) 6승(升), 1종(鍾)은 16두(豆)가 된다. 오늘날 1석(石)은 1종(鍾)에 비해 1두(豆)가 적다.

① 110승
② 120승
③ 130승
④ 140승
⑤ 150승

문 62. 다음 글을 근거로 판단할 때, 〈상황〉의 ㉠과 ㉡을 옳게 짝지은 것은? 2022년

수액을 주입할 때 사용하는 단위 gtt는 방울이라는 뜻의 라틴어 gutta에서 유래한 것으로, 수액 용기에서 떨어지는 수액의 방울 수를 나타낸다. 일반적으로 20gtt/ml가 '기준규격'이며, 이는 용기에서 20방울이 떨어졌을 때 수액 1ml가 주입되는 것을 말한다.

〈상황〉

- 기준규격에 따라 수액 360ml를 2시간 동안 모두 주입하려면, 1초당 (㉠)gtt씩 주입하여야 한다.
- 기준규격에 따라 3초당 1gtt로 수액을 주입하면, 24시간 동안 최대 (㉡)ml를 주입할 수 있다.

	㉠	㉡
①	0.5	720
②	1	720
③	1	1,440
④	2	1,440
⑤	2	2,880

문 63. 다음 〈상황〉을 근거로 판단할 때, 〈보기〉에서 옳은 것만을 모두 고르면? 2018년

〈상황〉

- 체육대회에서 8개의 종목을 구성해 각 종목에서 우승 시 얻는 승점을 합하여 각 팀의 최종 순위를 매기고자 한다.
- 각 종목은 순서대로 진행하고, 3번째 종목부터는 각 종목 우승 시 받는 승점이 그 이전 종목들의 승점을 모두 합한 점수보다 10점 더 많도록 구성하였다.

※ 승점은 각 종목의 우승 시에만 얻을 수 있으며, 모든 종목의 승점은 자연수임

〈보기〉

ㄱ. 1번째 종목과 2번째 종목의 승점이 각각 10점, 20점이라면 8번째 종목의 승점은 1,000점을 넘게 된다.

ㄴ. 1번째 종목과 2번째 종목의 승점이 각각 100점, 200점이라면 8번째 종목의 승점은 10,000점을 넘게 된다.

ㄷ. 1번째 종목과 2번째 종목의 승점에 상관없이 8번째 종목의 승점은 6번째 종목 승점의 네 배이다.

ㄹ. 만약 3번째 종목부터 각 종목 우승 시 받는 승점이 그 이전 종목들의 승점을 모두 합한 점수보다 10점 더 적도록 구성한다면, 1번째 종목과 2번째 종목의 승점에 상관없이 8번째 종목의 승점은 6번째 종목 승점의 네 배보다 적다.

① ㄱ, ㄷ
② ㄱ, ㄹ
③ ㄴ, ㄷ
④ ㄱ, ㄴ, ㄹ
⑤ ㄴ, ㄷ, ㄹ

문 64. 다음 글과 〈상황〉을 근거로 판단할 때, 〈보기〉에서 옳은 것만을 모두 고르면? 2017년

국가공무원인재개발원은 신임관리자과정 입교 예정자를 대상으로 사전 이러닝제도를 운영하고 있다. 이는 입교 예정자가 입교 전에 총 9개 과목을 온라인으로 수강하도록 하는 제도이다.

- 이러닝 교과목은 2017년 4월 10일부터 수강하며, 하루 최대 수강시간은 10시간이다.
- 필수Ⅰ 교과목은 교과목별로 정해진 시간의 강의를 모두 수강하는 것을 이수조건으로 한다.
- 필수Ⅱ 교과목은 교과목별로 정해진 시간의 강의를 모두 수강하고 온라인 시험에 응시하는 것을 이수조건으로 한다. 온라인 시험은 강의시간과 별도로 교과목당 반드시 1시간이 소요되며, 그 시험시간은 수강시간에 포함된다.
- 신임관리자과정 입교는 2017년 5월 1일이다.
- 2017년 4월 30일 24시까지 교과목 미이수 시, 필수Ⅰ은 교과목당 3점, 필수Ⅱ는 교과목당 2점을 교육성적에서 감점한다.

교과목	강의시간	분류
• 사이버 청렴교육	15시간	필수Ⅰ
• 행정업무 운영제도	7시간	
• 공문서 작성을 위한 한글맞춤법	8시간	
• 공무원 복무제도	6시간	
• 역사에서 배우는 공직자의 길	8시간	필수Ⅱ
• 헌법정신에 기반한 공직윤리	5시간	
• 판례와 사례로 다가가는 헌법	6시간	
• 공무원이 알아야 할 행정법 사례	7시간	
• 쉽게 배우는 공무원 인사실무	5시간	
계	67시간	

※ 교과목은 순서에 상관없이 여러 날에 걸쳐 시간 단위로만 수강할 수 있음

〈상황〉

신임관리자과정 입교를 앞둔 甲은 2017년 4월 13일에 출국하여 4월 27일에 귀국하는 해외여행을 계획하고 있다. 甲은 일정상 출·귀국일을 포함하여 여행기간에는 이러닝 교과목을 수강하거나 온라인 시험에 응시할 수 없는 상황이며, 여행기간을 제외한 시간에는 최대한 이러닝 교과목을 이수하려고 한다.

〈보기〉

ㄱ. 甲은 계획대로라면 교육성적에서 최소 3점 감점을 받을 것이다.

ㄴ. 甲이 하루 일찍 귀국하면 이러닝 교과목을 모두 이수할 수 있을 것이다.

ㄷ. '판례와 사례로 다가가는 헌법', '쉽게 배우는 공무원 인사실무'를 여행 중 이수할 수 있다면, 출·귀국일을 변경하지 않고도 교육성적에서 감점을 받지 않을 것이다.

① ㄱ
② ㄴ
③ ㄷ
④ ㄱ, ㄷ
⑤ ㄴ, ㄷ

문 65. 다음 〈상황〉을 근거로 판단할 때, 〈대안〉의 월 소요 예산 규모를 비교한 것으로 옳은 것은? 2018년

〈상황〉

- 甲사무관은 빈곤과 저출산 문제를 해결하기 위한 대안을 분석 중이다.
- 전체 1,500가구는 자녀 수에 따라 네 가지 유형으로 구분할 수 있는데, 그 구성은 무자녀 가구 300가구, 한 자녀 가구 600가구, 두 자녀 가구 500가구, 세 자녀 이상 가구 100가구이다.
- 전체 가구의 월 평균 소득은 200만 원이다.
- 각 가구 유형의 30%는 맞벌이 가구이다.
- 각 가구 유형의 20%는 빈곤 가구이다.

〈대안〉

A안 : 모든 빈곤 가구에게 전체 가구 월 평균 소득의 25%에 해당하는 금액을 가구당 매월 지급한다.

B안 : 한 자녀 가구에는 10만 원, 두 자녀 가구에는 20만 원, 세 자녀 이상 가구에는 30만 원을 가구당 매월 지급한다.

C안 : 자녀가 있는 모든 맞벌이 가구에 자녀 1명당 30만 원을 매월 지급한다. 다만 세 자녀 이상의 맞벌이 가구에는 일률적으로 가구당 100만 원을 매월 지급한다.

① A < B < C
② A < C < B
③ B < A < C
④ B < C < A
⑤ C < A < B

문 66. 다음 글과 〈상황〉을 근거로 판단할 때, 甲과 乙에게 부과된 과태료의 합은? 2019년

A국은 부동산 또는 부동산을 취득할 수 있는 권리의 매매계약을 체결한 경우, 매도인이 그 실제 거래가격을 거래계약 체결일부터 60일 이내에 관할관청에 신고하도록 신고의무를 ○○법으로 규정하고 있다. 그리고 이를 위반할 경우 다음의 기준에 따라 과태료를 부과한다.

○○법 제00조(과태료 부과기준) ① 신고의무를 게을리 한 경우에는 다음 각 호의 기준에 따라 과태료를 부과한다.

1. 신고기간 만료일의 다음 날부터 기산하여 신고를 하지 않은 기간(이하 '해태기간'이라 한다)이 1개월 이하인 경우
   가. 실제 거래가격이 3억 원 미만인 경우 : 50만 원
   나. 실제 거래가격이 3억 원 이상인 경우 : 100만 원
2. 해태기간이 1개월을 초과한 경우
   가. 실제 거래가격이 3억 원 미만인 경우 : 100만 원
   나. 실제 거래가격이 3억 원 이상인 경우 : 200만 원

② 거짓으로 신고를 한 경우에는 다음 각 호의 기준에 따라 과태료를 부과한다. 단, 과태료 산정에 있어서의 취득세는 매수인을 기준으로 한다.

1. 부동산의 실제 거래가격을 거짓으로 신고한 경우
   가. 실제 거래가격과 신고가격의 차액이 실제 거래가격의 20% 미만인 경우
      - 실제 거래가격이 5억 원 이하인 경우 : 취득세의 2배
      - 실제 거래가격이 5억 원 초과인 경우 : 취득세의 1배
   나. 실제 거래가격과 신고가격의 차액이 실제 거래가격의 20% 이상인 경우
      - 실제 거래가격이 5억 원 이하인 경우 : 취득세의 3배
      - 실제 거래가격이 5억 원 초과인 경우 : 취득세의 2배
2. 부동산을 취득할 수 있는 권리의 실제 거래가격을 거짓으로 신고한 경우
   가. 실제 거래가격과 신고가격의 차액이 실제 거래가격의 20% 미만인 경우 : 실제 거래가격의 100분의 2
   나. 실제 거래가격과 신고가격의 차액이 실제 거래가격의 20% 이상인 경우 : 실제 거래가격의 100분의 4

③ 제1항과 제2항에 해당하는 위반행위를 동시에 한 경우 해당 과태료는 병과한다.

〈상황〉

- 매수인의 취득세는 실제 거래가격의 100분의 1이다.
- 甲은 X토지를 2018. 1. 15. 丙에게 5억 원에 매도하였으나, 2018. 4. 2. 거래가격을 3억 원으로 신고하였다가 적발되어 과태료가 부과되었다.
- 乙은 공사 중인 Y아파트를 취득할 권리인 입주권을 2018. 2. 1. 丁에게 2억 원에 매도하였으나, 2018. 2. 5. 거래가격을 1억 원으로 신고하였다가 적발되어 과태료가 부과되었다.

① 1,400만 원　② 2,000만 원
③ 2,300만 원　④ 2,400만 원
⑤ 2,500만 원

문 67. 다음 글을 근거로 판단할 때 옳은 것은? 2022년

> 제00조 ① 자신의 생명 또는 신체상의 위험을 무릅쓰고 급박한 위해에 처한 다른 사람의 생명·신체 또는 재산을 구하기 위한 구조행위로서 다음 각 호의 어느 하나의 경우에 대해서는 이 법을 적용한다. 다만 자신의 행위로 인하여 위해에 처한 사람에 대하여 구조행위를 하다가 사망하거나 부상을 입은 행위는 제외한다.
> 1. 범죄행위를 제지하거나 그 범인을 체포하다가 사망하거나 부상을 입은 경우
> 2. 운송수단의 사고로 위해에 처한 다른 사람의 생명·신체 또는 재산을 구하다가 사망하거나 부상을 입은 경우
> 3. 천재지변, 수난(水難), 화재 등으로 위해에 처한 다른 사람의 생명·신체 또는 재산을 구하다가 사망하거나 부상을 입은 경우
> 4. 물놀이 등을 하다가 위해에 처한 다른 사람의 생명 또는 신체를 구하다가 사망하거나 부상을 입은 경우
>
> ② 의사자(義死者)란 직무 외의 행위로서 구조행위를 하다가 사망하여 ㅁㅁ부장관이 의사자로 인정한 사람을 말한다.
> ③ 의상자(義傷者)란 직무 외의 행위로서 구조행위를 하다가 신체상의 부상을 입어 ㅁㅁ부장관이 의상자로 인정한 사람을 말한다.
> 제00조 ① 국가는 의사자·의상자가 보여준 살신성인의 숭고한 희생정신과 용기가 항구적으로 존중될 수 있도록 서훈(敍勳)을 수여하는 등 필요한 조치를 할 수 있다.
> ② 국가와 지방자치단체는 의사자를 추모하고 숭고한 뜻을 기리기 위한 동상 및 비석 등의 기념물을 설치하는 기념사업을 수행할 수 있다.
> ③ 국가는 다음 각 호의 기준에 따라 의상자 및 의사자 유족에게 보상금을 지급한다.
> 1. 의상자의 경우에는 그 본인에게 지급한다.
> 2. 의사자의 경우에는 그 배우자, 자녀, 부모, 조부모, 형제자매의 순으로 지급한다. 이 경우 같은 순위의 유족이 2인 이상인 때에는 보상금을 같은 금액으로 나누어 지급한다.

※ 서훈 : 공적의 등급에 따라 훈장을 내림

① 의사자 甲에게 배우자와 자녀가 있는 경우, 보상금은 전액 배우자에게 지급된다.

② 지방자치단체는 의상자 乙에게 서훈을 수여하거나 동상을 설치하는 기념사업을 수행할 수 있다.

③ 소방관 丙이 화재 현장에 출동하여 화재를 진압하던 중 부상을 입은 경우, 丙은 의상자로 인정될 수 있다.

④ 물놀이를 하던 丁이 물에 빠진 애완동물을 구조하던 중 부상을 입은 경우, 丁은 의상자로 인정될 수 있다.

⑤ 운전자 戊가 자신이 일으킨 교통사고의 피해자를 구조하던 중 다른 차량에 치여 부상당한 경우, 戊는 의상자로 인정될 수 있다.

문 68. 다음 글을 근거로 판단할 때, 甲이 조립한 상자의 개수는? 2020년

> 甲, 乙, 丙은 상자를 조립하는 봉사활동을 하였다. 이들은 상자 조립을 동시에 시작하여 각각 일정한 속도로 조립하였다. 그리고 '1분당 조립한 상자 개수', '조립한 상자 개수', '조립한 시간'에 대하여 아래와 같이 말하였다. 단, 2명은 모두 진실만을 말하였고 나머지 1명은 거짓만을 말하였다.
>
> 甲 : 나는 乙보다 1분당 3개 더 조립했는데, 乙과 조립한 상자 개수는 같아. 丙보다 10분 적게 일했어.
> 乙 : 나는 甲보다 40분 오래 일했어. 丙보다 10개 적게 조립했고 1분당 2개 적게 조립했어.
> 丙 : 나는 甲보다 1분당 1개 더 조립했어. 조립한 시간은 乙과 같은데 乙보다 10개 적게 조립했어.

① 210
② 240
③ 250
④ 270
⑤ 300

문 69. 다음 글을 근거로 판단할 때, 〈보기〉에서 옳은 것만을 모두 고르면? 2018년

• 甲회사는 A기차역에 도착한 전체 관객을 B공연장까지 버스로 수송해야 한다.
• 이때 甲회사는 아래 표와 같이 콘서트 시작 4시간 전부터 1시간 단위로 전체 관객 대비 A기차역에 도착하는 관객의 비율을 예측하여 버스를 운행하고자 한다. 단, 콘서트 시작 시간까지 관객을 모두 수송해야 한다.

시각	전체 관객 대비 비율(%)
콘서트 시작 4시간 전	a
콘서트 시작 3시간 전	b
콘서트 시작 2시간 전	c
콘서트 시작 1시간 전	d
계	100

• 전체 관객 수는 40,000명이다.
• 버스는 한 번에 대당 최대 40명의 관객을 수송한다.
• 버스가 A기차역과 B공연장 사이를 왕복하는 데 걸리는 시간은 6분이다.

※ 관객의 버스 승·하차 및 공연장 입·퇴장에 소요되는 시간은 고려하지 않음

〈보기〉

ㄱ. a=b=c=d=25라면, 甲회사가 전체 관객을 A기차역에서 B공연장으로 수송하는 데 필요한 버스는 최소 20대이다.
ㄴ. a=10, b=20, c=30, d=40이라면, 甲회사가 전체 관객을 A기차역에서 B공연장으로 수송하는 데 필요한 버스는 최소 40대이다.
ㄷ. 만일 콘서트가 끝난 후 2시간 이내에 전체 관객을 B공연장에서 A기차역까지 버스로 수송해야 한다면, 이때 甲회사에게 필요한 버스는 최소 50대이다.

① ㄱ
② ㄴ
③ ㄱ, ㄴ
④ ㄱ, ㄷ
⑤ ㄴ, ㄷ

문 70. 다음 글을 근거로 판단할 때 옳은 것은? 2017년

판옥선은 조선 수군의 주력 군선(軍船)으로 왜구를 제압하기 위해 1555년(명종 10년) 새로 개발된 것이다. 종전의 군선은 갑판이 1층뿐인 평선인 데 비하여 판옥선은 선체의 상부에 상장(上粧)을 가설하여 2층 구조로 만든 배이다. 이 같은 구조로 되어 있기 때문에, 노를 젓는 요원인 격군(格軍)은 1층 갑판에서 안전하게 노를 저을 수 있고, 전투 요원들은 2층 갑판에서 적을 내려다 보면서 유리하게 전투를 수행할 수 있었다.

전근대 해전에서는 상대방 군선으로 건너가 마치 지상에서처럼 칼과 창으로 싸우는 경우가 흔했다. 조선 수군은 기본적으로 활과 화약무기 같은 원거리 무기를 능숙하게 사용했지만, 칼과 창 같은 단병무기를 운용하는 데는 상대적으로 서툴렀다. 이 같은 약점을 극복하고 조선 수군이 해전에서 승리하기 위해서는, 적이 승선하여 전투를 벌이는 전술을 막으면서 조선 수군의 장기인 활과 대구경(大口徑) 화약무기로 전투를 수행할 수 있도록 선체가 높은 군선이 필요했다.

선체 길이가 20~30m 정도였던 판옥선은 임진왜란 해전에 참전한 조선·명·일본의 군선 중 크기가 큰 편에 속한데다가 선체도 높았기 때문에 일본군이 그들의 장기인 승선전투전술을 활용하기 어렵게 하는 효과도 있었다. 이 때문에 임진왜란 당시 도승지였던 이항복은 "판옥선은 마치 성곽과 같다"라고 그 성능을 격찬했다. 판옥선은 1592년 발발한 임진왜란에서 일본의 수군을 격파하여 조선 수군이 완승할 수 있는 원동력이 되었다. 옥포해전·당포해전·한산해전 등 주요 해전에 동원된 군선 중에서 3척의 거북선을 제외하고는 모두가 판옥선이었다.

판옥선의 승선인원은 시대와 크기에 따라 달랐던 것으로 보인다. 『명종실록』에는 50여 명이 탑승했다고 기록되어 있는 반면에, 『선조실록』에 따르면 거북선 운용에 필요한 사수(射手)와 격군을 합친 숫자가 판옥선의 125명보다 많다고 되어 있어 판옥선의 규모가 이전보다 커진 것을 알 수 있다.

① 판옥선은 갑판 구조가 단층인 군선으로, 선체의 높이가 20~30m에 달하였다.
② 판옥선의 구조는 적군의 승선전투전술 활용을 어렵게 하여 조선 수군이 전투를 수행하는 데 유리하였을 것이다.
③ 『선조실록』에 따르면 판옥선의 격군은 최소 125명 이상이었다.
④ 판옥선은 임진왜란 때 일본의 수군을 격파하기 위해 처음 개발되었다.
⑤ 판옥선은 임진왜란의 각 해전에서 주력 군선인 거북선으로 대체되었다.

문 71. 다음 글을 근거로 판단할 때, 왕이 한 번에 최대금액을 갖는 가장 빠른 달과 그 금액은? 2019년

- A왕국에서는 왕과 65명의 신하들이 매달 66만 원을 나누어 가지려고 한다. 매달 왕은 66만 원을 누구에게 얼마씩 나누어 줄지 제안할 수 있으며, 매달 그 방법을 새롭게 제안할 수 있다. 나누어 갖게 되는 돈은 만 원 단위이며, 그 총합은 매달 항상 66만 원이다.
- 매달 65명의 신하들은 왕의 제안에 대해 각자 찬성, 반대, 기권할 수 있다. 신하들은 그 달 자신의 몫에만 관심이 있다. 신하들은 자신의 몫이 전월보다 늘어나는 제안에는 찬성표를 행사하지만, 줄어드는 제안에는 반대표를 행사한다. 자신의 몫이 전월과 동일하면 기권한다.
- 찬성표가 반대표보다 많으면 왕이 제안한 방법은 그 달에 시행된다. 재투표는 없으며, 왕의 제안이 시행되지 않아 66명 모두가 돈을 갖지 못하는 달은 없다.
- 첫 번째 달에는 신하 33명이 각각 2만 원을 받았다.
- 두 번째 달부터 왕은 한 번에 최대금액을 가장 빨리 받기 위하여 합리적으로 행동한다.

	가장 빠른 달	최대금액
①	7번째 달	62만 원
②	7번째 달	63만 원
③	8번째 달	62만 원
④	8번째 달	63만 원
⑤	8번째 달	64만 원

문 72. 다음 글을 근거로 판단할 때, 가장 먼저 교체될 시계와 가장 나중에 교체될 시계를 옳게 짝지은 것은? 2021년

甲부서에는 1~12시 눈금표시가 된 5개의 벽걸이 시계(A~E)가 있다. 그런데 A는 시침과 분침이 모두 멈춰버려서 더 이상 작동하지 않는 상태다. B는 정확한 시계보다 하루에 1분씩 느려지는 시계다. C는 정확한 시계보다 하루에 1시간씩 느려지는 시계다. D는 정확한 시계보다 하루에 2시간씩 느려지는 시계다. E는 정확한 시계보다 하루에 5분씩 빨라지는 시계다.

甲부서는 5개의 시계를 순차적으로 교체하려고 한다. 앞으로 1년 동안 정확한 시계와 일치하는 횟수가 적을 시계부터 순서대로 교체한다.

※ B~E는 각각 일정한 속도로 작동함

	가장 먼저 교체될 시계	가장 나중에 교체될 시계
①	A	C
②	B	A
③	B	D
④	D	A
⑤	D	E

문 73. 다음 글을 근거로 판단할 때 옳지 않은 것은? 2021년

도시 O, A, B, C는 순서대로 동일 직선상에 배치되어 있으며 도시 간 거리는 각각 30km로 동일하다. (OA : 30km, AB : 30km, BC : 30km)

A, B, C가 비용을 분담하여 O에서부터 A와 B를 거쳐 C까지 연결하는 직선도로를 건설하려고 한다. A, B, C 주민은 O로의 이동을 위해서만 도로를 이용한다. 도로 1km당 건설비용은 동일하다. 비용 분담안으로 다음 세 가지 안이 논의되고 있다.

- I안 : 각 도시가 균등하게 비용을 부담
- II안 : 각 도시가 이용 구간의 길이에 비례하여 비용을 부담
- III안 : 도로를 OA, AB, BC로 나누어 해당 구간을 이용하는 도시가 해당 구간 건설비용을 균등하게 부담

① A에게는 III안이 가장 부담 비용이 낮다.
② B의 부담 비용은 I안과 II안에서 같다.
③ II안에서 A와 B의 부담 비용의 합은 C의 부담 비용과 같다.
④ I안에 비해 부담 비용이 낮아지는 도시의 수는 II안보다 III안에서 더 많다.
⑤ C의 부담 비용은 III안이 I안의 2배 이상이다.

문 74. 다음 글을 근거로 판단할 때 옳은 것은? 2021년

제00조 ① 특별시장·광역시장·특별자치시장·도지사 또는 특별자치도지사(이하 '시·도지사'라 한다)는 아이돌보미의 양성을 위하여 적합한 시설을 교육기관으로 지정·운영하여야 한다.
② 시·도지사는 교육기관이 다음 각 호의 어느 하나에 해당하는 경우 사업의 정지를 명하거나 그 지정을 취소할 수 있다. 다만 제1호에 해당하는 경우 지정을 취소하여야 한다.
1. 거짓이나 그 밖의 부정한 방법으로 교육기관으로 지정을 받은 경우
2. 교육과정을 1년 이상 운영하지 아니하는 경우
③ 제2항 제1호의 방법으로 교육기관 지정을 받은 자는 1년 이하의 징역 또는 1천만 원 이하의 벌금에 처한다.
④ 아이돌보미가 되려는 사람은 시·도지사가 지정·운영하는 교육기관에서 교육과정을 수료하여야 한다.
⑤ 아이돌보미가 되려는 사람은 여성가족부장관이 실시하는 적성·인성검사를 받아야 한다.
제00조 ① 아이돌보미는 다른 사람에게 자기의 성명을 사용하여 아이돌보미 업무를 수행하게 하거나 수료증을 대여하여서는 아니 된다.
② 아이돌보미가 아닌 사람은 아이돌보미 또는 이와 유사한 명칭을 사용할 수 없다.
③ 제1항, 제2항을 위반한 사람에게는 300만 원 이하의 과태료를 부과한다.
제00조 ① 여성가족부장관은 아이돌봄서비스의 질적 수준과 아이돌보미의 전문성 향상을 위하여 보수교육을 실시하여야 한다.
② 제1항에 따른 보수교육은 전문기관에 위탁하여 실시할 수 있다.

① 아이돌보미가 아닌 보육 관련 종사자도 아이돌보미 명칭을 사용할 수 있다.
② 시·도지사는 아이돌보미 양성을 위한 교육기관을 지정·운영하고 보수교육을 실시하여야 한다.
③ 아이돌보미가 되려는 사람은 시·도지사가 실시하는 적성·인성검사를 받아야 한다.
④ 서울특별시의 A기관이 부정한 방법을 통해 아이돌보미 양성을 위한 교육기관으로 지정을 받은 경우, 서울특별시장은 200만 원의 과태료를 부과할 수 있다.
⑤ 인천광역시의 B기관이 아이돌보미 양성을 위한 교육기관으로 지정된 후 교육과정을 1년간 운영하지 않은 경우, 인천광역시장은 그 지정을 취소할 수 있다.

문 75. 다음 글과 〈상황〉을 근거로 판단할 때, 〈보기〉에서 옳은 것만을 모두 고르면? 2020년

여러 가지 성분으로 구성된 물질을 조성물이라고 한다. 조성물을 구성하는 각 성분의 양은 일정한 범위 내에 있고, 이는 각 성분의 '중량%' 범위로 표현할 수 있다. 중량% 범위의 최솟값을 최소성분량, 최댓값을 최대성분량이라고 한다.

다음 중 어느 하나에라도 해당되는 조성물을 '불명확'하다고 한다.

- 모든 성분의 최소성분량의 합이 100중량%를 초과하는 경우
- 모든 성분의 최대성분량의 합이 100중량%에 미달하는 경우
- 어느 한 성분의 최소성분량과 나머지 모든 성분의 최대성분량의 합이 100중량%에 미달하는 경우
- 어느 한 성분의 최대성분량과 나머지 모든 성분의 최소성분량의 합이 100중량%를 초과하는 경우

〈상황〉

조성물 甲은 성분 A, B, C, D, E만으로 구성되어 있고, 각각의 최소성분량과 최대성분량은 다음과 같다.

(단위 : 중량%)

성분	최소성분량	최대성분량
A	5	10
B	25	30
C	10	20
D	20	40
E	x	y

〈보기〉

ㄱ. x가 4이고 y가 10인 경우, 조성물 甲은 불명확하다.
ㄴ. x가 10이고 y가 20인 경우, 조성물 甲은 불명확하다.
ㄷ. x가 25이고 y가 26인 경우, 조성물 甲은 불명확하다.
ㄹ. x가 20이고 y가 x보다 크고 40보다 작은 경우, 조성물 甲은 불명확하지 않다.

① ㄱ, ㄴ
② ㄱ, ㄷ
③ ㄴ, ㄹ
④ ㄱ, ㄷ, ㄹ
⑤ ㄴ, ㄷ, ㄹ

문 76. 다음 글을 근거로 판단할 때 옳은 것은? 2021년

제00조 ① 농림축산식품부장관은 채소류 등 저장성이 없는 농산물의 가격안정을 위하여 필요하다고 인정할 때에는 생산자 또는 생산자단체로부터 농산물가격안정기금으로 해당 농산물을 수매할 수 있다. 다만 가격안정을 위하여 특히 필요하다고 인정할 때에는 도매시장에서 해당 농산물을 수매할 수 있다.
② 제1항에 따라 수매한 농산물은 판매 또는 수출하거나 사회복지단체에 기증하는 등 필요한 처분을 할 수 있다.
③ 농림축산식품부장관은 제1항과 제2항에 따른 수매 및 처분에 관한 업무를 농업협동조합중앙회 · 산림조합중앙회(이하 '농림협중앙회'라 한다) 또는 한국농수산식품유통공사에 위탁할 수 있다.
제00조 ① 농림축산식품부장관은 농산물(쌀과 보리는 제외한다. 이하 이 조에서 같다)의 수급조절과 가격안정을 위하여 필요하다고 인정할 때에는 농산물가격안정기금으로 농산물을 비축하거나 농산물의 출하를 약정하는 생산자에게 그 대금의 일부를 미리 지급하여 출하를 조절할 수 있다.
② 제1항에 따른 비축용 농산물은 생산자 또는 생산자단체로부터 수매할 수 있다. 다만 가격안정을 위하여 특히 필요하다고 인정할 때에는 도매시장에서 수매하거나 수입할 수 있다.
③ 농림축산식품부장관은 제1항과 제2항에 따른 사업을 농림협중앙회 또는 한국농수산식품유통공사에 위탁할 수 있다.
④ 농림축산식품부장관은 제2항 단서에 따라 비축용 농산물을 수입하는 경우, 국제가격의 급격한 변동에 대비하여야 할 필요가 있다고 인정할 때에는 선물거래(先物去來)를 할 수 있다.

① 한국농수산식품유통공사는 가격안정을 위해 수매한 저장성이 없는 농산물을 외국에 수출할 수 없다.
② 채소류의 가격안정을 위해서 특히 필요하다고 인정되어 수매할 경우, 농림협중앙회는 소매시장에서 수매하여야 한다.
③ 농림협중앙회는 보리의 수급조절을 위하여 보리 생산자에게 대금의 일부를 미리 지급하여 출하를 조절할 수 있다.
④ 농림축산식품부장관은 개별 생산자로부터 비축용 농산물을 수매할 수 있다.
⑤ 농림축산식품부장관은 비축용 농산물 국제가격의 급격한 변동에 대비하여야 할 필요가 있다고 인정할 경우에도 선물거래를 할 수 없다.

문 77. 다음 글을 근거로 판단할 때, 18시에서 20시 사이에 보행신호가 점등된 횟수는? 2021년

• A시는 차량통행은 많지만 사람의 통행은 적은 횡단보도에 보행자 자동인식시스템을 설치하였다.
• 보행자 자동인식시스템이 횡단보도 앞에 도착한 보행자를 인식하면 1분 30초의 대기 후에 보행신호가 30초간 점등되며, 이후 차량통행을 보장하기 위해 2분간 보행신호는 점등되지 않는다. 점등 대기와 보행신호 점등, 차량통행 보장 시간 동안에는 보행자를 인식하지 않는다.

점등 대기	→	보행신호 점등	→	차량통행 보장
1분 30초		30초		2분

• 보행신호가 점등되기 전까지 횡단보도 앞에 도착한 사람만 모두 건넌다.
• 다음은 17시 50분부터 20시까지 횡단보도 앞에 도착한 사람의 수와 도착 시각을 정리한 것이다.

도착 시각	인원	도착 시각	인원
18 : 25 : 00	1	18 : 44 : 00	3
18 : 27 : 00	3	18 : 59 : 00	4
18 : 30 : 00	2	19 : 01 : 00	2
18 : 31 : 00	5	19 : 48 : 00	4
18 : 43 : 00	1	19 : 49 : 00	2

① 6
② 7
③ 8
④ 9
⑤ 10

문 78. **다음 글을 근거로 판단할 때, 〈보기〉에서 옳은 것만을 모두 고르면?** 2018년

- 평가대상기관은 甲, 乙, 丙, 丁 4개 기관이다.
- 평가요소는 국정과제, 규제개혁, 정책성과, 홍보실적 총 4개이다. 평가요소별로 100점을 4개 평가대상기관에 배분하며, 평가대상기관이 받는 평가요소별 최소점수는 3점이다.
- 4개 평가요소의 점수를 기관별로 합산하여 총점이 높은 순서로 평가순위를 매긴다. 평가결과 2위 기관까지 인센티브가 주어진다.
- 4개 기관의 평가 결과는 아래와 같다.

(단위 : 점)

기관 \ 평가요소	국정과제	규제개혁	정책성과	홍보실적
甲	30	40	A	25
乙	20	B	30	25
丙	10	C	40	20
丁	40	30	D	30
합계	100	100	100	100

※ 특정 평가요소에 가중치를 n배 줄 경우 해당 평가요소점수는 n배가 됨

〈보기〉

ㄱ. 丙은 인센티브를 받을 수 있다.
ㄴ. B가 27이고 D가 25 이상이면 乙이 2위가 된다.
ㄷ. 국정과제에 가중치를 2배 준다면 丁은 인센티브를 받을 수 없다.
ㄹ. 국정과제에 가중치를 3배 준다면 丁은 1위가 된다.

① ㄱ, ㄴ
② ㄱ, ㄹ
③ ㄴ, ㄷ
④ ㄴ, ㄹ
⑤ ㄴ, ㄷ, ㄹ

문 79. **다음 글을 근거로 판단할 때, 甲이 잃어버린 인물카드의 수는?** 2021년

甲은 이름, 성별, 직업이 기재된 인물카드를 모으고 있다. 며칠 전 그 중 몇 장을 잃어버렸다. 다음은 카드를 잃어버리기 전과 후의 상황이다.

〈잃어버리기 전〉

- 남성 인물카드를 여성 인물카드보다 2장 더 많이 가지고 있다.
- 가지고 있는 인물카드의 직업은 총 5종류이며, 인물카드는 직업별로 최대 2장이다.
- 가수 직업의 인물카드는 1장만 가지고 있다.

〈잃어버린 후〉

- 잃어버린 인물카드 중 2장은 직업이 소방관이다.
- 가수 직업의 인물카드는 잃어버리지 않았다.
- 인물카드는 총 5장 가지고 있으며, 직업은 4종류이다.

① 2장
② 3장
③ 4장
④ 5장
⑤ 6장

문 80. 다음 글을 근거로 판단할 때, 〈보기〉에서 옳은 것만을 모두 고르면? 2018년

- 甲국의 1일 통관 물량은 1,000건이며, 모조품은 1일 통관 물량 중 1%의 확률로 존재한다.
- 검수율은 전체 통관 물량 중 검수대상을 무작위로 선정해 실제로 조사하는 비율을 뜻하는데, 현재 검수율은 10%로 전문 조사 인력은 매일 10명을 투입한다.
- 검수율을 추가로 10%p 상승시킬 때마다 전문 조사인력은 1일당 20명이 추가로 필요하다.
- 인건비는 1인당 1일 기준 30만 원이다.
- 모조품 적발 시 부과되는 벌금은 건당 1,000만 원이며, 이 중 인건비를 차감한 나머지를 세관의 '수입'으로 한다.

※ 검수대상에 포함된 모조품은 모두 적발되고, 부과된 벌금은 모두 징수됨

〈보기〉

ㄱ. 1일 평균 수입은 700만 원이다.
ㄴ. 모든 통관 물량에 대해 전수조사를 한다면 수입보다 인건비가 더 클 것이다.
ㄷ. 검수율이 40%면 1일 평균 수입은 현재의 4배 이상일 것이다.
ㄹ. 검수율을 30%로 하는 방안과 검수율을 10%로 유지한 채 벌금을 2배로 인상하는 방안을 비교하면 벌금을 인상하는 방안의 1일 평균 수입이 더 많을 것이다.

① ㄱ, ㄴ
② ㄴ, ㄷ
③ ㄱ, ㄴ, ㄹ
④ ㄱ, ㄷ, ㄹ
⑤ ㄴ, ㄷ, ㄹ

무언가를 위해 목숨을 버릴 각오가 되어 있지 않는 한
그것이 삶의 목표라는 어떤 확신도 가질 수 없다.

– 체 게바라 –

2024

최 / 신 / 판

Public Service Aptitude Test

5 · 7급 공채 / 국립외교원 / 지역인재 7급 / 5 · 7급 민간경력자 대비

5급 PSAT

[언어논리 / 자료해석 / 상황판단]

SD PSAT연구소 편저

킬러문항 공략집

정답 및 해설

SD에듀
(주)시대고시기획

PART 2

해설편

CHAPTER 01 언어논리 정답 및 해설

01	02	03	04	05	06	07	08	09	10	11	12	13	14	15	16	17	18	19	20
⑤	①	⑤	①	⑤	⑤	②	①	⑤	⑤	④	①	④	⑤	④	③	④	①	③	②
21	22	23	24	25	26	27	28	29	30	31	32	33	34	35	36	37	38	39	40
③	③	③	④	③	④	①	②	②	④	⑤	⑤	②	①	④	④	⑤	⑤	⑤	①
41	42	43	44	45	46	47	48	49	50	51	52	53	54	55	56	57	58	59	60
④	③	③	⑤	⑤	④	③	④	③	②	③	③	②	①	⑤	②	②	⑤	⑤	③
61	62	63	64	65	66	67	68	69	70	71	72	73	74	75	76	77	78	79	80
④	④	②	④	①	①	④	⑤	⑤	④	④	②	④	②	④	③	④	④	④	④

01

정답 ⑤

다음 글에서 알 수 있는 것은? 2019년

> 조선 시대에는 역대 국왕과 왕비의 신주가 있는 종묘에서 정기적으로 제사를 크게 지냈으며, 그때마다 종묘제례악에 맞추어 '일무(佾舞)'라는 춤을 추는 의식을 행했다. 일무란 일정한 수의 행과 열을 맞추어 추는 춤으로 황제에 대한 제사의 경우에는 팔일무를 추는 것이 원칙이었고, 제후에 대한 제사에는 육일무를 추었다. 팔일무는 행과 열을 각각 8개씩 지어 모두 64명이 추는 춤이다. 육일무는 행과 열을 각각 6개씩 지어 추는 춤으로서, 참여하는 사람의 수는 36명이다. 대한제국을 선포하기 전까지 조선 왕조는 제후국의 격식에 맞추어 육일무를 거행했다.
>
> 일무에는 문무(文舞)와 무무(武舞)라는 두 가지 종류가 있는데, 문무를 먼저 춘 다음에 같은 사람들이 무무를 뒤이어 추는 것이 정해진 규칙이었다. 일무를 출 때는 손에 무구라는 도구를 들고 춤을 추게 했는데, 문무를 출 때는 왼손에 '약'이라는 피리를 들고 오른손에 '적'이라는 꿩 깃털 장식물을 들었다. 문무를 추는 사람은 이렇게 한 사람당 2종의 무구를 들고 춤을 추었다. 한편 중국 역대 왕조는 무무를 거행할 때 창, 검, 궁시(활과 화살)를 들고 춤을 추게 했다. 이에 비해 조선에서는 궁시를 무구로 쓰지 않았다. 조선에서는 무무를 출 때 앞쪽 세 줄에 선 사람들로 하여금 한 사람당 검 하나씩만 잡고 춤을 추게 했으며, 뒤쪽의 세 줄에 선 사람들은 한 사람당 창 하나씩만 잡은 채 춤을 추게 했다.
>
> 한편 1897년에 고종이 대한제국을 선포한 이후에는 황제국의 격식에 맞게 64명이 일무를 추었다. 그러나 일제 강점기에는 다시 36명이 일무를 추는 것으로 바뀌었다. 종묘에서 제사를 지내는 일은 광복 후 잠시 중단되었다가, 1960년대에 종묘제례악이 중요무형문화재로 지정됨에 따라 복원되었다. 복원된 종묘제례의 일무는 팔일무였으며, 예전처럼 먼저 문무를 추고 뒤이어 무무를 추는 방식을 지켰다. 문무를 출 때 손에 드는 무구는 조선 시대의 것과 동일했고, 무무를 출 때 앞의 네 줄에 선 사람들은 검을 들되 뒤의 네 줄에 선 사람들은 창을 들게 했다. 종묘제례 행사는 1969년부터 전주 이씨 대동종약원이 맡아 오늘날까지 정기적으로 시행하고 있는데, 그 형식은 1960년대에 복원된 것을 그대로 따르고 있다.

① 대한제국 시기에는 종묘제례에서 문무를 출 때 궁시를 들지 않고 검과 창만 들었다.

② 일제 강점기 때 거행된 종묘제례에서는 문무를 육일무로 추었고, 무무는 팔일무로 추었다.

③ 조선 시대에는 종묘제례에서 무무를 출 때 한 사람당 4종의 무구를 손에 들고 춤을 추게 했다.

④ 조선 시대에 종묘제례를 거행할 때에는 육일무를 추도록 하되 제후국의 격식에 맞추어 무무만 추었다.

⑤ 오늘날 시행되고 있는 종묘제례 행사에서 문무를 추는 사람들은 한 사람당 2종의 무구를 손에 들고 춤을 춘다.

실전 풀이법

조선 시대, 대한제국, 일제 강점기, 오늘날에 이르는 과정에서 종묘제례악의 일무가 어떠한 방식으로 변화해왔는지가 글의 핵심 내용이므로, 이에 주목하며 읽어야 한다. 문무와 무무의 형태, 무구의 종류 등의 세부적인 내용을 혼동하지 않아야 정답을 정확히 찾을 수 있다.

정답해설

오늘날 종묘제례 행사는 1960년에 복원된 것을 그대로 따르고 있으므로, 문무를 추는 사람들이 드는 무구는 조선 시대의 것과 동일하게 약과 적 2종의 무구를 손에 들고 춤을 출 것이다.

오답해설

① 검과 창을 들고 추는 것은 문무가 아닌 무무이다.

② 동일한 수의 인원이 먼저 문무를 추고 이어서 무무를 추는 것이므로, 일제강점기에는 문무와 무무 모두 육일무로 추었을 것이다.

③ 조선 시대에는 무무를 출 때 앞쪽 세 줄에 선 사람들은 검 하나씩만, 뒤쪽 세 줄의 사람들은 창 하나씩만 들고 춤을 추게 했다.

④ 조선 시대에 종묘제례 거행시에는 육일무를 거행하되 문무와 무무 모두 추었다.

02

정답 ①

다음 ㉠에 따를 때 도덕적으로 허용될 수 없는 것만을 〈보기〉에서 모두 고르면?

2017년

> 우리는 어떤 행위를 그것이 가져올 결과가 좋다는 근거만으로 허용할 수는 없다. 예컨대 그 행위 덕분에 더 많은 수의 생명을 구할 수 있다는 사실만으로 그 행위를 허용할 수는 없다는 것이다. ㉠ A원리에 따르면 어떤 행위든 무고한 사람의 죽음 자체를 의도하는 것은 언제나 그른 행위이고 따라서 도덕적으로 허용될 수 없다. 여기서 의도란 단순히 자기 행위의 결과가 어떨지 예상하고 그 내용을 이해한다는 것을 넘어서, 그 행위의 결과 자체가 자신이 그 행위를 선택하게 된 이유임을 의미한다.
>
> 예를 들어 우리가 제한된 의료 자원으로 한 명의 환자를 살리는 것과 다수의 환자를 살리는 것 사이에서 선택을 해야만 할 경우, 비록 한 명의 환자가 죽게 되더라도 다수의 환자를 살리는 것이 도덕적으로 허용될 수도 있다. 이때 그의 죽음은 피치 못할 부수적인 결과였기 때문이다. 하지만 만일 그 한 명의 환자를 치료하지 않은 이유가 그가 죽은 후 그의 장기를 장기이식을 기다리는 다른 여러 사람에게 이식하기 위한 것이었다면 그 행위는 허용될 수 없다.

〈보기〉

ㄱ. 적국의 산업시설을 폭격하면 그 근처에 거주하는 다수의 민간인이 처참하게 죽게 되고 적국 시민이 그 참상에 공포심을 갖게 되어, 전쟁이 빨리 끝날 것이라는 기대감에 폭격하는 행위

ㄴ. 뛰어난 심장 전문의가 어머니의 임종을 지키기 위해 급하게 길을 가던 중 길거리에서 심장마비를 일으킨 사람을 발견했으나 그 사람을 치료하지 않고 어머니에게 가는 행위

ㄷ. 브레이크가 고장 난 채 달리고 있는 기관차의 선로 앞에 묶여 있는 다섯 명의 어린이를 구하기 위해 다른 선로에 홀로 일하고 있는 인부를 보고도 그 선로로 기관차의 진로를 변경하는 행위

① ㄱ

② ㄴ

③ ㄱ, ㄴ

④ ㄱ, ㄷ

⑤ ㄴ, ㄷ

실전 풀이법

해당하는 사례를 찾는 문제 유형의 경우, 해당 사례에 속하기 위해 필요한 요건들을 적어, 해당 요건을 모두 갖췄는지를 판단하는 방식으로 접근하면 쉽게 풀 수 있다. 이 문항의 경우 ① 행위의 결과가 죽음인 걸 예상했을 것, ② 죽음 자체를 의도하여 그 행위를 했을 것이 요구된다. 보기 ㄴ의 경우에는 죽음 자체를 의도하여 지나친 것은 아니기 때문에 허용될 수 있는 행위가 된다.

정답해설

폭격행위로 인해 민간인이 죽을 것임을 예상했으며 폭격행위로 인해 민간인이 죽게 되면 전쟁이 끝날 것이라 생각해서 그 행위를 선택하게 된 것이다. 따라서 폭격하는 행위는 민간인 죽음 자체를 의도했기 때문에 허용될 수 없다.

오답해설

ㄴ. 사람을 지나친 행위로 인해 심장마비를 일으킨 사람이 죽을 것임을 예상했지만, 지나친 행위는 어머니의 임종을 지키기 위한 것이었지 심장마비를 일으킨 사람이 죽기를 원해서 선택한 행위는 아니다. 따라서 무고한 사람의 죽음 자체를 의도하는 것이라 할 수 없어 허용될 수 있다.

ㄷ. 기관차의 진로를 변경하는 행위로 인해 홀로 일하고 있는 인부가 죽을 것임을 예상했지만, 진로를 변경하는 행위는 다섯 명의 어린이를 구하기 위한 것이었지 인부를 죽이고자 선택한 행위는 아니다. 따라서 무고한 사람의 죽음 자체를 의도하는 것이라 할 수 없어 허용될 수 있다.

03

정답 ⑤

다음 글의 내용이 참일 때, 반드시 참인 것만을 〈보기〉에서 모두 고르면?

2019년

> A부서에서는 새로운 프로젝트인 〈하늘〉을 진행할 예정이다. 이 부서에는 남자 사무관 가훈, 나훈, 다훈, 라훈 4명과 여자 사무관 모연, 보연, 소연 3명이 소속되어 있다. 아래의 조건을 지키면서 이들 가운데 4명을 뽑아 〈하늘〉 전담팀을 꾸리고자 한다.
>
> • 남자 사무관 가운데 적어도 한 사람은 뽑아야 한다.
> • 여자 사무관 가운데 적어도 한 사람은 뽑지 말아야 한다.
> • 가훈, 나훈 중 적어도 한 사람을 뽑으면, 라훈과 소연도 뽑아야 한다.
> • 다훈을 뽑으면, 모연과 보연은 뽑지 말아야 한다.
> • 소연을 뽑으면, 모연도 뽑아야 한다.

〈보기〉

ㄱ. 남녀 동수로 팀이 구성된다.

ㄴ. 다훈과 보연 둘 다 팀에 포함되지 않는다.

ㄷ. 라훈과 모연 둘 다 팀에 포함된다.

① ㄱ

② ㄷ

③ ㄱ, ㄴ

④ ㄴ, ㄷ

⑤ ㄱ, ㄴ, ㄷ

실전 풀이법

반드시 참인 것만을 고르라고 하였으므로, 가능한 모든 경우를 따져봐야 한다. 쉬운 문제라면 가능한 경우의 수가 하나뿐이겠지만, 대부분 가능한 경우가 2개 이상 있다. 따라서 하나의 경우만 보고 반드시 참이라고 판단해서는 안 된다. 다만, 하나의 경우라도 반례가 되면 해당 보기를 소거할 수는 있다. 또한, 각 조건을 적용하기 용이하도록 적절히 조작하면 풀이가 한결 쉬워진다. 가령 네 번째 조건을 대우 명제로 바꾸면, '모연 혹은 보연을 뽑는 경우 다훈을 뽑지 말아야 한다.'가 된다.

정답해설

1) 남자 사무관 중 적어도 한 사람을 뽑아야 한다. 우선 가훈을 뽑는 경우를 생각해 보자. 세 번째 조건에 따라 라훈과 소연을 뽑아야 하며, 다섯 번째 조건에 따라 모연을 뽑아야 한다. 모연을 뽑았으므로 네 번째 조건에 따라 다훈을 뽑지 말아야 한다. 그리고, 모연과 소연을 뽑았으므로 두 번째 조건에 따라 보연은 뽑지 말아야 한다. 결국, 가훈, 라훈, 모연, 소연을 뽑게 된다.
2) 가훈을 뽑지 않고 나훈을 뽑는 경우를 생각해 보자. 앞의 경우와 마찬가지로 조건을 적용하게 되며, 나훈, 라훈, 모연, 소연을 뽑게 된다.
3) 가훈, 나훈을 뽑지 않고 다훈을 뽑는 경우를 생각해 보자. 다훈을 뽑으면 네 번째 조건에 따라 모연과 보연을 뽑지 말아야 한다. 이 경우 4명을 뽑을 수 없다.
4) 가훈, 나훈, 다훈을 뽑지 않고 라훈만 뽑는 경우를 생각해 보자. 두 번째 조건에 따라 여자 사무관 가운데 적어도 한 사람은 뽑지 말아야 하므로, 총 4명을 뽑을 수 없게 된다.

결국 가능한 경우는 (가훈, 라훈, 모연, 소연) 혹은 (나훈, 라훈, 모연, 소연)의 2가지이다. 따라서 ㄱ, ㄴ, ㄷ 모두 반드시 참이 된다.

04

정답 ①

다음 글에서 알 수 있는 것은? 2021년

> 주식회사의 이사는 주주총회에서 선임된다. 1주 1의결권 원칙이 적용되는 주주총회에서 주주는 본인이 보유하고 있는 주식 비율에 따라 의결권을 갖는다. 예를 들어 5%의 주식을 가진 주주는 전체 의결권 중에서 5%의 의결권을 갖는다.
>
> 주주총회에서 이사를 선임할 때에는 각 이사 후보자별 의결이 별도로 이루어진다. 예를 들어 2인의 이사를 선임하는 주주총회에서 3인의 이사 후보가 있다면, 각 후보를 이사로 선임하는 세 건의 안건을 올려 각각 의결한다. 즉, 총 세 번의 의결 후 찬성 수를 가장 많이 얻은 2인을 이사로 선임하는 것이다. 이를 단순투표제라 한다. 단순투표제에서 발행주식 총수의 50%를 초과하는 지분을 가진 주주는 모든 이사를 자신이 원하는 사람으로 선임할 수 있게 되고, 그럴 경우 50% 미만을 보유하고 있는 주주는 자신이 원하는 사람을 한 명도 이사로 선임하지 못하게 된다.
>
> 집중투표제는 이러한 문제를 해결하기 위해 고안된 방안이다. 이는 복수의 이사를 한 건의 의결로 선임하는 방법으로 단순투표제와 달리 행사할 수 있는 의결권이 각 후보별로 제한되지 않는다. 예를 들어 회사의 발행주식이 100주이고 선임할 이사는 5인, 후보는 8인이라고 가정해 보자. 집중투표제를 시행한다면 25주를 가진 주주는 선임할 이사가 5인이기 때문에 총 125개의 의결권을 가지며 75주를 가진 지배주주는 총 375개의 의결권을 가진다. 각 주주는 자신의 의결권을 자신이 원하는 후보에게 집중하여 배분할 수 있다. 125개의 의결권을 가진 주주는 자신이 원하는 이사 후보 1인에게 125표를 집중 투표하여 이사로 선임될 가능성을 높일 수 있다. 최종적으로 5인의 이사는 찬성 수를 많이 얻은 순서에 따라 선임된다.
>
> 주주가 집중투표를 청구하기 위해서는 주식회사의 정관에 집중투표를 배제하는 규정이 없어야 한다. 이러한 방식을 옵트아웃 방식이라고 한다. 정관에서 명문으로 규정해야 제도를 시행할 수 있는 옵트인 방식과는 반대되는 것이다. 하지만 현재 우리나라 전체 상장회사의 90% 이상은 집중투표를 배제하는 정관을 가지고 있어 집중투표제의 활용이 미미한 상황이다.

① 한 안건에 대해 단순투표제와 집중투표제 모두 1주당 의결권의 수는 그 의결로 선임할 이사의 수와 동일하다.
② 집중투표제에서 대주주는 한 건의 의결로 선임될 이사의 수가 가능한 한 많아지기를 원할 것이다.
③ 집중투표제로 이사를 선임하는 경우 소액주주는 본인이 원하는 최소 1인의 이사를 선임할 수 있다.
④ 정관에 집중투표제에 관한 규정이 없다면 주주는 이사를 선임할 때 집중투표를 청구할 수 없다.
⑤ 단순투표제에서는 전체 의결권의 과반수를 얻어야만 이사로 선임된다.

실전 풀이법

2문단과 3문단 간 비교, 4문단 내의 비교 등 2가지 기준에 따른 비교가 이루어지는 지문이다. 비교 대상별로 구별되는 차이점을 유념하고 접근하면 부정확한 풀이를 피할 수 있다. 집중투표제에서의 1주당 의결권 수와 같이 예시가 주어진 경우 이를 적극 활용하자.

정답해설

'단순투표제'하에서 안건당 의결의 대상이 되는 후보는 1명이고 이때 찬성 수가 가장 많은 경우 해당 1명의 이사를 선임할 수 있다. 그리고 '집중투표제'하에서 '25주를 가진 주주는 선임할 이사가 5인이기 때문에 총 125개의 의결권을 가지며 75주를 가진 지배주주는 총 375개의 의결권을 가진다.'고 하였으므로 해당 의결에서 1주당 선임할 이사 수만큼의 의결권을 가진다는 사실을 알 수 있다. 그러므로 두 방식 모두에서 '의결로 선임할 이사의 수'와 '1주당 의결권'은 1대1의 관계에 있다.

오답해설

② 제시문을 통해서는 알 수 없는 내용이다.
③ 집중투표제하에서 각 주주는 자신의 의결권을 자신이 원하는 후보에게 집중하여 배분할 수 있다. 그러나 이는 '50% 미만을 보유하고 있는 주주는 자신이 원하는 사람을 한 명도 이사로 선임하지 못하게' 되는 단순투표제의 단점을 보완한 것일 뿐이다.
④ 정관에 집중투표에 관한 규정이 없는 경우, 옵트인 방식에 따른다면 명문으로 규정해야만 집중투표제가 가능하고 옵트아웃 방식에 따른다면 집중투표제가 가능하다.
⑤ 과반수를 얻은 안건의 수가 선임할 이사 수보다 많다면 찬성 수가 더 적은 이사 후보는 선임되지 않는다.

05

정답 ⑤

다음 ㉠의 사례로 적절한 것만을 〈보기〉에서 모두 고르면? 2017년

> 적혈구는 일정한 수명을 가지고 있어서 그 수와 관계 없이 총 적혈구의 약 0.8% 정도는 매일 몸 안에서 파괴된다. 파괴된 적혈구로부터 빌리루빈이라는 물질이 유리되고, 이 빌리루빈은 여러 생화학적 대사 과정을 통해 간과 소장에서 다른 물질로 변환된 후에 대변과 소변을 통해 배설된다.
>
> 적혈구로부터 유리된 빌리루빈은 강한 지용성 물질이어서 혈액의 주요 구성물질인 물에 녹지 않는다. 이런 빌리루빈을 비결합 빌리루빈이라고 하며, 혈액 내에서 비결합 빌리루빈은 알부민이라는 혈액 단백질에 부착된 상태로 혈류를 따라 간으로 이동한다. 간에서 이 비결합 빌리루빈은 담즙을 만드는 간세포에 흡수되고 글루쿠론산과 결합하여 물에 잘 녹는 수용성 물질인 결합 빌리루빈으로 바뀌게 된다. 결합 빌리루빈의 대부분은 간세포에서 만들어져 담관을 통해 분비되는 담즙에 포함되어 소장으로 배출되지만 일부는 다시 혈액으로 되돌려 보내져 혈액 내에서 알부민과 결합하지 않고 혈류를 따라 순환한다.
>
> 간세포에서 분비된 담즙을 통해 소장으로 들어온 결합 빌리루빈의 절반은 장세균의 작용에 의해 소장에서 흡수되어 혈액으로 이동하는 유로빌리노젠으로 전환된다. 나머지 절반의 결합 빌리루빈은 소장에서 흡수되지 않고 대변에 포함되어 배설된다. 혈액으로 이동한 유로빌리노젠의 일부분은 혈액이 신장을 통과할 때 혈액으로부터 여과되어 신장으로 이동한 후 소변으로 배설된다. 하지만 대부분의 혈액 내 유로빌리노젠은 간으로 이동하여 간세포에서 만든 담즙을 통해 소장으로 배출되어 대변을 통해 배설된다.
>
> 빌리루빈의 대사와 배설에 장애가 있을 때 여러 임상 증상이 나타날 수 있다. 따라서 빌리루빈이나 빌리루빈 대사물의 양을 측정한 후, 그 값을 정상치와 비교하면 임상 증상을 일으키는 원인이 되는 질병이나 문제를 ㉠ 추측할 수 있다.

〈보기〉

ㄱ. 소변 내 유로빌리노젠의 양이 정상치보다 높으면, 혈액의 적혈구 파괴 비율이 증가하는 용혈성 질병이 있을 수 있다.
ㄴ. 혈액 내 비결합 빌리루빈의 양이 정상치보다 높으면, 담즙을 만드는 간세포의 기능이 망가진 간경화가 있을 수 있다.
ㄷ. 대변 내 결합 빌리루빈이 발견되지 않으면, 담석에 의해 담관이 막혀 담즙이 배출되지 않은 담관폐쇄증이 있을 수 있다.

① ㄱ
② ㄴ
③ ㄱ, ㄷ
④ ㄴ, ㄷ
⑤ ㄱ, ㄴ, ㄷ

실전 풀이법

㉠ 추측의 사례로 적절한 것을 찾기 위해 지문의 전반적인 내용을 이해해야 하는 문제이다. 이 문제와 같이 복잡한 메커니즘을 순차적으로 설명하는 지문이 제시되고, 그 메커니즘에 대한 이해가 문제 풀이의 핵심이 되는 경우 간단한 단어와 화살표 등을 활용하여 내용을 정리하면서 지문을 읽어나가야 문제 풀이 과정에서 지문을 여러 번 읽느라 시간을 낭비하지 않을 수 있다.

정답해설

ㄱ. 적혈구가 파괴되면서 빌리루빈이라는 물질이 유리되고, 빌리루빈이 여러 과정을 거치면서 결합 빌리루빈으로 변환되고, 소장에서 흡수되어 혈액으로 이동하는 유로빌리노젠으로 전환된 뒤 그 일부가 소변으로 배출되는 과정을 거치는 것이므로, 소변 내 유로빌리노젠의 양이 정상치보다 높다는 것은 빌리루빈의 생성량이 많다는 것을 의미한다. 따라서 이 경우 혈액의 적혈구 파괴 비율이 증가하여 빌리루빈 생산량이 많아진 것으로 추측할 수 있다.

ㄴ. 비결합 빌리루빈은 혈류를 따라 간으로 이동한 후, 담즙을 만드는 간세포에 흡수된 뒤 글루쿠론산과 결합하여 결합 빌리루빈으로 바뀌게 된다. 이때 혈액 내에 비결합 빌리루빈의 양이 정상치보다 높다는 것은 담즙을 만드는 간세포의 기능에 문제가 있어 비결합 빌리루빈이 결합 빌리루빈으로 전환되지 못한 것으로 해석할 수 있으므로, 옳다.

ㄷ. 간세포에서 분비된 담즙을 통해 소장으로 들어온 결합 빌리루빈의 절반은 대변으로 배출되므로, 대변 내 결합 빌리루빈이 발견되지 않는 것은 결합 빌리루빈이 소장으로 들어오지 못한 것일 수 있다. 이 경우, 담즙의 배출에 문제가 생겨서 결합 빌리루빈이 소장으로 이동하지 못한 것으로 해석할 수 있으므로 옳다.

06

정답 ⑤

다음 글의 내용이 참일 때 반드시 참인 것은? 2022년

수습 사무관 갑, 을, 병, 정을 A, B, C, D 네 도시 중 필요한 도시에 배치해 연수 프로그램을 시행하였다. 이와 관련해 다음과 같은 사실이 알려져 있다.

- 세 명 이상의 수습 사무관이 배치되는 도시는 없다.
- 두 도시 이상에 배치되는 수습 사무관은 아무도 없다.
- 갑이 A시에 배치되면, 을은 C시에 배치되지 않는다.
- 갑은 B시에 배치되지 않는다.
- 을과 병은 같은 시에 배치된다.
- 병이 B시에 배치되면, 갑은 D시에 배치되지 않는다.
- D시에는 한 명이 배치된다.

① 갑이 C시에 배치되면, 병은 A시에 배치된다.
② 을이 B시에 배치되지 않으면, 정은 D시에 배치된다.
③ 병이 C시에 배치되면, 갑은 D시에 배치되지 않는다.
④ 정이 D시에 배치되면, 갑은 A시에 배치된다.
⑤ 정이 D시에 배치되지 않으면, 을은 B시에 배치되지 않는다.

실전 풀이법

어떤 명제가 항상 참이기 위해서는 해당 명제가 거짓인 경우 모순이 발생하여야 한다. 이를 귀류법이라고 한다. 따라서 반드시 참인 것을 고르는 논리 퀴즈 문제에서 선지가 조건문인 경우, 귀류법을 활용하여 선지의 거짓에 모순이 발생하는지 파악하면 정확하게 문제를 풀 수 있다.

정답해설

제시된 조건을 정리하면 다음과 같다.
1) 도시 : 두 명 이하의 수습 사무관 배치
2) 수습 사무관 : 한 개 도시 이하에 배치
3) 갑A → ~을C
4) ~갑B
5) 을 = 병
6) 병B → ~갑D
7) D = 1명 배치

제시된 조건을 바탕으로 표를 그리면 다음과 같다.

구분	A	B	C	D(1명)
갑		×		
을(=병)				×
병(=을)				×
정				

선지를 거짓으로 치환한 후, 모순이 발생하면 해당 선지는 참이다. 따라서 '~정D → ~을B'의 거짓인 '~정D∧을B'인 경우를 살펴보면 다음과 같다.
5)에 따라 '을B'이므로 '병B'이며, 6)에 따라 '~갑D'이다. 또한 7)과 2)에 따라 D시에 아무도 배치되지 않는 모순이 발생한다.

구분	A	B	C	D(1명)
갑		×		×(모순)
을(=병)		○		×
병(=을)		○		×
정				×

따라서 ⑤는 반드시 참이다.

07

정답 ②

다음 글의 갑~병에 대한 평가로 적절한 것만을 〈보기〉에서 모두 고르면? 2022년

에스키모는 노쇠한 부모를 벌판에 유기하는 관습을 가지고 있었다. 반면에 로마인은 노쇠한 부모를 정성을 다해 모셨다. 도덕 상대주의는 이와 같은 인류학적 사실에 근거하고 있다. 도덕 상대주의에 따르면, 사회마다 다른 도덕적 관습을 가지며 옳고 그름에 대한 신념 체계는 사회마다 상이하다. 또한 다양한 도덕적 관습과 신념 체계 중 어떤 것이 옳은지 판별할 수 있는 객관적인 기준은 없다.

다음은 도덕 상대주의에 대한 비판들이다.

갑 : 에스키모와 로마인의 관습상 차이는 서로 다른 도덕원리에서 기인한 것처럼 보일 수 있다. 그러나 하나의 도덕원리가 각기 다른 상황에 적용되면서 서로 다른 관습을 초래한 것일 수 있다. 부모와 자식 간의 애정에 근거한 동일한 도덕원리가 에스키모와 로마인에게서 다른 관습을 초래할 수 있다.

을 : 도덕 상대주의가 맞다면, 다른 사회의 관습과 신념 체계를 평가할 수 있는 객관적 기준은 존재하지 않는다. 그래서 다른 사회의 관습과 신념 체계에 대한 평가는 불가능하며 이에 대해 '침묵'해야 한다. 이런 침묵의 의무는 어떤 사회를 막론하고 모든 사회의 구성원에게 절대적인 구속력을 갖는다. 결국 도덕 상대주의는 도덕 절대주의의 이념을 수용해야 하는 역설에 빠지게 된다.

병 : 도덕 상대주의는 시간적 차원에도 적용된다. 따라서 도덕 상대주의를 받아들이면 사회 관습이나 신념 체계의 진보를 말할 수 없게 된다. 과거의 것과 달라졌을 뿐이지 더 낫거나 못하다고 말할 수 없기 때문이다. 그러나 사회 관습이나 신념 체계가 진보했다고 말할 수 있는 사례가 존재한다. 예를 들어 과거와는 달리 노예제를 받아들이는 도덕적 관습이나 신념 체계를 가진 사회는 없다.

〈보기〉

ㄱ. "두 사회의 관습이 같다면 그 사회들의 도덕원리가 같다."라는 것이 사실이면 갑의 주장은 약화된다.
ㄴ. 우월한 도덕 체계와 열등한 도덕 체계를 객관적으로 구분할 수 있다면 을의 주장은 약화되지 않는다.
ㄷ. 현재의 관습과 신념 체계가 과거의 것보다 퇴보한 사회가 있다면 병의 주장은 약화된다.

① ㄱ
② ㄴ
③ ㄱ, ㄷ
④ ㄴ, ㄷ
⑤ ㄱ, ㄴ, ㄷ

실전 풀이법

어떠한 주장을 약화하기 위해서는 논리적으로 해당 주장을 거짓으로 만들 수 있는 반례가 필요하다. 명제 'p → q'의 반례는 'p∧~q'이므로 p이면서 q가 아닌 것을 제시하는 경우 해당 주장을 약화한다고 말할 수 있다. ㄷ의 경우에도 병의 주장을 약화하기 위해서는 '도덕 상대주의를 받아들이더라도 사회 관습의 진보를 말할 수 있는' 사례를 제시하여야 한다.

정답해설

을에 따르면 도덕 상대주의가 맞다면 다른 사회의 관습을 평가할 수 없고, 침묵해야 한다. 결국 도덕 상대주의는 도덕 절대주의를 수용해야 하는 역설에 빠지게 되므로 도덕 상대주의는 옳지 않게 된다.

오답해설

ㄱ. 갑은 에스키모와 로마인의 관습상 차이는 하나의 도덕 원리가 각기 다른 상황에 적용되어 서로 다른 관습을 나타낸 것이라고 보기 때문에 약화되지 않는다.
ㄷ. 병은 도덕 상대주의를 받아들이면 사회 관습의 진보를 말할 수 없으므로 도덕 상대주의는 받아들일 수 없다고 하였다. 이때의 진보는 과거와 달라진 것만을 말하는 것이 아니라 '더 낫거나 못하다고 말할 수 있는 것'을 의미하므로 약화되지 않는다.

08

정답 ①

다음 글에 비추어 볼 때, 〈실험〉에서 추론한 것으로 적절한 것만을 〈보기〉에서 모두 고르면? 2021년

A식물은 머리카락 모양의 털을 잎 표피에서 생산한다. 어떤 A식물은 털에서 당액을 분비하여 잎이 끈적하다. 반면 다른 A식물의 잎은 털의 모양은 비슷하지만 당액이 분비되지 않으므로 매끄럽다. 만약 자연에서 두 표현형이 같은 장점을 갖고 있다면 끈적한 A식물과 매끄러운 A식물은 1 : 1의 비율로 나타나야 한다. 하지만 A식물의 잎을 갉아먹는 B곤충이 있는 환경에서는 끈적한 식물과 매끄러운 식물이 1 : 1로 발견되는 반면, B곤충이 없는 환경에서는 끈적한 식물보다 매끄러운 식물이 더 많이 발견된다. 끈적한 식물은 종자 생산에 사용해야 할 광합성 산물의 일정량을 끈적한 당액의 분비에 소모한다. B곤충이 잎을 갉아먹으면 A식물의 광합성 산물의 생산량이 줄어든다. A식물이 만들어 내는 종자의 수는 광합성 산물의 양에 비례한다. 한 표현형이 다른 표현형보다 종자를 많이 생산하면 그 표현형을 가진 개체가 더 많이 나타난다.

〈실험〉

B곤충으로부터 보호되는 환경에서 끈적한 A식물과 매끄러운 A식물을, 종자를 생산할 수 있을 만큼 성장시킨다. 그렇게 기른 두 종류의 A식물을 각각 절반씩 나누어, 절반은 B곤충의 침입을 허용하는 환경에, 나머지 절반은 B곤충을 차단하는 환경에 두었다. B곤충이 침입하는 조건에서 매끄러운 개체는 끈적한 개체보다 잎이 더 많이 갉아먹혔다. 매끄러운 개체와 끈적한 개체가 생산한 종자의 수 사이에 의미 있는 차이는 나타나지 않았다. 한편 B곤충이 없는 조건에서는 끈적한 개체가 매끄러운 개체보다 종자를 45% 더 적게 생산했다.

〈보기〉

ㄱ. B곤충이 없는 환경에 비해 B곤충이 있는 환경에서, 매끄러운 식물의 종자 수가 감소한 정도는 끈적한 식물의 종자 수가 감소한 정도보다 컸다.
ㄴ. B곤충이 있는 환경에서 매끄러운 식물이 생산하는 광합성 산물은, B곤충이 없는 환경에서 매끄러운 식물이 생산하는 광합성 산물보다 양이 더 많았다.
ㄷ. B곤충이 있는 환경에서, 끈적한 식물이 매끄러운 식물보다 종자 생산에 소모한 광합성 산물의 양이 더 많았다.

① ㄱ
② ㄴ
③ ㄱ, ㄷ
④ ㄴ, ㄷ
⑤ ㄱ, ㄴ, ㄷ

실전 풀이법

실험에 대한 문제에 있어 가장 중요한 것은 비교집단과 대상집단 사이 존재하는 유의미한 차이점이 무엇인지 찾는 것이다. 문제의 실험에서 식물의 종류와 B곤충의 존재 여부에 따라 총 4가지 실험 집단으로 구분되며, 그에 따라 종자 수의 차이가 나타난다는 사실을 유념하여 선지에 접근한다면 보다 정확한 해결이 가능할 것이다.

정답해설

B곤충은 A식물의 잎을 갉아먹어 광합성 산물의 생산량을 감소시키며 A식물이 만들어내는 종자의 수는 광합성 산물의 양에 비례한다. 실험에 따르면 B곤충을 차단한 실험에서 '끈적한 개체가 매끄러운 개체보다 종자를 45% 더 적게 생산했으나 B곤충이 침입하는 실험에서는 매끄러운 개체와 끈적한 개체가 생산한 종자의 수 사이에 의미 있는 차이는 나타나지 않았다. 이를 종합하면 B곤충의 침입이라는 결과로 B곤충은 매끄러운 식물을 더 많이 갉아먹었고 그 결과 상대적으로 많은 양의 광합성 산물이 감소해 종자 수 역시 더 큰 폭으로 감소했다고 볼 수 있다.

오답해설

ㄴ. B곤충은 A식물의 잎을 갉아먹어 광합성 산물의 생산량을 감소시킨다. 실험의 'B곤충이 침입하는 조건에서 매끄러운 개체는 끈적한 개체보다 잎이 더 많이 갉아먹혔다.'에서 매끄러운 식물의 잎이 B곤충에게 갉아먹혔다는 사실을 알 수 있다. 그러므로 B곤충이 있는 환경에서 광합성 산물이 더 적다고 할 것이다.
ㄷ. A식물이 만들어내는 종자의 수는 광합성 산물의 양에 비례한다. 또한 끈적한 식물은 종자 생산에 사용해야 할 광합성 산물의 일정량을 끈적한 당액의 분비에 소모한다. 따라서 다른 모든 조건이 동일한 경우 끈적한 A식물이 생산한 종자 수는 매끈한 A식물이 생산한 종자 수보다 적다고 할 수 있다. 하지만 실험의 B곤충이 있는 환경에서는 위 관계가 성립하지 않는다. 오히려 매끄러운 개체와 끈적한 개체가 생산한 종자의 수 사이에 의미 있는 차이는 나타나지 않았으므로 종자 생산에 소모한 광합성 산물의 양이 유사하다는 사실을 알 수 있다.

09

정답 ⑤

다음 글의 A와 B에 대한 분석으로 가장 적절한 것은? 2021년

> A는 근대화란 곧 산업화이고, 산업화는 농촌을 벗어난 농민들이 도시의 임금노동자가 되어가는 과정이라고 생각했다. 토지에 얽매이지 않으며 노동력 말고는 팔 것이 없는 이들을 '자유로운 노동자'라고 불렀다. 이들 중에서 한 사람의 임금으로 가족 전부를 부양할 수 있을 만큼의 급여를 확보한 특권적인 노동자가 나타난다. 이 노동자가 한 집안의 가장 혹은 '빵을 벌어오는 사람'이다. 이렇게 자신과 가족의 생활을 유지할 만큼 급여를 받는 피고용자를 정규직이라 불러왔다. 그 급여 수준이 어느 정도인지, 일주일에 몇 시간을 노동해야 하는지에 대해서는 역사적으로 각 사회의 '건강하고 문화적인' 생활수준과 노사협의를 통해서 결정된다. A는 산업화가 지속적으로 진전되면 세상의 모든 사람은 정규직 임금노동자가 된다고 예측했다.
>
> 이에 이의를 제기한 B는 산업화가 진전됨에 따라 노동자들이 크게 핵심부, 반주변부, 주변부로 나뉜다고 주장했다. 핵심부에 속하는 노동자들은 혼자 벌어 가정을 유지할 만큼의 급여를 확보하는 정규직 노동자들인데, 이들의 일자리는 사회적 희소재로서 앞으로는 늘어나지 않을 것으로 예측되었다. 그 대신에 반주변부에는 정규직보다 급여가 낮은 비정규직을 포함하는 일반 노동자들이, 그리고 시장 바깥의 주변부에는 실업자를 포함해서 반주변부보다 열악한 상황에 놓인 노동자들이 계속해서 남아돌게 될 것이라고 했다. 그의 예측은 적중했다.
>
> 산업화가 진전된 선진국에서는 고용의 파이가 더 이상 확대되지 않거나 축소되었다. 일반적으로 노조가 발달한 선진국에는 노동자에게 '선임자 특권'이라는 것이 있다. 이로 인해 이미 고용된 나이 많은 노동자를 해고하는 것이 어려워져 신규 채용을 회피하게 된다. 그 결과 국제적으로 정규직의 파이는 거의 모든 사회에서 축소되는 경향을 낳았다. 그러한 바탕 위에 노동시장에서 고용의 비정규직화는 지속적으로 강화되었으며 청년 실업률 또한 높아졌다.

① A는 정규직 노동자의 실질 급여 수준이 산업화가 진전됨에 따라 지속적으로 하락할 것으로 보았다.

② B는 산업화가 진전됨에 따라 기존의 주변부 노동자들과는 다른 새로운 형태의 주변부 노동자들이 계속해서 생성될 것이라고 보았다.

③ A와 B는 모두 선임자 특권이 청년 실업률을 높이는 데 기여한다고 보았다.

④ A와 B는 모두 산업화가 진전되면 궁극적으로 한 사회의 노동자들의 급여가 다양한 수준에서 결정된다고 보았다.

⑤ A는 정규직 노동자가, B는 핵심부 노동자가 한 사람의 노동자 급여로 가족을 부양할 수 있다고 보았다.

실전 풀이법

독해 과정에서 3문단이 A와 B의 공통적인 의견이라고 판단하지 않는 것이 중요하다. 내용만 비교하더라도 비정규직화 등은 A의 의견과 반대된다는 것을 알 수 있으나, 주장 하나당 문단이 하나씩 배치되었다고 생각하지 않아야 정확한 문제 해결이 가능할 것이다.

정답해설

A에게 정규직 노동자란 '자신과 가족의 생활을 유지할 만큼 급여를 받는 피고용자'를 의미하며, B에게 핵심부 노동자란 '혼자 벌어 가정을 유지할 만큼의 급여를 확보하는 정규직 노동자'이다.

오답해설

① 실질 급여 수준의 변화 방향에 대한 정보는 제시되어 있지 않다.

② 산업화가 진행됨에 따라 비정규직화가 진행된다는 내용은 언급되어 있으나, 새로운 형태의 주변부 노동자들이 생성된다는 정보는 제시되어 있지 않다.

③ B는 선임자 특권에 의해 신규 채용을 회피하여 청년 실업률 상승이 나타날 것이라고 생각한다. 그러나 A의 선임자 특권에 대한 내용은 제시되어 있지 않다.

④ A는 산업화가 지속적으로 진전되면 세상의 모든 사람은 정규직 임금노동자가 된다고 예측했을 뿐이다.

10

정답 ⑤

다음 글에서 추론할 수 있는 것은? 2020년

> 두 국가에서 소득을 얻은 개인이 두 국가 모두의 거주자로 간주되면, 두 국가에서 벌어들인 소득 합계에 대한 세금을 두 국가 모두에 납부해야 한다. 이러한 이중 부과는 불합리하다. 이에, 다음 〈기준〉에 따라 〈사례〉의 개인 갑~정을 X국과 Y국 중 어느 국가의 거주자인지 결정하고자 한다. 갑~정의 국적은 각 하나씩이며, 네 명 모두 X국과 Y국에서만 소득을 얻는다. 〈기준〉의 각 항목은 거주국이 결정될 때까지 '첫째'부터 순서대로 적용하되, 항목에 명시된 '경우'에 해당하지 않으면 적용하지 않는다. 거주국이 결정되면 그 뒤의 항목들은 고려하지 않는다.
>
> 〈기준〉
>
> 첫째, 소득을 얻는 국가 중 한 국가에만 영구적인 주소가 있는 경우, 그 국가의 거주자로 본다. 둘째, 소득을 얻는 두 국가 모두에 영구적인 주소가 있는 경우, 더 중요한 이해관계를 가지는 쪽 국가의 거주자로 본다. 셋째, 소득을 얻는 두 국가 중 어느 쪽에도 영구적인 주소가 없거나 어느 쪽 국가에도 더 중요한 이해관계를 가지지 않는 경우에는 통상적으로 거주하는, 즉 1년의 50%를 초과하여 거주하는 국가의 거주자로 본다. 넷째, 소득을 얻는 두 국가 중 어느 쪽에도 통상적으로 거주하지 않는 경우, 국적에 따라 거주국을 결정한다.
>
> 〈사례〉
>
> - X국 국적자 갑은 X국 법인의 회장으로 재직하여 X국에 더 중요한 이해관계를 가지며, 어느 나라에도 영구적인 주소가 없으나 1년에 약 3개월은 X국에 거주하고 나머지는 Y국에 거주한다.
> - Z국 국적자 을은 Y국 법인의 이사로 재직하여 Y국에 더 중요한 이해관계를 가진다. 을은 Y국에 통상적으로 거주하며 그가 유일하게 영구적인 주소를 가진 X국에는 1년에 4개월 정도 거주하는데 그 기간에는 영상회의로 Y국 법인의 업무에 참여한다.
> - Y국 국적자 병은 X국과 Y국에 각각 영구적인 주소를 가지며 1년 중 X국에 1/4, Y국에 3/4을 체류한다. 병은 Y국에 체류할 때는 주로 휴식을 취하지만 X국에 체류하는 동안에는 X국의 공장을 운영하는 등, X국에 더 중요한 이해관계를 가진다.
> - Y국 국적자 정은 Z국에만 영구적인 주소를 가지나, 거주는 X국과 Y국에서 정확히 50%씩 한다. 정은 X국과 Y국 중 어느 쪽에도 더 중요한 이해관계를 가지지 않는다.

① 갑과 병은 거주국이 같다고 결정된다.

② 갑~정 중 거주국이 결정되지 않는 사람이 있다.

③ 갑~정 중 국적이 Z국인 사람은 Y국의 거주자로 결정된다.

④ 갑~정 중 Z국에 영구적인 주소를 가지는 사람의 거주국은 X국으로 결정된다.

⑤ 갑~정 중, X국의 거주자로 결정된 사람의 수와 Y국의 거주자로 결정된 사람의 수는 같다.

실전 풀이법

기준을 사례의 내용에 정확하게 적용하는 것이 문제 풀이의 핵심이다. 이때, 첫 번째부터 네 번째까지의 기준이 반드시 순서대로 적용되는 것은 아니라는 점에 주의해야 한다. 가령, 소득을 얻는 두 국가 중 어느 쪽에도 영구적인 주소를 가지지 않는 경우 두 번째 기준에 대한 고려 없이 바로 세 번째 기준이 적용된다.

정답해설

제시된 기준에 따라 사례에 등장하는 갑~정의 거주국을 결정하면 다음과 같다.

갑 : Y국, 을 : X국, 병 : X국, 정 : Y국

따라서 을, 병 2명은 X국 거주자로, 갑, 정 2명은 Y국 거주자로 결정된다.

오답해설

① 갑은 Y국, 병은 X국 거주자로 결정된다.

② 기준을 적용할 경우 갑~정 모두의 거주국을 결정할 수 있다.

③ Z국 국적인 을의 거주국은 X국이다.

④ Z국에 영구적인 주소를 가지는 정의 거주국은 Y국이다.

11 정답 ④

다음 논쟁에 대한 분석으로 가장 적절한 것은? 2020년

갑 : 무게 중심이 어느 쪽으로도 치우치지 않은 동전 c가 있다. 그럼 'c를 던졌을 때 앞면이 나올 확률은 50%이다.'라는 진술 A가 뜻하는 바는 무엇인가? 이는 분명 참이다. 하지만 형태, 색, 무게 등 c의 물리적 특징을 조사한다고 하더라도, '50%의 확률'에 대응하는 특징을 찾을 수 없다. 도대체 진술 A의 의미가 무엇이길래 참이라고 말할 수 있는가?

을 : c를 여러 번 던져 진술 A의 의미를 결정할 수 있다. c를 같은 방식으로 여러 번 던지면 일부는 앞면이 나오고 일부는 뒷면이 나올 것이다. 이런 실제 동전 던지기 결과를 통해 진술 A의 의미가 결정된다. 즉 진술 A는 'c를 같은 방식으로 던진 실제 결과들 중 앞면이 나온 빈도가 50%이다.'를 뜻한다.

병 : c를 같은 방식으로 여러 번 던지는 것이 실제로 가능한가? 아무리 비슷하게 던지려 하더라도 언제나 미세한 차이가 있을 것이다. 따라서 c를 같은 방식으로 던지는 것은 거의 불가능하고, 가능하더라도 그 수는 매우 작을 것이다. 극단적으로, 그런 경우가 단 한 번밖에 없다면 앞면이 나온 빈도는 0% 또는 100%일 수밖에 없다. 이런 경우, 우리는 진술 A가 거짓이라고 말해야 한다. 하지만 이는 받아들일 수 없다.

정 : c가 같은 방식으로 던져진 실제 세계 사례의 수는 무척 작을 것이다. 하지만 진술 A는 실제 세계에서 일어난 일에 대한 것이 아니다. 오히려 그와 유사한 가상 상황에서 일어난 일에 관련된다. 진술 A는 '실제 세계와 유사한 가상 상황에서 c를 같은 방식으로 수없이 던졌을 때, 앞면이 나온 빈도는 50%에 근접한다.'를 뜻한다.

① 갑은 A가 참이라고 생각하지만, 병은 거짓이라고 생각한다.
② 을은 c를 같은 방식으로 여러 차례 던질 수 없다고 주장하지만, 병은 그렇지 않다.
③ 병은 c를 다양한 방식으로 던진 동전 던지기의 결과가 A의 진위에 영향을 끼친다고 주장하지만, 정은 그렇지 않다.
④ 병과 정은 실제 세계에서 c를 같은 방식으로 던지는 사례의 수가 매우 작을 수 있다는 것에 동의한다.
⑤ 갑, 을, 정 모두 c의 물리적 특징을 안다면 A의 뜻을 결정할 수 있다는 것에 동의한다.

실전 풀이법

각 진술에서 발화자가 참 거짓에 대해 확실한 입장을 밝히고 있지 않은 부분은 알 수 없는 정보라는 점에 주의해야 한다. 가령 병의 진술에서 병이 '우리는 진술 A가 거짓이라고 말해야 한다. 하지만 이는 받아들일 수 없다'는 내용으로부터, 병이 진술 A의 진위 여부에 대해 어떠한 견해를 가지고 있는지 확정할 수 있다고 착각하지 않아야 한다.

정답해설

병은 c를 같은 방식으로 던지는 것이 거의 불가능하다고 보고, 정 역시 c를 같은 방식으로 던지는 실제 세계 사례의 수는 무척 작을 것이라는 데에 동의하고 있다.

오답해설

① 병이 진술 A의 참거짓 여부에 대해 어떻게 생각하는지는 확정할 수 없다.
② 병 역시 c를 같은 방식으로 여러 차례 던지는 것이 불가능하다는 것에 동의한다.
③ 정 역시 c를 던진 결과가 A의 진위에 영향을 끼친다고 본다.
⑤ 갑의 경우 c의 물리적 특징을 조사한다고 하더라도, 진술 A에 포함된 '50%의 확률'에 대응하는 특징을 찾을 수 없다고 주장하고 있다.

12 정답 ①

다음 글에서 알 수 있는 것은? 2019년

조선 시대에는 농지에서 생산된 곡물의 일정량을 조세로 징수했는데, 건국 초에는 면적 단위 1결마다 거두도록 규정된 조세량이 일정했다. 하지만 이에 불만을 품은 사람들이 많았다. 생산성이 좋은 농지를 가진 자는 정해진 액수만 내면 남은 양에 상관없이 그 모두를 가질 수 있었던 반면, 생산성이 낮은 농지를 가진 자는 수확량이 적어 정해진 세액도 못 낼 수 있기 때문이었다. 이는 모든 농지를 결이라는 동일한 크기의 면적으로 나누고 결마다 같은 액수의 조세를 받기 때문에 생긴 문제였다. 조선 왕조는 이런 문제점을 완화하고자 작황을 살핀 후 적당히 세액을 깎아주는 '답험손실법'이라는 제도를 시행하였다.

답험손실법에 따라 작황을 살펴보는 행위를 '답험'이라고 불렀다. 답험 실행 주체는 농지의 성격에 따라 달랐다. 국가에 조세를 내야 하는 땅은 그 농지가 위치한 곳의 지방관이 답험을 했다. 또 과전법의 적용을 받아 국가 대신 조세를 받는 사람이 지정된 땅의 경우에는 권리 수급자가 직접 답험을 했다. 그런데 답험 과정에서 지방관이 납세 의무자로부터 뇌물을 받거나 제대로 답험을 하지 않는 문제가 자주 일어났다.

세종은 이러한 문제점을 없애고자 조세 개혁에 관한 초안을 만들었다. 이 초안에는 이전에 했던 방식대로 결당 세액을 고정하는 대신, 중앙 관청이 모든 토지의 작황을 일괄적으로 답험하겠다는 내용이 담겼다. 세종은 이 초안에 대해 백성들이 어떻게 생각하는지 알아보았다. 그 결과 함경도 농민들은 1결마다 부과할 세액을 고정하는 데 반대하지만, 전라도 농민들은 환영한다는 것을 알게 되었다. 전라도 농민들은 생산성이 높은 농지가 많았기 때문에 찬성한 것이고, 함경도 농민들은 생산성이 낮은 농지가 많았기 때문에 반대한 것이다. 이처럼 찬반이 엇갈리자 세종은 1결당 세액을 동일한 액수로 고정하되, 전국의 농지를 비옥도에 따라 6개의 등급으로 나누고 등급에 따라 결의 면적을 달리 하였다. 6등전과 1등전의 절대 면적을 기준으로 비교할 때, 6등전 1결의 절대 면적이 1이라면 1등전 1결은 0.4였다. 한편 세종은 도 관찰사로 하여금 관할 도 안에 있는 모든 농지의 작황을 매년 조사한 후 그에 따라 결당 세액을 군현별로 조정하는 정책을 시행하였다. 이와 같이 세종 때 농지의 생산성과 연도별 작황을 감안해 세액과 결을 조정한 제도를 '공법'이라고 부른다.

① 공법에 따르면 같은 군현 안에 있고 농지 절대 면적의 총합이 동일한 마을들 중 1등전만 있는 마을 주민들이 내는 조세의 총액이 2등전만 있는 마을의 조세 납부 총액보다 많아진다.
② 공법 시행 후에 같은 등급에 속한 농지들은 1결의 크기가 같아지므로 지역에 상관없이 매년 같은 액수의 조세를 냈다.
③ 절대 면적이 동일한 경우라도 공법 시행 후에는 1등전만 있는 마을이 2등전만 있는 마을보다 결의 수가 더 적어졌다.
④ 과전법에 의해 조세를 국가 대신 받는 개인은 공법 시행으로 매년 그 땅의 작황을 조사해 중앙 관청에 보고해야 했다.
⑤ 세종의 초안대로라면 함경도 주민들이 내는 조세의 총액은 전라도 주민들이 내는 조세의 총액보다 많아진다.

실전 풀이법

제시문에서 토지의 절대 면적과 '결'이라는 세금 부과 기준이 되는 토지단위를 서로 혼동하지 않도록 한다. 공법이 세금 부과 기준이 되는 '결'의 절대적인 크기를 각 토지의 비옥도에 따라 달리 책정해서 기존 조세제도의 문제점을 해소하고자 했다는 것이 글의 핵심 내용이므로 같은 1결의 절대 면적이 토지마다 달라질 수 있다는 것을 이해할 수 있어야 한다.

정답해설

공법의 경우 토지의 비옥 정도에 따라 세금 부과의 기준이 되는 1결의 절대 면적이 달라지고, 1등전에 가까울수록 비옥한 땅이며 비옥한 토지일수록 세금 부과 기준이 되는 1결의 절대 면적이 작아진다. 따라서 공법에 따라 같은 군현에 있는 마을들이라면 같은 세액 정책을 적용받을 것이고, 1등전만 있는 마을이 세금 부과 기준이 되는 1결의 절대 면적이 더 작으므로, 두 마을의 농지 절대 면적

의 총합이 동일하다면 1등전만 있는 마을 주민들이 내는 조세 총액이 더 크다.

오답해설

② 공법의 경우 결당 세액이 군현별로 조정되므로, 같은 등급이라고 하더라도 군현이 다르다면 내야 하는 조세의 액수가 다를 수 있다.

③ 절대 면적이 동일하다면, 1등전만 있는 마을이 2등전만 있는 마을보다 세금 부과 기준이 되는 1결의 절대 면적이 작아지므로, 결과적으로 총 결의 수가 더 많아질 것이다.

④ 공법 시행에 따라 세종은 도 관찰사로 하여금 매년 그 땅의 작황을 조사해 보고하도록 하였다.

⑤ 세종의 초안에 따라 결당 세액을 고정하는 경우 함경도 주민들이 내는 조세 총액이 전라도 주민들이 내는 조세 총액보다 많은지는 제시문을 통해 알 수 없다.

13 　　정답 ④

다음 글에서 알 수 있는 것은? 　　2020년

> 철은 구성 성분과 용도 그리고 단단함의 정도(강도), 질긴 정도(인성), 부드러운 정도(연성), 외부 충격에 깨지지 않고 늘어나는 정도(가단성)등의 성질에 따라 다양한 종류로 나뉜다.
>
> 순철은 거의 100% 철로 되어 있다. 순철을 가열하면 약 910℃에서 체심입방격자에서 면심입방격자로 구조 변화가 일어나면서 수축이 일어나고 이 구조는 약 1,400℃까지 유지된다. 그 이상의 온도에서는 구조가 다시 체심입방격자로 바뀌면서 팽창이 일어난다. 순철은 얇게 펼 수 있으며, 용접하기 쉽고, 쉽게 부식되지 않지만, 상온에서 매우 부드러워서 전자기 재료, 촉매, 합금용 등 그 활용 범위가 제한되어 있으며 공업적으로 조금 생산된다. 따라서 대부분의 경우 철은 순철 자체로 사용되기보다 탄소가 혼합된 형태로 사용된다.
>
> 선철은 용광로에서 철광석을 녹여 만든 철로서 탄소, 규소, 망간, 인, 황이 많이 포함되어 있고 단단하지만 부서지기 쉽다. 선철에는 탄소가 특히 많이 함유되어 있기 때문에 순철보다 인성과 가단성이 낮아 주형에 부어 주물로 만들 수는 있지만, 압력을 가해 얇게 펴거나 늘리는 가공은 어렵다. 대부분 선철은 강(鋼)을 만들기 위한 원료로 사용되며, 용광로에서 나와 가공되기 전 녹아 있는 상태의 선철을 용선이라고 한다.
>
> 제강로에 선철을 넣으면 탄소나 기타 성분이 제거되는 정련 과정이 일어나며, 이를 통해 강이 만들어진다. 강은 질기고 외부의 충격에 깨지지 않고 늘어나는 성질이 강하기 때문에 불에 달구어서 두들기거나 압연기 사이로 통과시키면서 압력을 가해 여러 형태의 판이나 봉, 관 등의 구조재를 만들 수 있다. 또한 외부 충격에 견디는 힘이 높아 그 용도가 무궁무진하다.
>
> 강은 탄소 함유량에 따라 저탄소강, 중탄소강, 고탄소강으로 구분한다. 탄소강은 가공과 열처리를 통해 성질을 다양하게 변화시킬 수 있고 값도 매우 싸기 때문에 실용 재료로써 그 가치가 매우 크다. 하지만 모든 성질이 우수한 탄소강을 만드는 것은 불가능하기에 다양한 제강 과정을 거쳐서 용도에 따른 특수강을 만들어 사용한다. 강에 특수한 성질을 주기 위하여 니켈, 크롬, 텅스텐, 몰리브덴 등의 특수 원소를 첨가하거나 탄소, 규소, 망간, 인, 황 중 일부를 첨가하여 내열강, 내마모강, 고장력강 등을 만드는데 이것을 특수강이라고 부른다.

① 순철은 연성이 높기 때문에 온도에 의한 구조 변화와 수축 · 팽창이 쉽게 일어난다.

② 순철은 선철보다 덜 질기고 외부 충격에 깨지지 않고 늘어나는 정도가 더 낮다.

③ 용선이 가지고 있는 탄소의 양은 저탄소강이 가지고 있는 탄소의 양보다 적다.

④ 제강로에서 일어나는 정련 과정은 선철의 인성과 가단성을 높인다.

⑤ 고장력강의 탄소 함유량은 고탄소강의 탄소 함유량보다 더 낮다.

실전 풀이법

단단함, 질김, 부드러움, 늘어나는 정도 등의 특성과 강도, 인성, 연성, 가단성 등의 단어를 선지와 글에서 혼합해서 사용하고 있다. 단어들이 의미하는 특성을 첫 번째 문단에서 정확히 숙지하고, 선지의 정오판단 과정에서 자유 자재로 치환할 수 있어야 한다.

정답해설

정련 과정을 통해 만들어지는 강은 질기고 외부의 충격에 깨지지 않으며 늘어나는 성질이 강하다고 하였다.

오답해설

① 순철이 연성이 높고 온도에 의한 구조 변화와 수축 · 팽창이 쉽게 일어나는 것은 맞으나, 두 특성 간 인과관계가 성립하는지는 알 수 없다.

② 선철이 순철보다 인성과 가단성이 낮다.

③ 용선이 가진 탄소를 제거하는 정련 과정을 통해 강을 만드는 것이므로, 용선이 가진 탄소의 양이 저탄소강이 가진 탄소의 양보다 많을 것이다.

⑤ 글에 제시되지 않아 서로 비교할 수 없는 내용이다.

14 　　정답 ⑤

다음 글의 내용이 참일 때 반드시 참인 것만을 〈보기〉에서 모두 고르면? 　　2022년

> 행복대학교 학생은 매 학기 성적, 봉사, 외국어, 윤리, 체험이라는 다섯 영역에 관해 평가 받는다. 이 중 두 영역은 동창회 장학금과 재단 장학금 수혜자를 선정할 때 고려하는 영역이기도 하다. 그 두 영역 중에서 어느 쪽이든 한 영역의 기준만 충족하면 동창회 장학금을 받고, 두 영역의 기준을 모두 충족하면 재단 장학금을 받는다. 그 외의 경우에는 둘 중 어느 것도 받지 못한다. 단, 두 장학금을 동시에 받을 수는 없다.
>
> 이 학교 학생 갑, 을, 병에 관하여 다음과 같은 사실이 알려져 있다.
>
> - 갑은 봉사 영역과 외국어 영역 기준을 충족하지 못하고 성적 영역 기준은 충족했는데, 동창회 장학금 수혜자가 아니다.
> - 을은 성적 영역 기준을 충족하지 못하고 나머지 네 영역 기준은 충족했는데, 재단 장학금 수혜자가 아니다.
> - 병은 성적 영역과 윤리 영역 기준을 충족했는데, 동창회 장학금 수혜자이다.

〈보기〉

ㄱ. 성적 영역 기준만 충족한 행복대학교 학생은 동창회 장학금 수혜자가 된다.
ㄴ. 체험 영역 기준을 충족하지 못한 행복대학교 학생은 재단 장학금 수혜자가 되지 못한다.
ㄷ. 봉사 영역과 외국어 영역 기준만 충족한 행복대학교 학생은 동창회 장학금과 재단 장학금 중 어느 쪽 수혜자도 되지 못한다.

① ㄱ
② ㄴ
③ ㄱ, ㄷ
④ ㄴ, ㄷ
⑤ ㄱ, ㄴ, ㄷ

실전 풀이법

각 학생이 어떠한 영역에서 기준을 충족하였는지 파악하기 위해 표를 그리는 것이 좋다. 또한 갑의 경우 동창회 장학금 수혜자가 아니라고 하여 재단 장학금 수혜자도 아닐 것이라고 판단하지 않도록 유의하여야 한다.

정답해설

갑, 을, 병의 영역별 충족 여부를 파악하면 다음과 같다.

구분	성적	봉사	외국어	윤리	체험	(장학금)
갑	○	×	×			~동창회
을	×	○	○	○	○	~재단
병	○			○		동창회

먼저, 을은 성적 기준만 충족하지 못하였음에도 재단 장학금을 받지 못한 것으로 보아, 성적 영역은 2개의 장학금 영역 중 하나이다. 다음으로 갑을 보면, 2개의 장학금 영역 중 하나인 성적 기준을 충족하였음에도 동창회 장학금을 받지 않았다는 것을 볼 때, 갑은 재단 장학금을 받았으며 윤리 또는 체험 영역이 2개의 장학금 영역 중 하나인 것을 알 수 있다. 마지막으로 병을 통해 체험 영역이 2개의 장학금 영역 중 하나인 것을 알 수 있다. 따라서 2개의 장학금 영역은 성적, 체험 영역이다.

ㄱ. 성적 영역 기준만 충족한 행복대학교 학생은 2개의 장학금 영역 중 한 개만 충족한 것이므로 동창회 장학금 수혜자가 된다.

ㄴ. 체험 영역 기준을 충족하지 못하였다면 장학금 영역 2개 모두를 충족한 것이 아니기 때문에 재단 장학금 수혜자는 될 수 없다.

ㄷ. 봉사 영역과 외국어 영역만을 충족하였다면 어떤 장학금 영역도 충족하지 못한 것이므로 장학금을 받지 못한다.

15 정답 ④

다음 ㉠의 사례로 가장 적절한 것은? 2017년

> 보통 '관용'은 도덕적으로 바람직한 것으로 간주된다. 관용은 특정 믿음이나 행동, 관습 등을 잘못된 것이라고 여김에도 불구하고 용인하거나 불간섭하는 태도를 의미한다. 여기서 관용이란 개념의 본질적인 두 요소를 발견할 수 있다. 첫째 요소는 관용을 실천하는 사람이 관용의 대상이 되는 믿음이나 관습을 거짓이거나 잘못된 것으로 여긴다는 점이다. 이런 요소가 없다면, 우리는 '관용'을 말하고 있는 것이 아니라 '무관심'이나 '승인'을 말하는 셈이다. 둘째 요소는 관용을 실천하는 사람이 관용의 대상을 용인하거나 최소한 불간섭해야 한다는 점이다. 하지만 관용을 이렇게 이해하면 역설이 발생할 수 있다.
>
> 자국 문화를 제외한 다른 문화는 모두 미개하다고 생각하는 사람을 고려해보자. 그는 모든 문화가 우열 없이 동등하다는 생각이 틀렸다고 확신하고 있다. 하지만 그는 그런 자신의 믿음에도 불구하고 전략적인 이유로, 예를 들어 동료들의 비난을 피하기 위해 자신이 열등하다고 판단하는 문화를 폄하하려는 욕구를 억누르고 있다고 하자. 다른 문화를 폄하하고 싶은 그의 욕구가 크면 클수록, 그리고 그가 자신의 이런 욕구를 성공적으로 자제하면 할수록, 우리는 그가 더 관용적이라고 말해야 할 것 같다. 하지만 이는 받아들이기 어려운 역설적 결론이다.
>
> 이번에는 자신이 잘못이라고 믿는 수많은 믿음을 모두 용인하는 사람을 생각해보자. 이 경우 이 사람이 용인하는 믿음이 많으면 많을수록 우리는 그가 더 관용적이라고 말해야 할 것 같다. 그런데 그럴 경우 우리는 인종차별주의처럼 우리가 일반적으로 잘못인 것으로 판단하는 믿음까지 용인하는 경우에도 그 사람이 더 관용적이라고 말해야 한다. 하지만 도덕적으로 잘못된 것을 용인하는 것은 그 자체가 도덕적으로 잘못이라고 보는 것이 마땅하다. 결국 우리는 관용적일수록 도덕적으로 잘못을 저지르게 될 가능성이 높아지게 되는데 이는 역설적이다.
>
> 이상의 논의를 고려하면 종교에 대한 관용처럼 비교적 단순해 보이는 사안에 대해서조차 ㉠ 역설이 발생한다. 이로부터 우리는 관용의 맥락에서, 용인하는 믿음이나 관습의 내용에 일정한 한계가 있어야 함을 알 수 있다.

① 종교적 문제에 대해 별다른 의견이 없는 사람을 관용적이라고 평가하게 된다.

② 모든 종교적 믿음은 거짓이라고 생각하고 배척하는 사람을 관용적이라고 평가하게 된다.

③ 자신의 종교가 주는 가르침만이 유일한 진리라고 믿는 사람일수록 덜 관용적이라고 평가하게 된다.

④ 보편적 도덕 원칙에 어긋나는 가르침을 주장하는 종교까지 용인하는 사람을 더 관용적이라고 평가하게 된다.

⑤ 자신이 유일하게 참으로 믿는 종교 이외의 다른 종교적 믿음에 대해서도 용인하는 사람일수록 더 관용적이라고 평가하게 된다.

실전 풀이법

단순히 지문의 내용에 부합하는 것을 찾는 것이 아니라, 지문에서 제시된 '역설'의 사례에 해당하는 것을 찾는 문제임에 주의해야 한다. 지문의 '역설'의 핵심 내용은 단순히 더 많은 믿음을 포용하는 것을 더 관용적이라고 평가한다면, 도덕적으로 옳지 않은 믿음까지도 포용하는 사람을 더 관용적이라고 평가하게 될 위험이 있다는 것이다. 이러한 역설의 핵심 내용을 적절히 포함하고 있는 선지를 찾을 수 있어야 한다

정답해설

지문에 제시된 관용의 본질적인 두 요소는 첫째, 관용을 실천하는 사람이 관용의 대상이 되는 믿음이나 관습을 거짓이거나 잘못된 것으로 여겨야 한다는 것이고, 둘째, 관용의 대상을 용인하거나 최소한 불간섭해야 한다는 것이다. 이로부터 발생하는 역설은 어떤 사람이 특정 의견을 폄하하고자 하는 욕구가 클수록, 그리고 비난을 피해 이런 욕구를 성공적으로 자제할수록 관용적이라고 평가하게 된다는 것이다. 또 다른 역설은 어떤 사람이 용인하는 믿음의 수가 많을수록 더 관용적이라고 평가할 수 있다면, 도덕적으로 잘못된 것까지 용인하는 사람을 우리는 더 관용적이라고 평가해야 하므로 관용적일수록 도덕적으로 잘못을 저지르게 될 가능성이 높아진다는 것이다.

그 내용과 관계없이 단순히 더 많은 믿음들을 용인하는 경우 관용적으로 평가된다면, 그렇지 않은 사람에 비해 도덕적으로 잘못된 가르침을 주장하는 종교까지도 용인하는 사람을 더 관용적이라고 평가하게 될 우려가 있다는 것이 지문에서 나타난 '역설'의 내용이다.

오답해설

① 특정 문제에 대해 별다른 의견이 없는 사람에 대한 평가는 지문의 내용과 관계없다.

② 지문의 내용에 따르더라도, 모든 종교적 믿음을 배척하는 사람을 관용적이라고 평가하게 된다는 결론은 도출되지 않는다.

③ 다른 믿음을 용인하지 않고 자신의 종교가 주는 가르침만이 유일한 진리라고 믿는 사람은 지문의 내용에 따라 관용적이라고 평가되지 않을 것이다.

⑤ 다른 종교의 믿음까지도 용인하는 사람일수록 더 관용적이라고 평가될 수 있으나, 이 선지에는 '역설'의 핵심 내용이 포함되어 있지 않다.

16

정답 ③

다음 글에서 추론할 수 있는 것만을 〈보기〉에서 모두 고르면? 2021년

신경계는 우리 몸 안팎에서 일어나는 여러 자극을 전달하여 이에 대한 반응을 유발하는 기관계이며, 그 기본 구성단위는 뉴런이다. 신경계 중 소화와 호흡처럼 뇌의 직접적인 제어를 받지 않는 자율신경계는 교감신경과 부교감신경으로 구성되어 있다. 교감신경과 부교감신경은 눈의 홍채와 같은 다양한 표적기관의 기능을 조절한다.

교감신경과 부교감신경 모두 일렬로 배열된 절전뉴런과 절후뉴런으로 구성되어 있다. 이 두 뉴런이 서로 인접해 있는 곳이 신경절이며, 절전뉴런은 신경절의 앞쪽에, 절후뉴런은 신경절의 뒤쪽에 있다. 절후뉴런의 끝은 표적기관과 연결된다. 교감신경이 활성화되면 교감신경의 절전뉴런 끝에서 신호물질인 아세틸콜린이 분비된다. 분비된 아세틸콜린은 교감신경의 절후뉴런을 활성화시키고, 절전뉴런으로부터 받은 신호를 표적기관에 전달하게 한다. 부교감신경 역시 활성화되면 부교감신경의 절전뉴런 끝에서 아세틸콜린이 분비된다. 아세틸콜린은 부교감신경의 절후뉴런을 활성화시킨다. 교감신경의 절후뉴런 끝에서는 노르아드레날린이, 부교감신경의 절후뉴런 끝에서는 아세틸콜린이 표적기관의 기능을 조절하기 위해 분비된다.

눈에 있는 동공의 크기 조절은 자율신경계가 표적기관의 기능을 조절하는 좋은 사례이다. 동공은 수정체의 앞쪽에 위치해 있는 홍채의 가운데에 있는 구멍이다. 홍채는 동공의 직경을 조절함으로써 눈의 망막에 도달하는 빛의 양을 조절한다. 동공 크기 변화는 홍채에 있는 두 종류의 근육인 '돌림근'과 '부챗살근'의 수축에 의해 일어난다. 이 두 근육은 각각 근육층을 이루는데, 홍채의 안쪽에는 돌림근층이, 바깥쪽에는 부챗살근층이 있다. 어두운 곳에서 밝은 곳으로 이동하면 부교감신경이 활성화되고, 부교감신경의 절후뉴런 끝에 있는 표적기관인 홍채의 돌림근이 수축한다. 돌림근은 동공 둘레에 돌림 고리를 형성하고 있어서, 돌림근이 수축하면 두꺼워지면서 동공의 크기가 줄어든다. 반대로 밝은 곳에서 어두운 곳으로 이동하면 교감신경이 활성화되고, 교감신경의 절후뉴런 끝에 있는 표적기관인 홍채의 부챗살근이 수축한다. 부챗살근은 자전거 바퀴의 살처럼 배열되어 있어서 수축할 때 부챗살근의 길이가 짧아지고 동공의 직경이 커진다. 이렇게 변화된 동공의 크기는 빛의 양에 변화가 일어날 때까지 일정하게 유지된다.

〈보기〉

ㄱ. 밝은 곳에서 어두운 곳으로 이동하면 교감신경의 절전뉴런 끝에서 아세틸콜린이 분비된다.
ㄴ. 어두운 곳에서 밝은 곳으로 이동하면 부교감신경의 절후뉴런 끝에서 아세틸콜린이 분비되고 돌림근이 두꺼워진다.
ㄷ. 노르아드레날린은 돌림근의 수축을 일으키는 반면 아세틸콜린은 부챗살근의 수축을 일으킨다.

① ㄴ　② ㄷ
③ ㄱ, ㄴ　④ ㄱ, ㄷ
⑤ ㄱ, ㄴ, ㄷ

실전 풀이법

화학물질이나 신체부위 등 복잡한 용어가 키워드로 사용되고 있을 때 제시문에 표기해서 헷갈리지 않도록 하는 것이 정확한 문제 해결에 도움이 된다. 이 문제의 경우 교감과 부교감신경 및 신경별 물질의 차이 등을 교차시킨 선지가 등장하는 만큼 관련성 있는 용어들을 잘 분류해야 한다.

정답해설

ㄱ. 밝은 곳에서 어두운 곳으로 이동하면 교감신경이 활성화되고 그때의 표적기관은 홍채의 부챗살근이다. 그리고 교감신경이 활성화되면 교감신경의 절전뉴런 끝에서 신호물질인 아세틸콜린이 분비된다.
ㄴ. 어두운 곳에서 밝은 곳으로 이동할 때 부교감신경이 활성화되고 그때의 표적기관은 홍채의 돌림근이다. 그리고 부교감신경의 절후뉴런 끝에서는 아세틸콜린이 표적기관의 기능을 조절하기 위해 분비되며, 돌림근이 수축하고 두꺼워진다.

오답해설

ㄷ. 노르아드레날린은 부챗살근의 수축과 관련이 있고, 아세틸콜린은 돌림근의 수축과 관련이 있다.

17

정답 ④

다음 글에서 알 수 있는 것만을 〈보기〉에서 모두 고르면? 2017년

골격근에서 전체근육은 근육섬유를 뼈에 연결시키는 주변 조직인 힘줄과 결합조직을 모두 포함한다. 골격근의 근육섬유가 수축할 때 전체근육의 길이가 항상 줄어드는 것은 아니다. 근육 수축의 종류 중 근육섬유가 수축함에 따라 전체근육의 길이가 변화하는 것을 '등장수축'이라 하는데, 등장수축은 근육섬유 수축과 함께 전체근육의 길이가 줄어드는 '동심 등장수축'과 전체근육의 길이가 늘어나는 '편심 등장수축'으로 나뉜다.

반면에 근육섬유가 수축함에도 불구하고 전체근육의 길이가 변하지 않는 수축을 '등척수축'이라고 한다. 예를 들어 아령을 손에 들고 팔꿈치의 각도를 일정하게 유지하고 있는 상태에서 위팔의 이두근 근육섬유는 끊임없이 수축하고 있지만, 이 근육에서 만드는 장력이 근육에 걸린 부하량 즉 아령의 무게와 같아 전체근육의 길이가 변하지 않기 때문에 등척수축을 하는 것이다. 등척수축은 골격근의 주변 조직과 근육섬유 내에 있는 탄력섬유의 작용에 의해 일어난다. 근육에 부하가 걸릴 때, 이 부하를 견디기 위해 탄력섬유가 늘어나기 때문에 근육섬유는 수축하지만 전체근육의 길이는 변하지 않는 등척수축이 일어날 수 있다.

아래 그래프는 근육이 최대 장력으로 수축운동을 하는 동안 해당 근육에 걸린 초기 부하량이 전체근육의 수축 속도에 어떤 영향을 미치는지를 나타내고 있다. 그래프의 Y축에서 양의 값은 전체근육의 길이가 줄어드는 속도를 나타내고, 음의 값은 근육에 최대 장력을 초과하는 부하가 걸리면 근육섬유는 수축하지만 전체근육의 길이가 늘어나는 속도를 나타낸다.

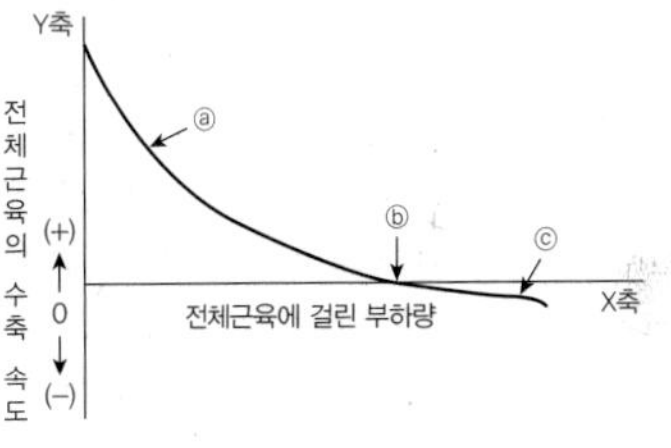

〈보기〉

ㄱ. ⓐ에서 일어나는 근육 수축은 편심 등장수축이다.
ㄴ. ⓑ는 탄력섬유의 작용에 의해 일어나는 근육 수축에 해당한다.
ㄷ. 최대 장력이 10kg인 이두근이 있는 팔의 팔꿈치가 일정한 각도를 유지하고 있을 때, 이두근에 10kg을 초과하는 부하를 걸어주면 ⓒ가 발생할 수 있다.

① ㄱ
② ㄴ
③ ㄱ, ㄷ
④ ㄴ, ㄷ
⑤ ㄱ, ㄴ, ㄷ

실전 풀이법

난이도가 비교적 높은 추론 문제이다. 제시된 그래프의 Y축이 전체근육의 길이가 아니라 전체근육의 수축속도를 의미한다는 것에 주의해야 한다. 이러한 문제의 경우, 각 개념의 의미와 관계, 작용 메커니즘 등을 간단히 요약해두고 풀이하는 것이 실수를 줄이는 방법이 될 수 있다.

정답해설

ㄴ. ⓑ에서 일어나는 근육 수축은 전체근육의 길이가 변하지 않는 등척수축에 해당하며, 이러한 등척수축은 골격근의 주변 조직과 근육섬유 내에 있는 탄력섬유의 작용에 의해 일어난다.

ㄷ. 최대장력이 10kg인 이두근이 있는 팔의 팔꿈치가 일정한 각도를 유지하고 있다는 것은 현재 이두근이 정확히 10kg에 해당하는 장력을 만들고 있어 전체근육 길이가 변하지 않는 것이다. 이때 이두근에 10kg을 초과하는 부하를 걸면 이두근의 장력을 초과하는 부하가 걸려 전체근육의 길이가 늘어나게 되고, 이는 그래프에서 ⓒ에 해당한다.

오답해설

ㄱ. ⓐ에서 일어나는 근육 수축은 전체근육이 수축하는 동심 등장수축이다.

18

정답 ①

다음 글의 ㉠과 ㉡에 들어갈 문장을 〈보기〉에서 골라 바르게 짝지은 것은? 2019년

> 한편에서는 "C시에 건설될 도시철도는 무인운전 방식으로 운행된다."라고 주장하고, 다른 한편에서는 "C시에 건설될 도시철도는 무인운전 방식으로 운행되지 않는다."라고 주장한다고 하자. 이 두 주장은 서로 모순되는 것처럼 보인다. 하지만 양편이 팽팽히 대립한 회의가 "C시에 도시철도는 적합하지 않다고 판단되므로, 없던 일로 합시다."라는 결론으로 끝날 가능성도 있다는 사실을 우리는 고려해야 한다. C시에 도시철도가 건설되지 않을 경우에도 양편의 주장에 참이나 거짓이라는 값을 매겨야 한다면 어떻게 매겨야 옳을까?
>
> 한 가지 분석 방안에 따르면, "C시에 건설될 도시철도는 무인운전 방식으로 운행된다."라는 문장은 "[㉠]"라는 것을 의미하는 것으로 해석한다. 이렇게 해석할 경우, C시에 도시철도를 건설하지 않기로 했으므로 원래의 문장은 거짓이 된다. 이런 분석은 "C시에 건설될 도시철도는 무인운전 방식으로 운행되지 않는다."에 대해서도 똑같이 적용되어 그것에도 거짓이라는 값을 부여한다.
>
> 원래 문장, "C시에 건설될 도시철도는 무인운전 방식으로 운행된다."를 분석하는 둘째 방안도 있다. 이 방안에서는 우선 원래 문장은 "[㉡]"라는 것을 의미하는 것으로 해석한다. 그런 다음 이렇게 분석된 이 문장은 C시에 도시철도를 건설해 그것을 무인운전이 아닌 방식으로 운행하는 일은 없다는 주장과 같은 의미를 나타낸다고 이해한다. 이렇게 해석할 경우 원래의 문장은 참이 된다. 왜냐하면 C시에 도시철도를 건설하지 않기로 했으므로 C시에 도시철도를 건설해 그것을 무인운전이 아닌 방식으로 운행하는 일도 당연히 없을 것이기 때문이다. 이런 분석은 "C시에 건설될 도시철도는 무인운전 방식으로 운행되지 않는다."에 대해서도 똑같이 적용되어 그것에도 참이라는 값을 부여한다.

〈보기〉

(가) C시에 도시철도가 건설되고, 그 도시철도는 무인운전 방식으로 운행된다.
(나) C시에 무인운전 방식으로 운행되는 도시철도가 건설되거나, 아니면 아무 도시철도도 건설되지 않는다.
(다) C시에 도시철도가 건설되면, 그 도시철도는 무인운전 방식으로 운행된다.
(라) C시에 도시철도가 건설되는 경우에만, 그 도시철도는 무인운전 방식으로 운행된다.

	㉠	㉡
①	(가)	(다)
②	(가)	(라)
③	(나)	(다)
④	(나)	(라)
⑤	(라)	(다)

실전 풀이법

반드시 보기를 일일이 기호로 치환할 필요는 없다. 논리 문제에서 가장 좋은 방법은 (가능하다면) 기호를 전혀 쓰지 않는 것이다. 혼자 풀었을 때 당연하게 답을 고를 수 있었다면 굳이 해설을 따라가지 않아도 좋다.

정답해설

- a : C시에 도시철도가 건설된다.
- b : 도시철도는 무인운전 방식으로 운행된다.

선지를 정리하면 다음과 같다.

구분	참	거짓
(가)	a∧b	~a∨~b
(나)	a → b	a∧~b
(다)	a → b	a∧~b
(라)	b → a	~a∧b

㉠ (가) C시에 도시철도를 건설하지 않기로 한 경우(~a) 해당 문장이 거짓이 되어야 한다. 곧, 두 번째 문단에서 제시된 원리는 해당 문장을 a∧b로 해석하는 것이다.

㉡ (다) 세 번째 문단에 따르면 ㉡을 ~(a∧~b)으로 이해한다. 이를 정리하면 ~(a∧~b) ⇒ ~a ∨b ⇒ a → b가 된다.

19

정답 ③

다음 글에서 추론할 수 있는 것만을 〈보기〉에서 모두 고르면? 2020년

> '공립학교 인종차별 금지 판결의 준수를 종용하면서, 어떤 법률에 대해서는 의도적으로 그 준수를 거부하니 이는 기괴하다.'라고 할 수 있습니다. '어떤 법률은 준수해야 한다고 하면서도 어떤 법률에 대해서는 그를 거부하라 할 수 있습니까?'라고 물을 수도 있습니다. 하지만 이에는 '불의한 법률은 결코 법률이 아니다.'라는 아우구스티누스의 말을 살펴 답할 수 있습니다. 곧, 법률에는 정의로운 법률과 불의한 법률, 두 가지가 있습니다.
>
> 이 두 가지 법률 간 차이는 무엇입니까? 법률이 정의로운 때가 언제이며, 불의한 때는 언제인지 무엇을 보고 결정해야 합니까? 우리 사회에서 통용되는 법률들을 놓고 생각해 봅시다. 우리 사회에서 지켜야 할 법률이라는 점에서 정의로운 법률과 불의한 법률 모두 사람에게 적용되는 규약이기는 합니다. 하지만 정의로운 법률은 신의 법, 곧 도덕법에 해당한다는 데에 동의할 것으로 믿습니다. 그렇다면 불의한 법률은 그 도덕법에 배치되는 규약이라 할 것입니다. 도덕법을 자연법이라 표현한 아퀴나스의 말을 빌리면, 불의한 법률은 결국 사람끼리의 규약에 불과합니다. 사람끼리의 규약이 불의한 이유는 그것이 자연법에 기원한 것이 아니기 때문입니다.
>
> 인간의 성품을 고양하는 법률은 정의롭습니다. 인간의 품성을 타락시키는 법률은 물론 불의한 것입니다. 인종차별을 허용하는 법률은 모두 불의한 것인데 그 까닭은 인종차별이 영혼을 왜곡하고 인격을 해치기 때문입니다. 가령 인종을 차별하는 자는 거짓된 우월감을, 차별당하는 이는 거짓된 열등감을 느끼게 되는데 여기서 느끼는 우월감과 열등감은 영혼의 본래 모습이 아니라서 올바른 인격을 갖추지 못하도록 합니다.
>
> 따라서 인종차별은 정치 · 사회 · 경제적으로 불건전할 뿐 아니라 죄악이며 도덕적으로 그른 것입니다. 분리는 곧 죄악이라 할 것인데, 인간의 비극적인 분리를 실존적으로 드러내고, 두려운 소외와 끔찍한 죄악을 표출하는 상징이 인종차별 아니겠습니까? 공립학교 인종차별 금지 판결이 올바르기에 그 준수를 종용할 수 있는 한편, 인종차별을 허용하는 법률은 결단코 그르기에 이에 대한 거부에 동참해달라고 호소하는 바입니다.

〈보기〉

ㄱ. 인간의 성품을 고양하는 법률은 도덕법에 해당한다.
ㄴ. 사람끼리의 규약에 해당하는 법률은 자연법이 아니다.
ㄷ. 인종차별적 내용을 포함하지 않는 모든 법률은 신의 법에 해당한다.

① ㄱ
② ㄷ
③ ㄱ, ㄴ
④ ㄴ, ㄷ
⑤ ㄱ, ㄴ, ㄷ

실전 풀이법

이와 같이 특정 개념들의 논리 관계를 서술식으로 풀어 놓은 문제 유형의 경우 논리식으로 치환하며 풀이하는 것이 좋다. 정의로운 법률과 불의한 법률, 도덕법에의 해당 여부 등 핵심 키워드들 간 논리적 관계를 도식으로 정리하면서 읽어나가면 문제 풀이를 보다 수월하게 할 수 있다.

정답해설

ㄱ. 인간의 성품을 고양하는 법률은 정의로우며, 정의로운 법률은 신의 법, 곧 도덕법에 해당한다.
ㄴ. 사람끼리의 규약에 해당하는 법률은 불의하며, 그것이 불의한 이유는 자연법에 기원한 것이 아니기 때문이다.

오답해설

ㄷ. 인종차별적 내용을 포함하는 법률은 불의한 법률로 도덕법에 배치되는 것이라는 사실로부터 인종차별적 내용을 포함하지 않는 모든 법률이 신의 법, 즉 도덕법에 해당한다는 내용이 도출되지는 않는다.

20

정답 ②

다음 글의 〈논증〉을 강화하는 것만을 〈보기〉에서 모두 고르면? 2021년

우리에게는 어떤 행위를 해야만 하는지에 관한 도덕적 의무가 있는 것으로 보인다. 그럼, 어떤 믿음을 믿어야만 하는지에 관한 인식적 의무도 있을까? 이 물음을 해결하기 위해 먼저 도덕적 의무에 대해 생각해 보자. 우리가 어떤 행위 A에 대해 도덕적 의무를 갖는다면 우리는 A를 자신의 의지만으로 행할 수 있어야 한다. 물론 A는 행하기 힘든 것일 수도 있고, A를 행하지 않고 다른 행위를 했다고 비난받을 수도 있다. 그러나 우리에게 그 행위를 행할 능력이 아예 없다면 우리는 그 행위에 대해 의무를 갖지 않을 것이다. 인식적 의무의 경우도 마찬가지이다. 우리가 어떤 믿음에 대해 옳고 그름을 판단해야 하는 인식적 의무를 갖는다면 우리는 의지만으로 그 믿음을 가질 수도 있고 갖지 않을 수도 있어야 한다. 우리가 그 믿음을 갖는다면 인식적 의무를 다한 것이고, 갖지 않는다면 인식적 의무를 다하지 않은 것이다. 이런 생각에 기초해 우리에게 인식적 의무가 없다는 것을 다음과 같이 논증할 수 있다.

〈논증〉

전제1 : 만약 우리에게 인식적 의무가 있다면, 종종 우리는 자신의 의지만으로 어떤 믿음을 가질지 정할 수 있다.
전제2 : 대부분의 경우 우리는 자신의 의지만으로 결코 어떤 믿음을 가질지 정할 수 없다.
결론 : 우리에게 인식적 의무가 없다.

〈보기〉

ㄱ. 인간에게 인식적 의무가 없다는 것과 어떤 경우에는 자신의 의지만으로 어떤 믿음을 가질지 정할 수 있다는 것은 양립할 수 없다. 가령 내 의지만으로 오늘 눈이 온다고 믿을 수 있다면, 그 믿음을 가져야 하는지 그렇게 하지 않아도 되는지를 나는 구분해야 한다.
ㄴ. 내 의지로는 믿고 싶지 않음에도 불구하고 믿을 수밖에 없는 경우들이 있다. 가령 나의 가장 친한 친구가 나의 차를 훔쳤다는 것을 증명하는 강력한 증거를 내가 확보했다고 하자. 이러한 상황에서 나는 나의 가장 친한 친구가 나의 차를 훔쳤다는 것을 믿고 싶지 않겠지만 결국 믿을 수밖에 없다. 왜냐하면 나에게는 그것을 증명하는 강력한 증거가 있기 때문이다.
ㄷ. 인간에게 인식적 의무가 있다는 것과 항상 우리가 자신의 의지만으로 어떤 믿음을 가질지 정할 수 있다는 것은 양립할 수 없다. 가령 오늘 나의 우울한 감정을 해소하기 위해 다음 주에 승진한다는 믿음을 가질 수 있다는 주장과 그러한 믿음에 대해 옳고 그름을 따져야 한다는 주장이 동시에 참일 수는 없다.

① ㄱ
② ㄴ
③ ㄱ, ㄴ
④ ㄱ, ㄷ
⑤ ㄴ, ㄷ

실전 풀이법

논증의 형식으로 강화 및 약화의 대상이 제시되어 있을 때에는 ㄷ과 같은 선지에 주의를 기울여야 한다. 전제와의 내용적 일치가 없이 결론과 동치인 경우 논증을 강화한다고 주장할 수가 없기 때문에 ㄷ은 논증을 강화한다고 할 수 없다. 똑같은 결론을 말한다고 해서 논리적 과정이 상이한 두 주장이 서로를 강화한다고 말할 수 없기 때문이다.

정답해설

- A : 인간에게 인식적 의무가 있다.
- B : 자신의 의지만으로 어떤 믿음을 가질지 정할 수 있다.

전제1 : A → B
전제2 : ~B
결론 : ~A
따라서 전제2와 같은 주장을 내용으로 하는 선지이다.

오답해설

ㄱ. 선지의 내용은 '인간에게 인식적 의무가 있다는 명제와 자신의 의지만으로 어떤 믿음을 가질지 정할 수 없다는 명제가 거짓이라는 명제는 동시에 참일 수 없다.'라고 표현할 수 있다. 따라서 인간에게 인식적 의무가 있다고 주장하는 경우 논증을 약화한다.
ㄷ. 인식적 의무가 있다는 명제가 거짓인 경우 전제1 또는 전제2를 강화하지 않는다.

21

정답 ③

다음 글의 내용이 참일 때, 반드시 참인 것은? 2020년

호텔 A에서 살인 사건이 발생했고, 손님 중에 범인(들)이 있다. 이 사건에 대하여 갑, 을, 병 세 사람이 각각 다음과 같이 두 개씩 진술을 했다. 이 세 사람 중 한 사람의 진술은 모두 참이고 다른 한 사람의 진술은 모두 거짓이며, 또 다른 한 사람의 진술은 하나는 참이고 다른 하나는 거짓이다.

갑 : • 이 사건의 범인은 단독범이고, 그는 이 호텔의 2층에 묵고 있다.
• 이 호텔 2층의 방은 모두 손님이 투숙하고 있어 2층에는 빈방이 없다.

을 : • 이 사건이 단독범의 소행이라면, 그 범인은 이 호텔의 5층에 투숙하고 있다.
• 이 사건의 범인은 단독범이 아니고 그들은 같은 방에 투숙하고 있지도 않다.

병 : • 이 사건이 단독범의 소행이 아니라면, 범인들은 같은 방에 투숙하고 있다.
• 이 호텔의 모든 방은 손님이 투숙하고 있어 빈방이 없다.

① 갑의 진술 둘 다 거짓일 수 있다.
② 2층에는 빈방이 없지만, 다른 층에는 빈방이 있다.
③ 병의 진술이 둘 다 거짓이라면, 갑의 진술 중 하나는 거짓이다.
④ 을의 진술이 둘 다 거짓이라면, 이 사건은 단독범의 소행이 아니다.
⑤ 갑의 진술 중 하나만 참이라면, 이 사건의 범인은 단독범이 아니다.

실전 풀이법

이러한 유형의 경우 갑의 첫 번째 진술, 을의 2번째 진술과 같이 명백하게 모순되는 선지들의 참 거짓 여부를 임의로 가정하여 시작하는 것이 유리하다. 다만 이 문제의 경우 고려사항이 많고 조건이 복잡하므로, 실전에서 시간을 많이 소모하고도 실수할 가능성이 높다. 이러한 유형에 자신이 있는 수험생이 아니라면 보류하고 다른 문제를 우선 풀이하는 것이 시험에서 유리할 것이다.

정답해설

진술		경우 1	경우 2	경우 3
갑	단독∧2층	×	○	×
	~2층 빈방	○	○	○
을	if 단독 → 5층	○	×	×
	~단독∧~같은방	○	×	×
병	if ~단독 → 같은방	×	○	
	~빈방	×	×	○

갑 · 을 · 병의 진술을 간단한 기호로 나타낸 후, 주어진 조건을 만족시키는 가능한 경우의 수들을 표로 나타내면 위와 같다.

병의 진술이 둘 다 거짓인 경우, 갑의 진술이 둘 다 참인 경우를 가정하면 이는 을의 두 진술과 모두 충돌하므로 을의 진술이 둘 다 거짓이어야 한다. 이는 조건에 부합하지 않으므로 병의 진술이 둘 다 거짓이라면 갑의 진술 중 하나는 거짓이어야 한다.

오답해설

① 갑의 진술이 둘 다 거짓인 경우, 2층에 빈방이 있어야 하므로 자동적으로 병의 두 번째 진술이 거짓이 되고, 병의 첫 번째 진술은 참이어야 한다. 그런데 이때 병의 첫 번째 진술은 을의 두 번째 진술과 모순되므로, 을의 두 번째 진술이 거짓이어야 하는데 조건에 따라 을은 두 진술 모두 참을 말하는 사람이어야하므로 모순이 발생한다. 따라서 갑의 진술이 둘 다 거짓인 경우는 불가능하다.
② 경우 3과 같이 2층과 전체 층에 빈방이 없는 경우가 가능하다.
④ 경우 2와 같이 을의 진술이 둘 다 거짓이면서 단독범의 소행인 경우가 가능하다.
⑤ 경우 3과 같이 갑의 진술 중 하나만 참이면서 단독범의 소행인 경우가 가능하다. 이 경우 단독범의 소행이지만 단독범이 2층 또는 5층에 묵지 않는 경우를 상상할 수 있고 모순이 발생하지 않는다.

22

정답 ③

다음 글에서 알 수 있는 것은? 2020년

조선 시대에는 국왕의 부모에 대한 제사를 국가의례로 거행했다. 하지만 국왕의 생모가 후궁이라면, 아무리 왕을 낳았다고 해도 그에 대한 제사를 국가의례로 간주하지 않는 것이 원칙이었다. 그런데 이 원칙은 영조 때부터 무너지기 시작했다. 영조는 왕이 된 후에 자신의 생모인 숙빈 최씨를 위해 육상궁이라는 사당을 세웠다. 또 국가의례에 관한 규례가 담긴 『국조속오례의』를 편찬할 때, 육상궁에 대한 제사를 국가의례로 삼아 그 책 안에 수록해 두었다. 영조는 선조의 후궁이자, 추존왕 원종을 낳은 인빈 김씨의 사당도 매년 방문했다. 이 사당의 이름은 저경궁이다. 원종은 인조의 생부로서, 아들 인조가 국왕이 되었으므로 사후에 왕으로 추존된 인물이다. 한편 영조의 선왕이자 이복형인 경종도 그 생모 희빈 장씨를 위해 대빈궁이라는 사당을 세웠지만, 영조는 단 한 번도 대빈궁을 방문하지 않았다.

영조의 뒤를 이은 국왕 정조는 효장세자의 생모인 정빈 이씨의 사당을 만들어 연호궁이라 불렀다. 잘 알려진 바와 같이 정조는 사도세자의 아들이다. 그런데 영조는 아들인 사도세자를 죽인 후, 오래전 사망한 자기 아들인 효장세자를 정조의 부친으로 삼겠다고 공포했다. 이런 연유로 정조는 정빈 이씨를 조모로 대우하고 연호궁에서 매년 제사를 지냈다. 정조는 연호궁 외에도 사도세자의 생모인 영빈 이씨의 사당도 세워 선희궁이라는 이름을 붙이고 제사를 지냈다. 정조의 아들로서, 그 뒤를 이어 왕이 된 순조 역시 자신의 생모인 수빈 박씨를 위해 경우궁이라는 사당을 세워 제사를 지냈다.

이처럼 후궁의 사당이 늘어났으나 그 위치가 제각각이어서 관리하기가 어려웠다. 이에 순종은 1908년에 대빈궁, 연호궁, 선희궁, 저경궁, 경우궁을 육상궁 경내로 모두 옮겨 놓고 제사를 지내게 했다. 1910년에 일본이 대한제국의 국권을 강탈했으나, 이 사당들에 대한 제사는 유지되었다. 일제 강점기에는 고종의 후궁이자 영친왕 생모인 엄씨의 사당 덕안궁도 세워졌는데, 이것도 육상궁 경내에 자리 잡게 되었다. 이로써 육상궁 경내에는 육상궁을 포함해 후궁을 모신 사당이 모두 7개에 이르게 되었으며, 이때부터 그곳을 칠궁이라 부르게 되었다.

① 경종은 선희궁과 연호궁에서 거행되는 제사에 매년 참석했다.
② 『국조속오례의』가 편찬될 때 대빈궁, 연호궁, 선희궁, 경우궁에 대한 제사가 국가의례에 처음 포함되었다.
③ 영빈 이씨는 영조의 후궁이었던 사람이며, 수빈 박씨는 정조의 후궁이었다.
④ 고종이 대빈궁, 연호궁, 선희궁, 저경궁, 경우궁을 육상궁 경내로 이전해 놓음에 따라 육상궁은 칠궁으로 불리게 되었다.
⑤ 조선 국왕으로 즉위해 실제로 나라를 다스린 인물의 생모에 해당하는 후궁으로서 일제 강점기 때 칠궁에 모셔져 있던 사람은 모두 5명이었다.

실전 풀이법

제시문에 인물과 사건이 많이 나오므로 상당히 복잡하고 난도 있는 문항이다. 역사적 사건의 순서를 요약하면서 읽으면 비교적 용이하게 풀 수 있으나, 실전에서는 이와 같이 복잡한 글을 마주하면 당황하여 두 번, 세 번 읽게 될 가능성이 높다. 이러한 문항의 경우 일단 보류해 두고 다른 문항을 모두 풀이하고 난 뒤 시간이 남는 경우 다시 돌아와 푸는 것이 시간 활용 측면에서 효율적이다.

정답해설

영빈 이씨는 사도세자의 생모이므로 영조의 후궁, 수빈 박씨는 순조의 생모이므로 정조의 후궁이었다.

오답해설

① 제시문에 나타나 있지 않아 알 수 없는 내용이다.
② 『국조속오례의』 편찬 시에 육상궁에 대한 제사가 국가의례에 포함되었다는 사실만 알 수 있다.
④ 고종의 대빈궁, 연호궁, 선희궁, 저경궁, 경우궁 이전에 따라 육상궁이 칠궁으로 불리게 되었는지는 제시문을 통해 알 수 없다.
⑤ 조선 국왕으로 즉위해 실제로 나라를 다스린 인물의 생모에 해당하는 후궁으로서 일제 강점기 때 칠궁에 모셔져 있던 사람은 숙빈 최씨, 희빈 장씨, 수빈 박씨 3명이었다.

23

정답 ③

다음 글의 ㉠에 대한 평가로 적절한 것만을 〈보기〉에서 모두 고르면? 2022년

지식 귀속 문제는 한 사람이 특정 지식을 가졌는지를 다른 사람이 판단하는 것과 관련된 문제이다. 이와 관련해 두 가지 입장이 있다. 입장 X는 평가자가 평가 대상자(이하 대상자)에게 지식을 귀속시킬지 여부를 판단하는 데 있어서, 대상자와 관련된 이해관계가 중요할수록 평가자는 대상자에게 더 엄격한 기준을 적용한다는 것이다. 입장 Y는 평가자의 대상자에 대한 지식 귀속 여부 판단은 대상자의 이해관계와 무관하다는 것이다. 이 두 입장과 관련해 ㉠ X가 Y보다 대상자에 대한 평가자의 지식 귀속 판단을 더 잘 설명한다는 가설을 검증하기 위해 다음 두 사례를 이용한 실험이 진행되었다.

사례1 : 희수는 한자를 병용해야 하는 글쓰기 과제를 마무리했다. 담당교수는 잘못된 한자 표기를 싫어한다. 희수는 이번 과제에서 꼭 90점 이상을 받아야 할 동기가 없지만, 틀린 한자 표기가 하나도 없기를 바란다. 희수는 한자사전을 사용해서 과제를 꼼꼼히 검토할 예정이다.

사례2 : 서현도 같은 과목의 같은 과제를 마무리했다. 서현은 이 과제에서 90점 이상을 받아야만 A학점을 받을 수 있고, A학점을 받지 못하면 장학금을 받지 못해 학교를 계속 다닐 수 없게 된다. 서현도 한자사전을 사용해서 과제를 꼼꼼히 검토할 예정이다.

이 실험에서 귀속되는 지식은 "내 과제에는 한자 표기에 오류가 없다."이다. 이 사례를 제시한 뒤 평가자에게 희수와 서현이 몇 번이나 과제를 검토해야 이들에게 이 지식을 귀속시킬지 물었다. 평가자가 추정한 희수의 검토 횟수와 서현의 검토 횟수를 각각 m과 n이라고 하자.

〈보기〉

ㄱ. m이 n보다 훨씬 더 작다면 ㉠이 강화된다.
ㄴ. 평가자의 이해관계가 중요할수록 m이 커지면 ㉠이 강화된다.
ㄷ. 서현이 이 과목에서 받을 학점과 상관없이 장학금을 받게 된다고 사례2의 내용을 변경하더라도, 평가자가 응답한 n에 변화가 없다면 ㉠이 약화된다.

① ㄱ
② ㄴ
③ ㄱ, ㄷ
④ ㄴ, ㄷ
⑤ ㄱ, ㄴ, ㄷ

실전 풀이법

문제에서 제시된 주장이 비교적 명확하고, 이를 강화하는 사례나 약화하는 사례가 선지로 구성되어 강화 · 약화 문제 중 쉬운 문제에 해당한다. 더군다나 '강화된다.' 또는 '약화된다.' 식의 단정적인 선지가 제시되어 '강화하지 않는다.' 등의 선지보다 풀이가 수월하였을 것이다. 지문에서 제시된 '대상자와의 이해관계'라는 개념을 혼동하지 않도록 유의하여야 한다.

정답해설

ㄱ. ㉠이 맞다면 대상자와 관련된 이해관계가 중요할수록 평가자는 대상자에게 더 엄격한 기준을 적용하게 된다. 따라서 희수보다 이해관계가 큰 서현의 필요 검토횟수를 현저히 많이 부과하였다면 ㉠이 강화된다.
ㄷ. 사례2의 내용이 변경된다면 대상자인 서현과 관련된 이해관계가 더 이상 중요해지지 않는다. 따라서 n에 변화가 없다면 이해관계가 중요할수록 평가자가 대상자에게 더 엄격한 기준을 적용한다는 ㉠은 약화된다.

오답해설

ㄴ. 평가자의 이해관계가 아닌 대상자의 이해관계가 문제된다.

24

정답 ④

다음 글에서 추론할 수 있는 것만을 〈보기〉에서 모두 고르면? 2022년

기계식 한글 타자기를 구현하는 것이 어려운 이유는 크게 두 가지이다.

첫째, 영문 타자기는 한 알파벳을 찍을 때마다 종이가 한 칸씩 움직인다. 그러나 한글은 자음과 모음을 조합하여 초성, 중성, 종성을 한 음절로 모아쓰는 문자이므로 타자기가 하나의 자음 또는 모음을 찍을 때마다 종이가 한 칸씩 움직인다면 받침을 제자리에 찍을 수 없다. 따라서 한글 타자기는 영문 타자기처럼 하나의 자음이나 모음을 찍을 때마다 종이가 움직이는 '움직글쇠'로만 구성되어서는 안 되며, 글쇠 중 일부는 자음 또는 모음이 찍혀도 종이가 움직이지 않는 '안움직글쇠'여야 한다.

둘째, 모아쓰는 과정에서 낱글자들의 모양이 조금씩 바뀌는 문제이다. 'ㄱ'이 초성으로 쓰일 때, 종성으로 쓰일 때는 물론, 어떤 모음과 어울려 쓰는지, 받침이 있는지 없는지에 따라 다른 모양을 갖는다. 중성에서 쓰이는 모음도 두 가지 이상의 다른 모양을 갖는다. 이러한 모양을 다 구현하는 타자기를 만들려면 적어도 300여 개의 글쇠가 필요하다.

이런 문제로 인해 한글 타자기는 적절한 글쇠의 수를 결정할 필요가 있었다. 다섯벌식 타자기의 경우, 'ㅗ'나 'ㅜ'처럼 가로로 긴 모음과 어울려 쓰는 초성 자음 한 벌, 나머지 모음('ㅣ'나 'ㅏ'처럼 세로로 긴 모음과 이 모음이 들어간 이중모음)과 어울려 쓰는 초성 자음 한 벌, 받침이 있을 때 쓰는 모음 한 벌, 받침이 없을 때 쓰는 모음 한 벌, 종성 자음 한 벌이 있다.

네벌식의 경우, 세로로 긴 모음과 어울려 쓰는 초성 자음 한 벌, 세로로 긴 모음이 들어간 이중모음과 어울려 쓰는 초성 자음 한 벌, 모음 한 벌이 있다. 가로로 긴 모음과 어울려 쓰는 초성 자음 한 벌은 다섯벌식 타자기와 같은 글쇠를 사용한다. 종성 자음은 가로로 긴 모음과 어울려 쓰는 초성 자음 글쇠를 기계적인 방법을 통해 글쇠가 찍히는 위치를 조정하는 방식으로 활용한다.

〈보기〉

ㄱ. 한글 타자기의 받침이 있는 글자의 모음에 대한 글쇠는 움직글쇠이다.
ㄴ. 다섯벌식 한글 타자기에서 '밤'이라는 글자의 'ㅏ'를 쓰기 위해 사용하는 글쇠와 '나'라는 글자의 'ㅏ'를 쓰기 위해 사용하는 글쇠는 다르다.
ㄷ. 다섯벌식 한글 타자기에서 '꿈'이라는 글자의 'ㅁ'을 쓰기 위해 사용하는 글쇠와 '목'이라는 글자의 'ㅁ'을 쓰기 위해 사용하는 글쇠는 다르지만, 네벌식 한글 타자기에서는 같다.

① ㄱ
② ㄴ
③ ㄱ, ㄷ
④ ㄴ, ㄷ
⑤ ㄱ, ㄴ, ㄷ

실전 풀이법

한글 타자기가 영문 타자기와 왜 다른 구조를 보이는지에 대한 이해가 중요하였다. 이후에는 다섯벌식 타자기와 네벌식 타자기의 구조를 비교하여 선지에 대입한다면 실수 없는 풀이가 가능하다. 예를 들어 다섯벌식 타자기에 활용된 5개의 서로 다른 글쇠가 어떻게 활용되는지 번호를 매겨가며 풀이할 수 있다.

정답해설

ㄴ. 다섯벌식 타자기의 경우 모음 글쇠는 받침이 있을 때 쓰는 모음 한 벌과 받침이 없을 때 쓰는 모음 한 벌로 나뉜다. 따라서 '밤'은 받침이 있고, '나'는 받침이 없으므로 사용하는 모음 글쇠가 서로 다르다.
ㄷ. 다섯벌식 타자기의 경우 가로로 긴 모음과 어울려 쓰는 초성 자음 글쇠와 종성 자음 글쇠는 서로 다르다. 이는 네벌식 타자기에서도 동일하게 활용된다.

오답해설

ㄱ. 한글은 영문과 달리 자음과 모음을 조합하여 한 음절로 모아쓰는 문자이므로 타자기가 자음이나 모음을 찍을 때마다 종이가 움직인다면 받침을 제자리에 찍을 수 없다. 따라서 받침이 있는 글자의 모음에 대한 글쇠의 경우, 자음이나 모음이 찍혀도 종이가 움직이지 않는 안움직글쇠여야 한다.

25

정답 ③

다음 (가)와 (나)에 대한 평가로 적절한 것만을 〈보기〉에서 모두 고르면? 2017년

(가) 탄수화물은 우리 몸의 에너지원으로 쓰이는 필수 영양소이다. 건강한 신체 기능을 유지하기 위해서는 탄수화물 섭취 열량이 하루 총 섭취 열량의 55~70%가 되는 것이 이상적이다. 이에 해당하는 탄수화물의 하루 필요섭취량은 성인 기준 100~130g이다. 국민 건강영양조사에 따르면, 우리나라 성인의 하루 탄수화물 섭취량은 평균 289.1g으로 필요섭취량의 약 2~3배에 가깝다. 이에 비추어 볼 때, 한국인은 탄수화물을 지나치게 많이 섭취하고 있다.

(나) 우리가 탄수화물을 계속 섭취하지 않으면 우리 몸은 에너지로 사용되던 연료가 고갈되는 상태에 이르게 된다. 이 경우 몸은 자연스레 '대체 연료'를 찾기 위해 처음에는 근육의 단백질을 분해하고, 이어 내장지방을 포함한 지방을 분해한다. 지방 분해 과정에서 '케톤'이라는 대사성 물질이 생겨나면서 수분 손실이 나타나고 혈액 내의 당분이 정상보다 줄어들게 된다. 이 과정에서 체내 세포들의 글리코겐 양이 감소한다. 특히 이러한 현상은 간세포에서 두드러지게 나타난다. 이로 인해 혈액 및 소변 등의 체액과 인체조직에서는 케톤 수치가 높아지면서 신진대사 불균형이 초래된다. 이를 '케토시스 현상'이라 부른다. 케토시스 현상이 생기면 두통, 설사, 집중력 저하, 구취 등의 불편한 증상이 나타난다. 따라서 탄수화물을 극단적으로 제한하는 식단은 바람직하지 않다.

〈보기〉

ㄱ. 아시아의 경우 성인 기준 하루 300g 이상의 탄수화물 섭취가 필요하다는 연구결과는 (가)를 약화한다.

ㄴ. 우리나라 성인뿐 아니라 성인이 아닌 사람들의 탄수화물 섭취량 또한 과하다는 것이 밝혀지면 (가)의 설득력이 높아진다.

ㄷ. 우리 몸의 탄수화물이 충분한 상황에서 케토시스 현상이 나타나지 않는다는 연구결과는 (나)를 약화한다.

① ㄴ　② ㄷ

③ ㄱ, ㄴ　④ ㄱ, ㄷ

⑤ ㄱ, ㄴ, ㄷ

실전 풀이법

만약 (나)에서 케톤시스 현상의 필요충분조건으로 탄수화물 부족을 언급하고 있다면 보기 ㄷ은 (나)를 강화하게 된다. 필요조건인지, 충분조건인지, 필요충분조건인지에 따라 보기와의 관계가 달라지므로 필요, 충분조건에 대해 미리 숙지해둘 필요가 있다.

정답해설

ㄱ. (가)에서는 우리나라 성인이 탄수화물을 하루 평균 289.1g 섭취하는 것은 필요섭취량의 2~3배에 가깝다고 주장하고 있다. 하지만 아시아 성인 기준 하루 300g 이상의 탄수화물 섭취가 필요하다면 현재 우리나라 성인 탄수화물 섭취는 필요섭취량에 못 미치는 것이 되어 한국인이 탄수화물을 지나치게 많이 섭취한다는 내용의 (가)가 약화된다.

ㄴ. (가)에서는 우리나라 성인이 필요섭취량보다 많은 탄수화물을 섭취하고 있음을 근거로 한국인 전체가 탄수화물을 지나치게 많이 섭취하고 있다는 주장을 펼치고 있다. 따라서 성인이 아닌 한국인 역시 탄수화물을 많이 섭취하고 있다는 것이 밝혀지면 근거가 보충되면서 (가)의 설득력이 높아진다.

오답해설

ㄷ. (나)는 탄수화물이 부족할 경우 케톤시스 현상이 나타난다는 내용이다. 즉, 탄수화물 부족을 케톤시스 현상의 충분조건으로 보고 있는 것이다.
따라서 이를 약화하기 위해서는 탄수화물이 부족함에도 불구하고 케톤시스 현상이 나타나지 않은 사례가 있어야 한다. 선지의 사례는 탄수화물이 충분한 상황에 케톤시스 현상이 나타나지 않는다는 것으로 탄수화물 부족을 케톤시스 현상의 필요조건으로 보는 것이다. 따라서 해당 선지는 (나)와 무관하여 (나)를 약화하지 않는다.

26

정답 ④

다음 글의 빈칸에 들어갈 내용으로 적절하지 않은 것은? 2023년

△△부에서는 국가 간 정책 교류를 위해 사무관 A~E 중 UN에 파견할 사무관을 선정하기로 했다. 파견 여부를 정하기 위해 다음의 기준을 세웠다.

- A를 파견하면 B를 파견한다.
- B를 파견하면 D를 파견하지 않는다.
- C를 파견하면 E를 파견하지 않는다.
- D를 파견하지 않으면 C를 파견한다.
- E를 파견하지 않으면 D를 파견한다.

위의 기준으로는 사무관 세 명의 파견 여부가 확정되지만 두 명의 파견 여부는 확정되지 않는다. 하지만 "＿＿＿＿＿＿"를 기준으로 추가하면, 모든 사무관의 파견 여부를 확정할 수 있다.

① A를 파견하지 않으면 C를 파견한다.
② B를 파견하지 않으면 C를 파견한다.
③ C를 파견하지 않으면 D를 파견하지 않는다.
④ C를 파견하지 않으면 E를 파견하지 않는다.
⑤ D나 E를 파견하면 C를 파견한다.

실전 풀이법

추가되어야 할 전제 유형에서 가장 먼저 살펴보아야 할 선택지는 이 문제와 같이 확정되지 않은 항목들로만 이루어진 명제이다. 확정되지 않은 항목들끼리 아무리 지지고 볶아봤자 그 어떤 것도 확정되지 않는다.

정답해설

해설의 편의를 위해 기준을 나열한 순서대로 조건 1, 조건 2…로 표기한다.
조건 1은 A → B, 조건 2는 B → ~D이므로, 이를 결합하면 A → B → ~D를 도출할 수 있다.
조건 4는 ~D → C이므로, 결합하면 A → B → ~D → C를 도출할 수 있다.
조건 3은 C → ~E이므로, 결합하면 A → B → ~D → C → ~E를 도출할 수 있다.
조건 5는 ~E → D이므로, 결합하면 A → B → ~D → C → ~E → D가 도출된다. 그런데 이 경우는 D에서 모순이 발생한다. 따라서 D가 파견되는 것을 확정할 수 있으며, 대우 명제인 D → ~B → ~A를 통해 A와 B가 파견되지 않는 것도 확정지을 수 있다.
아직 확정되지 않은 C와 E를 판단하기 위해서는 D → ~B → ~A과 C, E 사이를 연결하는 기준이 추가되어야 한다. 그런데 ④는 확정되지 않은 C와 E간의 관계만을 나타내고 있어 위 대우 명제와 연결되지 않는다.

27

정답 ①

다음 글에서 알 수 있는 것은? 2021년

> 젊은이를 가리키는 말로 조선 시대에는 '소년', '약년', '자제', '청년' 등 다양한 표현이 사용되었다. 일반적으로 소년과 자제를 가장 흔히 사용하였으나, 약년이나 청년이라는 표현도 젊은이를 가리키는 말로 간혹 쓰였다. 약년은 스무 살 즈음을 칭하는 표현이다. 실제 사료에서도 20대를 약년이나 약관으로 칭한 사례가 많다. 1508년 우의정 이덕형은 상소문에서 자신이 약년에 벼슬길에 올랐다고 하였다. 그런데 이 약년은 훨씬 더 어린 나이에도 사용되었다. 1649년 세손의 교육 문제를 논한 기록에는 만 8세의 세손을 약년이라고 하였다.
>
> 조선 후기에는 젊은이를 일반적으로 소년이라고 하였다. 오늘날 소년은 청소년기 이전의 어린이를 지칭하는 말로 그 의미가 변하였지만, 전통 사회의 소년은 나이가 적은 자, 즉 젊은이를 의미하는 말이었다. 적어도 조선 후기 사회에서는 아이와 구분되는 젊은이를 소년이라고 부르는 것이 일반적이었다. 신분과 계층 그리고 시기에 따라 다르지만, 연령으로는 최대 15세까지 아이로 보았던 듯하다.
>
> 소년이 유년이나 장년과 구분되기는 하였지만, 상대적으로 젊은 사람을 뜻하는 경우도 많았다. 40대나 50대 사람이더라도 상대에 따라 젊은 사람으로 표현되기도 하였다. 소년이 장년, 노년과 구분되는 연령 중심의 지칭이었음에 비해, 자제는 부로(父老), 부형(父兄)으로 표현되는 연장자가 이끌고 가르쳐서 그 뒤를 이어가게 하는 '다음 세대'라는 의미로 사용되었다. 일반적으로 자제는 막연한 후손이라는 의미보다는 특정한 신분에 있는 각 가문의 젊은 세대라는 의미로 통하였다. 고려시대 공민왕이 젊은이를 뽑아 만들었다는 자제위도 단순히 잘생긴 젊은이가 아니라 명문가의 자제를 선발한 것이었다. 자제가 소년보다는 가문의 지체나 신분을 반영하는 지칭이었으므로, 교육과 인재 양성면에서 젊은이를 칭할 때는 거의 자제라고 표현하였다.
>
> 또한 소년이란 아직 성숙하지 못한 나이, 다소간 치기에서 벗어나지 못한 어린 또는 젊은 사람이라는 의미를 가지는 경우도 많았다. 연륜을 쌓은 노성(老成)함에 비해 나이가 적고 젊다는 것은 부박하고 상황의 판단이 아직 충분히 노련하지 못하다는 의미로 사용되었다. 마찬가지로 자제 역시 어른 세대에게 가르침을 받아야 하는 존재, 즉 아직 미숙한 존재로 인식되었다.
>
> 젊은 시절을 의미하는 말로 쓰인 청년은 그 자체가 찬미의 대상이 되기보다는 대체로 노년과 짝을 이루어 늙은이가 과거를 회상하는 표현으로 사용되는 경우가 많았다.

① 소년으로 불리는 대상 중 자제로 불리지 않는 경우가 있었다.
② 젊은이를 지시하는 말 중 청년이 가장 부정적으로 쓰였다.
③ 약년은 충분히 노련하지 못한 어른을 지칭하기도 하였다.
④ 약년은 소년과 자제의 의미를 포괄하여 사용되었다.
⑤ 명문가의 후손을 높여 부를 때 자제라고 하였다.

실전 풀이법

유사한 의미를 가진 용어들을 비교하며 각 의미의 세부적인 범위를 물어보는 일치부합 문제가 최근에 많이 출제되고 있다. 오답을 피하기 위해서는 교집합을 가지는 용어들 간 정확한 의미의 범위를 미리 정리하며 독해하는 것이 중요하다. 예컨대 3문단의 내용을 바탕으로 소년과 자제가 어느 경우 같은 대상을 지칭할 수 있고 어느 경우 지칭할 수 없는지 등이 선지 해결에 중요하다.

정답해설

소년으로 불리는 40대나 50대의 사람 중 특정한 신분이 없거나 젊은 세대에 해당하지 않는다면 자제라고 불리지는 않았을 것이다.

오답해설

② 청년은 젊은 시절을 의미하는 말이며, 청년의 부정적 용례에 대한 정보는 제시되어 있지 않다.
③ 약년은 스무 살 즈음을 칭하는 표현이며, 충분히 노련하지 못한 어른은 소년이다.
④ 약년은 스무 살 즈음을 칭하는 표현이며, 소년은 40대나 50대 사람이더라도 상대에 따라 젊은 사람을 지칭하기도 한다. 그러므로 약년은 일부 소년을 포괄하지 못한다.
⑤ 자제는 막연한 후손이라는 의미보다는 특정한 신분에 있는 각 가문의 젊은 세대라는 의미이다. 그러나 자제가 높임 표현이었는지에 대해서는 알 수 없다.

28

정답 ②

다음 글의 내용이 모두 참일 때 반드시 참인 것만을 〈보기〉에서 모두 고르면? 2018년

> 대한민국의 모든 사무관은 세종, 과천, 서울 청사 중 하나의 청사에서만 근무하며, 세 청사의 사무관 수는 다르다. 단, 세종 청사의 사무관 수가 서울 청사의 사무관 수보다 많다. 세 청사 중 사무관 수가 두 번째로 많은 청사의 사무관은 모두 일자리 창출 업무를 겸임한다. 세 청사의 사무관들 중 갑~정에 관하여 다음과 같은 사실이 알려져 있다.
>
> - 갑과 병 중 적어도 한 명은 세종 청사에서 근무하고, 정은 서울 청사에서 근무한다.
> - 일자리 창출 업무를 겸임하지 않는 사람은 이들 중 을뿐이다.
> - 과천 청사에서 근무하는 사무관은 이들 중 2명이다.
> - 을이 근무하는 청사는 사무관 수가 가장 적은 청사가 아니다.

〈보기〉

ㄱ. 갑, 을, 병, 정 중 사무관 수가 가장 적은 청사에서 일하는 사무관은 일자리 창출 업무를 겸임하지 않는다.
ㄴ. 을이 세종 청사에서 근무하거나 병이 서울 청사에서 근무한다.
ㄷ. 정이 근무하는 청사의 사무관 수가 가장 적다.

① ㄱ
② ㄷ
③ ㄱ, ㄴ
④ ㄴ, ㄷ
⑤ ㄱ, ㄴ, ㄷ

실전 풀이법

조건을 차근차근 적용해 나가면 답은 어렵지 않게 도출되므로 난도 자체는 높지 않으나, 문제 해결을 위해 고려해야 하는 조건이 많아 시간을 많이 소요할 수 있는 문제 유형이다. 지문의 조건이 많기 때문에 실전에서 당황하면 주어진 조건을 놓쳐서 답이 확정되지 않는 것으로 착각할 수 있으므로, 시간적 여유가 없다면 일단 넘어갔다가 다른 문제를 풀고 돌아와서 차분히 여유를 두고 풀 필요가 있다.

정답해설

알려진 네 가지 사실과 다른 조건을 토대로 할 때, 정은 서울 청사에서 근무하고, 갑과 병 중 한 명이 세종 청사에서 근무하며, 과천 청사에서 근무하는 사무관이 이들 중 2명이므로, 을은 과천 청사에서 근무하는 것을 알 수 있다. 또한 을이 근무하는 청사는 사무관 수가 가장 적은 청사가 아니고, 을이 일자리 창출 업무를 겸임하지 않는다는 것으로부터 과천 청사는 사무관 수가 두 번째로 많은 청사가 아니다. 따라서 사무관 수가 많은 순서대로 청사를 나열하면, 과천, 세종, 서울 순이다.

따라서 정은 서울 청사에 근무하고, 서울 청사의 사무관 수가 가장 적다.

오답해설

ㄱ. 을 외에 모든 사무관이 일자리 창출 업무를 겸임하고 있으므로, 서울 청사에서 근무하는 정 역시 일자리 창출 업무를 겸임한다.
ㄴ. 을은 과천 청사에서 근무하고, 병은 세종 혹은 과천 청사에서 근무한다.

29

정답 ②

다음 글에서 알 수 있는 것만을 〈보기〉에서 모두 고르면? 2018년

손익이 동일해도 상황에 따라 그 손익에 대한 효용은 달라질 수 있다. 손익이 양수이면 수익을 얻고 손익이 음수이면 손실을 입는다. 효용이 양수이면 만족감을 느끼고 효용이 음수이면 상실감을 느낀다. 효용의 차이는 다음과 같은 세 가지 특징을 통해 설명할 수 있다.

첫 번째 특징은 준거점 의존성이다. 사람들은 기대손익을 준거점으로 삼는다. 기대손익이 다르면 실제 손익이 같다 하더라도 그에 따른 만족감이나 상실감이 달라진다. 철수의 기대수익이 200만 원이었을 때 실제 수익이 300만 원이라면 그는 100만큼의 만족감을 느낀다. 하지만 그의 실제 수익이 300만 원으로 같아도 기대수익이 1,000만 원이었다면 그는 700만큼의 상실감을 느낀다. 두 번째 특징은 민감성 반응이다. 재산의 상황에 따라 민감성 반응도 달라진다. 재산이 양수이면 자산을 갖고 재산이 음수이면 부채를 갖는다. 사람들은 자산이 많을수록 동일한 수익에 대해 둔감하게 반응한다. 마찬가지로 부채가 많을수록 동일한 손실에 대해 둔감하게 반응한다. 예를 들어 100만 원의 손실을 입을 경우, 부채가 200만 원일 때 발생하는 상실감보다 부채가 1,000만 원일 때 발생하는 상실감이 더 작다. 세 번째 특징은 손실 회피성이다. 이는 심리적으로 수익보다 손실에 더 큰 가중치를 두는 것을 말한다. 기대손익과 재산이 고정되어 있는 경우, 한 사람이 100만 원의 수익을 얻었을 때 느끼는 만족감보다 100만 원의 손실을 입었을 때 느끼는 상실감이 더 크다. 연구에 따르면, 이 경우 상실감은 만족감의 2배로 나타났다.

〈보기〉

ㄱ. 손실을 입은 사람은 상실감을 느낀다.
ㄴ. 동일한 수익을 얻은 경우라도 자산이 x였을 때 자산이 y였을 때보다 더 큰 만족감을 느꼈다면, x는 y보다 작다.
ㄷ. 갑이 x의 손실을 입고 을이 x의 수익을 얻은 경우, 갑이 느끼는 상실감은 을이 느끼는 만족감의 2배이다.

① ㄱ
② ㄴ
③ ㄱ, ㄷ
④ ㄴ, ㄷ
⑤ ㄱ, ㄴ, ㄷ

실전 풀이법

보기 ㄱ이 지문을 통해 확신할 수 없는 내용이라는 점에 주의해야 한다. 이와 같이 추론 유형에서 지문의 내용과 모순되지 않는 반례를 한 가지라도 찾을 수 있는 경우, 해당 선지 혹은 보기는 확실하게 알 수 있는 정보가 아니라는 것을 주지하자.

정답해설

동일한 수익을 얻은 경우, 민감성 반응 특징에 따라 더 많은 자산을 가진 경우 수익에 더 둔감하게 반응할 것이다. 따라서 자산이 x였을 때가 자산이 y였을 때보다 더 큰 만족감을 느꼈다면, 자산 x가 y보다 더 작을 것이다.

오답해설

ㄱ. 지문을 통해 손실을 입은 경우 반드시 상실감을 느끼는지의 여부는 알 수 없다. 예를 들어, 준거점 의존성에 따라 기대손실이 100만 원이었는데 실제로 50만 원만큼 손실을 봤다면 50만큼의 만족감을 느끼는 경우를 가정할 수 있으므로, 옳지 않은 보기이다.

ㄷ. 지문의 내용을 통해서는 동일한 크기의 손실 혹은 수익에 대해 서로 다른 사람 간 비교가 가능한지 알 수 없다.

30

정답 ④

다음 글의 ㉠과 ㉡에 들어갈 내용을 〈보기〉에서 골라 적절하게 짝지은 것은? 2021년

경제가 어려울수록 사람들은 경제적 재화가 똑같이 분배되는 사회를 소망한다. 하지만 이러한 단순 평등 사회가 달성된다고 하더라도 그 상태는 유지될 수 없다. 처음에 경제적 재화를 똑같이 분배받는다고 하더라도 사람들은 자신의 선택에 따라 재화를 자유롭게 사용할 것이고, 그렇게 되면 시간이 지남에 따라 결국 다시 불평등한 사회가 될 것이기 때문이다. 이러한 불평등을 반복적으로 제거하면 다시 단순 평등 사회로 되돌아갈 수 있을지도 모른다. 하지만 그것은 오직 국가의 개입과 통제가 있어야만 가능한 일이다. 문제는 누구도 개인의 자유를 억압하는 사회를 원치 않는데, 국가의 개입과 통제가 필연적으로 개인의 자유를 억압한다는 것이다. 따라서 단순 평등 사회는 [㉠].

그렇다면 우리는 어떤 의미의 평등 사회를 지향해야 할까? 어떤 사람들이 비싼 물건을 살 능력이 있고 어떤 사람들은 그렇지 못하다는 경제적 불평등은 부정할 수 없는 현실이다. 하지만 우리는 경제적 재화 이외에도 자유, 사회적 지위, 정치권력 등의 다양한 사회적 가치들을 유용하다고 인정한다. 그래서 더욱 심각한 문제는 경제적 재화와 같은 하나의 사회적 가치가 불평등하게 분배되는 것이 정당한 이유 없이 다른 사회적 가치의 분배 문제에서까지 불평등을 유발할 수 있다는 것이다. 이런 결과를 초래하는 것은 바람직하지 않다. 재산이 많다고 정당한 이유 없이 정치권력을 소유하게 되거나, 정치권력을 가졌다고 정당한 이유 없이 높은 사회적 지위를 갖게 되는 것이 그런 예이다. 따라서 평등한 사회를 달성하기 위해서는 [㉡].

〈보기〉

ㄱ. 개인의 자유를 억압하지 않는다면 지속 가능한 것이다
ㄴ. 지속 가능하지도 않고 개인의 자유를 희생하면서까지 원하는 것이 아니다
ㄷ. 모든 사회적 가치 각각을 공정하게 분배하는 것이 중요하다
ㄹ. 하나의 사회적 가치에 대한 불평등이 다른 영역에서의 불평등으로 이어지는 것을 막는 것이 중요하다
ㅁ. 다양한 사회적 가치를 공정하게 분배하는 방법의 출발점으로 하나의 사회적 가치를 공정하게 분배하는 것부터 시작해야 한다

	㉠	㉡
①	ㄱ	ㄹ
②	ㄱ	ㅁ
③	ㄴ	ㄷ
④	ㄴ	ㄹ
⑤	ㄴ	ㅁ

실전 풀이법

문제의 빈칸들은 모두 '따라서~' 이후에 위치해 있다. 지문의 구성상 빈칸은 각 문단의 주제 또는 핵심 내용에 대한 요약이라는 것을 쉽게 유추할 수 있다. 그러므로 각 문단에 대한 독해가 이루어지기만 한다면 큰 어려움 없이 적절한 선지를 고를 수 있을 것이라고 생각한다.

정답해설

ㄴ. 단순 평등 사회에 대한 소망이 존재하지만 단순 평등 사회를 유지하기 위해서는 반복적인 국가의 개입과 통제가 필요한데, 이것은 '지속 가능하지도 않고'에 해당한다. 또한 누구도 개인의 자유를 억압하는 사회를 원치 않는다고 하였는데 이것은 '개인의 자유를 희생하면서까지 원하는 것이 아니다'에 해당한다. 따라서 ㉠에 들어가는 것이 적절하다.

ㄹ. 평등 사회 달성의 심각한 문제의 예로, 하나의 사회적 가치가 불평등하게 분배되는 것이 다른 사회적 가치의 분배 문제에서까지 불평등을 유발할 수 있다는 것을 제시하고 있다. 그러므로 이러한 심각한 문제에 대한 대응이 될 수 있는 '하나의 사회적 가치에 대한 불평등이 다른 영역에서의 불평등으로 이어지는 것을 막는 것'이 ㉡에 적절하다고 할 수 있다.

31

정답 ⑤

다음 글의 내용이 참일 때 반드시 참인 것만을 〈보기〉에서 모두 고르면? 2023년

> 부서에서 검토 중인 과제를 여섯 개의 범주, '중점 추진 과제', '타 부서와 협의가 필요한 과제', '많은 예산이 필요한 과제', '장기 시행 과제', '인력 재배치가 필요한 과제', '즉각적인 효과가 나타나는 과제'로 나누어 검토해 본 결과는 다음과 같다.
> - 중점 추진 과제 가운데 인력 재배치가 필요한 과제는 없지만 장기 시행 과제는 있다.
> - 타 부서와 협의가 필요한 과제 가운데 즉각적인 효과가 나타나는 과제는 없다.
> - 많은 예산이 필요한 과제 가운데 즉각적인 효과가 나타나는 과제가 있다.
> - 장기 시행 과제 가운데 타 부서와 협의가 필요하지 않은 과제는 모두 인력 재배치가 필요한 과제이다.
> - 인력 재배치가 필요한 과제 가운데 많은 예산이 필요한 과제는 없다.

〈보기〉

ㄱ. 장기 시행 과제이면서 즉각적인 효과가 나타나는 과제 가운데는 많은 예산이 필요한 과제가 없다.

ㄴ. 인력 재배치가 필요하지 않은 과제 가운데 즉각적인 효과가 나타나지 않는 과제가 있다.

ㄷ. 장기 시행 과제가 아니면서 많은 예산이 필요한 과제가 있다.

① ㄱ
② ㄷ
③ ㄱ, ㄴ
④ ㄴ, ㄷ
⑤ ㄱ, ㄴ, ㄷ

실전 풀이법

최근 들어 전칭, 특칭 양화사와 관련된 문제가 빈번하게 출제되고 있다. 전칭 명제만을 다루는 문제들에 비해서는 다소 난도가 높겠지만 오히려 위 해설과 같이 꼬리에 꼬리를 물며 말로 풀이해나간다면 더 편하게 풀이가 가능하다. 이 유형에서는 명제들과 선택지들을 전칭과 특칭으로 구분하는 것이 가장 먼저 선행되어야 하며, 그 다음으로는 선택지와 주어진 명제들의 연결고리를 찾는 것이다. ㄱ을 예로 들면, '즉각적인 효과가 나타나는 과제'가 연결고리다. 굳이 화려한 논리식과 도해를 그려가며 풀이하는 것은 그다지 효율적이지도 않고 오히려 틀릴 가능성만 높아질 뿐이다.

정답해설

해설의 편의를 위해 결과의 나열 순서대로 결과 1, 결과 2…로 표기한다.

ㄱ. 장기 시행 과제이면서 즉각적인 효과가 나타나는 과제들은 결과 2에 따라 타 부서와 협의가 필요하지 않다. 그리고 이 과제들은 결과 4에 따라 모두 인력 재배치가 필요하며, 결과 5에 따라 많은 예산이 필요하지 않다.

ㄴ. 인력 재배치가 필요하지 않은 과제들은 결과 4에 따라 장기 시행 과제가 아니거나 타 부서와 협의가 필요하다. 그런데 결과 1을 통해 인력 재배치가 필요하지 않은 과제 중 장기 시행 과제는 있다는 것을 알 수 있으므로 이 과제들은 타 부서와 협의가 필요하다. 그리고 결과 2에서 타 부서와 협의가 필요한 과제는 모두 즉각적인 효과가 나타나지 않는다고 하였다.

ㄷ. 많은 예산이 필요한 과제 중에서는 결과 3에 따라 즉각적인 효과가 나타나는 과제가 있다. 그리고 결과 2에 따라 즉각적인 효과가 나타나는 과제는 타 부서와의 협의가 필요없으며, 결과 5에 따라 많은 예산이 필요한 과제는 인력 재배치가 필요하지 않다. 그리고 인력 재배치가 필요하지 않은 과제들은 결과 4에 따라 장기 시행 과제가 아니거나 타 부서와 협의가 필요하다. 그런데 위에서 이 과제들은 타 부서와 협의가 필요없다고 하였으므로 장기 시행 과제가 아님을 알 수 있다.

32

정답 ⑤

윗마을에 사는 남자는 참말만 하고 여자는 거짓말만 한다. 아랫마을에 사는 남자는 거짓말만 하고 여자는 참말만 한다. 이 마을들에 사는 이는 남자거나 여자다. 윗마을 사람 두 명과 아랫마을 사람 두 명이 다음과 같이 대화하고 있을 때, 반드시 참인 것은? 2018년

> 갑 : 나는 아랫마을에 살아.
> 을 : 나는 아랫마을에 살아. 갑은 남자야.
> 병 : 을은 아랫마을에 살아. 을은 남자야.
> 정 : 을은 윗마을에 살아. 병은 윗마을에 살아.

① 갑은 윗마을에 산다.
② 갑과 을은 같은 마을에 산다.
③ 을과 병은 다른 마을에 산다.
④ 을, 병, 정 가운데 둘은 아랫마을에 산다.
⑤ 이 대화에 참여하고 있는 이들은 모두 여자다.

실전 풀이법

진술의 참·거짓을 가리는 문제 유형의 경우 항상 비교적 판단하기 쉬운 진술의 참·거짓 여부를 가정하는 것에서부터 시작해야 함을 잊지 말자. 또한 이 문제와 같이 진술과 함께 다른 조건이 추가적으로 주어지는 경우, 진술의 참·거짓을 판단하는 과정에서 다른 조건의 존재를 잊기 쉬우므로 주의해야 한다. 문제에서 주어진 조건을 모두 만족하면 가능한 경우의 수는 항상 한 가지 혹은 두 가지 등 소수로 좁혀질 수밖에 없다.

정답해설

만약 을의 말이 참이라고 가정해 보면, 을은 아랫마을에 살고, 갑은 남자여야 한다. 이 말이 참이면, 병의 진술 역시 모두 참이 되므로 을은 남자여야 한다. 그러나 아랫마을에 사는 남자는 거짓말만 하므로, 을의 말은 참이 될 수 없다. 따라서 을의 진술은 거짓이어야 하므로 을은 윗마을에 살고, 여자이며, 갑도 여자라는 사실을 알 수 있다. 을이 윗마을에 살기 때문에 병의 진술은 거짓이 되고, 정의 진술은 참이 된다는 것을 알 수 있다. 따라서 병은 윗마을에 산다. 네 명 중 두 명은 아랫마을 사람이므로, 갑과 정이 아랫마을 사람이 된다. 따라서 갑의 진술은 참이며, 갑은 여자이다. 이때 정의 진술 역시 참이고, 정은 아랫마을 사람이므로 여자이다. 따라서 대화에 참여하는 네 명 모두 여자이다.

오답해설

① 갑은 아랫마을에 산다.
② 갑은 아랫마을에, 을은 윗마을에 산다.
③ 을과 병 모두 윗마을에 산다.
④ 정 한 사람만 아랫마을 사람이다.

33

정답 ②

다음 갑~병의 견해에 대한 분석으로 적절한 것만을 〈보기〉에서 모두 고르면?

2020년

갑 : 현대 사회에서 '기술'이라는 용어는 낯설지 않다. 이 용어는 어떻게 정의될 수 있을까? 한 가지 분명한 사실은 우리가 기술이라고 부를 수 있는 것은 모두 물질로 구현된다는 것이다. 기술이 물질로 구현된다는 말은 그것이 물질을 소재 삼아 무언가 물질적인 결과물을 산출한다는 의미이다. 나노기술이나 유전자조합기술도 당연히 이 조건을 만족하는 기술이다.

을 : 기술은 반드시 물질로 구현되는 것이어야 한다는 말은 맞지만 그렇게 구현되는 것들을 모두 기술이라고 부를 수는 없다. 가령, 본능적으로 개미집을 만드는 개미의 재주 같은 것은 기술이 아니다. 기술로 인정되려면 그 안에 지성이 개입해 있어야 한다. 나노기술이나 유전자조합기술을 기술이라 부를 수 있는 이유는 둘 다 고도의 지성의 산물인 현대과학이 그 안에 깊게 개입해 있기 때문이다. 더 나아가 기술에 대한 우리의 주된 관심사가 현대 사회에 끼치는 기술의 막강한 영향력에 있다는 점을 고려할 때, '기술'이란 용어의 적용을 근대 과학혁명 이후에 등장한 과학이 개입한 것들로 한정하는 것이 합당하다.

병 : 근대 과학혁명 이후의 과학이 개입한 것들이 기술이라는 점을 부인하지 않는다. 하지만 그런 과학이 개입한 것들만 기술로 간주하는 정의는 너무 협소하다. 지성이 개입해야 기술인 것은 맞지만 기술을 만들어내기 위해 과학의 개입이 꼭 필요한 것은 아니다. 오히려 기술은 과학과 별개로 수많은 시행착오를 통해 발전해 나가기도 한다. 이를테면 근대 과학혁명 이전에 인간이 곡식을 재배하고 가축을 기르기 위해 고안한 여러 가지 방법들도 기술이라고 불러야 마땅하다. 따라서 우리는 '기술'을 더 넓게 적용할 수 있도록 정의할 필요가 있다.

〈보기〉

ㄱ. '기술'을 적용하는 범위는 셋 중 갑이 가장 넓고 을이 가장 좁다.
ㄴ. 을은 '모든 기술에는 과학이 개입해 있다.'라는 주장에 동의하지만, 병은 그렇지 않다.
ㄷ. 병은 시행착오를 거쳐 발전해온 옷감 제작법을 기술로 인정하지만, 갑은 그렇지 않다.

① ㄱ
② ㄴ
③ ㄱ, ㄷ
④ ㄴ, ㄷ
⑤ ㄱ, ㄴ, ㄷ

실전 풀이법

이러한 유형의 경우 은연중에 세 가지 주장의 범주를 동일선상에서 비교하기 쉬우나, 갑과 병의 경우 기술을 정의함에 있어 다른 기준을 사용하고 있으므로, 둘 중 어느 쪽이 더 기술의 범주를 넓게 정의하고 있는지 동일선상에서의 비교가 불가능하다는 점에 주의해야 한다.

정답해설

을은 근대 과학혁명 이후 등장한 과학이 개입한 것들만을 기술로 한정하며, 병은 기술을 만들어내기 위해 과학의 개입이 꼭 필요한 것은 아니라고 본다.

오답해설

ㄱ. 갑의 경우, 물질로 구현된 것만을 기술로 인정하며, 병의 경우 지식이 개입된 것들을 과학으로 인정한다. 갑과 을의 경우 기술을 정의하는 기준 자체가 다르므로 둘 중 누구의 범위가 더 넓은지에 대해 정의할 수 없다.
ㄷ. 옷감 제작법의 경우 물질을 소재 삼아 물질적인 결과물을 산출하는 것에 해당하므로, 갑 역시 이를 기술로 인정할 여지가 있다.

34

정답 ①

다음 중 자신이 한 진술들이 동시에 참일 수 있는 사람만을 모두 고르면? 2018년

나나 : 역사 안에서 일어나는 모든 일에는 선과 악이 없어. 하지만 개인이 선할 가능성은 여전히 남아있지. 자연의 힘으로 벌어지는 모든 일에는 선과 악이 없고, 역사란 자연의 힘만으로 전개되는 것이야. 개인이 노력한다고 해서 역사가 달라지지도 않아. 만일 개인이 노력한다고 해서 역사가 달라지지 않고 역사 안에서 일어나는 모든 일에 선과 악이 없다면, 개인은 역사 바깥에 나갈 때에만 선할 수 있어. 물론 개인은 역사 바깥에 나가지도 못하고, 자연의 힘을 벗어날 수도 없지.

모모 : 개인은 역사 바깥에 나가지도 못하고, 자연의 힘을 벗어날 수도 없어. 자연의 힘으로 벌어지는 모든 일에는 선과 악이 없다는 것도 참이야. 하지만 역사 안에서 일어나는 일 가운데는 선과 악이 있는 일도 있어. 왜냐하면 역사 안에서 일어나는 모든 일이 자연의 힘만으로 벌어지는 것은 아니니까. 역사 안에서 일어나는 일 중에는 지성과 사랑의 힘에 의해 일어나는 일도 있어. 지성과 사랑의 힘에 의해 일어나는 일에는 선과 악이 있지.

수수 : 역사 중에는 물론 지성의 역사와 사랑의 역사도 있지. 하지만 그것을 포함한 모든 역사는 오직 자연의 힘만으로 벌어지지. 지성과 사랑의 역사도 진화의 역사일 뿐이고, 진화의 역사는 오직 자연의 힘만으로 벌어지기 때문이야. 자연의 힘만으로 벌어지는 모든 일에는 선과 악이 없지만, 진화의 역사에서 오직 자연의 힘만으로 인간 지성과 사랑이 출현한 일에는 선이 있음이 분명해.

① 모모
② 수수
③ 나나, 모모
④ 나나, 수수
⑤ 나나, 모모, 수수

실전 풀이법

이처럼 줄글로 이루어진 논리 문제는 기호화하여 접근할 수도 있다. 접근법에 100% 정답은 없으니 어떻게 문제를 풀 것인지, 어떤 전략이 자신에게 잘 맞는지 기출을 풀면서 확인해 두자. 개인적으로는 무턱대고 기호화하는 것은 오히려 시간이 많이 소요된다고 생각한다. 기호화를 하지 않고 문제를 해결할 수 있다면(구조가 이해된다면) 기호를 쓰지않는 것이 최선이다.

정답해설

모모에 따르면 역사 안에는 자연의 힘으로 벌어지는 일과 지성과 사랑의 힘에 의해 일어나는 일이 있다. 전자는 선과 악이 없으나, 후자는 선과 악이 있다. 모모의 모든 진술은 서로 상충되지 않는다.

오답해설

나나에 따르면 개인이 노력한다고 해서 역사가 달라지지 않으며, 역사 안에서 일어나는 모든 일에는 선과 악이 없다. 따라서 개인은 역사 바깥에 나갈 때에만 선할 수 있다. 하지만 개인은 역사 바깥에 나가지 못하고 자연의 힘을 벗어날 수 없으므로 선과 악이 없다. 그런데 나나는 개인이 선할 가능성이 여전히 남아 있다고 하였으므로 모순이다.

수수에 따르면 모든 역사는 오직 자연의 힘만으로 벌어지고, 자연의 힘만으로 벌어지는 모든 일에는 선과 악이 없다. 그런데 진화의 역사에서 오직 자연의 힘만으로 인간 지성과 사랑이 출현한 일에는 선이 있다. 이 두 진술은 서로 모순이므로 수수의 발언은 참이 될 수 없다.

35

정답 ④

다음 글의 ㉠에 대한 평가로 적절한 것만을 〈보기〉에서 모두 고르면? 2020년

지금까지 알려진 적이 없는 어느 부족의 언어를 최초로 번역해야 하는 번역자 S를 가정하자. S가 사용할 수 있는 자료는 부족민들의 언어 행동에 관한 관찰 증거뿐이다. S는 부족민들의 말을 듣던 중에 여러 번 '가바가이'라는 말소리를 알아들었는데, 그때마다 항상 눈앞에 토끼가 있다는 사실을 관찰했다. 이에 S는 '가바가이'를 하나의 단어로 추정하면서 그에 대한 몇 가지 가능한 번역어를 생각했다. 그것은 '한 마리의 토끼'라거나 '살아있는 토끼' 등 여러 상이한 의미로 번역될 수 있었다. 관찰 가능한 증거들은 이런 번역 모두와 어울렸기 때문에 S는 어느 번역이 옳은지 결정할 수 없었다.

이 문제를 해결하는 방안으로 제시된 ㉠ 이론 A는 전체의 의미로부터 그 구성요소의 의미를 결정하고자 한다. 즉, 문제의 단어를 포함하는 문장들을 충분히 모아 각 문장의 의미를 확정한 후에 이것을 기반으로 각 문장의 구성요소에 해당하는 단어의 의미를 결정하려는 것이다. 이런 점은 과학에서 단어의 의미를 확정하는 사례를 통해서 분명하게 드러난다. 예를 들어, '분자'의 의미는 "기체의 온도는 기체를 구성하는 분자들의 충돌에 의한 것이다."와 같은 문장들의 의미를 확정함으로써 결정할 수 있다. 그리고 이 문장들의 의미는 수많은 문장들로 구성된 과학 이론 속에서 결정될 것이다. 결국 과학의 단어가 지니는 의미는 과학 이론에 의존하게 되는 것이다.

〈보기〉

ㄱ. "고래는 포유류이다."의 의미를 확정하기 위해서는 먼저 '포유류'의 의미를 결정해야 한다는 점은 ㉠을 강화한다.
ㄴ. 뉴턴역학에서 사용되는 '힘'이라는 단어의 의미가 뉴턴역학에 의거하여 결정될 수 있다는 점은 ㉠을 강화한다.
ㄷ. 토끼와 같은 일상적인 단어는 언어 행위에 대한 직접적인 관찰 증거만으로 그 의미를 결정할 수 있다는 점은 ㉠을 약화한다.

① ㄱ
② ㄴ
③ ㄱ, ㄷ
④ ㄴ, ㄷ
⑤ ㄱ, ㄴ, ㄷ

실전 풀이법

㉠은 관찰 가능한 증거들이 여러 번역과 어울려서 어느 번역이 옳은지 결정 할 수 없는 문제를 해결하는 방안으로 제시되었으며, 문장 전체의 의미로부터 그 구성요소의 의미를 결정하고자 하는 이론이라는 핵심 내용을 정확히 이해해야 한다. 보기 ㄷ의 경우 ㉠과 달리 전체의 의미에 대한 이해 없이도 부분인 구성요소의 의미가 도출되는 사례이므로 ㉠의 주장을 약화하는 것임을 파악할 수 있어야 한다.

정답해설

ㄴ. 뉴턴역학이라는 과학이론은 문장들로 구성되므로 문장이라는 전체의 의미로부터 '힘'이라는 구성요소의 의미가 결정될 수 있다는 것은 ㉠을 강화한다.
ㄷ. 특정 단어가 문장 전체의 의미로부터 결정되는 것이 아니라 직접적 관찰 증거만으로 의미를 결정할 수 있다는 것은 ㉠을 약화한다.

오답해설

ㄱ. "고래는 포유류이다."는 문장의 의미를 확정하기 위해 '포유류'라는 구성요소의 의미를 먼저 결정해야 한다는 것은 ㉠에 배치된다.

36

정답 ④

다음 글에서 알 수 있는 것은? 2022년

조선 후기에 백성의 작은 살림집을 짓는 목재 정도는 민간 목재 상인인 목상에게 사서 쓰면 되었지만, 궁궐이나 성곽 건설처럼 대규모 관영 공사에 사용되는 재료는 그럴 수가 없었다. 목상은 대개 수요가 많은 작은 목재만 취급했기 때문이다. 관영 공사에 필요한 재료는 임시건설 본부격인 도감에서 직접 구하거나 나라에 물자를 납품하는 공인으로부터 공급받았다. 공인은 전인과 도고 상인으로 나누어지는데, 선혜청에서 물건 값을 선불로 지급하고 납품받는 방식인 원공은 전인이, 호조에서 후불로 지급하는 방식인 별무는 도고 상인이 담당했다. 원공은 시가보다 물건 값을 많이 받을 수 있었지만 1768년에 폐지되었다. 이후 목재를 비롯한 건축 재료 납품은 도고 상인이 전담하였다. 도고 상인은 시가보다 낮은 비용을 받으면서 과중한 세금을 감내했는데, 그 이유는 벌목권을 얻기 위해서였다. 그러나 운송 기술 발달과 민간 상업 발전에 따라 공인의 경쟁력은 점점 약화됐고, 19세기부터는 주로 민간 목재 상인이 관영 공사의 목재를 공급했다.

산지의 목재는 수로를 통해 배로 운송되었다. 수로 운송을 맡았던 배는 시기별로 달랐다. 17세기에는 세곡을 운송하는 조세선이 주로 쓰이고 군선이 동원되기도 했다. 그러나 18세기에는 조세선보다는 군선과 개인이 소유한 사선의 비중이 커졌다. 군선은 조세선보다 크고 튼튼했기 때문에 자주 동원되었다. 그럼에도 조세선에 의한 건축 재료 운송이 완전히 사라지지 않은 것은, 원거리 운항 기술이 축적되어 있었고 항해술이 노련하여 군선보다는 사고 위험이 덜했기 때문이다. 이에 원거리 운송은 조세선이 담당했다.

17세기까지 건축 재료의 하역과 각 창고까지의 운송은 백성들의 부역 노동으로 해결하였지만, 1707년에 마계를 창설하여 이를 전담시켰다. 한편 관영 공사에 필요한 건축 재료를 구하고 운송하는 책임은 영역부장에게 있었는데, 1789년에 패장이 설치되어 이를 대신하였다. 영역부장은 도감의 최하위 관리직으로 작업소별로 몇 명씩 배정되어 실무를 맡았다. 영역부장 위의 도청은 재료의 반입 및 공사장의 검수 등 행정 전반을 진두지휘했다. 하지만 지방의 관영 공사에 필요한 재료 구입은 지방 감영 소속의 군수나 만호가 담당했다.

① 선혜청에 목재를 납품하는 것보다 도감에 납품하는 것이 보다 큰 수익을 올릴 수 있었다.
② 19세기부터 관영 공사의 목재 공급과 운송을 주로 목상이 담당하면서 영역부장이 폐지되었다.
③ 만호가 지방 관영 공사에 사용하기 위해 구입한 목재는 도청의 책임하에 마계가 창고까지 운송하였다.
④ 건축 재료 값을 관청에서 선불로 지급하고 납품받는 방식이 폐지된 해의 원거리 운송은 조세선이 담당하였다.
⑤ 17세기에 이루어진 관영 공사에서 도감의 영역부장은 전인으로부터 목재를 구입하여 운송할 책임이 있었다.

실전 풀이법

언어논리에서 1~2번이나 21~22번에 의도적으로 정보가 많고 빨리 풀리지 않는 문제를 넣는 경우가 많다. 따라서 시험 시작부터 문제가 풀리지 않는 것에 대해 당황하지 않아야 한다. 또한, 일치부합형 문제에서는 문단을 넘나들며 정보를 조합하여 옳고 그름을 판단하는 것이 중요한 만큼 도고 상인, 조세선, 영역부장 등의 키워드가 어떤 역할을 하는지 밑줄이나 메모를 해가며 읽는 것이 좋다.

정답해설

선혜청의 원공은 1768년(18세기)에 폐지되었는데 이 시기에 원거리 운송은 조세선이 담당하였다.

오답해설

①·② 제시문에서 확인할 수 없는 내용이다.
③ 관영 공사에 사용하기 위해 구입한 재료를 운송하는 책임은 영역부장, 1789년 이후에는 패장에게 있었다.
⑤ 17세기에 관영 공사에 필요한 재료는 도감에서 직접 구하거나 공인으로부터 구할 수 있었다.

37

정답 ⑤

다음 글에서 알 수 있는 것은? 2021년

통제되지 않는 자연재해와 지배자의 요구에 시달리면서 겨우 생계를 유지하는 전(前)자본주의 농업사회 농민들에게, 신고전주의 경제학에서 말하는 '이윤의 극대화'를 위한 계산의 여지는 거의 없다. 정상적인 농민이라면 큰 벌이는 되지만 모험적인 것을 시도하기보다는 자신과 자신의 가족들을 파멸시킬 수도 있는 실패를 피하려고 하기 마련이다. 이와 같은 악조건은 농민들에게 삶의 거의 모든 측면에서 안전 추구를 최우선으로 여기는 성향을 체득하도록 한다. 이러한 '안전 제일의 원칙'을 추구하기 위해, 농민들은 경험 축적을 바탕으로 하는 종자의 다양화, 경작지의 분산화, 재배 기술 개선 등 생계 안정성을 담보하는 기술적 장치를 필요로 한다. 또한 마을 내에서 이루어지는 다양한 유형의 호혜성, 피지배층이 지배층에 기대하는 관대함, 그리고 토지의 공동체적 소유 및 공동 노동 등 절박한 농민들에게 최소한의 생존을 보장하는 사회적 장치도 필요로 한다.

이런 측면에서 지주와 소작인 간의 소작제도 역시 흥미롭다. 소작인이 지주에게 납부하는 지대의 종류에는 수확량의 절반씩을 나누어 갖는 분익제와 일정액을 지대로 지불하는 정액제가 있다. 분익제에서는 수확이 없으면 소작료를 요구하지 않지만, 정액제에서는 벼 한 포기 자라지 않았어도 의무 수행을 요구한다. 생존을 위협할 정도의 흉년이 자주 있던 것이 아니라는 점을 감안하면, 정액제는 분익제에 비해 소작인의 이윤을 극대화할 수도 있는 방법이었지만 전자본주의 농업사회에서 보다 일반적인 방식은 분익제였다.

이러한 상황은 필리핀 정부가 벼 생산 분익농들을 정액 소작농으로 전환시키고자 시도한 루손 지역에서도 관찰되었다. 정부는 소작농들에게 분익제하에서 부담하던 평균 지대의 1/4에 해당하는 수치를 정액제 지대로 제시하였다. 새로운 체제에서 소작인은 대략적으로 이전 연평균 수입의 두 배, 새로운 종자를 채택할 경우는 그 이상의 수입을 실현할 수 있으리라는 기대를 가질 수 있었다. 그러나 새로운 체제가 제시하는 기대 수입에서의 상당한 이득에도 불구하고, 많은 농민들은 정액제 자체에 내포되어 있는 생계에 관련된 위험성 때문에 전환을 꺼렸다.

① 안전 제일의 원칙은 신고전주의 경제학에서 말하는 이윤 극대화를 위한 계산 논리에 부합한다.
② 전자본주의 농업사회 농민들은 모험적인 시도가 큰 벌이로 이어질 수 있다는 사실을 인식하지 못했다.
③ 안전 추구를 최우선으로 여기는 전자본주의 농업사회의 기술적 장치는, 사회적 장치들이 최소한의 생존을 보장하는 환경하에 발달했다.
④ 루손 지역의 농민들이 정액제로의 전환을 꺼렸던 것은 정액제를 택했을 때 생계에 관련된 위험성이 분익제를 택했을 때보다 작다고 느꼈기 때문이다.
⑤ 어느 농가의 수확량이 이전 연도보다 두 배로 늘었을 경우, 이전 연도 수확량의 절반을 내기로 계약하는 정액제를 택하는 것이 분익제를 택하는 것보다 이윤이 크다.

실전 풀이법

④, ⑤의 해결에 있어 발췌독을 통해 문제를 해결할 경우 선지를 분석할 수 없거나, 잘못 판단하게 될 위험성이 존재한다. 그렇기 때문에 특히 최근 기출을 해결함에 있어 지문을 위에서부터 독해하며 주제에 따라 각 문단을 정리하는 것이 정확한 선지 해결에 유리하다.

정답해설

이전 연도의 수확량의 절반을 n이라고 할 때, 정액제의 이윤은 $3n(=4n-n)$인 반면, 분익제의 이윤은 $2n\left(=4n\times\frac{1}{2}\right)$이다.

38

정답 ⑤

다음 글의 ㉠~㉢에 대한 평가로 적절한 것만을 〈보기〉에서 모두 고르면? 2020년

종소리를 울린다고 개가 침을 흘리지는 않지만, 먹이를 줄 때마다 종소리를 내면 종소리만으로도 개가 침을 흘리게 된다. 이처럼 원래 반응을 일으키지 않는 '중립적 자극'과 무조건 반응을 일으키는 '무조건 자극'을 결합하여 중립적 자극만으로도 반응이 일어나게 되는 과정을 '조건화'라고 한다. 조건화의 특성에 관하여 다음과 같은 주장이 있다. 첫째, ㉠ 조건화가 이루어지려면 중립적 자극과 무조건 자극이 여러 차례 연결되어야 한다. 둘째, ㉡ 조건화가 이루어지려면 중립적 자극과 무조건 자극 간의 간격이 0~1초 정도로 충분히 짧아야 한다. 셋째, ㉢ 무조건 자극과 중립적 자극이 각각 어떤 종류의 자극인지는 조건화의 정도에 영향을 미치지 않는다.

조건화의 특성을 확인하기 위해 쥐를 가지고 두 가지 실험을 했다. 실험에는 사카린을 탄 '단물'과 빛을 쬐어 밝게 빛나는 '밝은 물'을 이용하였다. 방사능을 쬔 쥐는 무조건 반응으로 구토증을 일으키고, 전기 충격을 받은 쥐는 무조건 반응으로 쇼크를 경험한다.

〈실험 A〉

쥐들을 두 집단으로 나누어 실험군에 속한 쥐들에게는 단물을 주고 30분 후 한 차례 방사능에 노출했다. 한편, 대조군에 속한 쥐들에게는 맹물을 주고 30분 후 한 차례 방사능에 노출했다. 사흘 뒤 두 집단의 쥐들에게 단물을 주었더니 물맛을 본 실험군의 쥐들은 구토 증상을 나타냈지만 대조군의 쥐들은 그러지 않았다.

〈실험 B〉

쥐들을 네 집단으로 나누었다. 집단 1의 쥐들에게 단물을 주면서 방사능에 노출했고, 집단 2의 쥐들에게는 단물을 주면서 전기 충격을 가했다. 집단 3의 쥐들에게 밝은 물을 주면서 방사능에 노출했고, 집단 4의 쥐들에게는 밝은 물을 주면서 전기 충격을 가했다. 이런 과정을 여러 차례 반복하고 사흘 뒤 자극에 대한 반응을 조사했다. 단물을 주자 일부 쥐들에서 미미한 쇼크 반응이 나타난 집단 2와 달리 집단 1의 쥐들은 확연한 구토 반응을 보였다. 또 밝은 물을 주었을 때, 미미한 구토 반응을 보인 집단 3과 달리 집단 4의 쥐들은 몸을 떨며 쇼크에 해당하는 반응을 보였다.

〈보기〉

ㄱ. 〈실험 A〉는 ㉠을 약화하지만 ㉢을 약화하지 않는다.
ㄴ. 〈실험 B〉는 ㉠을 약화하지 않지만 ㉢을 약화한다.
ㄷ. 〈실험 A〉는 ㉡을 약화하지만 〈실험 B〉는 ㉡을 약화하지 않는다.

① ㄱ
② ㄴ
③ ㄱ, ㄷ
④ ㄴ, ㄷ
⑤ ㄱ, ㄴ, ㄷ

실전 풀이법

제시문에서 조건화의 특성에 관해 주어진 내용들을 실험 내용에 적절하게 적용할 수 있는지를 확인하는 문항이다. 문두에서 '~에 대한 평가로 적절한 것은'과 같이 묻는 경우 기본적으로 특정 내용에 대한 강화 혹은 약화 여부에 대해 질문하는 일이 많으므로 글을 읽을 때 이에 주의하며 읽도록 한다. 특히, 밑줄 친 부분을 강화하지 않으나 약화하지도 않는 내용의 경우 강화가 아니므로 약화라고 착각하는 실수를 범하지 않도록 주의한다.

정답해설

ㄱ. 실험 A는 중립적 자극에 해당하는 단물 먹기와 무조건 자극인 방사능 노출이 한 차례밖에 연결되지 않았음에도 조건화가 이루어졌다는 사실을 알 수 있으므로 ㉠을 약화하나, ㉢을 약화하는 내용은 포함되어 있지 않다.
ㄴ. 실험 B는 중립적 자극과 무조건 자극을 여러 차례 연결한 후 조건화를 관찰한 실험이므로 ㉠을 약화하지 않지만 방사능 노출은 단물 먹기와, 전기 충격은 밝은 물과 상대적으로 더 강한 조건화를 형성한다는 실험 결과는 ㉢을 약화한다.
ㄷ. 실험 A는 중립적 자극과 무조건 자극 간 간격이 충분히 짧지 않았음에도 조건화가 이루어졌으므로 ㉡을 약화하나, 실험 B는 중립적 자극과 무조건 자극을 거의 동시에 주고 조건화를 관찰했으므로 ㉡을 약화하지 않는다.

39

정답 ⑤

다음 대화의 ㉠과 ㉡에 들어갈 말을 적절하게 나열한 것은? 2022년

갑 : 당뇨 환자에게 처방할 약품 A~G를 어떤 방식으로 사용해야 할지 고민하고 있는데, 정말 난감한 상황이야. A를 사용하지 않으면 C를 사용해야 하고, B를 사용하지 않으면 D를 사용해야 해서 말이야.
을 : 그게 걱정이 되는 이유는 뭐야?
갑 : 결국 C나 D 중 적어도 하나를 사용할 수밖에 없게 되잖아. 그런데 지난달부터 C와 D가 금지 약물로 지정되어서 C나 D를 사용할 수 없게 되었어.
을 : 그렇게 걱정하는 걸 보니, 너는 [㉠]고 생각하고 있구나? 그렇다면 걱정할 필요 없어.
병 : 실은 나도 그것 때문에 걱정인데, 어째서 걱정할 필요가 없어?
을 : E와 F를 모두 사용하지 않을 경우에는 A와 B를 모두 사용해야 하거든.
병 : 그래? 그럼 너는 E도 F도 모두 사용하지 않게 될 것이라고 생각하는구나?
을 : 맞아.
병 : 네 말이 모두 참이라면 정말 금지 약물을 걱정할 필요가 없겠네.
갑 : 아니야. 을이 잘못 알고 있는 게 있어. F는 필수적으로 사용해야 하거든.
을 : 그래도 걱정할 필요는 없어. 왜냐하면, [㉡]고 하거든.
갑 : 그래? 그럼 걱정할 필요가 없겠네. G를 사용할 필요는 없으니까.

① ㉠ : A와 B 중 적어도 하나는 사용해야 한다
   ㉡ : A와 B를 모두 사용할 경우 F는 사용해야 한다
② ㉠ : A와 B 중 적어도 하나는 사용하지 않아야 한다
   ㉡ : A와 B를 모두 사용할 경우 F는 사용해야 한다
③ ㉠ : A와 B 중 적어도 하나는 사용하지 않아야 한다
   ㉡ : A와 B를 모두 사용할 경우 G를 사용하지 않아야 한다
④ ㉠ : A와 B 중 적어도 하나는 사용해야 한다
   ㉡ : F를 사용하고 G를 사용하지 않을 경우, A와 B를 모두 사용해야 한다
⑤ ㉠ : A와 B 중 적어도 하나는 사용하지 않아야 한다
   ㉡ : F를 사용하고 G를 사용하지 않을 경우, A와 B를 모두 사용해야 한다

실전 풀이법

전형적인 퀴즈형 형식논리 문제는 아니지만 형식논리를 활용하여 전제와 결론을 도출하는 문제이다. 대화 형식으로 문제가 출제되었기 때문에 논증을 차례대로 읽으며 빠진 전제나 결론을 유추하는 것이 좋다. '걱정할 필요 없다'라는 말이 반복되고 있는데, 이를 논리적으로 융통성 있게 해석하면 될 것이다. 예를 들어 을2의 '걱정할 필요가 없다'는 '거짓이다'로 해석하여도 무방하다.

정답해설

조건을 정리하면 다음과 같다.

1) 갑1 : (~A → C)∧(~B → D)
2) 갑2 : ~C∧~D
3) 을2 : 갑1, 2의 전제는 ㉠이다. ㉠은 걱정할 필요가 없다.
4) 을3 : 왜냐하면 ~E∧~F → A∧B
5) 병2 : ~E∧~F
6) 갑3 : F(필수 사용)
7) 을5 : ㉡이어도 을3은 참이다.
8) 갑4 : ~G

㉠에 필요한 조건은 A와 B 둘 중 하나는 반드시 사용해야 한다는 것이다. 따라서 ㉠에는 '~A∨~B'가 적절하다. ㉡에는 F∧~G이더라도 A와 B 약품을 사용할 수 있는 명제가 들어가야 한다. 따라서 ㉡에는 'F∧~G → A∧B'가 적절하다.

40

정답 ①

다음 글의 A~D에 대한 분석으로 적절한 것만을 〈보기〉에서 모두 고르면? 2019년

A : '정격연주'란 음악을 연주할 때 그것이 작곡된 시대에 연주된 느낌을 정확하게 구현하는 것을 목표로 하는 연주이다. 그럼 어떻게 정격연주가 가능할까? 그 방법은 옛 음악을 작곡 당시에 공연된 것과 똑같이 재연하는 것이다. 이런 연주는 가능하며, 그렇다면 우리는 음악이 작곡되었던 때와 똑같은 느낌을 구현할 수 있을 것이다.
B : 옛 음악을 작곡 당시에 연주된 것과 똑같이 재연하는 것은 이상일 뿐이지 현실화할 수 없다. 18세기 오페라 공연에서 거세된 사람만 할 수 있었던 카스트라토 역을 오늘날에는 도덕적인 이유에서 여성 소프라노가 맡아서 노래한다. 따라서 과거와 현재의 연주 관습상 차이 때문에, 옛 음악을 작곡 당시와 똑같이 재연하는 것은 불가능하다.
C : 똑같이 재연하지 못한다고 해서 정격연주가 불가능한 것은 아니다. 작곡자는 명확히 하나의 의도를 갖고 작품을 창작한다. 작곡자가 자신의 작품이 어떻게 들리기를 의도했는지 파악해 연주하면, 작곡된 시대에 연주된 느낌을 정확하게 구현할 수 있다. 따라서 작곡자의 의도를 파악할 수 있다면 정격연주를 할 수 있다.
D : 작곡자의 의도대로 한 연주가 작곡된 시대에 연주된 느낌을 정확하게 구현하지 못할 수 있다. 작곡된 시대에 연주된 느낌을 정확하게 구현하려면 작곡자의 의도뿐만 아니라 당시의 연주 관습도 고려해야 한다. 전근대 시대에 악기 구성이나 프레이징 등은 작곡자의 의도만이 아니라 연주자와 연주 상황에 따라 관습적으로 결정되었다. 따라서 작곡자의 의도와 연주 관습을 모두 고려하지 않는다면 정격연주를 실현할 수 없다.

〈보기〉

ㄱ. A와 C는 옛 음악을 과거와 똑같이 재연한다면 과거의 연주 느낌이 구현될 수 있다는 것을 부정하지 않는다.
ㄴ. B는 어떤 과거 연주 관습은 현대에 똑같이 재연될 수 없다는 것을 인정하지만 D는 그렇지 않다.
ㄷ. C와 D는 작곡자의 의도를 파악한다면 정격연주가 가능하다는 것에 동의한다.

① ㄱ　② ㄴ
③ ㄱ, ㄷ　④ ㄴ, ㄷ
⑤ ㄱ, ㄴ, ㄷ

실전 풀이법

글 자체는 매우 쉽고 술술 읽힌다. '정격연주', '작곡자의 의도', '연주 관습' 등에 유의하며 읽도록 하자. 다만 선지의 표현을 조심해야 한다. 누가 무엇을 주장했는지, 각 주장을 과대해석하지는 않았는지 점검해 보자. 헷갈린다면 논리 문제를 풀 때처럼 도식화하는 것도 도움이 된다.

정답해설

A는 옛 음악을 똑같이 재연하는 것이 가능하고, 이를 통해 당시와 똑같은 느낌을 구현할 수 있다고 본다. 한편 C는 똑같이 재연하지 못하더라도 정격연주가 가능하다고 보고 있다. 즉, 적어도 옛 음악을 과거와 똑같이 재연한다면 과거 연주 느낌이 구현될 수 있다는 것을 부정하는 것은 아니다.

오답해설

ㄴ. B는 과거와 현재의 연주 관습상 차이 때문에 옛 음악을 똑같이 재연하는 것이 불가능하다고 본다. 한편 D는 정격연주를 실현하려면 작곡자의 의도와 연주 관습을 모두 고려해야 한다고 말했을 뿐, 과거 연주 관습이 재현될 수 있는지 여부는 언급하지 않았다.

ㄷ. C는 명확히 작곡자의 의도를 파악할 수 있다면 정격연주를 할 수 있다고 본다. 한편 D는 '작곡자의 의도대로 한 연주가 작곡된 시대에 연주된 느낌을 정확하게 구현하지 못할 수 있다.'고 하여, 작곡자의 의도뿐만 아니라 연주 관습을 강조하고 있다. 따라서 작곡자의 의도를 파악하는 것이 곧 정격 연주를 가능하게 한다는 것에 동의하지 않는다.

41

정답 ④

다음 글의 ㉠과 ㉡에 들어갈 말을 가장 적절하게 나열한 것은? 2020년

> 축산업은 지난 50여 년 동안 완전히 바뀌었다. 예를 들어, 1967년 미국에는 약 100만 곳의 돼지 농장이 있었지만, 2005년에 들어서면서 전체 돼지 농장의 수는 10만을 조금 넘게 되었다. 이러는 가운데 전체 돼지 사육 두수는 크게 증가하여 [㉠] 밀집된 형태에서 대규모로 돼지를 사육하는 농장이 출현하기 시작하였다. 이러한 농장은 경제적 효율성을 지녔지만, 사육 가축들의 병원균 전염 가능성을 높인다. 이러한 농장에서 가축들이 사육되면, 소규모 가축 사육 농장에 비해 벌레, 쥐, 박쥐 등과의 접촉으로 병원균들의 침입 가능성은 높아진다. 또한 이러한 농장의 가축 밀집 상태는 가축 간 접촉을 늘려 병원균의 전이 가능성을 높임으로써 전염병을 쉽게 확산시킨다.
>
> 축산업과 관련된 가축의 가공 과정과 소비 형태 역시 변화하였다. 과거에는 적은 수의 가축을 도축하여 고기 그 자체를 그대로 소비할 수밖에 없었다. 그러나 현대에는 소수의 대규모 육류가공기업이 많은 지역으로부터 수집한 수많은 가축의 고기를 재료로 햄이나 소시지 등의 육류가공제품을 대량으로 생산하여 소비자에 공급한다. 이렇게 되면 오늘날의 개별 소비자들은 적은 양의 육류가공제품을 소비하더라도, 엄청나게 많은 수의 가축과 접촉한 결과를 낳는다. 이는 소비자들이 감염된 가축의 병원균에 노출될 가능성을 높인다.
>
> 정리하자면 [㉡] 결과를 야기하기 때문에, 오늘날의 변화된 축산업은 소비자들이 가축을 통해 전염병에 노출될 가능성을 높인다.

① ㉠ : 농장당 돼지 사육 두수는 줄고 사육 면적당 돼지의 수도 줄어든
  ㉡ : 가축 사육량과 육류가공제품 소비량이 증가하는

② ㉠ : 농장당 돼지 사육 두수는 줄고 사육 면적당 돼지의 수도 줄어든
  ㉡ : 가축 간 접촉이 늘고 소비자도 많은 수의 가축과 접촉한

③ ㉠ : 농장당 돼지 사육 두수는 늘고 사육 면적당 돼지의 수도 늘어난
  ㉡ : 가축 사육량과 육류가공제품 소비량이 증가하는

④ ㉠ : 농장당 돼지 사육 두수는 늘고 사육 면적당 돼지의 수도 늘어난
  ㉡ : 가축 간 접촉이 늘고 소비자도 많은 수의 가축과 접촉한

⑤ ㉠ : 농장당 돼지 사육 두수는 늘고 사육 면적당 돼지의 수도 늘어난
  ㉡ : 가축 간 접촉이 늘고 소비자는 적은 수의 가축과 접촉한

실전 풀이법

이러한 유형의 경우 빈칸 바로 앞뒤에 제시되는 내용을 특히 주목하여 읽어야 한다. 대체로 핵심 주제가 명확한 글이 주어지는 경우가 많으므로 이러한 유형에서는 확실하게 핵심 내용에 부합하지 않는 내용을 포함하는 선지들을 우선 배제하고 풀이하면 수월하다.

정답해설

㉠과 ㉡ 모두 제시문의 내용에 부합하는 내용이다.

오답해설

① ㉠의 경우 농장당 돼지 사육 두수와 사육 면적당 돼지 수 모두 증가하였다는 내용이 들어가야 한다. ㉡의 경우, 육류가공제품 소비량 자체가 증가했는지는 알 수 없다.

② ㉠의 경우 농장당 돼지 사육 두수와 사육 면적당 돼지 수 모두 증가하였다는 내용이 들어가야 한다.

③ ㉠의 경우 적절한 내용이지만, ㉡의 경우 육류가공제품 소비량 자체가 증가했는지는 알 수 없다.

⑤ ㉡의 경우 소비자가 더 많은 수의 가축과 접촉하게 되었다는 내용이 포함되어야 한다.

42

정답 ③

다음 글의 빈칸에 들어갈 진술로 가장 적절한 것은? 2018년

> 기분관리 이론은 사람들의 기분과 선택 행동의 관계에 대해 설명하기 위한 이론이다. 이 이론의 핵심은 사람들이 현재의 기분을 최적 상태로 유지하려고 한다는 것이다. 따라서 기분관리 이론은 흥분 수준이 최적 상태보다 높을 때는 사람들이 이를 낮출 수 있는 수단을 선택한다고 예측한다. 반면에 흥분 수준이 낮을 때는 이를 회복시킬 수 있는 수단을 선택한다고 예측한다. 예를 들어, 음악 선택의 상황에서 전자의 경우에는 차분한 음악을 선택하고 후자의 경우에는 흥겨운 음악을 선택한다는 것이다. 기분조정 이론은 기분관리 이론이 현재 시점에만 초점을 맞추고 있다는 점을 지적하고 이를 보완하고자 한다. 기분조정 이론을 음악 선택의 상황에 적용하면, [ ]고 예측할 수 있다.
>
> 연구자 A는 음악 선택 상황을 통해 기분조정 이론을 검증하기 위한 실험을 했다. 그는 실험 참가자들을 두 집단으로 나누고 집단 1에게는 한 시간 후 재미있는 놀이를 하게 된다고 말했고, 집단 2에게는 한 시간 후 심각한 과제를 하게 된다고 말했다. 집단 1은 최적 상태 수준에서 즐거워했고, 집단 2는 최적 상태 수준을 벗어날 정도로 기분이 가라앉았다. 이때 연구자 A는 참가자들에게 기다리는 동안 음악을 선택하게 했다. 그랬더니 집단 1은 다소 즐거운 음악을 선택한 반면, 집단 2는 과도하게 흥겨운 음악을 선택했다. 그런데 30분이 지나고 각 집단이 기대하는 일을 하게 될 시간이 다가오자 두 집단 사이에는 뚜렷한 차이가 나타났다. 집단 1의 선택에는 큰 변화가 없었으나, 집단 2는 기분을 가라앉히는 차분한 음악을 선택하는 쪽으로 변하는 경향을 보인 것이다. 이러한 선택의 변화는 기분조정 이론을 뒷받침하는 것으로 간주되었다.

① 사람들은 현재의 기분을 지속하는 데 도움이 되는 음악을 선택한다

② 사람들은 다음에 올 상황을 고려해 흥분을 유발할 수 있는 음악을 선택한다

③ 사람들은 다음에 올 상황에 맞추어 현재의 기분을 조정하는 음악을 선택한다

④ 사람들은 현재의 기분과는 상관없이 자신이 평소 선호하는 음악을 선택한다

⑤ 사람들은 현재의 기분이 즐거운 경우에는 그것을 조정하기 위해 그와 반대되는 기분을 자아내는 음악을 선택한다

실전 풀이법

빈칸의 바로 앞뒤 문장만으로는 곧바로 정답을 도출하기 어려운 문제이다. 최근 출제 경향은 이러한 문제와 같이 시간을 절약하기 위해 빈칸 또는 밑줄의 앞뒤 문장만 읽고 곧바로 선지를 보기보다는 지문 전체 내용을 파악해야 확실한 정답을 찾을 수 있는 문제가 출제된다는 점에 유의하도록 하자.

정답해설

기분조정 이론의 핵심 내용을 기분관리 이론과의 비교를 통해 설명하는 지문이다. 기분관리 이론이 '현재 시점에만 초점을 맞추고 있음'을 지적하고, 기분조정 이론으로 이를 보완하려는 것이므로 빈칸의 내용에는 기분조정 이론이 '현재 시점 이외에 다른 시점을 고려한다'는 내용이 들어갈 가능성이 높다는 것을 첫 번째 문단의 내용을 통해 유추할 수 있다. 집단 1과 집단 2의 실험 결과를 모두 설명할 수 있는 선지를 찾아야 한다.

집단 1의 경우, 재미있는 놀이를 하기 전 최적 상태 수준에서 즐거운 기분을 유지하기 위해 다소 흥겨운 음악을 선택하였고, 집단 2의 경우 과도하게 흥겨운 음악을 선택했다가 심각한 과제 수행이 임박함에 따라 기분이 가라앉을 것을 예상하여, 차분한 음악으로 바꾸었다고 설명할 수 있다.

오답해설

① 집단 2의 경우 과도하게 흥겨운 음악을 선택했다가 과제 시간이 임박하면서 차분한 음악으로 선택을 바꾸었다는 사례에서, 집단 2의 사람들이현재의 기분을 유지하는 데 도움이 되는 음악을 선택한다고 볼 수 없다.

② 이 선지는 집단 2의 경우 과제 시간이 다가옴에 따라 차분한 음악을 선택했다는 실험 결과를 설명할 수 없다.

④ 지문의 내용에서 사람들의 선호와 음악 선택과의 관련성은 확인할 수 없다.
⑤ 집단 1의 경우, 재미있는 놀이를 하게 된다는 말을 들은 이후 최적 상태 수준에서 즐거운 기분 상태였으나, 다소 즐거운 음악을 선택했으므로 기분이 즐거운 경우 그와 반대되는 음악을 선택한다는 것은 옳지 않다.

43

정답 ③

다음 글에서 알 수 있는 것은? 2020년

> 산소가 관여하는 신진대사에서 부산물로 만들어지는 활성산소는 노화나 질병을 일으킬 수 있다. 따라서 활성산소를 제거하는 항산화 물질을 섭취하는 것은 건강을 지키기 위해 중요하다.
> 항산화 물질 중 하나인 폴리페놀은 맥주, 커피, 와인, 찻잎뿐만 아니라 여러 식물에 있다. 폴리페놀의 구성물질 중 약 절반은 항산화 복합물인 플라보노이드이며, 플라보노이드는 플라보놀과 플라바놀이라는 두 항산화 물질로 구성되어 있다.
> 찻잎에는 플라바놀에 속하는 카데킨이 있으며, 이 카데킨이 활성산소를 제거하는 중요한 항산화 물질이다. 카데킨은 여러 항산화 물질로 되어있는데, 이중 에피갈로카데킨 갈레이트는 차가 우러날 때 쓰고 떫은맛을 내는 성분인 탄닌이다. 탄닌은 차뿐만 아니라 와인 맛의 특징을 결정짓는 중요한 요소이다.
> 제조 과정에서 산화 과정이 일어나지 않아서 비산화 차로 분류되는 녹차는 카데킨을 많이 함유하고 있다. 하지만 산화차인 홍차는 제조하는 동안 일어나는 산화 과정에서 카데킨의 일부가 테아플라빈과 테아루비딘이라는 또 다른 항산화 물질로 전환되는데, 이 두 물질이 홍차를 홍차답게 만드는 맛과 색상을 내는 것에 주된 영향을 미친다. 테아플라빈은 홍차를 만들기 위한 산화가 시작되면서 첫 번째로 나타나는 물질이다. 테아플라빈은 차의 색깔을 오렌지색 계통의 금색으로 변화시키며 다소 투박하고 떫은맛을 내게 한다. 이후에 산화가 더 진행되면 테아루비딘이 나타나는데, 테아루비딘은 차가 좀 더 부드럽고 감미로운 맛을 내고 어두운 적색 계통의 갈색을 갖게 한다. 따라서 산화를 길게 하면 할수록 테아루비딘의 양이 많아지고 차는 더욱더 부드럽고 감미로워진다.
> 중국 홍차가 인도나 스리랑카 홍차보다 대체로 부드러운 것은 산화 과정을 더 오래 하기 때문이다. 즉 홍차의 제조 방법과 조건이 차에 있는 테아플라빈과 테아루비딘의 상대적 비율을 결정하고 차의 색상과 맛의 스펙트럼에 영향을 미치는 중요한 요소가 되는 것이다.

① 테아루비딘의 양에 대한 테아플라빈의 양의 비율은 오렌지색 계통의 금색 홍차보다 어두운 적색 계통의 갈색 홍차에서 더 높다.
② 찻잎에 있는 플라보노이드는 활성산소가 생성되지 못하게 함으로써 항산화 작용을 한다.
③ 와인과 커피는 플라바놀이 들어있는 폴리페놀을 가지고 있다.
④ 에피갈로카데킨 갈레이트는 녹차보다 홍차에 더 많이 들어있다.
⑤ 인도 홍차보다 중국 홍차에 카데킨이 더 많이 들어있다.

실전 풀이법

크게 어렵지 않은 문제이나 생소한 물질명이 다수 제시되어 실전에서 시간을 많이 소요하거나 실수하기 쉬운 문제이다. 이러한 유형의 경우 글에 제시된 물질들의 포함 관계, 변화 과정 등을 간단하게 요약해 놓은 뒤 문제를 풀이하도록 한다.

정답해설

플라바놀은 폴리페놀을 구성하며, 와인과 커피에는 폴리페놀이 들어 있다.

오답해설

① 홍차가 갈색을 띠게 하는 것은 테아루비딘의 영향이므로, 갈색 홍차에서 테아플라빈 양의 비율이 더 낮을 것이다.
② 플라보노이드는 활성산소를 제거하는 기능을 하지만, 활성산소의 생성 자체를 막는지는 알 수 없다.
④ 에피갈로카데킨 갈레이트는 카데킨의 일종이고, 홍차는 산화로 인해 녹차보다 카데킨이 적게 함유되어 있다.
⑤ 중국 홍차의 경우 인도 홍차보다 산화를 길게 하고, 산화를 길게 하는 경우 카데킨이 테아플라빈과 테아루비딘으로 전환되므로 인도 홍차에 비해 카데킨이 적을 것이다.

44

정답 ⑤

다음 글의 내용이 참일 때, 반드시 참인 것만을 〈보기〉에서 모두 고르면? 2021년

> 철학과에서는 학생들의 수강 실태를 파악하여 향후 학과 교과목 개편에 반영할 예정이다. 실태를 파악한 결과, 〈논리학〉, 〈인식론〉, 〈과학철학〉, 〈언어철학〉을 모두 수강한 학생은 없었다. 〈논리학〉을 수강한 학생들은 모두 〈인식론〉도 수강하였다. 일부 학생들은 〈인식론〉과 〈과학철학〉을 둘 다 수강하였다. 그리고 〈언어철학〉을 수강하지 않은 학생들은 누구도 〈과학철학〉을 수강하지 않았다.

〈보기〉

> ㄱ. 〈논리학〉을 수강하지 않은 학생이 있다.
> ㄴ. 〈논리학〉과 〈과학철학〉을 둘 다 수강한 학생은 없다.
> ㄷ. 〈인식론〉과 〈언어철학〉을 둘 다 수강한 학생이 있다.

① ㄱ
② ㄴ
③ ㄱ, ㄷ
④ ㄴ, ㄷ
⑤ ㄱ, ㄴ, ㄷ

실전 풀이법

ㄱ과 ㄷ 같이 존재한다는 것을 내용으로 하는 선지는 일반적으로 존재한다는 정보를 담고 있는 조건에서부터 도출될 수 있다는 사실을 유념하여 접근할 필요가 있다. 예컨대 ㄱ과 ㄷ의 해결을 위해 존재에 대한 유일한 조건인 세 번째 조건을 바탕으로 도출해 본다면 보다 빠른 풀이가 가능하다.

정답해설

제시문을 정리하면 다음과 같다.

ⅰ) ~(논 ∧ 인 ∧ 과 ∧ 언)
ⅱ) 논 → 인
ⅲ) 인 ∧ 과
ⅳ) ~언 → ~과

ㄱ. 인식론과 과학철학을 둘 다 수강하는 임의의 학생을 가정하자(ⅲ). 이 학생은 ⅳ의 대우에 의해 언어철학을 수강하며 ⅰ에 의해 논리학을 수강하지 않는다.
ㄴ. 논리학과 과학철학을 둘 다 수강하는 어떤 학생이 존재한다고 가정하자. 이 학생은 ⅱ에 의해 인식론을 수강하며, ⅳ의 대우에 의해 언어철학도 수강한다. 그러나 이런 상황은 ⅰ에 위배된다. 그러므로 최초의 가정은 참일 수 없다.
ㄷ. 인식론과 과학철학을 둘 다 수강하는 임의의 학생을 가정하면(ⅲ), 이 학생은 ⅳ의 대우에 의해 언어철학을 수강한다.

45

정답 ⑤

다음 글에서 알 수 있는 것은?

2018년

조선시대에는 변경의 급보를 전할 때 봉수를 이용하는 경우가 많았다. 봉수의 '봉'은 횃불을 의미하며, '수'는 연기라는 뜻을 지닌다. 봉수란 밤에는 횃불, 낮에는 연기를 사용해 릴레이식으로 신호를 보내는 것이다.

봉수 제도는 삼국시대부터 있었다. 그러나 그것이 체계적으로 정비된 것은 조선시대 세종 때의 일이다. 세종은 병조 아래에 무비사(武備司)라는 기구를 두어 봉수를 관할하도록 하는 한편, 각 지방에 봉수대를 설치하였다. 봉수대는 연변봉수대, 내지봉수대, 경봉수대로 나뉘어져 있었다. 연변봉수대에서는 외적이 접근할 때 곧바로 연기나 불을 올려 급보를 전했다. 그러면 그 소식이 여러 곳의 봉수대를 거쳐 한양으로 전해지도록 되어 있었다.

봉수로는 다섯 개 노선으로 나뉘어져 있었다. 제1로는 함경도 경흥에서 출발하여 각지의 봉수대를 거친 다음 한양의 경봉수대로 이어졌다. 제2로는 동래에서 출발하는 노선이었고, 제3로와 제4로는 평안도 강계와 의주에서 각각 출발하는 노선이었다. 제5로도 순천에서 시작하여 경봉수대까지 연결되어 있었다. 봉수대에서는 봉수를 다섯 개까지 올릴 수 있었다. 평상시에는 봉수를 1개만 올렸고, 적이 멀리서 접근하는 것이 보이면 2개를 올렸다. 적이 국경에 거의 다가왔을 때에는 3개, 국경을 침범하면 4개를 올렸다. 또 조선군이 외적과 전투를 시작할 때 5개를 올려 이를 알려야 했다.

연변봉수대가 외적의 접근을 알리는 봉수를 올리면 그 소식이 하루 안에 한양으로 전달되었다고 한다. 그러나 아무리 봉수를 올려도 어떤 내지봉수대에서는 앞봉수대의 신호가 잘 보이지 않는 경우가 있었다. 날씨 때문에 앞 봉수대에서 봉수가 몇 개 올라갔는지 분간하기 어려울 수 있었던 것이다. 그때에는 봉수군이 직접 그 봉수대까지 달려가서 확인해야 했다.

봉수대를 지키는 봉수군에게는 매일 올리는 봉수를 꺼지지 않도록 할 의무가 있었다. 그러나 그 일이 너무 고되었기 때문에 의무를 다하지 않고 도망가 버리는 경우가 적지 않았다. 이 때문에 을묘왜변 때에는 연변봉수대의 신호가 내지봉수대들에게 제대로 전달되지 못했다. 선조는 선왕이 을묘왜변 당시 발생한 이 문제를 시정하지 못했다는 점을 인지하고, 봉수가 원활하게 전달되지 않을 때를 대비하여 파발 제도를 운영하였다.

① 선조는 내지봉수대가 제 기능을 하지 않자 을묘왜변 때 봉수 제도를 폐지하고 파발을 운영하였다.
② 햇빛이 강한 날에는 정해진 규칙에 따라 봉수를 올리지 않고 봉수군이 다음 봉수대로 달려가 소식을 전했다.
③ 연변봉수대는 군사적으로 긴급한 상황이 발생할 때 낮에 횃불을 올리고 밤에는 연기를 올려 경봉수대에 알려야 했다.
④ 연변봉수대는 평상시에 1개의 봉수를 올렸지만, 외적이 국경을 넘으면 바로 2개의 봉수를 올려 위급한 상황을 알렸다.
⑤ 조선군이 국경을 넘은 외적과 싸우기 시작할 때 연변봉수대는 5개의 봉수를 올려 이 사실을 내지봉수대로 전해야 했다.

실전 풀이법

①과 같이 지문에 제시된 정보와 제시되지 않은 정보가 혼재하는 경우, ⑤와 같이 지문의 내용들을 통해 보충적인 추론이 필요한 경우 정오판단에 어려움을 느낄 수 있다. ①과 같은 경우 지문에 제시되지 않은 정보를 지문에서 알 수 있는 것으로 착각하지 않도록 하고, ⑤와 같은 경우 지문에서 제시된 내용을 종합하여 정오판단을 정확히 할 수 있도록 한다.

정답해설

연변봉수대에서 외적의 접근에 따라 급보를 전하면 그 소식이 내지봉수대에 전달되도록 되어 있었고, 조선군이 외적과 전투를 시작하는 경우 5개의 봉수를 올려야 했으므로 옳다.

오답해설

① 선조가 봉수 제도를 폐지했는지는 알 수 없다.
② 햇빛이 강한 날에 봉수를 올리지 않았는지는 지문을 통해 확인할 수 없다.
③ 봉수란 밤에는 횃불, 낮에는 연기를 사용해 신호를 보내는 것이다.
④ 봉수대에서 외적이 국경을 넘는 경우는 봉수를 4개 올려야 했다.

46

정답 ④

다음 글에서 추론할 수 없는 것은?

2020년

장수 비결에 관한 연구 결과에 따르면 행복한 결혼생활과 규칙적인 운동이 장수에 필요한 조건이라는 사실이 밝혀졌다. 또 하나 필요한 조건은 짜거나 기름진 음식을 즐겨 먹지 말아야 한다는 것이다.

이 연구 결과를 검증하기 위해 90세 이상 장수 노인 100명과 전국 평균에도 못 미치는 나이에 세상을 떠난 조기 사망자 100명, 총 200명으로 구성된 하나의 표본 집단 X를 구성하여 조사한 결과, 장수 노인 중에 이 연구 결과에 부합하지 않는 사례는 한 명도 없었다. 이번 조사를 통해 X에 속한 사람들에 대해 추가로 알려진 정보는 다음과 같다.

결혼생활이 행복하지 않은 사람들은 모두 면역지수가 낮았는데, 조기 사망자는 모두 면역지수가 낮았다. 짜거나 기름진 음식을 즐겨 먹지 않는 사람들의 경우 모두 혈중 콜레스테롤 지수가 낮게 나타났는데, 조기 사망자는 모두 혈중 콜레스테롤 지수가 높았다. 규칙적인 운동을 하지 않은 사람들은 모두 β호르몬이 평균치보다 적게 분비된 것으로 나타났는데, β호르몬이 평균치보다 적게 분비된 사람은 모두 체지방 비율이 정상 범위를 넘어섰다고 한다. 그런데 조기 사망자는 아무도 체지방 비율이 정상 범위를 넘어서지 않았던 것으로 드러났다.

① X에 속한 모든 사람은 규칙적으로 운동을 했다.
② X에 속한 장수 노인 중에 혈중 콜레스테롤 지수가 높은 사람은 없다.
③ X에 속한 조기 사망자 중에 짜거나 기름진 음식을 즐겨 먹은 사람이 있었다.
④ X에 속한 장수 노인 중에 체지방 비율이 정상 범위를 넘어서지 않는 사람이 있다.
⑤ X에 속한 조기 사망자라면 누구나 결혼생활이 행복하지 않았거나 β호르몬이 평균치보다 적게 분비되지 않았다.

실전 풀이법

주어진 조건을 간단한 식으로 치환하고 조건에 따라 선지의 정오를 판단하면 쉽게 정답을 찾을 수 있는 비교적 간단한 논리 문제이다. 이러한 유형의 경우 주어진 조건을 빠르고 정확하게 기호화시키는 연습을 평소에 해 두는 것이 실전 문제 풀이에 도움이 된다.

정답해설

문제에서 주어진 조건을 간단히 나타내면 다음과 같다.
먼저, 장수 노인의 경우 모두 '행복∧규칙∧~짜거나 기름진'의 조건을 충족한다.
~행복 → 면역 ↓, 조기 → 면역 ↓
~짜거나 기름진 → 콜레스테롤 ↓, 조기 → ~콜레스테롤 ↓
~규칙 → β호르몬↓ → 체지방 정상 ↑, 조기 → ~체지방 정상 ↑
X에 속한 장수 노인은 모두 규칙적인 운동을 하였으므로 이들의 β호르몬 분비 정도에 대해 알 수 없다. 따라서 주어진 조건들로부터 이들의 체지방 비율이 정상 범위를 넘어섰는지 그렇지 않은지에 대해 알 수 없다.

오답해설

① 장수 노인의 경우 모두 규칙적인 운동을 했고, 조기 사망자의 경우 체지방 비율이 정상 범위를 넘어서지 않았다는 것으로부터 모두 규칙적인 운동을 했음을 추론할 수 있다.
② X에 속한 장수 노인은 모두 짜거나 기름진 음식을 즐겨 먹지 않았다는 사실로부터 이들 중 혈중 콜레스테롤 지수가 높은 사람은 없을 것임을 추론할 수 있다.
③ 조기 사망자는 모두 콜레스테롤 지수가 높았으므로, 짜거나 기름진 음식을 즐겨 먹었을 것임을 추론할 수 있다.

⑤ X에 속한 조기 사망자는 모두 체지방 비율이 정상 범위를 넘어서지 않았으므로, 이들은 모두 β호르몬이 평균치보다 적게 분비되지 않았을 것임을 추론할 수 있다.

오답해설

①·②·⑤ 제시문을 통해서는 알 수 없는 내용이다.

④ 17세기 이후 조선에서 개간 대상 지역이 바뀌었다는 내용만 알 수 있을 뿐, 인구 밀집 지역에 대한 정보는 찾을 수 없다.

47

정답 ③

다음 글에서 알 수 있는 것은? 2021년

15~16세기에 이질은 사람들을 괴롭히는 가장 주요한 질병이 되었다. 조선은 15세기부터 냇둑을 만들어 범람원(汎濫原)을 개간하기 시작하였고, 『농사직설』을 편찬하여 적극적으로 벼농사를 보급하였다. 이질은 이처럼 벼농사를 중시하여 냇가를 개간한 조선이 감당하여야 하는 숙명이었다.

벼농사를 짓는 논은 밭 위에 물을 가두어 농사를 짓는 농업 시설이었다. 새로 생긴 논 주변의 구릉에는 마을들이 생겨났다. 하지만 사람들이 쏟아내는 오물이 도랑을 통해 논으로 흘러들었고, 사람의 눈에 보이지 않는 미생물 중 수인성(水因性) 병균이 번성하였다. 그중 위산을 잘 견디는 시겔라균은 사람의 몸에 들어오면 적은 양이라도 대장까지 곧바로 도달하였고, 어김없이 이질을 일으켰다.

이질은 15세기 초반 급증하기 시작하여 17세기 이후에는 크게 감소하였다. 이러한 변화의 원인은 생태환경의 측면에서 찾을 수 있다. 15~16세기 냇둑에 의한 농지 개간은 범람원을 논으로 바꾸었다. 장마나 강우에 의해 일시적으로 범람하여 발생하는 짧은 침수 기간을 제외하면 범람원은 나머지 대부분의 시간 동안 건조한 상태를 유지하는 벌판을 형성한다. 이곳은 홍수에 잘 견디는 나무로 구성된 숲이 발달하였던 곳이다. 한반도의 하천 변에 분포하는 넓은 범람원의 숲이 논으로 개발되면서 뜨거운 여름 동안 습지로 바뀌었고 건조한 환경에 적합한 미생물 생태계가 습한 환경에 적합한 새로운 미생물 생태계로 바뀌었다. 수인성 세균인 병원성 살모넬라균과 시겔라균은 이러한 습지의 생태계에서 번성하여 장티푸스와 이질의 발병률을 크게 높였다.

그런데 17세기 이후 농지 개간의 중심축이 범람원 개간에서 산간 지역 개발로 이동하였다. 이는 수인성 전염병 발생을 크게 줄이는 결과를 낳았다. 농법의 측면에서도 17세기 이후에는 남부지역의 벼농사에서 이모작과 이앙법이 확대되었고, 이는 마을에 인접한 논의 사용법을 변화시켰다. 특히 논에 물을 가둬두는 기간이 줄어서 이질 등 수인성 질병 발생의 감소를 가져왔다.

① 『농사직설』을 통한 벼농사 보급 이전의 조선에는 수인성 병균에 의한 질병이 발견되지 않았다.

② 15~16세기 조선의 하천에서 번성하던 시겔라균이 17세기 이후 감소하였다.

③ 17세기 이후 조선에서는 논의 미생물 생태계가 변화되어 이질 감소에 기여하였다.

④ 17세기 이후 조선에서 개간 대상 지역이 바뀌어 인구 밀집지역이 점차 하천 주변에서 산간 지역으로 바뀌었다.

⑤ 17세기 이후 조선 농법의 변화는 건조한 지역에도 농지를 개간할 수 있도록 하여 이질과 장티푸스 발병률을 낮추었다.

실전 풀이법

시대 또는 기간 간 비교가 이루어지는 지문의 경우 각 비교 대상의 특징에 유념하여 독해하는 것이 정확한 선지 해결에 도움을 준다. 15세기의 3문단과 17세기의 4문단을 중심으로 내용을 파악한다면 ①, ②를 제외한 선지의 해결을 보다 용이하게 할 수 있을 것이다.

정답해설

17세기 이후 농지 개간의 중심축이 범람원 개간에서 산간 지역 개발로 이동하였고, 범람원에서 산간 지역으로 논의 환경이 변화함에 따라 다시 미생물 생태계가 변화하여 이질의 감소가 나타났다.

48

정답 ④

다음 글에서 알 수 없는 것은? 2019년

생체에서 신호물질로 작용하는 것에는 기체 형태의 신호물질이 있다. 이 신호물질이 작용하는 표적세포는 신호물질을 만든 세포에 인접한 세포 중 신호물질에 대한 수용체를 가지고 있는 것이다. 이 신호물질과 수용체의 결합은 표적세포의 구조적 상태를 변화시키고 결국 이 세포가 있는 표적조직의 상태를 변화시켜 생리적 현상을 유도한다.

대표적인 기체 형태의 신호물질인 산화질소는 다음과 같은 경로를 통해 작용한다. 먼저 표적조직의 상태를 변화시켜 생리적 현상을 유도하는 자극이 '산화질소 합성효소'를 가지고 있는 세포에 작용한다. 이에 그 세포 안에 있는 산화질소 합성효소가 활성화된다. 활성화된 산화질소 합성효소는 그 세포 내에 있는 아르기닌과 산소로부터 산화질소를 생성하는 화학반응을 일으킨다. 만들어진 산화질소는 인접한 표적세포에 있는 수용체와 결합하여 표적세포 안에 있는 'A효소'를 활성화시킨다. 활성화된 A효소는 표적세포 안에서 cGMP를 생성하고, cGMP는 표적세포의 상태를 변하게 한다. 결국 표적세포의 구조적 상태가 변함에 따라 표적세포를 가지고 있는 조직의 상태가 변하게 된다.

혈관의 팽창은 산화질소에 의해 일어나는 대표적인 생리적 현상이다. 혈관에서 혈액이 흐르는 공간은 내피세포로 이루어진 내피세포층이 감싸고 있다. 이 내피세포층의 바깥쪽은 혈관 평활근세포로 된 혈관 평활근육 조직이 감싸고 있다. 혈관이 팽창되기 위해 먼저 혈관의 내피세포는 혈관의 팽창을 유도하는 자극을 받는다. 이 내피세포에서는 산화질소가 만들어지고, 산화질소는 혈관 평활근세포에 작용하여 세포 내에서 cGMP를 생성한다. cGMP의 작용으로 수축되어 있던 혈관 평활근세포가 이완되고 결국에 혈관 평활근육 조직이 이완되면서 혈관이 팽창하게 된다. 이와 같은 산화질소의 기능 때문에 산화질소를 내피세포-이완인자라고도 한다.

① cGMP는 혈관 평활근육 조직의 상태를 변화시킨다.

② 혈관의 내피세포는 산화질소 합성효소를 가지고 있다.

③ 혈관 평활근세포에서 A효소가 활성화되면 혈관 팽창이 일어난다.

④ A효소는 표적세포에서 아르기닌과 산소로부터 산화질소를 생성시킨다.

⑤ 혈관 평활근세포는 내피세포-이완인자에 대한 수용체를 가지고 있다.

실전 풀이법

과정이 복잡하고 사용되는 용어가 생소한 지문이다. 다만 두 번째 문단에서 원리를 설명하고 세 번째 문단에서는 사례를 제시하고 있다는 것을 파악한다면 생각보다 어렵지 않게 문제를 해결할 수 있다.

정답해설

두 번째 문단에 따르면 산화질소 합성효소가 아르기닌과 산소로부터 산화질소를 생성하며, 산화질소가 표적세포의 수용체와 결합하여 A효소를 활성화한다. 그리고 A효소가 cGMP를 생성한다. 따라서 A효소가 산화질소를 생성시킨다고 볼 수 없다.

오답해설

① cGMP는 수축되어 있던 혈관 평활근세포를 이완시킨다.

② 산화질소의 작용 경로가 생리적 현상을 유도하는 자극이 '산화질소 합성효소'를 가지고 있는 세포에 작용하는 것에서 시작한다고 설명한다. 그리고 세 번째 문단에서는 산화질소에 의해 일어나는 생리적 현상의 사례로 혈관의 팽창을 제시한다. 따라서 혈관의 내피세포는 산화 질소 합성효소를 가지고

있고, 여기에 자극이 가해지면서 산화질소가 생성된다는 것을 알 수 있다.

③ A효소가 활성화되면 cGMP가 생성되며, cGMP의 작용으로 혈관이 팽창하게 되므로, A효소가 활성화되면 곧 혈관 팽창이 일어난다는 것을 알 수 있다.

⑤ 산화질소가 표적세포에 있는 수용체와 결합하는데 제시문의 사례에서 혈관 평활근세포가 표적세포에 해당한다.

49

정답 ③

다음 글의 빈칸에 들어갈 내용으로 가장 적절한 것은? 2020년

> 어떤 수를 나누어떨어지게 하는 수를 약수라고 한다. 예를 들어 20의 약수는 1, 2, 4, 5, 10, 20이다. 소수는 자연수 중에서 1과 자신 이외의 수로는 나누어떨어지지 않는 수를 말한다. 이때 1은 소수가 아니라고 본다. 수학자들은 '1을 제외한 모든 자연수가 소수이거나 소수를 약수로 가진다.'라는 것을 증명했다. 더 나아가 수학자들은 '소수는 무한히 많다.'라는 명제를 증명하고 싶어 했다. 그런데 소수를 일일이 꼽아보는 과정을 통해서는 원하는 증명을 얻을 수 없다. 대신 수학자들은 논증을 통해 이 명제를 증명했는데, 이는 '임의의 소수 N에 대해서 N보다 큰 소수가 존재한다.'라는 것을 보임으로써 이루어진다.
>
> 우선 1부터 자연수 N 사이의 모든 자연수를 곱한 수, $1\times2\times3\times\cdots\times N$, 즉 N!을 생각해 보자. 이 수는 N까지의 모든 자연수로 나누어떨어진다. 그렇다면 N!에 1을 더한 수, (N!+1)은 어떤가? 이 수는 2로 나누어도 1이 남고, 3으로 나누어도 1이 남고, N으로 나누어도 1이 남는다. 따라서 (N!+1)은 2에서 N까지의 어떤 소수로도 나누어떨어지지 않는다. 그렇다면 [   ]. (N!+1)이 소수일 경우에는 (N!+1)은 N보다 크므로 N보다 큰 소수가 존재한다. (N!+1)이 그보다 작은 소수로 나누어떨어지는 경우에도, 그 소수는 N보다 클 수밖에 없다. 따라서 이런 경우에도 N보다 큰 소수가 존재한다. 이는 임의의 자연수에 대해서 참이므로, N이 소수인 경우에도 참이다. 즉 임의의 소수 N에 대해서, N보다 큰 소수가 존재한다는 것을 알 수 있다.

① (N!+1)은 소수이다

② (N!+1)은 소수이거나, N보다 작은 소수를 약수로 갖는다

③ (N!+1)은 소수이거나, N보다 크고 (N!+1)보다 작은 소수를 약수로 갖는다

④ (N!+1)은, N보다 크고 (N!+1)보다 작은 소수를 약수로 갖는다

⑤ (N!+1)은 소수가 아니고, N보다 크고 (N!+1)보다 작은 소수를 약수로 갖는다

실전 풀이법

빈칸에 들어갈 말이 곧 이 글이 증명하고자 하는 중심 문장이 된다는 사실에 유념하자. 즉, 빈칸 전후의 모든 문장은 빈칸을 뒷받침하는 근거이므로 글의 내용을 빠짐없이 설명할 수 있는 선지가 정답이 된다.

정답해설

1부터 자연수 N 사이의 모든 자연수를 곱한 수 N!에 1을 더한 (N!+1)은 2에서 N까지 어떤 소수로도 나누어떨어지지 않는다. (N!+1)이 그보다 작은 소수 x로 나누어 떨어지는 경우에도 x는 N보다 크고 (N!+1)보다는 작다. 따라서 (N!+1)은 소수이거나, N보다 크고 (N!+1)보다 작은 소수를 약수로 갖는다.

50

정답 ②

다음 글의 A와 B에 대한 분석으로 적절한 것만을 〈보기〉에서 모두 고르면? 2022년

> 기체에 고전역학의 운동방정식을 직접 적용해야 하는지에 대하여 물리학자 A와 B는 다음과 같은 의견을 제시했다.
>
> A : 기체 상태 변화를 예측하기 위해서 고전역학을 직접 적용할 필요가 없다. 작은 부피의 기체에도 엄청나게 많은 수의 분자가 포함되어 있고, 이들은 복잡하게 운동하므로 개별 분자의 운동을 예측하기 위해서는 방대한 양의 고전역학의 운동방정식을 풀어야 한다. 반면, 기체 상태 변화를 예측하는 데 쓰이는 거시적 지표인 온도, 압력, 밀도 등의 물리량은 평균적 분자운동에 관한 것이기 때문에, 그것들을 얻기 위해 각 분자의 운동을 분석할 필요가 없다. 개별 분자의 운동을 정확히 알지 못하더라도 분자의 집단적인 운동은 통계적 방법만으로 분석할 수 있다.
>
> B : 모든 개별 분자의 운동 상태를 결정하는 것은 어렵지만 필요하다. 기체와 관련된 대부분의 현상에서, 개별 분자가 아닌 분자 집단에 대한 분석을 통해 평균 속도를 포함한 기체 상태 변화에 대한 정보를 알아낼 수 있다는 사실에는 동의한다. 하지만 통계적 방법을 적용하기 어려운 상황에서는 기체 상태 변화를 정확히 예측할 수 없는 경우가 있다는 것에 주목해야 한다. 이때에는 분자와 분자의 충돌이나 각 분자의 운동에 대한 개별 방정식을 푸는 것이 필요하다. 외부에서 주어지는 힘 등의 조건을 이용하여 운동방정식을 계산하면 어떤 경우라도 개별 분자들의 위치와 속도를 포함하여 기체에 대한 완전한 정보를 얻을 수 있으므로, 이런 상황을 설명하는 데에도 아무 문제가 없다. 이런 정보들을 종합하면 모든 기체 상태 변화와 관련된 거시적 지표의 변화를 예측할 수 있다.

〈보기〉

ㄱ. A는 개별 기체 분자의 운동을 완전히 예측하는 것이 불가능하다는 것에 동의한다.

ㄴ. B는 개별 기체 분자의 운동과 관련된 값을 계산하는 것보다는 이들의 집단적 운동을 탐구하는 것이 더 다양한 기체 상태 변화를 예측할 수 있다는 것에 동의한다.

ㄷ. 기체 분자 집단의 운동을 통계적 방법으로 분석하는 것으로는 기체 상태 변화 예측이 불가능한 경우가 있다는 것에 A는 동의하지 않지만, B는 동의한다.

① ㄴ

② ㄷ

③ ㄱ, ㄴ

④ ㄱ, ㄷ

⑤ ㄱ, ㄴ, ㄷ

실전 풀이법

A의 일부 견해를 B가 인정하지만 B의 입장은 A의 견해에 따를 경우 불가능한 상황이 발생하며 이때에는 다른 방법을 활용하여야 한다는 것이다. 또한 ㄱ을 판단할 때에 A는 개별 기체 분자의 운동을 완전히 예측하는 것이 불가능하다는 것이 아니라 그럴 필요가 없다는 식의 주장을 한 것에 주목하여야 한다.

정답해설

기체 분자 집단의 운동을 통계적 방법으로 분석하는 것으로는 기체 상태 변화 예측이 불가능한 경우가 있다는 것에 A는 동의하지 않는다. 그러나 B는 그것이 불가능한 경우 개별 분자의 운동을 계산해야 한다고 보므로 B는 동의한다.

오답해설

ㄱ. A는 개별 기체 분자의 운동을 완전히 예측하기 위해서는 방대한 양의 운동방정식을 풀어야 한다고 보았다. 즉, 방대한 양의 운동방정식을 풀면 완전히 예측할 수 있다고 하였지 불가능하다고 한 것이 아니다.

ㄴ. B는 집단적 운동을 분석하는 것으로 정보를 얻는 것을 인정하나, 통계적 방법이 불가능할 경우 기체 개별분자의 운동과 관련된 값을 계산해야 한다고 본다.

51

정답 ③

다음 글에 대한 분석으로 적절한 것만을 〈보기〉에서 모두 고르면? 2019년

이론 A는 행위자들의 선호가 제도적 맥락 속에서 형성된다고 본다. 한편, 행위를 설명하기 위해 선호를 출발점으로 삼는 이론 B는 선호의 형성 과정에 주목하지 않는다. 왜냐하면 선호는 '주어진 것'이며 제도나 개인의 심리에 의해 설명해야 할 대상이 아니라고 보기 때문이다. 이 주어진 선호는 합리적인 것으로 간주된다. 왜냐하면 이론 B에서 상정된 개인은 자기 자신의 이익을 최대화하는 전략을 선택하는 존재, 즉 합리적 존재라 가정되기 때문이다.

이론 A는 행위자들의 선호를 주어진 것으로 간주해서는 안 된다고 본다. 행위의 구체적 맥락을 이해하지 못한다면 자기 이익을 최대화하는 전략을 따른 행위를 강조하는 것이 아무런 의미를 갖지 못한다고 보기 때문이다. 구체적인 상황 속에서 행위자는 특정한 목적과 수단을 가지고 행위하기 마련이다. 그렇다면 그런 행위자들의 행위를 제대로 설명하기 위해서는 그 목적과 수단이 왜 자신의 이익을 최대화한다고 생각했는지, 즉 왜 그런 선호가 형성되었는지 설명해야 한다. 그런데 제도와 같은 맥락적 요소를 배제하면, 그런 선호 형성을 설명할 수 없다. 따라서 이론 A는 행위자들의 선호 형성도 설명해야 할 대상으로 상정한다.

이론 A가 선호의 형성을 설명하려 한다고 해서 개인의 심리를 분석하려는 것은 아니다. 이론 A에 따르면, 제도는 구체적 상황에 처한 행위자들의 선택을 제약함으로써 그들의 전략에 영향을 준다. 또한 제도는 행위자들이 자신이 추구하는 목적을 구체화하는 데도 영향을 미친다. 그렇다고 행위가 제도에 의해 완전히 결정된다는 것은 아니다. 구체적 상황에서의 행위자들의 행위를 이해하게 해주는 단서는 제도적 맥락으로부터 찾아야 한다는 것이 이론 A의 견해이다.

〈보기〉

ㄱ. 선호 형성과 관련해 이론 A와 이론 B는 모두 개인의 심리에 대한 분석에 주목하지 않는다.
ㄴ. 이론 A는 맥락적 요소를 이용해 선호 형성 과정을 설명하려고 하지만 이론 B는 선호 형성 과정을 설명하려 하지 않는다.
ㄷ. 이론 B는 행위자가 자기 자신의 이익을 최대화하는 전략에 따른다는 것을 부정하지만 이론 A는 그렇지 않다.

① ㄱ
② ㄷ
③ ㄱ, ㄴ
④ ㄴ, ㄷ
⑤ ㄱ, ㄴ, ㄷ

실전 풀이법

이론 A와 이론 B가 제시되어 있다. 이 중 이론 A를 중심으로 글이 서술되고 있으므로 이론 A에 대한 설명 중 이론 B와 대조되는 부분을 찾으며 읽어야 한다. 보기를 먼저 읽고 쟁점이 되는 부분을 역으로 도출해 내는 것도 가능하다.

정답해설

ㄱ. "왜냐하면 (B는) 선호는 '주어진 것'이며 제도나 개인의 심리에 의해 설명해야 할 대상이 아니라고 보기 때문이다."라고 하였고, '이론 A가 선호의 형성을 설명하려 한다고 해서 개인의 심리를 분석하려는 것은 아니다.'라고 하였다. 이를 고려할 때, 이론 A와 이론 B 모두 개인의 심리에 대한 분석은 고려하지 않고 있다.
ㄴ. 이론 A는 제도와 같은 맥락적 요소를 통해 어떻게 선호가 형성되었는지를 설명해야 한다고 주장한다. 반면 이론 B는 선호의 형성 과정에 주목하지 않는다.

오답해설

ㄷ. '행위의 구체적 맥락을 이해하지 못한다면 자기 이익을 최대화하는 전략을 따른 행위를 강조하는 것이 아무런 의미를 갖지 못한다고 보기 때문이다.'라고 하여, 이론 A에서 상정하는 개인이 자기 이익을 최대화하는 전략에 따른다는 것을 알 수 있다. 그리고 이론 B도 자신의 이익을 최대화하는 합리적인 개인을 상정하고 있음이 나타나 있다. 결국 이론 A에 대한 서술은 옳으나, 이론 B에 대한 서술이 옳지 않다.

52

정답 ③

다음 글의 흐름에 맞지 않는 곳을 ㉠~㉤에서 찾아 수정할 때 가장 적절한 것은? 2021년

진화 과정에서 빛을 방출하는 일부 원생생물은 그렇지 않은 원생생물보다 어떤 점에서 생존에 더 유리했을까? 요각류라고 불리는 동물이 밤에 발광하는 원생생물인 와편모충을 먹는다는 사실은 이러한 의문을 풀어줄 실마리를 제공한다. 와편모충이 만든 빛은 요각류를 잡아먹는 어류를 유인할 수 있다. 이때 ㉠ 발광하는 와편모충을 잡아먹는 요각류가 발광하지 않는 와편모충만을 잡아먹는 요각류보다 그들의 포식자인 육식을 하는 어류에게 잡아먹힐 위험성이 더 높아질 것이다.

연구자들은 실험실의 커다란 수조 속에 요각류와 요각류의 포식자 중 하나인 가시고기를 같이 두어 이 가설을 검증하였다. 수조의 절반에는 발광하는 와편모충을 넣고 다른 절반에는 발광하지 않는 와편모충을 넣었다. 연구자들은 방을 어둡게 한 상태에서 요각류는 와편모충을, 그리고 가시고기는 요각류를 잡아먹게 하였다. 몇 시간 후 ㉡ 연구자들은 수조 속 살아남은 요각류의 수를 세었다.

그 결과는 예상과 같았다. 가시고기는 수조에서 ㉢ 빛을 내지 않는 와편모충이 있는 쪽보다 빛을 내는 와편모충이 있는 쪽에서 요각류를 더 적게 먹었다. 이러한 결과는 원생생물이 자신을 잡아먹는 동물에게 포식 위협을 증가시킴으로써 잡아먹히는 것을 회피할 수 있음을 시사한다. ㉣ 요각류에게는 빛을 내는 와편모충을 계속 잡는 것보다 도망치는 편이 더 이익이다. 이때 발광하는 와편모충은 요각류의 저녁 식사가 될 확률이 낮아지므로, 자연선택은 이들 와편모충에서 생물발광이 유지되도록 하였다.

만약 우리가 생물발광하는 원생생물이 자라고 있는 해변을 밤에 방문한다면 원생생물이 내는 불빛을 보게 될 것이다. 원생생물이 내는 빛은 ㉤ 포식자인 육식동물들에게 원생생물을 잡아먹는 동물이 근처에 있을 수 있다는 신호가 된다.

① ㉠을 "발광하지 않는 와편모충을 잡아먹는 요각류가 발광하는 와편모충만을 잡아먹는 요각류보다"로 고친다.
② ㉡을 "연구자들은 수조 속 살아남은 와편모충의 수를 세었다."로 고친다.
③ ㉢을 "빛을 내지 않는 와편모충이 있는 쪽보다 빛을 내는 와편모충이 있는 쪽에서 요각류를 더 많이 먹었다."로 고친다.
④ ㉣을 "요각류에게는 도망치는 것보다 빛을 내는 와편모충을 계속 잡는 편이 더 이익이다."로 고친다.
⑤ ㉤을 "포식자인 육식동물들에게 자신들의 먹이가 되는 원생생물이 많이 있음을 알려주는 신호가 된다."로 고친다.

실전 풀이법

실험에 관련된 문제나 글의 맥락에 관련된 문제를 해결할 때는 문제의 답이 하나라는 사실을 유념할 필요가 있다. 특히나 하나의 적절한 선지를 고르는 이 문제의 경우 나머지 선지의 내용이 적절하지 않고, 오히려 지문의 내용이 적절하다는 것을 바탕으로 내용을 보다 쉽게 이해할 수 있다.

정답해설

가시고기가 더 많은 요각류를 잡아먹을수록 와편모충의 생존에 유리하고, 빛을 내는 와편모충이 빛을 내지 않는 경우보다 생존에 유리할 것이라는 예상을 하고 있다.

오답해설

① 발광하는 와편모충이 생존에 발광하지 않는 경우보다 유리하다는 내용이 적절하다.

② 실험은 와편모충의 포식자인 요각류와 요각류의 포식자인 가시고기를 활용해 와편모충의 생존률에 대한 분석이 목적이라고 할 수 있다. 따라서 요각류를 세는 내용이 나오는 것이 적절하다.
④ 원생생물이 자신을 잡아먹는 동물에게 포식 위협을 증가시킴으로써 잡아먹히는 것을 회피할 수 있으며, 발광하는 와편모충은 요각류의 저녁 식사가 될 확률이 낮아진다고 하였으므로 빛을 내는 와편모충의 생존에 유리한 내용이 들어가는 것이 적절하다.
⑤ 와편모충의 빛을 내는 행위는 요각류가 그 포식자에게 잡아먹힐 위험성을 높이기 위한 장치라고 할 수 있다. 따라서 원생생물의 포식자의 포식자에게 알리는 행위가 들어가는 것이 적절하다.

53

정답 ②

다음 글의 내용이 참일 때 반드시 참인 것은? 2021년

> K부처는 관리자 연수과정에 있는 연수생 중에 서류심사와 부처 면접을 통해 새로운 관리자를 선발하기로 하였다. 먼저 서류심사를 진행하여 서류심사 접수자 중 세 명만을 면접 대상자로 결정하고 나머지 접수자들은 탈락시킨다. 그리고 면접 대상자들을 상대로 면접을 진행하여, 두 명만 새로운 관리자로 선발한다. 서류심사 접수자는 갑, 을, 병, 정, 무 총 5명이다. 다음은 이들이 나눈 대화이다.
>
> 갑 : 나는 면접 대상자로 결정되었고 병은 서류심사에서 탈락했어.
> 을 : 나는 서류심사에서 탈락했지만 병은 면접 대상자로 결정되었어.
> 병 : 무는 새로운 관리자로 선발되었어.
> 정 : 나는 새로운 관리자로 선발되었고 면접에서 병과 무와 함께 있었어.
> 무 : 나는 갑과 정이랑 함께 면접 대상자로 결정되었어.
>
> 대화 이후 서류심사 결과와 부처 면접 결과가 모두 공개되자, 이들 중 세 명의 진술은 참이고 나머지 두 명의 진술은 거짓인 것으로 밝혀졌다.

① 갑은 면접 대상자로 결정되었다.
② 을은 서류심사에서 탈락하였다.
③ 병은 면접 대상자로 결정되었다.
④ 정은 새로운 관리자로 선발되었다.
⑤ 무는 새로운 관리자로 선발되지 않았다.

실전 풀이법

면접자를 서류탈락자, 면접탈락자, 관리자 3가지 집단으로 분류해서 각 대상의 발언을 파악한다면 문제를 신속하게 해결할 수 있다. 이 경우 연수과정의 결과는 3가지 경우만이 발생한다는 것을 알 수 있어 선지를 쉽게 해결할 수 있게 된다.

정답해설

갑과 을, 갑과 정, 무와 을, 무와 정의 발언은 각각 동시에 참일 수 없다. 그러므로 갑과 무의 진리값은 항상 같고, 을과 정의 진리값은 항상 같다. 그리고 세 명의 진술은 참이고 두 명의 진술은 거짓이므로 병의 발언은 항상 참이다. 서류심사 탈락자는 2명이라고 하였으므로, 갑과 무의 발언이 참인 경우 서류 탈락자는 을과 병이다. 그리고 을과 정의 발언이 참인 경우 갑과 을이 서류 탈락자이다. 그러므로 을은 서류심사에서 탈락했다는 선지는 반드시 참이다.

오답해설

① 을과 정의 발언이 참인 경우 갑은 서류심사에서 탈락했다.
③ 갑과 무의 발언이 참인 경우 병은 서류심사에 탈락했다.
④ 갑과 무의 발언이 참인 경우 정이 면접에서 탈락하는 경우가 가능하다.
⑤ 갑과 무의 진리값은 항상 같고, 을과 정의 진리값은 항상 같다. 세 명의 진술은 참이고 두 명의 진술은 거짓이므로 병의 발언은 항상 참이다.

54

정답 ①

다음 글에 대한 분석으로 적절한 것만을 〈보기〉에서 모두 고르면? 2020년

> 영혼이 불멸하냐는 질문에 어떤 철학자는 다음과 같이 대답한다. 정의로움, 아름다움, 선함과 같은 ㉠ 형상은 물질적 대상이 아니다. 즉, 정의 그 자체나 선함 그 자체는 물질이 아니다. 그는 이런 사실로부터 ㉡ 이성은 물질적인 것이 아니다라는 것을 이끌어낸다. ㉢ 형상이 물질적 대상이 아니라면, 그 어떤 물질적인 것도 결코 형상을 이해할 수 없다고 그는 생각했다. 반면 이성과는 달리 육체는 물질적 대상임이 분명하다.
> 하지만 이성이 비물질적이라 하더라도, 그로부터 물질적 대상인 육체가 죽음으로 소멸해도 ㉣ 영혼은 불멸한다는 것이 보장되지는 않는다. 그래서 그 철학자는 ㉤ 이성과 영혼은 같다는 것, 그리고 ㉥ 만약 이성이 형상을 이해할 수 있고 형상이 불멸한다면, 이성 역시 불멸한다는 것으로부터 영혼의 불멸성을 이끌어낸다.

〈보기〉

ㄱ. 이성이 형상을 이해할 수 있다는 것이 전제되면 ㉠과 ㉢으로부터 ㉡이 도출된다.
ㄴ. 오직 불멸하는 이성만이 비물질적이라는 것이 전제되면 ㉡으로부터 ㉣이 도출된다.
ㄷ. 불멸하는 것만이 불멸하는 것을 이해할 수 있다는 것이 전제되면 ㉤과 ㉥으로부터 ㉣이 도출된다.

① ㄱ
② ㄴ
③ ㄱ, ㄷ
④ ㄴ, ㄷ
⑤ ㄱ, ㄴ, ㄷ

실전 풀이법

각 보기가 독립적인 경우라는 것에 주의해야 하는 문제이다. 글에서 ㉠~㉥의 내용이 제시되어 있으나 각 보기에서 '실제로 성립한다고' 제시하는 것은 별개라는 것에 주의하자. 가령 보기 ㄴ의 경우, 글에서는 ㉤이 제시되어 있으나 보기 ㄴ에서는 영혼과 이성이 같은 경우를 가정하는지 확정적으로 주어지지 않았으므로 임의로 ㉤이 성립한다고 착각하여 보기 ㄴ이 옳다고 잘못 판단하지 않도록 한다.

정답해설

㉠과 ㉢으로부터 형상은 물질적 대상이 아니므로 물질적 대상은 형상을 이해할 수 없다는 것이 도출되고, 따라서 형상을 이해할 수 있다면 물질적인 것이 아니라는 것을 알 수 있다. 그러므로 이성이 형상을 이해할 수 있다는 것이 전제된다면, 이성은 물질적인 것이 아니라는 사실을 도출할 수 있다.

오답해설

ㄴ. 이성은 물질적인 것이 아니라는 사실과 불멸하는 이성만이 비물질적이라는 사실이 전제되어도, 영혼은 불멸한다는 사실이 도출되지 않는다. 영혼이 불멸한다는 사실이 도출되기 위해서는 영혼과 이성이 같다는 전제가 추가되어야 한다.
ㄷ. ㉤과 ㉥으로부터 ㉣을 도출하기 위해서는 불멸하는 것만이 불멸하는 것을 이해할 수 있다는 것 외에 이성이 형상을 이해할 수 있다는 사실이 추가로 전제되어야 한다.

55

정답 ⑤

다음 글의 내용이 참일 때 반드시 거짓인 것은? 2022년

> 갑, 을, 병 세 사람이 A, B, C, D, E, F, G, H의 총 8권의 고서를 나누어 소장하고 있다. 이와 관련해 다음과 같은 사실이 알려져 있다.
>
> • 갑이 가장 많은 고서를 소장하고 있으며, 그 다음은 을이며, 병은 가장 적은 수의 고서를 소장하고 있다.
> • A, B, C, D, E는 서양서이며, F, G, H는 동양서이다.
> • B를 소장한 이는 D도 소장하고 있으나 C는 소장하고 있지 않다.
> • E를 소장한 이는 F도 소장하고 있으나 그 외 다른 동양서를 소장하고 있지는 않다.
> • G를 소장한 이는 서양서를 소장하고 있지 않다.
> • H는 갑이 소장하고 있다.

① 갑은 A와 D를 소장하고 있다.
② 을은 3권의 책을 소장하고 있다.
③ 병은 G를 소장하고 있다.
④ C를 소장한 이는 E도 소장하고 있다.
⑤ D를 소장한 이는 F도 소장하고 있다.

실전 풀이법

'반드시 거짓인 것은?' 또는 '반드시 참인 것은?'이라는 논리퀴즈 문제가 있는 경우 모든 경우의 수를 나타내는 것보다 선지소거법과 귀류법을 적절히 활용하여 문제를 신속하게 해결하는 데 초점을 맞추어야 한다.

정답해설

제시된 조건을 정리하면 다음과 같다.
1) 갑, 을, 병 순으로 많은 수의 고서 소장
2) A, B, C, D, E=서양서 / F, G, H=동양서
3) B → D∧~C
4) E → F∧~G∧~H
5) G → ~(A∧B∧C∧D∧E)
6) H → 갑
D를 소장한 이가 F도 소장하고 있는 경우를 나타내면 다음과 같다.
• 갑이 D, F를 소장한 경우 : 6에 따라 갑이 동양서 중 F, H를 소장하고 있으며, 5에 따라 G를 소장한 사람은 서양서를 소장하지 않으므로 가장 적은 수의 고서를 소장하고 있는 병은 G만 소장한다. 4에 따르면 '~F∨G∨H → ~E'이므로 E를 소장할 사람이 없어 모순이 발생한다.
• 을이 D, F를 소장한 경우 : 4, 5에 따라 병이 G, 을이 D, E, F를 소장하였다고 하면, 갑이 A, B, C, H를 소장하여야 하는데 3에 모순된다.
• 병이 D, F를 소장한 경우 : 1, 5에 모순된다.
따라서 ⑤는 반드시 거짓이다.

오답해설

① 갑이 A와 D를 소장한 경우 모순이 발생하지 않는다. 갑=(A, B, D, H), 을=(C, E, F), 병=(G)
② 을이 3권의 책을 소장한 경우 모순이 발생하지 않는다(①의 예).
③ 병이 G를 소장하고 있을 수 있다(①의 예).
④ 반드시 거짓이 아니다(①의 예).

56

정답 ②

다음 글의 ㉠을 이끌어내기 위하여 추가해야 할 전제로 가장 적절한 것은? 2022년

> 사진작가 슬레이터는 '나루토'라는 이름의 원숭이에게 카메라를 빼앗긴 일이 있었는데 다시 찾은 그의 카메라에는 나루토의 모습이 찍힌 사진이 저장되어 있었다. 슬레이터는 나루토가 찍은 사진을 자신의 책을 통해 소개하였는데, 이 사진이 인터넷에 무단으로 돌아다니면서 나루토의 사진이 저작권의 대상이 되느냐가 논란이 되었다.
>
> 논란의 초점은 나루토의 사진이 과연 '셀카'인가 하는 것이었다. 셀카는 자신의 모습을 담으려는 의도로 스스로 찍은 사진이며, 그렇기에 셀카는 저작권의 대상이 된다는 것이 통념이다. 나루토가 찍은 사진이 셀카가 아니라면 저작권의 대상이 되지 않을 것이다. 나루토가 찍은 사진이 셀카로 인정받으려면, 그가 카메라를 사용하여 그 자신의 사진을 찍었을 뿐 아니라 찍을 때 자기 모습을 찍으려는 의도가 있어야 하고 그 의도를 실현할 능력이 있어야 한다. 슬레이터는 나루토가 이런 의미의 셀카를 찍었다고 주장한다. 하지만 이는 인간의 행위를 원숭이에 투사하는 바람에 빚어진 오해다. 자아가 없는 나루토가 한 일은 단지 카메라를 조작하는 인간의 행위를 흉내 낸 것뿐이기 때문이다. 따라서 ㉠ <u>나루토의 사진은 저작권의 대상이 될 수 없다.</u> 나루토는 그저 카메라를 특별히 잘 다루는 원숭이였을 뿐이다.

① 자아를 가지지 않으면서 인간의 행위를 흉내 낼 수는 없다.
② 자기 모습을 찍으려는 의도가 있다는 것은 자아를 가졌다는 것이다.
③ 자기 모습을 찍으려는 의도를 실현할 능력이 있는 경우에만 자아를 가진다.
④ 자기 모습을 찍으려는 의도가 있다는 것은 그 사진에 대한 저작권이 있다는 것이다.
⑤ 자기 모습을 찍으려는 의도를 실현할 능력이 없으면서 인간의 행위를 흉내 낼 수는 없다.

실전 풀이법

추가해야 할 전제를 찾는 문제를 푸는 방법은 크게 두 가지이다. 첫 번째는 정석적으로 논리 구조를 명확히 나타낸 이후에 빠진 논리를 생각해보는 것이다. 위 해설이 이와 같은 방식이다. 두 번째는 대입법으로 모든 선지를 전제로 생각하여 논리에 대입해본다. 경우에 따라 후자가 더 빨리 문제를 해결하는 경우도 있다.

정답해설

제시문의 내용을 정리하면 다음과 같다.
1) ~셀카 → ~저작권 대상
2) 셀카 → 의도∧능력
3) 나루토 → ~자아
4) 결론 : 나루토의 사진 → ~저작권의 대상
1)과 2)를 종합하면 '~(의도∧능력) → ~셀카 → ~저작권의 대상'이다. 따라서 추가해야 할 전제는 '~자아 → ~(의도∧능력)'이다.
②의 대우는 '~자아 → ~의도'이므로 추가하여야 할 전제로 적절하다. 이를 통해 나루토는 자아가 없으므로 의도를 가지지 않고, 나루토의 사진은 셀카가 아니므로 저작권이 없다는 결론이 도출된다.

57

정답 ②

다음 글의 ㉠~㉢에 들어갈 내용을 〈보기〉에서 골라 적절하게 나열한 것은? 2021년

촛불의 연소와 동물의 호흡이 지속되기 위해서는 산소가 포함된 공기가 제공되어야 한다는 공통점이 있다. 즉 촛불의 연소는 공기 중 산소를 사용하며 이는 이산화탄소로 바뀐다. 동물의 호흡도 체내로 흡수된 공기 내 산소가 여러 대사 과정에 사용된 후 이산화탄소로 바뀌어 호흡기를 통해 공기 중으로 배출된다. 공기 내 산소가 줄어들어 이산화탄소가 일정 수준 이상이 되면 촛불은 꺼지고 동물은 호흡을 할 수 없어서 죽는다.

이런 사실을 근거로 A는 식물의 광합성과 산소 발생에 관한 세 가지 실험을 실시하였다. 또한 실험을 통제하여 산소 부족만이 촛불이 꺼지거나 쥐가 죽는 환경요인이 되도록 하였다. 그리하여 식물에서 광합성이 일어나기 위해서는 빛과 이산화탄소가 모두 필요하다는 것과 식물의 산소 생산에 빛이 필요하다는 결론을 얻었다.

실험1 : [㉠] 이로부터 식물이 산소를 생산한다는 것을 알 수 있었다.
실험2 : [㉡] 이로부터 식물이 산소를 생산하기 위해서는 빛이 필요하다는 것을 알 수 있었다.
실험3 : [㉢] 이로부터 식물에서 광합성이 일어나기 위해서는 빛과 이산화탄소가 모두 있어야 한다는 것을 알 수 있었다.

〈보기〉

ㄱ. 빛이 있는 곳에서 밀폐된 유리 용기에 쥐와 식물을 넣어두면 일정 시간이 지나도 쥐는 죽지 않지만, 빛이 없는 곳에서 밀폐된 유리 용기에 쥐와 식물을 넣어두면 그 시간이 지나기 전에 쥐는 죽는다.
ㄴ. 밀폐된 용기에 촛불을 넣고 일정 시간이 지나면 촛불이 꺼지지만, 식물과 함께 촛불을 넣어두면 동일한 시간이 지나도 촛불은 꺼지지 않는다.
ㄷ. 빛이 없는 곳에 있는 식물에 이산화탄소를 공급하거나 빛이 있는 곳의 식물에 이산화탄소를 공급하지 않으면 광합성이 일어나지 않지만, 빛이 있는 곳의 식물에 이산화탄소를 공급하면 광합성이 일어난다.

	㉠	㉡	㉢
①	ㄱ	ㄴ	ㄷ
②	ㄴ	ㄱ	ㄷ
③	ㄴ	ㄷ	ㄱ
④	ㄷ	ㄱ	ㄴ
⑤	ㄷ	ㄴ	ㄱ

실전 풀이법

㉠과 ㉡에 적절한 선지를 구별하는 것이 문제의 핵심이다. 둘 다 산소 생산에 대한 내용을 담고 있지만 빈칸 이후의 결론으로부터 ㉡의 경우 빛에 대한 내용을 추가로 요구한다는 점을 알 수 있다. 이와 같이 비슷한 내용의 빈칸을 채울 때 양자의 차이점을 유념하며 선지를 분석하는 것이 중요하다.

정답해설

㉠ 촛불의 연소와 동물의 호흡이 지속되기 위해서는 산소가 포함된 공기가 제공되어야 하므로, 산소가 생산된다는 결론을 얻기 위해서는 연소 또는 호흡의 지속이 필요하다. 이에 해당하는 것이 ㄱ과 ㄴ인데 ㉠의 경우 ㄴ이 더 적절하다.
㉡ 산소 생산에 대한 내용과 더불어 빛의 제공여부에 따라 비교집단과 대상집단이 나뉘는 실험이 들어오는 것이 적절하다. ㄱ의 쥐와 식물의 생존은 산소 생성 여부에 대한 내용이라고 할 수 있으며 빛의 제공 여부에 대한 차이를 두었다는 것도 알 수 있다.
㉢ 빛과 이산화탄소 유무에 따른 광합성 여부에 대한 내용이 들어오는 것이 적절하다. ㄷ의 경우 빛이 있고 이산화탄소가 없는 경우, 빛이 없고 이산화탄소가 있는 경우, 둘 다 있는 경우를 비교하는 내용을 제시하고 있다.

58

정답 ⑤

다음 글의 논지로 가장 적절한 것은? 2018년

베블런에 의하면 사치품 사용 금기는 전근대적 계급에 기원을 두고 있다. 즉, 사치품 소비는 상류층의 지위를 드러내는 과시소비이기 때문에 피지배계층이 사치품을 소비하는 것은 상류층의 안락감이나 쾌감을 손상한다는 것이다. 따라서 상류층은 사치품을 사회적 지위 및 위계질서를 나타내는 기호(記號)로 간주하여 피지배계층의 사치품 소비를 금지했다. 또한 베블런은 사치품의 가격 상승에도 그 수요가 줄지 않고 오히려 증가하는 이유가 사치품의 소비를 통하여 사회적 지위를 과시하려는 상류층의 소비행태 때문이라고 보았다.

그러나 소득 수준이 높아지고 대량 생산에 의해 물자가 넘쳐흐르는 풍요로운 현대 대중사회에서 서민들은 과거 왕족들이 쓰던 물건들을 일상생활 속에서 쓰고 있고 유명한 배우가 쓰는 사치품도 쓸 수 있다. 모든 사람들이 명품을 살 수 있는 돈을 갖고 있을 때 명품의 사용은 더 이상 상류층을 표시하는 기호가 될 수 없다. 따라서 새로운 사회의 도래는 베블런의 과시소비이론으로 설명하기 어려운 소비행태를 가져왔다. 이때 상류층이 서민들과 구별될 수 있는 방법은 오히려 아래로 내려가는 것이다. 현대의 상류층에게는 차이가 중요한 것이지 사물 그 자체가 중요한 것이 아니기 때문이다. 월급쟁이 직원이 고급 외제차를 타면 사장은 소형 국산차를 타는 것이 그 예이다.

이와 같이 현대의 상류층은 고급, 화려함, 낭비를 과시하기보다 서민들처럼 소박한 생활을 한다는 것을 과시한다. 이것은 두 가지 효과가 있다. 사치품을 소비하는 서민들과 구별된다는 점이 하나이고, 돈 많은 사람이 소박하고 겸손하기까지 하여 서민들에게 친근감을 준다는 점이 다른 하나이다.

그러나 그것은 극단적인 위세의 형태일 뿐이다. 뽐냄이 아니라 남의 눈에 띄지 않는 겸손한 태도와 검소함으로 자신을 한층 더 드러내는 것이다. 이런 행동들은 결국 한층 더 심한 과시이다. 소비하기를 거부하는 것이 소비 중에서도 최고의 소비가 된다. 다만 그들이 언제나 소형차를 타는 것은 아니다. 차별화해야 할 아래 계층이 없거나 경쟁 상대인 다른 상류층 사이에 있을 때 그들은 마음 놓고 경쟁적으로 고가품을 소비하며 자신을 마음껏 과시한다. 현대사회에서 소비하지 않기는 고도의 교묘한 소비이며, 그것은 상류층의 표시가 되었다. 그런 점에서 상류층을 따라 사치품을 소비하는 서민층은 순진하다고 하지 않을 수 없다.

① 현대의 상류층은 낭비를 지양하고 소박한 생활을 지향함으로써 서민들에게 친근감을 준다.
② 현대의 서민들은 상류층을 따라 겸손한 태도로 자신을 한층 더 드러내는 소비행태를 보인다.
③ 현대의 상류층은 그들이 접하는 계층과는 무관하게 절제를 통해 자신의 사회적 지위를 과시한다.
④ 현대에 들어와 위계질서를 드러내는 명품을 소비하면서 과시적으로 소비하는 새로운 행태가 나타났다.
⑤ 현대의 상류층은 사치품을 소비하는 것뿐만 아니라 소비하지 않기를 통해서도 자신의 사회적 지위를 과시한다.

실전 풀이법

글의 논지를 묻는 유형은 세부적인 내용에 주목하기보다는 글 전체의 인상을 빠르게 파악해야 한다. 글의 소재가 쉽다면 예시는 읽지 않아도 된다. '그러나', '그런데'와 같은 접속사를 찾아서 읽으면 시간을 더욱 단축할 수 있을 것이다.

정답해설

제시문의 논지는 상류층이 소박한 생활을 함으로써 또 다른 방법으로 자신을 과시한다는 것이다. 따라서 적절한 것은 ⑤이다.

오답해설

① 세 번째 문단에서 상류층이 소박한 생활을 함으로써 서민들에게 친근감을 주는 효과가 있다고 하였으나, 바로 다음 문단에서 이것이 극단적인 위세의 형태라고 설명하고 있다. 이 선지는 지문 전체를 포괄하지 못하는 지엽적 서술이다.

② 서민들이 겸손한 태도로 자신을 드러내는지는 나와 있지 않다. 오히려 "상류층을 따라 사치품을 소비하는 서민층은 순진하다고 하지 않을 수 없다."라는 진술을 고려할 때, 이 선지는 틀린 것으로 볼 수 있다.
③ 마지막 문단에서 상류층은 경쟁 상대인 다른 상류층이 있을 때 경쟁적으로 고가품을 소비하고 자신을 과시한다고 설명하고 있다.
④ 첫 문단에 따르면 과시적 소비는 전근대적 사회에서도 나타나고 있다.

59

정답 ⑤

다음 글의 ㉠과 ㉡에 들어갈 내용을 적절하게 짝지은 것은? 2021년

> 당신은 사람들로 붐비는 해변에서 즐거운 시간을 보내고 집으로 돌아가려 한다. 당신은 쓰레기를 집으로 가져갈지 아니면 해변에 버리고 갈지를 고민하고 있다. 이때 당신은 다음과 같은 네 경우를 생각할 수 있다.
>
> (가) 당신은 X를 하고, 다른 사람들은 모두 X를 한다.
> (나) 당신은 X를 하고, 다른 사람들은 모두 Y를 한다.
> (다) 당신은 Y를 하고, 다른 사람들은 모두 X를 한다.
> (라) 당신은 Y를 하고, 다른 사람들은 모두 Y를 한다.
>
> (가)로 인한 해변의 상태는 (다)로 인한 해변의 상태와 별반 다르지 않을 것이다. 마찬가지로 (나)의 결과는 (라)의 결과와 별반 다르지 않을 것이다. 이제 다음과 같은 물음을 던져 보자.
>
> (1) 다른 사람들이 X를 행할 경우, 당신은 X와 Y 중 어떤 것을 행하는 것을 선호하는가?
> (2) 다른 사람들이 Y를 행할 경우, 당신은 X와 Y 중 어떤 것을 행하는 것을 선호하는가?
>
> 아마도 당신은 물음 (1)에 [㉠], (2)에 Y라고 답할 것이다. 이러한 답변에는 쓰레기를 집으로 가지고 가는 번거로운 행동이 해변의 상태에 유의미한 변화를 가져오지 않는다면 그 번거로운 행동을 피하는 것을 선호하는 생각이 전제되어 있다. 또한 당신이 다른 조건이 모두 동등할 경우 해변이 버려진 쓰레기로 난장판이 되는 것보다 그렇게 되지 않는 것을 선호한다면, 당신은 (가)~(라) 중에서 [㉡]를 가장 선호하게 될 것이다.

	㉠	㉡
①	X	(나)
②	X	(다)
③	X	(라)
④	Y	(가)
⑤	Y	(다)

실전 풀이법

X와 Y가 각각 무엇인지 알아내는 것이 정확한 해결의 핵심이라고 할 수 있으나 알지 못하더라도 ㉠을 해결할 수 있다. (1), (2)에 대하여 3문단의 내용을 제대로 파악한다면 선택자는 다른 사람들의 행동과 상관없이 번거로운 행동을 피하는 선택을 할 것이라는 점에서 ㉠에는 Y가 무조건 위치할 것이다.

정답해설

㉠ Y가 쓰레기를 집으로 가져가는 것이라고 가정하자. 이 경우 다른 사람들이 Y를 행할 경우 선택자의 행위와 상관없이 해변에는 쓰레기가 없을 것이다. 그러므로 선택자의 행위는 유의미한 변화를 가져오지 않아 번거로운 Y를 피하고 쓰레기를 버리는 X를 선택할 것이다. 그러나 질문 (2)에 대한 대답으로 Y가 제시되어 있다. 그러므로 Y는 쓰레기를 해변에 버리고 가는 것이며, ㉠에 적절한 것도 번거로운 행동을 피하는 선택인 Y이다.

㉡ X는 쓰레기를 집으로 가져가는 것, Y는 쓰레기를 해변에 버리고 가는 것이라는 사실을 알 수 있다. 그리고 '당신이 다른 조건이 모두 동등할 경우 해변이 버려진 쓰레기로 난장판이 되는 것보다 그렇게 되지 않는 것을 선호한다면' 해변이 쓰레기가 없는 상태가 된다. 이에 따라 번거로운 행동인 X를 하지 않는 경우를 가장 선호하게 되며 그 내용이 ㉡에 적합하다는 것을 알 수 있다. 그러므로 (다)가 가장 적절하다고 할 수 있다.

60

정답 ③

다음 ㉠과 ㉡에 들어갈 말을 가장 적절하게 나열한 것은? 2018년

> 사람들은 모국어의 '음소'가 아닌 소리를 들으면, 그 소리를 변별적으로 인식하지 못한다. 가령, 물리적으로 다르지만 유사하게 들리는 음성 [x]와 [y]가 있다고 가정해 보자. 이때 우리는 [x]와 [y]가 서로 다르다고 인식할 수도 있고 다르다는 것을 인식하지 못할 수도 있다. [x]와 [y]가 다르다고 인식할 때 우리는 두 소리가 서로 변별적이라고 하고, [x]와 [y]가 다르다는 것을 인식하지 못할 때 두 소리가 서로 비변별적이라고 한다. 변별적으로 인식하는 소리를 음소라고 하고, 변별적으로 인식하지 못하는 소리를 이음 또는 변이음이라고 한다. 우리가 [x]와 [y]를 변별적으로 인식한다면, [x]와 [y]는 둘 다 음소로서의 지위를 갖는다. 반면 [x]와 [y] 가운데 하나는 음소이고 다른 하나가 음소가 아니라면, [x]와 [y]를 서로 변별적으로 인식하지 못한다. 다시 말해 [㉠]
>
> 여기서 변별적이라는 것은 달리 말하면 대립을 한다는 것을 뜻한다. 어떤 소리가 대립을 한다는 말은 그 소리가 단어의 뜻을 갈라내는 기능을 한다는 것을 의미한다. 비변별적이라는 것은 대립을 하지 못한다는 것을 뜻한다. 그러므로 대립을 하는 소리는 당연히 변별적이고, 대립을 하지 못하는 소리는 비변별적이다.
>
> 인간이 발성 기관을 통해 낼 수 있는 소리의 목록은 비록 언어가 다르더라도 동일하다고 가정하지만, 변별적으로 인식하는 소리 즉, 음소의 수와 종류는 언어마다 다르다. 언어가 문화적 산물이라는 사실을 이해하면, 이는 당연한 일이다. 나라마다 문화가 다르듯이 언어 역시 문화적 산물이므로 차이가 나는 것은 당연하고, 언어를 구성하는 가장 작은 단위인 음소의 수와 종류에도 차이가 나는 것은 당연하다. 우리가 다른 문화권의 사람이라는 것을 인지하는 가장 기본적인 요소 중의 하나가 언어라면, 언어가 다르다고 인지하는 가장 핵심적인 요소 중의 하나가 바로 음소 목록의 차이이다. 그렇기 때문에 모국어의 음소 목록에 포함되어 있지 않은 소리를 들었다면, [㉡]

① ㉠ : [x]를 들어도 [y]로 인식한다면 [x]는 음소이다.
　㉡ : 소리는 들리지만 그 소리가 무슨 소리인지 알 수 없다.
② ㉠ : [y]를 들어도 [x]로 인식한다면 [y]는 음소이다.
　㉡ : 그 소리를 모국어에 존재하는 음소 중의 하나로 인식하게 된다.
③ ㉠ : [x]를 들어도 [y]로 인식한다면 [x]는 [y]의 변이음이다.
　㉡ : 그 소리를 모국어에 존재하는 음소 중의 하나로 인식하게 된다.
④ ㉠ : [x]를 들어도 [y]로 인식한다면 [x]는 [y]의 변이음이다.
　㉡ : 그 소리를 듣고 모국어에 존재하는 유사한 음소들의 중간음으로 인식하게 된다.
⑤ ㉠ : [y]를 들어도 [x]로 인식한다면 [x]는 [y]의 변이음이다.
　㉡ : 그 소리를 듣고 모국어에 존재하는 유사한 음소들의 중간음으로 인식하게 된다.

실전 풀이법

변별적으로 인식하는 소리를 음소, 그렇지 못한 소리를 변이음이라고 한다는 핵심 내용만 이해하면 빈칸의 바로 앞 문장만 보고도 쉽게 풀이할 수 있는 문제이다. 또한 '중간음' 등의 단어나 개념은 지문에서 전혀 제시되지 않았으므로, 내용상 ④, ⑤와 같은 선지는 쉽게 정답에서 배제할 수 있다.

정답해설

㉠ : [x]를 들어도 [y]로 인식한다면 [x]는 [y]의 변이음이다.

지문의 내용에 따르면, 변별적으로 인식할 수 있는 소리를 음소, 변별적으로 인식하지 못하는 소리를 이음 또는 변이음이라고 한다. ㉠의 바로 앞 문장에서, [x]와 [y] 가운데 하나는 음소이고 다른 하나가 음소가 아니라면, 두 가지를 서로 변별적으로 인식하지 못한다고 하였다. 이때 음소만이 변별적으로 인식될 수 있는 소리이므로, 서로 유사하게 들리는 변이음인 음성과 음소인 음성을 각각 듣게 되면, 두 가지 소리 모두 동일한 음소인 음성으로 인식할 것이라고 예상할 수 있다. 따라서 ㉠에는 '[x]를 들어도 [y]로 인식한다면 [x]는 [y]의 변이음이다.'가 들어가야 한다.

㉡ : 그 소리를 모국어에 존재하는 음소 중의 하나로 인식하게 된다.

㉡의 경우, '모국어의 음소 목록에 포함되어 있지 않은 소리를 들었다면' 이후에 들어갈 내용을 추측해야 한다. 지문의 내용에 따라, 모국어의 음소 목록에 포함되어 있지 않은 소리를 들었다면, 청자는 해당 소리를 변별하지 못할 것이고, 음소만이 변별적으로 인식될 수 있으므로, 그 소리를 자신이 알고 있는 음소 중 하나로 치환하여 듣게 될 것이다. 따라서 ㉡에는 '그 소리를 모국어에 존재하는 음소 중의 하나로 인식하게 된다.'가 들어가야 한다.

61

정답 ④

다음 글에서 알 수 없는 것은? 2021년

> 의사는 치료를 시작하기 전에 환자의 동의를 얻어야 한다. 다른 말로 환자의 동의 없이 환자의 복지에 영향을 끼치는 처방을 하는 것은 의사에게 허용되지 않는다. 그런데 단순히 동의를 얻는 것만으로는 충분하지 않다. 환자가 결정하기에 충분한 정보, 즉 치료에 따르는 위험과 다른 치료법에 관한 정보가 제공되어야 한다. 치료를 허락한 환자의 결정은 무지로 인한 것이어서는 안 된다. 동의의 의무는 의사가 환자를 기만해서는 안 된다는 기만 금지 의무의 연장선에 있다. 둘 다, 자신에게 영향을 끼칠 치료에 관해 스스로가 결정할 기회를 환자에게 제공해야 한다는 자율성 존중 원리에 기반을 두고 있다.
>
> 그러나 수 세기 동안, 심지어 20세기 초까지도 의사가 때로는 환자를 속여도 된다고 여겼다. 환자의 복지에 해가 될 수 있는 것을 행하면 안 된다는 악행 금지의 원리에 근거해서, 환자에게 진실을 말하는 것이 환자의 복지에 해가 될 수 있다는 생각으로 기만이 정당화되었다. 오늘날에는 더 이상 이러한 생각을 받아들이지 않는다. 실제로 '의사와 환자 상호교류 규제법'은 의사의 기만 사례를 금지하고 있다. 오늘날 사람들은 환자가 진실 때문에 자신의 자율성이 침해되거나 해를 입게 될 것이라고는 생각하지 않는다. 따라서 사람들은 진실 말하기에 관한 한, 악행 금지의 원리가 자율성 존중 원리와 서로 충돌하지 않는다고 생각한다.
>
> 그런데 자율성 존중 원리를 지키기 위해서는 단순히 기만을 삼가는 것만으로는 부족하다. 예컨대 의사가 환자를 실제로 속이지는 않지만 환자가 특정 결정을 하도록 유도하기 위해 관련 정보 제공을 보류하거나 직접적 관련성이 작은 정보를 필요 이상으로 제공하는 경우를 상상할 수 있다. 이처럼 의사가 정보 제공을 조종하는 것은 환자의 자율성을 존중하지 않는 것이다. 한편 의사가 관련된 정보를 환자에게 모두 밝히면 환자는 조종된 결정이 아닌 자신의 결정을 하게 될 것이고, 환자의 자율성은 존중될 것이다.

① 환자의 동의는 치료를 하기 위한 필요조건 중 하나이다.
② 악행 금지의 원리가 환자의 자율성을 침해한 때가 있었다.
③ 기만 금지 의무와 동의의 의무는 동일한 원리에 기반을 둔다.
④ 의사가 환자에게 제공하는 정보의 양이 많을수록 환자의 자율성은 더 존중된다.
⑤ 의사가 복지를 위해 환자를 기만하는 행위는 오늘날에는 윤리적으로 정당화되지 않는다.

실전 풀이법

⑤의 '윤리적으로 정당화되지 않는다.'라는 내용 중 윤리적이라는 키워드가 지문에 나오지 않았으므로 이를 정답으로 선택하는 잘못을 하지 않는 것이 중요하다. 정답 선지는 단지 지문에 등장하지 않았다가 아닌 확실한 근거를 요구하는 경우가 많다. 답이라고 생각되는 선지에 대한 확실한 근거가 없다면 한번쯤 의심해 보는 것도 나쁘지 않다.

정답해설

직접적 관련성이 적은 정보를 필요 이상으로 제공하는 경우를 자율성 존중 원리의 위반 사례로 들고 있다.

오답해설

① 의사는 치료를 시작하기 전에 환자의 동의를 얻어야 하며, 환자의 동의 없이 환자의 복지에 영향을 끼치는 처방을 하는 것은 허용되지 않는다고 하였다.
② 악행 금지의 원리에 근거해서 환자에게 진실을 말하는 것이 환자의 복지에 해가 될 수 있다는 생각으로 기만이 정당화되었던 적이 있었다. 그런데 기만 금지 의무는 자율성 존중 원리에 기반을 두고 있으므로 악행 금지의 원리에 따른 환자의 자율성 침해가 나타났다고 할 수 있다.
③ 동의의 의무와 기만 금지 의무는 자신에게 영향을 끼칠 치료에 관해 스스로가 결정할 기회를 환자에게 제공해야 한다는 자율성 존중 원리에 기반을 두고 있다.
⑤ 악행 금지의 원리에 근거해서, 환자에게 진실을 말하는 것이 환자의 복지에 해가 될 수 있다는 생각으로 기만이 정당화된다는 생각은 오늘날 더 이상 받아들여지지 않는다.

62

정답 ④

다음 글의 〈논증〉에 대한 분석으로 적절한 것만을 〈보기〉에서 모두 고르면? 2022년

> 철학자 A에 따르면, "오늘 비가 온다."와 같이 참, 거짓을 판단할 수 있는 문장만 의미가 있다. A는 이러한 문장과 달리 신의 존재에 대한 문장은 진위를 판단할 수 없고 따라서 무의미하다고 말한다. 하지만 그는 자신이 무신론자도 불가지론자도 아니라고 한다. 다음은 이와 관련된 A의 논증이다.
>
> 〈논증〉
>
> 무신론자에 따르면 ㉠ "신이 존재하지 않는다."가 참이다. 불가지론자는 신의 존재 여부를 알 수 없다고 말한다. 무신론자의 견해는 신의 존재를 주장하는 문장이 무의미하다는 것과 양립할 수 없다. ㉡ "신이 존재한다."가 무의미하다면, "신이 존재하지 않는다."도 마찬가지로 무의미하다. 그 이유는 ㉢ 의미가 있는 문장이어야만 그 문장의 부정문도 의미가 있다는 것이 성립하기 때문이다. 따라서 "신이 존재한다."가 무의미하다면, "신이 존재하지 않는다."가 참이라는 무신론자의 주장은 받아들일 수 없다. 한편 불가지론자는 ㉣ "신이 존재한다."가 참인지 거짓인지 알 수 없다고 주장한다. 이 주장은 "신이 존재한다."가 의미가 있다는 것을 전제하고 있다. 그러므로 불가지론자의 주장도 "신이 존재한다."가 무의미하다는 것과 양립할 수 없다.

〈보기〉

ㄱ. ㉡과 ㉢으로부터 "신이 존재하지 않는다."가 무의미하다는 것이 도출된다.
ㄴ. ㉡의 부정으로부터 ㉠과 ㉣ 중 적어도 하나가 도출된다.
ㄷ. "의미가 없는 문장은 참인지 거짓인지 알 수 없다."라는 전제가 추가되면 ㉡으로부터 ㉣이 도출된다.

① ㄴ ② ㄷ
③ ㄱ, ㄴ ④ ㄱ, ㄷ
⑤ ㄱ, ㄴ, ㄷ

실전 풀이법

㉠~㉣과 같이 한 문장에 밑줄을 치고, 논증의 참, 거짓을 판별하는 문제에서는 해당 문장만 보고서도 문제를 풀 수 있는 경우가 많다. ㄱ의 경우 지문의 첫 번째 문단 등을 읽지 않고도 풀 수 있으므로, 이를 통해 시간을 단축하도록 한다.

정답해설

ㄱ. ㉡ : "신이 존재한다."가 무의미하다.
㉢ : 문장의 부정문이 의미 있음 → 그 문장은 의미가 있는 문장임
㉢의 대우 : 무의미한 문장 → 문장의 부정문이 의미 없음
따라서 ㉡과 ㉢을 통해 "신이 존재한다."가 무의미한 문장이라면 그 문장의 부정문인 "신이 존재하지 않는다."가 무의미하다는 것을 도출할 수 있다.

ㄷ. ㉡에 '의미가 없는 문장은 참인지 거짓인지 알 수 없다.'라는 전제가 추가된다면 "신이 존재한다."라는 문장은 참인지 거짓인지 알 수 없다는 것이 도출된다.

오답해설

ㄴ. ㉢의 부정은 "신이 존재한다."가 의미가 있다는 것인데, 철학자 A에 따르면 의미가 있는 문장은 참, 거짓을 판단할 수 있다. 이를 통해 "신이 존재한다."가 의미가 있다면 "신이 존재한다."라는 진술은 참이거나, 거짓이라는 것을 판단할 수 있다.

63

정답 ②

다음 A, B학파에 대한 판단으로 적절하지 않은 것은? 2018년

> 비정규 노동은 파트타임, 기간제, 파견, 용역, 호출 등의 근로형태를 의미한다. IMF 외환위기 이후 정규직과 비정규직 사이의 차별이 사회문제로 대두되었는데 그중 가장 심각한 문제가 임금차별이다. 정규직과 비정규직 사이의 임금수준 격차는 점차 커져 비정규직 임금이 2001년에는 정규직의 63% 수준이었다가 2016년에는 53.5% 수준으로 떨어졌다. 이 문제를 어떻게 해결할 것인가를 놓고 크게 두 가지 시각이 대립한다.
>
> A학파는 차별적 관행을 고수하는 기업들은 비차별적 기업들과의 경쟁에서 자연적으로 도태되기 때문에 기업 간 경쟁이 임금차별 완화의 핵심이라고 이야기한다. 기업이 노동자 개인의 능력 이외에 다른 잣대를 바탕으로 차별하는 행위는 비합리적이기 때문에, 기업들 사이의 경쟁이 강화될수록 임금차별은 자연스럽게 줄어들 수밖에 없다는 것이다. 예를 들어 정규직과 비정규직 가릴 것 없이 오직 능력에 비례하여 임금을 결정하는 회사는 정규직 또는 비정규직이라는 이유만으로 무능한 직원들을 임금 면에서 우대하고 유능한 직원들을 홀대하는 회사보다 경쟁에서 앞서나갈 것이다.
>
> B학파는 실제로는 고용주들이 비정규직을 차별한다고 해서 기업 간 경쟁에서 불리해지지는 않는 현실을 근거로 A학파를 비판한다. B학파에 따르면 고용주들은 오직 사회적 비용이라는 추가적 장애물의 위협에 직면했을 때에만 정규직과 비정규직 사이의 임금차별 관행을 근본적으로 재고한다. 여기서 말하는 사회적 비용이란, 국가가 제정한 법과 제도를 수용하지 않음으로써 조직의 정당성이 낮아짐을 뜻한다. 기업의 경우엔 조직의 정당성이 낮아지게 되면 조직의 생존 가능성 역시 낮아지게 된다. 그래서 기업은 임금차별을 줄이는 강제적 제도를 수용함으로써 사회적 비용을 낮추는 선택을 하게 된다는 것이다. 따라서 B학파는 법과 제도에 의한 규제를 통해 임금차별이 줄어들 것이라고 본다.

① A학파에 따르면 경쟁이 치열한 산업군일수록 근로형태에 따른 임금 격차는 더 적어진다.
② A학파는 시장에서 기업 간 경쟁이 약화되는 것을 방지하기 위한 보완 정책이 수립되어야 한다고 본다.
③ A학파는 정규직과 비정규직 사이의 임금차별이 어떻게 줄어드는가에 대해 B 학파와 견해를 달리한다.
④ B학파는 기업이 자기 조직의 생존 가능성을 낮춰가면서까지 임금차별 관행을 고수하지는 않을 것이라고 전제한다.
⑤ B학파에 따르면 다른 조건이 동일할 때 기업의 비정규직에 대한 임금차별은 주로 강제적 규제에 의해 시정될 수 있다.

실전 풀이법

대다수의 선지가 병렬적으로 구성되어 있다. 따라서 A학파에 대한 문단을 읽고 ①, ②를 우선 해결한 뒤에 B학파에 대한 문단을 읽으면 된다. 이 문제의 경우 A학파에 대한 문단만으로 답을 고를 수 있었다.

정답해설

제시문은 임금 격차 문제에 대한 각 학파의 대응방안을 다루고 있다. A학파의 주장은 정규직과 비정규직의 임금 격차 문제는 경쟁을 통해 자연적으로 해소될 것이므로, 특별한 조치를 취할 필요가 없다는 것이다. A학파가 경쟁을 언급하기는 했으나, 시장에 개입하는 정책을 수립하는 것은 A학파의 입장에 반하는 것이다.

오답해설

① A학파는 경쟁을 통해 차별적 기업들이 자연적으로 도태될 것이라고 주장한다. 따라서 경쟁이 치열할수록 비차별적 기업들만이 생존할 것이고, 정규직과 비정규직의 비합리적 임금차별이 줄어들 것이다.
③ A학파는 경쟁을 통해, B학파는 강제적 제도를 통해 임금차별이 줄어든다고 주장한다.
④ B학파는 "기업의 경우엔 조직의 정당성이 낮아지게 되면 조직의 생존가능성 역시 낮아지게 된다. 그래서 기업은 임금차별을 줄이는 강제적 제도를 수용함으로써 사회적 비용을 낮추는 선택을 하게 된다는 것이다."라고 주장한다. 여기에는 기업들이 생존 가능성을 위해 기업이 임금 차별을 줄이는 강제적 제도를 수용한다는 전제가 내포되어 있다.
⑤ B학파는 정규직과 비정규직 사이의 임금차별이 법과 제도에 의한 규제를 통해 줄어들 것이라고 본다.

64

정답 ④

다음 글의 내용이 참일 때, 반드시 참인 것은? 2017년

> 전 세계적 금융위기로 인해 그 위기의 근원지였던 미국의 경제가 상당한 피해를 입었다. 미국에서는 경제 회복을 위해 통화량을 확대하는 양적완화 정책을 실시할 것인지를 두고 논란이 있었다. 미국의 양적완화는 미국 경제회복에 효과가 있겠지만, 국제 경제에 적지 않은 영향을 줄 수 있기 때문이다.
>
> 미국이 양적완화를 실시하면, 달러화의 가치가 하락하고 우리나라의 달러 환율도 하락한다. 우리나라의 달러 환율이 하락하면 우리나라의 수출이 감소한다. 우리나라 경제는 대외 의존도가 높기 때문에 경제의 주요지표들이 개선되기 위해서는 수출이 감소하면 안 된다.
>
> 또 미국이 양적완화를 중단하면 미국 금리가 상승한다. 미국 금리가 상승하면 우리나라 금리가 상승하고, 우리나라 금리가 상승하면 우리나라에 대한 외국인 투자가 증가한다. 또한 우리나라 금리가 상승하면 우리나라의 가계부채 문제가 심화된다. 가계부채 문제가 심화되는 나라의 국내소비는 감소한다. 국내소비가 감소하면, 경제의 전망이 어두워진다.

① 우리나라의 수출이 증가했다면 달러화 가치가 하락했을 것이다.
② 우리나라의 가계부채 문제가 심화되었다면 미국이 양적 완화를 중단했을 것이다.
③ 우리나라에 대한 외국인 투자가 감소하면 우리나라 경제의 전망이 어두워질 것이다.

④ 우리나라 경제의 주요지표들이 개선되었다면 우리나라의 달러 환율이 하락하지 않았을 것이다.
⑤ 우리나라의 국내소비가 감소하지 않았다면 우리나라에 대한 외국인 투자가 감소하지 않았을 것이다.

실전 풀이법

1)과 2), 그리고 3)과 4)의 경우 각각 미국이 양적완화를 시행하는 경우, 중단하는 경우로 시작하여 서로 연결되는 조건으로 착각하기 쉬우나, 서로 별개의 조건임을 인지해야 한다. 예를 들어 1)과 2)를 하나의 조건으로 착각하는 경우, 2)에 따라 수출이 감소하지 않는다면 달러 환율이 하락하지 않으며, 달러화 가치 역시 하락하지 않는 것으로 착각하지 않도록 주의해야 한다.

정답해설

지문에서 제시된 관계들을 간략하게 정리하면 다음과 같다.
1) 양적완화 → 달러화 가치 하락
2) 양적완화 → 달러 환율 하락 → 수출 감소 → ~경제 주요지표 개선
3) ~양적완화 → 미국 금리 상승 → 우리 금리 상승 → 외국인 투자 증가
4) ~양적완화 → 미국 금리 상승 → 우리 금리 상승 → 가계부채 심화 → 국내소비 감소 → 경제 전망 어두움

2)의 대우에 의해, 우리나라 경제 주요지표가 개선되었다면 수출이 감소하지 않았을 것이고, 그에 따라 달러 환율도 하락하지 않았을 것임을 알 수 있다.

오답해설

① 2)로부터 우리나라 수출이 증가한 경우, 달러 환율이 하락하지 않았으며, 미국이 양적완화를 시행하지 않았다는 것은 알 수 있으나, 미국이 양적완화를 시행하지 않은 것으로부터 달러화 가치 하락 여부는 알 수 없다.
② 4)에 따라 미국이 양적완화를 중단하는 경우 우리나라의 가계부채 문제가 심화되나, 그 역의 관계가 성립하는지는 알 수 없다.
③ 3)에 따라 외국인 투자가 감소하는 경우, 미국이 양적완화를 중단하지 않은 것은 알 수 있으나, 이로부터 우리나라 경제전망이 어두워진다는 것은 도출할 수 없다.
⑤ 4)의 대우에 의해 우리나라의 국내소비가 감소하지 않았다는 것으로부터 우리나라의 금리가 상승하지 않았다는 것은 도출할 수 있으나, 외국인 투자가 감소하지 않았는지는 알 수 없다.

65

정답 ①

다음 글의 내용이 모두 참일 때 반드시 참인 것만을 〈보기〉에서 모두 고르면? 2018년

A부서에서는 올해부터 직원을 선정하여 국외 연수를 보내기로 하였다. 선정 결과 가영, 나준, 다석이 미국, 중국, 프랑스에 한 명씩 가기로 하였다. A부서에 근무하는 갑~정은 다음과 같이 예측하였다.
갑 : 가영이는 미국에 가고 나준이는 프랑스에 갈 거야.
을 : 나준이가 프랑스에 가지 않으면, 가영이는 미국에 가지 않을 거야.
병 : 나준이가 프랑스에 가고 다석이가 중국에 가는 그런 경우는 없을 거야.
정 : 다석이는 중국에 가지 않고 가영이는 미국에 가지 않을 거야.
하지만 을의 예측과 병의 예측 중 적어도 한 예측은 그르다는 것과 네 예측 중 두 예측은 옳고 나머지 두 예측은 그르다는 것이 밝혀졌다.

〈보기〉
ㄱ. 가영이는 미국에 간다.
ㄴ. 나준이는 프랑스에 가지 않는다.
ㄷ. 다석이는 중국에 가지 않는다.

① ㄱ
② ㄴ
③ ㄱ, ㄷ
④ ㄴ, ㄷ
⑤ ㄱ, ㄴ, ㄷ

실전 풀이법

이러한 유형의 경우 갑의 예측과 같이 확정적인 진술이 참, 혹은 거짓인 경우를 각각 가정하는 것으로부터 시작해야 한다. 내용이 비교적 단순하고 확정적인 진술을 참 혹은 거짓으로 우선 가정해 놓고 다른 조건들에 맞게 논리를 전개하다가, 모순을 발견하면 해당 경우는 성립할 수 없으므로 가능한 사례 집합에서 배제한다.

정답해설

네 사람의 예측 중, 갑의 예측이 옳았다고 가정해 보자. 그렇다면 가영이는 미국에, 나준이는 프랑스에, 다석이는 중국에 간다. 이 말이 참이라면, 을의 예측은 자동으로 옳은 예측이 되고, 병과 정의 예측은 자동으로 그른 예측이 된다. 그리고 이 경우에 모순이 발생하지 않는다.
다음으로 갑의 예측이 그른 예측이었다고 가정해 보자. 그리고 을과 병의 예측 중 적어도 한 예측은 그른 예측이므로, 을의 예측 역시 그르다고 가정하면, 가영이는 미국에 가고, 나준이는 중국에 가며, 다석이는 프랑스에 가야 한다. 그러나 이 경우 정의 예측 역시 그른 예측이 되므로, 모순이 발생한다. 마찬가지로 을의 예측은 옳고 병의 예측은 그르다고 가정하면, 나준이는 프랑스에, 다석이는 중국에, 가영이는 미국에 가게 된다. 그러나 이 경우 갑의 예측이 옳은 예측이어야 하므로, 앞서 가정한 것과 모순이 발생한다. 따라서 지문의 내용을 토대로 볼 때 가능한 경우는 갑과 을의 예측이 옳은 예측이고, 병과 정의 예측이 그른 예측이며, 가영이는 미국, 나준이는 프랑스, 다석이는 중국에 가는 경우이다.
따라서 반드시 참인 것은 ㄱ뿐이다.

66

정답 ①

다음 글의 내용과 부합하지 않는 것은? 2019년

연방준비제도(이하 연준)가 고용 증대에 주안점을 둔 정책을 입안한다 해도 정책이 분배에 미치는 영향을 고려하지 않는다면, 그 정책은 거품과 불평등만 부풀릴 것이다. 기술 산업의 거품 붕괴로 인한 경기 침체에 대응하여 2000년대 초에 연준이 시행한 저금리 정책이 이를 잘 보여준다.

특정한 상황에서는 금리 변동이 투자와 소비의 변화를 통해 경기와 고용에 영향을 줄 수 있다. 하지만 다른 수단이 훨씬 더 효과적인 상황도 많다. 가령 부동산 거품에 대한 대응책으로는 금리 인상보다 주택 담보 대출에 대한 규제가 더 합리적이다. 생산적 투자를 위축시키지 않으면서 부동산 거품을 가라앉힐 수 있기 때문이다.

경기 침체기라 하더라도, 금리 인하는 은행의 비용을 줄여주는 것 말고는 경기 회복에 별다른 도움이 되지 않을 수 있다. 대부분의 부문에서 설비 가동률이 낮은 상황이라면, 대출 금리가 낮아져도 생산적인 투자가 별로 증대하지 않는다. 2000년대 초가 바로 그런 상황이었기 때문에, 당시의 저금리 정책은 생산적인 투자 증가 대신에 주택 시장의 거품만 초래한 것이다.

금리 인하는 국공채에 투자했던 퇴직자들의 소득을 감소시켰다. 노년층에서 정부로, 정부에서 금융업으로 부의 대규모 이동이 이루어져 불평등이 심화되었다. 이에 따라 금리 인하는 다양한 경로로 소비를 위축시켰다. 은퇴 후의 소득을 확보하기 위해, 혹은 자녀의 학자금을 확보하기 위해 사람들은 저축을 늘렸다. 연준은 금리 인하가 주가 상승으로 이어질 것이므로 소비가 늘어날 것이라고 주장했다. 하지만 2000년대 초 연준의 금리 인하 이후 주가 상승에 따라 발생한 이득은 대체로 부유층에 집중되었으므로 대대적인 소비 증가로 이어지지 않았다.

2000년대 초 고용 증대를 기대하고 시행한 연준의 저금리 정책은 노동을 자본으로 대체하는 투자를 증대시켰다. 인위적인 저금리로 자본 비용이 낮아지자 이런 기회를 이용하려는 유인이 생겨났다. 노동력이 풍부한 상황인데도 노동을 절약하는 방향의 혁신이 강화되었고, 미숙련 노동자들의 실업률이 높은 상황인데도 가게들은 계산원을 해고하고 자동화 기계를 들여놓았다. 경기가 회복되더라도 실업률이 떨어지지 않는 구조가 만들어진 것이다.

① 2000년대 초 연준의 금리 인하로 국공채에 투자한 퇴직자의 소득이 줄어들어 금융업으로부터 정부로 부가 이동하였다.
② 2000년대 초 연준은 고용 증대를 기대하고 금리를 인하했지만 결과적으로 고용 증대가 더 어려워지도록 만들었다.
③ 2000년대 초 기술 산업 거품의 붕괴로 인한 경기 침체기에 설비 가동률은 대부분의 부문에서 낮은 상태였다.
④ 2000년대 초 연준이 금리 인하 정책을 시행한 후 주택 가격과 주식 가격은 상승하였다.
⑤ 금리 인상은 부동산 거품 대응 정책 가운데 가장 효과적인 정책이 아닐 수 있다.

실전 풀이법

지문의 지엽적인 내용에 주목하기보다, 전반적인 내용을 파악하여 선지 내용의 정오를 판단할 수 있도록 해야 한다. 이러한 지문의 경우 정책의 시행으로 주가, 부의 이동 등 다른 요소들이 어떻게 변화했는지에 주목하며 읽을 필요가 있다.

정답해설

2000년대 초 연준의 금리 인하로 국공채에 투자한 퇴직자의 소득이 줄어들었다는 것은 지문의 내용과 일치하나, 금융업으로부터 정부로가 아닌, 정부로부터 금융업으로 부가 이동했다고 하였다.

오답해설

② 마지막 문단에서 확인할 수 있는 내용이다.
③ 2000년대 초가 산업 거품의 붕괴로 인한 경기 침체였다고 하였고, 2000년대 초에 대부분의 부문에서 설비 가동률이 낮은 상황이었다고 하였다.
④ 두 번째 문단과 세 번째 문단에서 각각 금리 인하 정책으로 인해 주택 가격과 주식 가격이 상승했음을 알 수 있다.
⑤ 두 번째 문단에서 확인할 수 있는 내용이다.

67

정답 ④

다음 글에서 알 수 있는 것은? 2023년

나이가 들면 시간이 흘러가는 것이 젊었을 때와 다르게 느껴진다. 나이가 든 사람과 젊은 사람은 물리적 시간의 경과를 다르게 느낀다고 하는데 그 이유는 무엇일까?

연구자 A는 이 질문과 관련하여 새로운 설명을 제시하였다. A는 시간을 두 종류로 구분하였다. 하나는 객관적으로 측정할 수 있는 물리적 시간인 '시계 시간'이고 다른 하나는 마음으로 그 경과를 지각하는 '마음 시간'이다. 마음 시간은 뇌 속에서 일어나는 이미지 전환에 의해 지각된다. 이 이미지들은 감각기관의 자극을 통해 만들어지고 뇌 속에서 처리되어 저장된다. 그런데 나이가 들어 신경망의 크기와 복잡성이 커지면 신호를 전달하는 경로가 더 길어질 뿐 아니라 신호전달 경로도 활력이 떨어져 신호의 흐름이 둔해지게 된다. 결과적으로 신체가 노화하면 뇌가 이미지를 습득하고 처리하는 속도가 느려져 마음 시간도 느려진다. 따라서 똑같은 물리적 시간에 나이든 사람이 처리하는 이미지 수는 젊은 사람보다 적게 된다. 가령, 젊어서 1시간 동안 N개의 이미지를 처리하고 저장하는 사람은 N개의 이미지의 연쇄에 의해 저장된 사건들이 1시간 동안 일어난 것으로 인지하게 된다. 그런데 나이가 들어서 1시간 동안 N/2개의 이미지만을 처리할 수 있게 되면, 2시간 동안 벌어진 사건들을 N개의 이미지로 저장하게 되어, 이 N개의 이미지의 연쇄를 1시간의 경과로 인식하게 된다. 다시 말해서, 인간의 마음은 자신이 인지한 이미지가 바뀌는 것을 단위로 삼아 시간의 경과를 인식한다.

① 나이가 들면 젊었을 때보다 마음 시간이 더 빨리 간다.
② 시계 시간은 나이가 들어감에 따라 흐르는 속도가 빨라진다.
③ 마음 시간과 시계 시간의 빠르기는 신체 노화에 따라 변한다.
④ 뇌에서 이미지 처리 속도가 느려지면 시계 시간이 더 빠르게 흐르는 것으로 느끼게 된다.
⑤ 신경망의 크기와 복잡성이 클수록 같은 시계 시간 동안 처리할 수 있는 이미지의 수는 많아진다.

실전 풀이법

일치부합형 제시문에서 간단한 산수를 이용한 사례가 주어지는 경우가 종종 있다. 추상적인 제시문을 읽어나가다가 이런 사례를 만나면 '앞에서 정리한 내용이겠거니…'라는 생각으로 그냥 넘어가는 경우가 있는데 그래서는 곤란하다. 앞 부분을 읽어나갈 때 잘못 이해한 부분이 있을 수도 있고, 또, 말로 표현되지 않았던 내용이 그 사례를 통해 새로 등장하는 경우도 있기 때문이다. 어찌보면 제시문 전체에서 이 사례 부분이 제일 중요한 부분이다.

정답해설

뇌에서 이미지 처리 속도가 느려져 1시간 걸리던 것이 2시간 걸리게 된다면 본인은 그 이미지를 처리하는 데 1시간 걸렸다고 생각하지만 실제로는 2시간이 걸린 것이다. 때문에 시계 시간이 더 빠르게 흐르는 것으로 느끼게 된다.

오답해설

① 신체가 노화하면 뇌가 이미지를 습득하고 처리하는 속도가 느려져 마음 시간이 느려진다.
②·③ 마음 시간의 속도는 신체가 노화함에 따라 느려지지만, 시계 시간은 노화와 무관하게 불변이다.
⑤ 신경망의 크기와 복잡성이 커지면 신호의 흐름이 둔해져 이미지를 처리하는 속도가 느려진다.

68

정답 ⑤

다음 글에서 추론할 수 있는 것만을 〈보기〉에서 모두 고르면? 2020년

란체스터는 한 국가의 상대방 국가에 대한 군사력 우월의 정도를, 전쟁의 승패가 갈린 전쟁 종료 시점에서 자국의 손실비의 역수로 정의했다. 예컨대 전쟁이 끝났을 때 자국의 손실비가 1/2이라면 자국의 군사력은 적국보다 2배로 우월하다는 것이다. 손실비는 아래와 같이 정의된다.

$$\text{자국의 손실비} = \frac{\text{자국의 최초 병력 대비 잃은 병력 비율}}{\text{적국의 최초 병력 대비 잃은 병력 비율}}$$

A국과 B국이 전쟁을 벌인다고 하자. 전쟁에는 양국의 궁수들만 참가한다. A국의 궁수는 2,000명이고, B국은 1,000명이다. 양국 궁수들의 숙련도와 명중률 등 개인의 전투 능력, 그리고 지형, 바람 등 주어진 조건은 양국이 동일하다고 가정한다. 양측이 동시에 서로를 향해 1인당 1발씩 화살을 발사한다고 하자. 모든 화살이 적군을 맞힌다면 B국의 궁수들은 1인 평균 2개의 화살을, A국 궁수는 평균 0.5개의 화살을 맞을 것이다. 하지만 화살이 제대로 맞지 않거나 아예 안 맞을 수도 있으니, 발사된 전체 화살 중에서 적 병력의 손실을 발생시키는 화살의 비율은 매번 두 나라가 똑같이 1/10이라고 하자. 그렇다면 첫 발사에서 B국은 200명, A국은 100명의 병력을 잃을 것이다.

따라서 ㉠ 첫 발사에서의 B국의 손실비는 $\frac{200/1,000}{100/2,000}$이다.

마찬가지 방식으로, 남은 A국 궁수 1,900명은 두 번째 발사에서 B국에 190명의 병력 손실을 발생시킨다. 이제 B국은 병력의 39%를 잃었다. 이런 손실을 당하고도 버틸 수 있는 군대는 많지 않아서 전쟁은 B국의 패배로 끝난다. B국은 A국에 첫 번째 발사에서 100명, 그 다음엔 80명의 병력 손실을 발생시켰다. 전쟁이 끝날 때까지 A국이 잃은 궁수는 최초 병력의 9%에 지나지 않는다. 이로써 ㉡ B국에 대한 A국의 군사력이 명확히 드러난다.

〈보기〉

ㄱ. 다른 조건이 모두 같으면서 A국 궁수의 수가 4,000명으로 증가하면 ㉠은 16이 될 것이다.
ㄴ. ㉡의 내용은 A국의 군사력이 B국보다 4배 이상으로 우월하다는 것이다.
ㄷ. 전쟁 종료 시점까지 자국과 적국의 병력 손실이 발생했고 그 수가 동일한 경우, 최초 병력의 수가 적은 쪽의 손실비가 더 크다.

① ㄱ
② ㄷ
③ ㄱ, ㄴ
④ ㄴ, ㄷ
⑤ ㄱ, ㄴ, ㄷ

실전 풀이법

약간의 계산을 요하는 추론 문제이다. 손실비의 개념이 $\frac{\text{비율}}{\text{비율}}$이라는 것과 손실비가 크다는 것이 군사력의 열위를 의미한다는 것을 정확히 이해 할 수 있어야 한다. 이러한 유형의 문제에 자신이 없는 수험생이라면 실전에서 시간을 많이 소모하고도 실수 때문에 정답을 맞히지 못할 가능성이 높은 문제이므로, 일단 보류하고 다른 문제를 우선적으로 푸는 것이 득점에 유리할 수 있다.

정답해설

ㄱ. 다른 조건이 모두 같으면서 A국 궁수의 수가 4,000명으로 증가하면 ㉠은 $\frac{\frac{400}{1,000}}{\frac{100}{4,000}}=16$이 될 것이다.

ㄴ. 마지막 문단 내용을 통해 A국의 B국에 대한 손실비를 계산하면 $\frac{1}{4}$보다 작으므로, A국의 군사력이 B국보다 4배 이상 우월하다는 것을 알 수 있다.

ㄷ. 손실비는 최초 병력 대비 잃은 병력 비율을 통해 정의되므로, 전쟁 종료 시점까지 동일한 수의 병력 손실이 발생했다면 최초 병력의 수가 적은 쪽의 손실비율이 더 클 것이므로(주어진 수식에서 분자는 커지고 분모는 작아지므로) 손실비가 더 크다.

69

정답 ⑤

다음 글의 내용과 부합하는 것은? 2018년

국민주권에 바탕을 둔 민주주의 원리는 모든 국가기관의 의사가 국민의 의사로 귀착될 수 있어야 한다는 것이다. 이러한 민주주의 원리로부터 국민의 생활에 중요한 영향을 미치는 국가기관일수록 국민의 대표성이 더 반영되어야 한다는 '민주적 정당성'의 원리가 도출된다. 헌법재판 역시 그 중대성을 감안할 때 국민의 대의기관이 직접 담당하는 것이 민주적 정당성의 원리에 부합할 것이다. 헌법재판은 과거 세대와 현재 및 미래 세대에게 아울러 적용되는 헌법과 인권의 가치를 수호하는 특수한 기능을 수행한다. 헌법재판소는 항구적인 인권 가치를 수호하기 위하여 의회 입법이나 대통령의 행위를 위헌이라고 선언할 수 있다. 이는 현재 세대의 의사와 배치될 수도 있는 작업이다. 그렇다면 이는 의회와 같은 현 세대의 대표자가 직접 담당하기에는 부적합하다. 헌법재판관들은 현재 다수 국민들의 실제 의사를 반영하기 위하여 임명되는 것이 아니다. 그들의 임무는 현재 국민들이 헌법을 개정하지 않는 한 헌법에 선언된 과거 국민들의 미래에 대한 약정을 최대한 실현하는 것이다. 그렇다면 헌법재판은 의회로부터 어느 정도 독립되고, 전문성을 갖춘 재판관들이 담당해야 한다.

한편 헌법재판은 사법적으로 이루어질 때 보다 공정하고 독립적으로 이루어질 수 있다. 이는 독립된 재판관에 의하여 이루어지는 법해석을 중심으로 판단이 이루어져야 한다는 것을 말한다. 그런데 독립된 헌법재판소를 두더라도 헌법재판관의 구성방법이 문제된다. 헌법 제1조 제2항에 따라 모든 국가권력은 국민에게 귀착되어야 하는 정당성의 사슬로 연결되어 있기에 헌법재판관 선출은 국민의 직접 위임에 의한 것이 이상적이다. 그러나 현실적으로 국민의 직접선거로 재판관을 선출하는 것은 용이하지 않다. 따라서 대의기관이 관여하여 헌법재판관을 임명함으로써 최소한의 민주적 정당성을 갖추어야 할 것이다. 그러므로 헌법재판관들이 선출되지 않은 소수 혹은 국민에 대하여 책임지지 않는 소수라는 이유만으로 민주적 정당성이 없다고 하는 것은, 헌법재판관 선출에 의회와 대통령이 관여한다는 점에서 무리한 비판이라고 볼 것이다.

① 헌법재판관들은 현행 헌법 개정에 구속되지 않고 미래 세대에 대한 약정을 최대한 실현해야 한다.
② 헌법재판소가 다수의 이익을 대표하는 대의기관의 행위를 위헌이라고 판단하는 것은 민주적 정당성의 원리에 배치된다.
③ 현재 헌법재판관 선출방법은 모든 국가권력이 국민에게 귀착되어야 한다는 민주적 정당성의 원리를 이상적으로 실현하고 있다.
④ 헌법재판은 현재와 미래 세대에게 아울러 적용되는 헌법과 항구적인 인권의 가치를 수호해야 하지만, 이는 현재 세대의 의사와 배치되어서는 안 된다.
⑤ 헌법재판은 사법기관이 담당하는 것이 바람직하며, 그 기관은 현재 세대를 대표하는 대의기관으로부터 어느 정도 독립되고 전문성을 갖출 필요가 있다.

실전 풀이법

일치부합 유형 중에서는 난도가 높은 문제이다. 특히 1번으로 배치되어 있기에 실제 시험장에서는 혼자 풀어 보는 것보다 훨씬 압박이 된다. 경험이 부족한 수험생들은 첫 페이지인 1, 2번 문제를 반드시 풀고 넘어가려고 하는데, 때로는 유연하게 넘기고 나중에 차분하게 보는 것도 좋은 전략이 될 수 있다.

정답해설

두 번째 문단에 따르면 헌법재판은 사법적으로 이루어져야 한다. 또한 첫 번째 문단에 따르면 헌법재판은 의회로부터 어느 정도 독립되고, 전문성을 갖춘 재판관들이 담당해야 한다.

오답해설

① 첫 번째 문단에 따르면 헌법재판관들의 임무는 현재 국민들이 헌법을 개정하지 않는 한 헌법에 선언된 과거 국민들의 미래에 대한 약정을 최대한 실현하는 것이다. 만일 현행 헌법이 개정된다면 개정된 헌법에 구속될 것이다.

② 첫 번째 문단에 따르면 헌법재판관들은 인권 가치를 수호하기 위하여 의회 입법을 위헌이라고 선언할 수 있다. 그리고 두 번째 문단에 따르면 대통령과 대의기관이 관여하여 헌법재판관을 임명함으로써 최소한의 민주적 정당성을 갖춘다.

③ 두 번째 문단에 따르면 헌법재판관을 국민이 직접 선출하는 것이 이상적이다. 그러나 이는 현실적으로 용이하지 않아 헌법재판관 선출에 의회와 대통령이 관여하는 것으로 보완하고 있다.

④ 첫 번째 문단에 따르면 헌법재판관의 결정은 현재 세대의 의사와 배치될 수도 있다.

70

정답 ④

다음 ㉠~㉧에 대한 분석으로 가장 적절한 것은? 2018년

> 우리의 사고는 구조를 가지고 있을까? 이를 알아보기 위해 한국어 문장 "철수는 영희를 사랑한다."에서 출발해 보자. ㉠ 이 문장에 포함되어 있는 고유명사 '철수'와 '영희'가 지시하는 대상이 존재한다면, 이 문장이 유의미하다는 점을 부정할 사람은 없을 것이다. 그런데 ㉡ 이 문장이 유의미하다면, 두 고유명사의 위치를 서로 바꾼 문장 "영희는 철수를 사랑한다."도 유의미하다. 언어의 이러한 속성을 체계성이라고 한다. ㉢ 언어의 체계성은 해당 언어의 문장이 구조를 가질 경우에만 보장된다.
>
> 이번에는 언어의 생산성에 관해 생각해 보자. 한 언어가 생산적이라는 말의 의미는, 그 언어 내의 임의의 문장을 이용하여 유의미한 문장을 새롭게 구성할 수 있다는 것이다. 예를 들어, "철수는 귀엽다."와 "영희는 씩씩하다."는 문장들을 가지고 새로운 문장 "철수는 귀엽고 영희는 씩씩하다."를 얻을 수 있다. 또한 여기에다가 "영희는 철수를 사랑한다."를 덧붙여서 "철수는 귀엽고 영희는 씩씩하고 영희는 철수를 사랑한다."를 얻을 수 있다. 이러한 과정은 끝없이 확대될 수 있다. ㉣ 언어의 이러한 특성 역시 해당 언어의 문장이 구조를 가질 경우에만 보장된다.
>
> 이제 우리는 ㉤ 언어의 체계성과 생산성은 언어가 구조를 가질 경우에만 보장된다고 결론지을 수 있다. 이러한 결론은 우리의 사고에 대해서도 성립할 가능성이 있다. 왜냐하면 ㉥ 우리의 사고가 체계성과 생산성을 가지고 있다는 것은 부정할 수 없는 사실이기 때문이다. ㉦ 우리는 A가 B를 사랑한다고 생각할 수 있다면, B가 A를 사랑한다고 생각할 수도 있다. 뿐만 아니라 ㉧ 우리는 A가 귀엽다고 생각하고 B가 씩씩하다고 생각할 수 있다면, A는 귀엽고 B는 씩씩하다고 생각할 수 있다. 언어의 경우와 유사하게 사고의 경우도 이처럼 체계성과 생산성을 가지고 있다. 결국 언어와 마찬가지로 ㉨ 우리의 사고도 구조를 가지고 있다는 유추가 가능하다.

① ㉠은 ㉡을 지지한다.

② ㉥은 ㉤을 지지한다.

③ ㉢과 ㉣이 참이라고 할지라도 ㉤은 거짓일 수 있다.

④ ㉤과 ㉥이 참이라고 할지라도 ㉨은 거짓일 수 있다.

⑤ ㉥이 참이라고 할지라도 ㉦과 ㉧은 거짓일 수 있다.

실전 풀이법

밑줄 친 문장의 수가 많고, 밑줄 친 문장 외에도 글 전체를 읽어야 선지를 고를 수 있다. 또한 기호화하여 치환하기도 어렵다. 특히 "XX는 XX인 경우에만 보장된다."를 기호로 치환하려면 더 헷갈릴 수 있다. 오히려 단순하게 내용만 이해하고 넘어갔다면 쉽게 답을 고를 수 있다. 글의 구조를 묻는 문제에 대해 기본적인 전략은 세워두되, 때로는 유연하게 접근할 수 있어야 한다.

정답해설

㉤은 언어에 대해, ㉥은 사고에 대해 이야기하고 있다. 언어와 사고가 모두 체계성과 생산성을 가지고 있다고 해서, 반드시 사고도 언어처럼 구조를 가진다고 볼 수 없다. 즉, ㉤과 ㉥에서 ㉨이 논리적으로 도출되지 않는다.

오답해설

① ㉠은 "A이면 B이다.", ㉡은 "B이면 C이다."로 치환할 수 있다. ㉠과 ㉡은 지지나 반박 관계가 아니다.

② ㉤은 언어에 대해, ㉥은 사고에 대해 이야기하고 있다. ㉤, ㉥은 어떠한 논리적 관계를 가지고 있지 않다.

③ ㉢은 언어의 체계성이 언어가 구조를 가지고 있을 때에만 보장됨을, ㉣은 언어의 생산성이 언어가 구조를 가지고 있을 때에만 보장됨을 말하고 있다. 따라서 ㉢, ㉣에서 언어의 체계성과 생산성이 언어가 구조를 가지고 있을 때에만 보장된다는 것이 도출된다. 결국 ㉢과 ㉣이 참이면 ㉤이 참이다.

⑤ ㉦과 ㉧은 각각 사고의 체계성과 생산성을 보여준다. 따라서 ㉥이 참이라면, ㉦과 ㉧은 참이다.

71

정답 ④

다음 글에서 추론할 수 있는 것만을 <보기>에서 모두 고르면? 2019년

> 곤충이 유충에서 성체로 발생하는 과정에서 단단한 외골격은 더 큰 것으로 주기적으로 대체된다. 곤충이 유충, 번데기, 성체로 변화하는 동안, 이러한 외골격의 주기적 대체는 몸 크기를 증가시키는 것과 같은 신체 형태 변화에 필수적이다. 이러한 외골격의 대체를 '탈피'라고 한다. 성체가 된 이후에 탈피하지 않는 곤충들의 경우, 그것들의 최종 탈피는 성체의 특성이 발현되고 유충의 특성이 완전히 상실될 때 일어난다. 이런 유충에서 성체로의 변태 과정을 조절하는 호르몬에는 탈피호르몬과 유충호르몬이 있다.
>
> 탈피호르몬은 초기 유충기에 형성된 유충의 전흉선에서 분비된다. 탈피 시기가 되면, 먹이 섭취 활동과 관련된 자극이 유충의 뇌에 전달된다. 이 자극은 이미 뇌의 신경분비세포에서 합성되어 있던 전흉선자극호르몬의 분비를 촉진하여 이 호르몬이 순환계로 방출될 수 있게끔 만든다. 분비된 전흉선자극호르몬은 순환계를 통해 전흉선으로 이동하여, 전흉선에서 허물벗기를 촉진하는 탈피호르몬이 분비되도록 한다. 그리고 탈피호르몬이 분비되면 탈피의 첫 단계인 허물벗기가 시작된다. 성체가 된 이후에 탈피하지 않는 곤충들의 경우, 성체로의 마지막 탈피가 끝난 다음에 탈피호르몬은 없어진다.
>
> 유충호르몬은 유충 속에 있는 알라타체라는 기관에서 분비된다. 이 유충호르몬은 탈피 촉진과 무관하며, 유충의 특성이 남아 있게 하는 역할만을 수행한다. 따라서 각각의 탈피 과정에서 분비되는 유충호르몬의 양에 의해서, 탈피 이후 유충으로 남아 있을지, 유충의 특성이 없는 성체로 변태할지가 결정된다. 유충호르몬의 방출량은 유충호르몬의 분비를 억제하는 알로스테틴과 분비를 촉진하는 알로트로핀에 의해 조절된다. 이 알로스테틴과 알로트로핀은 곤충의 뇌에서 분비된다. 한편, 유충호르몬의 방출량이 정해져 있을 때 그 호르몬의 혈중 농도는 유충호르몬에스터라제와 같은 유충호르몬 분해 효소와 유충호르몬결합단백질에 의해 조절된다. 유충호르몬결합단백질은 유충호르몬에스터라제 등의 유충호르몬 분해 효소에 의해서 유충호르몬이 분해되어 혈중 유충호르몬의 농도가 낮아지는 것을 막으며, 유충호르몬을 유충호르몬 작용 조직으로 안전하게 수송한다.

〈보기〉

ㄱ. 유충의 전흉선을 제거하면 먹이 섭취 활동과 관련된 자극이 유충의 뇌에 전달될 수 없다.
ㄴ. 변태 과정 중에 있는 곤충에게 유충기부터 알로트로핀을 주입하면, 그것은 성체로 발생하지 않을 수 있다.
ㄷ. 유충호르몬이 없더라도 변태 과정 중 탈피호르몬이 분비되면 탈피가 시작될 수 있다.

① ㄱ ② ㄴ
③ ㄱ, ㄷ ④ ㄴ, ㄷ
⑤ ㄱ, ㄴ, ㄷ

실전 풀이법

과학지문 중에서도 일련의 '과정'이 서술되어 있는 지문은 해당 과정을 이용하여 선지를 만든다. 따라서 읽으면서 해당 '과정'을 시각화하여 적어두는 것이 좋다. 가령, 탈피호르몬의 경우 '먹이 섭취 자극 → 뇌 → 전흉선자극호르몬 분비 촉진 → 전흉선자극호르몬의 전흉선 이동 → 탈피호르몬 분비 → 탈피 시작'의 과정을 거치게 된다. 이를 통해 보기 ㄷ을 빠르게 판단할 수 있다. 또한 '과정'에서의 일부가 차단된다고 하더라도 차단되기 이전의 과정은 여전히 일어날 수 있다는 점을 염두에 두어야 한다. 이를 이용해 보기 ㄱ을 판단할 수 있다.

정답해설

ㄴ. 알로트로핀은 유충호르몬을 촉진하는 역할을 수행하므로, 알로트로핀의 주입으로 유충호르몬의 방출량이 증가할 경우 탈피 이후 성체로 발생하지 않고 유충으로 남아있을 수 있다.
ㄷ. 유충호르몬은 탈피 촉진과는 무관하기 때문에 유충호르몬이 없더라도 탈피호르몬이 분비된다면 탈피가 시작될 수 있다.

오답해설

ㄱ. 전흉선을 제거할 경우 탈피호르몬이 분비되지 않을 뿐이며, 전흉선자극호르몬이 전흉선으로 도달하기 전에 이루어지는 일련의 과정들은 여전히 일어난다.

72

정답 ②

다음 글의 내용과 부합하는 것은? 2021년

『승정원일기』는 조선시대 왕의 비서 기관인 승정원의 업무 일지이다. 승정원에서 처리한 업무는 당시 최고의 국가 기밀이었으므로 『승정원일기』에는 중앙과 지방에서 수집된 주요한 정보와 긴급한 국정 사항이 생생하게 기록되었다. 『승정원일기』가 왕의 통치 기록으로서 주요한 자리를 차지할 수 있었던 것은 조선의 통치 구조와 관련이 있다. 조선은 모든 국가 조직이 왕을 중심으로 짜여 있는 중앙집권제 국가였다. 국가 조직은 크게 여섯 분야로 나뉘어져 이, 호, 예, 병, 형, 공의 육조가 이를 담당하였다. 승정원도 육조에 맞추어 육방으로 구성되었고, 육방에는 담당 승지가 한 명씩 배치되었다. 중앙과 지방의 모든 국정 업무는 육조를 통해 수합되었고, 육조는 이를 다시 승정원의 해당 방의 승지에게 보고하였다. 해당 승지는 이를 다시 왕에게 보고하였고, 왕의 명령이 내려지면 담당 승지가 받아 해당 부서에 전하였다.

승정원에 보고된 육조의 모든 공문서는 승정원의 주서가 받아서 기록하였는데, 상소문이나 탄원서 등의 문서도 마찬가지였다. 만약 사헌부, 사간원, 홍문관 등에서 특정 관료나 사안에 대해 비판하는 경우 주서가 그 내용을 기록하였으며, 왕과 신료가 만나 국정을 의논하거나 경연을 할 때 주서는 반드시 참석하여 그 대화 내용을 기록하였다. 즉 주서는 사관의 역할도 겸하였으며, 주서가 사관으로서 기록한 것을 사초라 하였다. 하루 일과가 끝나면 주서는 자신이 기록한 사초를 정리하여 이것을 승정원에서 처리한 공문서나 상소문과 함께 모두 모아 매일 『승정원일기』를 작성하였다. 한 달이 되면 이를 한 책으로 엮어 왕에게 보고하였고, 왕의 결재를 받은 다음 자신이 근무하는 승정원 건물에 보관하였다.

『승정원일기』는 오직 한 부만 작성되었으므로 궁궐의 화재로 원본 자체가 소실되기도 하였다. 임진왜란 전에 승정원은 경복궁 근정전 서남쪽에 위치하였는데, 왜란으로 경복궁이 불타면서 『승정원일기』도 함께 소실되었다. 이후에도 여러 차례 궁궐에 화재가 발생하였다. 영조 23년에는 창덕궁에 불이 나 『승정원일기』가 거의 타 버렸으나 영조는 이를 복원하도록 하였다.

① 주서는 사초에 근거하여 육조의 국정 업무 자료를 선별해 수정한 뒤 책으로 엮어 왕에게 보고하였다.
② 형조에서 수집한 지방의 공문서는 승정원의 형방 승지를 통해 왕에게 보고되었다.
③ 왕이 사간원에 내리는 공문서는 사간원에 배치된 승지를 통해 전달되었다.
④ 사관의 역할을 겸하였던 주서와 승지는 함께 『승정원일기』를 작성하였다.
⑤ 경복궁에 보관되어 있던 『승정원일기』는 영조 대의 화재로 소실되었다.

실전 풀이법

『승정원일기』와 같이 하나의 주제어에 관한 지문을 다룰 경우, 각 문단이 담고 있는 내용에 따라 분류하면서 독해한다면, 향후 선지를 해결함에 있어 용이하다. 이 지문의 경우 '1문단-승정원', '2문단-승정원 일기의 작성', 3문단-승정원 일기의 소실' 정도로 정리하며 읽는다면 선지에 대응한 근거를 찾기 훨씬 수월하다.

정답해설

중앙과 지방의 모든 국정 업무는 육조를 통해 수합되었고, 육조는 이를 다시 승정원의 해당 방의 승지에게 보고하였다. 그리고 해당 승지는 이를 다시 왕에게 보고하였다.

오답해설

① 주서는 자신이 기록한 사초를 정리하여 이것을 승정원에서 처리한 공문서나 상소문과 함께 모두 모아 매일 『승정원일기』를 작성하였을 뿐, 이를 선별하여 수정하였다는 내용은 알 수 없다.
③ 사간원은 육조에 해당하지 않는데, 육조 이외의 보고체계에 대한 내용은 지문에 담겨 있지 않다.
④ 주서가 『승정원일기』를 작성한 것은 맞지만 승지에 대해서는 언급되어 있지 않다.

⑤ 영조 대의 화재로 소실된 『승정원일기』는 창덕궁의 화재와 관련이 있다는 것을 알 수 있으나 당시 어디에 보관되어 있었는지에 대한 정보는 알 수 없다. 그리고 경복궁에 보관되어 있다가 화재로 소실된 『승정원일기』는 임진왜란 대의 『승정원일기』이다.

73

정답 ④

다음 글의 ㉠을 약화하는 것만을 〈보기〉에서 모두 고르면? 2022년

> 고대 아테네에서는 공적 기관에서 일할 공직자를 추첨으로 선발하였다. 이는 오늘날의 민주정과 구분되는 아테네 민주정의 핵심 특징이다. 아테네가 추첨으로 공직자를 뽑은 이유는 그들의 자유와 평등 개념에서 찾을 수 있다.
>
> 아테네 민주정의 고유한 정의 개념은 공직을 포함한 사회적 재화들이 모든 자유 시민에게 고루 배분되어야 한다는 것이다. 이러한 점에서 평등은 시민들이 통치 업무에서 동등한 몫을 갖는다는 의미로서 원칙상 공직을 맡을 기회가 균등할 때 실현 가능하다. 바로 추첨이 이러한 평등을 보장해 주는 것이다. 자유의 측면에서도 추첨의 의미를 조명할 수 있다. 아테네에서 자유란 한 개인이 정치체제의 근본 원칙을 수립하는 통치 주체가 되는 것이다. 추첨 제도 덕분에 아테네의 모든 시민은 자유를 누리고 있었다고 볼 수 있다. 공적 업무의 교대 원칙과 결합한 추첨 제도를 시행함으로써 아테네 시민은 누구나 일생에 적어도 한 번은 공직을 맡게 될 것이었기 때문이다.
>
> 또한 아리스토텔레스가 말한 것처럼, '통치하고 통치받는 일을 번갈아 하는 것'은 민주정의 기본 원칙 가운데 하나이고, 그렇게 통치와 복종을 번갈아 하는 것이 민주 시민의 덕성이기도 했다. 명령에 복종하던 시민이 명령을 내리는 통치자가 되면 자신의 결정과 명령에 영향을 받게 될 시민의 입장을 더 잘 참작할 수 있을 것이다. 자신의 통치가 피지배자에게 어떤 영향을 미칠지 생생하게 예측할 수 있게 되면서 정의로운 결정을 위해 더욱 신중하게 숙고할 것이기 때문에, 시민들이 통치와 복종을 번갈아 한다는 것은 좋은 정부를 만드는 훌륭한 수단이 되는 것이다.
>
> 결국 ㉠ <u>이런 점들을 고려할 때, 추첨식 민주정은 자유와 평등의 이념과 공동체 호혜의 정신을 실천하는 데 적합한 제도였다고 평가할 수 있다.</u>

〈보기〉

ㄱ. 추첨이 아닌 다른 제도를 통해서도 사실상 공직을 맡을 기회가 모든 시민에게 균등하게 배분될 수 있다.
ㄴ. 사람마다 능력과 적성이 다르며, 능력과 적성에 맞지 않는 일을 하는 사람은 그 일의 진정한 주체가 될 수 없다.
ㄷ. 도덕적 소양을 갖춘 사람이 아니라면, "내가 싫어하는 것은 남들에게 하지 말아야겠어!"라고 생각하기보다 "나도 당했으니 너도 당해봐!"라고 생각하는 경우가 더 흔하다.

① ㄱ ② ㄴ
③ ㄱ, ㄷ ④ ㄴ, ㄷ
⑤ ㄱ, ㄴ, ㄷ

실전 풀이법

'P → Q'라는 주장을 약화하는 방법은 크게 3가지가 있다. 첫 번째는 전제인 P가 사실과 다름을 주장하는 것이다. 두 번째는 결과인 Q가 잘못되었음을 주장하는 것이다. 마지막 세 번째는 P와 Q 모두 적절하나, P를 따랐을 때 Q가 아님을 주장하여 그 연결고리를 반박하는 것이다. ㄴ은 세 번째 방법으로, ㄷ은 첫 번째 방법으로 ㉠을 약화하였다.

정답해설

ㄴ. 추첨식 민주정에 의하면 능력과 적성에 맞지 않는 일을 하는 사람이 나타날 수 있다. 그 사람이 그 일의 진정한 주체가 될 수 없다면 공동체 호혜의 정신을 실천하기는 어려워지며 ㉠은 약화된다.

ㄷ. 통치와 복종을 번갈아 하였을 때 호혜성이 발현된다고 하였다. 하지만 도덕적 소양을 갖추지 못한 사람이 "나도 당했으니 너도 당해봐!"라고 생각하는 경우가 많다면 ㉠은 약화된다.

오답해설

ㄱ. 추첨이 아닌 다른 제도를 통해서도 공직을 맡을 기회가 시민들에게 있었다는 사실은 추첨식 민주정이 자유와 평등의 이념에 적합한 제도였다는 것을 약화하지 않는다.

74

정답 ②

다음 글의 내용이 참일 때 반드시 참인 것은? 2022년

> 프랜차이즈 회사 갑은 올해 우수매장을 선정했는데 선정 과정에 본사 경영진이 개입했다는 주장이 있지만 이는 아직 불분명하다. 본사 경영진이 우수매장 선정에 개입했다면, A매장이 선정되었을 것이다. 한편 B매장이 선정되었다면, 우수매장 선정에 본사 경영진이 개입했다는 주장이 거짓임이 밝혀진 셈이다. 최종 선정된 우수매장 후보는 A와 B매장 둘뿐이며 이 중 한 군데만이 선정될 상황이었다. 만약 A매장이 우수매장으로 선정되었다면, 갑의 매장 대부분이 본사 직영점이라는 주장이 거짓임이 밝혀졌을 것이다. 또한, B매장이 우수매장으로 선정되었다면, 갑의 매장은 모두 방역 클린 매장이라는 주장과 모두 친환경 매장이라는 주장이 둘 다 거짓인 것은 아니다. 10년째 영업 중인 갑의 B매장은 방역 클린 매장이지만 친환경 매장은 아니다.

① 갑의 올해 우수매장 선정에 본사 경영진의 개입이 없었다면, A매장이 선정되었을 것이다.
② 갑의 매장 대부분이 본사 직영점이라면, 갑의 매장은 모두 방역 클린 매장이다.
③ 갑의 매장 중에는 본사 직영점도 아니고 친환경 매장도 아닌 곳이 있다.
④ 우수매장으로 선정된 곳은 방역 클린 매장이자 친환경 매장이다.
⑤ 갑의 매장 중 방역 클린 매장이 아닌 곳도 있다.

실전 풀이법

선지가 조건문으로 구성되어 있고 반드시 참인 것을 고르는 경우, 조건문의 부정을 통해 모순의 유무를 발견하는 귀류법을 활용할 수 있다. 또한 한 선지에서 가능한 경우가 있을 때, 그 사례를 다른 선지에 적용하면 모순의 발생 유무를 쉽게 파악할 수 있다.

정답해설

제시문을 정리하면 다음과 같다.
1) 경영진 개입 → A선정
2) B선정 → ∼경영진 개입
3) A선정 ⓥ B선정(ⓥ는 둘 중 하나임을 뜻함)
4) A선정 → ∼대부분 직영
5) B선정 → 방역클린∨친환경
6) B=방역클린∧∼친환경

4에 따라 '대부분 직영 → ∼A선정'이고, 3에 따라 'B선정'이다. 5와 6에 따르면 'B선정 → 방역클린'이다. 따라서 갑의 매장은 모두 방역클린 매장이다.

오답해설

① '∼경영진 개입∧∼A선정'이 가능하다.
③ 갑의 매장 중 본사 직영점이고, 친환경 매장이 아닌 경우가 가능하다.
④ B가 우수매장으로 선정된 경우 6에 따라 B는 방역클린 매장이지만 친환경 매장은 아니다.
⑤ B가 우수매장으로 선정된 경우 5, 6에 따라 갑의 매장은 모두 방역클린 매장이다.

75

정답 ④

다음 글의 내용이 참일 때, 반드시 참인 것은? 2020년

외교부에서는 남자 6명, 여자 4명으로 이루어진 10명의 신임 외교관을 A, B, C 세 부서에 배치하고자 한다. 이때 따라야 할 기준은 다음과 같다.

- 각 부서에 적어도 한 명의 신임 외교관을 배치한다.
- 각 부서에 배치되는 신임 외교관의 수는 각기 다르다.
- 새로 배치되는 신임 외교관의 수는 A가 가장 적고, C가 가장 많다.
- 여자 신임 외교관만 배치되는 부서는 없다.
- B에는 새로 배치되는 여자 신임 외교관의 수가 새로 배치되는 남자 신임 외교관의 수보다 많다.

① A에는 1명의 신임 외교관이 배치된다.
② B에는 3명의 신임 외교관이 배치된다.
③ C에는 5명의 신임 외교관이 배치된다.
④ B에는 1명의 남자 신임 외교관이 배치된다.
⑤ C에는 2명의 여자 신임 외교관이 배치된다.

실전 풀이법

이러한 문제의 경우 번거롭더라도 도표 등을 이용하여 조건에 부합하는 가능한 경우의 수들을 모두 찾아놓고 풀이하는 것이 실수를 줄이고 시간을 단축하는 방법이 될 수 있다.

정답해설

조건에 따라 세 부서에 신임 외교관을 배치할 수 있는 경우의 수들을 나열하면 다음과 같다.

(단위 : 명)

구분		A	B	C
경우 1	남	1	1	4
	여		3	1
경우 2	남	1	1	4
	여		2	2
경우 3	남	1	1	4
	여	1	2	1
경우 4	남	2	1	3
	여		2	2

어떤 경우를 가정하더라도 B에는 1명의 남자 신임 외교관이 배치된다.

오답해설

① 경우 4와 같이 A에 2명의 신임 외교관이 배치되는 경우가 가능하다.
② 경우 1과 같이 B에 4명의 신임 외교관이 배치되는 경우가 가능하다.
③ 경우 2, 경우 4와 같이 C에 6명 혹은 5명의 신임 외교관이 배치되는 경우가 가능하다.
⑤ 경우 1, 경우 3과 같이 C에 1명의 여자 신임 외교관이 배치되는 경우가 가능하다.

76

정답 ③

다음 글에 대한 분석으로 적절한 것만을 〈보기〉에서 모두 고르면? 2022년

㉠ 힘센 국가나 조직이 지구의 기상을 마음대로 조작하고 있다는 음모론은 수십 년 전부터 사람들의 입에 오르내려 왔다. 이에 따르면 수십 년 전부터 강대국들은 군사적 목적으로 기류의 흐름을 조종하고 폭풍우를 임의로 만들어내고, 적국에 한파나 폭염을 불러일으키는 등의 날씨를 조작하는 환경전(環境戰)을 펼쳐 왔다. 이들 중 특히 C단체에 따르면 ㉡ 산업 현장 등에서 배출하는 과다한 온실 기체 때문에 지구온난화 현상이 일어나는 것이 아니다. 이들은 ㉢ 강대국 정부가 군사적 목적에서 행하는 비밀스러운 기상조작 활동 때문에 지구온난화 현상이 일어난다고 주장한다.

C단체가 이렇게 주장하는 근거는 무엇인가? 이와 관련하여 이들은 ㉣ 기상조작 기술을 군사적 혹은 상업적으로 이용 및 수출하는 것을 금지하는 국제 통상 조항이 있다는 사실에 주목한다. 바로 이것이 ㉤ 기상조작 기술을 실제로 군사적 혹은 상업적으로 이용하고 있다는 증거라는 것이다. 그리고 C단체는 재해 예방을 위한 인공강우 활용 사례들이 보여주는 것처럼 기상조작 기술은 이미 실용화된 기술이라는 점도 지적한다. 이 때문에 이들은 ㉥ 기상조작 기술이 손쉽게 군사적으로 전용될 수 있다고 여긴다. 이에 더해 ㉦ 강대국 정부들은 자국의 기업들이 지구온난화의 책임으로 납부하는 거액의 세금을 환영한다는 사실 역시 정부가 실제로 기상조작 행위를 수행하고 있음을 보여준다고 C단체는 말한다.

그러나 지구온난화 현상이 일으키는 국가적 비용은 음모론자들이 말하는 환경전을 통해 얻을 수 있는 재정상의 이익을 압도한다. 그렇기에 정부가 그런 비용을 치르면서까지 기상조작을 수행할 이유가 없다. 따라서 기상조작 음모론은 터무니 없다.

〈보기〉

ㄱ. ㉠에 동의해도 ㉡에 동의할 필요는 없다.
ㄴ. ㉤, ㉥, ㉦에 모두 동의한다면 ㉢에 동의해야 한다.
ㄷ. 무언가가 실제로 행해지고 있을 때만 그것을 금지하는 규정이 존재한다고 전제하면 ㉣로부터 ㉤이 도출된다.

① ㄱ
② ㄴ
③ ㄱ, ㄷ
④ ㄴ, ㄷ
⑤ ㄱ, ㄴ, ㄷ

실전 풀이법

㉠~㉦으로 제시되는 논증 분석 문제는 밑줄 친 해당 문장만을 읽고서도 논리적 풀이가 가능하다. 세세한 지문 독해보다 지문에 대한 전반적인 이해를 바탕으로 바로 선지의 가부를 판단하여야 시간을 절약할 수 있다.

정답해설

ㄱ. 힘센 국가나 조직이 지구의 기상을 마음대로 조작하고 있더라도 온실 기체 때문에 지구온난화 현상이 일어나고 있다고 판단할 수 있다.
ㄷ. 선택지의 전제를 따르면 '기상조작 기술을 군사적 혹은 상업적으로 이용 및 수출하는 것이 실제로 행해지고 있다'가 도출된다.

오답해설

ㄴ. 지구온난화 현상은 강대국 정부의 기상조작 활동 때문이 아닐 수 있으므로 ㉢에 반대할 수 있다.

77

정답 ④

다음 글의 내용과 부합하는 것은? 2021년

화원(畵員)이란 조선시대의 관청인 도화서 소속의 직업 화가를 말한다. 화원은 임금의 초상화인 어진과 공신초상, 의궤와 같은 궁중기록화, 궁중장식화, 각종 지도, 청화백자의 그림, 왕실 행사를 장식하는 단청 등 왕실 및 조정이 필요로 하는 모든 종류의 회화를 제작하고 여러 도화(圖畵) 작업을 담당하였다. 그림과 관련된 온갖 일을 한 화원들은 사실상 거의 막노동에 가까운 일을 했던 사람들이다.

고된 노역과 적은 녹봉에도 불구하고 이들은 왜 어려서부터 그림 공부를 하여 도화서에 들어가려고 한 것일까? 그림에 재능이 있는 사람이 화원이 되려고 한 이유는 생각보다 간단하다. 화원이 된다는 것은 국가가 인정한 20~30명의 최상급 화가 중 한 사람이 된다는 것을 의미한다. 비록 중인이지만 화원이 되면 종9품에서 종6품 사이의 벼슬을 받는 하급 관료가 되는 것이다. 따라서 화원이 된 사람은 국가가 인정한 최상급 화가라는 자격과 함께, 경제적으로는 별 도움이 되는 것은 아니지만 관료라는 지위를 갖게 된다.

실상 화원은 국가가 주는 녹봉으로 생활했던 사람들이 아니었다. 이들은 낮에는 국가를 위해 일했으나 퇴근 후에는 사적으로 주문을 받아 작품을 제작하였다. 화원들은 벌어들이는 돈의 대부분을 사적 주문에 의한 그림 제작을 통해 획득하였다. 국가 관료라는 지위와 최상급 화가라는 명예는 그림 시장에서 그들의 작품에 보다 높은 가치를 부여하였고, 녹봉에만 의지하는 다른 하급 관료보다 경제적으로 풍요롭게 만들었다. 반면 도화서에 들어가지 못한 일반 화가들은 경제적으로 곤궁하였다. 이들은 일정한 수입이 없었으며 그때그때 값싼 그림을 팔아 생활하였다. 따라서 화원과 비교해 볼 때 시정(市井)의 직업 화가들의 경제 여건은 늘 불안정하였다. 이런 이유로 화원 집안에서는 대대로 화원을 배출하려고 노력했고, 조선후기에는 몇몇 가문이 도화서 화원직을 거의 독점하게 되었다.

① 일반 직업 화가들은 화원 밑에서 막노동에 가까운 일을 담당하였으나 신분은 중인이었다.
② 화원은 국가 관료라는 지위를 가졌으나 경제적 여건은 일반 하급 관료에 비해 좋지 않은 편이었다.
③ 임금의 초상화를 그리는 도화서 소속 화가는 다른 화원에 비해 국가가 인정한 최상급 화가라는 자격을 부여받았다.
④ 도화서 소속 화가는 수입의 가장 많은 부분을 사적으로 주문된 그림을 제작하는 데서 얻었다.
⑤ 적은 녹봉에도 불구하고 화원이 되려는 경쟁이 치열했으므로 화원직의 세습은 힘들었다.

실전 풀이법

제시문의 '화원'과 같이 핵심 개념이 정의가 되어 있는 경우, ④와 같이 정의를 활용한 선지의 변형에 유의하자. 이 문제의 경우 발췌해서 읽더라도 답을 쉽게 찾을 수 있을 정도로 선지 구성이 쉽게 되어 있지만, 어렵게 나오는 경우를 대비해 '화원', '일반 화가', '하급 관료' 등 지문의 선지와 비교의 대상이 되는 소재를 유념하며 독해하는 것이 정확한 문제 풀이에 도움이 된다.

정답해설

벌어들이는 돈의 대부분을 사적 주문에 의한 그림 제작을 통해 획득하였다.

오답해설

① 일반 직업 화가들의 신분이나 일의 내용에 대해서는 알 수 없다.
② 화원이 국가 관료의 지위를 가졌으며, 녹봉에만 의지하는 다른 하급 관료보다 경제적으로 풍요로웠다.
③ 업무에 따른 화원 간 자격의 차등에 대한 내용은 알 수 없다.
⑤ 화원 집안에서는 대대로 화원을 배출하려고 노력했고, 조선 후기에는 몇몇 가문이 도화서 화원직을 거의 독점하게 되었다고 하여 화원직의 세습이 이루어졌음을 알 수 있다.

78

정답 ④

다음 글의 '나'의 암묵적 전제로 볼 수 있는 것만을 〈보기〉에서 모두 고르면? 2019년

나는 최근에 수집한 암석을 분석하였다. 암석의 겉껍질은 광물이 녹아서 엉겨 붙어 있는 상태인데, 이것은 운석이 대기를 통과할 때 가열되면서 나타나는 대표적인 현상이다. 암석은 유리를 포함하고 있었고 이 유리에는 약간의 기체가 들어있었다. 이 기체는 현재의 지구나 원시 지구의 대기와 비슷하지 않지만 바이킹 화성탐사선이 측정한 화성의 대기와는 흡사하였다. 특히 암석에서 발견된 산소는 지구의 암석에 있는 것과 동위원소 조성이 달랐다. 그러나 화성에서 기원한 다른 운석에서 나타나는 동위원소 조성과는 일치하였다.

놀랍게도 이 암석에서는 박테리아처럼 보이는 작은 세포 구조가 발견되었다. 그 크기는 100나노미터였고 모양은 둥글거나 막대기 형태였다. 이 구조는 매우 정교하여 살아 있는 세포처럼 보였다. 추가 분석으로 이 암석에서 탄산염 광물을 발견하였고 이 탄산염 광물은 박테리아가 활동하는 곳에서 형성된 지구의 퇴적물과 닮았다는 것을 알게 되었다. 이 탄산염 광물에서는 특이한 자철석 결정이 발견되었다. 지구에서 발견되는 A종류의 박테리아는 자체적으로 합성한, 특이한 형태와 높은 순도를 지닌 자철석 결정의 긴 사슬을 이용해 방향을 감지한다. 이 자철석은 지층에 퇴적될 수 있다. 자성을 띤 화석은 지구상에 박테리아가 나타나기 시작한 20억 년 전의 암석에서도 발견된다. 내가 수집한 암석에서 발견된 자철석은 A종류의 박테리아에 의해 생성되는 것과 같은 결정형과 높은 순도를 지니고 있었다.

따라서 나는 최근에 수집한 암석이 생명체가 화성에서 실재하였음을 나타내는 증거라고 확신한다.

〈보기〉

ㄱ. 크기가 100나노미터 이하의 구조는 생명체로 볼 수 없다.
ㄴ. 산소의 동위원소 조성은 행성마다 모두 다르게 나타난다.
ㄷ. A종류의 박테리아가 없었다면 특이한 결정형의 자철석이 나타나지 않는다.

① ㄱ
② ㄴ
③ ㄱ, ㄷ
④ ㄴ, ㄷ
⑤ ㄱ, ㄴ, ㄷ

실전 풀이법

이 문제는 결론을 제시하고, 이를 도출하기 위해 추가되어야 할 전제를 묻고 있다. 전제를 묻는 문제는 빈출되는 유형은 아니지만, 전제를 주고 결론을 도출하는 문제보다 훨씬 까다롭다. 문제를 빠르게 풀기 위해서는 우선 결론을 찾고, 그 다음 선지를 확인하자. 결론에서 역으로 필요한 전제를 도출하고 선지에서 고르면 된다.

정답해설

제시문에서 '나'가 내린 결론은 '최근에 수집한 암석이 생명체가 화성에서 실재하였음을 나타내는 증거'라는 것이다.

ㄴ. 수집한 암석에서 발견된 산소가 지구의 암석에 있는 것과 동위원소 조성이 다르고, 대신 화성에서 기원한 다른 운석에서 나타나는 동위원소 조성과 일치하였다. '나'는 이를 토대로 이 암석이 화성에서 온 것이라는 결론을 내린다. 이 논증이 타당하려면 산소의 동위원소 조성은 행성마다 달라서 산소의 동위원소 조성을 통해 암석의 출신지를 구별할 수 있어야 한다.

ㄷ. '나'는 지구에서 A종류의 박테리아가 특이한 자철석 결정을 생성하고, 수집한 암석에서도 이와 같은 자철석이 발견된다는 것을 근거로 화성에서도 A종류의 박테리아와 같은 생명체가 있을 것이라고 주장한다. 이 논증이 타당하려면 '특이한 자철석 결정이 나타났다면 A종류의 박테리아가 있는 것'이라는 전제가 필요하다.

오답해설

ㄱ. 암석에서 발견된 작은 세포구조의 크기가 100나노미터이다. 그러나 '나'는 이것이 생명체인지 여부를 판단할 때 그 크기를 전혀 고려하고 있지 않다. 오히려 '나'는 이 세포구조를 생명체로 여기는 것처럼 보인다.

79

정답 ④

다음 글의 ㉠에 대한 평가로 가장 적절한 것은? 2021년

> 우리나라에서 주먹도끼가 처음 발견된 곳은 경기도 연천이다. 첫 발견 이후 대대적인 발굴조사를 통해 연천의 전곡리 유적이 세상에 그 존재를 드러내게 되었고 그렇게 발견된 주먹도끼는 단숨에 세계 학자들의 주목 대상이 되었다. 그동안 동아시아에서는 찍개만 발견되었을 뿐 전기 구석기의 대표적인 석기인 주먹도끼는 발견되지 않았기 때문이었다.
>
> 찍개는 초기 인류부터 사용했으며 세계 곳곳에서 발견되었다. 반면 프랑스의 아슐에서 처음 발견된 주먹도끼는 양쪽 면을 갈아 만든 거의 완벽에 가까운 좌우대칭 형태의 타원형 도구이다. 사냥감의 가죽을 벗겨 내고, 구멍을 뚫고, 빻거나 자르는 등 다양한 작업에 사용된 다용도 도구였다. 학계가 주먹도끼에 주목했던 것은 그것이 찍개에 비해 복잡한 가공작업을 거쳐 만든 것이므로 인류의 진화 과정을 풀 열쇠라고 보았기 때문이다. 주먹도끼를 만들기 위해서는 만들 대상을 결정하고 그에 따른 모양을 설계한 뒤, 적합한 재료를 선택해 제작하는 복잡한 과정을 거쳐야 했다. 이는 구석기인들의 지적 수준이 계획과 실행이 가능한 수준으로 도약했다는 것을 확인해 주는 부분이다. 아동 심리발달 단계에 따르면 12세 정도가 되면 형식적 조작기에 도달하게 되는데, 주먹도끼처럼 3차원적이며 대칭적인 물건을 만들 수 있으려면 이런 형식적 조작기 수준의 인지 능력, 즉 추상적 개념에 대하여 논리적·체계적·연역적으로 사고할 수 있을 정도의 인지 능력을 갖추어야 한다. 더 나아가 형식적 조작 능력을 갖추었을 때 비로소 언어적 지능이 발달하게 된다. 즉 주먹도끼를 제작할 수 있다는 것은 추상적 사고를 할 수 있으며 그런 추상적 개념을 언어로 표현하고 대화할 수 있다는 것을 의미한다.
>
> 전곡리에서 주먹도끼가 발견되었을 당시 학계는 ㉠ 모비우스 학설이 지배하고 있었다. 이 학설은 주먹도끼가 발견되지 않은 인도 동부를 기준으로 모비우스 라인이라는 가상선을 긋고, 그 서쪽 지역인 유럽이나 아프리카는 주먹도끼 문화권으로, 그 동쪽인 동아시아는 찍개 문화권으로 구분하였다. 더불어 모비우스 라인 동쪽 지역은 서쪽 지역보다 인류의 지적·문화적 발전 속도가 뒤떨어졌다고 하였다.

① 주먹도끼를 만들어 사용한 인류가 찍개를 만들어 사용한 인류보다 두개골이 더 컸다는 것이 밝혀진다면 ㉠이 강화된다.
② 형식적 조작기 수준의 인지 능력을 가진 인류가 구석기 시대에 동아시아에서 유럽으로 이동했다는 것이 밝혀진다면 ㉠이 강화된다.
③ 계획과 실행을 할 수 있는 지적 수준의 인류가 거주했던 증거가 동아시아 전기 구석기 유적에서 발견되고 추상적 개념을 언어로 표현하며 소통했던 증거가 유럽의 전기 구석기 유적에서 발견된다면 ㉠이 강화된다.
④ 학술 연구를 통해 전곡리 유적이 전기 구석기 시대의 유적으로 확증된다면 ㉠이 약화된다.
⑤ 동아시아에서는 주로 열매를 빻기 위해 석기를 제작하였고 모비우스 라인 서쪽에서는 주로 짐승 가죽을 벗기기 위해 석기를 제작하였다는 것이 밝혀진다면 ㉠이 약화된다.

실전 풀이법

강화·약화 유형 문제를 해결하기 위해 가장 주목해야 할 것은 강화 및 약화의 대상이 되는 주장이다. ㉠과 같이 대상이 지문의 뒷부분에 제시되어 있는 경우에는 대상이 정확히 어떤 주장이고 본문 나머지 부분과 어떻게 대응되는지 유의하면서 독해해야 한다.

정답해설

연천의 전곡리 유적은 주먹도끼가 우리나라에서 처음 발견된 유적지이고, 주먹도끼는 전기 구석기 시대의 대표적인 석기이다. 그런데 ㉠은 모비우스 라인 동쪽에서는 주먹도끼가 나타나지 않은 찍개 문화권으로 서쪽보다 인류의 지적·문화적 발전 속도가 뒤떨어졌다는 주장이다. 그러므로 선지의 확증이 이루어진다면 ㉠의 주장을 반증한다.

오답해설

① 두개골 크기에 대한 논의는 ㉠이나 제시문에서 찾을 수 없다.
② 주먹도끼를 만들기 위해서는 형식적 조작기 수준의 인지 능력이 필요하므로 모비우스 라인 동쪽에는 형식적 조작기 수준의 인지 능력을 갖춘 인류가 부족했다고 할 수 있다. 그러므로 선지의 내용은 ㉠을 약화한다.
③ 주먹도끼를 만들기 위한 과정을 고려할 때 '구석기인들의 지적 수준이 계획과 실행이 가능한 수준으로 도약했다는 것을 확인해 주는 부분'이라는 정보가 제시되어 있다. 또한 두 번째 문단에 따르면 '주먹 도끼를 제작할 수 있다는 것은 추상적 사고를 할 수 있으며 그런 추상적 개념을 언어로 표현하고 대화할 수 있다는 것을 의미한다.'는 정보가 제시되어 있다. 따라서 선지의 내용은 ㉠을 약화한다.
⑤ 선지의 내용은 ㉠과 무관하다.

80

정답 ④

다음 글의 내용이 참일 때, 반드시 참인 것은? 2019년

> • 김대리, 박대리, 이과장, 최과장, 정부장은 A회사의 직원들이다.
> • A회사의 모든 직원은 내근과 외근 중 한 가지만 한다.
> • A회사의 직원 중 내근을 하면서 미혼인 사람에는 직책이 과장 이상인 사람은 없다.
> • A회사의 직원 중 외근을 하면서 미혼이 아닌 사람은 모두 그 직책이 과장 이상이다.
> • A회사의 직원 중 외근을 하면서 미혼인 사람은 모두 연금 저축에 가입해 있다.
> • A회사의 직원 중 미혼이 아닌 사람은 모두 남성이다.

① 김대리가 내근을 한다면, 그는 미혼이다.
② 박대리가 미혼이면서 연금 저축에 가입해 있지 않다면, 그는 외근을 한다.
③ 이과장이 미혼이 아니라면, 그는 내근을 한다.
④ 최과장이 여성이라면, 그는 연금 저축에 가입해 있다.
⑤ 정부장이 외근을 한다면, 그는 연금 저축에 가입해 있지 않다.

실전 풀이법

미혼이 아닌 사람은 결혼을 한 사람이다. 외근을 하지 않는 사람은 내근을 하는 사람이다. ~인 사람, ~가 아닌 사람 등의 표현이 혼용되고 있으므로 표를 이용해 하나로 정리한 뒤에 문제를 해결하자.

정답해설

주어진 조건을 정리하면 다음과 같다.

구분	결혼	미혼
외근	과장 이상	연금 저축
내근		~과장 이상
		여성

미혼은 모두 여성이다. 최과장이 여성이라면 외근을 하므로, 연금 저축에 가입해 있다.

오답해설

① 김대리가 결혼을 한 경우의 수도 존재한다.

② 박대리가 미혼이면서 내근을 하는 경우의 수도 존재한다.

③ 이과장이 결혼을 하고 외근을 하는 경우의 수도 존재한다.

⑤ 정부장이 외근을 하고 결혼을 한 경우의 수도 존재한다.

CHAPTER 02 자료해석 정답 및 해설

01	02	03	04	05	06	07	08	09	10	11	12	13	14	15	16	17	18	19	20
②	③	⑤	③	④	③	③	⑤	⑤	②	④	①	②	②	⑤	①	①	④	③	③
21	22	23	24	25	26	27	28	29	30	31	32	33	34	35	36	37	38	39	40
⑤	⑤	④	⑤	③	①	④	①	④	⑤	①	③	①	②	④	③	③	④	④	④
41	42	43	44	45	46	47	48	49	50	51	52	53	54	55	56	57	58	59	60
⑤	⑤	④	④	⑤	①	⑤	①	①	①	③	①	⑤	②	③	⑤	①	④	②	③
61	62	63	64	65	66	67	68	69	70	71	72	73	74	75	76	77	78	79	80
④	③	③	①	⑤	①	①	②	②	④	⑤	⑤	①	⑤	②	②	③	④	②	⑤

01

정답 ②

다음 〈표〉와 〈그림〉은 우리나라의 에너지 유형별 1차에너지 생산과 최종에너지 소비에 관한 자료이다. 이에 대한 〈보기〉의 설명으로 옳지 않은 것은? 2019년

〈표 1〉 2008~2012년 1차에너지의 유형별 생산량

(단위 : 천 TOE)

연도 \ 유형	석탄	수력	신재생	원자력	천연가스	합
2008	1,289	1,196	5,198	32,456	236	40,375
2009	1,171	1,213	5,480	31,771	498	40,133
2010	969	1,391	6,064	31,948	539	40,911
2011	969	1,684	6,618	33,265	451	42,987
2012	942	1,615	8,036	31,719	436	42,748

※ 국내에서 생산하는 1차에너지 유형은 제시된 5가지로만 구성됨

〈그림〉 2012년 1차에너지의 지역별 생산량 비중(TOE 기준)

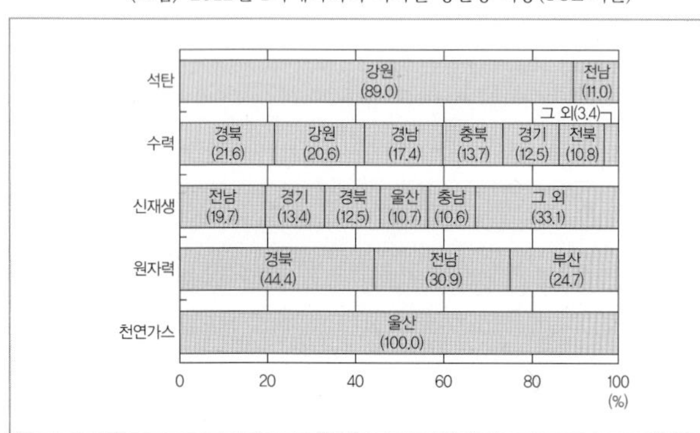

〈표 2〉 유형별 최종에너지 소비 추이(2008~2012년)와 지역별 최종에너지 소비(2012년)

(단위 : 천 TOE)

연도·지역 \ 유형	석탄	석유제품	천연 및 도시가스	전력	열	신재생	합
2008	26,219	97,217	19,765	33,116	1,512	4,747	182,576
2009	23,895	98,370	19,459	33,925	1,551	4,867	182,067
2010	29,164	100,381	21,640	37,338	1,718	5,346	195,587
2011	33,544	101,976	23,672	39,136	1,702	5,833	205,863
2012	31,964	101,710	25,445	40,127	1,751	7,124	208,121
서울	118	5,863	4,793	4,062	514	218	15,568
부산	62	3,141	1,385	1,777	–	104	6,469
대구	301	1,583	970	1,286	80	214	4,434
인천	54	6,798	1,610	1,948	–	288	10,698
광주	34	993	630	699	–	47	2,403
대전	47	945	682	788	–	51	2,513
울산	451	19,357	2,860	2,525	–	336	25,529
경기	335	10,139	5,143	8,625	1,058	847	26,147
강원	1,843	1,875	312	1,368	–	644	6,042
충북	1,275	2,044	752	1,837	59	471	6,438
충남	5,812	17,184	1,454	3,826	5	143	28,424
전북	27	2,177	846	1,846	–	337	5,233
전남	11,675	21,539	975	2,450	–	2,251	38,890
경북	9,646	3,476	1,505	3,853	–	879	19,359
경남	284	3,873	1,515	2,839	35	266	8,812
제주	–	721	13	332	–	28	1,094
기타	–	2	–	66	–	–	68

※ 국내에서 소비하는 최종에너지 유형은 제시된 6가지로만 구성됨

① 2008년 대비 2012년의 생산량 증가율이 가장 큰 1차에너지 유형은 천연가스이다.
② 2012년 1차에너지를 가장 많이 생산한 지역에서는 같은 해 최종에너지 중 석유제품을 가장 많이 소비하였다.
③ 2012년 석탄 1차에너지 생산량은 2012년 경기 지역의 신재생 1차에너지 생산량보다 적다.
④ 2012년에 1차에너지 생산량이 최종에너지 소비량의 합보다 많은 지역이 존재한다.
⑤ 2008년 대비 2012년의 소비량 증가율이 가장 큰 최종에너지 유형은 신재생이다.

실전 풀이법

선지 ②를 보면 원자력 생산량이 약 32,000천 TOE이고, 경북은 원자력의 40% 이상을 생산하므로 경북의 최소 생산량은 12,000천 TOE이다. 이는 2순위인 신재생의 총 생산량보다 훨씬 크다. 1차에너지를 가장 많이 생산한 지역이 어디인지를 크게 고민하지 않아도 되는 것이다. ④는 예시를 찾도록 하는데, 이러한 유형의 선지는 어디부터 확인할 것인지에 대한 감각이 있어야 한다. 감각이 있더라도 시간이 많이 소요될 수 있으므로 다른 선지부터 확인하는 것도 좋은 전략이다.

정답해설

2012년 1차에너지를 가장 많이 생산한 지역은 경북이다. 2012년에 가장 많이 생산된 1차에너지는 원자력으로 2위인 신재생의 약 4배에 달한다. 따라서 원자력의 40% 이상을 생산한 경북이 1차에너지를 가장 많이 생산한 지역임을 쉽게 파악할 수 있다. 경북에서 가장 많이 소비한 1차에너지는 석유가 아닌 석탄이다.

오답해설

① 천연가스는 2008년 236천 TOE에서 2012년 436천 TOE로 90% 정도 증가했다. 반면 석탄, 원자력은 생산량이 감소했다. 수력과 신재생은 생산량이 증가하기는 했으나 90%에 현저히 미치지 못한다.

③ 2012년 석탄의 생산량은 942천 TOE다. 한편 2012년 경기 지역의 신재생 1차에너지 생산량은 8,036×13.4%이다. 어림하면, 8,000×13%=1,040이다. 942<1,040<8,036×13.4%이므로 석탄 생산량이 더 적다.

④ 생산량은 많지만 소비량은 적은 지역부터 확인해야 한다. 생산량이 많은 지역으로 우선 원자력을 생산하는 지역을 확인해 보자. 경북과 전남은 생산량이 많지만 소비량도 많다. 그런데 부산은 원자력의 약 $\frac{1}{4}$을 생산하는 반면, 소비량은 6,469천 TOE에 불과하다. 즉, 부산의 경우 생산량이 소비량보다 많다.

⑤ 신재생 소비량은 2008년 4,747천 TOE에서 2012년 7,124천 TOE로 50%가량 증가했다. 다른 유형의 에너지도 소비량이 증가하였으나, 증가량이 50%에 현저히 미치지 못한다.

02

정답 ③

다음 〈표〉와 〈그림〉은 조선시대 A군의 조사시기별 가구 수 및 인구 수와 가구 구성비에 대한 자료이다. 이에 대한 〈보기〉의 설명 중 옳은 것만을 모두 고르면? 2016년

〈표〉 A군의 조사시기별 가구 수 및 인구 수

(단위 : 호, 명)

조사시기	가구 수	인구 수
1729년	1,480	11,790
1765년	7,210	57,330
1804년	8,670	68,930
1867년	27,360	144,140

〈그림〉 A군의 조사시기별 가구 구성비

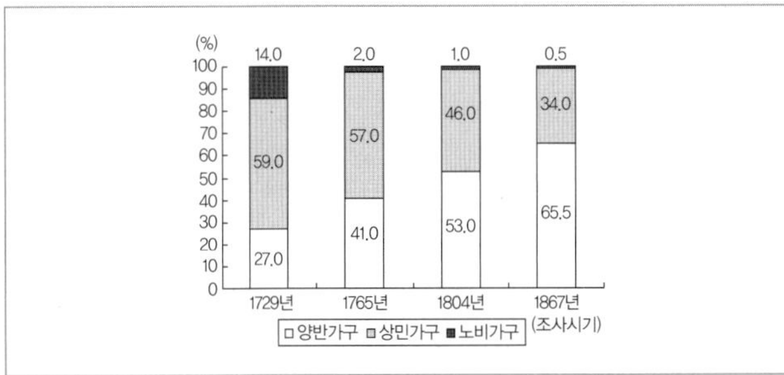

〈보기〉

ㄱ. 1804년 대비 1867년의 가구당 인구 수는 증가하였다.
ㄴ. 1765년 상민가구 수는 1804년 양반가구 수보다 적다.
ㄷ. 노비가구 수는 1804년이 1765년보다는 적고 1867년보다는 많다.
ㄹ. 1729년 대비 1765년에 상민가구 구성비는 감소하였고 상민가구 수는 증가하였다.

① ㄱ, ㄴ
② ㄱ, ㄷ
③ ㄴ, ㄹ
④ ㄱ, ㄷ, ㄹ
⑤ ㄴ, ㄷ, ㄹ

실전 풀이법

ㄷ에서는 가구 구성비가 0.5%, 1.0%, 2.0%로 2배씩 차이가 나므로 가구 구성비를 동일하게 맞추기 위해 양변에 2씩 곱해주면 비교가 훨씬 쉽다. 가령 1804년 8,670×1.0%, 1867년 27,360×0.5%를 비교하는 것보다, 8,670×2와 27,360를 비교하는 것이 빠르다.

정답해설

ㄴ. 1765년 상민가구 수는 7,210×57.0%, 1804년 양반가구 수는 8,670×53.0%이다. 1765년에 비해 1804년 가구 수는 10% 이상 증가했다. 반면 1765년 상민가구 구성비에 비해 1804년 양반가구 구성비는 5% 미만 감소했다. 따라서 1765년 상민가구 수가 1804년 양반가구 수보다 적다.

ㄹ. 1729년 대비 1765년에 상민가구 구성비는 59.0%에서 57.0%로 소폭 감소하였다. 한편 전체 가구 수는 1,480호에서 7,210호로 5배 가량 증가하였다. 따라서 상민가구 수는 증가하였다.

오답해설

ㄱ. 1804년 대비 1867년의 가구 수는 3배 이상 증가했다. 그러나 인구수는 2배 정도 증가했다. 따라서 가구당 인구 수는 감소하였다.

ㄷ. 노비가구 수는 1765년 7,210×2.0%, 1804년 8,670×1.0%, 1867년 27,360×0.5%이다. 따라서 1804년이 세 조사시기 중 가장 적다.

03

정답 ⑤

다음 〈그림〉과 〈표〉는 '갑'시에서 '을'시로의 이동에 대한 자료이다. 이와 다음 〈계산식〉을 적용하여 이동방법 A, B, C를 이동비용이 적은 것부터 순서대로 나열하면? 2018년

〈그림〉 '갑' → '을' 이동방법 A, B, C의 경로

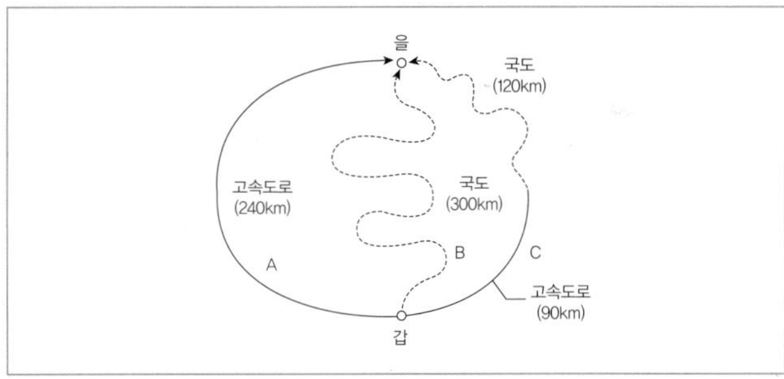

〈표〉 '갑' → '을' 이동방법별 주행관련 정보

구분 \ 이동방법	A	B	C	
이용도로	고속도로	국도	고속도로	국도
거리(km)	240	300	90	120
평균속력(km/시간)	120	60	90	60
주행시간(시간)	2.0	(　)	1.0	(　)
평균연비(km/L)	12	15	12	15
연료소비량(L)	(　)	20.0	7.5	(　)
휴식시간(시간)	1.0	1.5	0.5	0.5
통행료(원)	8,000	0	5,000	0

〈계산식〉

- 이동비용=시간가치+연료비+통행료
- 시간가치=소요시간(시간)×1,500(원/시간)
- 소요시간=주행시간+휴식시간
- 연료비=연료소비량(L)×1,500(원/L)

① A, B, C

② B, A, C

③ B, C, A

④ C, A, B

⑤ C, B, A

실전 풀이법

해당 문제는 빈칸을 채워야 하며, 처음에 대소비교 대상을 잘못 삼으면 세 번 모두 비교를 해야 하는 상황이 올 수 있다. 따라서 이 경우에는 해설의 소거법 말고 실제로 전부 계산하는 것도 좋은 방법일 수 있다.

정답해설

A의 연비가 12이므로, A의 연료소비량은 20L가 된다. 즉, A와 B의 연료비는 같다. 통행료의 경우 A만 8,000원 들었고, 시간가치의 경우 B는 주행시간이 5시간이기 때문에 B가 3.5시간 더 많이 들었다. 이에 1,500원을 곱한 것은 8,000원보다 적기 때문에 B가 A보다 저렴하다. 이에 반하는 ①, ④가 소거된다.

B와 C의 경우 C의 주행시간 빈칸에는 2가 들어가고, 연료소비량에는 8이 들어간다. 이를 고려하면 연료소비량은 B가 4.5L 많다. 시간의 경우 B가 2.5시간 더 길다. 시간과 연료비는 단위당 가격이 같으므로 7×1,500원만큼 B가 연료비, 시간가치에서 더 많이 나왔다. 통행료는 C가 5,000원 더 나왔다. 결과적으로 C가 B보다 저렴하고 ②, ③이 소거된다. 그러므로 ⑤가 정답이다.

04 정답 ③

다음 〈표〉는 산림경영인의 산림경영지원제도 인지도에 대한 설문조사 결과이다. 이에 대한 설명으로 옳지 않은 것은? 2020년

〈표〉 산림경영인의 산림경영지원제도 인지도

(단위 : 명, %, 점)

구분	항목	응답자 수	인지도 점수별 응답자 비율					인지도 평균 점수
			1점	2점	3점	4점	5점	
경영 주체	독림가	173	2.9	17.3	22.0	39.3	18.5	3.53
	임업 후계자	292	4.5	27.1	20.9	33.9	13.7	3.25
	일반산주	353	11.0	60.9	10.5	16.4	1.1	2.36
거주지 권역	경기	57	12.3	40.4	3.5	36.8	7.0	2.86
	강원	112	6.3	20.5	11.6	43.8	17.9	3.46
	충청	193	7.8	35.2	20.2	25.9	10.9	2.97
	전라	232	6.9	44.0	20.7	20.3	8.2	2.79
	경상	224	5.4	48.2	15.2	25.9	5.4	2.78
소유 면적	2ha 미만	157	8.9	63.7	11.5	14.0	1.9	2.36
	2ha 이상 6ha 미만	166	9.0	43.4	16.9	22.9	7.8	2.77
	6ha 이상 11ha 미만	156	7.7	35.3	16.7	32.7	7.7	2.97
	11ha 이상 50ha 미만	232	4.3	30.6	17.2	36.2	11.6	3.20
	50ha 이상	107	5.6	24.3	22.4	28.0	19.6	3.32
소재지 거주 여부	소재산주	669	5.8	41.0	15.7	28.4	9.1	2.94
	부재산주	149	12.1	33.6	20.8	23.5	10.1	2.86

※ 인지도 점수별 응답자 비율(인지도 평균점수)은 소수점 둘째(셋째) 자리에서 반올림한 값임

① 소유면적별 인지도 평균점수는 '50ha 이상'이 '2ha 미만'의 1.4배 이상이다.

② 거주지 권역별 인지도 평균점수는 '강원'이 '경기'보다 높다.

③ 인지도 점수를 2점 이하로 부여한 응답자 대비 4점 이상으로 부여한 응답자의 비율이 가장 높은 거주지 권역은 '충청'이다.

④ 인지도 점수를 1점으로 부여한 '소재산주'는 5점으로 부여한 '부재산주'의 2배 이상이다.

⑤ 인지도 점수를 3점 이상으로 부여한 응답자가 가장 많은 경영주체는 '임업후계자'이다.

실전 풀이법

①은 정확한 계산을 요하는 흔치 않은 선지이다. 간혹 이런 선지가 등장하는데, 억지로 계산을 하지 않으려다 오히려 시간을 잡아먹는 경우가 있다. 자료해석에서 최선은 계산을 하지 않는 것이지만, 이렇게 어쩔 수 없이 계산을 해야 하는 경우도 있음을 명심하자. 이를 분간해 내는 실력이 곧 자료해석 실력이다.

정답해설

'충청'에서 2점 이하로 부여한 응답자는 총 43%이고, 4점 이상으로 부여한 응답자는 36.8%이다. 한편 '강원'에서 2점 이하로 부여한 응답자는 26.8%, 4점 이상으로 부여한 응답자는 61.7%이다. 분모가 작고 분모가 더 크므로, 당연히 '강원'의 비율이 더 높다.

오답해설

① 소유면적별 인지도 평균점수는 '50ha 이상'이 3.32점, '2ha 미만'이 2.36점이다. 2.36×1.4=3.304점이므로 옳다.

② 인지도 평균점수는 '강원'이 3.46점, '경기'가 2.86점이다.

④ 인지도 점수를 1점으로 부여한 '소재산주'는 39명(669×5.8%)이다. 한편 인지도 점수를 5점으로 부여한 '부재산주'는 15명(149×10.1%)이다.

⑤ 경영주체별로 '독림가'는 173명 중 약 80%, '임업후계자'는 292명 중 약 70%, '일반산주'는 353명 중 약 30%가 인지도 점수를 3점 이상으로 부여하였다.

05 정답 ④

다음 〈표〉와 〈조건〉은 고객기관 유형별 기관 수와 고객기관 유형별 공공데이터 자체활용 및 제공 현황이고, 〈그림〉은 공공 데이터의 제공 경로를 나타낸다. 이에 대한 〈보기〉의 설명 중 옳은 것만을 모두 고르면? 2016년

〈표〉 고객기관 유형별 기관 수

(단위 : 개)

유형	기관 수
1차 고객기관	600
2차 고객기관	300

〈조건〉

- 모든 1차 고객기관은 공공데이터 원천기관으로부터 제공받은 공공데이터를 보유하고 있으며, 1차 고객기관은 공공데이터를 자체활용만 하는 기관과 자체활용 없이 개인고객 또는 2차 고객기관에게 공공데이터를 제공하는 기관으로 구분된다.
- 1차 고객기관 중 25%는 공공데이터를 자체활용만 한다.
- 1차 고객기관 중 50%는 2차 고객기관에게 공공데이터를 제공하고, 1차 고객기관 중 60%는 개인고객에게 공공데이터를 제공한다.
- 2차 고객기관 중 30%는 공공데이터를 자체활용만 하고, 70%는 개인고객에게 공공데이터를 제공한다.
- 1차 고객기관으로부터 공공데이터를 제공받지 않는 2차 고객기관은 없다.

〈그림〉 공공데이터의 제공 경로

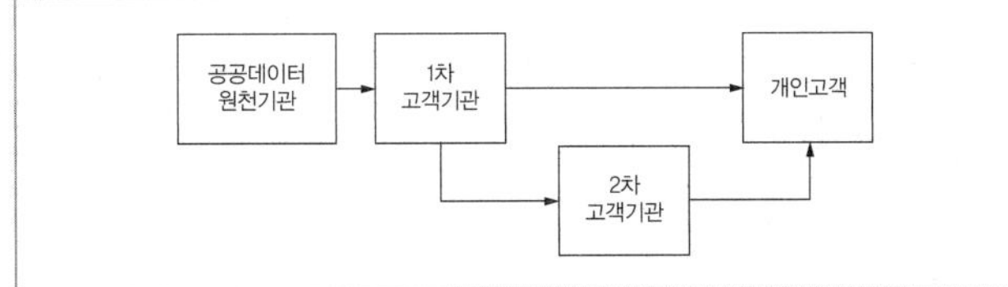

〈보기〉

ㄱ. 개인고객에게 공공데이터를 제공하는 기관의 수는 1차 고객기관이 2차 고객기관보다 크다.
ㄴ. 공공데이터를 자체활용만 하는 기관의 수는 1차 고객기관이 2차 고객기관보다 크다.
ㄷ. 1차 고객기관 중 개인고객에게만 공공데이터를 제공하는 기관의 수는 1차 고객기관의 25%이다.
ㄹ. 1차 고객기관 중 개인고객에게만 공공데이터를 제공하는 기관의 수는 1차 고객기관 중 2차 고객기관에게만 공공데이터를 제공하는 기관의 수에 비해 70% 이상 더 크다.

① ㄱ, ㄴ
② ㄱ, ㄷ
③ ㄴ, ㄹ
④ ㄱ, ㄴ, ㄷ
⑤ ㄱ, ㄴ, ㄹ

실전 풀이법

전체 중 A가 x%, B가 y%이면 A면서 B인 경우는 적어도 x+y−100인 것을 기억해 두면 좋다. 다만 이 경우에는 적어도 문제와 다르게, x 아니면 y 혹은 둘 다에 반드시 포함되는 경우기에 그 값이 적어도가 아니라, 확실한 값이 된다.

정답해설

ㄱ. 1차 고객기관의 60%가 개인고객에게 공공데이터를 제공하는데, 2차 고객기관에 공공데이터를 제공하는 1차 고객기관은 50%에 불과하므로 애초에 공공데이터를 제공하는 1차 고객기관의 수가 더 많다.
ㄴ. 1차 고객기관의 25%가 자체활용만 하는데, 2차 고객기관은 1차의 50% 중 30%이므로 15%이다. 1차 고객기관의 수가 더 많다.
ㄷ. 1차 고객기관 중 자체활용만하는 비율이 25%이므로, 나머지 기관들은 개인고객에게 제공하거나, 2차 고객기관에 제공하거나, 둘 다 한다. 2차 고객기관에 제공하는 50%, 개인 고객기관에 제공하는 60%의 합은 110%이고, 이에 할당된 총 퍼센트는 75%이므로 35%는 둘 다에 제공하고 있다는 것을 알 수 있다. 따라서 개인 고객에게만 공공데이터를 제공하는 1차 고객기관은 25%다.

오답해설

ㄹ. 2차 고객기관에만 공공데이터를 제공하는 기관 수는 15%이고, 개인고객에게만 공공데이터를 제공하는 기관의 수는 25%다. 15%의 1.7배는 25%가 넘는다.

06

정답 ③

다음 〈그림〉과 〈표〉는 2021년 '갑'국 생물 갈치와 냉동 갈치의 유통구조 및 물량 현황에 관한 자료이다. 이에 대한 〈보기〉의 설명 중 옳은 것만을 모두 고르면?

2022년

〈그림 1〉 생물 갈치의 유통구조 및 물량비율

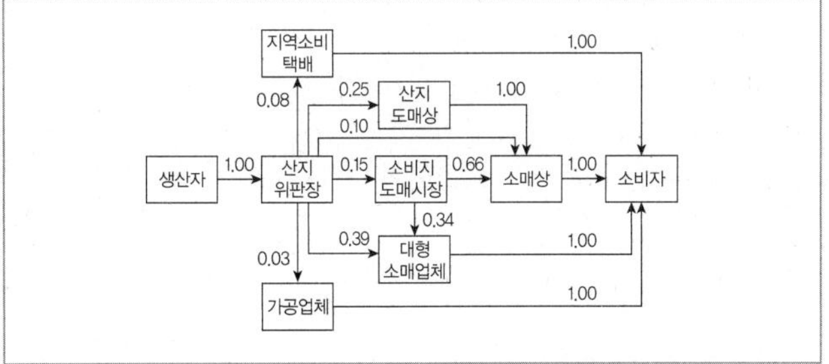

〈그림 2〉 냉동 갈치의 유통구조 및 물량비율

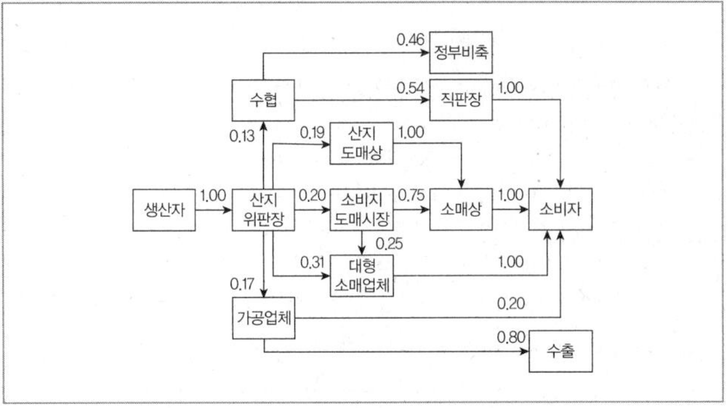

※ 유통구조 내 수치는 물량비율(= 다음 유경로에 전달되는 유통물량 / 해당 유통경로에 투입되는 유통물량)을 의미함.

예를 들어, 가 —0.20→ 나 는 해당 유통경로 '가'에 100톤의 유통물량이 투입되면 이 중 20톤(=100톤×0.20)의 유통물량이 다음 유통경로 '나'에 전달되어 투입됨을 의미함

〈표〉 생산자가 공급한 생물 갈치와 냉동 갈치의 물량

(단위 : 톤)

구분	생물 갈치	냉동 갈치
물량	42,100	7,843

〈보기〉

ㄱ. '생산자'가 공급한 냉동 갈치 물량의 85% 이상이 유통구조를 거쳐 '소비자'에게 전달되었다.
ㄴ. '소매상'을 통해 유통된 물량은 생물 갈치가 냉동 갈치의 6배 이상이다.
ㄷ. '대형소매업체'를 통해 유통된 생물 갈치와 냉동 갈치 물량의 합은 20,000톤 미만이다.
ㄹ. 2022년 냉동 갈치 '수출' 물량이 2021년보다 60% 증가한다면, 2022년 냉동 갈치 '수출' 물량은 2021년 '소비지 도매시장'을 통해 유통된 냉동 갈치 물량보다 많다.

① ㄱ, ㄴ
② ㄱ, ㄷ
③ ㄴ, ㄹ
④ ㄷ, ㄹ
⑤ ㄴ, ㄷ, ㄹ

실전 풀이법

ㄹ을 판단할 때 모두 '냉동 갈치'에 관한 값의 비교이므로 냉동갈치의 절대적인 물량인 7,843톤을 일일이 곱하지 않고 비율로만 계산할 수 있다. 즉, 냉동 갈치 수출 비율이 0.136이었다면, 여기서 60% 증가한 값과 소비지 도매시장 비율을 비교하여도 된다.

정답해설

ㄴ. 소매상을 통해 유통된 물량은 다음과 같이 '각 상품의 비율×각 상품의 총 물량'으로 구한다.

- 생물 갈치 비율=0.25+0.10+(0.15×0.66)=0.449
- 냉동 갈치 비율=0.19+(0.20×0.75)=0.34

여기에 총 물량 각각 42,100톤과 7,843톤을 곱하면 약 18,903톤, 약 2,667톤이므로 생물이 냉동의 6배 이상이다.

ㄹ. 2021년 냉동 갈치 수출 물량을 어림하면 1,000톤을 조금 상회하는 수준이고, 2022년에 60%가 증가한다면 1,600톤 이상이다. 2021년 소비지 도매시장을 통해 유통된 냉동 갈치 물량은 7,843톤×0.2≒1,569톤이므로 전자가 더 크다.

오답해설

ㄱ. 소비자에게 전달된 냉동 갈치 물량의 비율은 1-(정부비축 비율+수출 비율)이다. 정부비축 비율은 0.13×0.46=0.0598이고, 수출 비율은 0.17×0.8=0.136이므로, 소비자에게 전달된 냉동 갈치 물량의 비율은 1-(0.0598+0.136)=0.8042(약 80%)이다. 따라서 85% 이하이다.

ㄷ. 대형소매업체를 통해 유통된 생물 갈치의 물량은 42,100톤×{0.39+(0.15×0.34)}≒18,566톤이고, 냉동 갈치의 물량은 7,843톤×{0.31+(0.2×0.25)}≒2,823톤이다. 따라서 두 물량의 합은 20,000톤을 초과한다.

07

정답 ③

다음 〈표〉는 '갑'국의 2021학년도 중등교사 임용시험 과목별 접수인원 및 경쟁률 현황에 대한 자료이다. 이에 대한 〈보기〉의 설명 중 옳은 것만을 고르면? 2021년

〈표〉 2021학년도 중등교사 임용시험 과목별 접수 현황

(단위 : 명)

구분 / 과목	모집정원	접수인원	경쟁률	2020학년도 경쟁률
국어	383	6,493	16.95	19.55
영어	( )	4,235	15.92	19.10
중국어	31	819	26.42	23.98
도덕윤리	297	1,396	4.70	( )
일반사회	230	1,557	6.77	7.06
지리	150	1,047	( )	6.83
역사	229	3,268	14.27	15.22
수학	( )	4,452	12.54	14.20
물리	133	( )	7.46	7.10
화학	142	1,122	7.90	8.10
생물	159	1,535	( )	11.14
지구과학	115	795	6.91	7.25
가정	141	1,048	7.43	8.03
기술	144	424	( )	2.65
정보컴퓨터	145	( )	6.26	5.88
음악	193	2,574	( )	11.33
미술	209	1,998	9.56	10.62
체육	425	4,046	9.52	9.46

※ 경쟁률$=\frac{\text{접수인원}}{\text{모집정원}}$

〈보기〉

ㄱ. 2021학년도 경쟁률이 전년 대비 하락한 과목 수는 상승한 과목 수보다 많다.
ㄴ. 2021학년도 경쟁률 상위 3과목과 접수인원 상위 3과목은 일치한다.
ㄷ. 2021학년도 경쟁률이 5.0 미만인 과목의 모집정원은 각각 150명 이상이다.
ㄹ. 2021학년도 과목별 모집정원은 수학이 영어보다 많다.

① ㄱ, ㄴ
② ㄱ, ㄷ
③ ㄱ, ㄹ
④ ㄴ, ㄷ
⑤ ㄴ, ㄹ

실전 풀이법

각주에서 나오는 분수에서 모집정원이 분모이고 접수인원이 분자임을 정확하게 판단해야 한다. 이를 대충 보면 문제를 풀다 꼬여서 계산을 다시 한 번 해야 하는 실수를 범할 수 있다. 또한 맨 처음 풀 때 표를 먼저 채우려고 하지 말고 보기에서 물어볼 때 계산을 한다면 시간을 단축할 수 있을 것이다.

정답해설

ㄱ. 2021학년도 경쟁률이 전년 대비 하락한 과목은 국어, 영어, 일반사회, 역사, 수학, 화학, 생물, 지구과학, 가정, 미술로 총 10개이다. 반면, 2021학년도 경쟁률이 전년 대비 상승한 과목은 중국어, 지리, 물리, 기술, 정보컴퓨터, 음악, 체육으로 총 7개이다. 도덕윤리과목의 전년 대비 경쟁률이 상승했다고 하더라도 2021년 경쟁률이 전년 대비 하락한 과목 수가 더 많다.

ㄹ. 2021학년도 수학의 모집정원을 어림하면 약 350명이고, 영어의 모집정원은 약 260명이다.

오답해설

ㄴ. 2021학년도 경쟁률 상위 3과목은 중국어와 영어, 국어이다. 반면, 접수인원 상위 3과목은 국어와 수학, 영어이다.

ㄷ. 2021학년도 경쟁률이 5.0 미만인 과목은 도덕윤리와 기술인데, 도덕윤리의 모집정원은 어림하면 150명 이상이나 기술과목의 경우 144명이다.

08

정답 ⑤

다음 〈표〉는 종합체전 10개 종목의 입장권 판매점수 관련 자료이다. 〈표〉와 〈조건〉에 근거한 〈보기〉의 설명 중 옳은 것만을 모두 고르면? 2020년

〈표〉 종합체전 종목별 입장권 판매점수

(단위 : 점)

종목	국내 판매점수	해외 판매점수	판매율 점수	총점
A	506	450	290	1,246
B	787	409	160	1,356
C	547	438	220	1,205
D	2,533	1,101	( )	4,104
E	( )	( )	170	3,320
F	194	142	120	456
G	74	80	140	294
H	1,030	323	350	( )
I	1,498	638	660	( )
J	782	318	510	( )

※ 소수점 첫째 자리에서 반올림한 값임

〈조건〉

- 국내판매점수$=\frac{\text{해당 종목 입장권 국내 판매량}}{\text{입장권 국내 판매량}}\times 10{,}000$
- 해외판매점수$=\frac{\text{해당 종목 입장권 해외 판매량}}{\text{입장권 해외 판매량}}\times 5{,}000$
- 판매율점수$=\frac{\text{해당 종목 입장권(국내+해외) 판매량}}{\text{해당 종목 입장권 발행량}}\times 1{,}000$
- 총점=국내판매점수+해외판매점수+판매율점수

〈보기〉

ㄱ. E종목의 '국내판매점수'는 '해외판매점수'의 1.5배 이상이다.
ㄴ. '입장권 국내 판매량'이 14만 매이고 '입장권 해외 판매량'이 10만 매라면, 입장권 판매량이 국내보다 해외가 많은 종목 수는 4개이다.
ㄷ. '해당 종목 입장권 발행량'이 가장 적은 종목은 G이다.

① ㄱ
② ㄴ
③ ㄱ, ㄴ
④ ㄱ, ㄷ
⑤ ㄱ, ㄴ, ㄷ

실전 풀이법

언뜻 보기에 각 선지를 어떻게 접근해야 할지 난감할 수 있다. 이럴 때일수록 조건에 제시된 공식을 더욱 유심히 살펴보아야 한다. '국내판매점수'는 해당 종목 입장권 국내 판매량을 입장권 국내 판매량으로 나눈 값이므로, 종목별 '국내판매점수'를 모두 더하면 (분모)=(분자의 합)이 된다. 한편 ㄴ, ㄷ과 같이 두 식을 비교하는 경우 두 식에 적당한 수를 곱하거나 나누는 등으로 조작하여, 최대한 계산하기 편한 방향으로 유도해야 한다.

정답해설

ㄱ. 각 종목의 '국내판매점수' 합은 10,000점, '해외판매점수' 합은 5,000점이 되어야 한다. 따라서 E의 '국내판매점수'는 약 3,000점, '해외판매점수'는 약 1,100점이다.
ㄴ. ('국내판매점수'×14만÷10,000)과 ('해외판매점수'×10만÷5,000)을 비교해야 한다. 두 식을 정리하면 '국내판매점수'×0.7과 '해외판매점수'를 비교하는 것이 된다. 이에 따르면 후자가 더 높은 종목은 A, C, F, G로 4개이다.
ㄷ. 해당 종목 입장권 발행량 $=\frac{\text{해당 종목 입장권 판매량 판매율}}{\text{점수}}=$(국내판매점수×입장권 국내판매량÷10,000)$+\left\{\frac{(\text{해외판매점수}\times\text{입장권 해외판매량}\div 5{,}000)}{\text{판매율점수}}\right\}$가 된다.
종목별로 공통된 부분을 소거하면, $\frac{(\text{국내판매점수}+\text{해외판매점수}\times 2)}{\text{판매율점수}}$를 비교하면 된다. 이 값은 G의 경우 약 1.7로 가장 적다.

09

정답 ⑤

다음 〈표〉는 A시 초등학생과 중학생의 6개 식품 섭취율을 조사한 결과이다. 이에 대한 설명으로 옳은 것은? 2020년

〈표〉 A시 초등학생과 중학생의 6개 식품 섭취율

(단위 : %)

식품	섭취 주기	초등학교			중학교		
		남학생	여학생	전체	남학생	여학생	전체
라면	주 1회 이상	77.6	71.8	74.7	89.0	89.0	89.0
탄산음료	주 1회 이상	76.6	71.6	74.1	86.0	79.5	82.1
햄버거	주 1회 이상	64.4	58.2	61.3	73.5	70.5	71.7
우유	매일	56.7	50.9	53.8	36.0	27.5	30.9
과일	매일	36.1	38.9	37.5	28.0	30.0	29.2
채소	매일	30.4	33.2	31.8	28.5	29.0	28.8

※ 1) 섭취율(%) $=\frac{\text{섭취한다고 응답한 학생 수}}{\text{응답 학생 수}}\times 100$
2) 초등학생, 중학생 각각 2,000명을 대상으로 조사하였으며, 전체 조사 대상자는 6개 식품에 대해 모두 응답하였음

① 라면을 주 1회 이상 섭취하는 중학교 남학생 수와 중학교 여학생의 수는 같다.
② 채소를 매일 섭취하는 중학교 남학생 수는 과일을 매일 섭취하는 중학교 남학생 수보다 적다.
③ 우유를 매일 섭취하는 중학교 여학생 수는 275명이다.
④ 과일을 매일 섭취하는 초등학교 남학생 중 햄버거를 주 1회 이상 섭취하는 학생 수는 4명 이하이다.
⑤ 채소를 매일 섭취하는 여학생 수는 중학생이 초등학생보다 많다.

실전 풀이법

해당 문제처럼 각 집단의 수는 명시적으로 제시하지 않았지만, 표의 비율을 통해 간접적으로 계산할 수 있도록 하는 문제가 종종 출제된다. 때로는 구할 수 없다고 생각해서 정답인 선지를 오답으로 착각하고 넘겨버리는 불상사가 발생할 수 있으니 조심하자. 초등학교의 경우 전체 비율이 남학생과 여학생의 평균값이다. 따라서 남학생과 여학생의 수가 같다. 중학교의 경우 과일 섭취율을 보면 남학생이 28%, 여학생이 30%인데 전체 섭취율은 29.2%이다. 가중평균 계산을 역으로 해 보면, 여학생이 60%(1,200명)라는 것을 알 수 있다.

정답해설

채소를 매일 섭취하는 초등학교 여학생 수는 1,000×33.2%=332명이다. 한편 중학교 여학생 수는 1,200명이므로, 채소를 매일 섭취하는 중학교 여학생 수는 1,200×29%=348명이다.

오답해설

① 과일 섭취율을 보면 중학교 남학생은 28%, 여학생은 30%인데 전체 섭취율은 29.2%이다. 이는 중학교 여학생의 수가 더 많음을 의미한다. 라면을 주 1회 이상 섭취하는 중학교 남학생 수와 중학교 여학생 수의 섭취율은 같으나, 전체 모집단의 수는 여학생이 더 많으므로 라면을 주 1회 이상 섭취하는 여학생이 더 많다.
② 중학교 남학생 안에서 비교하는 것이므로 단순히 섭취율을 비교하면 된다. 과일은 28%, 채소는 28.5%이므로 채소를 매일 섭취하는 중학교 남학생이 더 많다.
③ 우유를 매일 섭취하는 중학교 여학생은 27.5%이다. 전체 중학생은 2,000명인데, 여학생은 50%를 넘으므로, 우유를 매일 섭취하는 중학교 여학생 수는 275명보다 많다.
④ 우선 초등학교 남학생 수와 여학생 수는 동일하게 1,000명씩이다. 과일을 매일 섭취하는 초등학교 남학생은 모두 햄버거를 주 1회 이상 섭취할 수 있으므로 옳지 않다(이 선지는 "과일을 매일 섭취하는 초등학교 남학생 중 햄버거를 주 1회 이상 섭취하는 학생 수는 적어도 5명 이상이다."를 비튼 것이다).

10

정답 ②

다음 〈표〉는 2016년 10월, 2017년 10월 순위 기준 상위 11개국의 축구 국가대표팀 순위 변동에 관한 자료이다. 이에 대한 설명으로 옳은 것은? 2018년

〈표〉 축구 국가대표팀 순위 변동

순위 \ 구분	2016년 10월			2017년 10월		
	국가	점수	등락	국가	점수	등락
1	아르헨티나	1,621	–	독일	1,606	↑1
2	독일	1,465	↑1	브라질	1,590	↓1
3	브라질	1,410	↑1	포르투갈	1,386	↑3
4	벨기에	1,382	↓2	아르헨티나	1,325	↓1
5	콜롬비아	1,361	–	벨기에	1,265	↑4
6	칠레	1,273	–	폴란드	1,250	↓1
7	프랑스	1,271	↑1	스위스	1,210	↓3
8	포르투갈	1,231	↓1	프랑스	1,208	↑2
9	우루과이	1,175	–	칠레	1,195	↓2
10	스페인	1,168	↑1	콜롬비아	1,191	↓2
11	웨일스	1,113	↑1	스페인	1,184	–

※ 1) 축구 국가대표팀 순위는 매월 발표됨
2) 등락에서 ↑, ↓, –는 전월 순위보다 각각 상승, 하락, 변동없음을 의미하고, 옆의 숫자는 전월대비 순위의 상승폭 혹은 하락폭을 의미함

① 2016년 10월과 2017년 10월에 순위가 모두 상위 10위 이내인 국가 수는 9개이다.
② 2017년 10월 상위 10개 국가 중, 2017년 9월 순위가 2016년 10월 순위보다 낮은 국가는 높은 국가보다 많다.
③ 2017년 10월 상위 5개 국가의 점수 평균이 2016년 10월 상위 5개 국가의 점수 평균보다 높다.
④ 2017년 10월 상위 11개 국가 중 전년 동월 대비 점수가 상승한 국가는 전년 동월 대비 순위도 상승하였다.
⑤ 2017년 10월 상위 11개 국가 중 2017년 10월 순위가 전월 대비 상승한 국가는 전년 동월 대비 상승한 국가보다 많다.

실전 풀이법

계산이 많이 필요하지 않은 문항으로, 선지 하나하나에 대해 꼼꼼히 체크만 하면 무난하게 풀 수 있는 문제이다. ③의 경우 5개 국가의 모두에서 2016년의 값이 2017년보다 크기 때문에 평균 계산을 하지 않고서 풀어야 한다.

정답해설

우선 2017년 9월 순위를 알아보면, 독일 2위, 브라질 1위, 포르투갈 6위, 아르헨티나 3위, 벨기에 9위, 폴란드 5위, 스위스 4위, 프랑스 10위, 칠레 7위, 콜롬비아 8위이다. 이 순위가 2016년 10월 순위보다 낮은 국가는 아르헨티나, 벨기에, 프랑스, 칠레, 콜롬비아 5개이고 높은 국가는 브라질, 포르투갈, 폴란드, 스위스 4개이다.

오답해설

① 2016년 10월과 2017년 10월에 순위가 모두 상위 10위 이내인 국가는 아르헨티나, 독일, 브라질, 벨기에, 콜롬비아, 칠레, 프랑스, 포르투갈로 총 8개이다.
③ 2017년 10월 상위 5개 국가의 점수 평균은 1,434.4점으로 2016년 10월 상위 5개 국가의 점수 평균인 1,447.8점보다 낮다.
④ 스페인의 경우 2016년 10월 1,168점에서 2017년 10월 1,184점으로 점수는 상승했지만 순위는 하락하였다.
⑤ 2017년 10월 순위가 전월 대비 상승한 국가는 독일, 포르투갈, 벨기에, 프랑스 4개이고, 순위가 전년 동월 대비 상승한 국가는 독일, 브라질, 포르투갈, 폴란드, 스위스 5개이다.

11

정답 ④

다음 〈표〉와 〈그림〉은 2015년 A~D국의 산업별 기업수와 국내총생산(GDP)에 대한 자료이다. 이와 〈조건〉에 근거하여 A~D에 해당하는 국가를 바르게 나열한 것은? 2018년

〈표〉 A~D국의 산업별 기업수

(단위 : 개)

국가 \ 산업	전체	제조업	서비스업	기타
A	3,094,595	235,093	2,283,769	575,733
B	3,668,152	396,422	2,742,627	529,103
C	2,975,674	397,171	2,450,288	128,215
D	3,254,196	489,530	2,747,603	17,063

〈그림〉 A~D국의 전체 기업수와 GDP

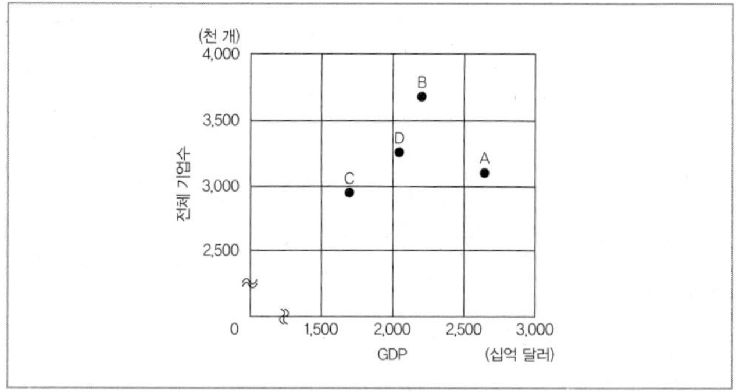

〈조건〉

- '갑'~'정'국 중 전체 기업수 대비 서비스업 기업수의 비중이 가장 큰 국가는 '갑'국이다.
- '정'국은 '을'국보다 제조업 기업수가 많다.
- '을'국은 '병'국보다 전체 기업수는 많지만 GDP는 낮다.

	A	B	C	D
①	갑	정	을	병
②	을	병	정	갑
③	병	을	갑	정
④	병	을	정	갑
⑤	정	을	병	갑

실전 풀이법

조건에 따라 매칭하기보단 해당하지 않는 선지들을 지우는 것이 훨씬 빨리 풀 수 있다. 첫 번째 조건의 경우에도 갑을 확인하지 않고, 절대 갑이 될 수 없는 것을 지운다는 접근을 해도 무방하다.

정답해설

첫 번째 조건에서 전체 기업수 대비 서비스업 기업이 가장 많은 것은 D이므로 D가 갑임을 알 수 있다. ①, ③이 소거된다.

두 번째 조건에서 정국이 을국보다 제조업 기업수가 많아야 하므로, ⑤가 소거된다.

세 번째 조건에서 을국은 병국보다 전체 기업수는 많지만 GDP는 낮아야하므로 ②가 소거된다. 그러므로 답은 ④가 된다.

12

정답 ①

다음 〈그림〉은 A시와 B시의 시민단체 사회연결망 분석도이다. 이에 대한 〈보기〉의 설명 중 옳은 것만을 모두 고르면? 2018년

〈그림〉 A시와 B시의 시민단체 사회연결망 분석도

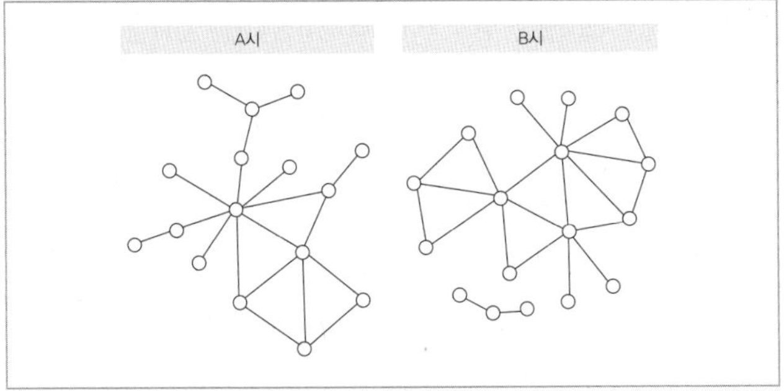

※ 1) 'o—o'에서 'o'는 시민단체, '—'은 두 시민단체 간 직접연결을 나타냄
2) 각 시민단체의 연결중심성은 해당 시민단체에 직접연결된 다른 시민단체수임
3) 각 시의 연결망 밀도 $= \frac{2 \times \text{해당 시의 직접연결 개수 총합}}{\text{해당 시의 시민단체수} \times (\text{해당 시의 시민단체수} - 1)}$

〈보기〉

ㄱ. 연결중심성이 가장 큰 시민단체는 A시에 있다.
ㄴ. 연결중심성이 1인 시민단체수는 A시가 B시보다 많다.
ㄷ. 시민단체수는 A시가 B시보다 많다.
ㄹ. 연결망 밀도는 A시가 B시보다 크다.

① ㄱ, ㄴ
② ㄱ, ㄹ
③ ㄴ, ㄷ
④ ㄱ, ㄴ, ㄹ
⑤ ㄴ, ㄷ, ㄹ

실전 풀이법

연결망 밀도의 경우 분모에 16은 공통되므로 없다고 생각하고 비교하면 더욱 쉽다.

정답해설

ㄱ. A시에서 연결중심성이 제일 높은 시민단체의 연결중심성은 8이고, B시의 경우에는 7이다.
ㄴ. 연결중심성이 1인 도시는 A시에 7개, B시에 6개 있다.

오답해설

ㄷ. 시민단체수는 A가 16개, B가 17개다.
ㄹ. 연결망 밀도는 A시가 $\frac{2 \times 19}{16 \times 15}$, B시가 $\frac{2 \times 22}{17 \times 16}$이다. B시가 더 크다.

13

정답 ②

다음 〈표〉는 소프트웨어 A~E의 제공 기능 및 가격과 사용자별 필요 기능 및 보유 소프트웨어에 관한 자료이다. 이에 대한 〈보기〉의 설명 중 옳은 것만을 모두 고르면? 2018년

〈표 1〉 소프트웨어별 제공 기능 및 가격

(단위 : 원)

구분 \ 소프트웨어	기능										가격
	1	2	3	4	5	6	7	8	9	10	
A	○		○		○		○	○		○	79,000
B		○	○	○		○			○	○	62,000
C	○	○	○	○	○	○		○	○		58,000
D		○				○	○		○		54,000
E	○		○	○	○	○	○	○			68,000

※ 1) ○ : 소프트웨어가 해당 번호의 기능을 제공함을 뜻함
2) 각 기능의 가격은 해당 기능을 제공하는 모든 소프트웨어에서 동일하며, 소프트웨어의 가격은 제공 기능 가격의 합임

〈표 2〉 사용자별 필요 기능 및 보유 소프트웨어

구분 \ 사용자	기능										보유 소프트웨어
	1	2	3	4	5	6	7	8	9	10	
갑			○		○		○	○			A
을		○	○	○		○			○	○	B
병	○		○					○			(　　)

※ 1) ○ : 사용자가 해당 번호의 기능이 필요함을 뜻함
2) 각 사용자는 소프트웨어 A~E 중 필요 기능을 모두 제공하는 1개의 소프트웨어를 보유함
3) 각 소프트웨어는 여러 명의 사용자가 동시에 보유할 수 있음

〈보기〉

ㄱ. '갑'의 필요 기능을 모두 제공하는 소프트웨어 중 가격이 가장 낮은 것은 E이다.
ㄴ. 기능 1, 5, 8의 가격 합과 기능 10의 가격 차이는 3,000원 이상이다.
ㄷ. '을'의 보유 소프트웨어와 '병'의 보유 소프트웨어로 기능1~10을 모두 제공하려면, '병'이 보유할 수 있는 소프트웨어는 E뿐이다.

① ㄱ
② ㄱ, ㄴ
③ ㄱ, ㄷ
④ ㄴ, ㄷ
⑤ ㄱ, ㄴ, ㄷ

실전 풀이법

이런 유형의 경우 각 기능의 가격을 찾는 것은 불가능하거나 매우 어렵다. 따라서 소프트웨어 간의 공통점, 차이점을 통해 일치법, 차이법을 활용해야 한다.

정답해설

ㄱ. 갑의 기능을 모두 제공하는 것은 A와 E이며 E가 더 저렴하다.
ㄴ. B의 경우 1, 5, 7, 8이 없고 C의 경우 7, 10이 없다. 따라서 둘의 가격 차이는 1, 5, 8의 합과 10의 가격 차이가 되며 이는 4,000원이다.

오답해설

ㄷ. 을이 B를 소유했고 여기서 부족한 기능은 1, 5, 7, 8이다. 이들을 포함하며 병이 필요로 하는 기능을 포함한 소프트웨어는 A와 E가 있다.

14

정답 ②

다음 〈표〉는 2017년 기준 농림어업 생산액 상위 20개국의 GDP 및 농림어업 생산액에 관한 자료이다. 이에 대한 설명으로 옳지 않은 것은? 2022년

〈표〉 2017년 기준 농림어업 생산액 상위 20개국의 GDP 및 농림어업 생산액 현황

(단위 : 십억 달러, %)

연도 / 구분 / 국가	2017			2012		
	GDP	농림어업 생산액	GDP 대비 비율	GDP	농림어업 생산액	GDP 대비 비율
중국	12,237	(　)	7.9	8,560	806	9.4
인도	2,600	(　)	15.5	1,827	307	16.8
미국	(　)	198	1.0	16,155	194	1.2
인도네시아	1,015	133	13.1	917	122	13.3
브라질	2,055	93	(　)	2,465	102	(　)
나이지리아	375	78	20.8	459	100	21.8
파키스탄	304	69	(　)	224	53	(　)
러시아	1,577	63	4.0	2,210	70	3.2
일본	4,872	52	1.1	6,230	70	1.1
터키	851	51	6.0	873	67	7.7
이란	454	43	9.5	598	45	7.5
태국	455	39	8.6	397	45	11.3
멕시코	1,150	39	3.4	1,201	38	3.2
프랑스	2,582	38	1.5	2,683	43	1.6
이탈리아	1,934	37	1.9	2,072	40	1.9
호주	1,323	36	2.7	1,543	34	2.2
수단	117	35	29.9	68	22	32.4
아르헨티나	637	35	5.5	545	31	5.7
베트남	223	34	15.2	155	29	18.7
스페인	1,311	33	2.5	1,336	30	2.2
전세계	80,737	3,351	4.2	74,993	3,061	4.1

① 2017년 농림어업 생산액 상위 5개국 중, 농림어업 생산액의 GDP 대비 비율이 전세계보다 낮은 국가는 미국뿐이다.

② 2017년 농림어업 생산액 상위 3개국의 GDP 합은 전세계 GDP의 50% 이상이다.

③ 2017년 농림어업 생산액 상위 20개국 중, 2012년 대비 2017년 농림어업 생산액의 GDP 대비 비율이 증가한 국가는 모두 2012년 대비 2017년 GDP가 감소하였다.

④ 2017년 농림어업 생산액은 중국이 인도의 2배 이상이다.

⑤ 파키스탄은 농림어업 생산액의 GDP 대비 비율이 2012년 대비 2017년에 감소하였다.

실전 풀이법

선지 ④, ⑤에 비해 선지 ②, ③은 계산이 많다. 계산이 적은 선지부터 접근하거나, 계산이 복잡한 선지부터 접근하는지는 수험생의 취향에 따라 다르다. 계산이 적은 선지부터 본다면 나중에 복잡한 선지를 계산할 때 힌트를 얻게 될 수 있고(해당 문제에서는 ④의 정보가 ②를 판단할 때 활용된다), 계산이 많은 선지부터 본다면 정답은 복합적인 계산을 요할 때가 많으므로 정답에 빠르게 접근할 수 있다는 장점이 있다.

정답해설

중국과 인도의 농림어업 생산액을 구하기 위해 GDP에 GDP 대비 비율을 곱하면, 약 966.7, 403이고, 미국의 GDP는 $\frac{198}{0.01}=19,800$이다. 농림어업 생산액 상위 3개국은 중국, 인도, 미국이므로 이들의 GDP를 모두 더하면 34,637이 되며, 이는 전세계 GDP의 50% 미만이다.

오답해설

① 2017년 농림어업 생산액 상위 5개국은 중국, 인도, 미국, 인도네시아, 브라질이다. 브라질의 GDP 대비 비율은 $\frac{93}{2,055}\times100≒4.5\%$이다. 따라서 GDP 대비 비율이 전세계보다 낮은 국가는 미국뿐이다.

③ 2017년 농림어업 생산액 상위 20개국 중, 2012년 대비 2017년 농림어업 생산액의 GDP 대비 비율이 증가한 국가는 브라질, 러시아, 이란, 멕시코, 호주, 스페인이다. 해당 국가 모두 2012년 대비 2017년 GDP가 감소하였다.

④ 2017년 농림어업 생산액은 중국, 인도 각각 약 996.7, 403이므로, 중국이 인도의 2배 이상이다.

⑤ 파키스탄의 농림어업 생산액의 GDP 대비 비율은 2017년이 $\frac{69}{304}\times100≒22.7\%$, 2012년이 $\frac{53}{224}\times100≒23.7\%$이므로, 2012년 대비 2017년에 감소하였다.

15

정답 ⑤

다음 〈그림〉은 국내 7개 권역별 전국 대비 면적, 인구, 산업 생산액 비중 현황을 나타낸 것이다. 이를 토대로 〈보기〉에 제시된 각 항목의 값이 두 번째로 큰 권역을 바르게 나열한 것은? 2016년

〈그림〉 권역별 전국 대비 면적, 인구, 산업 생산액 비중 현황

(단위 : %)

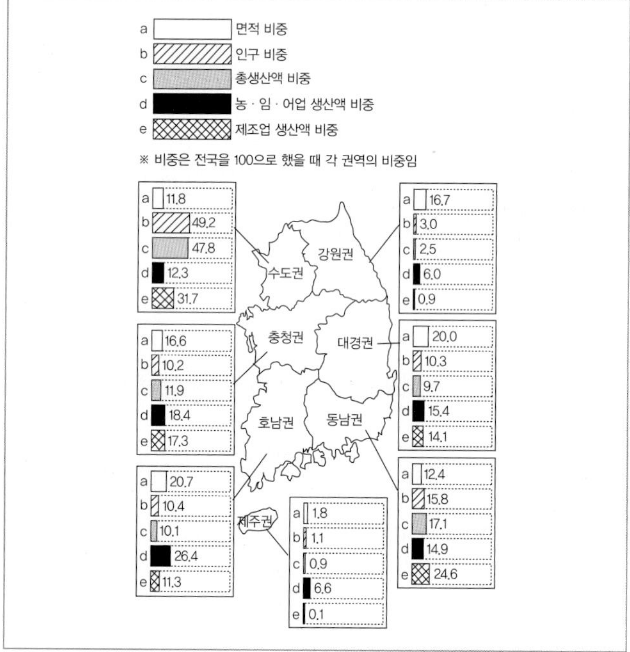

〈보기〉

ㄱ. 면적 대비 총생산액
ㄴ. 면적 대비 농·임·어업 생산액
ㄷ. 인구 대비 제조업 생산액

	ㄱ	ㄴ	ㄷ
①	충청권	동남권	동남권
②	충청권	호남권	대경권
③	동남권	동남권	대경권
④	동남권	호남권	대경권
⑤	동남권	호남권	동남권

실전 풀이법

다행히 해당 문제는 선지에 첫 번째에 해당하는 지역이 없어서 큰 문제가 없었으나, "두 번째"로 큰 항목을 묻고 있음을 명심해야 한다.
그리고 이런 지역기반 문제의 경우, 가장 높은 것이 무엇인지 파악할 때 기본적인 지식을 활용할 수도 있다. 예를 들어, 면적 대비 총생산액은 당연히 수도권에서 가장 많은 것임을 유추하여 먼저 확인해볼 수 있는 식이다.
그리고 모든 지역의 순위를 볼 필요 없이, 선지에 주어진 지역들만 비교하면 답을 찾을 수 있다.

정답해설

ㄱ의 경우 면적 대비 총생산액을 묻고 있다. 이때 해당 값은 수도권이 가장 높으므로, 충청권과 동남권 중 큰 것이 무엇인지 파악해야 한다. 이때 동남권은 그 값이 1보다 큰 반면 충청권은 1보다 작으므로, 답은 동남권이 된다.
ㄴ의 경우 면적 대비 농·임·어업 생산액을 묻고 있다. 이는 제주권이 제일 높다. 따라서 선지의 동남권과 호남권 중 무엇이 더 높은지 파악해야 한다. 이때 동남권은 1.2배 약간 넘지만 호남권은 이를 넘으므로 호남권이 답이 된다.
ㄷ의 경우 인구 대비 제조업 생산액을 묻고 있다. 이는 충청권이 제일 높다. 그러므로 선지의 대경권과 동남권 중 무엇이 더 높은지 파악해야 한다. 동남권은 인구 대비 제조업 생산액이 1.5를 넘지만 대경권은 그렇지 않으므로 동남권이 답이 된다.
따라서 정답은 동남권–호남권–동남권인 ⑤가 된다.

16

정답 ①

다음 〈표〉는 가정용 정화조에서 수집한 샘플의 수중 질소 성분 농도를 측정한 자료이다. 이에 대한 〈보기〉의 설명 중 옳은 것만을 모두 고르면? 2019년

〈표〉 수집한 샘플의 수중 질소 성분 농도

(단위 : mg/L)

샘플 \ 항목	총질소	암모니아성 질소	질산성 질소	유기성 질소	TKN
A	46.24	14.25	2.88	29.11	43.36
B	37.38	6.46	( )	25.01	( )
C	40.63	15.29	5.01	20.33	35.62
D	54.38	( )	( )	36.91	49.39
E	41.42	13.92	4.04	23.46	37.38
F	( )	( )	5.82	( )	34.51
G	30.73	5.27	3.29	22.17	27.44
H	25.29	12.84	( )	7.88	20.72
I	( )	5.27	1.12	35.19	40.46
J	38.82	7.01	5.76	26.05	33.06
평균	39.68	( )	4.34	( )	35.34

※ 1) 총질소 농도=암모니아성 질소 농도+질산성 질소 농도+유기성 질소 농도
2) TKN 농도=암모니아성 질소 농도+유기성 질소 농도

〈보기〉

ㄱ. 샘플 A의 총질소 농도는 샘플 I의 총질소 농도보다 높다.
ㄴ. 샘플 B의 TKN 농도는 30mg/L 이상이다.
ㄷ. 샘플 B의 질산성 질소 농도는 샘플 D의 질산성 질소 농도보다 낮다.
ㄹ. 샘플 F는 암모니아성 질소 농도가 유기성 질소 농도보다 높다.

① ㄱ, ㄴ
② ㄱ, ㄷ
③ ㄴ, ㄷ
④ ㄱ, ㄷ, ㄹ
⑤ ㄴ, ㄷ, ㄹ

실전 풀이법

ㄱ을 풀기 위해서는 샘플 I의 총질소 빈칸만 계산하면 충분하다. 이때 샘플 I의 총질소 농도는 A의 총질소 농도보다는 확연히 작다. 이럴 때 소수점 둘째 자리까지 정확한 계산을 하는 것은 시간낭비에 불과하다. 이후 ㄴ역시 샘플 B의 TKN 농도가 30mg/L 이상인 것은 암산으로 파악이 가능한데, ㄱ과 ㄴ이 옳다는 것이 확인되면 다른 보기의 풀이 없이도 빠르게 정답을 고를 수 있다. 즉, 대부분의 빈칸은 계산하지 않아도 답을 찾는 데에는 아무런 지장이 없다.

정답해설

ㄱ. 샘플 I의 총질소 농도는 자연수 부분만 계산했을 때 41mg/L이므로 최대 46mg/L를 넘을 수가 없다. 즉, 샘플 A의 총질소 농도보다 작을 수밖에 없다. 정확하게 계산하면 샘플 I의 총질소 농도는 41.58mg/L로 샘플 A의 총 질소 농도인 46.24mg/L보다 작다.
ㄴ. 샘플 B의 TKN 농도는 자연수 부분만 계산해도 31mg/L로 30mg/L보다는 무조건 크다. 정확한 수치는 31.47mg/L로, 30mg/L 이상이다.

오답해설

ㄷ. 질산성 질소 농도는 정의에 의해 '총질소 농도–TKN 농도'로 계산된다. 샘플 B의 질산성 질소 농도는 5.91mg/L로 샘플 D의 질산성 질소 농도인 4.99mg/L보다 높다.
ㄹ. 주어진 빈칸을 모두 채운다고 해도, 샘플 F의 암모니아성 질소 농도와 유기성 질소 농도는 파악할 수 없다.

17

정답 ①

다음 〈정보〉와 〈표〉는 2014년 '부패영향평가' 의뢰기한 준수도 평가에 관한 자료이다. '갑'~'무' 기관을 평가한 결과 '무' 기관이 3위를 하였다면 '무' 기관의 G 법령안 '부패영향평가' 의뢰일로 가능한 날짜는? 2016년

〈정보〉

- 각 기관은 소관 법령을 제정·개정하기 위하여 법령안을 제출하여 '부패영향평가'를 의뢰한다.
- 각 기관의 '부패영향평가' 의뢰기한 준수도는 각 기관이 의뢰한 법령안들의 의뢰시기별 평가점수 평균이고, 순위는 평가점수 평균이 높은 기관부터 순서대로 부여한다.
- 법령안의 의뢰시기별 평가점수
  - 관계기관 협의일 이전 : 10점
  - 관계기관 협의일 후 입법예고 시작일 이전 : 5점
  - 입법예고 시작일 후 입법예고 마감일 이전 : 3점
  - 입법예고 마감일 후 : 0점

〈표 1〉 2014년 '갑'~'무' 기관의 의뢰시기별 '부패영향평가' 의뢰현황

(단위 : 건)

기관 \ 구분	의뢰시기별 법령안 건수				
	관계기관 협의일 이전	관계기관 협의일 후 입법예고 시작일 이전	입법예고 시작일 후 입법예고 마감일 이전	입법예고 마감일 후	합
갑	8	0	12	7	27
을	40	0	6	0	46
병	12	8	3	0	23
정	24	3	20	3	50
무	( )	( )	( )	( )	7

※ 예 '갑' 기관의 '부패영향평가' 의뢰기한 준수도 : $\frac{(8건\times10점)+(0건\times5점)+(12건\times3점)+(7건\times0점)}{27}=4.30$

〈표 2〉 2014년 '무' 기관 소관 법령안별 관련 입법절차 일자 및 '부패영향평가' 의뢰일

법령안	관계기관 협의일	입법예고 시작일	입법예고 마감일	'부패영향평가' 의뢰일
A	1월 3일	1월 17일	2월 24일	1월 8일
B	2월 20일	2월 26일	4월 7일	2월 24일
C	3월 20일	3월 26일	5월 7일	3월 7일
D	3월 11일	3월 14일	4월 23일	3월 10일
E	4월 14일	5월 29일	7월 11일	5월 30일
F	7월 14일	7월 21일	8월 25일	8월 18일
G	9월 19일	10월 15일	11월 28일	( )

① 9월 17일
② 10월 6일
③ 11월 20일
④ 12월 1일
⑤ 12월 8일

실전 풀이법

특정 시기를 물어보는 것이기 때문에, 날짜가 가지는 의미가 같은 것들은 답이 될 수 없다. 즉, ④, ⑤의 경우 애초에 둘 다 입법예고 마감일 이후이기 때문에 고려할 필요가 없다. 그리고 점수를 구해서 7로 나누기보단, 애초에 필요로 하는 점수의 범위에 7을 곱해두는 것이 접근하기 편할 것이다.

정답해설

갑의 준수도는 각주에 나와 있는 것처럼 4.3이다. 을은 (40×10+6×3)÷46=9가 넘는다. 병은 (12×10+8×5+3×3)÷23≒7.35가 나온다. 정은 (24×10+3×5+20×3)÷50=6.3이 나온다.
무가 3위가 되기 위해선 준수도가 7과 6.3 사이에 있어야 한다. 무의 법령 중 관계기관 협의일 이전이 2개, 입법예고 시작일 이전이 2개, 입법예고 마감일 이전이 2개로 현재 점수의 합이 36이다. 후에 7로 나눠야 함을 고려하면, 평가점수 10점을 더 받아야 하므로 관계기관 협의일 이전에 부패영향평가를 의뢰해야 한다. 따라서 정답은 ①이 된다.

18

정답 ④

다음 〈표〉와 〈그림〉의 내용과 〈분배규칙〉을 바탕으로 작성한 〈보고서〉의 설명 중 옳은 것만을 모두 고르면? 2018년

〈표〉 업체별 · 연도별 온실가스 배출량

(단위 : 천tCO2eq.)

업체＼구분	배출량				예상 배출량
	2015년	2016년	2017년	3년 평균 (2015~2017년)	2018년
A	1,021	990	929	980	910
B	590	535	531	552	524
C	403	385	361	383	352
D	356	( )	260	284	257
E	280	271	265	272	241
F	168	150	135	151	132
G	102	101	100	( )	96
H	92	81	73	82	71
I	68	59	47	58	44
J	30	29	28	( )	24
기타	28	27	20	25	22
전체	3,138	2,864	( )	2,917	2,673

〈그림〉 업체 A~J의 3년 평균(2015~2017년) 철강 생산량과 온실가스 배출량

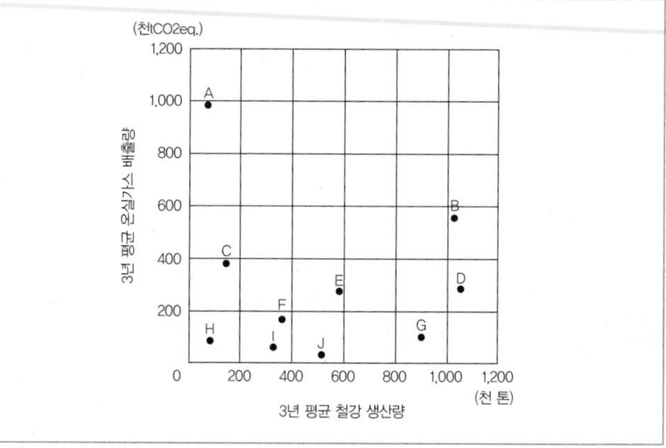

※ 온실가스 배출 효율성 = $\frac{\text{3년 평균 철강 생산량}}{\text{3년 평균 온실가스 배출량}} \times 100$

〈분배규칙〉

• 해당년도 업체별 온실가스 배출권(천tCO2eq.)=

해당년도 온실가스 배출권 총량 × $\frac{\text{해당 업체의 직전 3년 평균 온실가스 배출량}}{\text{철강산업 전체의 직전 3년 평균 온실가스 배출량}}$

〈보고서〉

2015~2017년 동안 철강산업의 업체별 온실가스 배출량을 조사하였다. 조사결과 ㉠ 매년 온실가스 배출량 기준 상위 3개 업체의 순위에는 변화가 없었으며, 상위 10개 업체가 철강산업 전체 온실가스 배출량의 90% 이상을 차지하였다. 철강생산량과 온실가스 배출량의 관계를 살펴보면, 3년 평균(2015~2017년)을 기준으로 할 때 ㉡ D업체는 E업체에 비하여 철강 1톤을 생산하는 데 50% 이상의 온실가스를 더 배출하는 등 업체별 온실가스 배출 효율성에 큰 차이가 있다.

현황 조사를 기반으로 온실가스배출권거래제도의 시행을 위하여 철강산업의 온실가스 배출량 기준 상위 10개 업체를 온실가스배출권거래제도 적용대상 업체로 선정하여 2018년도 온실가스 배출권 총량 2,600천tCO2eq.를 〈분배규칙〉에 따라 업체별로 분배하였다.

분배결과, ㉢ B업체는 C업체보다 더 많은 온실가스 배출권을 할당받았다. 온실가스배출권거래제도에서는 온실가스 배출권보다 더 많은 양의 온실가스를 배출한 업체는 거래시장에서 배출권 부족분을 구매해야 한다. 반대로, 배출권보다 적은 양을 배출한 업체는 배출권 잉여분을 시장에 판매하는 것이 가능하다. 2018년도 업체별 온실가스 예상 배출량을 기준으로 살펴보면, ㉣ G업체의 예상 배출량은 온실가스 배출권보다 많아 배출권을 구매하는 것이 필요할 것으로 예상된다.

① ㄱ, ㄴ
② ㄱ, ㄹ
③ ㄱ, ㄴ, ㄷ
④ ㄱ, ㄷ, ㄹ
⑤ ㄴ, ㄷ, ㄹ

실전 풀이법

보고서 문제는 사실상 ㄱ, ㄴ, ㄷ, ㄹ의 정오 문제와 별반 다르지 않다. 보고서 전체를 읽지 않고 중간에 밑줄을 친 부분을 중심으로 독해하여 옳고 그름을 판단할 수 있는 문항이다.

정답해설

ㄱ. 표에서 쉽게 확인할 수 있다. 매년 온실가스 배출량 기준 상위 3개 업체의 순위는 1~3위 각각 A, B, C로 동일하다.
ㄷ. 업체별 온실가스 배출권 식에서 '해당년도 온실가스 배출권 총량'과 '철강산업 전체의 직전 3년 평균 온실가스 배출량'은 모든 업체에서 같은 값으로 적용되기 때문에, 결국은 업체별 온실가스 배출권은 '해당 업체의 직전 3년 평균 온실가스 배출량'에 따라 결정된다. B업체의 2015~2017년 3년 평균 온실가스 배출량이 C업체보다 크므로, 더 많은 온실가스 배출권을 할당받았다.
ㄹ. G업체의 2018년 예상 배출량은 96천tCO2eq.로, 2018년 온실가스 배출권인 2,673×101÷2,917≒92천tCO2eq.보다 많다.

오답해설

ㄴ. 그림을 통해 확인할 수 있다. 그림의 기울기가 작을수록 온실가스 배출 효율성이 높고 이는 온실가스를 덜 배출하는 것을 의미한다. 그림에서 D업체의 기울기가 E업체의 기울기보다 작으므로, 철강 1톤을 생산하는 데 온실가스를 덜 배출한다.

19

정답 ③

다음 〈표〉는 특별 · 광역 · 특별자치시의 도로현황이다. 이를 바탕으로 〈조건〉을 모두 만족하는 두 도시 A, B를 비교한 것으로 옳은 것은? 2018년

〈표〉 특별 · 광역 · 특별자치시의 도로현황

구분	면적 (km^2)	인구 (천 명)	도로 연장 (km)	포장 도로 (km)	도로 포장률 (%)	면적당 도로 연장 (km/km^2)	인구당 도로 연장 (km/천 명)	자동차 대수 (천 대)	자동차당 도로 연장 (km/천 대)	도로 보급률
서울	605	10,195	8,223	8,223	100.0	13.59	0.81	2,974	2.76	3.31
부산	770	3,538	3,101	3,022	97.5	4.03	0.88	1,184	2.62	1.88
대구	884	2,506	2,627	2,627	100.0	2.97	1.05	1,039	2.53	1.76
인천	1,041	2,844	2,743	2,605	95.0	2.63	0.96	1,142	2.40	1.59
광주	501	1,469	1,806	1,799	99.6	3.60	1.23	568	3.18	2.11
대전	540	1,525	2,077	2,077	100.0	3.85	1.36	606	3.43	2.29
울산	1,060	1,147	1,760	1,724	98.0	1.66	1.53	485	3.63	1.60
세종	465	113	412	334	81.1	0.89	3.65	53	7.77	1.80
전국	100,188	50,948	106,440	87,798	82.5	1.06	2.09	19,400	5.49	1.49

〈조건〉

- 자동차당 도로연장은 A시와 B시 모두 전국보다 짧다.
- A시 인구는 B시 인구의 2배 이상이다.
- A시는 B시에 비해 면적이 더 넓다.
- A시는 B시에 비해 도로포장률이 더 높다.

① 자동차 대수 : A < B
② 도로보급률 : A < B
③ 면적당 도로연장 : A > B
④ 인구당 도로연장 : A > B
⑤ 자동차당 도로연장 : A > B

실전 풀이법

해당 문제는 보이는 것보다 더 어려운 문제이며, 새로운 유형의 매칭형이다. 순서대로 단계를 적용해 보면서 A와 B 조합을 소거해야 한다. 당시 새로운 유형이었고 기존의 매칭형보다 까다롭기 때문에, 실전에서 이처럼 까다로운 신유형을 만난다면 풀지 않고 넘어가는 것도 좋은 전략이다.

정답해설

해당 문항은 조건을 연속적으로 적용하는 방식으로 조합을 줄여나가야 한다.
첫 번째 조건을 적용하면, 세종은 A, B가 될 수 없다.
두 번째 조건을 적용하면, A가 서울일 때 B는 부산, 대구, 인천, 광주, 대전, 울산이 될 수 있으며, A가 부산일 때 B는 광주, 대전, 울산이 될 수 있다.
세 번째 조건을 적용하면, A가 서울일 때 B는 광주, 대전이 될 수 있으며 A가 부산일 때 광주, 대전이 될 수 있다.
네 번째 조건을 적용하면, A가 서울, B가 광주이다.
이를 바탕으로 수치를 비교하면 답은 ③이 된다.

20

정답 ③

다음 〈표〉는 2014~2018년 A기업의 직군별 사원수 현황에 대한 자료이다. 이에 대한 〈보기〉의 설명 중 옳은 것을 고르면? 2020년

〈표〉 2014~2018년 A기업의 직군별 사원수 현황

(단위 : 명)

직군 / 연도	영업직	생산직	사무직
2018	169	105	66
2017	174	121	68
2016	137	107	77
2015	136	93	84
2014	134	107	85

※ 사원은 영업직, 생산직, 사무직으로만 구분됨

〈보기〉

ㄱ. 전체 사원수는 매년 증가한다.
ㄴ. 영업직 사원수는 생산직과 사무직 사원수의 합보다 매년 적다.
ㄷ. 생산직 사원의 비중이 30% 미만인 해는 전체 사원수가 가장 적은 해와 같다.
ㄹ. 영업직 사원의 비중은 매년 증가한다.

① ㄱ, ㄴ
② ㄱ, ㄷ
③ ㄴ, ㄷ
④ ㄴ, ㄹ
⑤ ㄷ, ㄹ

실전 풀이법

ㄷ에서는 생산직 사원의 비중이 30% 미만인 해와 전체 사원수가 가장 적은 해를 비교하도록 하고 있다. 둘 중 구하기 쉬운 것을 먼저 구하고, 해당 연도가 나머지 조건을 충족하는지를 보면 된다. 30%를 계산하는 것보다는 덧셈을 하는 것이 편하므로, 전체 사원수가 가장 적은 해를 찾자. 영업직 사원수가 현저히 적은 2014~2016년 중에서, 생산직 사원수가 가장 적은 2015년을 기준으로 비교하면 2015년의 전체 사원수가 가장 적다는 것을 알 수 있다.

정답해설

ㄴ. 매년 영업직 사원수는 생산직과 사무직 사원수를 합한 것보다 현저히 적다. 2018년에도 생산직과 사무직 사원수를 합하면 171명으로, 영업직보다 2명 더 많다.
ㄷ. 전체 사원수가 가장 적은 해는 2015년이다. 2015년 총 사원수는 313명으로, 생산직 사원수 비중은 30% 미만이다.

오답해설

ㄱ. 2018년에는 전년도에 비해 전체 사원수가 19명 감소하였다.
ㄹ. 2016년에는 영업직 사원수는 1명 늘었으나, 생산직과 사무직 사원수의 합은 5명 늘었다. 생산직과 사무직 사원수 합의 증가율이 더 높으므로, 영업직 사원의 비중은 감소하였다.

21 정답 ⑤

다음 〈표〉는 방한 중국인 관광객에 관한 자료이다. 〈보고서〉를 작성하기 위해 〈표〉 이외에 추가로 필요한 자료만을 〈보기〉에서 모두 고르면? 2018년

〈표 1〉 2016~2017년 월별 방한 중국인 관광객수

(단위 : 만 명)

년 \ 월	1	2	3	4	5	6	7	8	9	10	11	12	계
2016	60	47	80	80	78	95	87	102	107	106	55	54	951
2017	15	15	18	17	17	20	15	21	13	19	12	13	195

※ 2017년 자료는 추정값임

〈표 2〉 2016년 방한 중국인 관광객 1인당 관광 지출액

(단위 : 달러)

구분	쇼핑	숙박·교통	식음료	기타	총지출
개별	1,430	422	322	61	2,235
단체	1,296	168	196	17	1,677
전체	1,363	295	259	39	1,956

※ 전체는 방한 중국인 관광객 1인당 관광 지출액임

〈보고서〉

2017년 3월부터 7월까지 5개월간 전년 동기간 대비 방한 중국인 관광객수는 300만 명 이상 감소한 것으로 추정된다. 해당 규모에 2016년 기준 전체 방한 중국인 관광객 1인당 관광 지출액인 1,956달러를 적용하면 중국인의 한국 관광 포기로 인한 지출 감소액은 약 65.1억 달러로 추정된다.

2017년 전년 대비 연간 추정 방한 중국인 관광객 감소 규모는 약 756만 명이며, 추정 지출 감소액은 약 147.9억 달러로 나타난다. 이는 각각 2016년 중국인 관광객을 제외한 연간 전체 방한 외국인 관광객수의 46.3%, 중국인 관광객 지출액을 제외한 전체 방한 외국인 관광객 총 지출액의 55.8% 수준이다.

2017년 산업부문별 추정 매출 감소액을 살펴보면, 도소매업의 매출액 감소가 전년 대비 108.9억 달러로 가장 크고, 다음으로 식음료업, 숙박업 순으로 나타났다.

〈보기〉

ㄱ. 2016년 방한 외국인 관광객의 국적별 1인당 관광 지출액
ㄴ. 2016년 전체 방한 외국인 관광객수 및 지출액 현황
ㄷ. 2016년 산업부문별 매출액 규모 및 구성비
ㄹ. 2017년 산업부문별 추정 매출액 규모 및 구성비

① ㄱ, ㄷ
② ㄴ, ㄷ
③ ㄴ, ㄹ
④ ㄱ, ㄴ, ㄹ
⑤ ㄴ, ㄷ, ㄹ

실전 풀이법

보고서의 두 번째 문단을 작성하기 위해서는 방한 외국인 관광객 수와 지출액에 대한 자료가 추가로 필요하다. ㄱ은 이와 유사하지만 국적별 관광객 수가 제시되어 있지 않다. 유사한 자료가 선지로 제시되었을 때 주의하자.

정답해설

ㄴ. 보고서의 두 번째 문단에서 2016년 중국인 관광객을 제외한 외국인 관광객 수, 중국인 관광객 지출액을 제외한 외국인 관광객 총 지출액을 계산하기 위해서는 전체 방한 외국인 관광객수 및 지출액 현황이 필요하다. 표 1과 표 2에 중국인 관광객수 및 지출액에 대한 자료가 제시되어 있으므로 이를 고려하여 계산할 수 있다.

ㄷ. 보고서의 세 번째 문단에서 2016년 산업부문별 매출액과 2017년 산업부문별 추정 매출액을 비교하고 있다.

ㄹ. 보고서의 세 번째 문단에서 2016년 산업부문별 매출액과 2017년 산업부문별 추정 매출액을 비교하고 있다.

오답해설

ㄱ. 2016년 방한 외국인 관광객의 구체적인 국적까지 필요하지는 않다.

22 정답 ⑤

다음 〈표〉는 성별, 연령대별 전자금융서비스 인증수단 선호도에 관한 자료이다. 이에 대한 설명으로 옳지 않은 것은? 2019년

〈표〉 성별, 연령대별 전자금융서비스 인증수단 선호도 조사결과

(단위 : %)

구분 \ 인증수단		휴대폰 문자 인증	공인 인증서	아이핀	이메일	전화 인증	신용 카드	바이오 인증
성별	남성	72.2	69.3	34.5	23.1	22.3	21.1	9.9
	여성	76.6	71.6	27.0	25.3	23.9	20.4	8.3
연령대	10대	82.2	40.1	38.1	54.6	19.1	12.0	11.9
	20대	73.7	67.4	36.0	24.1	25.6	16.9	9.4
	30대	71.6	76.2	29.8	15.7	28.0	22.3	7.8
	40대	75.0	77.7	26.7	17.8	20.6	23.3	8.6
	50대	71.9	79.4	25.7	21.1	21.2	26.0	9.4
전체		74.3	70.4	30.9	24.2	23.1	20.8	9.2

※ 1) 응답자 1인당 최소 1개에서 최대 3개까지의 선호하는 인증수단을 선택했음
2) 인증수단 선호도는 전체 응답자 중 해당 인증수단을 선호한다고 선택한 응답자의 비율임
3) 전자금융서비스 인증수단은 제시된 7개로만 한정됨

① 연령대별 인증수단 선호도를 살펴보면, 30대와 40대 모두 아이핀이 3번째로 높다.
② 전체 응답자 중 선호 인증수단을 3개 선택한 응답자 수는 40% 이상이다.
③ 선호하는 인증수단으로, 신용카드를 선택한 남성 수는 바이오인증을 선택한 남성 수의 3배 이하이다.
④ 20대와 50대 간의 인증수단별 선호도 차이는 공인인증서가 가장 크다.
⑤ 선호하는 인증수단으로, 이메일을 선택한 20대 모두가 아이핀과 공인인증서를 동시에 선택했다면, 신용카드를 선택한 20대 모두가 아이핀을 동시에 선택한 것이 가능하다.

실전 풀이법

선호도 조사에서 복수 응답이 가능하기 때문에 문제 풀이에 시간이 다소 소요되는 난도가 높은 문항이다. 표 아래에 나오는 추가 조건을 놓치지 않고 선지를 순서대로 풀어나간다면 정답에 이르는 것은 어렵지 않지만, 당황하여 문제가 읽히지 않는다면 뒤로 미루는 것도 방법이 될 수 있다.

정답해설

이메일을 선택한 20대 응답자 수는 24.1%이고, 신용카드를 선택한 20대 응답자 수는 16.9%이다. 이 모두가 아이핀을 동시에 선택했다면 아이핀의 응답자 수는 24.1+16.9=41% 이상이어야 하지만, 아이핀을 선택한 20대 응답자 수는 36%에 불과하다. 따라서 불가능하다.

오답해설

① 연령대별 인증수단 선호도를 살펴보면, 30대와 40대 모두 공인인증서-휴대폰 문자 인증-아이핀 순서로 선호하여 아이핀이 3번째로 선호도가 높다.
② 선호 인증수단을 1개나 2개를 응답한 비율이 최대가 되어도 3개 선택한 응답자의 최소 비율이 40% 이상이 되면 맞으므로, 먼저 선호 인증수단을 1개나 2개를 응답한 비율이 최대가 되도록 생각해본다. 선호 인증수단을 1개나 2개를 응답한 비율이 최대가 되는 경우는 선호 인증수단을 2개 선택한 사람의 비율이 100%일 때인데, 전체가 252.9%이므로 52.9% 정도는 3개를 선택한 경우가 되어 맞는 선지가 된다.

③ 선호하는 인증수단으로 신용카드를 선택한 남성은 21.1%로, 바이오 인증을 선택한 남성인 9.9%의 3배 이하이다.

④ 20대와 50대간의 인증수단별 선호도 차이를 살펴보면, 공인인증서가 12.0%p로 가장 크다.

23

정답 ④

다음 〈표〉는 '갑'국 국민 4,000명을 대상으로 공동인증서 비밀번호 변경주기를 조사한 자료이다. 이에 대한 〈보기〉의 설명 중 옳은 것만을 모두 고르면? 2022년

〈표〉 공동인증서 비밀번호 변경주기 조사 결과

(단위 : 명, %)

구분		대상자 수	변경하였음					변경하지 않았음
				1년 초과	6개월 초과 1년 이하	3개월 초과 6개월 이하	3개월 이하	
전체		4,000	70.0	30.9	21.7	10.5	6.9	29.7
성별	남성	2,059	70.5	28.0	23.2	11.7	7.6	29.1
	여성	1,941	69.5	34.0	20.1	9.2	6.2	30.3
연령대	15~19세	367	55.0	22.9	12.5	12.0	7.6	45.0
	20대	702	67.7	32.5	17.0	9.5	8.7	32.3
	30대	788	74.7	33.8	20.4	11.9	8.6	24.5
	40대	922	71.0	29.5	25.1	10.1	6.4	28.5
	50대 이상	1,221	72.0	31.6	25.5	10.0	4.9	27.8
직업	전문직	691	70.3	28.7	23.7	11.4	6.5	29.2
	사무직	1,321	72.7	30.8	23.1	11.6	7.3	26.7
	판매직	374	74.3	32.4	22.2	11.5	8.3	25.4
	기능직	242	73.1	29.8	25.6	9.1	8.7	26.9
	농림어업직	22	81.8	13.6	31.8	18.2	18.2	18.2
	학생	611	58.9	27.5	12.8	11.0	7.7	41.1
	전업주부	506	73.5	36.4	24.5	7.5	5.1	26.5
	기타	233	63.5	35.6	19.3	6.0	2.6	36.1

※ 항목별로 중복응답은 없으며, 전체 대상자 중 무응답자는 12명임

〈보기〉

ㄱ. 변경주기가 1년 이하인 응답자 수는 남성이 여성보다 많다.

ㄴ. 전체 무응답자 중 '사무직' 남성은 2명 이상이다.

ㄷ. 20대 응답자 중 변경주기가 6개월 이하인 비율은 40대 응답자 중 변경주기가 6개월 이하인 비율보다 높다.

ㄹ. 비밀번호를 변경한 응답자 중 변경주기가 1년 초과인 응답자수는 '학생'이 '전업주부'보다 많다.

① ㄱ, ㄷ
② ㄱ, ㄹ
③ ㄴ, ㄹ
④ ㄱ, ㄴ, ㄷ
⑤ ㄴ, ㄷ, ㄹ

실전 풀이법

ㄴ 같은 선지의 풀이는 표의 구조를 정확하게 파악하고 있어야 한다. 응답자는 '변경하였음'을 선택하거나 '변경하지 않았음'을 선택한 것이고, 둘을 더하면 100%가 아니라는 사실을 알았다면 항목별 무응답자 수를 어떻게 구하는지 알아차릴 수 있었을 것이다.

정답해설

ㄱ. 변경주기가 1년 이하인 응답자 수는 남성은 2,059×(1－0.28)≒1,482명, 여성은 1,941×(1－0.34)≒1,281명이므로, 남성이 더 많다.

ㄴ. 각주에 따르면 전체 대상자 중 무응답자는 12명이다. 남성 대상자는 2,059명이고, 이 중 응답자는 70.5＋29.1＝99.6%이므로, 무응답자의 비율은 0.4%, 약 8명이다. 사무직 대상자는 1,321명이고, 이 중 응답자는 72.7＋26.7＝99.4%이므로, 무응답자의 비율은 0.6%, 약 8명이다. 따라서 전체 무응답자 중 '사무직'이 아닌 무응답자는 12－8＝4명이고, 이 4명이 모두 남성이라고 한다면, 전체 무응답자 중 '사무직' 남성은 최소한 4명이다.

ㄷ. 20대 응답자 중 변경주기가 6개월 이하인 비율은 9.5＋8.7＝18.2%고, 40대는 10.1＋6.4＝16.5%이므로, 20대가 높다.

오답해설

ㄹ. 변경주기가 1년 초과인 학생 응답자 수는 611×0.275≒168명, 전업주부 응답자 수는 506×0.364≒184명이므로, 전업주부가 더 많다.

24

정답 ⑤

다음 〈표〉는 A~D마을로 구성된 '갑'지역의 가구수에 관한 자료이다. 〈표〉를 이용하여 작성한 그래프로 옳은 것은? 2022년

〈표 1〉 마을별 1인 가구 현황

(단위 : 가구, %)

연도＼마을	A	B	C	D
2018	90(18.0)	130(26.0)	200(40.0)	80(16.0)
2019	220(36.7)	60(10.0)	130(21.7)	190(31.7)
2020	305(43.6)	240(34.3)	80(11.4)	75(10.7)
2021	120(15.0)	205(25.6)	160(20.0)	315(39.4)

※ ( )안 수치는 연도별 '갑'지역 1인 가구수 중 해당 마을 1인 가구수의 비중임

〈표 2〉 마을별 총가구수

(단위 : 가구)

마을	A	B	C	D
총가구수	600	550	500	500

※ A~D마을별 총가구수는 매년 변동 없음

① 연도별 '갑'지역 1인 가구수

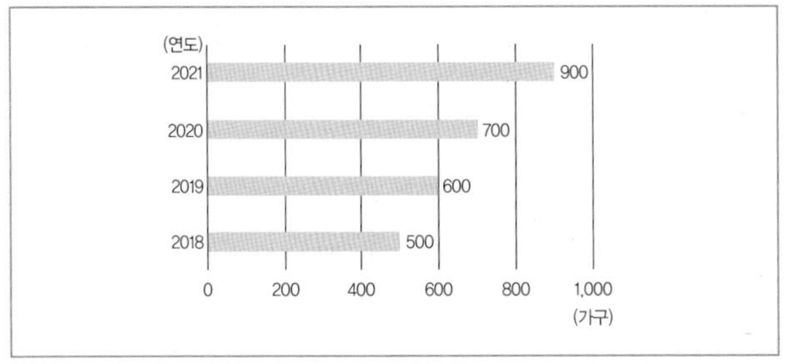

② 2021년 '갑'지역 2인 이상 가구의 마을별 구성비

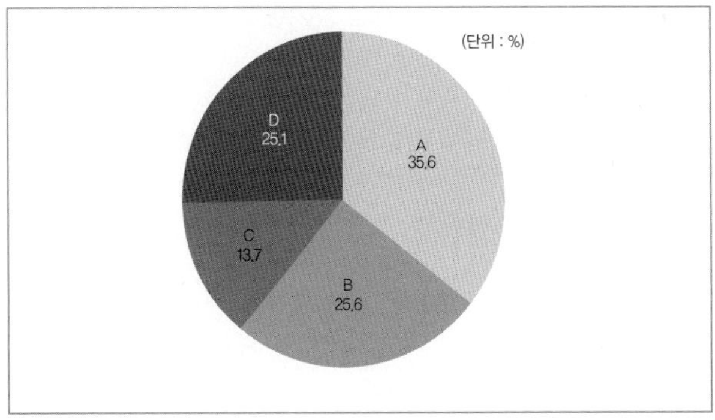

③ 연도별 A마을의 총가구수 대비 1인 가구수 비중

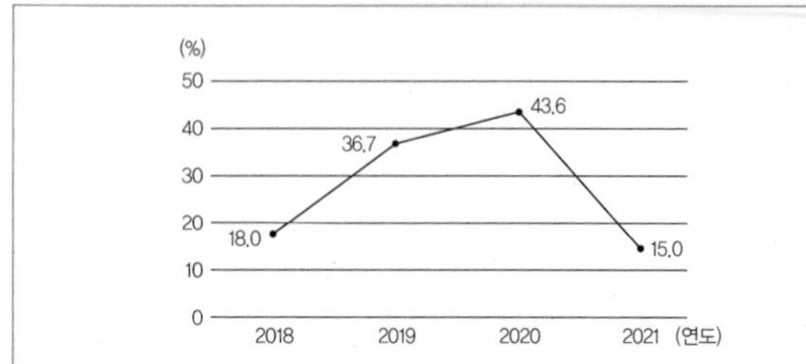

④ 연도별 B, C마을의 2인 이상 가구수와 1인 가구수 차이

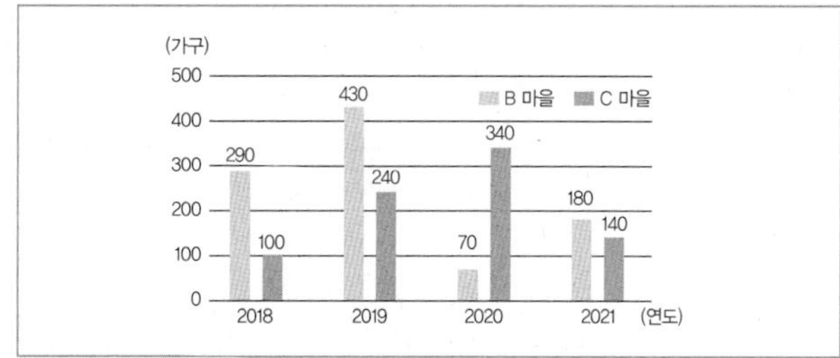

⑤ 연도별 D마을의 전년 대비 1인 가구수 증가율

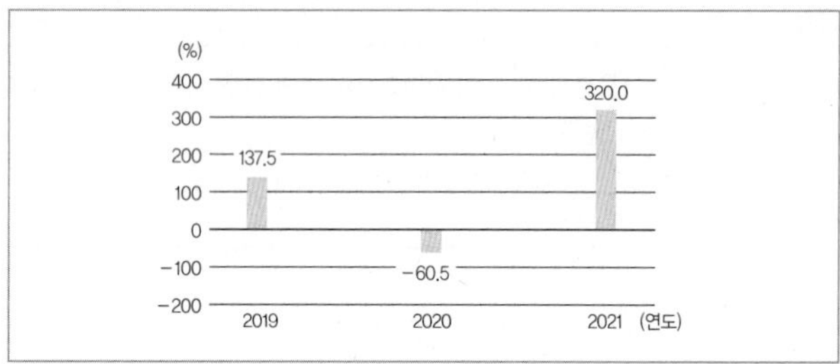

실전 풀이법

④의 경우 2인 이상 가구수를 구하고, 그것과 1인 가구수의 차이를 구한다면 계산이 많고 복잡해진다. 아래 풀이는 x+y=z일 때, 양변에 x를 빼서 y−x=z−2x를 만드는 원리를 활용하였다.

오답해설

① 2021년 '갑'지역 1인 가구수는 120+205+160+315=800가구이다.

② 2021년 '갑'지역 2인 이상 가구의 수는 '총가구수−1인 가구수'로 구한다. 이렇게 구한 2인 이상 가구수는 A, B, C, D 순으로 480가구, 345가구, 340가구, 185가구이므로, '갑'지역 2인 이상 가구수는 1,350가구이다. 따라서 각각의 구성비는 A마을 35.6%, B마을 25.6%, C 마을 25.2%, D마을 13.7%이다.

③ 표 1을 보면 각주에서 괄호 안의 수치는 연도별 '갑'지역 1인 가구수 중 해당 마을 1인 가구수의 비중이라고 제시한다. 그러나 ③의 그래프는 A마을의 총가구수 대비 1인 가구수의 비중을 나타내고자 하는데, 그래프의 수치는 표 1에 있는 괄호 안의 수치가 그대로 들어가 있다.

④ 2인 이상 가구수와 1인 가구수 차이는 총가구수에서 (1인 가구수)×2를 뺀 값과 같다. 2021년 B마을의 2인 이상 가구수와 1인 가구수 차이는 550−(205×2)=140가구이고, 마찬가지로 2021년 C마을 2인 이상 가구수와 1인 가구수 차이는 500−(160×2)=180가구이다.

25

정답 ③

다음 〈표〉는 A국 전체 근로자의 회사 규모 및 근로자 직급별 출퇴근 소요시간 분포와 유연근무제도 유형별 활용률에 관한 자료이다. 이에 대한 설명으로 옳은 것은?

2016년

〈표 1〉 회사 규모 및 근로자 직급별 출퇴근 소요시간 분포

(단위 : %)

규모 및 직급 \ 출퇴근 소요 시간		30분 이하	30분 초과 60분 이하	60분 초과 90분 이하	90분 초과 120분 이하	120분 초과 150분 이하	150분 초과 180분 이하	180분 초과	전체
규모	중소기업	12.2	34.6	16.2	17.4	8.4	8.5	2.7	100.0
	중견기업	22.8	35.7	16.8	16.3	3.1	3.4	1.9	100.0
	대기업	21.0	37.7	15.3	15.6	4.7	4.3	1.4	100.0
직급	대리급 이하	20.5	37.3	15.4	13.8	5.0	5.3	2.6	100.0
	과장급	16.9	31.6	16.7	19.9	5.6	7.7	1.7	100.0
	차장급 이상	12.6	36.3	18.3	19.3	7.3	4.2	1.9	100.0

〈표 2〉 회사 규모 및 근로자 직급별 유연근무제도 유형별 활용률

(단위 : %)

규모 및 직급 \ 유연근무제도 유형		재택 근무제	원격 근무제	탄력 근무제	시차 출퇴근제
규모	중소기업	10.4	54.4	15.6	41.7
	중견기업	29.8	11.5	39.5	32.0
	대기업	8.6	23.5	19.9	27.0
직급	대리급 이하	0.7	32.0	23.6	29.0
	과장급	30.2	16.3	27.7	28.7
	차장급 이상	14.2	26.4	25.1	33.2

① 출퇴근 소요시간이 60분 이하인 근로자 수는 출퇴근 소요 시간이 60분 초과인 근로자 수보다 모든 직급에서 많다.

② 출퇴근 소요시간이 90분 초과인 대리급 이하 근로자 비율은 탄력근무제를 활용하는 대리급 이하 근로자 비율보다 낮다.

③ 출퇴근 소요시간이 120분 이하인 과장급 근로자 중에는 원격근무제를 활용하는 근로자가 있다.

④ 원격근무제를 활용하는 중소기업 근로자 수는 탄력근무제와 시차출퇴근제 중 하나 이상을 활용하는 중소기업 근로자 수보다 적다.

⑤ 출퇴근 소요시간이 60분 이하인 차장급 이상 근로자 수는 원격근무제와 탄력근무제 중 하나 이상을 활용하는 차장급 이상 근로자 수보다 적다.

실전 풀이법

②의 경우 실전에서 덧셈이 필요 없는 탄력근무제 활용 비율을 보고, 이를 기준으로 출퇴근시간을 본다면 90분 초과 비율이 더 큼을 쉽게 알 수 있다. ③의 경우 120분 이하를 구하기보다, 120분 초과를 구하여 100에서 빼는 것이 쉽다.

정답해설

120분 이하 과장급의 비중은 85%이다. 과장급에서 원격근무제를 사용하는 비중은 16.3%이다. 이 둘을 더하면 101.3%이므로 최소 1.3%는 이 둘에 모두 해당된다.

오답해설

① 30분 이하, 30분 초과 60분 이하 비중의 합이 각 직급에서 50%가 넘는 지 확인하면 된다. 과장급과 차장급에서 모두 50%가 되지 않는다.

② 90분 초과 대리급 이하 근로자 비율은 26.7%이다. 탄력근무제 활용하는 대리급 이하 근로자 비율은 23.6%이다.

④ · ⑤ 주어진 자료만으로는 알 수 없다.

26

정답 ①

다음 〈표〉는 2018~2021년 '갑'국의 가구수 및 반려동물 보유가구 현황과 관련 시장 매출액에 관한 자료이다. 이에 대한 〈보기〉의 설명 중 옳은 것만을 모두 고르면?

2023년

구분 \ 연도		2018	2019	2020	2021
가구수		17,495	18,119	19,013	19,524
개	보유가구 비중	16.3	16.0	19.1	24.2
	보유가구당 마릿수	1.47	1.38	1.28	1.34
	총보유 마릿수	4,192	(　)	(　)	6,318
고양이	보유가구 비중	1.7	3.4	5.2	8.5
	보유가구당 마릿수	1.92	1.70	1.74	1.46
	총보유 마릿수	571	1,047	1,720	2,425
전체	보유가구 비중	17.4	17.9	21.8	29.4
	보유가구당 마릿수	1.56	1.56	1.54	1.52
	총보유 마릿수	4,763	5,048	6,369	8,743

※ 1) '갑'국의 반려동물은 개와 고양이뿐임

2) 반려동물 보유가구 비중(%)= $\frac{\text{반려동물 보유가구수}}{\text{가구수}}\times 100$

〈표 2〉 2018~2021년 반려동물 관련 시장 매출액

(단위 : 백만 원)

구분 \ 연도	2018	2019	2020	2021
사료	385,204	375,753	422,807	494,089
수의 서비스	354,914	480,696	579,046	655,077
동물 관련 용품	287,408	309,876	358,210	384,855
장묘 및 보호 서비스	16,761	19,075	25,396	33,848
보험	352	387	405	572
전체	1,044,639	1,185,787	1,385,864	1,568,441

〈보기〉

ㄱ. 개의 총보유 마릿수는 2019년에 전년 대비 감소하였다가 2020년에 전년 대비 증가하였다.

ㄴ. 반려동물 보유가구수는 매년 증가하였다.

ㄷ. 2018년 대비 2021년 매출액 증가율이 가장 높은 반려동물 관련 시장은 '수의 서비스'이다.

ㄹ. 2019년 반려동물 한 마리당 '동물 관련 용품' 매출액은 7만 원 이상이다.

① ㄱ, ㄴ

② ㄱ, ㄹ

③ ㄴ, ㄷ

④ ㄱ, ㄷ, ㄹ

⑤ ㄴ, ㄷ, ㄹ

실전 풀이법

자료가 주어지면 먼저 어떤 구조로 되어있는지를 한 번 스캔한 후에 선택지를 판단해야 한다. 평소 이 과정없이 문제를 풀이했던 수험생이라면 ㄱ을 무조건 스킵했을 것이다. 만약 그렇지 않고 표의 구조를 파악했더라면 ㄱ, ㄴ만 판단하고 곧바로 다음 문제로 넘어갈 수 있었다.

정답해설

ㄱ. 개의 총보유 마릿수는 전체 총보유 마릿수에서 고양이의 총보유 마릿수를 빼면 구할 수 있다. 이에 따르면 2019년은 약 4,000마리이고, 2020년은 약 4,600마리이므로 전년 대비 증가하였다.

ㄴ. 전체 가구수와 보유가구 비중이 모두 매년 증가하고 있으므로 보유가구 수 역시 매년 증가한다.

오답해설

ㄷ. 수의 서비스는 2배가 되지 않는 반면, 장묘 및 보호 서비스는 2배를 넘는다.

ㄹ. $\frac{309,876\text{백만}}{5,048\text{천}}$을 구하는 문제이다. 먼저 단위 수를 약분하면 분자에 천이 남으며 $\frac{309,876}{5,048}$은 직접 계산하지 않아도 70은 될 수 없음을 알 수 있다. 따라서 7만 원보다 작다.

27

정답 ④

다음 〈보고서〉는 2017년 '갑'국의 공연예술계 시장 현황에 관한 자료이다. 〈보고서〉의 내용과 부합하는 자료만을 〈보기〉에서 모두 고르면?

2020년

〈보고서〉

2017년 '갑'국의 공연예술계 관객수는 410만 5천 명, 전체 매출액은 871억 5천만 원으로 집계되었다. 이는 매출액 기준 전년 대비 100% 이상 성장한 것으로, 2014년 이후 공연예술계 매출액과 관객수 모두 매년 증가하는 추세이다.

2017년 '갑'국 공연예술계의 전체 개막편수 및 공연횟수를 월별로 분석한 결과, 월간 개막편수가 전체 개막편수의 10% 이상을 차지하는 달은 3월뿐이고 월간 공연횟수가 전체 공연횟수의 10% 이상을 차지하는 달은 8월뿐인 것으로 나타났다.

반면, '갑'국 공연예술계 매출액 및 관객수의 장르별 편차는 매우 심한 것으로 나타났는데, 2017년 기준 공연예술계 전체 매출액의 60% 이상이 '뮤지컬' 한 장르에서 발생하였으며 또한 관객수 상위 3개 장르가 공연예술계 전체 관객수의 90% 이상을 차지하는 것으로 조사되었다.

2017년 '갑'국 공연예술계 관객수를 입장권 가격대별로 살펴보면 가장 저렴한 '3만 원 미만' 입장권 관객수가 절반 이상을 차지하였고, 이는 가장 비싼 '7만 원 이상' 입장권 관객수의 3.5배 이상이었다.

〈보기〉

ㄱ. 2014~2017년 매출액 및 관객수

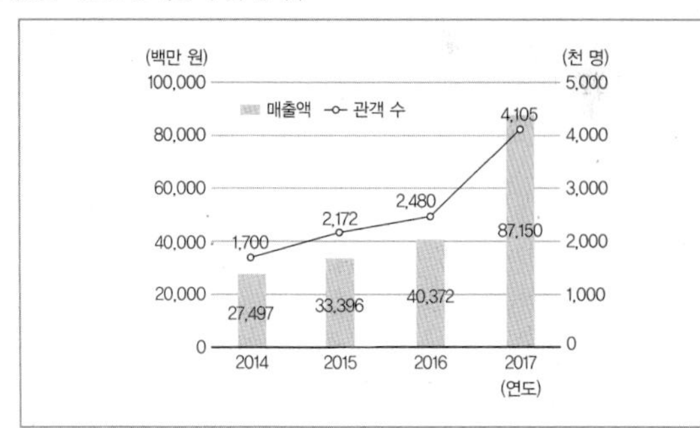

ㄴ. 2017년 개막편수 및 공연횟수

(단위 : 편, 회)

월 \ 구분	개막편수	공연횟수
1	249	4,084
2	416	4,271
3	574	4,079
4	504	4,538
5	507	4,759
6	499	4,074
7	441	5,021
8	397	5,559
9	449	3,608
10	336	3,488
11	451	3,446
12	465	5,204
전체	5,288	52,131

ㄷ. 2017년 장르별 매출액 및 관객수

(단위 : 백만 원, 천 명)

구분 / 장르	매출액	관객수
연극	10,432	808
뮤지컬	56,014	1,791
클래식	13,580	990
무용	5,513	310
국악	1,611	206
전체	87,150	4,105

ㄹ. 2017년 입장권 가격대별 관객수 구성비

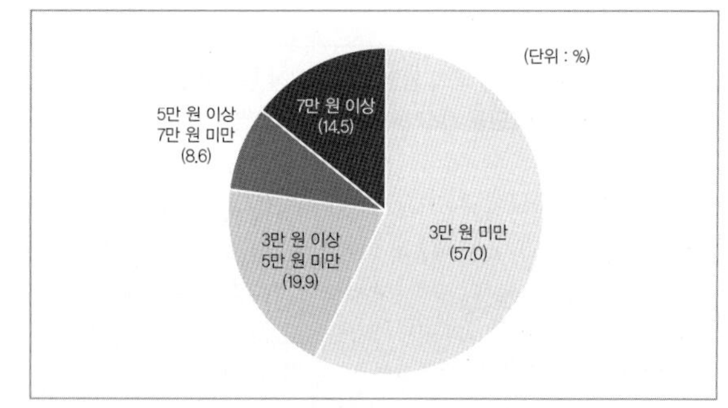

① ㄱ, ㄷ
② ㄴ, ㄷ
③ ㄴ, ㄹ
④ ㄱ, ㄴ, ㄹ
⑤ ㄱ, ㄷ, ㄹ

실전 풀이법

실전 문제를 풀면서, 또 복습을 하면서 항상 어떻게든 계산을 줄이려고 노력하자. ㄷ에서 상위 3개 장르 관객수가 90%를 넘는지 확인하는 것보다 하위 2개 장르 관객수가 10% 이하인지를 확인하는 것이 훨씬 빠르다.

정답해설

ㄱ. 보고서의 첫 번째 문단에서 매출액 및 관객수를 제시하고 있다. 2018년 매출액은 전년 대비 2배 이상으로 증가했으며, 2014년 이후 매출액과 관객수 모두 매년 증가하고 있다.

ㄴ. 보고서의 두 번째 문단에서 2017년 개막편수 및 공연횟수를 제시하고 있다. 전체 개막편수는 5,288건으로, 유일하게 3월만 528건을 넘게 개막하였다. 또한 전체 공연횟수는 52,131건으로, 유일하게 8월만 5,213건 넘게 공연하였다.

ㄹ. 보고서의 네 번째 문단에서 입장권 가격대별 관객수를 제시하고 있다. '3만 원 미만' 입장권 관객수는 절반 이상(57%)을 차지하였으며, 이는 '7만 원 이상' 입장권 관객수 비율인 14.5%의 3.5배 이상이다.

오답해설

ㄷ. 보고서의 세 번째 문단에서 장르별 매출액 및 관객수를 제시하고 있다. 보고서에서는 관객수 상위 3개 장르가 공연예술계 전체 관객수의 90% 이상을 차지하는 것이라고 밝혔는데, 선지의 자료에서는 하위 2개 장르의 관객 수가 516명으로 전체의 10% 이상을 차지한다.

28

정답 ①

'갑'은 2017년 1월 전액 현금으로만 다음 〈표〉와 같이 지출하였다. 만약 '갑'이 2017년 1월에 A~C신용카드 중 하나만을 발급받아 할인 전 금액이 〈표〉와 동일하도록 그 카드로만 지출하였다면, 〈신용카드별 할인혜택〉에 근거한 할인 후 예상 청구액이 가장 적은 카드부터 순서대로 나열한 것은? 2017년

〈표〉 2017년 1월 지출내역

(단위 : 만 원)

분류	세부항목		금액	합
교통비	버스 · 지하철 요금		8	20
	택시 요금		2	
	KTX 요금		10	
식비	외식비	평 일	10	30
		주 말	5	
	카페 지출액		5	
	식료품 구입비	대형마트	5	
		재래시장	5	
의류구입비	온라인		15	30
	오프라인		15	
여가 및 자기계발비	영화관람료(1만 원/회×2회)		2	30
	도서구입비 (2만 원/권×1권, 1만 5천 원/권×2권, 1만 원/권×3권)		8	
	학원수강료		20	

〈신용카드별 할인혜택〉

- A신용카드
  - 버스 · 지하철, KTX 요금 20% 할인(단, 할인액의 한도는 월 2만 원)
  - 외식비 주말 결제액 5% 할인
  - 학원 수강료 15% 할인
  - 최대 총 할인한도액은 없음
  - 연회비 1만 5천 원이 발급 시 부과되어 합산됨
- B신용카드
  - 버스 · 지하철, KTX 요금 10% 할인(단, 할인액의 한도는 월 1만 원)
  - 온라인 의류구입비 10% 할인
  - 도서구입비 권당 3천 원 할인(단, 권당 가격이 1만 2천 원 이상인 경우에만 적용)
  - 최대 총 할인한도액은 월 3만 원
  - 연회비 없음
- C신용카드
  - 버스 · 지하철, 택시 요금 10% 할인(단, 할인액의 한도는 월 1만 원)
  - 카페 지출액 10% 할인
  - 재래시장 식료품 구입비 10% 할인
  - 영화관람료 회당 2천 원 할인(월 최대 2회)
  - 최대 총 할인한도액은 월 4만 원
  - 연회비 없음

※ 1) 할부나 부분청구는 없음
2) A~C신용카드는 매달 1일부터 말일까지의 사용분에 대하여 익월 청구됨

① A – B – C
② A – C – B
③ B – A – C
④ B – C – A
⑤ C – A – B

실전 풀이법

각 카드의 한도와 연회비를 알아야 하며, 실전에서는 A를 보고 C를 본 뒤, B의 할인액이 2만 4천 원이 되는 순간 계산을 멈추고 답을 구하는 것이 효율적이다. 그리고 소비액을 구하기보단 계산이 편한 할인액을 구하는 것이 효율적이다.

정답해설

A신용카드의 경우, 택시를 제외한 교통비 할인이 가능하며 그 한도는 2만 원이다. KTX 요금의 20%만 해도 2만 원이니, A는 교통비에서 2만 원을 할인받는다. 주말 외식비의 경우 2,500원 할인받으며, 학원 수강료를 3만 원 할인받는다. 총 5만 2,500원 할인받으나, 연회비가 1만 5천 원 나오므로 총 3만 7,500원 할인을 받는다. 이는 B의 한도보다 높기 때문에 A가 B보다 할인을 많이 받는다(③, ④ 소거).

B신용카드의 경우, 교통비에서 한도인 1만 원을 할인받으며, 온라인 의류구입비를 1만 5천 원 할인받는다. 도서구입비 역시 9천원 할인받을 수 있으나 한도인 3만 원에 걸린다. 총 3만 원 할인받는다.

C신용카드의 경우, 교통비에서 한도인 1만 원을 할인받으며, 카페 지출액에서 5천원 할인받는다. 재래시장 식료품 구입비에서 5천 원 할인을 받으며, 영화관람료를 4천 원 할인받는다. 총 2만 4천 원 할인받는다(②, ⑤소거).

따라서 정답은 ①이 된다.

정답해설

ㄴ. 2008~2011년 화훼 생산액은 각각 111,056억 원, 119,096억 원, 127,958억 원, 130,074억 원으로 매년 증가한다. 2012~2013년은 농 · 입업 생산액과 화훼의 비중이 전년 대비 모두 증가하므로 화훼 생산액은 매년 증가한다.

ㄹ. 표 2에서 확인할 수 있다. 매년 임업 대비 농업의 GDP 대비 비중은 10배 이상이기 때문에 $\frac{10}{11}\times 100=90.9\%$ 이상이다.

오답해설

ㄱ. 농 · 임업 생산액이 전년보다 작은 해는 2011년이 유일한데, 2011년 농 · 임업 부가가치는 전년도보다 크다.

ㄷ. 표 1에서 비중만 확인하여 알 수 있다. 2010년 곡물의 비중은 15.6%이고 과수의 비중은 40.2%이기 때문에 곡물 생산액은 과수 생산액의 50% 미만이다.

29

정답 ④

다음 〈표〉는 2008~2013년 '갑'국 농 · 임업 생산액과 부가가치 현황에 대한 자료이다. 이에 대한 〈보기〉의 설명 중 옳은 것만을 모두 고르면? 2017년

〈표 1〉 농 · 임업 생산액 현황

(단위 : 10억 원, %)

구분 \ 연도		2008	2009	2010	2011	2012	2013
농 · 임업 생산액		39,663	42,995	43,523	43,214	46,357	46,648
분야별 비중	곡물	23.6	20.2	15.6	18.5	17.5	18.3
	화훼	28.0	27.7	29.4	30.1	31.7	32.1
	과수	34.3	38.3	40.2	34.7	34.6	34.8

※ 1) 분야별 비중은 농 · 임업 생산액 대비 해당 분야의 생산액 비중임
2) 곡물, 화훼, 과수는 농 · 임업의 일부 분야임

〈표 2〉 농 · 임업 부가가치 현황

(단위 : 10억 원, %)

구분 \ 연도		2008	2009	2010	2011	2012	2013
농 · 임업 부가가치		22,587	23,540	24,872	26,721	27,359	27,376
GDP 대비 비중	농업	2.1	2.1	2.0	2.1	2.0	2.0
	임업	0.1	0.1	0.2	0.1	0.2	0.2

※ 1) GDP 대비 비중은 GDP 대비 해당 분야의 부가가치 비중임
2) 농 · 임업은 농업과 임업으로만 구성됨

〈보기〉

ㄱ. 농 · 임업 생산액이 전년보다 작은 해에는 농 · 임업 부가가치도 전년보다 작다.
ㄴ. 화훼 생산액은 매년 증가한다.
ㄷ. 매년 곡물 생산액은 과수 생산액의 50% 이상이다.
ㄹ. 매년 농업 부가가치는 농 · 임업 부가가치의 85% 이상이다.

① ㄱ, ㄴ
② ㄱ, ㄷ
③ ㄴ, ㄷ
④ ㄴ, ㄹ
⑤ ㄷ, ㄹ

실전 풀이법

계산을 수반하지 않는 보기부터 풀면 빠르게 문제를 풀 수 있다. 이번 문항의 경우 보기 ㄱ과 ㄷ은 계산 없이 파악할 수 있다. 마침 보기 ㄱ과 ㄷ이 모두 옳지 않으므로, 남은 보기를 판별하지 않고도 문제를 빠르게 풀 수 있다.

30

정답 ⑤

다음 〈표〉는 감염자와 비감염자로 구성된 유증상자 1,000명을 대상으로 인공지능 시스템 A~E의 정확도를 측정한 결과이다. 〈표〉에 근거한 〈보기〉의 설명 중 옳은 것만을 모두 고르면? 2020년

〈표〉 인공지능 시스템 A~E의 정확도

(단위 : 명, %)

시스템 판정 / 실제 감염 여부 / 시스템	양성		음성		음성 정답률	양성 검출률	정확도
	감염자	비감염자	감염자	비감염자			
A	0	1	8	991	( )	0.0	99.1
B	8	0	0	992	( )	100.0	100.0
C	6	4	2	988	99.8	75.0	99.4
D	8	2	0	990	100.0	( )	99.8
E	0	0	8	992	99.2	( )	99.2

※ 1) 정확도(%) = $\frac{\text{'양성' 판정된 감염자}+\text{'음성' 판정된 비감염자}}{\text{유증상자}}\times 100$
2) '양성(음성)' 정답률(%) = $\frac{\text{'양성(음성)' 판정된 감염(비감염)자}}{\text{'양성(음성)' 판정된 유증상자}}\times 100$
3) '양성(음성)' 검출률(%) = $\frac{\text{'양성(음성)' 판정된 감염(비감염)자}}{\text{감염(비감염)자}}\times 100$

〈보기〉

ㄱ. 모든 유증상자를 '음성'으로 판정한 시스템의 정확도는 A보다 높다.
ㄴ. B, D는 '음성' 정답률과 '양성' 검출률 모두 100%이다.
ㄷ. B의 '양성' 정답률과 '음성' 정답률은 같다.
ㄹ. '양성' 검출률이 0%인 시스템의 '음성' 정답률은 100%이다.

① ㄱ, ㄴ
② ㄱ, ㄷ
③ ㄱ, ㄹ
④ ㄴ, ㄹ
⑤ ㄱ, ㄴ, ㄷ

실전 풀이법

비슷한 말이 계속 반복되어 헷갈리기 쉽다. 이런 문제는 내용을 이해하려고 하면 안 된다. 즉, 양성 감염자나 음성 비감염자, 정답률, 검출률의 의미가 무엇인지 이해하고 적용하려고 접근하면 안 된다. 그저 단순히 공식에 숫자를 대입한다고 생각하고, 선지별로 표에서 적합한 숫자를 찾는 것에만 집중하자.

정답해설

ㄱ. 모든 유증상자를 '음성'으로 판정한 시스템은 E이다. E의 정확도는 99.2%로 A보다 높다.

ㄴ. '음성'으로 판정된 유증상자가 모두 비감염자라면 '음성' 정답률이 100%이다. 그리고 감염자를 모두 '양성'으로 판정했다면 검출률이 100%이다.

ㄷ. B의 '양성' 판정된 유증상자는 8명, '양성' 판정된 감염자도 8명이므로 '양성' 정답률은 100%이다. 한편 '음성' 판정된 유증상자는 992명, '음성' 판정된 비감염자도 992명으로 '음성' 정답률 또한 100%이다.

오답해설

ㄹ. '양성' 검출률이 0%인 시스템은 A, E이다. A와 E 모두 '음성' 판정된 감염자가 존재하므로 '음성' 정답률은 100%가 아니다.

31

정답 ①

다음 〈표〉는 2017～2021년 '갑'국의 불법체류외국인 현황에 관한 자료이다. 이에 대한 설명으로 옳은 것은? 2022년

〈표 1〉 연도별 체류외국인 현황

(단위 : 명, %)

구분 연도	체류 외국인	불법체류 외국인	체류유형별 구성비			
			단기체류 외국인	등록 외국인	외국국적 동포 국내거소 신고자	전체
2017	1,797,618	208,778	54.0	45.0	1.0	100.0
2018	1,899,519	214,168	59.8	39.7	0.5	100.0
2019	2,049,441	208,971	63.5	36.0	0.5	100.0
2020	2,180,498	251,041	66.6	33.0	0.4	100.0
2021	2,367,607	355,126	74.4	25.4	0.3	100.0

※ 체류외국인은 불법체류외국인과 합법체류외국인으로 구분됨

〈표 2〉 체류자격별 불법체류외국인 현황

(단위 : 명, %)

연도 체류 자격	2017	2018	2019	2020	2021	구성비
사증면제	46,117	56,307	63,319	85,196	162,083	45.6
단기방문	45,746	47,373	46,041	56,331	67,157	18.9
비전문취업	52,760	49,272	45,567	46,618	47,373	13.3
관광통과	15,899	19,658	19,038	20,662	30,028	8.5
일반연수	4,816	4,425	4,687	7,209	12,613	3.6
기타	43,440	37,133	30,319	35,025	35,872	10.1
전체	208,778	214,168	208,971	251,041	355,126	100.0

※ 체류자격은 불법체류외국인의 입국 당시 체류자격을 의미함

〈표 3〉 국적별 불법체류외국인 현황

(단위 : 명, %)

연도 국적	2017	2018	2019	2020	2021	구성비
A	53,689	61,943	65,647	81,129	153,485	43.2
B	79,717	76,757	65,379	75,507	85,964	24.2
C	36,338	35,987	37,410	44,371	56,950	16.0
D	16,814	17,698	19,694	25,399	30,813	8.7
기타	22,220	21,783	20,841	24,635	27,914	7.9
전체	208,778	214,168	208,971	251,041	355,126	100.0

① 2020년 대비 2021년 불법체류외국인 증가인원 중에서 국적이 A인 불법체류외국인이 차지하는 비중은 60% 이상이다.

② 체류유형이 등록외국인인 불법체류외국인의 수는 매년 감소한다.

③ 불법체류외국인 수가 많은 상위 3개 체류자격을 그 수가 큰 것부터 순서대로 나열하면 사증면제, 단기방문, 비전문취업 순으로 매년 동일하다.

④ 체류외국인 대비 불법체류외국인 비중은 매년 증가한다.

⑤ 2021년 체류외국인은 전년 대비 10% 이상 증가하였다.

실전 풀이법

표가 2개 이상 주어지면 선지의 정오를 판단하는 데 필요한 정보를 어떠한 표에서 얻어야 하는지를 찾는 데도 시간이 많이 걸린다. 따라서 문제를 풀기 시작함과 동시에 표의 개략적인 정보를 파악하여 어떤 정보를 어떤 표에서 찾아야 하는지 생각하면서 풀어야 한다.

정답해설

2020년 대비 2021년 불법체류외국인 증가인원은 약 10만 명이고, 2020년 대비 2021년 국적이 A인 불법체류외국인의 증가인원은 약 7만 명이므로 60% 이상이다.

오답해설

② 불법체류외국인 중 체류유형이 등록외국인인 구성비는 2019년 36%에서 2020년 33%로 10%에도 못미치게 감소하나, 불법체류외국인 수는 약 20% 증가한다. 따라서 체류유형이 등록외국인인 불법체류외국인 수는 2020년에 전년 대비 증가한다.

③ 2017년과 2018년에는 순서가 다르다.

④ 2019년에는 체류외국인의 수가 전년보다 증가했지만, 불법체류외국인의 수는 오히려 감소하였으므로, 2019년 체류외국인 대비 불법체류외국인 비중은 전년 대비 감소한다.

⑤ 2021년 체류외국인 증가 수는 2,367,607명−2,180,498명=187,109명이다. 따라서 2021년 체류외국인의 전년 대비 증가율은 약 9%이다.

32

정답 ③

다음 〈표〉는 스마트폰 기종별 출고가 및 공시지원금에 대한 자료이다. 〈조건〉과 〈정보〉를 근거로 A～D에 해당하는 스마트폰 기종 '갑'～'정'을 바르게 나열한 것은? 2016년

〈표〉 스마트폰 기종별 출고가 및 공시지원금

(단위 : 원)

구분 기종	출고가	공시지원금
A	858,000	210,000
B	900,000	230,000
C	780,000	150,000
D	990,000	190,000

〈조건〉

- 모든 소비자는 스마트폰을 구입할 때 '요금할인' 또는 '공시지원금' 중 하나를 선택한다.
- 사용요금은 월정액 51,000원이다.
- '요금할인'을 선택하는 경우의 월 납부액은 사용요금의 80%에 출고가를 24(개월)로 나눈 월 기기값을 합한 금액이다.
- '공시지원금'을 선택하는 경우의 월 납부액은 출고가에서 공시지원금과 대리점보조금(공시지원금의 10%)을 뺀 금액을 24(개월)로 나눈 월 기기값에 사용요금을 합한 금액이다.
- 월 기기값, 사용요금 이외의 비용은 없고, 10원 단위 이하 금액은 절사한다.
- 구입한 스마트폰의 사용기간은 24개월이고, 사용기간 연장이나 중도해지는 없다.

〈정보〉

- 출고가 대비 공시지원금의 비율이 20% 이하인 스마트폰 기종은 '병'과 '정'이다.
- '공시지원금'을 선택하는 경우의 월 납부액보다 '요금할인'을 선택하는 경우의 월 납부액이 더 큰 스마트폰 기종은 '갑' 뿐이다.
- '공시지원금'을 선택하는 경우 월 기기값이 가장 작은 스마트폰 기종은 '정'이다.

	A	B	C	D
①	갑	을	정	병
②	을	갑	병	정
③	을	갑	정	병
④	병	을	정	갑
⑤	정	병	갑	을

실전 풀이법

두 번째 정보를 확인하기 위해 각각의 월별 요금을 구할 필요가 없다. 요금할인은 기종과 상관없이 동일하게 적용되기 때문에 월별요금이 공시지원금일 때 더 적게 나오기 위해선 공시지원금이 커야 하기 때문이다. 세 번째 정보의 경우에도, ②, ③만 비교하면 되는 상황이기 때문에, C와 D에 한정지어서 보면 되며, 공시지원금 차이는 4만 원밖에 나지 않음에도 불구하고 기종 가격차이가 월등히 많이 나기 때문에 쉽게 답을 찾을 수 있다.

정답해설

첫 번째 정보에 따르면, A와 B는 병과 정이 될 수 없다(선지 ④, ⑤ 소거).
두 번째 정보에 따르면, B가 갑이 된다. 요금할인은 기종과 상관없이 동일하게 적용되며, 공시지원금 혜택이 요금할인보다 크려면 공시지원금이 커야 하기 때문이다(선지 ①, ④, ⑤ 소거).
세 번째 정보에 따르면, C가 정이다(선지 ② 소거). 따라서 답은 ③이 된다.

33

정답 ①

다음 〈표〉는 서울시 10개구의 대기 중 오염물질 농도 및 오염물질별 대기환경지수 계산식에 관한 것이다. 이에 대한 〈보기〉의 설명 중 옳은 것만을 모두 고르면?

2018년

〈표 1〉 대기 중 오염물질 농도

지역 \ 오염물질	미세먼지 (㎍/m^3)	초미세먼지 (㎍/m^3)	이산화질소(ppm)
종로구	46	36	0.018
중구	44	31	0.019
용산구	49	35	0.034
성동구	67	23	0.029
광진구	46	10	0.051
동대문구	57	25	0.037
중랑구	48	22	0.041
성북구	56	21	0.037
강북구	44	23	0.042
도봉구	53	14	0.022
평균	51	24	0.033

〈표 2〉 오염물질별 대기환경지수 계산식

오염물질 \ 계산식	조건	계산식
미세먼지 (㎍/m^3)	농도가 51 이하일 때	0.9×농도
	농도가 51 초과일 때	1.0×농도
초미세먼지 (㎍/m^3)	농도가 25 이하일 때	2.0×농도
	농도가 25 초과일 때	1.5×(농도−25)+51
이산화질소(ppm)	농도가 0.04 이하일 때	1,200×농도
	농도가 0.04 초과일 때	800×(농도−0.04)+51

※ 통합대기환경지수는 오염물질별 대기환경지수 중 최댓값임

〈보기〉

ㄱ. 용산구의 통합대기환경지수는 성동구의 통합대기환경지수보다 작다.
ㄴ. 강북구의 미세먼지 농도와 초미세먼지 농도는 각각의 평균보다 낮고, 이산화질소 농도는 평균보다 높다.
ㄷ. 중랑구의 통합대기환경지수는 미세먼지의 대기환경지수와 같다.
ㄹ. 세 가지 오염물질 농도가 각각의 평균보다 모두 높은 구는 2개 이상이다.

① ㄱ, ㄴ
② ㄱ, ㄷ
③ ㄷ, ㄹ
④ ㄱ, ㄴ, ㄹ
⑤ ㄴ, ㄷ, ㄹ

실전 풀이법

각주에서 통합대기환경지수의 의미를 파악한다면 쉽게 풀 수 있다. 또한 ㄹ의 경우 하나의 오염물질을 먼저 비교하여 조건에 맞지 않는 것을 소거해간다면 쉽게 찾을 수 있다.

정답해설

ㄱ. 통합대기환경지수는 오염물질별 대기환경지수 중 최댓값이므로 용산구, 성동구의 미세먼지, 초미세먼지, 이산화질소의 오염물질별로 큰 값만 구해 비교하면 된다. 같은 오염물질에서 작을 경우, 애초에 해당 대기환경지수가 더 작을 것이기 때문이다. 미세먼지의 경우 성동구가 용산구보다 크므로, 이때 대기환경지수는 67이다. 초미세먼지의 경우 용산구가 더 크며 이때 대기환경지수는 66이다. 이산화질소의 경우 용산구가 더 크며 대기환경지수는 40.8이다. 따라서 용산구의 통합대기환경지수가 성동구보다 작다.
ㄴ. 평균과 강북구의 각 오염물질 농도 비교시 선지가 맞다.

오답해설

ㄷ. 중랑구의 미세먼지 대기환경지수는 43.2, 초미세먼지 대기환경 지수는 44이다. 따라서 미세먼지 대기환경지수는 통합대기 환경 지수보다 무조건 더 작다.
ㄹ. 동대문구 한 곳이다.

34 정답 ②

다음 〈그림〉은 '갑' 소독제 소독실험에서 소독제 누적주입량에 따른 병원성미생물 개체수의 변화를 나타낸 것이다. 〈그림〉과 〈실험정보〉에 근거한 〈보기〉의 설명 중 옳은 것만을 모두 고르면? 2017년

〈그림〉 소독제 누적주입량에 따른 병원성미생물 개체수 변화

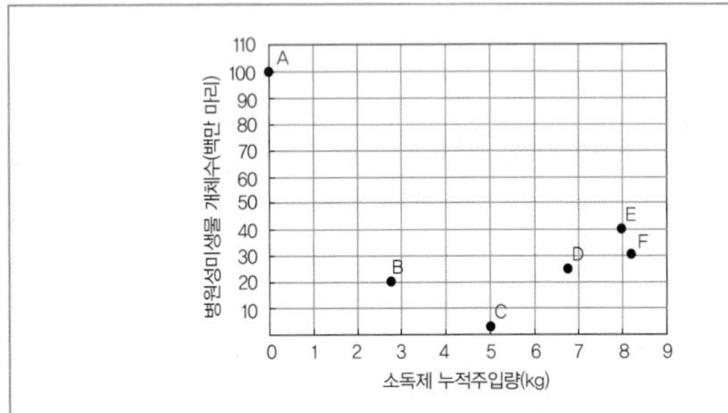

〈실험정보〉

- 이 실험은 1회 시행한 단일 실험임
- 실험 시작시점(A)에서 측정한 값과, 이후 5시간 동안 소독제를 주입하면서 매 1시간이 경과하는 시점을 순서대로 B, C, D, E, F라고 하고 각 시점에서 측정한 값을 표시하였음
- 소독효율(마리/kg) $= \dfrac{\text{시작시점(A) 병원성미생물 개체수} - \text{측정시점 병원성미생물 개체수}}{\text{측정시점의 소독제 누적주입량}}$
- 구간 소독속도(마리/시간) $= \dfrac{\text{구간의 시작시점 병원성미생물 개체수} - \text{구간의 종료시점 병원성미생물 개체수}}{\text{두 측정시점 사이의 시간}}$

〈보기〉

ㄱ. 실험시작 후 2시간이 경과한 시점의 소독효율이 가장 높다.
ㄴ. 소독효율은 F가 D보다 낮다.
ㄷ. 구간 소독속도는 B~C 구간이 E~F 구간보다 낮다.

① ㄱ
② ㄴ
③ ㄷ
④ ㄴ, ㄷ
⑤ ㄱ, ㄴ, ㄷ

실전 풀이법

소독 효율은 A점과 해당 시점까지의 기울기, 구간 소독속도는 구간 사이의 병원성미생물 개체수 차이에 해당한다(1시간 기준으로 분모가 같으므로).

정답해설

A-D의 기울기가 A-F의 기울기보다 크다. 따라서 F의 소독효율은 D의 소독효율보다 낮다.

오답해설

ㄱ. 실험시작 후 1시간이 경과한 시점(B)에서 A와의 기울기가 가장 가파르다. 따라서 소독효율은 실험시작 1시간이 경과한 시점에서 가장 높다.
ㄷ. B~C 구간의 병원물미생물 개체수 차이가 E~F의 병원물미생물 개체 수 차이보다 크다. 따라서 B~C 구간의 구간 소독속도가 E~F 구간의 구간 소독속도보다 더 높다.

35 정답 ④

다음 〈표〉와 〈그림〉은 2015년과 2016년 '갑'~'무'국의 경상수지에 관한 자료이다. 이와 〈조건〉을 이용하여 A~E에 해당하는 국가를 바르게 나열한 것은? 2018년

〈표〉 국가별 상품수출액과 서비스수출액

(단위 : 백만 달러)

국가	항목 \ 연도	2015	2016
A	상품수출액	50	50
	서비스수출액	30	26
B	상품수출액	30	40
	서비스수출액	28	34
C	상품수출액	60	70
	서비스수출액	40	46
D	상품수출액	70	62
	서비스수출액	55	60
E	상품수출액	50	40
	서비스수출액	27	33

〈그림 1〉 국가별 상품수지와 서비스수지

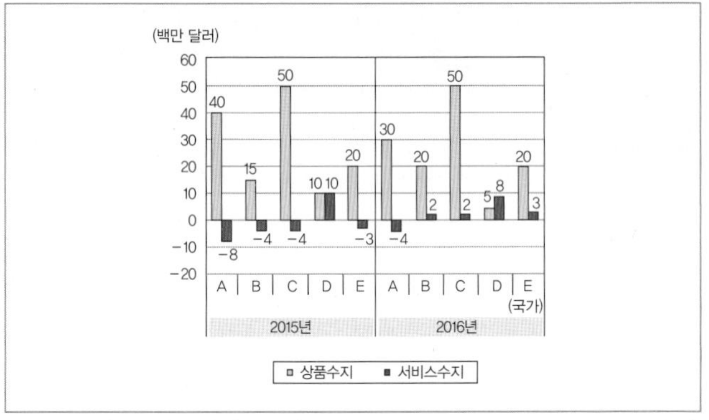

※ 상품(서비스)수지 = 상품(서비스)수출액 − 상품(서비스)수입액

〈그림 2〉 국가별 본원소득수지와 이전소득수지

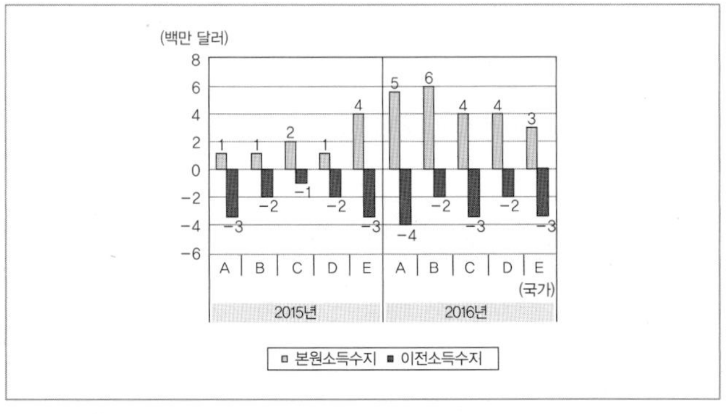

〈조건〉

- 2015년 대비 2016년의 상품수입액 증가폭이 동일한 국가는 '을'국과 '정'국이다.
- 2015년과 2016년의 서비스수입액이 동일한 국가는 '을'국, '병'국, '무'국이다.
- 2015년 본원소득수지 대비 상품수지 비율은 '병'국이 '무'국의 3배이다.
- 2016년 '갑'국과 '병'국의 이전소득수지는 동일하다.

	A	B	C	D	E
①	을	병	정	갑	무
②	을	무	갑	정	병
③	정	갑	을	무	병
④	정	병	을	갑	무
⑤	무	을	갑	정	병

실전 풀이법

실전에서는 두 번째 조건까지만 하면 답을 알 수 있다. 그 이하 검토는 불필요하다. PSAT는 시간싸움임을 기억해야 한다. 그리고 첫 번째, 두 번째 조건에서 직접 수입액을 구하는 것도 하나의 방법이다. 편한 방법을 선택하면 된다.

정답해설

첫 번째 조건에 따르면, 수입액의 증가폭은 표의 2015년과 2016년 상품수출액 변화폭에서 그림 1의 2015년과 2016년 상품수지 변화폭을 빼서 구할 수 있다. A와 C의 증가폭이 10으로 동일하며, B, D, E는 을 또는 정이 될 수 없다(선지 ②, ⑤ 소거).

두 번째 조건에 따르면, 서비스수입액의 동일 여부는 표의 2015년과 2016년 서비스수출액 변화폭에서 그림 1의 2015년과 2016년 서비스수지 변화 폭을 빼서 확인할 수 있다. 그 값이 0인 것은 B, C, E이며 따라서 A, D는 을, 병, 무가 될 수 없다(선지 ①, ②, ③ 소거).

세 번째 조건에 따르면, A, C, D는 병 또는 무가 될 수 없다(선지 ③, ⑤ 소거).

네 번째 조건에 따르면, A는 갑 또는 병이 될 수 없다.

따라서 답은 ④가 된다.

36

정답 ③

다음 〈표〉는 '갑'국의 2017~2021년 소년 범죄와 성인 범죄 현황에 관한 자료이다. 이에 대한 〈보기〉의 설명 중 옳은 것만을 모두 고르면? 2022년

〈표〉 소년 범죄와 성인 범죄 현황

(단위 : 명, %)

연도 \ 구분	소년 범죄			성인 범죄			소년 범죄자 비율
	범죄자수	범죄율	발생지수	범죄자수	범죄율	발생 지수	
2017	63,145	1,172	100.0	953,064	2,245	100.0	6.2
2018	56,962	1,132	96.6	904,872	2,160	96.2	5.9
2019	61,162	1,246	106.3	920,760	2,112	94.1	( )
2020	58,255	1,249	( )	878,991	2,060	( )	6.2
2021	54,205	1,201	102.5	878,917	2,044	91.0	5.8

※ 1) 범죄는 소년 범죄와 성인 범죄로만 구분함

2) 소년(성인) 범죄율은 소년(성인) 인구 10만 명당 소년(성인) 범죄자수를 의미함

3) 소년(성인) 범죄 발생지수는 2017년 소년(성인) 범죄율을 100.0으로 할 때, 해당 연도 소년(성인) 범죄율의 상대적인 값임

4) 소년 범죄자 비율(%) $=\left(\frac{\text{소년 범죄자수}}{\text{소년 범죄자수}+\text{성인 범죄자수}}\right)\times 100$

〈보기〉

ㄱ. 2017년 대비 2021년 소년 인구는 증가하고 소년 범죄자수는 감소하였다.

ㄴ. 소년 범죄율이 2017년 대비 6.0% 이상 증가한 연도의 소년 범죄자 비율은 6.0% 이상이다.

ㄷ. 소년 범죄 발생지수와 성인 범죄 발생지수 모두 2021년이 2020년보다 작다.

ㄹ. 소년 범죄 발생지수가 전년 대비 증가한 연도에는 소년 범죄자수도 전년 대비 증가하였다.

① ㄱ, ㄴ

② ㄱ, ㄷ

③ ㄴ, ㄷ

④ ㄴ, ㄹ

⑤ ㄷ, ㄹ

실전 풀이법

ㄴ에서 2019년 소년 범죄자 비율을 계산할 때 소년 범죄자수 61,162명과 성인 범죄자수 920,760명을 더한 값이 1,000,000명을 넘지 않는다는 점만 파악하면 소년 범죄자 수가 61,162명이므로 반드시 6.0% 이상인 것을 알 수 있다.

정답해설

ㄴ. 소년 범죄율이 2017년 대비 6.0% 이상 증가했다는 것은 발생지수가 106이 넘는다는 것을 의미한다. 2020년의 경우 소년 범죄 발생지수가 주어져 있지 않은데, 2017년의 소년 범죄율인 1,172의 1.06배를 하면 1,242.32가 도출되므로, 1,249인 2020년 역시 발생지수가 106이 넘는다고 볼 수 있다. 따라서 해당하는 연도는 2019년과 2020년이다. 이 때 소년 범죄자 비율은 2020년의 경우 6.2%로 주어져있고, 2019년의 경우도 약 6.2%이므로, 두 해 모두 6.0% 이상이다.

ㄷ. 보기 ㄴ에서 2020년 소년 범죄 발생지수가 106 이상임을 도출했다. 따라서 2021년 소년 범죄 발생지수는 2020년에 비해 작다. 발생지수는 2017년을 기준으로 하기 때문에 범죄율이 낮다면 발생지수도 낮다. 따라서 성인 범죄의 범죄율이 2021년이 2020년보다 낮으므로, 발생지수도 낮다.

오답해설

ㄱ. 2017년 대비 2021년 소년 범죄 범죄율은 비슷하나, 소년 범죄 범죄자수는 약 15% 감소하였으므로 소년인구 역시 감소하였다고 볼 수 있다.

ㄹ. 소년 범죄 발생지수가 전년 대비 증가한 연도는 2019년, 2020년이지만, 2020년에 소년 범죄 범죄자수는 감소하였다.

37

정답 ③

다음 〈표〉는 2015~2019년 '갑'국 음식점 현황에 관한 자료이다. 〈표〉를 이용하여 작성한 그래프로 옳지 않은 것은? 2020년

〈표〉 '갑'국 음식점 현황

(단위 : 개, 명, 억 원)

구분	업종 \ 연도	2015	2016	2017	2018	2019
사업체	한식	157,295	156,707	155,555	158,398	159,852
	서양식	1,182	1,356	1,306	4,604	1,247
	중식	13,102	9,940	9,885	10,443	10,099
	계	171,579	168,003	166,746	173,445	171,198
종사자	한식	468,351	473,878	466,685	335,882	501,056
	서양식	17,748	13,433	13,452	46,494	14,174
	중식	80,193	68,968	72,324	106,472	68,360
	계	566,292	556,279	552,461	488,848	583,590
매출액		67,704	90,600	75,071	137,451	105,603
부가가치액		28,041	31,317	23,529	23,529	31,410

① 업종별 종사자

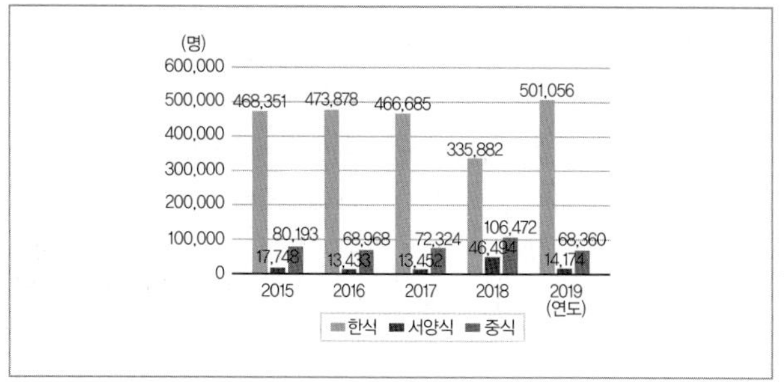

② 업종별 사업체 구성비

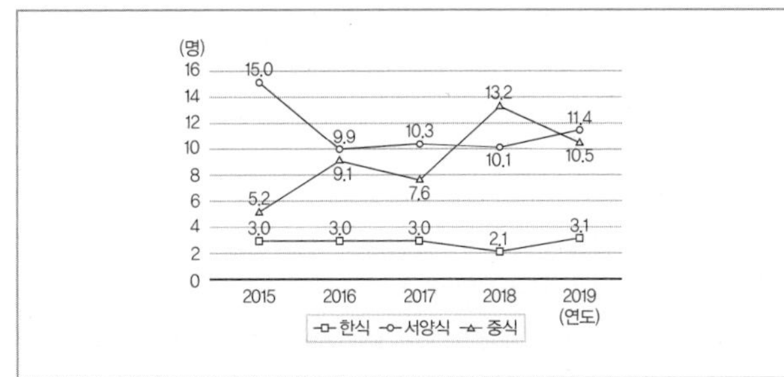

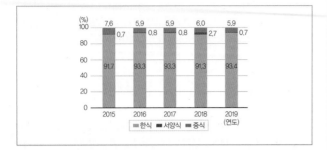

③ 업종별 사업체당 종사자

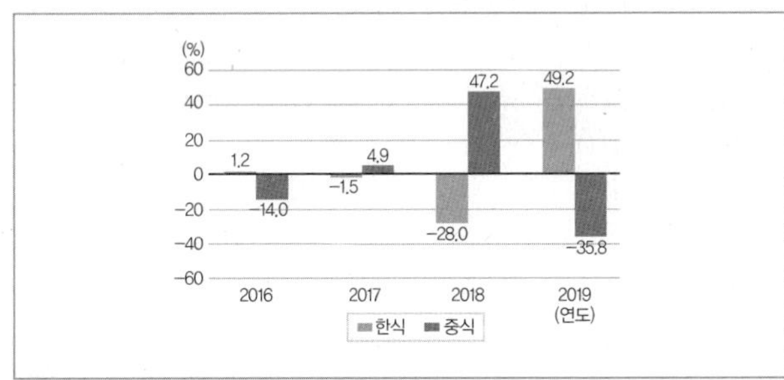

④ 한식, 중식 종사자의 전년 대비 증가율

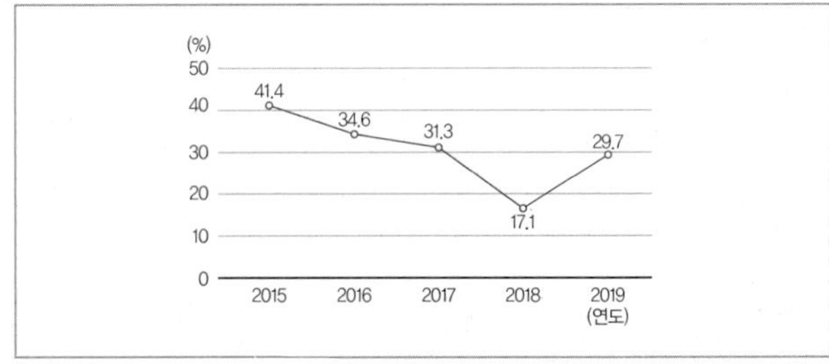

⑤ 매출액 대비 부가가치액 비율

(%)
50
40
30
20
10
0
41.4
34.6
31.3
17.1
29.7
2015 2016 2017 2018 2019
(연도)

실전 풀이법

이 유형의 문제들에서 틀린 선지는 명확하게 나타난다. 이 문제에서도 ③에서 중식 사업체당 종사자 수가 명백하게 틀렸다. 따라서 비율을 계산할 때 매우 세밀하게 계산을 할 필요가 없다. 이는 옳은 선지인지 판단할 때에도 매우 유용하다. 가령 ②에서 업종별 사업체 구성비를 정확히 계산하지 않아도 된다. 2015년 중식 사업체 수가 서양식 사업체 수의 약 11배 정도 되는지만 확인해도 되는 것이다.

정답해설

중식의 경우 사업체당 종사자 수는 2015년 6.1명, 2016년 6.9명으로 선지의 그래프와 확연하게 차이가 난다. 선지에서 제시된 수치는 연도별 매출액을 중식 사업체 수로 나눈 값이다.

38

정답 ④

다음 〈보고서〉는 2015년 A국의 노인학대 현황에 관한 것이다. 〈보고서〉의 내용과 부합하는 자료만을 〈보기〉에서 모두 고르면?

2018년

〈보고서〉

2015년 1월 1일부터 12월 31일까지 한 해 동안 전국 29개 지역의 노인보호전문기관에 신고된 전체 11,905건의 노인학대 의심사례 중에 학대 인정사례는 3,818건으로 나타났다. 이는 전년 대비 학대 인정사례 건수가 8% 이상 증가한 것이다.

학대 인정사례 3,818건을 신고자 유형별로 살펴보면 신고의무자에 의해 신고된 학대 인정사례는 707건, 비신고의무자에 의해 신고된 학대 인정사례는 3,111건이었다. 신고의무자에 의해 신고된 학대 인정사례 중 사회복지전담 공무원의 신고에 의한 학대 인정사례가 40% 이상으로 나타났다. 비신고의무자에 의해 신고된 학대 인정사례 중에서는 관련기관 종사자의 신고에 의한 학대 인정사례가 48% 이상으로 가장 높았고, 학대 행위자 본인의 신고에 의한 학대 인정사례의 비율이 가장 낮았다.

또한 3,818건의 학대 인정사례를 발생장소별로 살펴보면 기타를 제외하고 가정 내 학대가 85.8%로 가장 높게 나타났으며, 다음으로 생활시설 5.4%, 병원 2.3%, 공공장소 2.1%의 순으로 나타났다. 학대 인정사례 중 병원에서의 학대 인정사례 비율은 2012~2015년 동안 매년 감소한 것으로 나타났다.

한편, 학대 인정사례를 가구형태별로 살펴보면 2012~2015년 동안 매년 학대 인정사례 건수가 가장 많은 가구형태는 노인단독가구였다.

〈보기〉

ㄱ. 2015년 신고자 유형별 노인학대 인정사례 건수

(단위 : 건)

신고자 유형		건수
신고의무자		707
	의료인	44
	노인복지시설 종사자	178
	장애노인시설 종사자	16
	가정폭력 관련 종사자	101
	사회복지전담 공무원	290
	노숙인 보호시설 종사자	31
	구급대원	9
	재가장기요양기관 종사자	38
비신고의무자		3,111
	학대피해노인 본인	722
	학대행위자 본인	8
	친 족	567
	타 인	320
	관련기관 종사자	1,494

ㄴ. 2014년과 2015년 노인보호전문기관에 신고된 노인 학대 의심사례 신고 건수와 구성비

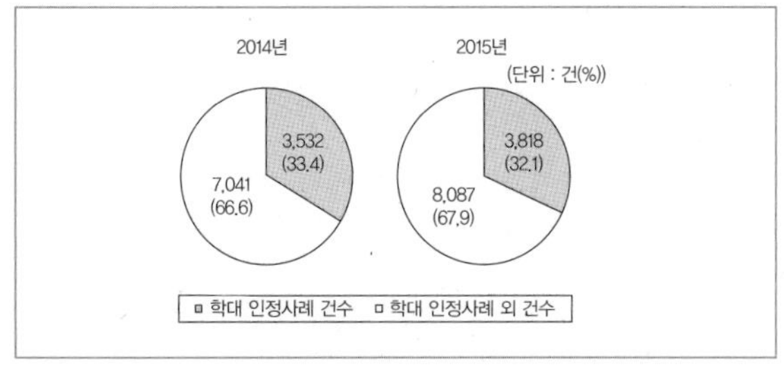

※ 구성비는 소수점 둘째 자리에서 반올림한 값임

ㄷ. 발생장소별 노인학대 인정사례 건수와 구성비

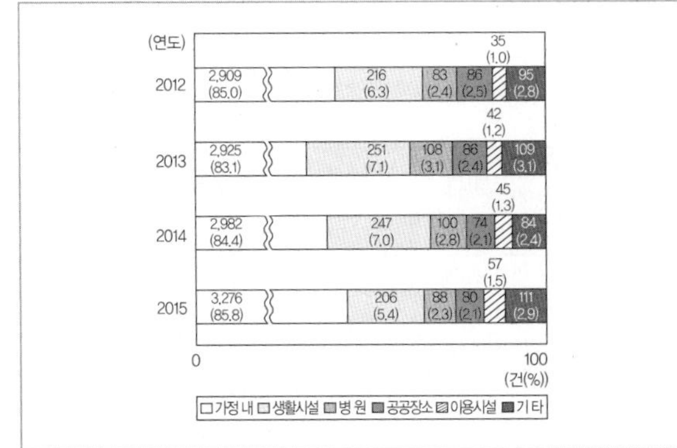

※ 구성비는 소수점 둘째 자리에서 반올림한 값임

ㄹ. 가구형태별 노인학대 인정사례 건수

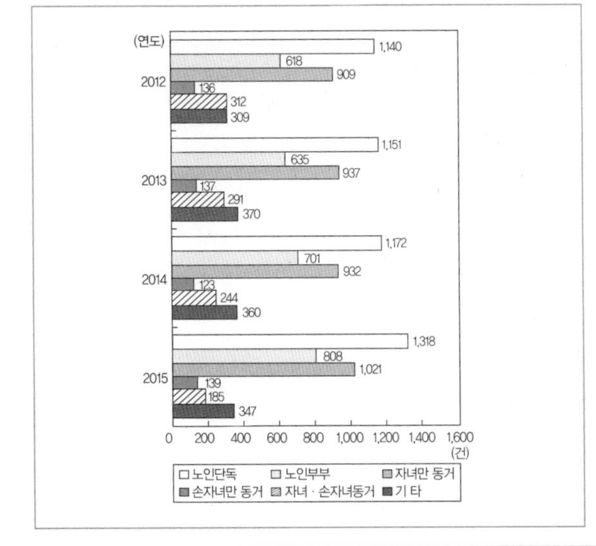

① ㄱ, ㄹ
② ㄴ, ㄷ
③ ㄱ, ㄴ, ㄷ
④ ㄱ, ㄴ, ㄹ
⑤ ㄴ, ㄷ, ㄹ

실전 풀이법

선지 구성상 ㄴ이 옳은지 무조건 확인해야 한다. 3,532건의 8%를 구해야 하는데, 이렇게 계산하기 어려운 구체적인 수치를 제시하면 대개 옳은 선지이다. 시간이 정말 부족할 때, 선지에서 요구하는 계산이 지나치다고 생각되면 옳다고 고르고 넘기자.

정답해설

ㄱ. 신고의무자에 의해 신고된 학대 인정사례는 707건이고, 그 중 사회복지전담 공무원의 신고에 의한 학대 인정사례는 290건으로 40%(282.8건) 이상이다. 비신고의무자에 의해 신고된 학대 인정 사례는 3,111건 이고, 그중 기관 종사자의 신고에 의한 학대 인정사례는 1,494건으로 50%에 약간 미치지 못한다. 학대행위자 본인의 신고에 의한 학대 인정 사례는 8건으로 가장 적다.

ㄴ. 학대 인정사례는 2014년 3,532건에서 2015년 3,818건으로 약 8.1% 증가했다.

ㄹ. 노인단독가구는 2012~2015년 학대 인정사례 건수가 각각 1,140건, 1,151건, 1,172건, 1,318건으로 가장 많다.

오답해설

ㄷ. 학대 인정사례 중 병원에서의 학대 인정사례 비율은 2012년에 2.4%에서 2013년 3.1%로 증가했다.

39

정답 ④

다음 〈표〉는 2021년 A시 자녀장려금 수급자의 특성별 수급횟수를 조사한 자료이다. 이에 대한 〈보기〉의 설명 중 옳은 것만을 모두 고르면? 2022년

〈표〉 자녀장려금 수급자 특성별 수급횟수 비중

(단위 : 명, %)

수급자 특성		수급자 수	수급횟수			
대분류	소분류		1회	2회	3회	4회 이상
연령대	20대 이하	8	37.5	25.0	0.0	37.5
	30대	583	37.2	30.2	19.0	13.6
	40대	347	34.9	27.7	23.9	13.5
	50대 이상	62	29.0	30.6	35.5	4.8
자녀수	1명	466	42.3	28.1	19.7	9.9
	2명	459	31.2	31.8	22.2	14.8
	3명	66	27.3	22.7	27.3	22.7
	4명 이상	9	11.1	11.1	44.4	33.3
주택보유 여부	무주택	732	35.0	29.5	22.0	13.5
	유주택	268	38.4	28.7	20.5	12.3
전체		1,000	35.9	29.3	21.6	13.2

〈보기〉

ㄱ. 자녀장려금 수급자의 전체 수급횟수는 2,000회 이상이다.
ㄴ. 자녀장려금을 1회 수령한 수급자 수는 30대가 40대의 1.5배 이상이다.
ㄷ. 자녀수가 2명인 수급자의 자녀장려금 전체 수급횟수는 자녀수가 1명인 수급자의 자녀장려금 전체 수급횟수보다 많다.
ㄹ. 자녀장려금을 2회 이상 수령한 수급자 수는 무주택 수급자가 유주택 수급자의 2.5배 이상이다.

① ㄱ
② ㄷ, ㄹ
③ ㄱ, ㄴ, ㄷ
④ ㄱ, ㄴ, ㄹ
⑤ ㄴ, ㄷ, ㄹ

실전 풀이법

보기 ㄷ과 같은 경우 크기 비교가 불가능하다. '4회 이상'이라는 항목이 있기 때문이다. 따로 각주로 한도가 정해져 있지 않는 이상 최댓값이 정해지지 않은 것이다. 이렇듯 표의 구조만 보고도 선지의 정오판단이 가능한 경우가 있다.

정답해설

ㄱ. 전체 수급자 수가 1,000명이므로 수급횟수를 고려하면 전체 수급횟수는 (1,000×0.359)+(2×1,000×0.293)+(3×1,000×0.216)+(4×1,000×0.132)로 계산할 수 있는데, 그 값은 2,000회 이상이다.

ㄴ. 1회 수령한 수급자 수를 어림하면 30대가 200명이 넘는 반면, 40대는 100명을 겨우 넘는 수준이다. 따라서 30대는 40대의 1.5배 이상이다.

ㄹ. 자녀장려금을 2회 이상 수령한 무주택 수급자 수는 732×(1−0.35)≒476명이고, 유주택 수급자 수는 268×(1−0.384)≒165명이다. 따라서 2.5배 이상이다.

오답해설

ㄷ. 자녀수가 1명인 수급자의 자녀장려금 전체 수급횟수의 최댓값을 알 수 없다. '4회 이상'은 충분히 큰 숫자를 포함하기 때문이다.

40

정답 ④

다음 〈표〉는 2016년 1~6월 월말종가기준 A, B사의 주가와 주가지수에 대한 자료이다. 이에 대한 〈보기〉의 설명 중 옳은 것만을 모두 고르면? 2017년

〈표〉 A, B사의 주가와 주가지수(2016년 1~6월)

구분		1월	2월	3월	4월	5월	6월
주가 (원)	A사	5,000	( )	5,700	4,500	3,900	( )
	B사	6,000	( )	6,300	5,900	6,200	5,400
주가지수		100.00	( )	109.09	( )	91.82	100.00

※ 1) 주가지수 $= \frac{\text{해당 월 A사의 주가} + \text{해당 월 B사의 주가}}{\text{1월 A사의 주가} + \text{1월 B사의 주가}} \times 100$

2) 해당 월의 주가 수익률(%) $= \frac{\text{해당 월의 주가} - \text{전월의 주가}}{\text{전월의 주가}} \times 100$

〈보기〉

ㄱ. 3~6월 중 주가지수가 가장 낮은 달에 A사와 B사의 주가는 모두 전월 대비 하락하였다.
ㄴ. A사의 주가는 6월이 1월보다 높다.
ㄷ. 2월 A사의 주가가 전월 대비 20% 하락하고 B사의 주가는 전월과 동일하면, 2월의 주가지수는 전월 대비 10% 이상 하락한다.
ㄹ. 4~6월 중 A사의 주가 수익률이 가장 낮은 달에 B사의 주가는 전월 대비 하락하였다.

① ㄱ, ㄴ
② ㄱ, ㄷ
③ ㄴ, ㄷ
④ ㄴ, ㄹ
⑤ ㄷ, ㄹ

실전 풀이법

주가지수와 주가 수익률의 계산식을 통해 두 지표가 무엇을 의미하는지를 알면 빠르게 문제를 해결할 수 있다. 특히 주가지수의 경우 결국 해당 월의 A사 주가와 B사 주가를 합한 것에 대한 지표이므로, 쉬운 계산으로 치환할 수 있다.

정답해설

ㄴ. A사의 6월 주가는 11,000−5,400=5,600원으로, 1월보다 높다.
ㄹ. 4~6월 중 A사의 주가 수익률이 가장 낮은 달은 4월이고, 4월 B사의 주가는 전월 대비 하락하였다.

오답해설

ㄱ. 3~6월 중 주가지수가 가장 낮은 달은 5월인데, 5월 B사의 주가는 4월에 비해 오히려 증가하였다.
ㄷ. 2월 A사의 주가가 4,000원, B사의 주가는 6,000원이 되면, 2월의 주가지수는 (4,000+6,000)÷(5,000+6,000)×100=90.9%이다. 10% 이하로 하락한다.

41

정답 ⑤

다음 〈표〉는 2013~2017년 A~E국의 건강보험 진료비에 관한 자료이다. 이에 대한 〈보기〉의 설명 중 옳은 것만을 모두 고르면? 2019년

〈표 1〉 A국의 건강보험 진료비 발생 현황

(단위 : 억 원)

구분		2013	2014	2015	2016	2017
의료기관	소계	341,410	360,439	390,807	419,353	448,749
	입원	158,365	160,791	178,911	190,426	207,214
	외래	183,045	199,648	211,896	228,927	241,534
약국	소계	120,969	117,953	118,745	124,897	130,844
	처방	120,892	117,881	118,678	124,831	130,775
	직접조제	77	72	66	66	69
계		462,379	478,392	509,552	544,250	579,593

〈표 2〉 A국의 건강보험 진료비 부담 현황

(단위 : 억 원)

구분	2013	2014	2015	2016	2017
공단부담	345,652	357,146	381,244	407,900	433,448
본인부담	116,727	121,246	128,308	136,350	146,145
계	462,379	478,392	509,552	544,250	579,593

〈표 3〉 국가별 건강보험 진료비의 전년 대비 증가율

(단위 : %)

국가	2013	2014	2015	2016	2017
B	16.3	3.6	5.2	4.5	5.2
C	10.2	8.6	7.8	12.1	7.3
D	4.5	3.5	1.8	0.3	2.2
E	5.4	−0.6	7.6	6.3	5.5

〈보기〉

ㄱ. 2016년 건강보험 진료비의 전년 대비 증가율은 A국이 C국보다 크다.
ㄴ. 2014~2017년 동안 A국의 건강보험 진료비 중 약국의 직접조제 진료비가 차지하는 비중은 전년 대비 매년 감소한다.
ㄷ. 2013~2017년 동안 A국 의료기관의 입원 진료비 중 공단부담 금액은 매년 3조 8천억 원 이상이다.
ㄹ. B국의 2012년 대비 2014년 건강보험 진료비의 비율은 1.2 이상이다.

① ㄱ, ㄴ
② ㄴ, ㄷ
③ ㄷ, ㄹ
④ ㄱ, ㄴ, ㄹ
⑤ ㄴ, ㄷ, ㄹ

실전 풀이법

이 문제의 경우 표 2가 표 1의 A국 건강보험 진료비의 부담을 보여주고, 표 3은 표 1, 2에 나타난 A국 외의 다른 국가들의 건강 보험 진료비의 증가율을 보여주고 있다. 이런 유형의 경우 표의 제목들을 먼저 읽고, 각 표의 관계를 파악하는 것이 우선이다. 그리고 표의 항목 내용을 파악한다. 표의 제목과 항목의 내용을 통해 표 간의 관계 파악이 완료된 뒤 선지를 보게 되면 표의 내용을 잘못 해석한 경우나 표에서 알 수 없는 경우를 쉽게 파악할 수 있다.

정답해설

ㄴ. 분모인 건강보험 진료비는 매년 증가하는데 분자에 해당하는 약국의 직접조제 진료비는 15년까지는 매년 감소해 15년까지는 선지의 표현이 맞음을 쉽게 확인 가능하다. 16년도 분자가 그대로이므로 감소한 것이 확실하다. 17

년의 경우는 분자는 5%도 증가하지 않은 반면, 분모는 5% 넘게 증가하여 역시 감소하였음을 알 수 있다.

ㄷ. A국의 건강보험 진료비 중 본인부담을 모두 입원비에만 썼다고 해도 입원비에서 본인부담을 빼고 남는 금액이 3조 8천억 원 이상이면 된다. 표의 수치들을 어림해보면 2013~2017년 모두 공단 부담 금액은 3조 8천억 원 이상임을 알 수 있다.

ㄹ. 13년에 16.3% 증가하고 14년에 3.6% 한 번 더 증가한 상황이다. B국의 2012년 진료비를 1로 놓으면 2013년의 진료비는 1.163이 되고, 2014년의 진료비는 1.163의 0.036배 만큼 증가하였으므로 0.041868이 증가하게 된다. 따라서 2012년 대비 2014년 건강보험 진료비의 비율은 1.204868이 되어 1.2 이상이 된다.

오답해설

ㄱ. C국의 16년 건강보험 진료비는 작년에 비해 12.1% 증가한 반면, A국은 10%도 증가하지 않은 것을 바로 알 수 있다.

42 정답 ⑤

다음 〈그림〉은 2013년과 2014년 침해유형별 개인정보 침해경험을 설문조사한 결과이다. 이에 대한 설명으로 옳은 것은? 2016년

〈그림〉 침해유형별 개인정보 침해경험 설문조사 결과

(단위 : %)

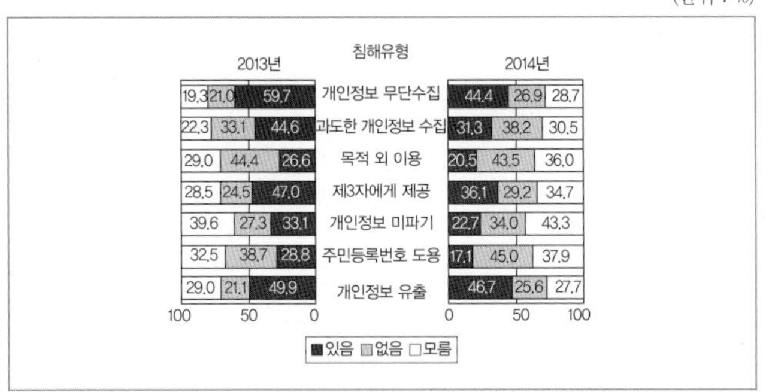

① '있음'으로 응답한 비율이 큰 침해유형부터 순서대로 나열하면 2013년과 2014년의 순서는 동일하다.

② 2014년 '개인정보 무단수집'을 '있음'으로 응답한 비율은 '개인정보 미파기'를 '있음'으로 응답한 비율의 2배 이상이다.

③ 2014년 '있음'으로 응답한 비율의 전년 대비 감소폭이 가장 큰 침해유형은 '과도한 개인정보 수집'이다.

④ 2014년 '모름'으로 응답한 비율은 모든 침해유형에서 전년대비 증가하였다.

⑤ 2014년 '있음'으로 응답한 비율의 전년 대비 감소율이 가장 큰 침해유형은 '주민등록번호 도용'이다.

실전 풀이법

모든 순서를 쓰고 구체적으로 계산하기보다는, 눈에 띄는 값을 비교하고, 어림산을 구하는 식으로 풀면 쉽게 풀이 가능하다. 언제나 시간 싸움임을 명심해야 한다. 또한 동일한 감소폭이라면 분모가 작은 것이 감소율이 크다는 것을 기억하고 있다면 유용하다.

정답해설

주민등록번호 도용은 11.7%p 감소했는데, 분모인 2013년의 값은 28.8%로 매우 적으므로 감소율이 매우 크다. 반면 다른 유형들은 대부분 주민등록번호 도용보다 감소폭이 적고, 이보다 넓은 개인정보 무단수집, 과도한 개인정보 수집은 분모인 2013년 값이 너무 크다. 따라서 감소율은 주민등록번호 도용이 가장 크다.

오답해설

① 2013년에는 개인정보 무단수집이 '있음' 응답 비율이 가장 높은데, 2014년에는 개인정보 유출이 제일 높다.

② 개인정보 미파기는 22.7%로 그 2배는 44.4%보다 크다.

③ 과도한 개인정보 수집은 13.3%p의 감소폭을 보인다. 그러나 개인정보 무단수집은 14%p가 넘는 감소폭을 보인다.

④ 개인정보 유출에서는 감소했다.

43 정답 ④

다음 〈보고서〉와 〈표〉는 2015년 '갑'국의 수출입 현황에 대한 자료이다. 이에 대한 설명으로 옳지 않은 것은? 2019년

〈보고서〉

- 2015년 '갑'국의 총 수출액에서 전자제품은 29.9%, 석유제품은 16.2%, 기계류는 11.2%, 농수산물은 6.3%를 차지한다.
- 2015년 '갑'국의 총 수입액에서 전자제품은 23.7%, 농수산물은 12.5%, 기계류는 11.2%, 플라스틱은 3.8%를 차지한다.

〈표 1〉 '갑'국의 수출입액 상위 10개 국가 현황

(단위 : 억 달러, %)

순위	수출			수입		
	국가명	수출액	'갑'국의 총 수출액에 대한 비율	국가명	수입액	'갑'국의 총 수입액에 대한 비율
1	싱가포르	280	14.0	중국	396	18.0
2	중국	260	13.0	싱가포르	264	12.0
3	미국	188	9.4	미국	178	8.1
4	일본	180	9.0	일본	161	7.3
5	태국	114	5.7	태국	121	5.5
6	홍콩	100	5.0	대만	106	4.8
7	인도	82	4.1	한국	97	4.4
8	인도네시아	76	3.8	인도네시아	86	3.9
9	호주	72	3.6	독일	70	3.2
10	한국	64	3.2	베트남	62	2.8

※ 무역수지는 수출액에서 수입액을 뺀 값으로, 이 값이 양(+)이면 흑자, 음(−)이면 적자임

〈표 2〉 '갑'국의 대(對) '을'국 수출입액 상위 5개 품목 현황

(단위 : 백만 달러, %)

순위	수출			수입		
	품목명	금액	전년 대비증가율	품목명	금액	전년 대비증가율
1	천연가스	2,132	33.2	농수산물	1,375	305.2
2	집적회로 반도체	999	14.5	집적회로 반도체	817	19.6
3	농수산물	861	43.0	평판 디스플레이	326	45.6
4	개별소자 반도체	382	40.6	기타정밀 화학원료	302	6.6
5	컴퓨터부품	315	14.9	합성고무	269	5.6

① 2015년 '갑'국의 수출액 상위 10개 국가 중 2015년 '갑'국과의 교역에서 무역수지 흑자를 기록한 국가는 4개국이다.

② 2014년 '갑'국의 대(對) '을'국 집적회로반도체 수출액은 수입액보다 크다.

③ 2015년 '갑'국의 무역수지는 적자이다.

④ 2015년 '갑'국의 전체 농수산물 수출액에서 '을'국에 대한 농수산물 수출액이 차지하는 비율은 2015년 '갑'국의 전체 농수산물 수입액에서 '을'국으로부터의 농수산물 수입액이 차지하는 비율보다 작다.

⑤ 2015년 '갑'국의 전자제품 수출액은 수입액보다 크다.

실전 풀이법

구체적인 계산을 하기보다는 주어진 비율을 잘 이용하는 것이 중요하다. 특히 100이나 그와 비슷한 수로 변환시키기 쉬운 국가를 찾아낸다면 어렵지 않게 풀 수 있다.

정답해설

보고서를 보면 2015년 갑국 총 수출액에서의 농수산물은 6.3%, 총 수입액에서는 12.5%를 차지하는데, 총 수입액이 총 수출액보다 크므로 농수산물 수입액이 농수산물 수출액의 2배를 초과하게 된다. 그런데 갑국의 을국 농수산물 수출액은 861백만 달러, 수입액은 1,375백만 달러이므로 수입액이 수출액의 2배에 미치지 못한다. 따라서 2015년 갑국의 전체 농수산물 수출액에서 을국에 대한 농수산물 수출액이 차지하는 비율은, 2015년 갑국 전체 농수산물 수입액에서 을국으로 부터의 농수산물 수입액이 차지하는 비율보다 크다.

오답해설

① 해당 국가의 흑자를 묻고 있으므로, 갑국 수입액에서 수출액을 뺀 것이 양수인 국가를 찾으면 된다. 이는 중국, 태국, 한국, 인도네시아 4개국이다.

② 2015년 갑국의 대 을국 집적회로반도체 수출액이 999백만 달러, 수입액이 817백만 달러로 수출액이 더 큰데, 전년 대비 증가율은 수출액이 14.5%, 수입액이 19.6%로 수출액이 더 적게 증가한다. 따라서 2014년에 수출액이 수입액보다 큼을 알 수 있다.

③ 갑국의 무역수지를 알기 위해 갑국의 총 수출액, 수입액을 알아야 한다. 이는 총 수출액에 대한 각국의 비율 중 계산하기 쉬운 것을 찾아 접근한다. 표 1에서 수출국 한국과 수입국 독일의 비율을 보면 3.2%로 같아서 비교하기 좋다. 수출 3.2%는 64억 달러이고, 수입 3.2%는 70억 달러이다. 따라서 같은 비율인데 수입이 수출보다 더 많으므로 갑국의 무역수지는 적자임을 알 수 있다.

⑤ 수출액에서 전자제품이 차지하는 비율이 29.9%인데 이는 홍콩의 6배보다 약간 작으므로 약 600억 달러이다. 그리고 수입액에서 차지하는 비율은 23.7%인데 이는 4.8%인 대만의 5배보다 약간 작다. 따라서 약 530억 달러이므로 전자제품 수출액이 더 크다.

44

정답 ④

다음 〈표〉는 '갑'국 축구 국가대표팀 코치(A~F)의 분야별 잠재능력을 수치화한 것이다. 각 코치가 맡은 모든 분야를 체크(✓)로 표시할 때, 〈표〉와 〈조건〉에 부합하는 코치의 역할 배분으로 가능한 것은? 2019년

〈표〉 코치의 분야별 잠재능력

분야 / 코치	체력	전술	수비	공격
A	18	20	18	15
B	18	16	15	20
C	16	18	20	15
D	20	16	15	18
E	20	18	16	15
F	16	14	20	20

〈조건〉

- 각 코치는 반드시 하나이상의 분야를 맡는다.
- 코치의 분야별 투입능력 $= \frac{\text{코치의 분야별 잠재능력}}{\text{코치가 맡은 분야의 수}}$
- 각 분야별로 그 분야를 맡은 모든 코치의 분야별 투입능력 합은 24 이상이어야 한다.

①

분야 / 코치	체력	전술	수비	공격
A	✓	✓		✓
B		✓	✓	
C	✓			
D		✓	✓	
E	✓			✓
F			✓	✓

②

분야 / 코치	체력	전술	수비	공격
A		✓		
B		✓	✓	✓
C	✓		✓	
D	✓	✓		✓
E	✓			✓
F			✓	

③

분야 / 코치	체력	전술	수비	공격
A		✓	✓	
B				✓
C	✓	✓		✓
D	✓		✓	
E		✓		✓
F	✓		✓	

④

분야 / 코치	체력	전술	수비	공격
A		✓	✓	
B		✓		✓
C			✓	
D	✓			✓
E	✓		✓	✓
F	✓	✓		

⑤

분야 / 코치	체력	전술	수비	공격
A	✓			✓
B				✓
C	✓	✓	✓	
D		✓	✓	✓
E	✓			
F		✓	✓	

실전 풀이법

문제의 난도가 어렵다기보다, 시간을 잡아먹는 문제이다. 이 해설의 경우 취약 부분을 살펴보는 방식으로 접근했다. 이런 유형은 자신만의 기준이 필요하다. 먼저 봐야 할 것은 가장 쉬운 조건인 '각 코치가 하나 이상의 분야를 맡지 않은 것이 있는가'이다. 그다음부터는 항상 취약부분을 위주로 살펴보는 것이 최선은 아니며, 본인의 취향에 따라 다양한 기준을 적용할 수 있다. 그러나 일관된 기준으로 하는 것이 심리적 안정감을 줄 것이다.

정답해설

표들의 형태를 보면 분야별로 코치들이 3명씩 참가한다. 세 번째 조건에 따라 투입 능력의 합이 24 이상이어야 하므로, 코치 한 명당 8의 투입능력을 차지해야 한다. 이후 A~F까지 가장 낮은 점수를 가진 분야를 체크한다. 이 분야에 투입될 경우 이들은 그들의 할당 투입능력을 채울 가능성이 낮기 때문에, 취약 분야에 투입된 표부터 보면서 소거하는 방법이 필요하다.

A의 경우 공격, B의 경우 수비, C의 경우 공격, D의 경우 수비, E의 경우 공격, F의 경우 전술이 취약 분야이다.

모든 조건을 충족하는 것은 ④이다.

오답해설

① A가 공격에 들어갔으므로 A는 공격에 5, E는 7.5, F 는 10을 투입하므로 투입능력 24에 모자란다.

② B가 수비에 들어갔으므로 B는 수비에 5, C는 수비에 10, F는 수비에 20 투입하여 수비 투입 요건을 만족시킨다. 그런데 ②는 E가 취약한 공격에도 투입되었으므로 공격도 검토해야 한다. 공격의 경우 B가 6.67, D가 6, E가 7.5로 그 합이 24보다 작다.

③ C가 자신의 취약분야인 공격에 투입되었으므로 이를 검토한다. 공격에 있어 B가 20을 투입하므로, 뒤에 것들은 계산하지 않아도 24가 넘을 것임을 유추 가능하다. 또한 D가 취약 분야인 수비에 투입되었으므로 이도 검토가 필요하다. 수비의 경우 A가 9, D가 7.5, F가 10을 투입하므로 총 투입이 24를 넘는다. 그런데 남은 분야를 살펴보면 체력이 C에서 5.33, D에서 10, E에서 8로 24에 못 미친다.

⑤ 전술과 수비에서 조건을 맞추지 못해 소거된다.

45

정답 ⑤

다음 〈표〉는 A~D지역으로만 이루어진 '갑'국의 2015년 인구 전입 · 전출과 관련한 자료이다. 이에 대한 〈보고서〉의 내용 중 옳은 것만을 모두 고르면? 2017년

〈표 1〉 2015년 인구 전입 · 전출

(단위 : 명)

전출지 \ 전입지	A	B	C	D
A		190	145	390
B	123		302	260
C	165	185		110
D	310	220	130	

※ 1) 전입 · 전출은 A~D지역 간에서만 이루어짐

2) 2015년 인구 전입 · 전출은 2015년 1월 1일부터 12월 31일까지 발생하며, 동일인의 전입 · 전출은 최대 1회만 가능함

3) 예시 : 〈표 1〉에서 '190'은 A지역에서 190명이 전출하여 B지역으로 전입하였음을 의미함

〈표 2〉 2015, 2016년 지역별 인구

(단위 : 명)

지역 \ 연도	2015	2016
A	3,232	3,105
B	3,120	3,030
C	2,931	( )
D	3,080	( )

※ 1) 인구는 매년 1월 1일 0시를 기준으로 함

2) 인구변화는 전입 · 전출에 의해서만 가능함

〈보고서〉

'갑'국의 지역 간 인구 이동을 파악하기 위해 2015년의 전입 · 전출을 분석한 결과 총 2,530명이 주소지를 이전한 것으로 파악되었다. '갑'국의 4개 지역 가운데 ㉠ 전출자 수가 가장 큰 지역은 A이다. 반면, ㉡ 전입자 수가 가장 큰 지역은 A, B, D 지역으로부터 총 577명이 전입한 C이다. 지역 간 인구 이동은 지역경제 활성화에 따른 일자리 수요와 밀접하게 연관된다. 2015년 인구이동 결과, ㉢ 2016년 인구가 가장 많은 지역은 D이며, ㉣ 2015년과 2016년의 인구 차이가 가장 큰 지역은 A이다.

① ㄱ, ㄴ

② ㄱ, ㄷ

③ ㄴ, ㄹ

④ ㄷ, ㄹ

⑤ ㄱ, ㄷ, ㄹ

실전 풀이법

ㄱ과 같은 경우 실전에서 각 값을 계산하는 것은 비효율적이다. C의 경우 모든 값이 200명 미만이므로 다른 지역보다 현저히 전출자가 적다. A, B, D 중에선 가장 큰 값이 300단위들의 차이를 구하고(각 값에서 300을 빼면 편하다), 그 차이값과 다른 지역 전출자들의 합을 비교하면 보다 용이하게 찾을 수 있다. 가평균을 사용하는 것도 좋은 방법이다.

ㄴ과 같은 경우에도 ㄱ과 같이 접근해도 되지만, C지역의 전입자가 실제로 577명인지 확인한다면, 옆에 D지역이 한눈에 봐도 그것보다 크므로 옳지 않음을 쉽게 파악할 수 있다.

정답해설

ㄱ. 각 지역의 전출자는 가로축을 더한 것이다. A지역 725명, B지역 685명, C지역 460명, D지역 660명이다. A지역이 가장 많다.

ㄷ. C지역은 117명 늘고, D지역은 100명 늘어서 이를 더하면 D지역 인구가 가장 많다.

ㄹ. C지역은 117명 증가했는데 A지역은 127명 감소해서 A지역이 가장 많이 변화했다.

오답해설

ㄴ. 각 지역의 전입자는 세로축을 더한 것이다. A지역 598명, B지역 595명, C지역 577명, D지역 760명이다. D지역이 가장 많다.

46

정답 ①

다음 〈그림〉은 2013~2017년 '갑' 기업의 '가', '나' 사업장의 연간 매출액에 대한 자료이고, 다음 〈보고서〉는 2018년 '갑' 기업의 '가', '나' 사업장의 직원 증원에 대한 내부 검토 내용이다. 〈그림〉과 〈보고서〉를 근거로 2018년 '가', '나' 사업장의 증원인원별 연간 매출액을 추정한 결과로 옳은 것은? 2018년

〈그림〉 2013~2017년 '갑' 기업 사업장별 연간 매출액

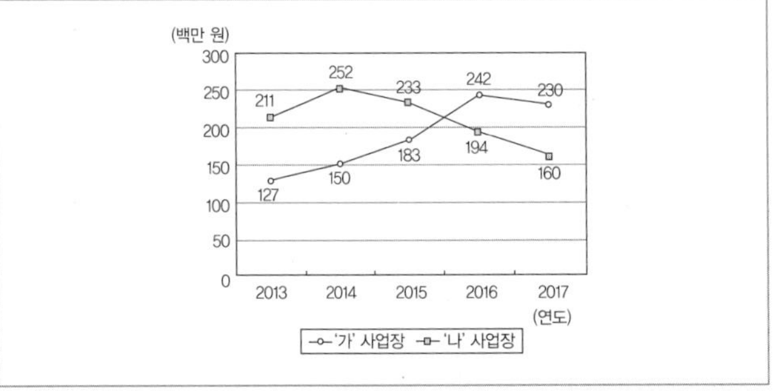

〈보고서〉

- 2018년 '가', '나' 사업장은 각각 0~3명의 직원을 증원할 계획임
- 추정 결과, 직원을 증원하지 않을 경우 '가', '나' 사업장의 2017년 대비 2018년 매출액 증감률은 각각 10% 이하일 것으로 예상됨
- 직원 증원이 없을 때와 직원 3명을 증원할 때의 2018년 매출액 차이는 '나' 사업장이 '가' 사업장보다 클 것으로 추정됨
- '나' 사업장이 2013~2017년 중 최대 매출액을 기록했던 2014년보다 큰 매출액을 기록하기 위해서는 2018년에 최소 2명의 직원을 증원해야 함

①

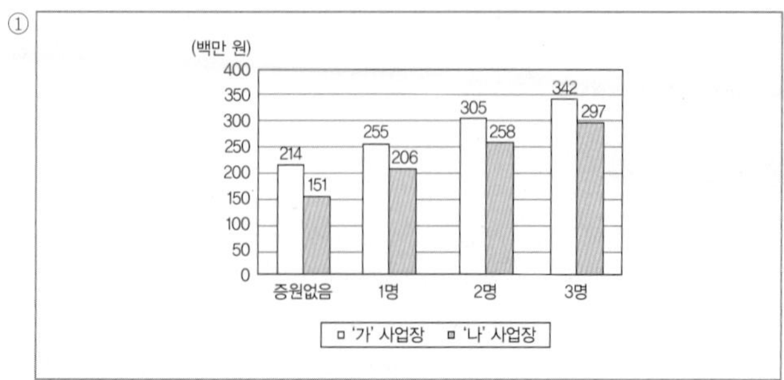

②

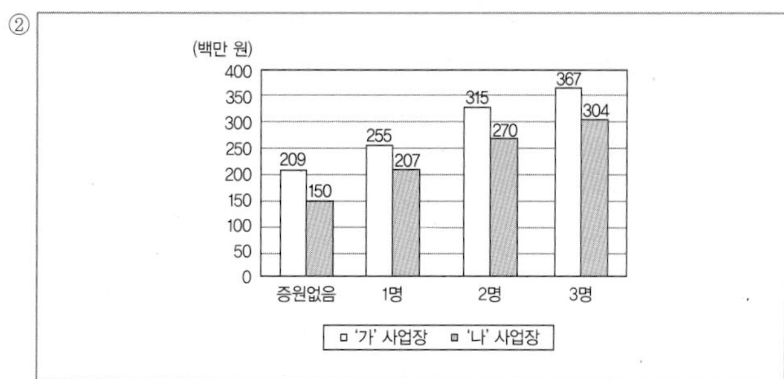

③

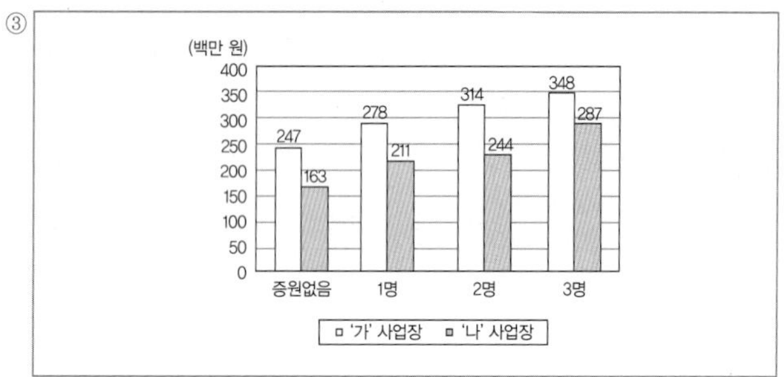

④

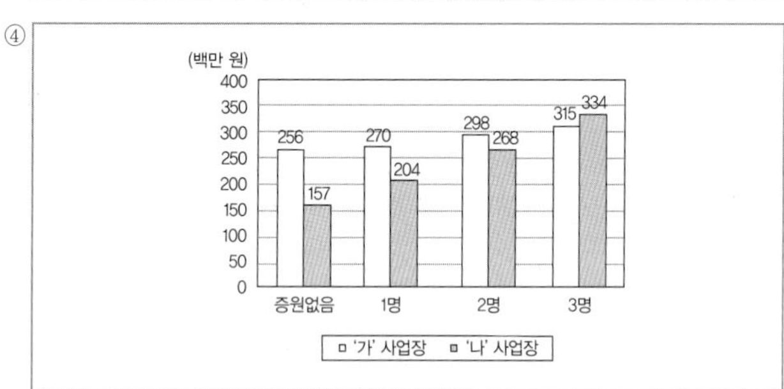

⑤

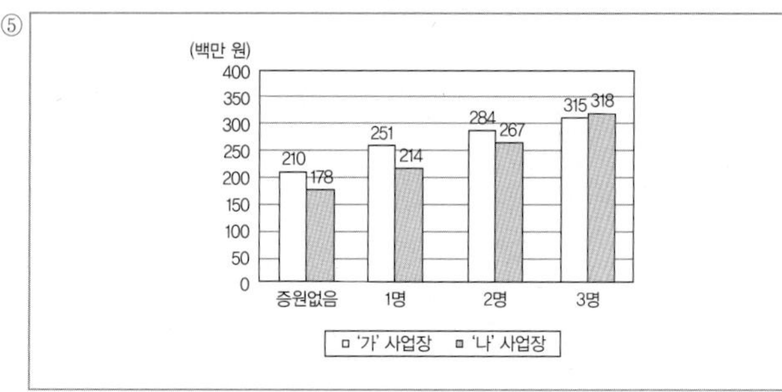

실전 풀이법

그림과 보고서의 내용을 종합하여 다시 그래프로 나타내야 한다. 보고서의 각 조건을 하나씩 적용해 보면서 오답 선지를 소거해 나가는 방식으로 접근하자.

조건을 반드시 순서대로 적용할 필요는 없다. 가령, 세 번째 조건은 계산이 필요하지만 네 번째 조건은 단순히 확인만 하면 된다. 항상 복습하면서 좀 더 빠른 풀이가 없는지 고민해 보자. 한편 세 번째 조건을 확인할 때 일일이 계산하기보다는 그래프의 크기를 활용할 수 있다. 계산을 하는 경우에도 '증원없음'과 '3명'을 왔다 갔다 하면서 계산하기보다는, '증원없음'에서 '가'와 '나' 사업장의 매출액 차이를 구하고, 이를 '3명'에서 '가'와 '나' 사업장의 매출액 차이와 비교하는 방식이 한결 편하다

정답해설

보고서의 두 번째 조건에 따르면, 직원을 증원하지 않을 경우 '가' 사업장의 매출액은 253백만 원 이하, '나' 사업장의 매출액은 176백만 원 이하가 되어야 한다(선지 ④, ⑤ 소거).

보고서의 세 번째 조건에 따르면, 직원 증원이 없을 때와 직원 3명을 증원할 때의 2018년 매출액 차이는 '나' 사업장이 '가' 사업장보다 커야 한다(선지 ② 소거).

보고서의 네 번째 조건에 따르면, '나' 사업장은 최소 2명을 증원할 때 매출액이 252백만 원보다 커진다(선지 ③ 소거).

따라서 정답은 ①이 된다.

47

정답 ⑤

다음 〈표〉는 6개 지목으로 구성된 A지구의 토지수용 보상비 산출을 위한 자료이다. 이에 대한 〈보기〉의 설명 중 옳은 것만을 모두 고르면? 2020년

〈표〉 지목별 토지수용 면적, 면적당 지가 및 보상 배율

(단위 : m^2, 만 원/m^2)

지목	면적	면적당 지가	보상 배율	
			감정가 기준	실거래가 기준
전	50	150	1.8	3.2
답	50	100	1.8	3.0
대지	100	200	1.6	4.8
임야	100	50	2.5	6.1
공장	100	150	1.6	4.8
창고	50	100	1.6	4.8

※ 1) 총보상비는 모든 지목별 보상비의 합임
2) 보상비 = 용지 구입비 + 지장물 보상비
3) 용지 구입비 = 면적 × 면적당 지가 × 보상 배율
4) 지장물 보상비는 해당 지목 용지 구입비의 20%임

〈보기〉

ㄱ. 모든 지목의 보상 배율을 감정가 기준에서 실거래가 기준으로 변경하는 경우, 총보상비는 변경 전의 2배 이상이다.

ㄴ. 보상 배율을 감정가 기준에서 실거래가 기준으로 변경하는 경우, 보상비가 가장 많이 증가하는 지목은 '대지'이다.

ㄷ. 보상 배율이 실거래가 기준인 경우, 지목별 보상비에서 용지 구입비가 차지하는 비율은 '임야'가 '창고'보다 크다.

ㄹ. '공장'의 감정가 기준 보상비와 '전'의 실거래가 기준 보상비는 같다.

① ㄱ, ㄷ

② ㄱ, ㄹ

③ ㄴ, ㄷ

④ ㄴ, ㄹ

⑤ ㄱ, ㄴ, ㄹ

실전 풀이법

면적과 면적당 지가는 모두 50의 배수이므로, 일일이 계산하기보다 50으로 일률적으로 나누어 계산하면 편하다. 또한 이 문제와 같이 직접 곱셈을 하지 않고 판단이 가능한 경우가 상당히 많다는 점도 유의하자.

정답해설

지목	면적×면적당 지가	보상 배율	
		감정가 기준	실거래가 기준
전	3×2500	1.8	3.2
답	2×2500	1.8	3.0
대지	8×2500	1.6	4.8
임야	2×2500	2.5	6.1
공장	6×2500	1.6	4.8
창고	2×2500	1.6	4.8

보상비=용지 구입비+지장물 보상비
용지 구입비=면적×면적당 지가×보상 배율
지장물 보상비=용지 구입비×20%
∴ 보상비=면적×면적당 지가×보상 배율×1.2

ㄱ. 감정가 기준 총보상비는 39.6×2,500×1.2, 실거래가 기준 총보상비는 104.6×2,500×1.2이므로 2배 이상이다.
ㄴ. 대지는 보상비가 8×2,500×3.2, 임야는 2×2,500×3.6, 공장은 6×2,500×3.2만큼 증가하여 모두 대지보다 증가폭이 작다.
ㄹ. '공장'의 감정가 기준 보상비는 6×2,500×1.6×1.2, '전'의 실거래가 기준 보상비는 3×2,500×3.2×1.2로 같다.

오답해설

ㄷ. 기준과 무관하게 지목별 보상비에서 용지 구입비가 차지하는 비율은 $\frac{1}{1.2}$로 일정하다.

48

정답 ①

다음 〈표〉와 〈그림〉에 대한 〈보기〉의 설명 중 옳은 것만을 모두 고르면? 2018년

〈표〉 업체별 · 연도별 온실가스 배출량

(단위 : 천tCO2eq.)

업체 \ 구분	배출량				예상 배출량
	2015년	2016년	2017년	3년 평균 (2015~2017년)	2018년
A	1,021	990	929	980	910
B	590	535	531	552	524
C	403	385	361	383	352
D	356	( )	260	284	257
E	280	271	265	272	241
F	168	150	135	151	132
G	102	101	100	( )	96
H	92	81	73	82	71
I	68	59	47	58	44
J	30	29	28	( )	24
기타	28	27	20	25	22
전체	3,138	2,864	( )	2,917	2,673

〈그림〉 업체 A~J의 3년 평균(2015~2017년) 철강 생산량과 온실가스 배출량

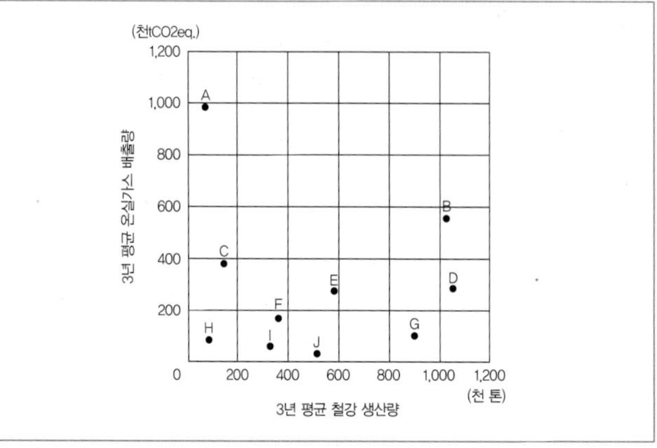

※ 온실가스 배출 효율성 $=\frac{\text{3년 평균 철강 생산량}}{\text{3년 평균 온실가스 배출량}}\times 100$

〈보기〉

ㄱ. 2015~2017년 동안 매년 온실가스 배출량 기준 상위 2개 업체가 해당년도 전체 온실가스 배출량의 50% 이상을 차지하고 있다.
ㄴ. 2015~2017년 동안 철강산업의 전체 온실가스 배출량은 매년 감소하였다.
ㄷ. 업체 A~J 중 2015~2017년의 온실가스 배출 효율성이 가장 낮은 업체는 J이고, 가장 높은 업체는 A이다.
ㄹ. 2015~2017년 동안 업체 A~J 각각의 온실가스 배출량은 매년 감소하였다.

① ㄱ, ㄴ ② ㄱ, ㄷ
③ ㄱ, ㄴ, ㄷ ④ ㄱ, ㄴ, ㄹ
⑤ ㄴ, ㄷ, ㄹ

실전 풀이법

4개의 보기에 대해 정오판단을 하는 문제로, 각각의 보기가 어느 자료에서 추출된 것인지를 파악한다면 어렵지 않다. ㄷ과 같이 그림을 활용하는 문제는 기울기와 관련된 것이 많으므로, 연습을 통해 빠르게 풀 수 있도록 하자. 단, 분모와 분자에 들어가는 데이터에 따라 기울기인지 혹은 기울기의 역수인지 달라질 수 있기 때문에 유의하여야 한다.

정답해설

ㄱ. 표에서 알 수 있다. 2015~2017년 동안 A업체와 B업체의 온실가스 배출량은 매년 전체 배출량의 절반 이상을 차지한다.
ㄴ. 표의 자료를 통해 추론할 수 있다. 2017년 전체 배출량을 계산하면 2,917×3−3,138−2,864=2,749천tCO2eq.이므로, 2015~2017년 전체 온실가스 배출량은 매년 감소하였다.

오답해설

ㄷ. 그림을 활용하여야 한다. 온실가스 배출 효율성은 가로축을 세로축으로 나눈 값이므로, 기울기가 작을수록 온실가스 배출 효율성은 크다. 즉 J가 가장 크고, A가 가장 낮다.
ㄹ. 표의 자료를 통해 알 수 있다. D업체의 2016년 배출량을 계산하면, 284×3−356−260=236천tCO2eq.이다. 즉, D업체의 2017년 배출량은 2016년의 배출량보다 증가하였다.

49

정답 ①

다음 <표>는 2024년 예상 매출액 상위 10개 제약사의 2018년, 2024년 매출액에 관한 자료이다. 이에 대한 <보기>의 설명 중 옳은 것만을 고르면? 2021년

<표> 2024년 매출액 상위 10개 제약사의 2018년, 2024년 매출액

(단위 : 억 달러)

2024년 기준 매출액 순위	기업명	2024년	2018년	2018년 대비 2024년 매출액 순위변화
1	Pfizer	512	453	변화없음
2	Novartis	498	435	1단계 상승
3	Roche	467	446	1단계 하락
4	J&J	458	388	변화없음
5	Merck	425	374	변화없음
6	Sanofi	407	351	변화없음
7	GSK	387	306	5단계 상승
8	AbbVie	350	321	2단계 상승
9	Takeda	323	174	7단계 상승
10	AstraZeneca	322	207	4단계 상승
매출액 소계		4,149	3,455	
전체 제약사 총매출액		11,809	8,277	

※ 2024년 매출액은 예상 매출액임

<보기>

ㄱ. 2018년 매출액 상위 10개 제약사의 2018년 매출액 합은 3,700억 달러 이상이다.

ㄴ. 2024년 매출액 상위 10개 제약사 중, 2018년 대비 2024년 매출액이 가장 많이 증가한 기업은 Takeda이고 가장 적게 증가한 기업은 Roche이다.

ㄷ. 2024년 매출액 상위 10개 제약사의 매출액 합이 전체 제약사 총매출액에서 차지하는 비중은 2024년이 2018년보다 크다.

ㄹ. 2024년 매출액 상위 10개 제약사 중, 2018년 대비 2024년 매출액 증가율이 60% 이상인 기업은 2개이다.

① ㄱ, ㄴ ② ㄱ, ㄷ

③ ㄱ, ㄹ ④ ㄴ, ㄷ

⑤ ㄴ, ㄹ

실전 풀이법

보기 ㄱ이 약간 생소할 수 있으나 2024년 기준 매출액 상위 10개 제약사의 2018년 매출액 순위를 판단해본다면 문제 풀이 방법이 보일 것이다. 이러한 아이디어를 떠올리기만 한다면 정답을 쉽게 도출할 수 있다.

정답해설

ㄱ. 2024년과 2018년 대비 2024년 매출액 순위변화를 이용하여 각 기업의 순위를 구하면 2024년 기준 매출액 순위를 기준으로 2018년 기준 매출액 순위는 순서대로 1, 3, 2, 4, 5, 6, 12, 10, 16, 14등이 된다. 이때 2018년 10등인 AbbVie의 매출액이 321억 원이 되므로 7등, 8등, 9등의 매출액이 321억 이상임을 알 수 있다. 이를 고려하면 3,455+(321−306)+(321−174)+(321−207)=3,731억 원이므로 3,700억 원 이상이다.

ㄴ. 2024년 매출액 상위 10개 제약사 중 2018년 대비 2024년 매출액이 가장 많이 증가한 기업은 Takeda로 149억 원이 증가했으며 가장 적게 증가한 기업은 Roche로 21억 원 증가했다.

오답해설

ㄷ. 2024년 매출액 상위 10개 제약사의 매출액 합이 전체 제약사 총매출액에서 차지하는 비중을 어림하면 2024년이 약 35%이고, 2018년이 약 40%이므로 2024년이 2018년보다 작다.

ㄹ. 2024년 매출액 상위 10개 제약사 중, 2018년 대비 2024년 매출액 증가율이 60% 이상인 기업은 Takeda 1개이다.

50

정답 ①

다음 <표>는 2019년 3월 사회인 축구리그 경기일별 누적승점에 대한 자료이다. <표>와 <조건>에 근거한 설명으로 옳지 않은 것은? 2020년

<표> 경기일별 경기 후 누적승점

(단위 : 점)

경기일(요일) \ 팀	A	B	C	D	E	F
9일(토)	3	0	0	3	1	1
12일(화)	6	1	0	3	2	4
14일(목)	7	2	3	4	2	5
16일(토)	8	2	3	7	3	8
19일(화)	8	5	3	8	4	11
21일(목)	8	8	4	9	7	11
23일(토)	9	9	5	10	8	12
26일(화)	9	12	5	13	11	12
28일(목)	10	12	8	16	12	12
30일(토)	11	12	11	16	15	13

<조건>

• 팀별로 다른 팀과 2번씩 경기한다.
• 경기일별로 세 경기가 진행된다.
• 경기일별로 팀당 한 경기만 진행한다.
• 승리팀은 승점 3점을 얻고, 패배팀은 승점 0점을 얻는다.
• 무승부일 경우 두 팀 모두 각각 승점 1점을 얻는다.
• 3월 30일 경기 후 누적승점이 가장 높은 팀이 우승팀이 된다.

① A팀과 C팀은 승리한 횟수가 같다.
② B팀은 화요일에는 패배한 적이 없다.
③ 모든 팀이 같은 경기일에 무승부를 기록한 적이 있다.
④ C팀은 3월 14일에 E팀과 경기하여 승리하였다.
⑤ 3월 30일 경기결과가 달라져도 우승팀은 바뀌지 않는다.

실전 풀이법

얼핏 정보량이 많은 것 같지만, 실제 문제를 해결하기 위해서는 각 선지에 해당하는 팀이나 경기일만 확인하면 된다. 표와 조건만 보고 표의 정보를 전부 해석한 뒤 문제를 해결하려 하면 계산할 필요가 없는 부분에 시간을 낭비하게 된다. 항상 제시된 자료를 훑어보고 선지에서 요구하는 '정말 계산해야 할 부분'만 계산하도록 하자.

정답해설

A팀은 9일, 12일에 승리했고, C팀은 14일, 28일, 30일에 승리했다.

오답해설

② B팀은 12일에 무승부, 19일에 승리, 26일에 승리했다.
③ 23일에는 모든 팀이 무승부를 기록하여 승점 1점씩 얻었다.
④ 14일에 C팀은 승리했고, 이때 패배한 팀은 E팀뿐이다.
⑤ 28일 기준으로 가장 많은 승점을 얻은 팀은 D팀으로, 누적 승점이 16점이다. 누적 승점이 그 다음으로 높은 팀은 12점을 얻었으므로, 30일 경기에서 승리하더라도 16점을 넘을 수 없다. 따라서 30일 경기결과가 달라져도 우승팀은 D팀이다.

51

정답 ③

다음 〈표〉는 A업체에서 판매한 전체 주류와 주세에 관한 자료이다. 이에 대한 〈보기〉의 설명 중 옳은 것만을 모두 고르면? 2018년

〈표 1〉 주류별 판매량과 판매가격

(단위 : 천 병, 원)

구분 \ 주류	탁주	청주	과실주
판매량	1,500	1,000	1,600
병당 판매가격	1,500	1,750	1,000

〈표 2〉 주세 계산 시 주류별 공제금액과 세율

(단위 : 백만 원, %)

구분 \ 주류	탁주	청주	과실주
공제금액	450	350	400
세율	10	20	15

※ 주류별 세율(%) = $\frac{\text{주류별 주세}}{\text{주류별 판매액} - \text{주류별 공제금액}} \times 100$

〈보기〉

ㄱ. 탁주, 청주는 판매량과 병당 판매가격이 각각 10% 증가하고 과실주는 변화가 없다면, A업체의 주류별 판매액 합은 15% 증가한다.

ㄴ. 탁주의 주세는 과실주의 주세보다 크다.

ㄷ. 각 주류의 판매량과 공제금액이 각각 10% 증가할 경우, A업체의 주류별 주세 합은 708백만 원이다.

ㄹ. 각 주류의 판매량은 각각 10% 증가하고 각 주류의 병당 판매가격은 각각 10% 하락한 경우, A업체의 주류별 판매액 합은 5,544백만 원이다.

① ㄱ, ㄴ

② ㄱ, ㄷ

③ ㄱ, ㄹ

④ ㄴ, ㄷ

⑤ ㄷ, ㄹ

실전 풀이법

사실상 계산에 큰 단위는 방해되므로 처음에 계산에서 0을 3개 제외하는 것이 계산에 편리하다. 다만 이때 병이 천 병 단위인 것을 고려하면 금액은 백만 원이 일의 자리임을 알아둬야 한다.

공식이 복잡하고 따로 계산하면 지저분하게 보일 수 있지만, 다행히 출제자가 탁주와 청주의 합을 계산하기 용이하게 해두었고, 실제로 계산을 해 보면 여러 가지가 상쇄되어 계산할 양이 적다. 그러나 실전에서 이를 발견하지 못하면 오래 걸리게 되므로, 이런 유형은 넘기는 것도 좋은 방법이다. 그리고 0.99의 경우에 총 판매에서 1%를 빼는 것이 계산하기 더 쉽다.

정답해설

편의상 1000병을 1병으로 보고, 판매액을 천원으로 나누고 시작하도록 하겠다.

ㄱ. 탁주의 판매액은 2,250원, 청주는 1,750원, 과실주는 1,600원이다. 이들의 합은 원래 5,600원이다. 그런데 탁주와 청주의 판매량과 판매가격을 15% 증가시키면 판매액은 탁주와 청주의 1.21배가 될 것이다. 탁주와 청주의 판매액 합이 4,000원이므로 그 1.21배는 4,840원이고 이를 과실주와 더하면 6,440원이다. 이는 5,600원의 1.15배이다.

ㄹ. 1.1×0.9=0.99가 된다. 원래 총 판매액이 5,600원이었으므로 거기에 0.99를 곱하면 5,544원이 된다.

오답해설

ㄴ. 탁주의 주류별 판매액－주류별 공제금액은 1,800원이다. 세율이 10%가 되려면 주류별 주세는 180원이 된다. 과실주의 경우 주류별 판매액－주류별 공제금액이 1,200원이다. 세율이 15%가 되려면 이 역시 180원이다.

ㄷ. 판매액과 공제금액이 10%씩 증가하면 세율이 $\frac{10}{11}$배가 된다(분모에 모두 10%가 곱해졌기 때문이다). 그런데 판매액이 1.1배가 되었으므로 총 주세 합은 변하지 않게 된다. 기존의 주세는 755원이므로, 아까 나눈 1,000,000을 곱해 주면 755만 원이다.

52

정답 ①

다음 〈표〉는 유통업체 '가'~'바'의 비정규직 간접고용 현황에 대한 자료이다. 이에 대한 〈보기〉의 설명 중 옳은 것만을 모두 고르면? 2020년

〈표〉 유통업체 '가'~'바'의 비정규직 간접고용 현황

(단위 : 명, %)

유통업체	사업장	업종	비정규직 간접고용 인원	비정규직 간접고용 비율
가	A	백화점	3,408	74.9
나	B	백화점	209	31.3
다	C	백화점	2,149	36.6
	D	백화점	231	39.9
	E	마트	8,603	19.6
라	F	백화점	146	34.3
	G	마트	682	34.4
마	H	마트	1,553	90.4
바	I	마트	1,612	48.7
	J	마트	2,168	33.6
전체			20,761	29.9

※ 비정규직 간접고용 비율(%) = $\frac{\text{비정규직 간접고용 인원}}{\text{비정규직 간접고용 인원} + \text{비정규직 직접고용 인원}} \times 100$

〈보기〉

ㄱ. 업종별 비정규직 간접고용 총인원은 마트가 백화점의 2배 이상이다.

ㄴ. 비정규직 직접고용 인원은 A가 H의 10배 이상이다.

ㄷ. 비정규직 간접고용 비율이 가장 낮은 사업장의 비정규직 직접고용 인원은 다른 9개 사업장의 비정규직 직접고용 인원의 합보다 많다.

ㄹ. 유통업체별 비정규직 간접고용 비율은 '다'가 '라'보다 높다.

① ㄱ, ㄷ

② ㄴ, ㄹ

③ ㄷ, ㄹ

④ ㄱ, ㄴ, ㄷ

⑤ ㄱ, ㄴ, ㄹ

실전 풀이법

이 문제에서 요구하는 것은 정확한 계산이 아니라, 적절한 분수식을 세우고 그 크기를 비교할 수 있는 능력이다. ㄷ의 경우 E의 비정규직 직접고용 인원은 약 $\left(\frac{0.8}{0.2}\right)$×8,600명으로, 전체 비정규직 직접고용 인원은 약 $\left(\frac{0.7}{0.30}\right)$×20,700명으로 어림하여 계산할 수 있다. 여기서 전자가 후자의 2배보다 큰지만 확인하면 된다.

정답해설

ㄱ. 마트의 비정규직 간접고용 인원은 14,618명이다. 이는 전체 비정규직 간접고용 인원의 $\frac{2}{3}$를 초과하므로, 업종별 비정규직 간접고용 총인원은 마트가 백화점의 2배 이상이다.

ㄷ. 비정규직 간접고용 비율이 가장 낮은 사업장은 E로, 이 사업장의 비정규직 직접고용 인원은 약 35,290명이다. 한편 전체 비정규직 직접고용 인원은 약 48,670명이므로 E의 비정규직 직접고용 인원은 다른 9개 사업장의 비정규직 직접고용 인원의 합보다 많다.

오답해설

ㄴ. 특정 사업장의 총 비정규직 고용 인원은 비정규직 간접고용 인원을 비정규직 간접고용 비율로 나누어 구할 수 있다. 따라서 비정규직 직접고용 인원을 계산하는 공식은 다음과 같다.

$$\text{비정규직 직접고용 인원}=\left\{\frac{(1-\text{비정규직 간접고용 비율})}{\text{비정규직 간접고용 비율}}\right\}\times\text{비정규직 간접고용 인원}$$

이에 따르면, A의 비정규직 직접고용 인원은 약 1,142명이고, H의 비정규직 직접고용 인원은 약 165명이다.

ㄹ. '라'의 비정규직 간접고용 비율은 34.3~34.4%이다. 그런데 '다'의 대부분을 차지하는 사업장 E의 비정규직 간접고용 비율은 19.6%로 매우 낮다. 따라서 구체적인 계산을 하지 않고도 '다'의 비정규직 간접고용 비율은 34.3%보다 낮다는 것을 알 수 있다.

53

정답 ⑤

다음 〈표〉는 2014~2018년 '갑'국의 예산 및 세수 실적과 2018년 세수항목별 세수 실적에 관한 자료이다. 이에 대한 설명으로 옳지 않은 것은? 2019년

〈표 1〉 2014~2018년 '갑'국의 예산 및 세수 실적

(단위 : 십억 원)

연도 \ 구분	예산액	징수결정액	수납액	불납결손액
2014	175,088	198,902	180,153	7,270
2015	192,620	211,095	192,092	8,200
2016	199,045	208,745	190,245	8
2017	204,926	221,054	195,754	2,970
2018	205,964	237,000	208,113	2,321

〈표 2〉 2018년 '갑'국의 세수항목별 세수 실적

(단위 : 십억 원)

세수항목 \ 구분	예산액	징수결정액	수납액	불납결손액
총 세수	205,964	237,000	208,113	2,321
내국세	183,093	213,585	185,240	2,301
교통 · 에너지 · 환경세	13,920	14,110	14,054	10
교육세	5,184	4,922	4,819	3
농어촌 특별세	2,486	2,674	2,600	1
종합 부동산세	1,281	1,709	1,400	6

※ 1) 미수납액 = 징수결정액 − 수납액 − 불납결손액

2) $\text{수납비율(\%)}=\frac{\text{수납액}}{\text{예산액}}\times 100$

① 미수납액이 가장 큰 연도는 2018년이다.

② 수납비율이 가장 높은 연도는 2014년이다.

③ 2018년 내국세 미수납액은 총 세수 미수납액의 95% 이상을 차지한다.

④ 2018년 세수항목 중 수납비율이 가장 높은 항목은 종합부동산세이다.

⑤ 2018년 교통 · 에너지 · 환경세 미수납액은 교육세 미수납액보다 크다.

실전 풀이법

이 유형은 두 개의 표가 주어졌을 때, 하나의 표가 다른 표의 세부사항을 보여주는 경우이다. 해당 문항의 경우 표 1은 2014~2018년의 갑국 예산 및 세수 실적을 보여주고, 표 2는 이 중 2018년의 세수항목별 세수 실적을 보여준다. 그리고 각주에는 특정 값을 구하는 공식들이 적혀있다. 이런 유형을 보았다면, 반드시 해당 각주의 값과 관련하여 물을 것임을 염두에 둬야 한다. 그리고 표 2에서 2018년만 다루고 있기 때문에, 해당 세부 사항은 오직 2018년 값에만 존재함을 명심해야 한다. 우리가 알 수 없는 다른 연도의 구체적 수치를 언급하는 것이 있다면 쉽게 그것이 오답임을 확인할 수 있기 때문이다.

정답해설

교육세의 미수납액은 100십억 원이다. 교통 · 에너지 · 환경세의 수납액, 불납결손액에 100을 더하면 징수결정액보다 크다. 따라서 교육세의 미수납액이 더 크다.

오답해설

① 미수납액은 징수결정액 − 수납액 − 불납결손액이다. 불납결손액의 경우 단위가 작기 때문에 이럴 땐 징수결정액과 수납액 위주로 대략의 크기를 파악해야 한다. 선지가 맞다면 2018년이 미수납액이 가장 클 것이므로 이를 가정하고 문항을 본다. 2018년이 징수결정액이 가장 크며, 그 다음으로 큰 2017년과 징수결정액 차이가 대략 16,000 정도 차이 나는 반면, 수납액은 13,000 정도 밖에 나지 않아 2018년이 더 크다. 그리고 2016, 2017년의 수납액은 2018년과 비슷한 반면 징수결정액은 현저히 적으므로 비교할 필요가 없다. 2014년의 경우 수납액이 현저히 작으나, 이보다 징수결정액이 훨씬 더 작기 때문에 2018년의 미수납액이 가장 크다.

② 선지에서 2014년 수납 비율이 가장 높다 했으므로 이를 가정하고 출발한다. 분모가 작고 분자가 큰 것이 포인트이므로, 2015년과 2016년 중에서는 2015년만 비교하면 된다. 마찬가지로 2017년과 2018년 중에선 분모 증가율보다 분자 증가율이 현저히 큰 2018년만 비교하면 된다. 2014년과 2015년, 2018년의 분자 · 분모 증가율을 비교할 때 수납비율은 2014년이 가장 크다.

③ 앞의 4자리만 계산하면 2018년 미수납액은 약 26,600십억 원이고, 내국세 미수납액은 약 26,000십억 원이다. 26,600의 5%가 600보다 크므로, 내국세 미수납액이 총 세수 미수납액에서 차지하는 비율은 95% 이상이다.

④ 선지가 맞다고 가정하며 시작해보자. 종합부동산세의 수납비율은 110%가 약간 되지 않는다. 수납비율이 100%가 넘는 것은 내국세, 교통 · 에너지 · 환경세, 농어촌 특별세이다. 그러나 이들은 110%에 한참 모자라기 때문에 종합부동산세가 수납비율이 가장 높다.

54

정답 ②

다음 〈표〉는 인공지능(AI)의 동물식별 능력을 조사한 결과이다. 이에 대한 〈보기〉의 설명으로 옳은 것만을 모두 고르면? 2018년

〈표〉 AI의 동물식별 능력 조사 결과

(단위 : 마리)

실제 \ AI 식별 결과	개	여우	돼지	염소	양	고양이	합계
개	457	10	32	1	0	2	502
여우	12	600	17	3	1	2	635
돼지	22	22	350	2	0	3	399
염소	4	3	3	35	1	2	48
양	0	0	1	1	76	0	78
고양이	3	6	5	2	1	87	104
전체	498	641	408	44	79	96	1,766

〈보기〉

ㄱ. AI가 돼지로 식별한 동물 중 실제 돼지가 아닌 비율은 10% 이상이다.
ㄴ. 실제 여우 중 AI가 여우로 식별한 비율은 실제 돼지 중 AI가 돼지로 식별한 비율보다 낮다.
ㄷ. 전체 동물 중 AI가 실제와 동일하게 식별한 비율은 85% 이상이다.
ㄹ. 실제 염소를 AI가 고양이로 식별한 수보다 양으로 식별한 수가 많다.

① ㄱ, ㄴ
② ㄱ, ㄷ
③ ㄴ, ㄷ
④ ㄱ, ㄷ, ㄹ
⑤ ㄴ, ㄷ, ㄹ

실전 풀이법

ㄴ을 풀 때, ㄱ의 풀이를 기억한다면 여우의 식별 비율은 90%가 넘는다는 것을 알고 바로 넘어갈 수 있다.
ㄷ 역시 85%를 구하기 어렵기 때문에 바로 90%가 넘는다는 것을 캐치하고 넘어갈 수도 있다.

정답해설

ㄱ. AI가 돼지로 식별한 것은 399마리인데, 이중 실제 돼지는 350마리이므로 90%가 되지 않는다. 따라서 돼지가 아닌 것의 비율은 10% 이상이다.
ㄷ. 대각선에 있는 숫자를 다 더하면 1,605마리가 된다. 총 동물수가 1,766마리인 것을 고려하면 85%가 넘음을 쉽게 알 수 있다.

오답해설

ㄴ. 실제 여우 중 AI가 여우로 식별한 비율은 $\frac{600}{635}$이며, 돼지의 경우는 $\frac{350}{399}$이다. 여우의 식별 비율이 더 높다.
ㄹ. 실제 염소를 AI가 고양이로 식별한 수는 2마리이고, 양으로 식별한 수는 1마리이다.

55

정답 ③

다음 〈표〉는 12대 주요 산업별 총산업인력과 기술인력 현황에 관한 자료이다. 이에 대한 〈보기〉의 설명 중 옳은 것만을 고르면? 2021년

〈표〉 12대 주요 산업별 총산업인력과 기술인력 현황

(단위 : 명, %)

부문	산업	총산업인력	기술인력 현원	기술인력 비중	기술인력 부족인원	기술인력 부족률
제조	기계	287,860	153,681	53.4	4,097	( )
	디스플레이	61,855	50,100	( )	256	( )
	반도체	178,734	92,873	( )	1,528	1.6
	바이오	94,364	31,572	33.5	1,061	( )
	섬유	131,485	36,197	( )	927	2.5
	자동차	325,461	118,524	( )	2,388	2.0
	전자	416,111	203,988	( )	5,362	2.6
	조선	107,347	60,301	56.2	651	( )
	철강	122,066	65,289	( )	1,250	1.9
	화학	341,750	126,006	36.9	4,349	3.3
서비	소프트웨어	234,940	139,454	( )	6,205	( )
	IT 비즈니스	111,049	23,120	20.8	405	( )

※ 1) 기술인력 비중(%) $=\frac{\text{기술인력 현원}}{\text{총산업인력}}\times 100$

2) 기술인력 부족률(%) $=\frac{\text{기술인력 부족인원}}{\text{기술인력 현원}+\text{기술인력 부족인원}}\times 100$

〈보기〉

ㄱ. 디스플레이 산업의 기술인력 비중은 80% 미만이다.
ㄴ. 기술인력 비중이 50% 이상인 산업은 6개다.
ㄷ. 소프트웨어 산업의 기술인력 부족률은 5% 미만이다.
ㄹ. 기술인력 부족률이 두 번째로 낮은 산업은 반도체 산업이다.

① ㄱ, ㄴ
② ㄱ, ㄷ
③ ㄴ, ㄷ
④ ㄴ, ㄹ
⑤ ㄷ, ㄹ

실전 풀이법

디스플레이 산업의 기술인력 비중을 구할 때 분모를 62,000명으로 올림한 후에 20%를 감소시키면 분자는 49,600명이 된다. 즉, $\left(\frac{49,600}{62,000}\right)<\left(\frac{50,100}{61,855}\right)$이 성립하므로 당연히 80%보다 큼을 알 수 있다. 또한, ㄹ의 경우 반도체 산업의 기술인력 부족률인 1.6%에 집중하여 계산하는 것이 아니라 반도체 산업의 현원과 부족인원의 비율을 기준으로 12대 주요 산업을 분석하여야 시간을 단축할 수 있다.

정답해설

ㄴ. 기술인력 비중이 50% 이상인 산업은 기계, 디스플레이, 반도체, 조선, 철강, 소프트웨어로 총 6개이다.
ㄷ. 소프트웨어 산업의 기술인력 부족률은 $\left\{\frac{6,205}{(139,454+6,205)}\right\}\times 100=4.25\%$으로 5% 미만이다.

오답해설

ㄱ. 디스플레이 산업의 기술인력 비중은 $\frac{50,100}{61,855}\times 100 \fallingdotseq 81\%$이다.
ㄹ. 기술인력 부족률이 두 번째로 낮은 산업은 IT 비즈니스 산업이다.

56

정답 ⑤

다음 〈표〉는 A～D지역의 면적, 동 수 및 인구 현황에 관한 자료이다. 〈표〉와 〈조건〉을 근거로 A～D에 해당하는 지역을 바르게 나열한 것은? 2022년

〈표〉 A～D지역의 면적, 동 수 및 인구 현황

(단위 : km^2, %, 개, 명)

구분 지역	면적	구성비				동수		행정동 평균 인구
		주거	상업	공업	녹지	행정동	법정동	
A	24.5	35.0	20.0	10.0	35.0	16	30	9,175
B	15.0	65.0	35.0	0.0	0.0	19	19	7,550
C	27.0	40.0	2.0	3.0	55.0	14	13	16,302
D	21.5	30.0	3.0	45.0	22.0	11	12	14,230

※ 1) 각 지역은 용도에 따라 주거, 상업, 공업, 녹지로만 구성됨
2) 지역을 동으로 구분하는 방법에는 행정동 기준과 법정동 기준이 있음. 예를 들어, A지역의 동 수는 행정동 기준으로 16개이지만 법정동 기준으로 30개임

〈조건〉

- 인구가 15만 명 미만인 지역은 '행복'과 '건강'이다.
- 주거 면적당 인구가 가장 많은 지역은 '사랑'이다.
- 행정동 평균 인구보다 법정동 평균 인구가 많은 지역은 '우정'이다.
- 법정동 평균 인구는 '우정' 지역이 '행복' 지역의 3배 이상이다.

	A	B	C	D
①	건강	행복	사랑	우정
②	건강	행복	우정	사랑
③	사랑	행복	건강	우정
④	행복	건강	사랑	우정
⑤	행복	건강	우정	사랑

실전 풀이법

두 번째 조건의 경우 행정동 평균 인구에 행정동 수를 곱하여 전체 인구를 알아내고, 전체 면적에 주거 면적 구성비를 곱하여 주거 면적을 구한 후, 이를 주거 면적당 인구로 비교하여야 한다. 즉, 계산하여야 하는 정보가 매우 많으므로 실제 시험장에서는 이러한 문제의 경우 일단 스킵하고 최대한 나중에 확인하도록 한다.

정답해설

첫 번째 조건을 통해 A, B가 '행복' 또는 '건강'임을 알 수 있다.

두 번째 조건을 통해 C와 D의 주거 면적당 인구를 비교하면, 다음과 같다.

- C : $\frac{(14\times16,302)}{(27.0\times0.4)}\fallingdotseq21,132$명
- D : $\frac{(11\times14,230)}{(21.5\times0.3)}\fallingdotseq24,268$명

D의 주거 면적당 인구가 더 많기 때문에 D는 '사랑'이고, 자동으로 C가 '우정'이다(①, ③, ④ 소거).

네 번째 조건을 보면 법정동 평균인구는 A가 약 5,000명이고, B가 7,550명, C가 약 18,000명이다. 따라서 A가 '행복'이고, B가 '건강'이다.

57

정답 ①

다음 〈표〉는 '갑'국 A～J지역의 대형종합소매업 현황에 대한 자료이다. 이에 대한 〈보기〉의 설명 중 옳은 것만을 모두 고르면? 2019년

〈표〉 지역별 대형종합소매업 현황

구분 지역	사업체 수 (개)	종사자 수 (명)	매출액 (백만 원)	건물 연면적 (m^2)
A	47	6,731	4,878,427	1,683,092
B	33	4,173	2,808,881	1,070,431
C	35	4,430	3,141,552	1,772,698
D	18	2,247	1,380,511	677,288
E	22	3,152	1,804,262	765,096
F	19	2,414	1,473,698	633,497
G	147	18,287	11,625,278	5,032,741
H	17	1,519	861,094	364,296
I	19	2,086	1,305,468	535,880
J	16	1,565	879,172	326,373
전체	373	46,604	30,158,343	12,861,392

〈보기〉

ㄱ. 사업체당 종사자 수가 100명 미만인 지역은 모두 2개이다.
ㄴ. 사업체당 매출액은 G지역이 가장 크다.
ㄷ. I지역의 종사자당 매출액은 E지역의 종사자당 매출액보다 크다.
ㄹ. 건물 연면적이 가장 작은 지역이 매출액도 가장 작다.

① ㄱ, ㄷ
② ㄱ, ㄹ
③ ㄴ, ㄷ
④ ㄴ, ㄹ
⑤ ㄱ, ㄴ, ㄷ

실전 풀이법

ㄴ을 해결할 때 'A'부터 'J'까지 전부 계산해서는 안 되고 'G'에 견줄 만한 보기만 선별하여 계산하여야 한다. 'G'의 경우 매출액을 사업체 수로 나누면 100,000이 안 되지만 'A'는 일단 100,000이 넘는다는 걸 알 수 있다. 가늠으로 확신하지 못하는 경우에만 정확하게 계산하여 비교하도록 한다. ㄱ은 옳고 ㄴ은 옳지 않은 것이 확인되면 가능한 답안은 ①과 ②이다. 이때 ㄷ은 계산을 필요로 하는 반면 ㄹ은 단순 비교로 빠르게 답을 찾을 수 있다. 이 경우 ㄹ만 확인하면 ㄷ은 풀지 않고도 정답을 찾을 수 있다.

정답해설

ㄱ. 사업체당 종사자 수가 100명 미만인 지역은 'H'와 'J' 2개이다.
ㄷ. 'I' 지역의 매출액을 종사자 수로 나누면 600이 넘지만, 'E' 지역은 600이 안 된다. 즉, 600을 기준으로 하여 정확한 계산 없이도 답을 도출할 수 있다. 정확히 계산해 보면 'I' 지역의 종사자당 매출액은 약 625만 원, 'E' 지역의 종사자당 매출액은 약 572만 원이므로 'I' 지역의 종사자당 매출액이 'E' 지역의 종사자당 매출액보다 크다.

오답해설

ㄴ. 'G' 지역의 사업체당 매출액은 약 790억이지만 'A'지역의 사업체 당 매출액은 1,000억이 넘는다. 따라서 'G'지역의 사업체당 매출액이 가장 크지는 않다.
ㄹ. 건물 연면적이 가장 작은 지역은 'J'이지만, 매출액이 가장 작은 지역은 'H'이다.

58 정답 ④

다음 〈보고서〉는 2005~2013년 신고 접수된 노(老)-노(老)학대 현황에 관한 자료이다. 〈보고서〉의 내용과 부합하지 않는 것은? 2016년

〈보고서〉

노(老)-노(老)학대란 노인인 학대행위자가 노인을 학대하는 것을 의미한다. 노(老)-노(老)학대는 주로 고령 부부 간의 배우자 학대, 고령 자녀 및 며느리에 의한 부모 학대, 그리고 노인이 본인 스스로를 돌보지 않는 자기방임 유형의 학대로 나타난다.

신고 접수된 노(老)-노(老)학대행위 건수는 2005~2013년 동안 매년 증가하였다. 2013년에 신고 접수된 노(老)-노(老) 학대행위 건수는 총 1,374건으로, 이 건수는 학대행위자 수와 동일하였다. 또한 2013년 신고 접수된 노(老)-노(老)학대 행위 건수는 2005년 신고 접수된 노(老)-노(老)학대행위 건수의 300% 이상 증가하였다.

2013년 신고 접수된 노(老)-노(老)학대행위의 가구형태별 비율을 살펴보면, '노인단독' 가구형태가 36.3%로 가장 높고, '노인부부' 가구형태가 33.0%, '자녀동거' 가구형태가 17.4%의 비율을 나타내고 있다. 노(老)-노(老)학대의 가구형태 중에는 '자녀, 손자녀 동거', '손자녀 동거'와 같이 손자녀가 포함된 가구도 있다.

2013년 노(老)-노(老)학대의 학대행위자 유형별 학대행위 건수를 살펴보면, '아들'에 의한 학대가 '딸'에 의한 학대의 3배 이상이고 '며느리'에 의한 학대가 '사위'에 의한 학대의 4배 이상이다. '손자녀'에 의한 학대는 한 건도 없다.

2013년 노(老)-노(老)학대의 학대행위자 직업 유형을 살펴보면 '무직'이 70.0% 이상으로 가장 많은 비율을 차지하고 있다. '공무원', '전문직', '사무종사자' 합은 '무직'을 제외한 직업 유형에 속한 학대행위자의 10.0% 미만이다.

2013년 노(老)-노(老)학대를 신고한 신고자 유형을 살펴보면, 비신고의무자의 신고 건수가 전체 신고 건수의 75.0% 이상이다. 비신고의무자의 세부유형을 신고 건수가 많은 것부터 순서대로 나열하면 '관련기관', '학대피해노인 본인', '친족', '친족 외 타인', '학대행위자 본인' 순이다.

① 2005~2013년 노(老)-노(老)학대행위 건수

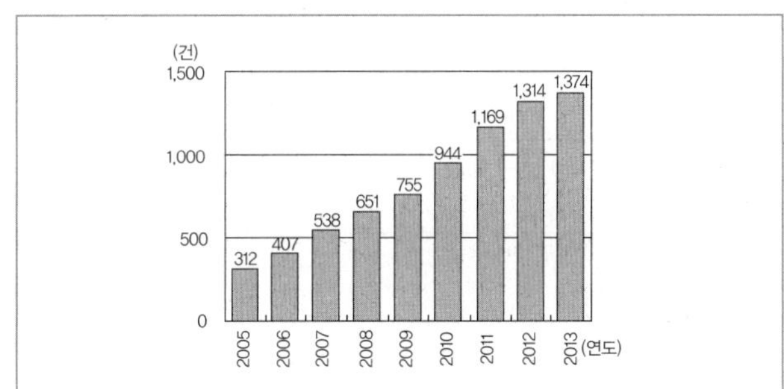

② 2013년 노(老)-노(老)학대행위의 가구형태별 비율

(단위 : %)

가구형태	노인단독	노인부부	자녀동거	자녀, 손자녀 동거	손자녀 동거	기타	계
비율	36.3	33.0	17.4	3.9	2.2	7.2	100.0

③ 2013년 노(老)-노(老)학대의 학대행위자 유형별 학대행위 건수

(단위 : 건)

학대행위자 유형	피해자 본인	친족								친족 외 타인	기관	계
		배우자	아들	며느리	딸	사위	손자녀	친척	소계			
건수	370	530	198	29	53	6	0	34	850	122	32	1,374

④ 2013년 노(老)-노(老)학대의 학대행위자 직업 유형

(단위 : 명)

직업 유형	인원수
공무원	5
전문직	30
기술공	9
사무종사자	9
판매종사자	36
농·어·축산업 종사자	99
기능종사자	11
기계조작원	2
노무종사자	79
자영업자	72
기타	7
무직	1,015
계	1,374

⑤ 2013년 노(老)-노(老)학대의 신고자 유형별 신고 건수

(단위 : 건)

신고자 유형	세부유형	건수
신고 의무자	의료인	15
	노인 복지시설 종사자	70
	장애인 복지시설 종사자	0
	가정폭력관련 종사자	41
	사회복지전담 공무원	122
	사회복지관, 부랑인 및 노숙인 보호시설 관련 종사자	11
	구급대원	4
	재가 장기요양기관 종사자	13
	건강가정지원센터 종사자	0
	소계	276
비신고 의무자	학대피해노인 본인	327
	학대행위자 본인	5
	친족	180
	친족 외 타인	113
	관련기관	473
	소계	1,098
합계		1,374

실전 풀이법

전환형 문제 중 보고서를 그래프나 표로 바꾸는 유형이다. 특히 이 문제는 쉽게 답을 고를 수 있다. 보고서 내용 전개 순서와 선지 순서가 일치해서 한 문단씩 대응시켜 읽으면 된다. 또 대부분의 선지가 계산을 요하지 않고, 단순 확인만 하면 된다.

이렇게 쉬운 문제의 특징은 정답 선지가 뒤쪽에 배열된다는 것이다. 누구나 쉽게 정답을 구할 수 있기 때문에, 조금이라도 시간을 소비하도록 하는 것이다. 문제를 훑어보고 너무 쉽다면, 뒤에서부터 확인하는 것도 시간을 아끼는 전략이 될 수 있다.

정답해설

'무직'을 제외한 직업 유형에 속한 학대행위자는 359명이다. '공무원', '전문직', '사무종사자' 합은 44명이므로, 10.0%보다 크다.

59

정답 ②

다음 〈표〉와 〈그림〉은 2017년 지역별 정보탐색에 관한 자료이다. 이에 대한 설명으로 옳은 것은? 2019년

〈표〉 지역별 인구 수 및 정보탐색 시도율과 정보탐색 성공률

(단위 : 명, %)

구분/성별/지역	인구 수		정보탐색 시도율		정보탐색 성공률	
	남	여	남	여	남	여
A	5,800	4,200	35.0	39.0	90.1	91.6
B	1,000	800	28.0	30.0	92.9	95.8
C	2,500	3,000	15.0	25.0	88.0	92.0
D	4,000	3,500	37.0	40.0	91.2	92.9
E	4,800	3,200	42.0	45.0	87.3	84.7
F	6,000	6,500	20.0	33.0	81.7	93.2
G	1,200	900	35.0	28.0	95.2	95.2
H	1,400	1,600	16.0	13.0	89.3	91.3

※ 1) 정보탐색 시도율(%) $= \frac{\text{정보탐색 시도자 수}}{\text{인구 수}} \times 100$

2) 정보탐색 성공률(%) $= \frac{\text{정보탐색 성공자 수}}{\text{정보탐색 시도자 수}} \times 100$

〈그림〉 지역별 정보탐색 시도율과 정보탐색 성공률 분포

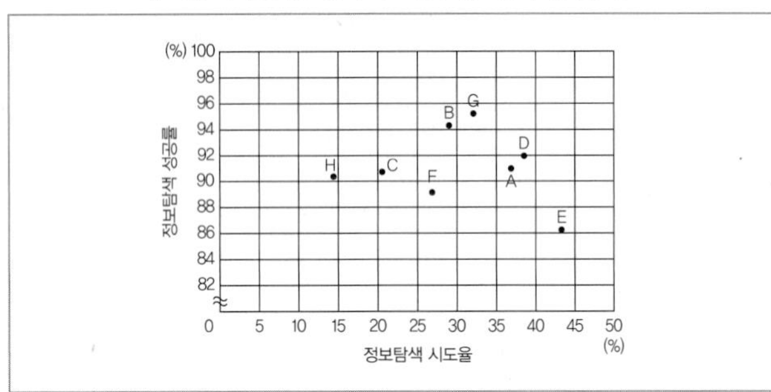

① 인구 수 대비 정보탐색 성공자 수의 비율은 B지역이 D지역보다 높다.

② 인구 수 대비 정보탐색 성공자 수의 비율이 가장 낮은 지역은 H지역이다.

③ 정보탐색 시도율이 높은 지역일수록 정보탐색 성공률도 높다.

④ 인구 수가 가장 작은 지역과 남성 정보탐색 성공자 수가 가장 작은 지역은 동일하다.

⑤ D지역의 여성 정보탐색 성공자 수는 C지역의 여성 정보탐색 성공자 수의 2배 이상이다.

실전 풀이법

문제에 주어진 데이터를 간단히 가공하여 선지에서 묻는 데이터를 쉽게 추출할 수 있도록 하자. 예를 들어, 남성(여성) 정보탐색 성공자 수는 '남성(여성)인구 수×정보탐색 시도율×정보탐색 성공률÷10,000'을 계산하여 알 수 있다. 대소 비교를 위해서는 10,000으로 나누지 않아도 가능하다.

정답해설

'정보탐색 시도율'×'정보탐색 성공률'이 가장 낮은 지역은 H지역이다.

오답해설

① 인구 수 대비 정보탐색 성공자 수의 비율은 '정보탐색 시도율'×'정보탐색 성공률'을 통해 대소를 비교할 수 있다. 이 값은 D지역이 B지역보다 높다.

③ E지역은 정보탐색 시도율은 가장 높지만 정보탐색 성공률은 가장 낮다.

④ 인구 수는 B지역이 가장 낮지만 남성 정보탐색 성공자 수는 H지역이 가장 낮다.

⑤ C지역과 D지역의 '여성 인구 수×정보탐색 시도율×정보탐색 성공률'은 2배 이상 차이가 나지 않는다.

60

정답 ③

다음 〈보고서〉는 국내 스마트폰 이용 행태를 조사한 자료이다. 〈보고서〉의 내용과 부합하지 않는 것은? 2016년

〈보고서〉

전체 응답자 중 스마트폰 이용자는 3,701명, 스마트폰 비이용자는 2,740명이었다. 각 응답자는 모든 문항에 응답하였다.

스마트폰 이용자의 연령대별 비율을 살펴본 결과, 가장 높은 비율을 차지하는 연령대의 비율과 가장 낮은 비율을 차지하는 연령대의 비율 차이는 25.5%p이다. 그리고 스마트폰 비이용자 중 40대 이상의 비율이 84.0%이다.

스마트폰 이용자와 비이용자의 TV 시청빈도를 살펴본 결과, 스마트폰 이용자 중 매일 TV를 시청하는 사람은 2,000명 이상이다. TV를 시청하지 않는 스마트폰 비이용자가 TV를 시청하지 않는 스마트폰 이용자보다 적다.

스마트폰 선택 시 고려하는 요소를 응답 비율이 높은 것부터순서대로 나열하면 '단말기 브랜드', '이동통신사', '가격', '디자인', '운영체제' 순이다. '단말기 브랜드'와 '이동 통신사'를 모두 고려한다는 응답 비율은 전체 응답의 55.9%이다.

스마트폰 이용자의 콘텐츠별 이용 상황 비율을 살펴본 결과, 'TV 프로그램', '라디오 프로그램', '영화', '기타' 각각에서 '이동 중' 이용의 비율이 가장 높다. 그리고 '영화' 콘텐츠를 '이동 중'에만 이용하는 사람의 비율은 최소 20.8%, 최대 51.5%이다.

한편, 스마트폰 비이용자의 스마트폰 비이용 이유를 살펴본 결과, '불필요해서'를 선택한 사람과 '이용요금이 비싸서'를 선택한 사람의 합은 1,800명 이상이다. 또한 '관심이 없어서'라고 응답한 사람의 비율은 15.7%이다.

① 연령대별 스마트폰 이용자와 비이용자

(단위 : %)

연령대	비율	스마트폰 이용자	스마트폰 비이용자
10대 이하	11.6	15.3	6.5
20대	15.3	24.9	2.3
30대	18.9	27.6	7.2
40대	19.8	21.4	17.8
50대	15.9	8.7	25.7
60대 이상	18.5	2.1	40.5
계	100.0	100.0	100.0

② 스마트폰 이용자와 비이용자의 TV 시청 빈도별 비율

(단위 : %)

구분 \ TV시청 빈도	매일	1주일에 5~6일	1주일에 3~4일	1주일에 1~2일	시청 안 함	합
스마트폰 이용자	61.1	14.3	9.4	8.7	6.5	100.0
스마트폰 비이용자	82.0	7.4	3.9	3.4	3.3	100.0

③ 스마트폰 선택 시 고려 요소

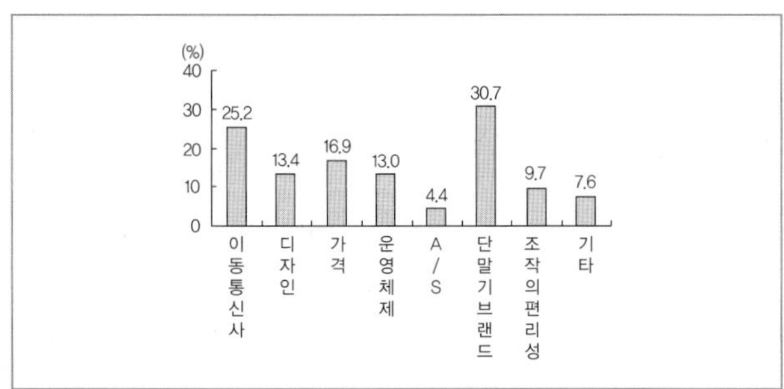

※ 복수응답 가능

④ 스마트폰 이용자의 콘텐츠별 이용 상황

(단위 : %)

콘텐츠 \ 이용 상황	이동 중	약속 대기 중	집에서	회사 및 학교에서	기타
TV 프로그램	50.3	32.2	26.4	16.8	2.8
라디오 프로그램	57.9	32.7	22.6	15.9	3.4
영화	51.5	34.3	30.0	11.1	3.8
기타	42.3	32.0	37.3	20.4	5.2

※ 복수응답 가능

⑤ 스마트폰 비이용자의 스마트폰 비이용 이유

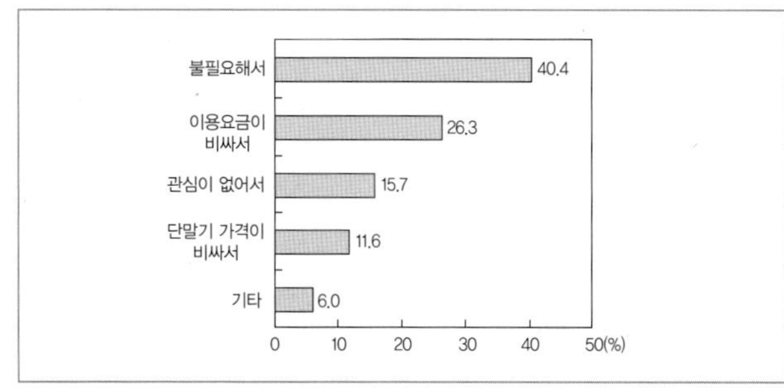

※ 복수응답 없음

실전 풀이법

④에서 '이동 중'의 비율이 높은지 일일이 비교해 보았는가? 하나의 비율이 50%를 초과한다면, 그 항목은 항상 비중이 가장 높은 것이다. 'TV 프로그램'에서 '이동 중'의 비율이 50.3%인 것만 확인하면 다른 항목은 보지 않아도 된다. ⑤에서 2,740의 $\frac{2}{3}$을 구하는 것보다, 1800×1.5와 2,740을 비교하는 것이 빠르다.

정답해설

'단말기 브랜드'와 '이동통신사'를 고려한다는 응답 비율은 각각 30.7%, 25.2%이다. 이 둘을 모두 고려하는 비율은 나타나 있지 않으며, 적어도 25.2% 이하일 것이다.

오답해설

① 가장 높은 비율을 차지하는 연령대는 30대로 27.6%이며, 가장 낮은 비율을 차지하는 연령대는 60대 이상으로 2.1%이다. 이 두 집단의 비율 차이는 25.5%p이다. 한편, 스마트폰 비이용자 중 40대 이상은 84.0%(17.8+25.7+40.5)이다.

② 스마트폰 이용자는 총 3,701명이므로, 매일 TV를 시청하는 사람은 2,200명 이상이다. 한편 스마트폰 비이용자는 총 2,740명이고 TV를 시청하지 않는 비율은 3.3%인 반면, 스마트폰 이용자는 총 3,701명이고 TV를 시청하지 않는 비율은 6.5%이다. 스마트폰 이용자의 총 수가 더 많고, TV를 시청하지 않는 비율도 높으므로 당연히 TV를 시청하지 않는 스마트폰 비이용자가 TV를 시청하지 않는 스마트폰 이용자보다 적다.

④ '이동 중' 비율은 'TV 프로그램', '라디오 프로그램', '영화', '기타' 각각 50.3%, 57.9%, 51.5%, 42.3%로 가장 높다. 한편 '영화' 콘텐츠를 '이동 중'에만 이용하는 사람은 최대 51.5%이고, 최소 20.8%(100−34.3−30.0−11.1−3.8)이다.

⑤ 스마트폰 비이용 이유 조사에서는 복수응답이 없으므로, '불필요해서'를 선택한 사람과 '이용요금이 비싸서'를 선택한 사람은 총 66.7%이다. 이는 2,740명의 $\frac{2}{3}$보다 크므로 1,800명 이상이다.

61

정답 ④

다음 〈표〉는 '갑'대학교 정보공학과 학생 A~I의 3개 교과목 점수에 관한 자료이다. 이에 대한 〈보기〉의 설명 중 옳은 것만을 모두 고르면? 2020년

〈표〉 학생 A~I의 3개 교과목 점수

(단위 : 점)

학생 \ 교과목	인공지능	빅데이터	사물인터넷	평균
A	( )	85.0	77.0	74.3
B	( )	90.0	92.0	90.0
C	71.0	71.0	( )	71.0
D	28.0	( )	65.0	50.0
E	39.0	63.0	82.0	61.3
F	( )	73.0	74.0	( )
G	35.0	( )	50.0	45.0
H	40.0	( )	70.0	53.3
I	65.0	61.0	( )	70.3
평균	52.4	66.7	74.0	( )
중앙값	45.0	63.0	74.0	64.0

※ 중앙값은 학생 A~I의 성적을 크기순으로 나열했을 때 한가운데 위치한 값임

〈보기〉

ㄱ. 각 교과목에서 평균 이하의 점수를 받은 학생은 각각 5명 이상이다.
ㄴ. 교과목별로 점수 상위 2명에게 1등급을 부여할 때, 1등급을 받은 교과목 수가 1개 이상인 학생은 4명이다.
ㄷ. 학생 D의 빅데이터 교과목과 사물인터넷 교과목의 점수가 서로 바뀐다면, 빅데이터 교과목 평균은 높아진다.
ㄹ. 최고점수와 최저점수의 차이가 가장 작은 교과목은 사물인터넷이다.

① ㄱ, ㄴ
② ㄴ, ㄷ
③ ㄴ, ㄹ
④ ㄱ, ㄴ, ㄷ
⑤ ㄱ, ㄷ, ㄹ

실전 풀이법

빈칸을 얼마나 많이, 얼마나 정확하게 채울 것인가? 빈칸을 모두 정확하게 채우고 시작하는 것은 최악의 풀이이다. 각 선지를 해결하면서 필요한 빈칸만, 필요한 정확도로 계산하면 된다. 계산을 전혀 하지 않더라도 C의 사물인터넷 점수는 당연히 71.0점이고, B의 인공지능 점수는 88.0점이라는 것은 알 수 있다. 한편 I의 세 과목 평균 점수가 70.3점이고, 나머지 과목이 각각 65.0점(70.3−65.0=5.3), 61.0점(70.3−61.0=9.3)이므로 사물인터넷 점수는 85점(70.3+5.3+9.3) 정도라는 것을 알 수 있다. 이런 식으로 최대한 효율적으로 필요한 빈칸만 채워나가자.

정답해설

ㄱ. 중앙값은 학생 9명 중 5위에 해당하는 학생이므로, 중앙값≤평균이면 최소 5명 이상은 평균 이하의 성적을 받았다.

ㄴ. 인공지능 교과목에서는 B, C, 빅데이터 교과목에서는 A, B, 사물인터넷 교과목에서는 B, E가 1등급을 받는다. 결국, 1등급을 받은 교과목 수가 1개 이상인 학생은 A, B, C, E로 4명이다.

ㄷ. D의 빅데이터 교과목 점수는 57.0점이다. 사물인터넷 교과목의 점수가 이보다 더 높으므로, 두 과목의 점수를 서로 바꾸면 빅데이터 교과목 평균은 높아질 것이다.

오답해설

ㄹ. 사물인터넷 최고점수와 최저점수의 차이는 42.0점이다. 그런데 인공지능의 경우 최고점수가 B의 88.0점이고, 최저점수는 D의 28.0으로 최고점수와 최저점수의 차이가 60.0점에 달한다.

62

정답 ③

다음 〈그림〉은 '갑'국의 급수 사용량과 사용료에 관한 자료이다. 이에 대한 〈보기〉의 설명 중 옳은 것만을 모두 고르면? 2022년

〈그림 1〉 2016~2021년 연간 급수 사용량

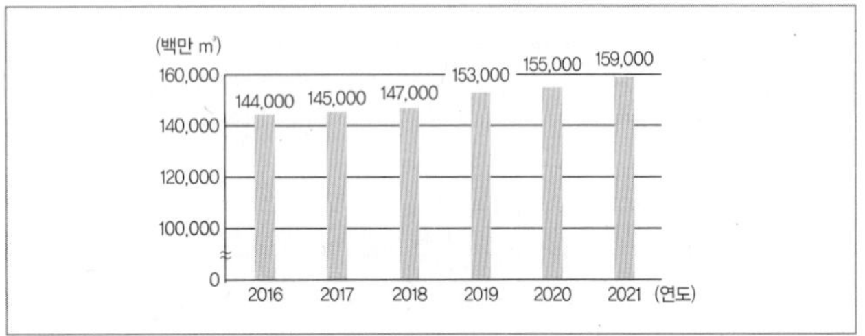

〈그림 2〉 2021년 용도별 급수 사용량과 사용료

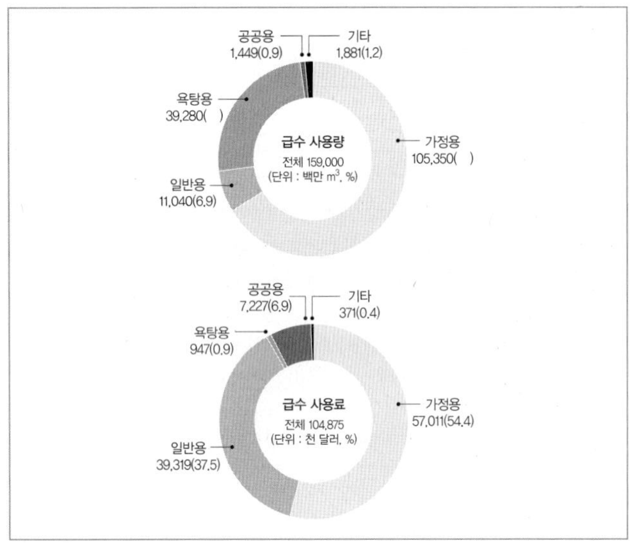

※ 1) 괄호 안의 수치는 전체에서 해당 용도가 차지하는 비중임

2) 용도별 급수단가(달러/m³) = $\frac{\text{용도별 급수 사용료}}{\text{용도별 급수 사용량}}$

〈보기〉

ㄱ. 2018년 이후 급수 사용량의 전년 대비 증가율은 매년 감소한다.
ㄴ. 2021년 급수 사용량의 60% 이상이 가정용이다.
ㄷ. 2016년 용도별 급수 사용량의 구성비와 용도별 급수단가가 2021년과 동일하다면, 2016년 전체 급수 사용료는 1억 달러 이상이다.
ㄹ. 2021년 공공용 급수단가는 가정용 급수단가의 9배 이상이다.

① ㄱ, ㄷ
② ㄴ, ㄷ
③ ㄴ, ㄹ
④ ㄱ, ㄷ, ㄹ
⑤ ㄴ, ㄷ, ㄹ

실전 풀이법

ㄷ 판단 시 단위를 헷갈리지 않도록 한다. 숫자가 크고 복잡하여 계산이 어려운 경우 숫자 3개만을 뽑아 판단하여도 된다. 예를 들어, 2021년 전체 용도별 급수단가는 $\frac{104}{159}$≒0.65로 계산하여 대입해도 무방하다.

정답해설

ㄴ. 그림 1에 따르면 2021년 급수 사용량은 159,000백만 m³이므로, 60%는 95,400백만 m³이다. 가정용 사용량은 105,350백만 m³이므로, 60% 이상이다.
ㄹ. 2021년 공공용 급수단가를 어림하면 약 5이고, 가정용 급수단가는 약 0.5이므로, 9배 이상이다.

오답해설

ㄱ. 2020년의 급수 사용량 전년 대비 증가율은 $\left\{\frac{(155{,}000-153{,}000)}{153{,}000}\right\}\times 100 ≒ 1.31\%$,

2021년의 급수 사용량 전년 대비 증가율은 $\left\{\frac{(159{,}000-155{,}000)}{155{,}000}\right\}\times 100 ≒ 2.58\%$

이므로 전년 대비 증가한다.

ㄷ. 주어진 용도별 급수단가 공식을 변형하면, '용도별 급수 사용료=용도별 급수 사용량×용도별 급수단가'를 도출할 수 있다. 2021년 전체 용도별 급수단가는 $\frac{104{,}875}{159{,}000}$≒0.66(천 달러/백만 m³)이고, 2016년 전체 급수 사용량은 144,000백만 m³이므로 용도별 급수단가와 곱하면 약 95,040천 달러(약 9,500만 달러)가 된다. 따라서 1억 달러 미만이다.

63

정답 ③

다음 〈표〉는 축구팀 '가'~'다' 사이의 경기 결과이다. 이에 대한 〈보기〉의 설명 중 옳은 것만을 모두 고르면? 2017년

〈표〉 경기 결과

기록 / 팀	승리 경기수	패배 경기수	무승부 경기수	총득점	총실점
가	2	( )	( )	( )	2
나	( )	( )	( )	4	5
다	( )	( )	1	2	8

※ 각 팀이 나머지 두 팀과 각각 한 번씩만 경기를 한 결과임

〈보기〉

ㄱ. '가'의 총득점은 8점이다.
ㄴ. '나'와 '다'의 경기 결과는 무승부이다.
ㄷ. '가'는 '나'와의 경기에서 3:2로 승리했다.
ㄹ. '가'는 '다'와의 경기에서 5:0으로 승리했다.

① ㄱ, ㄷ
② ㄱ, ㄹ
③ ㄴ, ㄷ
④ ㄴ, ㄹ
⑤ ㄴ, ㄷ, ㄹ

실전 풀이법

'나'와 '다'의 경기는 무승부이기 때문에 그 경기에서 각 팀의 득점과 실점은 같다. 따라서 '나'와 '다'의 총득점과 총실점에서 같은 숫자를 뺐을 때 남는 숫자가 '가'와의 경기 결과고, 이때 '가'팀을 상대로 거둔 총득점이 2점이어야 하므로 '나'와 '다'의 경기 결과는 2:2라는 것을 알 수 있다.

정답해설

'가' vs '나' → 3:2 '가' 승리
'가' vs '다' → 6:0 '가' 승리
'나' vs '다' → 2:2 무승부

ㄴ. 총 3경기가 치러졌고 '나'팀과 '다'팀의 경기는 무승부이다.
ㄷ. '가'는 '나'와의 경기에서 3 : 2로 승리했다.

오답해설

ㄱ. 세 팀의 총득점 합과 총실점 합은 같아야 한다. 따라서 '가'의 총득점은 9점이다.
ㄹ. '가'는 '다'와의 경기에서 6:0으로 승리했다.

64

정답 ①

다음 〈표〉는 금융기관별, 개인신용등급별 햇살론 보증잔액 현황에 관한 자료이다. 〈그림〉은 〈표〉를 이용하여 6개 금융기관 중 2개 금융기관의 개인신용등급별 햇살론 보증잔액 구성비를 나타낸 것이다. 〈그림〉의 금융기관 A와 B를 바르게 나열한 것은? 2016년

〈표〉 금융기관별, 개인신용등급별 햇살론 보증잔액 현황

(단위 : 백만 원)

금융기관 / 개인신용등급	농협	수협	축협	신협	새마을금고	저축은행	합
1	2,425	119	51	4,932	7,783	3,785	19,095
2	6,609	372	77	14,816	22,511	16,477	60,862
3	8,226	492	176	18,249	24,333	27,133	78,609
4	20,199	971	319	44,905	53,858	72,692	192,944
5	41,137	2,506	859	85,086	100,591	220,535	450,714
6	77,749	5,441	1,909	147,907	177,734	629,846	1,040,586
7	58,340	5,528	2,578	130,777	127,705	610,921	935,849
8	11,587	1,995	738	37,906	42,630	149,409	244,265
9	1,216	212	75	1,854	3,066	1,637	8,060
10	291	97	2	279	539	161	1,369
계	227,779	17,733	6,784	486,711	560,750	1,732,596	3,032,353

〈그림〉 금융기관 A와 B의 개인신용등급별 햇살론 보증잔액 구성비

(단위 : %)

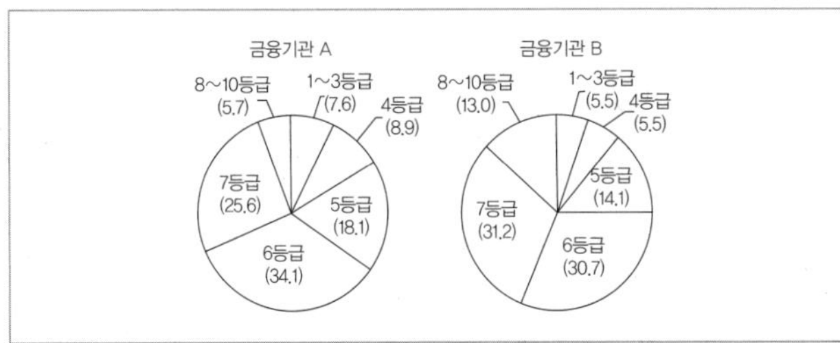

※ 1) '1~3등급'은 개인신용등급 1, 2, 3등급을 합한 것이고, '8~10등급'은 개인신용등급 8, 9, 10등급을 합한 것임

2) 보증잔액 구성비는 소수점 둘째 자리에서 반올림한 값임

	A	B
①	농협	수협
②	농협	축협
③	수협	신협
④	저축은행	수협
⑤	저축은행	축협

실전 풀이법

모든 금융기관의 등급 비율을 찾는 것은 불가능에 가까우며, 시간 낭비다. 선지를 통해 해당 구성비와 유사한 것을 찾는 것이 중요하다. 이때 금융기관 A의 경우에는 $\frac{1}{3}$, $\frac{1}{4}$의 비율을 가진 7등급, 6등급을 통해 찾고 B의 경우 $\frac{1}{7}$의 비율과 유사한 5등급을 보면 쉽다. 이를 위해 $\frac{1}{7}$, $\frac{1}{6}$의 대략적인 소수 표현 값은 외워두는 것이 좋다.

정답해설

A의 경우 선지를 통해 농협, 수협, 저축은행 셋 중 하나임을 파악해야 한다. A의 7등급은 25.6%이므로 $\frac{1}{4}$이 약간 넘는다. 따라서 농협이다.

B의 경우 선지를 통해 수협, 축협, 신협 중 하나임을 알 수 있다. 5등급이 14.1%이므로 등급 비율이 1.7이 약간 안 된다. 따라서 수협이다.

65

정답 ⑤

다음 〈표〉와 〈그림〉은 2011~2015년 국가공무원 및 지방자치단체공무원 현황에 관한 자료이다. 이에 대한 설명으로 옳지 않은 것은? 2017년

〈표〉 국가공무원 및 지방자치단체공무원 현황

(단위 : 명)

구분 / 연도	2011	2012	2013	2014	2015
국가공무원	621,313	622,424	621,823	634,051	637,654
지방자치단체 공무원	280,958	284,273	287,220	289,837	296,193

〈그림〉 국가공무원 및 지방자치단체공무원 중 여성 비율

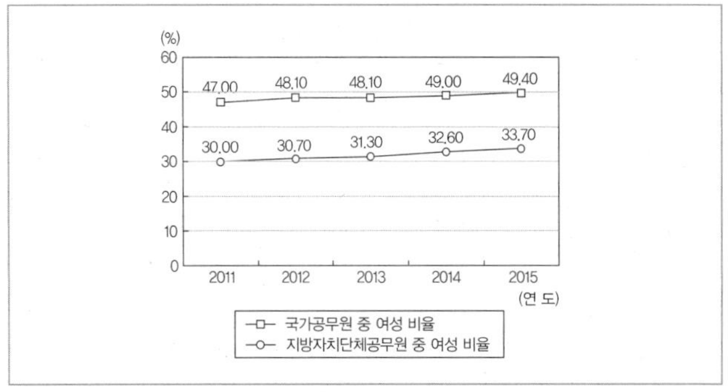

① 매년 국가공무원 중 여성 수는 지방자치단체공무원 중 여성 수의 3배 이상이다.

② 지방자치단체공무원 중 여성 수는 매년 증가하였다.

③ 매년 국가공무원 중 여성 수는 지방자치단체공무원 수보다 많다.

④ 국가공무원 중 남성 수는 2013년이 2012년보다 적다.

⑤ 국가공무원 중 여성 비율과 지방자치단체공무원 중 여성 비율의 차이는 매년 감소한다.

실전 풀이법

선지 ①의 경우 정확한 값을 도출할 필요가 전혀 없다. 곱셈비교 시에 동일한 수로 나눌 수 있는지 확인해보자. 선지 ⑤에서는 매년 비율 차이를 계산하기보다는, 국가공무원 중 여성 비율과 지방자치단체 공무원 중 여성 비율이 각각 얼마나 증가했는지를 비교하는 것이 낫다.

정답해설

2011년 여성공무원 비율 차이는 17.0%p였으나, 2012년 여성 비율 차이는 17.4%p로 증가하였다.

오답해설

① 매년 국가공무원 수는 지방자치단체공무원 수의 2배 이상이고, 국가공무원 중 여성 비율은 지방자치단체공무원 중 여성 비율의 약 1.5배이다. 따라서 매년 국가공무원 중 여성 수는 지방자치단체 공무원 중 여성 수의 3배 이상이다.

② 지방자치단체공무원 수는 매년 증가했고, 지방자치단체공무원 중 여성 비율도 매년 증가했다. 따라서 지방자치단체공무원 중 여성 수는 매년 증가했다.

③ 매년 국가공무원 중 여성 비율은 50% 정도이다. 국가공무원 수가 지방자치단체 공무원 수보다 2배 이상 많으므로 국가공무원 중 여성 수는 지방자치단체공무원 수보다 많다.

④ 2012년과 2013년의 국가공무원 중 여성 비율이 동일하다. 따라서 2012년과 2013년의 국가공무원 중 남성 비율도 동일하다. 한편 국가공무원 수는 2012년에 비해 2013년에 감소하였다. 결국 국가공무원 중 남성 수는 2013년이 2012년보다 적다.

66

정답 ①

다음 〈자료〉와 〈표〉는 2017년 11월 말 기준 A지역 청년통장 사업 참여인원에 관한 자료이다. 이에 대한 〈보기〉의 설명 중 옳은 것만을 모두 고르면? 2018년

〈자료〉

• 청년통장 사업에 참여한 근로자의 고용형태별, 직종별, 근무연수별 인원

1) 고용형태

(단위 : 명)

전체	정규직	비정규직
6,500	4,591	1,909

2) 직 종

(단위 : 명)

전체	제조업	서비스업	숙박 및 음식점업	운수업	도·소매업	건설업	기타
6,500	1,280	2,847	247	58	390	240	1,438

3) 근무연수

(단위 : 명)

전체	6개월 미만	6개월 이상 1년 미만	1년 이상 2년 미만	2년 이상
6,500	1,669	1,204	1,583	2,044

〈표〉 청년통장 사업별 참여인원 중 유지인원 현황

(단위 : 명)

사업명	참여인원	유지인원	중도해지인원
청년통장 I	500	476	24
청년통장 II	1,000	984	16
청년통장 III	5,000	4,984	16
전체	6,500	6,444	56

〈보기〉

ㄱ. 청년통장 사업에 참여한 근로자의 70% 이상이 정규직 근로자이다.

ㄴ. 청년통장 사업에 참여한 정규직 근로자 중 근무연수가 2년 이상인 근로자의 비율은 2% 이상이다.

ㄷ. 청년통장 사업에 참여한 정규직 근로자 중 제조업과 서비스업을 제외한 직종의 근로자는 450명보다 적다.

ㄹ. 참여인원 대비 유지인원 비율은 청년통장 I 이 가장 높고 다음으로 청년통장 II, 청년통장 III 순이다.

① ㄱ, ㄴ　② ㄱ, ㄷ
③ ㄱ, ㄹ　④ ㄴ, ㄹ
⑤ ㄷ, ㄹ

실전 풀이법

ㄴ의 경우 적어도 문제의 활용으로 볼 수 있고, ㄹ과 같은 경우 각 통장의 인원을 구할 필요 없이 ㄹ의 주장이 틀리다는 반례만 찾는 것이 효율적이다.

정답해설

ㄱ. 청년통장 사업 참여 근로자는 6,500명이고 정규직은 4,591명이므로 70%가 넘는다.

ㄴ. 청년통장 사업에 참여한 정규직 근로자 중 근무연수가 2년 이상인 근로자는 최소 4,591+2,044−6,500=135명이므로 2%를 넘는다.

오답해설

ㄷ. 청년통장 사업에 참여한 제조업, 서비스업 근로자가 모두 정규직이라고 하더라도 4,591−1,280−2,847=464명으로, 그 외의 직종 정규직 근로자는 최소한 464명 이상이다.

ㄹ. 청년통장 I을 1,000명 단위로 바꾸면 유지인원이 952명으로 청년통장 II 보다도 적다.

67

정답 ①

다음 〈표〉는 '갑'도매시장에서 출하되는 4개 농산물의 수송 방법별 운송량에 관한 자료이다. 이에 대한 〈보기〉의 설명 중 옳은 것만을 모두 고르면? 2022년

〈표〉 4개 농산물의 수송 방법별 운송량

(단위 : 톤)

수송 방법 \ 농산물	쌀	밀	콩	보리	합계
도로	10,600	16,500	400	2,900	30,400
철도	5,800	7,500	600	7,100	21,000
해운	1,600	3,000	4,000	2,000	10,600

※ '갑'도매시장 농산물 수송 방법은 도로, 철도, 해운으로만 구성됨

〈보기〉

ㄱ. 농산물별 해운 운송량이 각각 100톤씩 증가하면 4개 농산물 해운 운송량의 평균은 2,750톤이다.

ㄴ. 보리의 수송 방법별 운송량이 각각 50%씩 감소하고 콩의 수송 방법별 운송량이 각각 100%씩 증가하더라도, 4개 농산물 전체 운송량에는 변동이 없다.

ㄷ. 도로 운송량이 많은 농산물일수록 해당 농산물의 운송량 중 도로 운송량이 차지하는 비중이 더 크다.

ㄹ. 해운 운송량이 적은 농산물일수록 해당 농산물의 운송량 중 해운 운송량이 차지하는 비중이 더 작다.

① ㄱ, ㄷ
② ㄱ, ㄹ
③ ㄴ, ㄷ
④ ㄴ, ㄹ
⑤ ㄷ, ㄹ

실전 풀이법

각 농산물의 운송량 중 도로 운송량이 차지하는 비중의 절댓값을 구하기 위해서는 $\frac{도로}{(도로+철도+해운)}$이지만, 상대적인 수치로 순서 비교만을 위해서는 $\frac{도로}{(철도+해운)}$으로 계산하여도 된다.

정답해설

ㄱ. 현재 농산물 해운 운송량 합계는 10,600톤이고, 평균은 10,600톤÷4=2,650톤이다. 농산물별 해운 운송량이 각각 100톤씩 증가하면 평균도 100만큼 늘어나므로 평균은 2,750톤이 된다.

ㄷ. 도로 운송량이 많은 농산물은 순서대로 밀, 쌀, 보리, 콩이다. 해당 농산물의 운송량 중 도로 운송량이 차지하는 비중을 계산하여 보면, 밀, 쌀, 보리, 콩 순으로 약 1.6, 약 1.4, 약 0.3, 약 0.1이므로 도로 운송량이 많은 농산물의 순서와 동일하다.

오답해설

ㄴ. 보리 운송량의 50%와 콩 운송량의 100%가 서로 같은지 확인하면 된다.

• 보리 : 2,900톤+7,100톤+2,000톤=12,000톤

• 콩 : 400톤+600톤+4,000톤=5,000톤

따라서 보리의 50%(=6,000톤)와 콩의 100%(=5,000톤)는 같지 않으므로, 전체 운송량은 변한다.

ㄹ. 해운 운송량이 적은 농산물은 순서대로 쌀, 보리, 밀, 콩이다. 해당 농산물의 운송량 중 해운 운송량이 차지하는 비중의 순서를 계산해보면 다음과 같다.

• 쌀 : $\frac{1,600}{16,400}$≒0.10

• 밀 : $\frac{3,000}{24,000}$=0.125

• 콩 : $\frac{4,000}{1,000}$=4

• 보리 : $\frac{2,000}{10,000}=0.2$

따라서 해운 운송량이 차지하는 비중이 작은 순서는 쌀, 밀, 보리, 콩 순으로 해운 운송량이 적은 농산물의 순서와 다르다.

68

정답 ②

다음 〈보고서〉와 〈표〉는 '갑'국의 부동산 투기 억제 정책과 세대유형별 주택담보대출에 관한 자료이다. 이에 대한 〈보기〉의 내용 중 옳은 것만을 모두 고르면? 2019년

〈보고서〉

'갑'국 정부는 심화되는 부동산 투기를 억제하고자 2017년 8월 2일에 부동산 대책을 발표하였다. 부동산 대책에 의해 투기지역의 주택을 구매할 때 구매 시점부터 적용되는 세대유형별 주택담보대출비율(LTV)과 총부채상환비율(DTI)은 2017년 8월 2일부터 〈표 1〉과 같이 변경 적용되며, 2018년 4월 1일부터는 DTI 산출 방식이 변경 적용된다.

〈표 1〉 세대유형별 LTV, DTI 변경 내역

(단위 : %)

구분 / 세대유형	LTV		DTI	
	변경 전	변경 후	변경 전	변경 후
서민 실수요 세대	70	50	60	50
주택담보대출 미보유 세대	60	40	50	40
주택담보대출 보유 세대	50	30	40	30

※ 1) 구매하고자 하는 주택을 담보로 한 신규 주택담보대출 최대금액은 LTV에 따른 최대금액과 DTI에 따른 최대금액 중 작은 금액임

2) $\text{LTV(\%)}=\frac{\text{신규 주택담보대출 최대금액}}{\text{주택공시가격}}\times 100$

3) 2018년 3월 31일까지의 DTI 산출방식

$$\text{DTI(\%)}=\frac{\left(\text{신규 주택담보대출 최대금액의 연 원리금 상환액}+\text{기타 대출 연 이자 상환액}\right)}{\text{연간소득}}\times 100$$

4) 2018년 4월 1일까지의 DTI 산출방식

$$\text{DTI(\%)}=\frac{\left(\text{신규 주택담보대출 최대금액의 연 원리금 상환액}+\text{기 주택담보대출 연 원리금 상환액}+\text{기타 대출 연 이자 상환액}\right)}{\text{연간소득}}\times 100$$

〈표 2〉 A~C세대의 신규 주택담보대출 금액산출 근거

(단위 : 만 원)

세대	세대유형	기 주택담보 대출 연 원리금 상환액	기타 대출 연 이자 상환액	연간소득
A	서민 실수요 세대	0	500	3,000
B	주택담보대출 미보유 세대	0	0	6,000
C	주택담보대출 보유 세대	1,200	100	10,000

※ 1) 신규 주택담보대출 최대금액의 연 원리금 상환액은 신규 주택담보대출 최대금액의 10%임

2) 기 주택담보대출 연 원리금 상환액, 기타 대출 연 이자상환액, 연간소득은 변동 없음

〈보기〉

ㄱ. 투기지역의 공시가격 4억 원인 주택을 2017년 10월에 구매하는 A세대가 구매 시점에 적용받는 신규 주택담보대출 최대금액은 2억 원이다.

ㄴ. 투기지역의 공시가격 4억 원인 주택을 2017년 10월에 구매하는 B세대가 2017년 6월에 구매할 때와 비교하여 구매 시점에 적용받는 신규 주택담보대출 최대금액의 감소폭은 1억 원 미만이다.

ㄷ. 투기지역의 공시가격 4억 원인 주택을 구매하는 C세대가 2018년 10월 구매 시점에 적용받는 신규 주택담보대출 최대금액은 2017년 10월 구매 시점에 적용받는 신규 주택담보대출 최대금액보다 작다.

① ㄱ
② ㄴ
③ ㄱ, ㄷ
④ ㄴ, ㄷ
⑤ ㄱ, ㄴ, ㄷ

실전 풀이법

처음에 신규 주택담보대출 최대금액의 의미를 이해하는 것이 어려울 수 있다. 이를 파악하면 쉬운 문제이나 그 과정이 오래 걸린다. 실전이라면 풀지 않고 넘어가는 것도 좋은 방법이다.

정답해설

ㄴ. B세대는 2017년 6월에 LTV에 따르면 2억 4천만 원, DTI에 따르면 변경 전 $\text{DTI 50\%}=\frac{\text{신규 주택담보대출 최대금액의 10\%}}{\text{(연간소득) 6천만 원}}$이므로 3억 대출이 가능하다. 따라서 이 때 대출 가능 최대금액은 2억 4천만 원이다. 이 LTV가 20%p 감소하게 되는데 이는 8천만 원에 해당한다.

오답해설

ㄱ. A세대는 서민 실수요 세대이므로 LTV 기준으로 최대 금액은 2억 원이다. 그러나 각주에서 LTV와 DTI 중 작은 것을 선택한다고 명시되어 있다. DTI의 경우 연간소득의 50%는 1500만 원이다. 이때 500만 원을 제외하면 1천만 원이 남는다. 각주에 따르면 이는 신규주택담보 대출 최대금액의 10%이므로 신규 주택담보대출 최대금액은 1억 원이 된다. 따라서 더 작은 1억 원이 신규 주택담보대출 최대 금액이 된다.

ㄷ. C세대는 주택담보대출 보유 세대이다. 2017년 10월의 경우 LTV에 따르면 1억 2천만 원, DTI에 따르면 2억 9천만 원이 신규 주택담보대출 최대금액이 된다. 따라서 LTV인 1억 2천이 최대금액이다. DTI에 기주택담보대출 연원리금을 포함하더라도 이는 1억 7천만 원이 되어 LTV의 것보다 크므로 C의 신규 주택담보대출 최대금액은 계속 1억 2천 원이다.

69

정답 ②

다음 〈표〉는 2012년 34개국의 국가별 1인당 GDP와 학생들의 수학성취도 자료이고, 〈그림〉은 〈표〉의 자료를 그래프로 나타낸 것이다. 이에 대한 〈보기〉의 설명 중 옳은 것만을 모두 고르면? 2017년

〈표〉 국가별 1인당 GDP와 수학성취도

(단위 : 천 달러, 점)

국가	1인당 GDP	수학성취도
룩셈부르크	85	490
카타르	77	( )
싱가포르	58	573
미국	47	481
노르웨이	45	489
네덜란드	42	523
아일랜드	41	501
호주	41	504
덴마크	41	500
캐나다	40	518
스웨덴	39	478
독일	38	514
핀란드	36	519
일본	35	536
프랑스	34	495
이탈리아	32	485

스페인	32	484
한국	29	554
이스라엘	27	466
포르투칼	26	487
체코	25	499
헝가리	21	477
폴란드	20	518
러시아	20	482
칠레	17	423
아르헨티나	16	388
터키	16	448
멕시코	15	413
말레이시아	15	421
불가리아	14	439
브라질	13	391
태국	10	427
인도네시아	5	( )
베트남	4	511

〈그림〉 국가별 1인당 GDP와 수학성취도

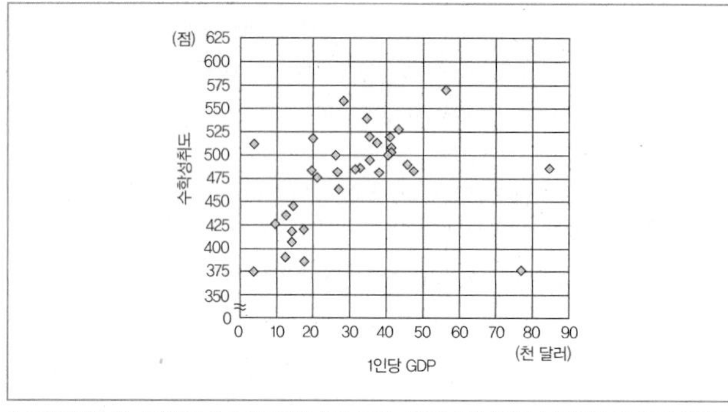

※ 국가별 학생 수는 동일하지 않고, 각 국가의 수학성취도는 해당국 학생 전체의 수학성취도 평균이며, 34개국 학생 전체의 수학성취도 평균은 500점임

〈보기〉

ㄱ. 1인당 GDP가 체코보다 높은 국가 중에서 수학성취도가 체코보다 높은 국가의 수와 낮은 국가의 수는 같다.
ㄴ. 수학성취도 하위 7개 국가의 1인당 GDP는 모두 2만 달러 이하이다.
ㄷ. 1인당 GDP 상위 5개 국가 중에서 수학성취도가 34개국 학생 전체의 평균보다 높은 국가는 1개이다.
ㄹ. 수학성취도 상위 2개 국가의 1인당 GDP 차이는 수학성취도 하위 2개 국가의 1인당 GDP 차이보다 크다.

① ㄱ, ㄴ
② ㄱ, ㄷ
③ ㄴ, ㄷ
④ ㄴ, ㄹ
⑤ ㄱ, ㄷ, ㄹ

실전 풀이법

이 문제에서는 표의 자료를 그림으로 그대로 옮겨 표현하고 있다. 따라서 카타르와 인도네시아의 수학성취도는 그림을 통해 빠르게 파악할 수 있다. 1인당 GDP가 77천 달러인 국가는 그림에서 하나뿐이므로, 이 국가는 카타르이다. 따라서 카타르의 수학성취도는 375점이다. 한편 1인당 GDP가 5천 달러 부근인 국가는 그림에서 둘인데, 베트남의 수학 성취도가 511점이므로 인도네시아의 수학성취도가 375점인 것을 알 수 있다.

정답해설

ㄱ. 표는 1인당 GDP 순으로 정렬되어 있으므로, 체코보다 위에 위치한 국가들의 수학성취도를 확인하면 된다. 그림에서도 체코의 위치를 찾은 후 우상방에 위치한 점의 개수와 우하방에 위치한 점의 개수를 비교할 수도 있다. 다만 이 문제에서는 그림의 점의 위치가 모호하므로 표를 통해 확인하는 것이 바람직하다.
ㄷ. 수학성취도 평균은 500점이라고 제시되어 있으므로, GDP 상위 5개 국가 중 수학성취도가 전체 평균보다 높은 국가는 싱가포르뿐이다

오답해설

ㄴ. 그림을 통해 확인하면 빠르다. 수학성취도 하위 7개 국가 중 한 국가(카타르)의 1인당 GDP가 2만 달러보다 훨씬 크다.
ㄹ. 그림을 통해 확인하면 빠르다. 수학성취도 하위 2개 국가의 1인당 GDP 차이(그림에서의 거리)가 더욱 크다.

70

정답 ④

다음 〈그림〉은 '갑' 택지지구의 개발 적합성 평가 기초 자료이다. 〈조건〉을 이용하여 '갑' 택지지구 내 A~E 지역의 개발 적합성 점수를 계산했을 때, 개발 적합성 점수가 가장 낮은 지역과 가장 높은 지역을 바르게 나열한 것은? 2016년

〈그림〉 '갑' 택지지구의 개발 적합성 평가 기초 자료

A~E 지역 위치

	A			■
		B	■	
C		■		
	D(■)			
■			E	

토지이용 유형
(1–산림, 2–농지, 3–주택지)

1	1	2	2	2(■)
1	2	2	2(■)	3
2	2	2(■)	3	3
2	2(■)	3	3	3
2(■)	3	3	3	3

경사도(%)

15	15	20	20	20(■)
15	15	20	20(■)	20
10	15	15(■)	15	20
10	10(■)	15	15	15
10(■)	10	10	15	15

토지소유 형태
(1–국유지, 2–사유지)

2	2	2	2	2(■)
1	1	1	1(■)	1
1	1	1(■)	1	1
2	2(■)	2	2	2
2(■)	2	2	2	2

※ 음영 지역(■)은 개발제한구역을 의미함

〈조건〉

- 평가 점수=(0.6×토지이용 기준 점수)+(0.4×경사도 기준 점수)
- 토지이용 기준 점수는 유형에 따라 산림 5점, 농지 8점, 주택지 10점이다.
- 경사도 기준 점수는 경사도 10%이면 10점, 나머지는 5점이다.
- 개발 적합성 점수는 토지소유 형태가 사유지이면 '평가 점수'의 80%를 부여하고, 국유지이면 100%를 부여한다. 단, 토지소유 형태와 상관없이 개발제한구역의 개발 적합성 점수는 0점으로 한다.

	가장 낮은 지역	가장 높은 지역
①	A	B
②	A	C
③	A	E
④	D	C
⑤	D	E

실전 풀이법

이런 조건 문제는 다른 조건과 무관하게 영향을 미치는 중요 조건이 있다. 이것들을 먼저 적용하면 시간을 매우 단축시킬 수 있다. 그리고 가중치가 높은 것, 항목 간 점수 차가 큰 것들을 중심으로 보는 것이 효율적이다.

정답해설

조건 중 개발제한지역은 개발 적합성 점수를 0으로 한다는 조건이 있다. 이를 고려하면 D는 개발제한구역으로 0점이고 필연적으로 가장 낮은 지역이 된다. 이후 선지에서 ①, ②, ③이 소거되므로 C와 E를 비교하면 된다. C는 농지이고 경사도가 10이다. 따라서 평가점수는 8.8점이다. 국유지이므로 100% 반영된다. E는 주택지이고 경사도가 15이다. 따라서 평가점수는 8점이다. 이미 C보다 작기 때문에 적합성 점수까지 구할 필요도 없다. ⑤가 소거된다.

71

정답 ⑤

다음 〈표〉와 〈그림〉은 기계 100대의 업그레이드 전·후 성능지수에 관한 자료이다. 이에 대한 설명으로 옳은 것은? 2018년

〈표〉 업그레이드 전·후 성능지수별 대수

(단위 : 대)

구분 \ 성능지수	65	79	85	100
업그레이드 전	80	5	0	15
업그레이드 후	0	60	5	35

※ 성능지수는 네 가지 값(65, 79, 85, 100)만 존재하고, 그 값이 클수록 성능지수가 향상됨을 의미함

〈그림〉 성능지수 향상폭 분포

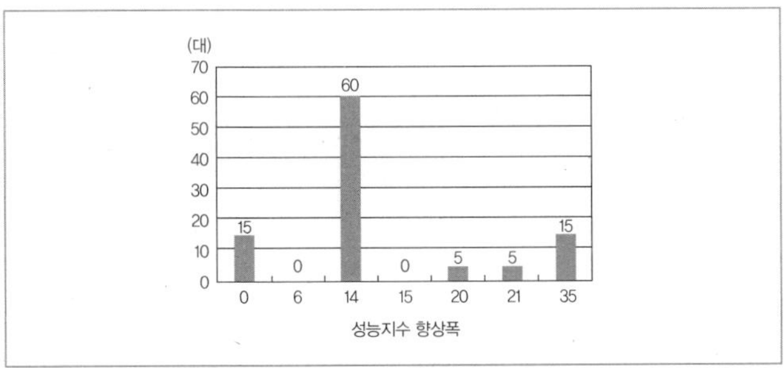

※ 1) 업그레이드를 통한 성능 감소는 없음
2) 성능지수 향상폭=업그레이드 후 성능지수−업그레이드 전 성능지수

① 업그레이드 후 1대당 성능지수는 업그레이드 전 1대당 성능지수에 비해 20 이상 향상되었다.

② 업그레이드 전 성능지수가 65이었던 기계의 15%가 업그레이드 후 성능지수 100이 된다.

③ 업그레이드 전 성능지수가 79이었던 모든 기계가 업그레이드 후 성능지수 100이 된 것은 아니다.

④ 업그레이드 전 성능지수가 100이 아니었던 기계 중, 업그레이드를 통한 성능지수 향상폭이 0인 기계가 있다.

⑤ 업그레이드를 통한 성능지수 향상폭이 35인 기계 대수는 업그레이드 전 성능지수가 100이었던 기계 대수와 같다.

실전 풀이법

폭과 율의 구분을 잘해야 하며, 표와 그림의 의미를 이해할 필요가 있다. 예를 들어 상승폭이 14인 건, 65에서 79로 업그레이드되는 경우밖에 없음을 명심해야 한다.

정답해설

업그레이드 후 성능지수 향상폭이 35인 기계 대수는 15대고, 업그레이드 전 성능지수가 100인 기계 대수도 15대다.

오답해설

① 그림의 향상폭에서 20을 중심으로 가평균을 내면 14가 너무 많아서 음수가 나온다.

② 65에서 100으로 향상되려면 향상폭이 35여야 하며, 이는 15대다. 그러나 80대 중에 15대는 15%를 넘는다.

③ 업그레이드 후 성능감소는 없으므로 업그레이드 후 성능지수 100의 35대 중 15대는 원래 100이었고, 성능지수 향상폭을 통해 15대는 원래 65였던 것을 알 수 있다. 따라서 5대가 남았으며 이는 21만큼 업그레이드 된 것과 같다. 즉 업그레이드 전 성능지수 79였던 모든 기계가 업그레이드 후 성능지수 100이 된 것을 알 수 있다.

④ 업그레이드 후 성능지수 65는 남아 있지 않고, 위에서 79는 모두 100으로 업그레이드 된 것을 확인했다.

72

정답 ⑤

다음 〈표〉는 2019년 화학제품 매출액 상위 9개 기업의 매출액에 대한 자료이다. 〈표〉와 〈조건〉에 근거하여 A~D에 해당하는 기업을 바르게 나열한 것은? 2020년

〈표〉 2019년 화학제품 매출액 상위 9개 기업의 매출액

(단위 : 십억 달러, %)

기업 \ 구분	화학제품 매출액	전년 대비 증가율	총매출액	화학제품 매출액 비율
비스프	72.9	17.8	90.0	81.0
A	62.4	29.7	( )	100.0
B	54.2	28.7	( )	63.2
자빅	37.6	5.3	39.9	94.2
C	34.6	26.7	( )	67.0
포르오사	32.1	14.2	55.9	57.4
D	29.7	10.0	( )	54.9
리오넬바셀	28.3	15.0	34.5	82.0
이비오스	23.2	24.7	48.2	48.1

※ 화학제품 매출액 비율(%) $= \frac{\text{화학제품 매출액}}{\text{총매출액}} \times 100$

〈조건〉

- '드폰'과 'KR화학'의 2018년 화학제품 매출액은 각각 해당 기업의 2019년 화학제품 매출액의 80% 미만이다.
- '벡슨모빌'과 '시노텍'의 2019년 화학제품 매출액은 각각 총매출액에서 화학제품을 제외한 매출액의 2배 미만이다.
- 2019년 총매출액은 '포르오사'가 'KR화학'보다 작다.
- 2018년 화학제품 매출액은 '자빅'이 '시노텍'보다 크다.

	A	B	C	D
①	드폰	벡슨모빌	KR화학	시노텍
②	드폰	시노텍	KR화학	벡슨모빌
③	벡슨모빌	KR화학	시노텍	드폰
④	KR화학	시노텍	드폰	벡슨모빌
⑤	KR화학	벡슨모빌	드폰	시노텍

실전 풀이법

3번째 조건과 4번째 조건을 적용할 때, '포르오사'와 '자빅'의 매출액을 A, B, C, D 각 기업의 매출액과 비교하지 않아도 된다. 가령 4번째 조건의 경우 2018년 화학제품 매출액은 '시노텍'이 '자빅'보다 작다. 이 조건으로 문제가 해결되려면 '시노텍' 매출액은 '자빅'보다 작고, '벡슨모빌'은 '자빅'보다 커야 한다. 따라서 '자빅'을 계산하지 않고 '시노텍'과 '벡슨모빌'을 비교하여 더 작은 기업이 D기업이 된다. 제한된 조건으로 문제가 명확히 해결되어야 하므로, 각 조건을 적용할 때 조금이라도 계산이 쉬운 방향으로 접근하면 된다.

정답해설

2018년 화학제품 매출액이 해당 기업의 2019년 화학제품 매출액의 80% 미만이 되려면, 2019년의 화학제품 매출액을 100%, 2018년을 80%로 놓았을 때 2019년의 전년 대비 증가율이 25%를 넘어야 한다. 따라서 D기업은 '드폰'과 'KR화학'이 될 수 없다.

다음으로 화학제품 매출액이 총매출액에서 화학제품을 제외한 매출액의 2배 미만이라면, 화학제품 매출액 비율은 66.6% 이하이다. 따라서 A기업과 C기업은 '벡슨모빌'과 '시노텍'이 될 수 없다.

그리고, 2019년 총매출액은 '포르오사'가 'KR화학'보다 작으므로, A기업이 'KR화학' 이고 C기업이 '드폰'이다.

마지막으로, 2018년 화학제품 매출액은 '자빅'이 '시노텍'보다 크다. 2018년 화학제품 매출액은 B기업이 D기업보다 크므로, D기업이 '시노텍'이 된다.

73

정답 ①

다음 〈표〉는 '갑'국 신입사원에게 필요한 10개 직무역량 중요도의 산업분야별 자료이다. 이에 대한 〈보기〉의 설명 중 옳은 것만을 모두 고르면? 2020년

〈표〉 신입사원의 직무역량 중요도

(단위 : 점)

직무역량 \ 산업분야	신소재	게임	미디어	식품
의사소통능력	4.34	4.17	4.42	4.21
수리능력	4.46	4.06	3.94	3.92
문제해결능력	4.58	4.52	4.45	4.50
자기개발능력	4.15	4.26	4.14	3.98
자원관리능력	4.09	3.97	3.93	3.91
대인관계능력	4.35	4.00	4.27	4.20
정보능력	4.33	4.09	4.27	4.07
기술능력	4.07	4.24	3.68	4.00
조직이해능력	3.97	3.78	3.88	3.88
직업윤리	4.44	4.66	4.59	4.39

※ 중요도는 5점 만점임

〈보기〉

ㄱ. 신소재 산업분야에서 중요도 상위 2개 직무역량은 '문제해결능력'과 '수리능력'이다.

ㄴ. 산업분야별 직무역량 중요도의 최댓값과 최솟값 차이가 가장 큰 것은 '미디어'이다.

ㄷ. 각 산업분야에서 중요도가 가장 낮은 직무역량은 '조직이해능력'이다.

ㄹ. 4개 산업분야 직무역량 중요도의 평균값이 가장 높은 직무역량은 '문제해결능력'이다.

① ㄱ, ㄴ
② ㄱ, ㄷ
③ ㄷ, ㄹ
④ ㄱ, ㄴ, ㄹ
⑤ ㄴ, ㄷ, ㄹ

실전 풀이법

ㄴ 선지를 해결하기 위해 각 산업분야의 최댓값과 최솟값 차이를 일일이 계산하지 않아도 된다. '미디어'를 기준으로 '미디어'의 최댓값보다 최댓값이 작고, '미디어'의 최솟값보다 최솟값이 크다면 양자의 차이는 당연히 '미디어'보다 작을 것이다. ㄹ선지에서도 '문제해결능력'의 중요도 평균값을 계산할 필요가 없다. 일부 산업분야에서 '문제해결능력'보다 중요도가 높은 직무역량은 '직업윤리'가 있는데, 각 분야의 차이를 확인하면 되는 것이다. '직업윤리'는 '신소재'에서 0.14 점 낮고, '게임'에서 0.14점 높고, '미디어'에서 0.14점 높으며, '식품'에서 0.11점 낮다. 결과적으로 '직업윤리'는 중요도 합이 0.03점 높다.

정답해설

ㄱ. 신소재 산업분야에서 중요도 상위 2개 직무역량은 4.58점인 '문제해결능력'과 4.46점인 '수리능력'이다.

ㄴ. '미디어'의 산업분야별 직무역량 중요도의 최댓값은 4.59점, 최솟값은 3.68점이므로 이들의 차이는 0.91점이다. 그리고, '신소재'와 '식품'은 최댓값이 4.59점보다 작고, 최솟값은 3.68점보다 크므로 이들의 차이는 0.91점보다 작다. 마지막으로, '게임'의 최댓값은 4.66점, 최솟값은 3.78점으로 이들의 차이는 0.88점이다.

오답해설

ㄷ. '미디어'에서 중요도가 가장 낮은 직무역량은 '기술능력'이다.

ㄹ. '문제해결능력'의 중요도 평균값은 4.51점, '직업윤리'의 중요도 평균값은 4.52점이다.

74

정답 ⑤

다음 〈그림〉은 2020년 A기관의 조직 및 운영에 관한 자료이다. 이에 대한 〈보기〉의 설명 중 옳은 것만을 모두 고르면? 2021년

〈그림〉 2020년 A기관의 조직 및 운영 현황

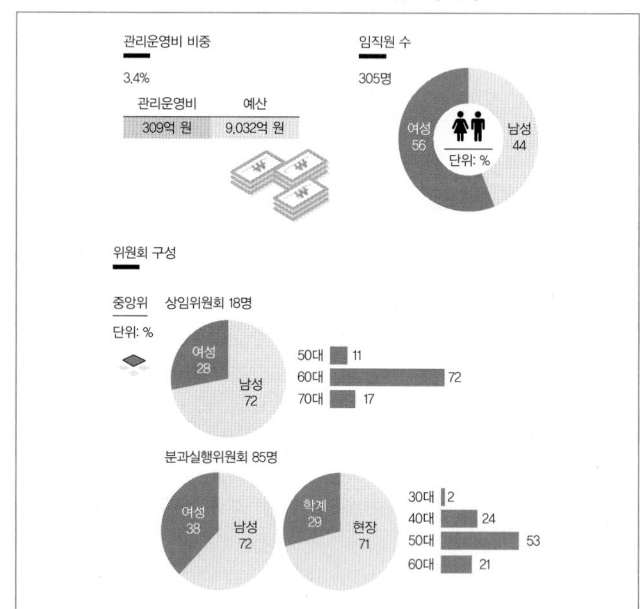

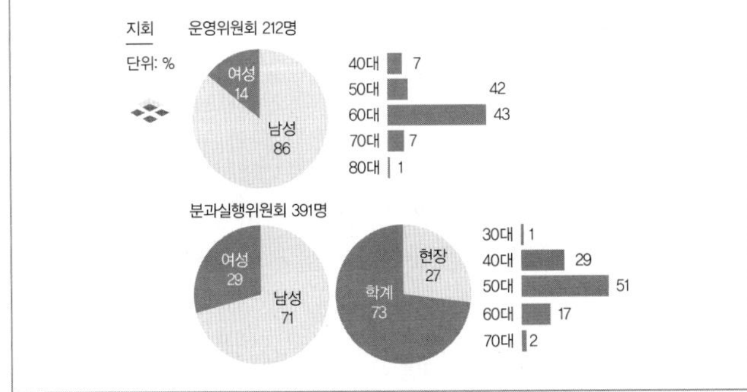

※ 중앙회는 상임위원회와 분과실행위원회로만 구성되고, 지회는 운영위원회와 분과실행위원회로만 구성됨

〈보기〉

ㄱ. 2020년 임직원당 관리운영비는 1억 원 이상이다.
ㄴ. 분과실행위원회의 현장 위원 수는 중앙회가 지회보다 많다.
ㄷ. 중앙회 상임위원회의 모든 여성 위원이 동시에 중앙회 분과실행위원회 위원이라면, 중앙회 여성 위원 수는 총 32명이다.
ㄹ. 지회 분과실행위원회의 50대 학계 위원은 80명 이상이다.

① ㄱ, ㄴ
② ㄱ, ㄹ
③ ㄴ, ㄷ
④ ㄴ, ㄹ
⑤ ㄱ, ㄷ, ㄹ

실전 풀이법

중복하여 발생하는 인원의 숫자를 구하는 방법을 정확하게 아는지를 묻는 문제이다. 또한 사람이 나오는 문제의 경우에는 사람은 소수점으로 나눠지지 않기 때문에 이를 버림하고 인원을 정확하게 구해주는 것이 문제를 풀 때 틀리지 않는 방법이다.

정답해설

ㄱ. 2020년 관리운영비는 309억 원이며 임직원 수는 305명이므로 임직원당 관리운영비는 $\frac{309}{305}$>1억 원 이상이다.

ㄷ. 중앙회 상임위원회의 여성 위원은 총 5명이며, 중앙회 분과실행위원회의 여성 위원은 총 32명이다. 이들 모두가 동시에 중앙회 분과실행위원회 위원이기 때문에 중앙회의 여성 위원은 총 32명이다.

ㄹ. 지회 분과실행위원회의 50대 위원의 수는 총 199명이며, 지회 분과실행위원회의 학계 위원 수는 285명이다. 따라서 50대이며 동시에 학계 위원이 되는 최소 인원은 199+285−391=93명이다.

오답해설

ㄴ. 중앙회의 분과실행위원회의 현장위원은 85×71%=60명이며, 지회의 분과실행위원회의 현장위원은 391×27%=105명이다.

75

정답 ②

다음 〈표〉는 2016년과 2017년 추석교통대책기간 중 고속도로교통현황에 관한 자료이다. 이에 대한 〈보고서〉의 내용 중 옳은 것만을 모두 고르면? 2018년

〈표 1〉 일자별 고속도로 이동인원 및 교통량

(단위 : 만 명, 만 대)

연도 / 일자 \ 구분	2016		2017	
	이동인원	교통량	이동인원	교통량
D−5	−	−	525	470
D−4	−	−	520	439
D−3	−	−	465	367
D−2	590	459	531	425
D−1	618	422	608	447
추석 당일	775	535	809	588
D+1	629	433	742	548
D+2	483	346	560	433
D+3	445	311	557	440
D+4	−	−	442	388
D+5	−	−	401	369
계	3,540	2,506	6,160	4,914

※ 2016년, 2017년 추석교통대책기간은 각각 6일(D−2~D+3), 11일(D−5~D+5)임

〈표 2〉 고속도로 구간별 최대 소요시간 현황

연도	서울−대전		서울−부산		서울−광주		서서울−목포		서울−강릉	
	귀성	귀경	귀성	귀경	귀성	귀경	귀성	귀경	귀성	귀경
2016	4:15	3:30	7:15	7:20	7:30	5:30	8:50	6:10	5:00	3:40
2017	4:00	4:20	7:50	9:40	7:00	7:50	7:00	9:50	4:50	5:10

※ 'A:B'에서 A는 시간, B는 분을 의미함. 예를 들어, 4:15는 4시간 15분을 의미함

〈보고서〉

㉠ 2017년 추석교통대책기간 중 총 고속도로 이동인원은 6,160만 명으로 전년 대비 70% 이상 증가하였으나, ㉡ 1일 평균 이동인원은 560만 명으로 전년 대비 10% 이상 감소하였다. 2017년 추석 당일 고속도로 이동인원은 사상 최대인 809만 명으로 전년 대비 약 4.4% 증가하였다. 2017년 추석연휴기간의 증가로 나들이 차량 등이 늘어 추석교통대책기간 중 1일 평균 고속도로 교통량은 약 447만 대로 전년 대비 6% 이상 증가하였다. 특히 ㉢ 추석 당일 고속도로 교통량은 588만 대로 전년 대비 9% 이상 증가하였다. ㉣ 2017년 고속도로 최대 소요시간은 귀성의 경우, 제시된 구간에서 전년보다 모두 감소하였으며, 특히 서서울−목포 7시간, 서울−광주 7시간이 걸려 전년 대비 각각 1시간 50분, 30분 감소하였다. 반면 귀경의 경우, 서서울−목포 9시간 50분, 서울−부산 9시간 40분으로 전년 대비 각각 3시간 40분, 2시간 20분 증가하였다.

① ㄱ, ㄴ
② ㄱ, ㄷ
③ ㄴ, ㄷ
④ ㄴ, ㄹ
⑤ ㄷ, ㄹ

실전 풀이법

해당 문항에서 보고서는 선지의 역할을 한다고 보면 된다. ㄱ의 경우 간단히 3,500의 70%를 계산하고 차이가 크다면 뒷자리는 계산하지 않아도 되며, 실전에서는 이러한 풀이가 적합하다.

정답해설

ㄱ. 3,540만 명의 70%는 2,478만 명이다. 이 둘을 더하면 6,018만 명으로 6,160만 명보다 작다.

ㄷ. 535만의 9%는 약 48만으로 50만이 되지 않는다. 2017년의 교통량은 588만 대이므로 16년과 53만 차이가 난다. 따라서 9% 이상 증가했다.

오답해설

ㄴ. 2016년 3,540만 명을 6으로 나누면 590만 명이다. 2017년의 경우 6,160만 명을 11로 나누면 560만 명이다. 양자의 차이는 30만 명으로 10% 감소하지 않았다.

ㄹ. 서울-부산 구간에서 2016년 7:15, 2017년 7:50으로 오히려 최대 소요시간이 증가했다.

구분	H	F	M	C	정확도	임계성공지수
가	3	1	1	7	10/12	3/5
나	4	4	0	4	8/12	4/8
다	2	1	2	7	9/12	2/5
라	1	0	3	8	9/12	1/4

정확도가 가장 높은 팀은 정확도가 10/12인 '가'팀이다. 임계성공지수가 가장 낮은 팀은 임계성공지수가 1/4인 '라'팀이다.

76

정답 ②

다음 〈표〉와 〈정보〉는 5월 '갑'국의 관측날씨와 '가'~'라'팀의 예보날씨에 관한 자료이다. 〈표〉와 〈정보〉를 근거로 '정확도가 가장 높은 팀'과 '임계성공지수가 가장 낮은 팀'을 바르게 나열한 것은? 2020년

〈표〉 5월 '갑'국의 관측날씨와 팀별 예보날씨

구분 \ 날짜(일)		1	2	3	4	5	6	7	8	9	10	11	12
관측날씨		🌧	🌧	☀	☀	🌧	☀	☀	☀	☀	🌧	☀	☀
예보날씨	가	🌧	🌧	☀	☀	☀	☀	☀	☀	☀	🌧	🌧	☀
	나	🌧	🌧	🌧	☀	🌧	🌧	☀	☀	🌧	🌧	🌧	☀
	다	🌧	🌧	☀	☀	☀	☀	☀	☀	🌧	☀	☀	☀
	라	🌧	☀	☀	☀	☀	☀	☀	☀	☀	☀	☀	☀

〈정보〉

• 각 팀의 예보날씨와 실제 관측날씨 분류표

예보날씨 \ 관측날씨	🌧	☀
🌧	H	F
☀	M	C

※ H, F, M, C는 각각의 경우에 해당하는 빈도를 뜻하며, 예를 들어 '가'팀의 H는 3임

• 정확도 $= \dfrac{H+C}{H+F+M+C}$

• 임계성공지수 $= \dfrac{H}{H+F+M}$

	정확도가 가장 높은 팀	임계성공지수가 가장 낮은 팀
①	가	나
②	가	라
③	다	나
④	다	라
⑤	라	다

실전 풀이법

H, F, M, C의 값을 구하는 것은 실수만 하지 않는다면 크게 어렵지 않다. 다만 선지를 활용하여 시간을 조금이라도 줄여보자. 정확도가 가장 높은 팀 후보는 '가', '다', '라'이므로 정확도를 계산할 때 '나'팀은 고려할 필요가 없다. 정확도가 가장 높은 팀을 '가'팀으로 특정했다면 임계성공지수는 '나'와 '라' 팀만 비교하면 된다. 한편 정확도의 분모는 항상 12이므로 분자인 H+C만 비교하면 된다.

정답해설

표의 정보를 토대로 각 팀의 정확도 및 임계성공지수를 계산하면 다음과 같다.

77

정답 ③

다음은 2014~2018년 부동산 및 기타 재산 압류건수 관련 정보가 일부 훼손된 서류이다. 이에 대한 〈보기〉의 설명 중 옳은 것을 고르면? 2020년

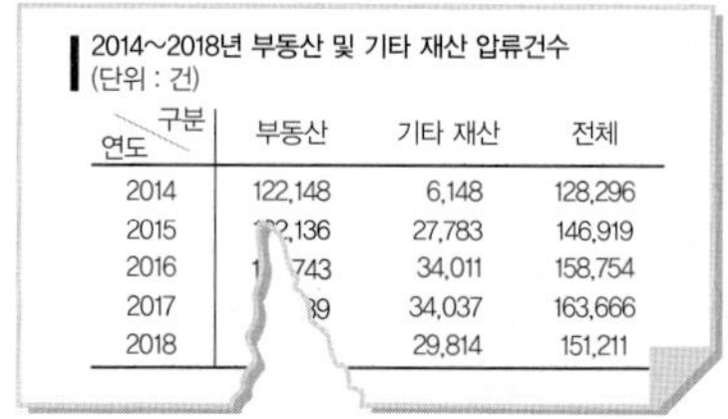

2014~2018년 부동산 및 기타 재산 압류건수

(단위 : 건)

연도 \ 구분	부동산	기타 재산	전체
2014	122,148	6,148	128,296
2015	[illegible]2,136	27,783	146,919
2016	1[illegible]743	34,011	158,754
2017	[illegible]9	34,037	163,666
2018	[illegible]	29,814	151,211

〈보기〉

ㄱ. 부동산 압류건수는 매년 기타 재산 압류건수의 4배 이상이다.

ㄴ. 전체 압류건수가 가장 많은 해에 부동산 압류건수도 가장 많다.

ㄷ. 2019년 부동산 압류건수가 전년 대비 30% 감소하고 기타 재산 압류건수는 전년과 동일하다면, 전체 압류건수의 전년 대비 감소율은 25% 미만이다.

ㄹ. 2016년 부동산 압류건수는 2014년 대비 2.5% 이상 증가했다.

① ㄱ, ㄴ

② ㄱ, ㄷ

③ ㄴ, ㄷ

④ ㄴ, ㄹ

⑤ ㄷ, ㄹ

실전 풀이법

이 문제는 기본적인 계산 스킬을 활용한다면 풀이 시간을 현저히 줄일 수 있다. ㄱ은 기타 재산의 압류건수에 5배를 해서 전체 압류건수와 비교하여 비중을 계산할 수 있다. 또한 ㄴ은 각 년도 기타 재산 압류건수에 13만 건을 더해서 전체 압류건 수보다 작은지 확인하면 된다. 그리고 ㄷ은 3.6만 건에 4배를 해서 15.1만 건보다 작다면, 감소율은 25%보다 작은 것이 된다. 마지막으로 ㄹ은 0.2만 건에 40배를 해서 12.2만 건보다 작다면, 증가율은 2.5% 미만이라는 것을 통해 판단할 수 있다.

정답해설

ㄴ. 전체 압류건수가 가장 많은 해는 2017년이고, 이 해 부동산 압류건수는 약 13만 건이다. 2015년, 2016년, 2018년 모두 부동산 압류건수가 13만 건에 미치지 못한다.

ㄷ. 2018년 부동산 압류건수가 약 12만 건이고, 여기에서 30% 감소한다면 약 3.6만 건이 감소하는 것이다. 15.1만 건에서 3.6만 건이 감소한다면 감소율은 약 23.8%이다.

오답해설

ㄱ. 부동산 압류건수가 기타 재산 압류건수의 4배 이상이라면, 기타 재산 압류건수는 전체의 20% 이하이어야 한다. 2016년과 2017년 기타 재산의 비중은 20% 이상이다.

ㄹ. 2016년 부동산 압류건수는 약 12.4만 건이다. 2014년 부동산 압류건수는 약 12.2만 건으로, 2016년 부동산 압류건수는 0.2만 건 증가하였다. 이때 증가율은 약 1.6%이다.

78

정답 ④

다음 〈표〉는 18세기 조선의 직업별 연봉 및 품목별 가격에 관한 자료이다. 이에 대한 설명으로 옳지 않은 것은?

2018년

〈표 1〉 18세기 조선의 직업별 연봉

구분		곡물(섬)		면포(필)	현재 원화 가치(원)
		쌀	콩		
관료	정1품	25	3	–	5,854,400
	정5품	17	1	–	3,684,800
	종9품	7	1	–	1,684,800
궁녀	상궁	11	1	–	( )
	나인	5	1	–	1,284,800
군인	기병	7	2	9	( )
	보병	3	–	9	1,500,000

〈표 2〉 18세기 조선의 품목별 가격

품목	곡물(1섬)		면포(1필)	소고기(1근)	집(1칸)	
	쌀	콩			기와집	초가집
가격	5냥	7냥 1전 2푼	2냥 5전	7전	21냥 6전 5푼	9냥 5전 5푼

※ 1냥=10전=100푼

① 18세기 조선의 1푼의 가치는 현재 원화가치로 환산할 경우 400원과 같다.
② '기병' 연봉은 '종9품' 연봉보다 많고 '정5품' 연봉보다 적다.
③ '정1품' 관료의 12년치 연봉은 100칸의 기와집 가격보다 적다.
④ '상궁' 연봉은 '보병' 연봉의 2배 이상이다.
⑤ '나인'의 1년치 연봉으로 살 수 있는 소고기는 40근 이상이다.

실전 풀이법

구체적 계산을 하다보면 문제가 너무 복잡해진다. 먼저 선지의 수치인 400원이 옳다고 가정하고 문제를 풀어 보면 쉽게 답을 낼 수 있다. 이후로도 구체적 계산보다는 차이값 위주로 문제를 풀어가는 것이 효율적이다.

정답해설

보병의 연봉의 2배와 상궁의 연봉을 비교하면 상궁은 쌀이 5섬 더 많고 콩이 1섬 많으며 보병은 면포가 18필 많다. 면포 18필은 쌀 9섬이므로 이를 고려하면 보병의 연봉 2배가 더 크다.

오답해설

① 가장 간단해 보이는 보병을 기준으로 보병 연봉은 37냥 5전이다. 여기에 1푼을 400원으로 가정하여 대입하면 현재 원화가치와 일치한다.
② 기병이 종9품보다 콩과 면포를 더 받기 때문에 연봉이 더 높다. 종4품보다는 쌀 10섬을 덜 받고 콩을 1섬 더 받으며 면포를 9필 더 받는다. 쌀이 면포의 2배 가격이므로 이를 고려하면 정5품 연봉보다 적다.
③ 앞서 1푼이 400원임을 알았기 때문에, 기와집의 금액을 현재 가치로 바꾸면 80,000,000원이 넘는 것을 확인할 수 있다. 정1품의 연봉을 6,000,000원으로 올려 계산해도 12를 곱한 것보다 기와집이 더 비싸다.
⑤ 소고기의 가격을 현재 원화가치로 바꾸면 280,000원이다. 40근이면 11,200,000원이 된다. 나인의 연봉이 1,284,800원임을 고려하면 12년치 연봉이 이보다 크다.

79

정답 ②

다음 〈표〉는 2016~2018년 '갑'국의 공무원 집합교육 실적에 관한 자료이다. 이를 바탕으로 작성한 〈보고서〉의 B, C, D에 해당하는 내용을 바르게 나열한 것은?

2020년

〈표〉 공무원 집합교육 실적

(단위 : 회, 명)

분류	과정 \ 연도·구분	2016 차수	2016 교육인원	2016 연인원	2017 차수	2017 교육인원	2017 연인원	2018 차수	2018 교육인원	2018 연인원
기본교육	고위	2	146	13,704	2	102	14,037	3	172	14,700
	과장	1	500	2,500	1	476	1,428	2	580	2,260
	5급	3	2,064	81,478	3	2,127	86,487	3	2,151	89,840
	6급 이하	6	863	18,722	6	927	19,775	5	1,030	22,500
	소계	12	3,573	116,404	12	3,632	121,727	13	3,933	129,300
가치교육	공직가치	5	323	1,021	3	223	730	2	240	800
	국정과제	8	1,535	2,127	8	467	1,349	6	610	1,730
	소계	13	1,858	3,148	11	690	2,079	8	850	2,530
전문교육	직무	6	395	1,209	9	590	1,883	9	660	2,100
	정보화	30	2,629	8,642	29	1,486	4,281	31	1,812	5,096
	소계	36	3,024	9,851	38	2,076	6,164	40	2,472	7,196
전체		61	8,455	129,403	61	6,398	129,970	61	7,255	139,026

※ 차수는 해당 교육과정이 해당 연도 내에 진행되는 횟수를 의미하며, 교육은 시작한 연도에 종료됨

〈보고서〉

2017년 공무원 집합교육 실적을 보면, 연인원은 전년보다 500명 이상 증가하였으나, 교육인원은 전년 대비 20% 이상 감소하였다. 2017년 공무원 집합교육 과정별 실적을 보면, 교육인원과 연인원은 각각 [A] 과정이 가장 많았으며, 차수당 교육인원은 [B] 과정이 가장 많았다.

2018년 공무원 집합교육 실적을 보면, 전체 차수는 2017년과 같은 61회였으나, 교육인원과 연인원은 각각 전년보다 [C]. 한편, 기본교육 중 '과장'과정의 교육인원 대비 연인원 비율을 보면, 2018년은 2017년에 비해서는 [D] 하였으나, 2016년에 비해서는 [E] 하였다.

	B	C	D
①	5급	적었다	감소
②	5급	많았다	증가
③	5급	많았다	감소
④	과장	적었다	증가
⑤	과장	많았다	감소

실전 풀이법

혹시라도 관성적으로 A부터 구하지는 않았는가? A, E는 문제 해결을 위해 전혀 필요 없는 부분이다. 발문과 선지 구조를 파악한 뒤에 계산을 시작하는 것이 계산부터 시작하는 것보다 훨씬 시간을 줄일 수 있다.

정답해설

B=5급

2017년 차수당 교육인원은 '고위' 51명, '과장' 476명, '5급' 700명 이상, '6급 이하' 약 150명이다. 따라서 차수당 교육인원이 가장 많은 과정은 '5급'이다.

C=많았다

2018년 공무원 집합교육 실적을 보면 교육인원은 6,398명에서 7,255명으로, 연인원은 129,970명에서 139,026명으로 각각 증가하였다.

D=증가

2017년 '과장' 과정의 교육인원 대비 연인원은 약 3명$\left(\frac{1,428}{476}\right)$이고, 2018년의 경우는 약 4명$\left(\frac{2,260}{580}\right)$이다. 따라서 교육인원 대비 연인원은 증가하였다.

80

정답 ⑤

다음 〈표〉는 '갑'국의 인구 구조와 노령화에 대한 자료이다. 이에 대한 〈보기〉의 설명 중 옳은 것만을 모두 고르면? 2018년

〈표 1〉 인구 구조 현황 및 전망

(단위 : 천 명, %)

연도	총인구	유소년인구 (14세 이하)		생산가능인구 (15~64세)		노인인구 (65세 이상)	
		인구수	구성비	인구수	구성비	인구수	구성비
2000	47,008	9,911	21.1	33,702	71.7	3,395	7.2
2010	49,410	7,975	( )	35,983	72.8	5,452	11.0
2016	51,246	( )	( )	( )	( )	8,181	16.0
2020	51,974	( )	( )	( )	( )	9,219	17.7
2030	48,941	5,628	11.5	29,609	60.5	( )	28.0

※ 2020년, 2030년은 예상치임

〈표 2〉 노년부양비 및 노령화지수

(단위 : %)

구분 \ 연도	2000	2010	2016	2020	2030
노년부양비	10.1	15.2	( )	25.6	46.3
노령화지수	34.3	68.4	119.3	135.6	243.5

※ 1) 노년부양비(%) = $\frac{\text{노인인구}}{\text{생산가능인구}} \times 100$

2) 노령화지수(%) = $\frac{\text{노인인구}}{\text{유소년인구}} \times 100$

〈보기〉

ㄱ. 2020년 대비 2030년의 노인인구 증가율은 55% 이상으로 예상된다.
ㄴ. 2016년에는 노인인구가 유소년인구보다 많다.
ㄷ. 2016년 노년부양비는 20% 이상이다.
ㄹ. 2020년 대비 2030년의 생산가능인구 감소폭은 600만 명 이상일 것으로 예상된다.

① ㄱ, ㄷ
② ㄴ, ㄷ
③ ㄴ, ㄹ
④ ㄱ, ㄴ, ㄷ
⑤ ㄴ, ㄷ, ㄹ

실전 풀이법

노년부양비와 노령화지수의 계산식으로부터 인구수를 이끌어내야 하며, ㄱ, ㄷ, ㄹ은 어림 계산으로는 풀기 힘든 까다로운 문제이다. 다만 ㄴ의 경우는 노령화지수가 의미하는 바만 파악한다면 바로 풀 수 있기 때문에 ㄴ에서 시간을 줄여야 한다.

정답해설

ㄴ. 2016년 노령화지수는 119.3%로 100% 이상이므로, 노인인구가 유소년인구보다 많다는 것을 알 수 있다.

ㄷ. 2016년 유소년인구는 6,857.5천 명, 생산가능인구는 36,207.5천 명이고, 노년부양비는 8,181÷36,207.5×100=22.6%이다.

ㄹ. 2020년의 생산가능인구는 9,219÷25.6×100=36,011.7천 명으로 예상되므로, 2030년의 2020년 대비 생산가능인구 감소폭은 600만 명 이상일 것으로 예상된다.

오답해설

ㄱ. 2030년 노인인구 인구수는 48,941×0.28=13,703.5천 명으로, 2020년에 비해 약 48.6% 증가할 것으로 예상된다. 즉, 증가율은 55%가 되지 않을 것이다.

CHAPTER 03

상황판단 정답 및 해설

01	02	03	04	05	06	07	08	09	10	11	12	13	14	15	16	17	18	19	20
④	⑤	①	④	④	③	①	③	④	②	③	⑤	⑤	①	⑤	②	④	⑤	③	④
21	22	23	24	25	26	27	28	29	30	31	32	33	34	35	36	37	38	39	40
⑤	③	③	④	②	④	①	⑤	①	①	①	④	④	④	④	④	④	⑤	②	⑤
41	42	43	44	45	46	47	48	49	50	51	52	53	54	55	56	57	58	59	60
②	③	①	⑤	②	①	②	①	④	①	①	①	③	③	②	④	③	⑤	⑤	⑤
61	62	63	64	65	66	67	68	69	70	71	72	73	74	75	76	77	78	79	80
⑤	③	①	④	②	④	①	②	⑤	②	②	②	⑤	⑤	④	④	②	④	②	③

01

정답 ④

다음 글을 근거로 판단할 때, 태은이의 만족도 점수의 합은? 2020년

태은이는 모처럼의 휴일을 즐길 계획을 세우고 있다. 예산 10만 원을 모두 사용하여 외식, 전시회 관람, 쇼핑을 한 번씩 한다. 태은이는 만족도 점수의 합이 최대가 되도록 항목별로 최대 6만 원까지 1만 원 단위로 지출한다. 다음은 항목별 지출에 따른 태은이의 만족도 점수이다.

구분	1만 원	2만 원	3만 원	4만 원	5만 원	6만 원
외식	3점	5점	7점	13점	15점	16점
전시회 관람	1점	3점	6점	9점	12점	13점
쇼핑	1점	2점	6점	8점	10점	13점

① 23점
② 24점
③ 25점
④ 26점
⑤ 27점

실전 풀이법

1만 원을 추가해서 증가하는 만족도 점수의 폭에 주목한다. 이때, 증가하는 만족도 점수가 가장 큰 외식 4만 원, 전시회 관람 3만 원, 쇼핑 3만 원 조합에서 판단을 시작한다. 이제 항목별로 1만 원을 줄여 다른 항목을 추가했을 때 만족도 점수가 증가할 여지가 있는지 살펴본다. 마찬가지로 2만 원을 줄여 다른 항목에 추가했을 때 만족도 점수가 증가할 여지가 있는지 살펴보자. 이 경우 전시회 관람에 2만 원을 추가하고 쇼핑에 2만 원을 뺄 경우 만족도 점수가 증가한다는 점을 알 수 있다.

정답해설

만족도 점수의 합을 최대로 하기 위해서는 외식에 4만 원, 전시회 관람에 5만 원, 쇼핑에 1만 원을 지출해야 한다. 이때의 만족도는 13+12+1=26점이다.

02

정답 ⑤

다음 〈휴양림 요금규정〉과 〈조건〉에 근거할 때, 〈상황〉에서 甲, 乙, 丙 일행이 각각 지불한 총 요금 중 가장 큰 금액과 가장 작은 금액의 차이는? 2017년

〈휴양림 요금규정〉

• 휴양림 입장료(1인당 1일 기준)

구분	요금(원)	입장료 면제
어른	1,000	• 동절기(12월~3월) • 다자녀 가정
청소년 (만 13세 이상~19세 미만)	600	
어린이(만 13세 미만)	300	

※ '다자녀 가정'은 만 19세 미만의 자녀가 3인 이상 있는 가족을 말함

• 야영시설 및 숙박시설(시설당 1일 기준)

구분		요금(원)		비고
		성수기 (7~8월)	비수기 (7~8월 외)	
야영시설 (10인 이내)	황토데크(개)	10,000		휴양림 입장료 별도
	캐빈(동)	30,000		
숙박시설	3인용(실)	45,000	24,000	휴양림 입장료 면제
	5인용(실)	85,000	46,000	

※ 일행 중 '장애인'이 있거나 '다자녀 가정'인 경우 비수기에 한해 야영시설 및 숙박시설 요금의 50%를 할인함

〈조건〉

• 총요금=(휴양림 입장료)+(야영시설 또는 숙박시설 요금)
• 휴양림 입장료는 머문 일수만큼, 야영시설 및 숙박시설 요금은 숙박 일수만큼 계산함(예. 2박 3일의 경우 머문 일수는 3일, 숙박 일수는 2일).

〈상황〉

• 甲(만 45세)은 아내(만 45세), 자녀 3명(각각 만 17세, 15세, 10세)과 함께 휴양림에 7월 중 3박 4일간 머물렀다. 甲 일행은 5인용 숙박시설 1실을 이용하였다.
• 乙(만 25세)은 어머니(만 55세, 장애인), 아버지(만 58세)를 모시고 휴양림에서 12월 중 6박 7일간 머물렀다. 乙 일행은 캐빈 1동을 이용하였다.
• 丙(만 21세)은 동갑인 친구 3명과 함께 휴양림에서 10월 중 9박 10일 동안 머물렀다. 丙 일행은 황토데크 1개를 이용하였다.

① 40,000원
② 114,000원
③ 125,000원
④ 144,000원
⑤ 165,000원

실전 풀이법

계산 시 고려해야 할 사항도 많고, 단서 하나만 놓쳐도 실수하기 쉬워 시간이 오래 소요되는 문제이다. 따라서 단서에 항상 유의한다. 예를 들어, 일행 중 장애인이 있거나 다자녀 가정인 경우라도 비수기에만 야영 및 숙박시설 요금이 할인되는 점을 간과해서는 안 된다. 또한 입장료는 머문 일수만큼, 야영 및 숙박 요금은 숙박 일수만큼 계산하는 것도 중요하다. 이때 입장료가 면제되는 조건을 잘 확인한다. 성수기와 비수기, 동절기의 구분도 중요하다. 시간을 절약하기 위해 상황을 보고 甲~丙 중 총요금이 가장 크거나 작은 일행을 추측하여 값을 계산할 수도 있지만, 이 문항은 조건이 너무 많아 이를 직관적으로 확인하기 어려우므로 甲, 乙, 丙 모두의 총요금을 구하고 대소를 판별하는 것이 좋다.

정답해설

甲 : 휴양림 입장료의 경우 다자녀 가정이므로 면제된다. 또한 숙박시설을 이용하였기 때문에 면제될 수도 있다. 숙박시설 요금의 경우, 성수기인 7월에 3박 4일간 5인실에 머물렀으므로 85,000×3=255,000원이다.

乙 : 휴양림 입장료의 경우 동절기인 12월이므로 면제된다. 야영시설 요금의 경우, 캐빈에서 6박 7일간 머물렀으나, 일행 중 장애인이 있고 비수기이므로 야영시설 요금의 50%가 할인된다. 따라서 야영시설 요금은 30,000×6÷2=90,000원이다.

丙 : 휴양림 입장료의 경우, 만 21세 4명이 10일 간 머문 것으로 어른 요금이 적용되고 면제 조건에 해당하지 않아 1,000×4×10=40,000원이다. 야영시설 요금의 경우 황토데크 1개를 9일 동안 이용하였으므로 10,000×9=90,000원이다. 따라서 총요금은 130,000원이다.

甲, 乙, 丙 일행이 각각 지불한 총요금 중 가장 큰 금액은 甲이 지불한 255,000원이고, 가장 작은 금액은 乙이 지불한 90,000원이므로 둘의 차이는 165,000원이다.

03

정답 ①

다음 글을 근거로 판단할 때, 수호가 세탁을 통해 가질 수 있는 수건의 색조합으로 옳지 않은 것은? 2019년

- 수호는 현재 빨간색, 파란색, 노란색, 흰색, 검은색 수건을 각 1개씩 가지고 있다.
- 수호는 본인의 세탁기로 세탁하며, 동일한 수건을 여러 번 세탁할 수 있다.
- 수호가 가지고 있는 세탁기는 수건을 2개까지 동시에 세탁할 수 있고, 다른 색의 수건을 함께 세탁하면 다음과 같이 색이 변한다.
  - 빨간색 수건과 파란색 수건을 함께 세탁하면, 모두 보라색 수건이 된다.
  - 빨간색 수건과 노란색 수건을 함께 세탁하면, 각각 빨간색 수건과 주황색 수건이 된다.
  - 파란색 수건과 노란색 수건을 함께 세탁하면, 각각 파란색 수건과 초록색 수건이 된다.
  - 흰색 수건을 다른 색 수건과 함께 세탁하면, 모두 그 다른 색 수건이 된다.
  - 검은색 수건을 다른 색 수건과 함께 세탁하면, 모두 검은색 수건이 된다.

① 빨간색 1개, 파란색 1개, 보라색 2개, 검은색 1개
② 주황색 1개, 파란색 1개, 노란색 1개, 검은색 2개
③ 빨간색 1개, 주황색 1개, 파란색 2개, 검은색 1개
④ 보라색 3개, 초록색 1개, 검은색 1개
⑤ 빨간색 2개, 초록색 1개, 검은색 2개

실전 풀이법

각 선지에서, 수호가 원래 가지고 있지 않던 수건의 색에 초점을 맞춰 풀면 쉽게 풀 수 있다. 가령 선지 ①에서는 보라색, 선지 ②와 ③에서는 주황색에 초점을 맞춰 풀어야 한다.

정답해설

빨간색 1개와 파란색 1개, 보라색 2개를 동시에 가지기 위해서는 빨간색 2개와 파란색 2개가 필요하다. 이때, 아직 사용하지 않은 흰색과 노란색으로는 빨간색 1개와 파란색 1개를 동시에 만들어낼 수 없으므로 수호는 이 조합을 세탁을 통해 가질 수 없다.

오답해설

② 흰색과 노란색을 세탁하여 노란색 2개를 만들어낸 뒤, 노란색 1개와 빨간색 1개를 세탁하여 주황색과 빨간색을 각각 1개씩 만들어낸다. 이후 빨간색을 검은색과 세탁하면 최종적으로 노란색 1개, 주황색 1개, 검은색 2개, 파란색 1개의 조합을 가질 수 있다.
③ 빨간색과 노란색을 세탁하여 빨간색과 주황색을 각각 1개씩 만든다. 이후 파란색과 흰색을 세탁하여 파란색을 2개 만들어내면 최종적으로 빨간색 1개, 주황색 1개, 파란색 2개, 검은색 1개의 조합을 가질 수 있다.
④ 파란색과 노란색을 세탁하여 파란색과 초록색을 각각 1개씩 만든다. 이후 빨간색과 파란색을 세탁하여 보라색 2개를 만든다. 마지막으로 보라색과 흰색을 세탁하여 보라색 1개를 추가적으로 만들면 최종적으로 초록색 1개, 보라색 3개, 검은색 1개의 조합을 가질 수 있다.
⑤ 파란색과 노란색을 세탁하여 파란색과 초록색을 각각 1개씩 만든다. 이후 파란색과 검은색을 세탁하여 검은색 2개를 만든다. 마지막으로 빨간색과 흰색을 세탁하여 빨간색 2개를 만들어내면 최종적으로 초록색 1개와 검은색 2개, 빨간색 2개의 조합을 가질 수 있다.

04

정답 ④

다음 글을 근거로 판단할 때, 창렬이가 결제할 최소 금액은? 2020년

- 창렬이는 이번 달에 인터넷 면세점에서 가방, 영양제, 목베개를 각 1개씩 구매한다. 각 물품의 정가와 이번 달 개별 물품의 할인율은 다음과 같다.

구분	정가(달러)	이번 달 할인율(%)
가방	150	10
영양제	100	30
목베개	50	10

- 이번 달 개별 물품의 할인율은 자동 적용된다.
- 이번 달 구매하는 모든 물품의 결제 금액에 대해 20%를 일괄적으로 할인받는 '이달의 할인 쿠폰'을 사용할 수 있다.
- 이번 달은 쇼핑 행사가 열려, 결제해야 할 금액이 200달러를 초과할 때 '20,000원 추가 할인 쿠폰'을 사용할 수 있다.
- 할인은 '개별 물품 할인 → 이달의 할인 쿠폰 → 20,000원 추가 할인 쿠폰' 순서로 적용된다.
- 환율은 1달러 당 1,000원이다.

① 180,000원
② 189,000원
③ 196,000원
④ 200,000원
⑤ 210,000원

실전 풀이법

필수적으로 적용해야 하는 조건을 모두 적용한 이후 경우의 수를 따진다. 이때, 선택의 여지가 있는 조건은 두 가지뿐이므로, 두 가지를 각각 적용한 후에 더 낮은 금액을 고르면 된다.

정답해설

개별 물품 할인은 자동 적용되므로 개별 물품 할인이 이루어진 이후의 모든 물품 결제 금액은 (150×0.9)+(100×0.7)+(50×0.8)=250달러이다. 이달의 할인 쿠폰을 적용한다면 모든 물품의 결제 금액은 250×0.8=200달러가 되므로 추가 할인 쿠폰을 사용할 수 없다. 이달의 할인 쿠폰을 사용하지 않고 추가 할인 쿠폰을 사용한다면 20,000원은 20달러이므로 모든 물품의 결제 금액은 250−20=230달러이다. 따라서 창렬이가 결제할 최소 금액은 200달러, 즉 200,000원이다.

05

정답 ④

다음 글과 〈상황〉을 근거로 판단할 때 옳은 것은? 2017년

민사소송에서 판결은 다음의 어느 하나에 해당하면 확정되며, 확정된 판결에 대해서 당사자는 더 이상 상급심 법원에 상소를 제기할 수 없게 된다.

첫째, 판결은 선고와 동시에 확정되는 경우가 있다. 예컨대 대법원 판결에 대해서는 더 이상 상소할 수 없기 때문에 그 판결은 선고 시에 확정된다. 그리고 하급심 판결이라도 선고 전에 당사자들이 상소하지 않기로 합의하고 이 합의서를 법원에 제출할 경우, 판결은 선고 시에 확정된다.

둘째, 상소기간이 만료된 때에 판결이 확정되는 경우가 있다. 상소는 패소한 당사자가 제기하는 것으로, 상소를 하고자 하는 자는 판결문을 송달받은 날부터 2주 이내에 상소를 제기해야 한다. 이 기간 내에 상소를 제기하지 않으면 더 이상 상소할 수 없게 되므로, 판결은 상소기간 만료 시에 확정된다. 또한 상소기간 내에 상소를 제기하였더라도 그 후 상소를 취하하면 상소기간 만료 시에 판결은 확정된다.

셋째, 상소기간이 경과되기 전에 패소한 당사자가 법원에 상소포기서를 제출하면, 제출 시에 판결은 확정된다.

〈상황〉

원고 甲은 피고 乙을 상대로 ○○지방법원에 매매대금지급 청구소송을 제기하였다. ○○지방법원은 甲에게 매매대금지급청구권이 없다고 판단하여 2016년 11월 1일 원고 패소 판결을 선고하였다. 이 판결문은 甲에게는 2016년 11월 10일 송달되었고, 乙에게는 2016년 11월 14일 송달되었다.

① 乙은 2016년 11월 28일까지 상소할 수 있다.
② 甲이 2016년 11월 28일까지 상소하지 않으면, 같은 날 판결은 확정된다.
③ 甲이 2016년 11월 11일 상소한 후 2016년 12월 1일 상소를 취하하였다면, 취하한 때 판결은 확정된다.
④ 甲과 乙이 상소하지 않기로 하는 내용의 합의서를 2016년 10월 25일 법원에 제출하였다면, 판결은 2016년 11월 1일 확정된다.
⑤ 甲이 2016년 11월 21일 법원에 상소포기서를 제출하면, 판결은 2016년 11월 1일 확정된 것으로 본다.

실전 풀이법

①의 경우 초일불산입 원칙을 적용하면 28일은 판결문을 송달받은 날부터 2주 이내이므로 이를 옳다고 판단하기 쉽다. 하지만 상소는 패소한 당사자가 제기하는 것이고, 상황에 따르면 원고 패소 판결이 선고되었으므로 乙은 승소한 당사자로 상소할 수 없다는 것을 놓쳐서는 안 된다. ①을 제외한 모든 선지가 甲이 상소하는 경우에 대해 묻고 있으므로 이를 단서로 삼을 수 있다. 초일불산입의 개념도 익혀두자.

정답해설

선고 전에 당사자들이 상소하지 않기로 합의하는 내용의 합의서를 법원에 제출하는 경우 판결은 선고 시에 확정된다.

오답해설

① 상소는 패소한 당사자가 제기하는 것이므로 승소한 乙은 상소할 수 없다.
② 甲은 판결문을 송달받은 날인 10일부터 2주 이내인 24일까지 상소를 제기해야 하고, 이 기간 내에 상소하지 않으면 같은 날 판결은 확정된다.
③ 상소를 제기하고 그 후 상소를 취하하면 상소기간 만료 시에 판결이 확정되므로, 25일에 판결은 확정된다.
⑤ 상소기간이 경과되기 전에 패소한 당사자가 법원에 상소포기서를 제출하면 제출 시에 판결이 확정되므로, 11월 21일에 판결이 확정된 것으로 본다.

06

정답 ③

다음 글을 근거로 판단할 때, 입찰공고 기간을 준수한 것은? 2022년

제00조 ① 입찰공고(이하 '공고'라 한다)는 입찰서 제출마감일의 전일부터 기산(起算)하여 7일 전에 이를 행하여야 한다.
② 공사를 입찰하는 경우로서 현장설명을 실시하는 경우에는 현장설명일의 전일부터 기산하여 7일 전에 공고하여야 한다. 다만 입찰참가자격을 사전에 심사하려는 공사에 관한 입찰의 경우에는 현장설명일의 전일부터 기산하여 30일 전에 공고하여야 한다.
③ 공사를 입찰하는 경우로서 현장설명을 실시하지 아니하는 경우에는 입찰서 제출마감일의 전일부터 기산하여 다음 각 호에서 정한 기간 전에 공고하여야 한다.
1. 입찰가격이 10억 원 미만인 경우 : 7일
2. 입찰가격이 10억 원 이상 50억 원 미만인 경우 : 15일
3. 입찰가격이 50억 원 이상인 경우 : 40일
④ 제1항부터 제3항까지의 규정에도 불구하고 다음 각 호의 어느 하나에 해당하는 경우에는 입찰서 제출마감일의 전일부터 기산하여 5일 전까지 공고할 수 있다.
1. 재공고입찰의 경우
2. 다른 국가사업과 연계되어 일정조정이 불가피한 경우
3. 긴급한 행사 또는 긴급한 재해예방 · 복구 등을 위하여 필요한 경우
⑤ 협상에 의해 계약을 체결하는 경우에는 제1항 및 제4항에도 불구하고 제안서 제출마감일의 전일부터 기산하여 40일 전에 공고하여야 한다. 다만 다음 각 호의 어느 하나에 해당하는 경우에는 제안서 제출마감일의 전일부터 기산하여 10일 전까지 공고할 수 있다.
1. 제4항 각 호의 어느 하나에 해당하는 경우
2. 입찰가격이 고시금액 미만인 경우

① A부서는 건물 청소 용역업체 교체를 위해 제출마감일을 2021. 4. 1.로 정하고 2021. 3. 26. 공고를 하였다.
② B부서는 입찰참가자격을 사전에 심사하고 현장설명을 실시하는 신청사 건설공사 입찰가격을 30억 원에 진행하고자, 현장설명일을 2021. 4. 1.로 정하고 2021. 3. 15. 공고를 하였다.
③ C부서는 협상에 의해 헬기도입에 관한 계약을 체결하려고 하였는데, 다른 국가사업과 연계되어 일정조정이 불가피하게 되자 제출마감일을 2021. 4. 1.로 정하고 2021. 3. 19. 공고를 하였다.
④ D부서는 협상에 의해 다른 국가사업과 관계없는 계약을 체결하고자, 제출마감일을 2021. 4. 1.로 정하고 2021. 3. 26. 공고를 하였다.
⑤ E부서는 현장설명 없이 5억 원에 주차장 공사를 입찰하고자 2021. 4. 1.을 제출마감일로 하여 공고하였으나, 입찰자가 1개 회사밖에 없어 제출마감일을 2021. 4. 9.로 다시 정하고 2021. 4. 5. 재공고하였다.

실전 풀이법

제출마감일 전일부터 기산한다는 뜻을 이해하여야 한다. 또한 법조문 문제의 특성상 주어진 대부분의 조항이나 호가 활용된다는 것을 생각하면 선지의 정오 판단 시 빠뜨리는 조항이 있는지 주의해야 한다.

정답해설

제5항에 따르면 협상에 의한 계약을 체결하는 경우 제안서 제출마감일의 전일부터 기산하여 40일 전에 공고하여야 한다. 다만 해당 선지는 제5항 제1호에 따른 제4항 제2호에 해당하는 경우이므로, 제안서 제출마감일의 전일부터 기산하여 10일 전까지 공고할 수 있다. 제출마감일이 2021. 4. 1.이고 2021. 3. 19.에 공고하였다면 공고 기간을 준수한 것이다.

오답해설

① 제1항에 따르면 입찰서 제출마감일의 전일부터 기산하여 7일 전에 행하여야 한다. 제출마감일이 2021. 4. 1.이므로 2021. 3. 24.에 공고하여야 한다.
② 제2항 단서에 따라 현장설명일의 전일부터 기산하여 30일 전에 공고하여야 한다.
④ 제5항에 따라 제안서 제출마감일의 전일부터 기산하여 40일 전에 공고하여야 한다.
⑤ 제4항에 따라 입찰서 제출마감일의 전일부터 기산하여 5일 전까지 공고할 수 있다. 제출마감일을 2021. 4. 9.로 다시 정했으므로 2021. 4. 3.까지 재공고하여야 한다.

07

정답 ①

다음 글을 근거로 판단할 때, 〈보기〉에서 옳은 것만을 모두 고르면? 2022년

A마을에서는 다음과 같이 양의 이름을 짓는다.
- '물', '불', '돌', '눈' 중 한 개 이상의 글자를 사용하여 이름을 짓는다.
- 봄에 태어난 양의 이름에는 '물', 여름에 태어난 양의 이름에는 '불', 가을에 태어난 양의 이름에는 '돌', 겨울에 태어난 양의 이름에는 '눈'이 반드시 포함되어야 한다.
- 수컷 양의 이름에는 '물', 암컷 양의 이름에는 '불'이 반드시 포함되어야 한다.
- 같은 글자가 두 번 이상 사용되어서는 안 된다.

〈보기〉

ㄱ. 겨울에 태어난 A마을 양이 암컷이라면, 그 양에게 붙일 수 있는 두 글자 이름은 두 가지이다.
ㄴ. A마을 양 '물불'은 여름에 태어났다면 수컷이고 봄에 태어났다면 암컷이다.
ㄷ. A마을 양의 이름은 모두 두 글자 이상 네 글자 이하이다.

① ㄱ ② ㄴ
③ ㄷ ④ ㄱ, ㄴ
⑤ ㄴ, ㄷ

실전 풀이법

함정이 있는 퀴즈 문제이다. ㄴ의 경우 출제자가 함정에 걸릴 것을 의도한 것으로, ㄱ, ㄴ을 옳다고 판단하고 ④를 선택하고 넘어간 학생이 많을 것이다. 하지만 ㄷ에서 힌트를 얻는다면 그러한 함정을 피할 수 있다. 상황판단 문제를 풀 때는 항상 종합적인 사고를 하여야 하며, 출제자가 의도한 틀에 갇혀서 섣부르게 판단하면 안 된다.

정답해설

제시된 내용을 표로 정리하면 다음과 같다.

구분	봄	여름	가을	겨울
	물	불	돌	눈
수컷	물			
암컷	불			

겨울에 태어난 양이므로 '눈', 암컷이므로 '불'이 반드시 포함되어야 한다. 이 양에게 붙일 수 있는 두 글자 이름은 '눈불' 또는 '불눈' 두 가지이다.

오답해설

ㄴ. '물불'이 여름에 태어난 암컷일 경우 '불'만 포함되면 된다. 따라서 '물불'이 여름에 태어났다고 반드시 수컷인 것은 아니고, 봄에 태어났다고 반드시 암컷인 것도 아니다.
ㄷ. A마을 양의 이름은 한 글자일 수 있다. 예를 들어, 여름에 태어난 암컷일 경우 이름이 '불'일 수 있다.

08

정답 ③

다음 글을 근거로 판단할 때, A물건 1개의 무게로 가능한 것은? 2021년

甲이 가진 전자식 체중계는 소수점 이하 첫째 자리에서 반올림하여 kg 단위의 자연수로 무게를 표시한다. 甲은 이 체중계를 아래와 같이 이용하여 A물건의 무게를 추정하고자 한다.

- 甲이 체중계에 올라갔더니 66이 표시되었다.
- 甲이 A물건을 2개 들고 체중계에 올라갔지만 66이 그대로 표시되었다.
- 甲이 A물건을 3개 들고 체중계에 올라갔더니 67이 표시되었다.
- 甲이 A물건을 4개 들고 체중계에 올라갔을 때에도 67이 표시되었다.
- 甲이 A물건을 5개 들고 체중계에 올라갔더니 68이 표시되었다.

① 200g ② 300g
③ 400g ④ 500g
⑤ 600g

실전 풀이법

각 범위 내의 최댓값과 최솟값을 활용해서 구하려는 무게의 범위를 도출할 수 있다. 조금 더 신속한 풀이를 위해서는 직관적으로 너무 무겁거나 가벼운 경우 답이 될 수 없을 것이라고 가정하고 가운데 값인 ②, ③, ④를 조건에 대입해 볼 수 있다.

정답해설

소수점 첫째 자리까지 고려할 때, 甲의 체중은 65.5~66.4kg 범위에 있다. 이 범위의 폭은 0.9kg인데 A물건을 2개 들어도 66kg으로 유지됐다는 점에서 A물건 2개의 무게가 900g 이하, 즉 A물건 1개의 무게가 450g 이하여야 한다는 사실을 알 수 있다. 또한, A물건을 5개 들고 체중계에 올라갔을 때 총 무게의 범위는 67.5~68.4kg 범위에 있을 것이다. 따라서 A물건을 2개 들었을 때와의 비교를 통해 A물건 3개의 무게는 적어도 67.5－66.4＝1.1kg 이상이라는 것을 알 수 있다. 즉, A물건 1개의 무게는 약 367g 이상이어야 한다. 그러므로 A물건 1개의 무게범위는 367≤A≤450이며 이를 만족하는 무게는 400g이다.

09

정답 ④

다음 글을 근거로 판단할 때, 〈보기〉에서 옳은 것만을 모두 고르면? 2020년

- 甲과 乙은 총 10장의 카드를 5장씩 나누어 가진 후에 심판의 지시에 따라 게임을 한다.
- 카드는 1부터 9까지의 서로 다른 숫자가 하나씩 적힌 9장의 숫자카드와 1장의 만능카드로 이루어진다.
- 이 중 6 또는 9가 적힌 숫자카드는 9와 6 중에서 원하는 숫자카드 하나로 활용할 수 있다.
- 만능카드는 1부터 9까지의 숫자 중 원하는 숫자가 적힌 카드 하나로 활용할 수 있다.

〈보기〉

ㄱ. 심판이 가장 큰 다섯 자리의 수를 만들라고 했을 때, 가능한 가장 큰 수는 홀수이다.
ㄴ. 상대방보다 작은 두 자리의 수를 만들면 승리한다고 했을 때, 乙이 '12'를 만들었다면 승리한다.
ㄷ. 상대방보다 큰 두 자리의 수를 만들면 승리한다고 했을 때, 甲이 '98'을 만들었다면 승리한다.
ㄹ. 심판이 10보다 작은 3의 배수를 상대방보다 많이 만들라고 했을 때, 乙이 3개를 만들었다면 승리한다.

① ㄱ, ㄴ
② ㄱ, ㄷ
③ ㄷ, ㄹ
④ ㄱ, ㄴ, ㄹ
⑤ ㄴ, ㄷ, ㄹ

실전 풀이법

6과 만능카드의 활용이 핵심이다. 가능한 가장 큰 숫자나 가장 작은 숫자를 만들지 못했다면 최선의 수를 만드는 데 필요한 카드를 가지고 있지 않다는 것을 의미한다. 따라서 해당 카드는 모두 상대방이 가지고 있을 것이라는 추론이 가능하다.

정답해설

ㄱ. 다섯 자리의 수를 만들 때 가능한 가장 큰 수는 카드 중 가장 큰 숫자들을 골라야 만들어진다. 따라서 9, 9(만능카드), 9(6을 9로 활용), 8, 7을 고른 후 가장 높은 숫자부터 순서대로 카드를 배열한다. 따라서 가능한 가장 큰 수는 99987로, 홀수이다.

ㄴ. 두 자리의 수를 만들 때 가능한 가장 작은 수는 만능카드를 사용한 11이다. 그런데 乙이 '12'를 만들었다면 이미 1은 사용되었으므로 甲은 11도, 12도 만들 수 없다. 甲이 만들 수 있는 가장 작은 수는 13이므로 乙이 승리한다.

ㄹ. 만들 수 있는 10보다 작은 3의 배수는 3, 6, 9뿐이다. 3, 6, 9를 만들 수 있는 카드는 만능카드, 3, 6, 9로 총 4장뿐이다. 따라서 乙이 3개를 만들었다면 甲은 1개만 만들 수 있어 乙이 승리한다.

오답해설

ㄷ. 두 자리의 수를 만들 때 가능한 가장 큰 수는 9, 만능카드, 6 중 두 장을 사용한 99이다. 甲이 98을 만들었다면 9를 한 장만 가지고 있는 것이다. 乙은 나머지 9 두 장을 활용하여 99를 만들 수 있으므로 乙이 승리한다.

10

정답 ②

다음 글을 근거로 판단할 때 옳지 않은 것은? 2019년

A구와 B구로 이루어진 신도시 甲시에는 어린이집과 복지회관이 없다. 이에 甲시는 60억 원의 건축 예산을 사용하여 아래 〈건축비와 만족도〉와 〈조건〉 하에서 시민 만족도가 가장 높도록 어린이집과 복지회관을 신축하려고 한다.

〈건축비와 만족도〉

지역	시설 종류	건축비(억 원)	만족도
A구	어린이집	20	35
	복지회관	15	30
B구	어린이집	15	40
	복지회관	20	50

〈조건〉

1) 예산 범위 내에서 시설을 신축한다.
2) 시민 만족도는 각 시설에 대한 만족도의 합으로 계산한다.
3) 각 구에는 최소 1개의 시설을 신축해야 한다.
4) 하나의 구에 동일 종류의 시설을 3개 이상 신축할 수 없다.
5) 하나의 구에 동일 종류의 시설을 2개 신축할 경우, 그 시설 중 한 시설에 대한 만족도는 20% 하락한다.

① 예산은 모두 사용될 것이다.
② A구에는 어린이집이 신축될 것이다.
③ B구에는 2개의 시설이 신축될 것이다.
④ 甲시에 신축되는 시설의 수는 4개일 것이다.
⑤ 〈조건〉 5)가 없더라도 신축되는 시설의 수는 달라지지 않을 것이다.

실전 풀이법

각 시설은 최대 2개 신설할 수 있으므로, 건축비 대비 만족도를 구해두고 따져본다. 이때, A구의 어린이집 건축비는 복지회관의 $\frac{1}{3}$만큼 더 높지만 만족도의 증가는 그에 미치지 못하므로 복지회관이 우선 신설된다. B구에서도 마찬가지로 어린이집이 하나 신설된다. 이제 남은 예산 30억 원으로 최대의 만족도를 얻는 조합을 찾는다.

정답해설

만족도가 가장 높은 조합은 A구에 복지회관을 2개, B구에 어린이집을 2개 신축하는 것이다. 따라서 A구에는 복지회관만 신설된다.

오답해설

① 총 건축비는 15+15+15+15=60억 원이 사용된다.
③ B구에는 어린이집이 2개 신설된다.
④ A구 2개, B구 2개 총 4개 신설된다.
⑤ 조건에서 5)가 사라진다면 A구의 복지회관과 B구의 어린이집을 2번째 지었을 때 얻는 만족도는 오히려 증가한다. 따라서 신축되는 시설은 그대로이다.

11

정답 ③

다음 글을 근거로 판단할 때, ○○백화점이 한 해 캐롤 음원이용료로 지불해야 하는 최대 금액은? 2019년

> ○○백화점에서는 매년 크리스마스 트리 점등식(11월 네 번째 목요일) 이후 돌아오는 첫 월요일부터 크리스마스(12월 25일)까지 백화점 내에서 캐롤을 틀어 놓는다(단, 휴점일 제외). 이 기간 동안 캐롤을 틀기 위해서는 하루에 2만 원의 음원이용료를 지불해야 한다. ○○백화점 휴점일은 매월 네 번째 수요일이지만, 크리스마스와 겹칠 경우에는 정상영업을 한다.

① 48만 원
② 52만 원
③ 58만 원
④ 60만 원
⑤ 66만 원

실전 풀이법

주어진 글에서 두 가지 단서를 잡고 문제를 풀어나가야 한다. 1. 네 번째 목요일 이후 돌아오는 첫 월요일부터 캐롤을 틀기 때문에, 네 번째 목요일이 최대한 빠른 것이 좋다. 2. 백화점 휴점일이 네 번째 수요일이기 때문에, 크리스마스는 네 번째 수요일 이전이거나 당일인 것이 좋다. 이를 기준으로 달력을 전개하면 해설과 같은 달력을 전개할 수 있다. 이때 주의해야 할 것은 수요일이 네 번째 수요일이기 때문에 11월 28일을 영업일에서 빼주어야 한다는 것이다. 또한 백화점 점등식과 휴점일이 네 번째 주 수/목요일이 아니라, 네 번째 수/목요일이라는 것이다. 그리고 시간을 절약하기 위하여 달력의 일 숫자는 최소한으로 채운다. 달력 문제의 경우 고려해야 할 것이 많고, 실수하기도 쉬워 풀지 않는 것이 좋은 전략이지만, 만약 풀기로 마음먹었다면 달력을 그리되 최대한 시간을 절약할 수 있는 방향으로 전개한다.

정답해설

백화점 영업일을 최대로 하기 위하여 11월 1일을 목요일로 두고 달력을 전개하면 다음과 같다.

월	화	수	목	금	토	일
			11월			
			1			
		7	8			
			15			
			22			
		28	29	30		
			12월			
					1	
		5			8	
					15	
					22	23
24	25	26				

백화점은 색칠된 칸만큼 캐롤을 튼다. 따라서 29일 동안 캐롤을 틀게 되므로 최대 58만 원을 지불해야 한다.

12

정답 ⑤

다음 글을 근거로 판단할 때, 평가대상기관(A~D) 중 최종순위 최상위기관과 최하위기관을 고르면? 2018년

〈공공시설물 내진보강대책 추진실적 평가기준〉

- 평가요소 및 점수부여
  - 내진성능평가지수 $=\dfrac{\text{내진보강공사실적건수}}{\text{내진보강대상건수}}\times100$
  - 내진보강공사지수 $=\dfrac{\text{내진성능평가실적건수}}{\text{내진보강대상건수}}\times100$
  - 산출된 지수 값에 따른 점수는 아래 표와 같이 부여한다.

구분	지수 값 최상위 1개 기관	지수 값 중위 2개 기관	지수 값 최하위 1개 기관
내진성능 평가점수	5점	3점	1점
내진보강 공사점수	5점	3점	1점

- 최종순위 결정
  - 내진성능평가점수와 내진보강공사점수의 합이 큰 기관에 높은 순위를 부여한다.
  - 합산 점수가 동점인 경우에는 내진보강대상건수가 많은 기관을 높은 순위로 한다.

〈평가대상기관의 실적〉

(단위 : 건)

구분	A	B	C	D
내진성능 평가실적	82	72	72	83
내진보강 공사실적	91	76	81	96
내진보강 대상	100	80	90	100

	최상위기관	최하위기관
①	A	B
②	B	C
③	B	D
④	C	D
⑤	D	C

실전 풀이법

내진성능평가지수와 내진보강공사지수를 일일이 계산하지 않는다. 분수 비교를 통해 가장 높은 기관과 가장 낮은 기관만 판단하여 5점과 1점을 부여한 후, 나머지 기관에는 3점을 부여하면 된다. 최고점이나 최하점이 동점으로 나오지 않는다면 주어진 조건을 사용하지 못한 것이므로 실수가 없는지 의심해봐야 한다.

정답해설

각 평가대상기관이 받는 점수는 다음과 같다.

- A : 3+3=6점
- B : 5+3=8점
- C : 1+1=2점
- D : 3+5=8점

B, D는 동점이지만 내진보강대상건수가 더 많은 기관은 D이다. 따라서 최상위기관은 D, 최하위기관은 C이다.

13

정답 ⑤

다음 글을 근거로 판단할 때 옳은 것은? 2019년

> ㅁㅁ학과는 지망자 5명(A~E) 중 한 명을 교환학생으로 추천하기 위하여 각각 5회의 평가를 실시하고, 그 결과에 바탕을 둔 추첨을 하기로 했다. 평가 및 추첨 방식과 현재까지 진행된 평가 결과는 아래와 같다.
>
> - 매 회 100점 만점으로 10점 단위의 점수를 매기며, 100점을 얻은 지망자에게는 5장의 카드, 90점을 얻은 지망자에게는 2장의 카드, 80점을 얻은 지망자에게는 1장의 카드를 부여한다. 70점 이하를 얻은 지망자에게는 카드를 부여하지 않는다.
> - 5회차 평가 이후 각 지망자는 자신이 받은 모든 카드에 본인의 이름을 적고, 추첨함에 넣는다. 다만 5번의 평가의 총점이 400점 미만인 지망자는 본인의 카드를 추첨함에 넣지 못한다.
> - ㅁㅁ학과장은 추첨함에서 한 장의 카드를 무작위로 뽑아 카드에 이름이 적힌 지망자를 ㅁㅁ학과의 교환학생으로 추천한다.

〈평가 결과〉

(단위 : 점)

구분	1회	2회	3회	4회	5회
A	90	90	90	90	
B	80	80	70	70	
C	90	70	90	70	
D	70	70	70	70	
E	80	80	90	80	

① A가 5회차 평가에서 80점을 얻더라도 다른 지망자의 점수에 관계없이 추천될 확률이 가장 높다.
② B가 5회차 평가에서 90점을 얻는다면 적어도 D보다는 추천될 확률이 높다.
③ C가 5회차 평가에서 카드를 받지 못하더라도 B보다는 추천될 확률이 높다.
④ D가 5회차 평가에서 100점을 받고 다른 지망자가 모두 80점을 받는다면 D가 추천될 확률은 세 번째로 높다.
⑤ E가 5회차 평가에서 카드를 받지 못하더라도 E는 추첨 대상에 포함될 수 있다.

실전 풀이법

우선 평과 결과를 보고 현재 4회차까지의 카드 개수와 총점을 구하여 해설처럼 표로 정리한다. 이때 평가 및 추첨 방식을 꼼꼼히 읽되 평가의 총점이 400점 미만인 지망자는 카드를 추첨함에 넣을 수 없다는 단서를 염두에 두어야 한다. 따라서 D의 경우 5회차에서 100점을 얻더라도 카드를 넣을 수 없으므로 ④를 우선적으로 소거할 수 있다. 마찬가지로 B의 경우도 100점이 아니라면 카드를 넣을 수 없으므로 ②도 소거한다. 또한 C의 경우도 카드를 받지 못하면 400점 미만이 되므로 ③도 소거한다. 이후 나머지 선지를 읽고 5회차에서 발생할 수 있는 여러 경우의 수를 고려하여 상황과 확률을 계산하고 선지의 정오를 판단한다. 이때 ①에서 다른 지망자의 점수로 가능한 경우, ⑤에서 E가 카드를 받지 못하는 어떤 경우가 있는지를 추론하는 것이 중요하다.

정답해설

구분	4회차까지의 카드 개수의 합	4회차까지의 총점
A	8	360
B	2	300
C	4	320
D	0	280
E	5	330

E가 5회차 평가에서 70점을 얻어 카드를 받지 못하더라도 총점은 400점이 되므로 카드를 추첨함에 넣을 수 있다.

오답해설

① A가 5회차 평가에서 80점을 얻더라도 E가 100점을 얻는다면 E가 추천될 확률이 가장 높다.
② B가 5회차 평가에서 90점을 얻는다면 총점이 400점 미만이 되어 카드를 추첨함에 넣을 수 없기 때문에 B와 D는 모두 추천될 확률이 없다.
③ C가 5회차 평가에서 카드를 받지 못한다면 총점이 400점 미만이 되어 추천될 확률이 없다.
④ D는 5회차 평가에서 100점을 받더라도 총점이 400점 미만이 되어 본인의 카드를 추첨함에 넣을 수 없다.

14

정답 ①

다음 글과 〈상황〉을 근거로 판단할 때 옳은 것은? 2022년

> 제○○조 ① 사업주는 다음 각 호의 어느 하나에 해당하는 작업을 도급하여 자신의 사업장에서 수급인의 근로자가 그 작업을 하도록 해서는 아니 된다.
> 1. 도금작업
> 2. 수은, 납 또는 카드뮴을 가공·처리하는 작업
>
> ② 사업주는 제1항에도 불구하고 다음 각 호의 어느 하나에 해당하는 경우에는 제1항 각 호에 따른 작업을 도급하여 자신의 사업장에서 수급인의 근로자가 그 작업을 하도록 할 수 있다.
> 1. 일시적·간헐적으로 하는 작업을 도급하는 경우
> 2. 수급인이 보유한 기술이 전문적이고 해당 사업주의 사업 운영에 필수불가결한 경우로서 고용노동부장관의 승인을 받은 경우
>
> ③ 제2항 제2호에 따른 승인을 받은 작업을 도급받은 수급인은 그 작업을 하도급할 수 없다.
>
> 제ㅁㅁ조 도급인은 수급인의 근로자가 자신의 사업장에서 작업을 하는 경우, 자신의 근로자와 수급인의 근로자의 산업재해를 예방하기 위하여 필요한 안전조치 및 보건조치를 하여야 한다.
>
> 제△△조 고용노동부장관은 사업주가 다음 각 호의 어느 하나에 해당하는 경우에는 10억 원 이하의 과징금을 부과·징수할 수 있다.
> 1. 제○○조 제1항을 위반하여 도급한 경우
> 2. 제○○조 제2항 제2호를 위반하여 승인을 받지 아니하고 도급한 경우
> 3. 제○○조 제3항을 위반하여 재하도급한 경우
>
> 제◇◇조 제ㅁㅁ조를 위반한 자는 3년 이하의 징역 또는 3천만 원 이하의 벌금에 처한다.

※ 도급(都給) : 공사 등을 타인(수급인)에게 맡기는 일

〈상황〉

> 장신구 제조업체 甲(도급인)은 도금작업을 위해 도금 전문업체 乙(수급인)과 도급계약을 체결하였다.

① 도금작업이 일시적인 경우, 甲은 고용노동부장관의 승인 없이 乙의 근로자를 자신의 사업장에서 작업하도록 할 수 있다.
② 도금작업이 상시적인 경우, 甲이 乙의 근로자를 자신의 사업장에서 작업하도록 하였다면 3년 이하의 징역에 처한다.
③ 乙은 자신의 기술이 甲의 사업 운영에 필수불가결한 경우가 아니라면 그 작업을 하도급할 수 없다.
④ 乙의 근로자가 甲의 사업장에서 작업을 하는 경우, 안전조치 및 보건조치를 할 의무는 乙이 진다.
⑤ 甲이 자신의 사업장에서 작업을 하는 乙의 근로자에 대해 필요한 안전조치 및 보건조치를 하지 않을 경우, 고용노동부장관은 3억 원의 과징금을 부과할 수 있다.

실전 풀이법

선지의 판단과 관련하여 한 개의 조항에 딸려있는 각 호는 서로 독립적인 규정이다. 따라서 첫 번째 조 제2항 제1호와 제2호는 독립적이므로, 일시적으로 작업을 도급하는 경우 고용노동부장관의 승인을 받을 필요가 없다.

정답해설

첫 번째 조 제2항 제1호에 의하면 일시적으로 하는 작업을 도급하는 경우 고용노동부장관의 승인 없이 자신의 사업장에서 수급인의 근로자가 그 작업을 하도록 할 수 있다.

오답해설

② 세 번째 조 제1항에 따르면 10억 원 이하의 과징금을 부과·징수할 수 있다.
③ 첫 번째 조 제2항 제2호와 제3항에 따르면 기술이 필수불가결한 경우 그 작업을 하도급할 수 없을 뿐이다.
④ 두 번째 조에 의하면 乙의 근로자가 甲의 사업장에서 작업을 하는 경우, 안전조치 및 보건조치를 할 의무는 도급인 甲이 진다.
⑤ 네 번째 조에 의하면 필요한 안전조치 및 보건조치를 하지 않을 경우 3년 이하의 징역 또는 3천만 원 이하의 벌금에 처해진다.

15

정답 ⑤

다음 글을 근거로 판단할 때, 〈보기〉에서 옳은 것만을 모두 고르면?(단, 주어진 조건 외에 다른 조건은 고려하지 않는다) 2017년

A회사의 모든 직원이 매일 아침 회사에서 요일별로 제공되는 빵을 먹었다. 직원 가운데 甲, 乙, 丙, 丁 네 사람은 빵에 포함된 특정 재료로 인해 당일 알레르기 증상이 나타났다. A회사는 요일별로 제공된 빵의 재료와 甲, 乙, 丙, 丁에게 알레르기 증상이 나타난 요일을 아래와 같이 표로 정리했으나, 화요일에 제공된 빵에 포함된 두 가지 재료가 확인되지 않았다. 甲, 乙, 丙, 丁은 각각 한 가지 재료에 대해서만 알레르기 증상을 보였다.

구분	월	화	수	목	금
재료	밀가루, 우유	밀가루, ?, ?	옥수수가루, 아몬드, 달걀	밀가루, 우유, 달걀	밀가루, 우유, 달걀, 식용유
알레르기 증상 발생자	甲	丁	乙, 丁	甲, 丁	甲, 丙, 丁

※ 알레르기 증상은 발생한 당일 내에 사라짐

〈보기〉

ㄱ. 甲이 알레르기 증상을 보인 것은 밀가루 때문이다.
ㄴ. 甲, 乙, 丙은 서로 다른 재료에 대하여 알레르기 증상을 보였다.
ㄷ. 화요일에 제공된 빵의 확인되지 않은 재료 중 한 가지는 달걀이다.
ㄹ. 만약 화요일에 제공된 빵에 포함된 재료 중 한 가지가 아몬드였다면, 乙의 알레르기 증상은 옥수수가루 때문이다.

① ㄱ, ㄷ
② ㄴ, ㄹ
③ ㄷ, ㄹ
④ ㄱ, ㄴ, ㄹ
⑤ ㄴ, ㄷ, ㄹ

실전 풀이법

문항의 핵심은 해당 요일에 알레르기가 일어났다면 그날 제공된 빵에 들어간 재료에 의해 알레르기가 일어났다는 것을 알 수 있다는 점, 그리고 해당 요일에 알레르기가 일어나지 않았다면 그날 제공된 빵에 들어간 재료들은 모두 알레르기를 일으키지 않는다는 것을 알 수 있다는 점 총 두 가지이다. 후자를 놓치지 않도록 유의한다.

정답해설

구분	甲	乙	丙	丁
밀가루	×	×	×	×
우유	○	×	×	×
옥수수가루	×	?	×	×
아몬드	×	?	×	×
달걀	×	×	×	
식용유	×	×	○	×

ㄴ. 甲은 우유, 乙은 옥수수가루나 아몬드, 丙은 식용유에 대하여 알레르기 증상을 보였다.
ㄷ. 화요일에 제공된 빵의 확인되지 않은 재료 중 하나는 달걀이고, 나머지 하나는 옥수수가루, 아몬드 중 乙이 알레르기 증상을 보이지 않은 재료이다.
ㄹ. 화요일에 제공된 빵에 포함된 재료 중 한 가지가 아몬드라면 乙의 알레르기 증상은 옥수수가루 때문이고, 재료가 옥수수가루라면 乙의 알레르기 증상은 아몬드 때문이다.

오답해설

ㄱ. 甲이 알레르기 증상을 보인 것은 우유 때문이다.

16

정답 ②

다음 글을 근거로 판단할 때, 〈보기〉에서 옳은 것만을 모두 고르면? 2020년

A과에는 4급 과장 1명, 5급 사무관 3명, 6급 주무관 6명이 근무한다. A과의 내선번호는 253? 네 자리로 이루어져 있으며, 맨 뒷자리 번호는 0~9 중에서 하나씩 과원에게 배정된다.

맨 뒷자리 번호 배정규칙은 다음과 같다. 먼저 직급 순으로 배정한다. 따라서 과장에게 0, 사무관에게 1~3, 주무관에게 4~9를 배정한다. 다음으로 동일 직급 내에서는 여성에게 앞 번호가 배정된다. 성별도 같은 경우, 나이가 많은 사람에게 앞 번호가 배정된다. 나이도 같은 경우에는 소속 팀명의 '가', '나', '다' 순으로 앞 번호가 배정된다.

〈A과 조직도〉

과장 : 50세, 여성

가팀	나팀	다팀
사무관1 : 48세, 여성	사무관2 : 45세, 여성	사무관3 : 45세, (　)
주무관1 : 58세, 여성 주무관2 : 39세, 남성	주무관3 : (　), (　) 주무관4 : 27세, 여성	주무관5 : 44세, 남성 주무관6 : 31세, 남성

〈보기〉

ㄱ. 사무관3이 배정받는 내선번호는 그의 성별에 따라서 달라지지 않는다.
ㄴ. 여성이 총 5명이라면, 배정되는 내선번호가 확정되는 사람은 4명뿐이다.
ㄷ. 주무관3이 남성이고 31세 이상 39세 이하인 경우, 모든 과원의 내선번호를 확정할 수 있다.
ㄹ. 사무관3의 성별과 주무관3의 나이와 성별을 알게 된다면, 현재의 배정규칙으로 모든 과원의 내선번호를 확정할 수 있다.

① ㄱ, ㄴ
② ㄱ, ㄷ
③ ㄴ, ㄹ
④ ㄱ, ㄷ, ㄹ
⑤ ㄴ, ㄷ, ㄹ

실전 풀이법

사무관3의 성별에 관련 없이 사무관1~3의 내선번호는 확정되는 반면, 주무관3의 나이와 성별에 따라 주무관1~6의 내선번호는 달라진다는 점에 주목해야 한다. 또한, ㄹ과 같은 선지는 경우의 수를 모두 따져 보지 않고 반례만 신속하게 도출하고 넘겨야 한다.

정답해설

ㄱ. 사무관3이 남성이라면 성별에 따라 사무관3이 배정받는 내선번호는 3이다. 사무관3이 여성이라도 사무관3보다 어린 사무관이 없고, 소속 팀명도 가장 뒤에 있으므로 사무관3이 배정받는 내선번호는 3이다.
ㄷ. 주어지지 않은 조건과 상관없이 과장과 사무관1~3의 내선번호는 모두 확정되므로 주무관1~6의 내선번호가 확정되는지 확인한다. 주무관3이 남성이므로 주무관1이 내선번호 4, 주무관4가 내선번호 5를 각각 배정받는다. 그리고, 주무관3의 나이가 31세 이상 39세 이하이므로 가장 나이가 많은 주무관 5는 내선번호 6을 배정받는다. 다음으로, 주무관3의 나이는 주무관2의 나이보다 같거나 작지만 소속 팀명이 후순위에 있다. 또한 주무관3의 나이는 주무관6의 나이보다 같거나 크지만 소속 팀명이 선순위에 있다. 따라서 주무관2, 주무관3, 주무관6이 각각 내선번호 7, 8, 9를 배정받는다. 결국 모든 과원의 내선번호를 확정할 수 있다.

오답해설

ㄴ. 여성이 총 5명이라면 성별이 확정되지 않은 사무관3과 주무관3은 모두 남성이어야 한다. 이때 과장과 사무관1~3은 모두 내선번호가 확정되므로 내선번호가 확정되는 주무관이 있는지 확인해야 한다. 여성 주무관들은 나이와 성별이 모두 밝혀져 있어 주무관1이 내선번호 4, 주무관4가 내선번호 5를 부여받는다. 남성 주무관들은 주무관3의 나이에 따라 배정받는 내선번호가 달라지므로 내선번호가 확정되는 사람은 6명이다.
ㄹ. 주무관3의 나이와 성별을 알게 되더라도 직급, 성별, 나이, 소속 팀명이 모두 일치하는 주무관이 존재할 경우 내선번호를 확정할 수 없다. 주무관3의 나이가 27세, 성별이 여성이라면 주무관4와 모든 조건이 일치하므로 내선번호를 확정할 수 없다.

17

정답 ④

다음 〈지원계획〉과 〈연구모임 현황 및 평가결과〉를 근거로 판단할 때, 연구모임 A~E 중 두 번째로 많은 총지원금을 받는 모임은?

2017년

〈지원계획〉

- 지원을 받기 위해서는 한 모임당 6명 이상 9명 미만으로 구성되어야 한다.
- 기본지원금
  한 모임당 1,500천 원을 기본으로 지원한다. 단, 상품개발을 위한 모임의 경우는 2,000천 원을 지원한다.
- 추가지원금
  연구 계획 사전평가결과에 따라,
  '상' 등급을 받은 모임에는 구성원 1인당 120천 원을,
  '중' 등급을 받은 모임에는 구성원 1인당 100천 원을,
  '하' 등급을 받은 모임에는 구성원 1인당 70천 원을 추가로 지원한다.
- 협업 장려를 위해 협업이 인정되는 모임에는 위의 두 지원금을 합한 금액의 30%를 별도로 지원한다.

〈연구모임 현황 및 평가결과〉

모임	상품개발 여부	구성원 수	연구 계획 사전평가결과	협업 인정 여부
A	○	5	상	○
B	×	6	중	×
C	×	8	상	○
D	○	7	중	×
E	×	9	하	×

① A
② B
③ C
④ D
⑤ E

실전 풀이법

A를 우선 배제하고, C는 구성원 수도 많고 연구 계획 사전평가결과도 상 등급을 받았는데 협업 인정 여부까지도 유일하게 인정받고 있으므로 가장 높은 지원금을 받을 것임을 유추 가능하다. 남은 선지들은 차이값을 활용하여 D만 500천 원 더 받고 있음을 포착한다면 더 빠른 풀이가 가능하다.

정답해설

D는 2,000+700=2,700천 원을 받는다.

오답해설

① A는 구성원 수가 5명이므로 조건을 충족하지 못한다.
② B는 1,500+600=2,100천 원을 받는다.
③ C는 (1,500+960)×1.3=3,198천 원을 받는다.
⑤ E는 1,500+630=2,130천 원을 받는다.

18

정답 ⑤

다음 글을 근거로 판단할 때, 〈보기〉에서 옳은 것만을 모두 고르면? 2019년

- 4종류(A, B, C, D)의 세균을 대상으로 세균 간 '관계'에 대한 실험을 2일간 진행한다.
- 1일차 실험에서는 4종류의 세균 중 2종류의 세균을 짝지어 하나의 수조에 넣고, 나머지 2종류의 세균을 짝지어 다른 하나의 수조에 넣어 관찰한다.
- 2일차 실험에서는 1일차 실험의 수조에서 각 종류의 세균을 분리하여 채취한 후 짝을 바꾸어 1일차와 같은 방식으로 진행한다.
- 4종류의 세균 간에는 함께 보관 시에 아래와 같이 공생, 독립, 기피, 천적의 4가지 관계가 존재한다.
  - A와 B : 독립관계
  - A와 C : 기피관계
  - A와 D : 천적관계(A강세, D약세)
  - B와 C : 기피관계
  - B와 D : 공생관계
  - C와 D : 천적관계(C강세, D약세)
- 2종류의 세균을 짝을 지어 하나의 수조에 보관했을 때 생존지수는 1일마다 각각의 관계에 따라 아래와 같이 일정하게 변화한다.
  - 공생관계 : 각각 3만큼 증가
  - 독립관계 : 불변
  - 기피관계 : 각각 2만큼 감소
  - 천적관계 : 강세측은 불변, 약세측은 4만큼 감소
- 각 세균의 1일차 실험시작 직전 초기 생존지수와 2일차 실험이 종료된 후의 생존지수는 아래와 같다.

구분	A	B	C	D
초기 생존지수	10	20	30	40
2일차 실험종료 후 생존지수	8	21	26	39

〈보기〉

ㄱ. 실험기간 동안 천적관계에 있는 세균끼리 짝을 지어 하나의 수조에서 실험한 적은 없다.
ㄴ. 실험기간 동안 독립관계에 있는 세균끼리 짝을 지어 하나의 수조에서 실험한 적은 없다.
ㄷ. 1일차와 2일차 모두 적어도 1개의 수조에는 기피관계에 있는 세균끼리 짝을 지어 실험했다.
ㄹ. 한 종류의 세균에 대해서는 1일차와 2일차 모두 동일한 '관계'에 있는 세균끼리 짝을 지어 실험했다.

① ㄱ, ㄴ
② ㄴ, ㄷ
③ ㄱ, ㄴ, ㄷ
④ ㄱ, ㄷ, ㄹ
⑤ ㄴ, ㄷ, ㄹ

실전 풀이법

1일차와 2일차를 구분하지 않고 조합해도 되는 문항이었다. 조합과 관련된 문항의 경우, 순서를 구분할 필요가 있는지 없는지를 따져서 풀어야 한다.

정답해설

초기 생존지수와 2일차 실험종료 후 생존지수의 비교를 통해 가능한 조합을 살펴보아야 한다. 일단은 1일차와 2일차를 구분하지 않고 가능한 조합을 살피도록 한다.

- 세균은 2일에 걸쳐 생존지수가 2만큼 감소하였다. 가능한 조합은 (기피, 천 적(강세)), (기피, 독립)이다.
- 세균은 2일에 걸쳐 생존지수가 1만큼 증가하였다. 가능한 조합은 (공생, 기피)이다.
- 세균은 2일에 걸쳐 생존지수가 4만큼 감소하였다. 가능한 조합은 (천적(약세), 독립), (기피, 기피)이다.
- 세균은 2일에 걸쳐 생존지수가 1만큼 감소하였다. 가능한 조합은 (공생, 천적(약세))이다.

B세균은 가능한 조합이 1개밖에 없으므로 (공생, 기피)로 확정된다. 따라서 B세균은 C세균, D세균과 짝지어졌음을 알 수 있다.

이때, C세균은 B세균과 기피관계에 놓여있는데 따라서 C세균도 (기피, 기피)로 확정된다. 따라서 C세균은 B세균, A세균과 짝지어졌음을 알 수 있다. 즉, 2일 중 하루는 B, C세균과 A, D세균끼리 짝지어졌으며 또 다른 하루에는 B, D세균과 A, C세균끼리 짝지어졌음을 알 수 있다.

ㄴ. 유일한 독립관계인 A와 B세균이 함께 짝지어진 날은 없다.
ㄷ. 2일 중 하루는 기피관계인 B와 C세균을 짝지어 하나의 수조에 넣었으며, 또 다른 하루는 기피관계인 A와 C세균을 짝지어 하나의 수조에 넣었다. 따라서 이틀 동안 적어도 1개의 수조에는 기피관계에 있는 세균끼리 짝을 지어 실험했다.
ㄹ. C세균은 B세균, A세균과 짝지어졌는데 C세균은 두 세균과 모두 기피 관계에 있다. 따라서 C세균에 대해서는 1일차와 2일차 모두 동일한 기피관계에 있는 세균끼리 짝을 지어 실험했다.

오답해설

ㄱ. 2일 중 하루는 천적관계인 A와 D가 짝지어졌다.

19

정답 ③

다음 글을 근거로 판단할 때, 〈보기〉에서 옳은 것만을 모두 고르면? 2019년

- 甲과 乙은 민원을 담당하는 직원으로 각자 한 번에 하나의 민원만 접수한다.
- 민원은 'X민원'과 'Y민원' 중 하나이고, 민원을 접수한 직원은 'X민원' 접수 시 기분이 좋아져 감정도가 10 상승하지만 'Y민원' 접수 시 기분이 나빠져 감정도가 20 하락한다.
- 甲과 乙은 오늘 09:00부터 18:00까지 근무했다.
- 09:00에 甲과 乙의 감정도는 100이다.
- 매시 정각 甲과 乙의 감정도는 5씩 상승한다(단, 09:00, 13:00, 18:00 제외).
- 13:00에는 甲과 乙의 감정도가 100으로 초기화된다.
- 18:00가 되었을 때, 감정도가 50 미만인 직원에게는 1일의 월차를 부여한다.
- 甲과 乙이 오늘 접수한 각각의 민원은 아래 〈민원 등록 대장〉에 모두 기록됐다.

〈민원 등록 대장〉

접수 시각	접수한 직원	민원 종류
09:30	甲	Y민원
10:00	乙	X민원
11:40	甲	Y민원
13:20	乙	Y민원
14:10	甲	Y민원
14:20	乙	Y민원
15:10	甲	㉠
16:10	乙	Y민원
16:50	乙	㉡
17:00	甲	X민원
17:40	乙	X민원

〈보기〉

ㄱ. ㉠, ㉡에 상관없이 18:00에 甲의 감정도는 乙의 감정도보다 높다.
ㄴ. ㉡이 'Y민원'이라면, 乙은 1일의 월차를 부여받는다.
ㄷ. 12:30에 乙의 감정도는 125이다.

① ㄱ
② ㄴ
③ ㄱ, ㄷ
④ ㄴ, ㄷ
⑤ ㄱ, ㄴ, ㄷ

실전 풀이법

선지 ㄱ을 판단할 때, 반드시 甲과 乙의 감정도를 구해야 하는 것은 아니다. 13:00 이후에 감정도가 초기화되며, 정각에 감정도가 상승한다는 점은 동일하므로 이에 대해서는 별도로 계산하지 않아도 된다. 이후, 甲과 乙에게 공통적인 민원을 제거하고 남은 것만을 비교하면 빠르게 풀 수 있다.

정답해설

ㄱ. 13:00에는 甲과 乙의 감정도가 100으로 초기화되므로 18:00의 감정도를 구하면 다음과 같다.
- 甲: 100(기본감정도)−20(14:10, Y민원)+㉠+10(17:00, X민원)+20(13:00 이후 네 번의 정각에 5씩 감정도 상승)=110+㉠
- 乙: 100(기본감정도)−20(13:20, Y민원)−20(14:20, Y민원)−20(16:10, Y민원)+㉡+10(17:40, X민원)+20(13:00 이후 네 번의 정각에 5씩 감정도 상승)=70+㉡

이때, 甲의 감정도는 ㉠이 Y민원일 때 최솟값을 가지며 그 값은 90이다. 乙의 감정도는 ㉡이 X민원일 때 최댓값을 가지며 그 값은 80이다. 따라서 甲의 감정도는 乙의 감정도보다 항상 높다.

ㄷ. 12:30의 乙의 감정도를 구하면 다음과 같다.
- 乙: 100(기본감정도)+10(10:00, X민원)+15(9:00 이후 세 번의 정각에 5씩 감정도 상승)=125

오답해설

ㄴ. 乙의 감정도는 70+㉡이며, ㉡이 Y민원이라면 감정도는 50이 된다. 따라서 乙은 월차를 부여받을 수 없다.

20

정답 ④

다음 글을 근거로 판단할 때, 〈보기〉에서 민원을 정해진 기간 이내에 처리한 것만을 모두 고르면? 2020년

> 제00조 ① 행정기관의 장은 '질의민원'을 접수한 경우에는 다음 각 호의 기간 이내에 처리하여야 한다.
> 1. 법령에 관해 설명이나 해석을 요구하는 질의민원 : 7일
> 2. 제도 · 절차 등에 관해 설명이나 해석을 요구하는 질의민원 : 4일
>
> ② 행정기관의 장은 '건의민원'을 접수한 경우에는 10일 이내에 처리하여야 한다.
> ③ 행정기관의 장은 '고충민원'을 접수한 경우에는 7일 이내에 처리하여야 한다. 단, 고충민원의 처리를 위해 14일의 범위에서 실지조사를 할 수 있고, 이 경우 실지조사 기간은 처리기간에 산입(算入)하지 아니한다.
> ④ 행정기관의 장은 '기타민원'을 접수한 경우에는 즉시 처리하여야 한다.
>
> 제00조 ① 민원의 처리기간을 '즉시'로 정한 경우에는 3근무시간 이내에 처리하여야 한다.
> ② 민원의 처리기간을 5일 이하로 정한 경우에는 민원의 접수시각부터 '시간' 단위로 계산한다. 이 경우 1일은 8시간의 근무시간을 기준으로 한다.
> ③ 민원의 처리기간을 6일 이상으로 정한 경우에는 '일' 단위로 계산하고 첫날을 산입한다.
> ④ 공휴일과 토요일은 민원의 처리기간과 실지조사 기간에 산입하지 아니한다.

※ 업무시간은 09:00∼18:00임(점심시간 12:00∼13:00 제외)
※ 3근무시간 : 업무시간 내 3시간
※ 광복절(8월 15일, 화요일)과 일요일은 공휴일이고, 그 이외에 공휴일은 없다고 가정함

〈보기〉

> ㄱ. A부처는 8.7(월) 16시에 건의민원을 접수하고, 8.21(월) 14시에 처리하였다.
> ㄴ. B부처는 8.14(월) 13시에 고충민원을 접수하고, 10일간 실지조사를 하여 9.7(목) 10시에 처리하였다.
> ㄷ. C부처는 8.16(수) 17시에 기타민원을 접수하고, 8.17(목) 10시에 처리하였다.
> ㄹ. D부처는 8.17(목) 11시에 제도에 대한 설명을 요구하는 질의민원을 접수하고, 8.22(화) 14시에 처리하였다.

① ㄱ, ㄴ
② ㄱ, ㄷ
③ ㄴ, ㄹ
④ ㄱ, ㄷ, ㄹ
⑤ ㄴ, ㄷ, ㄹ

실전 풀이법

법조문에서는 초일불산입이 원칙이다. 이 문항의 경우 예외적으로 초일산입을 규정하고 있다. 초일불산입일 때에는 해당 날짜에 정해진 기간만큼을 그대로 더해주면 되고 초일을 산입할 때에는 해당 날짜에 (정해진 기간−1일) 만큼을 더해 주면 된다.

정답해설

ㄱ. 첫 번째 조 제2항에 따라 '건의민원'은 10일 이내에 처리하여야 한다. 이때, 두 번째 조 제3항에 따라 처리기간이 6일 이상인 경우에는 '일' 단위로 계산하고 첫날은 산입하고 동조 제4항에 따라 공휴일과 토요일은 처리기간에 산입되지 않는다. 따라서 8.7(월)에 접수된 민원은 토요일, 일요일 각각 이틀과 광복절 하루를 감안하여 8.21(월)까지 처리되어야 한다.

ㄷ. 첫 번째 조 제4항에 따라 '기타민원'을 접수한 경우에는 업무시간 내 3시간 안에 처리하여야 한다. 업무시간은 09:00∼18:00이므로 8.16(수) 17시에 접수된 기타민원은 8.17(목) 11시까지 처리되어야 한다.

ㄹ. 첫 번째 조 제1항 제2호에 따라 제도, 절차 등에 관한 설명을 요구하는 '질의민원'은 4일 이내에 처리하여야 한다. 이때, 두 번째 조 제2항에 따라 처리기간이 5일 이하인 경우에는 민원의 접수시각부터 '시간' 단위로 계산하며 이 경우 1일은 8시간의 근무시간을 기준으로 한다. 따라서 8.17(목) 11시에 접수된 질의민원은 32시간 이내인 8.23(목) 11시까지 처리되어야 한다.

오답해설

ㄴ. 첫 번째 조 제3항에 따라 '고충민원'은 7일 이내에 처리하여야 한다. 이때, 두 번째 조 제3항에 따라 6일 이상으로 정한 경우에는 '일' 단위로 계산하고 첫날을 산입한다. 따라서 B부처는 고충민원을 접수한 날로부터 총 17일 이내에 처리하여야 하며 이는 9.6(수)이다.

21 정답 ⑤

다음 글과 〈상황〉을 근거로 판단할 때, 〈보기〉에서 옳은 것만을 모두 고르면?

2019년

'에너지이용권'은 에너지 취약계층에게 난방에너지 구입을 지원하는 것으로 관련 내용은 다음과 같다.

구분	내용
월별 지원금액	1인 가구 : 81,000원 2인 가구 : 102,000원 3인 이상 가구 : 114,000원
지원형태	신청서 제출 시 실물카드와 가상카드 중 선택 • 실물카드 : 에너지원(등유, 연탄, LPG, 전기, 도시가스)을 다양하게 구매 가능함. 단, 아파트 거주자는 관리비가 통합고지서로 발부되기 때문에 신청할 수 없음 • 가상카드 : 전기 · 도시가스 · 지역난방 중 택일. 매월 요금이 자동 차감됨. 단, 사용기간(발급일로부터 1개월) 만료 시 잔액이 발생하면 전기요금 차감
신청대상	생계급여 또는 의료급여 수급자로서 다음 각 호의 어느 하나에 해당하는 사람을 포함한 가구의 가구원 1. 1954. 12. 31. 이전 출생자 2. 2002. 1. 1. 이후 출생자 3. 등록된 장애인(1~6급)
신청방법	수급자 본인 또는 가족이 신청 ※ 담당공무원이 대리 신청 가능
신청서류	1. 에너지이용권 발급 신청서 2. 전기, 도시가스 또는 지역난방 요금고지서(영수증), 아파트 거주자의 경우 관리비 통합고지서 3. 신청인의 신분증 사본 4. 대리 신청일 경우 신청인 본인의 위임장, 대리인의 신분증 사본

〈상황〉

甲~丙은 에너지이용권을 신청하고자 한다.

- 甲 : 3급 장애인, 실업급여 수급자, 1인 가구, 아파트 거주자
- 乙 : 2005. 1. 1. 출생, 의료급여 수급자, 4인 가구, 단독 주택 거주자
- 丙 : 1949. 3. 22. 출생, 생계급여 수급자, 2인 가구, 아파트 거주자

〈보기〉

ㄱ. 甲은 에너지이용권 발급 신청서, 관리비 통합고지서, 본인 신분증 사본을 제출하고, 81,000원의 에너지이용권을 요금 자동 차감 방식으로 지급받을 수 있다.

ㄴ. 담당공무원인 丁이 乙을 대리하여 신청 서류를 모두 제출하고, 乙은 114,000원의 에너지이용권을 실물카드 형태로 지급받을 수 있다.

ㄷ. 丙은 도시가스를 선택하여 102,000원의 에너지이용권을 가상카드 형태로 지급받을 수 있으며, 이용권 사용기간 만료 시 잔액이 발생한다면 전기요금이 차감될 것이다.

① ㄱ ② ㄴ
③ ㄷ ④ ㄱ, ㄷ
⑤ ㄴ, ㄷ

실전 풀이법

'신청대상'을 유의할 필요가 있다. 신청대상의 경우, [(생계급여∨의료급여)∧(1호∨2호∨3호)]의 형식을 취하고 있다. 즉, 급여요건과 각호요건 중 하나씩을 동시에 구비하고 있을 것을 요구하고 있으므로 이에 유의하여 풀어야 한다. ㄱ은 이를 이용하여 만든 오답 선지이다.

정답해설

ㄴ. 乙은 4인 가구의 가구원이며 신청대상의 제2호에 해당하므로 114,000원을 받을 수 있다. 또한 담당 공무원의 대리신청이 가능하므로 丁이 丙을 대리하여 신청서류를 구비하여 제출한다면 아파트 거주자가 아닌 乙은 에너지이용권을 실물카드의 형태로 지급받을 수 있다.

ㄷ. 丙은 2인 가구의 가구원으로 신청대상 제1호에 해당하는 자로서 102,000원을 받을 수 있다. 또한 가상카드 형태로 발급받아 사용할 경우, 사용기간 만료 시 잔액이 발생하면 전기요금이 차감된다.

오답해설

ㄱ. 甲은 실업급여 수급자로서 신청대상인 '생계급여 또는 의료급여 수급자'에 해당하지 않아 지원금을 지급받을 수 없다.

22 정답 ③

다음 글을 근거로 판단할 때, 우수부서 수와 기념품 구입 개수를 옳게 짝지은 것은?

2020년

A기관은 탁월한 업무 성과로 포상금 5,000만 원을 지급받았다. 〈포상금 사용기준〉은 다음과 같다.

〈포상금 사용기준〉

- 포상금의 40% 이상은 반드시 각 부서에 현금으로 배분한다.
  - 전체 15개 부서를 우수부서와 보통부서 두 그룹으로 나누어 우수부서에 150만 원, 보통부서에 100만 원을 현금으로 배분한다.
  - 우수부서는 최소한으로 선정한다.
- 포상금 중 2,900만 원은 직원 복지 시설을 확충하는 데 사용한다.
- 직원 복지 시설을 확충하고 부서별로 현금을 배분한 후 남은 금액을 모두 사용하여 개당 1만 원의 기념품을 구입한다.

	우수부서 수	기념품 구입 개수
①	9개	100개
②	9개	150개
③	10개	100개
④	10개	150개
⑤	11개	50개

실전 풀이법

우수부서의 수를 구하는 것이 관건이다. 이때, 우수부서와 보통부서에 배분되는 포상금의 차이는 50만 원이다. 따라서 모든 부서가 보통부서일 경우 1,500만 원이 배분된다는 점에서 시작한다. 이에 따르면, 2,000−1,500=500만 원이 부족하므로 우수부서를 10개 선정해야 2,000만 원을 채울 수 있다.

정답해설

포상금 5,000만 원 중 40%인 2,000만 원 이상은 반드시 현금으로 배분되어야 한다. 그런데 우수부서는 최소한으로 선정해야 하므로 2,000만 원에 맞춰 우수부서를 선정한다. 이때 우수부서를 10개, 보통부서를 5개 선정하면 (150×10)+(100×5)=2,000만 원이 된다.

현금으로 2,000만 원을 배분하고, 2,900만 원은 직원 복지 시설을 확충하는 데 사용하므로 5,000−2,000−2,900=100만 원이 남는다. 따라서 개당 1만 원의 기념품을 100개 구입할 수 있다.

23

정답 ③

다음 글을 근거로 판단할 때, 5세트가 시작한 시점에 경기장에 남아 있는 관람객 수의 최댓값은? 2022년

- 총 5세트의 배구경기에서 각 세트를 이길 때마다 세트 점수 1점을 획득하여 누적 세트 점수 3점을 먼저 획득하는 팀이 승리한다.
- 경기 시작 전, 경기장에는 홈팀을 응원하는 관람객 5,000명과 원정팀을 응원하는 관람객 3,000명이 있었다.
- 각 세트가 끝날 때마다 누적 세트 점수가 낮은 팀을 응원하는 관람객이 경기장을 나가는데, 홈팀은 1,000명, 원정팀은 500명이 나간다.
- 경기장을 나간 관람객은 다시 들어오지 못하며, 경기 중간에 들어온 관람객은 없다.
- 경기는 원정팀이 승리했으나 홈팀이 두 세트를 이기며 분전했다.

① 6,000명
② 6,500명
③ 7,000명
④ 7,500명
⑤ 8,000명

실전 풀이법

각 세트가 끝날 때마다 누적 세트 점수가 낮은 팀을 응원하는 관람객이 경기장을 나간다. 이때 누적 세트 점수가 동률이라면 홈팀이든 원정팀이든 아무도 나가지 않는다. 따라서 최대한 경기를 박빙으로 만들고, 동시에 홈팀이 먼저 많은 세트를 따는 경우가 바람직할 것이다. 이 포인트를 통해 홈 – 원정 – 홈 – 원정 – 원정 순으로 승리하는 경우를 충분히 생각해낼 수 있을 것이다.

정답해설

5세트에서 원정팀이 승리하고, 홈팀이 두 세트를 이긴 경우를 모두 나열하면 다음과 같다. 이에 따르면 5세트는 반드시 원정팀이 승리한다는 것이다. 이를 계산하면 아래 표와 같은 6가지 경우가 나온다.

1세트	2세트	3세트	4세트	5세트	나간 관람객 수(명)
홈	홈	원정	원정	원정	(−500−500−500−0)=−1,500
홈	원정	홈	원정	원정	(−500−0−500−0)=−1,000
홈	원정	원정	홈	원정	(−500−0−1,000−0)=−1,500
원정	홈	홈	원정	원정	(−1,000−0−500−0)=−1,500
원정	홈	원정	홈	원정	(−1,000−0−1,000−0)=−2,000
원정	원정	홈	홈	원정	(−1,000−1,000−1,000−0)=−3,000

5세트가 시작한 시점에 남아 있는 관람객 수의 최댓값은 −1,000명인 7,000명이다.

24

정답 ④

다음 글과 〈상황〉을 근거로 판단할 때, A가 새로 읽기 시작한 350쪽의 책을 다 읽은 때는? 2022년

- A는 특별한 일이 없는 경우 월~금요일까지 매일 시외버스를 타고 30분씩 각각 출근과 퇴근을 하며 밤 9시 이전에 집에 도착한다.
- A는 대중교통을 이용할 때 책을 읽는다. 단, 시내버스에서는 책을 읽지 않고, 또 밤 9시가 넘으면 어떤 대중교통을 이용해도 책을 읽지 않는다.
- A는 10분에 20쪽의 속도로 책을 읽는다. 다만 책의 1쪽부터 30쪽까지는 10분에 15쪽의 속도로 읽는다.

〈상황〉

A는 이번 주 월~금요일까지 출퇴근을 했는데, 화요일에는 회사 앞에서 회식이 있어 밤 8시 30분에 시외버스를 타고 30분 후에 집 근처 정류장에 내려 퇴근했다. 수요일에는 오전 근무를 마치고 회의를 위해서 지하철로 20분 이동한 후 다시 시내버스를 30분 타고 회의 장소로 갔다. 회의가 끝난 직후 밤 9시 10분에 지하철을 40분 타고 퇴근했다. A는 200쪽까지 읽은 280쪽의 책을 월요일 아침 출근부터 이어서 읽었고, 그 책을 다 읽은 직후 곧바로 350쪽의 새로운 책을 읽기 시작했다.

① 수요일 회의 장소 이동 중
② 수요일 퇴근 중
③ 목요일 출근 중
④ 목요일 퇴근 중
⑤ 금요일 출근 중

실전 풀이법

요일로 나뉜 어떠한 작업의 총시간을 구하는 유형의 문제에서는 월요일부터 필요한 만큼의 요일을 표로 나타낸 뒤 그 밑에 소요된 시간 등을 계산하면 풀이가 좀 더 편리하다. 단 오답을 유도하는 조건들은 항상 주의해야 한다.

정답해설

문제의 조건을 정리하여 표로 나타내면 다음과 같다.

구분	월	화	수	목
출근	3×20=60쪽	3×20=60쪽	3×20=60쪽	3×20=60쪽
업무 중			2×20=40쪽	
퇴근	1×20=20쪽 (280쪽 책 끝) 3×20=60쪽 (300쪽 책 시작)	3×20=60쪽	(9시 이후)	3×20=60쪽 (퇴근 중 350쪽 달성)

– 월요일 : 30쪽
– 화요일 : 30+120=150쪽
– 수요일 : 150+100=250쪽

따라서 A는 목요일 퇴근 중에 책을 다 읽게 된다.

25

정답 ②

다음 〈조건〉과 〈상황〉을 근거로 판단할 때 옳지 않은 것은? 2017년

〈조건〉

민우의 스마트폰은 아래 사항 중 어느 하나라도 위배되면 자동으로 전원이 종료된다.

- 3개 이상의 메신저 애플리케이션이 동시에 실행 중일 수 없다.
- 총 메모리 사용량이 메모리의 용량을 초과할 수 없다.(단, 기본 메모리 용량은 1.5GB이나, 1.6GB로 확장할 수 있다)
- 실행 중인 애플리케이션 이름의 글자 수 합이 22자를 초과할 수 없다.
- 서로 종류(메신저, 게임, 지도, 뱅킹)가 다른 4가지의 애플리케이션이 동시에 실행 중일 수 없다.

〈상황〉

- 민우의 스마트폰에는 총 9개의 애플리케이션이 아래와 같이 설치되어 있다.

이름	종류	메모리 사용량(MB)
바나나톡	메신저	400
나인	메신저	300
모노그램	메신저	150
쿠키워크	게 임	350
레일런	게 임	150
녹색지도	지 도	300
고급지도	지 도	100
컨트리은행	뱅 킹	90
구한은행	뱅 킹	260

- 현재 민우의 스마트폰은 전원이 켜져 있다.
- 현재 민우의 스마트폰에서는 총 6개의 애플리케이션이 실행 중이다.
- 현재 민우의 스마트폰에서는 '바나나톡', '구한은행'이 실행 중이다.

※ 1GB는 1,024MB임
※ 총 메모리 사용량은 실행 중인 개별 애플리케이션 메모리 사용량의 합임

① 현재 '나인'은 실행 중이다.
② 현재 '컨트리은행'은 실행되지 않고 있다.
③ 현재 게임 애플리케이션은 모두 실행 중이다.
④ 현재 '고급지도'는 실행되지 않고 있다.
⑤ 민우의 스마트폰은 메모리가 확장되어 현재 1.6GB인 상태이다.

실전 풀이법

네 번째 조건에 초점을 맞춘다. 네 번째 조건에 의하여 게임이나 지도가 동시에 실행될 수 없으므로 6개의 애플리케이션이 실행 중이기 위해서는 메신저 1개와(첫 번째 조건에 의하여 3개의 메신저 애플리케이션이 동시에 실행될 수 없다) 뱅킹 1개가 실행 중이어야 하고, 한 종류에서 2개의 애플리케이션이 모두 실행 중이어야 한다. 이때 메신저 중 모노그램이 사용되는 경우 글자 수 제한을 어떤 경우에도 충족시킬 수 없으므로 메신저 중 '나인'이 실행되어야 한다. 따라서 '컨트리은행'이 실행되면 남은 글자 수의 합은 7 이하가 되므로 게임이 실행되어야 함을 알 수 있다. 조건이 유기적으로 연결되어 있어 하나의 흐름을 잡아 이를 따라가면 쉽게 해결할 수 있지만, 그렇지 않다면 어떻게 풀어야할지 감을 잡기 어려운 문항이다.

정답해설

6개의 애플리케이션이 실행 중이기 위해서는 네 번째 조건에 의해 메신저 애플리케이션 중 하나와 '컨트리은행'은 반드시 실행 중이어야 한다.

오답해설

① 6개의 애플리케이션이 실행 중이기 위해서는 네 번째 조건에 의해 메신저 애플리케이션 중 하나와 '컨트리은행'은 반드시 실행 중이어야 한다. 이때 '모노그램'이 실행되면 세 번째 조건에 반드시 위배되므로 '나인'이 실행 중임을 알 수 있다.

③ '나인'과 '컨트리은행'은 반드시 실행 중이므로 세 번째 조건을 만족시키기 위해서는 두 애플리케이션 글자의 합이 7자를 초과할 수 없으므로 게임의 두 애플리케이션이 모두 실행 되어야 한다.

④ 세 번째 조건과 네 번째 조건을 만족시키기 위해서는 지도 애플리케이션이 실행될 수 없다.

⑤ 현재 '바나나톡', '구한은행', '나인', '컨트리은행', '쿠키워크', '레일런'의 애플리케이션이 실행 중이므로 메모리 사용량을 모두 더하면 1550MB이다. 기본 메모리 용량은 1.5GB(=1536MB)이므로 민우의 스마트폰은 현재 메모리가 확장되어 1.6GB인 상태일 수밖에 없다.

26

정답 ④

다음 글을 근거로 판단할 때, 〈보기〉에서 옳은 것만을 모두 고르면? 2023년

나이는 현재 연도에서 출생 연도를 뺀 '연 나이'와, 태어난 날을 0살로 하여 매해 생일에 한 살씩 더하는 '만 나이'로 구분된다. 연 나이와 만 나이에 따라 甲~丁이 각각 존댓말 사용 여부를 결정하는 방식은 다음과 같다.

甲 : 만 나이 기준으로 자신보다 나이가 많으면 존댓말을 쓰고, 그렇지 않으면 존댓말을 쓰지 않는다.

乙 : 연 나이 기준으로 자신보다 두 살 이상 많으면 존댓말을 쓰고, 그렇지 않으면 존댓말을 쓰지 않는다.

丙 : 연 나이 기준으로 자신보다 두 살 이상 많거나 만 나이 기준으로 한 살 이상 많으면 존댓말을 쓰고, 그렇지 않으면 존댓말을 쓰지 않는다.

丁 : 연 나이, 만 나이 모두 자신과 같으면 존댓말을 쓰지 않고, 그렇지 않으면 존댓말을 쓴다.

甲은 1995년 10월 21일에, 乙은 1994년 7월 19일에, 丙은 1994년 7월 6일에, 丁은 1994년 11월 22일에 태어났다.

〈보기〉

ㄱ. 甲은 乙에게 항상 존댓말을 쓴다.
ㄴ. 乙과 丙은 서로에게 존댓말을 쓰지 않는다.
ㄷ. 2022년 9월 26일에 丁은 甲에게 존댓말을 쓰지 않는다.
ㄹ. 乙은 丁에게 존댓말을 쓰지 않지만, 丁은 乙에게 존댓말을 쓰는 경우가 있다.

① ㄱ, ㄴ
② ㄴ, ㄷ
③ ㄷ, ㄹ
④ ㄱ, ㄴ, ㄹ
⑤ ㄱ, ㄷ, ㄹ

실전 풀이법

일반적인 상식에 근거하여 문제를 풀면 안되는 이유가 丁에 잘 나타나 있다. 우리의 상식으로는 나이가 많은 사람에게 존댓말을 하고 적은 사람에게는 그렇지 않지만, 丁은 나이가 어리더라도 자신과 나이가 다르면 존댓말을 한다. 함정을 절묘하게 파놓은 문제이며 앞으로도 이런 함정은 얼마든지 나올 수 있다.

정답해설

ㄱ. 甲은 자신보다 만 나이가 많으면 존댓말을 쓰는데 乙과는 1년 이상 차이가 나므로 항상 존댓말을 쓴다.

ㄴ. 乙과 丙의 연 나이가 같으므로 乙은 존댓말을 쓰지 않으며, 丙은 생일이 더 빠르므로 존댓말을 쓰는 경우 자체가 없다.

ㄹ. 乙은 丁보다 생일이 더 빠르므로 존댓말을 쓰지 않으며, 丁과 乙의 생일 사이의 기간에는 乙의 만 나이가 한 살 더 많으므로 丁이 존댓말을 쓴다.

오답해설

ㄷ. 丁은 연 나이와 만 나이 중 하나라도 자신과 다른 사람에게는 존댓말을 쓰게 되는데 丁과 甲은 연나이가 다르므로 존댓말을 쓴다.

27

정답 ①

다음 글을 근거로 판단할 때, 〈보기〉에서 옳은 것만을 모두 고르면? 2020년

> 甲국은 출산장려를 위한 경제적 지원 정책으로 다음과 같은 세 가지 안(A~C)을 고려 중이다.
> - A안 : 18세 이하의 자녀가 있는 가정에 수당을 매월 지급하되, 자녀가 둘 이상인 경우에 한한다. 18세 이하의 자녀에 대해서 첫째와 둘째는 각각 15만 원, 셋째는 30만 원, 넷째부터는 45만 원씩의 수당을 해당 가정에 지급한다.
> - B안 : 18세 이하의 자녀가 있는 가정에 수당을 매월 지급한다. 다만 자녀가 18세를 초과하더라도 재학 중인 경우에는 24세까지 수당을 지급한다. 첫째와 둘째는 각각 20만 원, 셋째는 22만 원, 넷째부터는 25만 원씩의 수당을 해당 가정에 지급한다.
> - C안 : 자녀가 중학교를 졸업할 때(상한 연령 16세)까지만 해당 가정에 수당을 매월 지급한다. 우선 3세 미만의 자녀가 있는 가정에는 3세 미만의 자녀 1명 당 10만 원을 지급한다. 3세부터 초등학교를 졸업할 때까지는 첫째와 둘째는 각각 8만 원, 셋째부터는 10만 원씩 해당 가정에 지급한다. 중학생 자녀의 경우, 일률적으로 1명 당 8만 원씩 해당 가정에 지급한다.

〈보기〉

> ㄱ. 18세 이하 자녀 3명만 있는 가정의 경우, 지급받는 월 수당액은 A안보다 B안을 적용할 때 더 많다.
> ㄴ. A안을 적용할 때 자녀가 18세 이하 1명만 있는 가정은 월 15만 원을 수당으로 지급받는다.
> ㄷ. C안의 수당을 50% 증액하더라도 중학생 자녀 2명(14세, 15세)만 있는 가정은 A안보다 C안을 적용할 때 더 적은 월 수당을 지급받는다.
> ㄹ. C안을 적용할 때 한 자녀에 대해 지급되는 월 수당액은 그 자녀가 성장하면서 지속적으로 증가하는 특징이 있다.

① ㄱ, ㄷ
② ㄱ, ㄹ
③ ㄴ, ㄹ
④ ㄱ, ㄴ, ㄷ
⑤ ㄴ, ㄷ, ㄹ

실전 풀이법

'옳지 않음'을 판단하기 위해 필요한 것은 하나의 예외 사례로 족하다. ㄹ은 첫째에 대해 거짓임이 판단된다면 바로 옳지 않은 선지라고 판단하고 넘기면 된다.

정답해설

ㄱ. 8세 이하 자녀 3명만 있는 경우, A안에 따라 지급받는 월 수당액은 15+15+30=60만 원이며, B안에 따라 지급받는 월 수당액은 20+20+22=62만 원이다.

ㄷ. 중학생 자녀 2명만 있는 가정은 A안에 따르면 매달 15+15=30만 원을 지급받는다. 한편, C안의 수당을 50% 증액하더라도 C안에 따라 받는 월 수당액은 12+12=24만 원이다.

오답해설

ㄴ. 자녀가 18세 이하 1명만 있는 가정은 '자녀가 둘 이상인 경우에 한한다'는 조건을 충족시키지 못하므로, A안에 따르면 수당을 지급받을 수 없다.

ㄹ. C안에 따르면 첫째와 둘째는 성장함에 따라 10만 원, 8만 원, 8만 원을 받게 되고, 셋째부터는 성장함에 따라 10만 원, 10만 원, 8만 원을 받게 된다. 따라서 C안을 적용하면 한 자녀에 대해 지급되는 월 수당액은 그 자녀가 성장하면서 오히려 감소한다.

28

정답 ⑤

다음 글을 근거로 판단할 때, 〈보기〉에서 옳은 것만을 모두 고르면? 2018년

> - 甲과 乙은 책의 쪽 번호를 이용한 점수 게임을 한다.
> - 책을 임의로 펼쳐서 왼쪽 면 쪽 번호의 각 자리 숫자를 모두 더하거나 모두 곱해서 나오는 결과와 오른쪽 면 쪽 번호의 각 자리 숫자를 모두 더하거나 모두 곱해서 나오는 결과 중에 가장 큰 수를 본인의 점수로 한다.
> - 점수가 더 높은 사람이 승리하고, 같은 점수가 나올 경우 무승부가 된다.
> - 甲과 乙이 가진 책의 시작 면은 1쪽이고, 마지막 면은 378쪽이다. 책을 펼쳤을 때 왼쪽 면이 짝수, 오른쪽 면이 홀수 번호이다.
> - 시작 면이나 마지막 면이 나오게 책을 펼치지는 않는다.

※ 쪽 번호가 없는 면은 존재하지 않음
※ 두 사람은 항상 서로 다른 면을 펼침

〈보기〉

> ㄱ. 甲이 98쪽과 99쪽을 펼치고, 乙은 198쪽과 199쪽을 펼치면 乙이 승리한다.
> ㄴ. 甲이 120쪽과 121쪽을 펼치고, 乙은 210쪽과 211쪽을 펼치면 무승부이다.
> ㄷ. 甲이 369쪽을 펼치면 반드시 승리한다.
> ㄹ. 乙이 100쪽을 펼치면 승리할 수 없다.

① ㄱ, ㄴ
② ㄱ, ㄷ
③ ㄱ, ㄹ
④ ㄴ, ㄷ
⑤ ㄴ, ㄹ

실전 풀이법

보기 ㄱ과 ㄴ은 주어진 경우를 풀면 쉽게 정오를 판단할 수 있다. ㄷ과 ㄹ은 甲이 반드시 승리할 수 있는지, 乙이 승리할 수 없는지 주어지지 않은 상대방의 경우를 직접 찾아야 하기 때문에 시간이 소요된다. 따라서 반례를 찾는 방식으로 푸는 것이 좋다. 예를 들어 ㄷ을 풀 때는 乙이 162점 이상이 나오는 경우를 찾아야 한다. 따라서 큰 수끼리 곱해야 하므로 9, 8, 7, …끼리 곱할 수 있는 경우를 찾는다. 2×9×9의 경우가 가능한데, 이때 乙의 점수는 162점으로 반례가 되므로 ㄷ이 틀리다고 판단한다.

정답해설

ㄴ. 甲이 120쪽과 121쪽을 펼치면 甲의 점수는 4점, 乙이 210쪽과 211쪽을 펼치면 乙의 점수는 4점으로 무승부이다.

ㄹ. 乙이 100쪽을 펼치면 오른쪽 면은 101이 되므로 乙의 점수는 2점이 된다. 따라서 乙이 승리하기 위해서는 甲이 1점이 되어야 한다. 하지만 1점이 나오는 경우는 존재하지 않으므로 乙이 100쪽을 펼치면 승리할 수 없다.

오답해설

ㄱ. 甲이 98쪽과 99쪽을 펼치면 甲의 점수는 81점, 乙이 198쪽과 199쪽을 펼치면 乙의 점수는 81점으로 무승부이다.

ㄷ. 甲이 369쪽을 펼치면 왼쪽 면은 368쪽이 되므로 甲의 점수는 162점이 된다. 하지만 乙이 299쪽을 펼치는 경우 162점이 되어 무승부가 될 수도 있다.

29

정답 ①

다음 글을 근거로 판단할 때, 甲이 구매하게 될 차량은? 2018년

甲은 아내 그리고 자녀 둘과 함께 총 4명이 장거리 이동이 가능하도록 배터리 완전충전 시 주행거리가 200km 이상인 전기자동차 1대를 구매하려고 한다. 구매와 동시에 집 주차장에 배터리 충전기를 설치하려고 하는데, 배터리 충전시간(완속 기준)이 6시간을 초과하지 않으면 완속 충전기를, 6시간을 초과하면 급속 충전기를 설치하려고 한다.

한편 정부는 전기자동차 활성화를 위하여 전기자동차 구매 보조금을 구매와 동시에 지원하고 있는데, 승용차는 2,000만 원, 승합차는 1,000만 원을 지원하고 있다. 승용차 중 경차는 1,000만 원을 추가로 지원한다. 배터리 충전기에 대해서는 완속 충전기에 한하여 구매 및 설치 비용을 구매와 동시에 전액 지원하며, 2,000만 원이 소요되는 급속 충전기의 구매 및 설치 비용은 지원하지 않는다.

이러한 상황을 감안하여 甲은 차량 A~E 중에서 실구매 비용(충전기 구매 및 설치 비용 포함)이 가장 저렴한 차량을 선택하려고 한다. 단, 실구매 비용이 동일할 경우에는 아래의 '점수 계산 방식'에 따라 점수가 가장 높은 차량을 구매하려고 한다.

차량	A	B	C	D	E
최고속도(km/h)	130	100	120	140	120
완전충전 시 주행거리(km)	250	200	250	300	300
충전시간 (완속 기준)	7시간	5시간	8시간	4시간	5시간
승차 정원	6명	8명	2명	4명	5명
차종	승용	승합	승용 (경차)	승용	승용
가격(만 원)	5,000	6,000	4,000	8,000	8,000

• 점수 계산 방식
 – 최고속도가 120km/h 미만일 경우에는 120km/h를 기준으로 10km/h가 줄어들 때마다 2점씩 감점
 – 승차 정원이 4명을 초과할 경우에는 초과인원 1명당 1점씩 가점

① A
② B
③ C
④ D
⑤ E

실전 풀이법

조건적용 유형에서는 '어떠한 경우에도 선택될 수 없는 경우'와 '반드시 선택해야 하는 경우'를 유의하여 푸는 것이 중요하다. 이 문항에서는 첫 문단의 승차 정원과 주행거리가 이에 해당한다. 따라서 C를 먼저 제외하고 풀었다면 시간을 절약할 수 있었을 것이다.

정답해설

甲은 승차 정원이 4명 이상이고 주행거리가 200km 이상인 전기자동차를 구매하려고 한다. 따라서 승차 정원이 2명인 차량 C는 제외된다. 이후의 조건을 정리하여 실구매비용을 정리하면 아래와 같다.

구분	가격	지원금(−)	충전기	총 가격
A	5,000	2,000	2,000	5,000
B	6,000	1,000	0	5,000
D	8,000	2,000	0	6,000
E	8,000	2,000	0	6,000

따라서 실구매 비용이 동일한 A와 B가 남게 된다.
이때 점수 계산 방식에 따라 A는 승차 정원에서 +2점을 받아 총점 2점이 되고, B는 최고속도에서 −4점과 승차 정원에서 +4점을 받아 총점 0점이 된다. 따라서 최종적으로 甲은 차량 A를 구매할 것이다.

30

정답 ①

다음 글을 근거로 판단할 때, 1차 투표와 2차 투표에서 모두 B안에 투표한 주민 수의 최솟값은? 2020년

○○마을은 새로운 사업을 추진하기 위해 주민 100명을 대상으로 투표를 실시하였다. 주민들에게 사업안 A, B, C 중 하나를 선택하도록 하였다. 사전 자료를 바탕으로 1차 투표를 한 후, 주민들끼리 토론을 거쳐 2차 투표로 최종안을 결정하였다. 1차와 2차 투표 모두 투표율은 100%였고, 무효표는 없었다. 투표 결과는 다음과 같다.

구분	1차 투표	2차 투표
A안	30명	( )명
B안	50명	( )명
C안	20명	35명

1차 투표와 2차 투표에서 모두 A안에 투표한 주민은 20명이었고, 2차 투표에서만 A안에 투표한 주민은 5명이었다.

① 10
② 15
③ 20
④ 25
⑤ 30

실전 풀이법

주어진 조건들이 많을 때는 결론적으로 구하고자 하는 값과 직접 관련된 조건부터 풀이를 시작한다. 찾고자 하는 B → B와 관련된 조건은 하나뿐이다. 따라서 해당 조건인 'B → A, B → B, B → C의 합은 50명'에서 풀이를 시작한다. 이제 B → A와 B → C를 확정하는 것이 문제되므로, 각 투표 결과와 관련된 조건 둘을 모두 고려해서 최대의 수를 배정하면 된다.

정답해설

주어진 조건을 정리하면 다음과 같다.

투표결과	인원	투표결과	인원	투표결과	인원
A → A	20	B → A		C → A	
A → B		B → B		C → B	
A → C		B → C		C → C	

이때, B → A와 C → A의 합은 5명, A → B와 A → C의 합은 10명이다. 또한, B → A, B → B, B → C의 합은 50명, C → A, C → B, C → C의 합은 20명이며 A → C, B → C, C → C의 합은 35명이다.
주어진 조건하에서 B → B를 최소로 만들기 위해서는 B → A와 B → C에 최대한 많은 인원이 들어가야 한다. 따라서 B → A와 C → A의 합은 5명이므로 B → A에 5명, A → C, B → C, C → C의 합은 35명이므로 B → C에 35명을 각각 넣으면 다음과 같이 결정된다.

투표결과	인원	투표결과	인원	투표결과	인원
A → A	20	B → A	5	C → A	0
A → B	10	B → B	10	C → B	20
A → C	0	B → C	35	C → C	0

따라서 1차 투표와 2차 투표에서 모두 B안에 투표한 주민 수의 최솟값은 10이다.

31

정답 ①

다음 글과 〈상황〉을 근거로 판단할 때 옳은 것은? 2022년

제○○조 ① 소비자는 물품 등의 사용으로 인한 피해의 구제를 한국소비자원에 신청할 수 있다.
② 국가·지방자치단체 또는 소비자단체는 소비자로부터 피해구제의 신청을 받은 때에는 한국소비자원에 그 처리를 의뢰할 수 있다.
③ 사업자는 소비자로부터 피해구제의 신청을 받은 때에는 다음 각 호의 어느 하나에 해당하는 경우에 한하여 한국소비자원에 그 처리를 의뢰할 수 있다.
1. 소비자로부터 피해구제의 신청을 받은 날부터 30일이 경과하여도 합의에 이르지 못하는 경우
2. 한국소비자원에 피해구제의 처리를 의뢰하기로 소비자와 합의한 경우

제□□조 ① 한국소비자원장은 피해구제신청사건을 처리함에 있어서 당사자 또는 관계인이 법령을 위반한 것으로 판단되는 때에는 관계 기관에 이를 통보하고 적절한 조치를 의뢰하여야 한다. 다만 다음 각 호의 경우에는 그러하지 아니하다.
1. 피해구제신청사건의 당사자가 피해보상에 관한 합의를 하고 법령위반행위를 시정한 경우
2. 관계 기관에서 위법사실을 이미 인지·조사하고 있는 경우
② 한국소비자원장은 피해구제신청의 당사자에 대하여 피해보상에 관한 합의를 권고할 수 있다.

제△△조 한국소비자원장은 제○○조의 규정에 따라 피해구제의 신청을 받은 날부터 30일 이내에 제□□조 제2항의 규정에 따른 합의가 이루어지지 아니하는 때에는 지체 없이 소비자분쟁조정위원회에 분쟁조정을 신청하여야 한다.

제◇◇조 한국소비자원의 피해구제 처리절차 중에 법원에 소를 제기한 당사자는 그 사실을 한국소비자원에 통보하여야 한다.

〈상황〉

소비자 甲은 사업자 乙이 생산한 물품을 사용하다가 피해를 입었다. 이에 甲은 乙에게 피해구제를 신청하였다.

① 乙이 신청을 받은 날부터 30일이 지나도록 甲과 합의에 이르지 못한 경우, 乙은 한국소비자원에 그 처리를 의뢰할 수 있다.
② 甲과 乙이 한국소비자원에 피해구제의 처리를 의뢰하기로 합의한 경우, 乙은 30일 이내에 소비자분쟁조정위원회에 분쟁조정을 신청하여야 한다.
③ 한국소비자원이 甲의 피해구제 처리절차를 진행하는 중에는 甲은 해당 사건에 대해 법원에 소를 제기할 수 없다.
④ 한국소비자원장이 권고한 피해보상에 관한 합의가 甲과 乙 사이에 이루어지지 않은 경우, 한국소비자원장은 30일 이내에 소비자분쟁조정위원회에 분쟁조정을 신청하여야 한다.
⑤ 한국소비자원장은 피해구제신청사건을 처리함에 있어서 乙이 법령을 위반한 것으로 판단되면, 관계 기관에서 위법사실을 이미 인지·조사하고 있는 경우라도 관계 기관에 이를 통보하고 적절한 조치를 의뢰하여야 한다.

실전 풀이법

법조문 문제에서는 주체, 귀속·재량 여부(하여야 한다 or 할 수 있다)와 시기(30일 이내, 지체 없이 등)가 중요하다. 선지에서 그러한 내용이 법조문과 다르지 않은지를 중심적으로 살펴보아야 한다.

정답해설

첫 번째 조 제3항 제1호에 의하면 사업자인 乙은 소비자 甲으로부터 피해구제의 신청을 받은 날부터 30일이 경과하여도 합의에 이르지 못하는 경우 한국소비자원에 그 처리를 의뢰할 수 있다.

오답해설

② 첫 번째 조 제3항 제2호에 의하면 한국소비자원에 피해구제의 처리를 의뢰하기로 소비자와 합의한 경우 乙은 한국소비자원에 그 처리를 의뢰할 수 있다.
③ 네 번째 조로 미루어 보면 한국소비자원의 피해구제 처리절차 중에 甲은 해당 사건에 대해 법원에 소를 제기할 수 있다.
④ 세 번째 조에 의하면 해당 합의가 이루어지지 않은 경우 한국소비자원장은 지체 없이 소비자분쟁조정위원회에 분쟁조정을 신청하여야 한다.
⑤ 두 번째 조 제1항 제2호에서 관계 기관에서 위법사실을 이미 인지·조사하고 있는 경우에 관계 기관에 이를 통보하고, 적절한 조치를 의뢰하여야 하는 것은 아니라고 하였다.

32

정답 ④

다음 글과 〈상황〉을 근거로 판단할 때 옳은 것은? 2017년

저작자는 미술저작물, 건축저작물, 사진저작물(이하 "미술 저작물 등"이라 한다)의 원본이나 그 복제물을 전시할 권리를 가진다. 전시권은 저작자인 화가, 건축물 설계자, 사진작가에게 인정되므로, 타인이 미술저작물 등을 전시하기 위해서는 저작자의 허락을 얻어야 한다. 다만 전시는 일반인에 대한 공개를 전제로 하는 것이므로, 예컨대 가정 내에서 진열하는 때에는 저작자의 허락이 필요 없다. 또한 저작자는 복제권도 가지기 때문에 타인이 미술저작물 등을 복제하기 위해서는 저작자의 허락을 얻어야 한다. 그런데 저작자가 미술저작물 등을 타인에게 판매하여 소유권을 넘긴 경우에는 저작자의 전시권·복제권과 소유자의 소유권이 충돌하는 문제가 발생한다. 저작권법은 미술저작물 등의 전시·복제와 관련된 문제들을 다음과 같이 해결하고 있다.

첫째, 미술저작물 등의 원본의 소유자나 그의 허락을 얻은 자는 자유로이 미술저작물 등의 원본을 전시할 수 있다. 다만 가로·공원·건축물의 외벽 등 공중에게 개방된 장소에 항시 전시하는 경우에는 저작자의 허락을 얻어야 한다.

둘째, 개방된 장소에 항시 전시되어 있는 미술저작물 등은 제3자가 어떠한 방법으로든지 이를 복제하여 이용할 수 있다. 다만 건축물을 건축물로 복제하는 경우, 조각 또는 회화를 조각 또는 회화로 복제하는 경우, 미술 저작물 등을 판매목적으로 복제하는 경우에는 저작자의 허락을 얻어야 한다.

셋째, 화가 또는 사진작가가 고객으로부터 위탁을 받아 완성한 초상화 또는 사진저작물의 경우, 화가 또는 사진작가는 위탁자의 허락이 있어야 이를 전시·복제할 수 있다.

〈상황〉

- 화가 甲은 자신이 그린 「군마」라는 이름의 회화를 乙에게 판매하였다.
- 화가 丙은 丁의 위탁을 받아 丁을 모델로 한 초상화를 그려 이를 丁에게 인도하였다.

① 乙이 「군마」를 건축물의 외벽에 잠시 전시하고자 할 때라도 甲의 허락을 얻어야만 한다.
② 乙이 감상하기 위해서 「군마」를 자신의 거실 벽에 걸어 놓을 때는 甲의 허락을 얻어야 한다.
③ A가 공원에 항시 전시되어 있는 「군마」를 회화로 복제하고자 할 때는 乙의 허락을 얻어야 한다.
④ 丙이 丁의 초상화를 복제하여 전시하고자 할 때는 丁의 허락을 얻어야 한다.
⑤ B가 공원에 항시 전시되어 있는 丁의 초상화를 판매목적으로 복제하고자 할 때는 丙의 허락을 얻을 필요가 없다.

실전 풀이법

윗글은 저작자와 소유자의 권리가 충돌하는 경우 어떻게 해결해야 하는지에 대해 설명하고 있다. 따라서 상황에서 저작자와 소유자가 누구인지부터 적어두고 접근하는 것이 바람직하다. 정리하면 아래와 같다.

- 甲 : 저작자, 乙 : 소유자
- 丙 : 저작자, 丁 : 위탁자, 소유자

이후에는 선지를 보면서 전시 혹은 복제하려는 상황인지, 위탁받은 작품에 관한 상황인지를 구분하여 접근한다면 실수 없이 판단할 수 있다.

정답해설

화가인 丙이 고객 丁으로부터 위탁을 받아 완성한 초상화의 경우, 丙은 丁의 허락이 있어야 이를 전시, 복제할 수 있다.

오답해설

① 공중에게 개방된 장소에 항시 전시하는 것이 아닌 한, 원본의 소유자인 乙은 자유로이 회화 원본을 전시할 수 있다.
② 거실은 공중에게 개방된 장소가 아니므로 소유자인 乙은 자유로이 원본을 전시할 수 있다.
③ 제3자인 A가 「군마」를 회화로 복제하는 것은 회화를 회화로 복제하는 경우에 해당하여 저작자인 甲의 허락을 얻어야 한다.
⑤ 제3자인 B가 초상화를 판매목적으로 복제하는 경우에는 저작자인 丙의 허락을 얻어야 한다.

33

정답 ④

다음 글을 근거로 판단할 때, 〈보기〉에서 옳은 것만을 모두 고르면? 2019년

보다 많은 고객을 끌어들일 수 있는 이상적인 점포 입지를 결정하기 위한 상권분석이론에는 'X가설'과 'Y가설'이 있다. X가설에 의하면, 소비자는 유사한 제품을 판매하는 점포들 중 한 점포를 선택할 때 가장 가까운 점포를 선택한다. 그러나이동거리가 점포 선택에 큰 영향을 미치기는 하지만, 소비자가 항상 가장 가까운 점포를 찾는다는 X가설이 적용되기 어려운 상황들이 있다. 가령, 소비자들은 먼 거리에 위치한 점포가 보다 나은 구매기회를 제공함으로써 이동에 따른 추가 노력을 보상한다면 기꺼이 먼 곳까지 찾아간다.

한편 Y가설은 다른 조건이 동일하다면 두 도시 사이에 위치하는 어떤 지역에 대한 각 도시의 상거래 흡인력은 각 도시의 인구에 비례하고, 각 도시로부터의 거리 제곱에 반비례한다고 본다. 즉, 인구가 많은 도시일수록 더 많은 구매기회를 제공할 가능성이 높으므로 소비자를 끌어당기는 힘이 크다고 본 것이다.

예를 들어, 일직선상에 A, B, C 세 도시가 있고, C시는 A시와 B시 사이에 위치하며, C시는 A시로부터 5km, B시로부터 10km 떨어져 있다. 그리고 A시 인구는 50만 명, B시의 인구는 400만 명, C시의 인구는 9만 명이다. 만약 A시와 B시가 서로 영향을 주지 않고, C시의 모든 인구가 A시와 B시에서만 구매한다고 가정하면, Y가설에 따라 A시와 B시로 구매활동에 유인되는 C시의 인구 규모를 계산할 수 있다. A시의 흡인력은 20,000(=50만÷25), B시의 흡인력은 40,000(=400만÷100)이다. 따라서 9만 명인 C시의 인구 중 1/3인 3만 명은 A시로, 2/3인 6만 명은 B시로 흡인된다.

〈보기〉

ㄱ. X가설에 따르면, 소비자가 유사한 제품을 판매하는 점포들 중 한 점포를 선택할 때 소비자는 더 싼 가격의 상품을 구매하기 위해 더 먼 거리에 있는 점포에 간다.
ㄴ. Y가설에 따르면, 인구 및 다른 조건이 동일할 때 거리가 가까운 도시일수록 이상적인 점포 입지가 된다.
ㄷ. Y가설에 따르면, C시로부터 A시와 B시가 떨어진 거리가 5km로 같다고 가정할 때 C시의 인구 중 8만 명이 B시로 흡인된다.

① ㄱ
② ㄴ
③ ㄱ, ㄷ
④ ㄴ, ㄷ
⑤ ㄱ, ㄴ, ㄷ

실전 풀이법

보기에서 X가설과 Y가설을 완전히 분리해서 묻고 있으므로 글에서 X가설을 읽은 뒤 바로 ㄱ을 판단하고, Y가설을 읽은 뒤 바로 ㄴ과 ㄷ을 판단하는 것이 시간 절약에 도움이 된다. 이때 사례 부분을 최대한 활용하여 계산을 최소화하는 것이 중요하다. 즉, ㄷ을 판단하는 데 있어 C시로부터 B시가 떨어진 거리가 $\frac{1}{2}$이 되면 흡인력은 4배가 된다는 것을 활용하여 시간을 절약할 수 있다.

정답해설

ㄴ. Y가설에 따르면 흡인력은 각 도시로부터의 거리 제곱에 반비례하므로, 다른 모든 조건이 동일하다면 거리가 가까운 도시일수록 흡인력이 커진다. 흡인력은 소비자를 끌어당기는 힘이므로 흡인력이 클수록 이상적인 점포 입지가 된다.
ㄷ. Y가설에 따를 때, C시로부터 B시가 떨어진 거리가 10km에서 5km로 변한다면 B시의 흡인력은 기존 40,000의 4배인 160,000이 된다. 이때 A시의 흡인력은 20,000이므로 C시 인구의 $\frac{8}{9}$인 8만 명이 B시로 흡인된다.

오답해설

ㄱ. X가설에 따르면 소비자는 유사한 제품을 판매하는 점포들 중 한 점포를 선택할 때 항상 가장 가까운 점포를 선택한다. 즉, 선택에 영향을 미치는 유일한 요인은 거리이고 가격은 점포 선택에 영향을 미치지 않는다.

34

정답 ④

다음 글을 근거로 판단할 때, 〈보기〉에서 옳은 것만을 모두 고르면? 2018년

甲, 乙, 丙이 바둑돌을 손가락으로 튕겨서 목표지점에 넣는 게임을 한다. 게임은 총 5라운드까지 진행하며, 라운드마다 바둑돌을 목표지점에 넣을 때까지 손가락으로 튕긴 횟수를 해당 라운드의 점수로 한다. 각 라운드의 점수가 가장 낮은 사람이 해당 라운드의 1위가 되며, 모든 라운드의 점수를 합산하여 그 값이 가장 작은 사람이 게임에서 우승한다.

아래의 표는 각 라운드별로 甲, 乙, 丙의 점수를 기록한 것이다. 4라운드와 5라운드의 결과는 실수로 지워졌는데, 그중 한 라운드에서는 甲, 乙, 丙 모두 점수가 같았고, 다른 한 라운드에서는 바둑돌을 한 번 튕겨서 목표지점에 넣은 사람이 있었다.

구분	1라운드	2라운드	3라운드	4라운드	5라운드	점수 합
甲	2	4	3			16
乙	5	4	2			17
丙	5	2	6			18

〈보기〉

ㄱ. 4라운드와 5라운드만을 합하여 바둑돌을 튕긴 횟수가 가장 많은 사람은 甲이다.
ㄴ. 바둑돌을 한 번 튕겨서 목표지점에 넣은 사람은 乙이다.
ㄷ. 丙의 점수는 라운드마다 달랐다.
ㄹ. 만약 각 라운드에서 단독으로 1위를 한 횟수가 가장 많은 사람이 우승하는 것으로 규칙을 변경한다면, 丙이 우승한다.

① ㄱ, ㄴ
② ㄱ, ㄷ
③ ㄴ, ㄹ
④ ㄱ, ㄷ, ㄹ
⑤ ㄴ, ㄷ, ㄹ

실전 풀이법

4라운드와 5라운드는 글자의 차이만 있을 뿐 문제를 풀 때에는 순서상의 구별을 할 필요가 전혀 없다. 즉, 4라운드와 5라운드에서 각각 1점, 4점을 받은 것과 4라운드와 5라운드에서 각각 4점, 1점을 받은 것은 문제를 풀 때 전혀 영향을 주지 못한다. 따라서 이러한 문제를 풀 때에는 각 라운드를 구별하는 것이 유의미한지 무의미한지를 따질 필요가 있다.

정답해설

ㄱ. 점수 합에서 1, 2, 3라운드의 점수를 빼면 4라운드와 5라운드를 합해서 바둑돌을 튕긴 횟수를 알 수 있다. 甲은 7회이며, 乙은 6회, 丙은 5회로 甲이 가장 많다.

ㄷ. 선지 ㄴ에서 丙의 4, 5라운드의 점수는 1점과 4점임을 알 수 있다. 따라서 丙은 각 라운드에서 서로 다른 점수를 받았다.

ㄹ. 甲은 1라운드에서 단독 1위를 했으며 乙은 3라운드에서 단독 1위를 했다. 丙은 2라운드와 4,5라운드 중 한 라운드에서 단독 1위를 했기 때문에 총 두 라운드에서 단독 1위를 한 丙이 우승한다.

오답해설

ㄴ. 선지대로 가정을 했을 때, 乙이 만약 4라운드에서 1점을 받았다면 5라운드에서는 5점을 받았을 것이다. 이때, 글에서는 甲, 乙, 丙의 점수가 같은 라운드가 있었다고 하였으므로 5라운드에서 甲, 乙, 丙은 모두 5점을 받았을 것이다. 하지만 丙의 경우, 4라운드와 5라운드를 합해 5점을 받았고, 4라운드에서는 0점을 받은 것이 되어야 한다. 하지만 각 라운드의 점수는 1점 이상의 자연수이기 때문에 이는 옳지 않다. 따라서 乙은 바둑돌을 한 번 튕겨서 목표지점에 넣은 사람이 될 수 없다. 甲의 경우도 마찬가지이므로 결국 丙이 바둑돌을 한 번 튕겨서 목표지점에 넣은 사람이 되며, 甲, 乙, 丙 모두 한 라운드에서 4점을 받았음을 알 수 있다.

35

정답 ④

다음 〈감독의 말〉과 〈상황〉을 근거로 판단할 때, 甲~戊 중 드라마에 캐스팅되는 배우는?

2019년

〈감독의 말〉

안녕하세요 여러분. '열혈 군의관, 조선시대로 가다!' 드라마 오디션에 지원해 주셔서 감사합니다. 잠시 후 오디션을 시작할 텐데요. 이번 오디션에서 캐스팅하려는 역은 20대 후반의 군의관입니다. 오디션 실시 후 오디션 점수를 기본 점수로 하고, 다음 채점 기준의 해당 점수를 기본 점수에 가감하여 최종 점수를 산출하며, 이 최종 점수가 가장 높은 사람을 캐스팅합니다.

첫째, 28세를 기준으로 나이가 많거나 적은 사람은 1세 차이당 2점씩 감점하겠습니다. 둘째, 이전에 군의관 역할을 연기해 본 경험이 있는 사람은 5점을 감점하겠습니다. 시청자들이 식상해 할 수 있을 것 같아서요. 셋째, 저희 드라마가 퓨전 사극이기 때문에, 사극에 출연해 본 경험이 있는 사람에게는 10점의 가점을 드리겠습니다. 넷째, 최종 점수가 가장 높은 사람이 여럿인 경우, 그중 기본 점수가 가장 높은 한 사람을 캐스팅하도록 하겠습니다.

〈상황〉

- 오디션 지원자는 총 5명이다.
- 오디션 점수는 甲이 76점, 乙이 78점, 丙이 80점, 丁이 82점, 戊가 85점이다.
- 각 배우의 오디션 점수에 각자의 나이를 더한 값은 모두 같다.
- 오디션 점수가 세 번째로 높은 사람만 군의관 역할을 연기해 본 경험이 있다.
- 나이가 가장 많은 배우만 사극에 출연한 경험이 있다.
- 나이가 가장 적은 배우는 23세이다.

① 甲
② 乙
③ 丙
④ 丁
⑤ 戊

실전 풀이법

나이와 오디션 점수의 합이 모두 동일하다는 점이 핵심이다. 甲에서 戊로 갈수록 오디션 점수가 높아지기 때문에 甲에서 戊로 갈수록 나이는 줄어든다. 이때 사극 경험으로 가점을 10점이나 받는 甲이 78점이므로 이미 기본점수가 78점인 乙은 캐스팅될 수 없다는 점 등의 숫자의 특성을 활용하면 좋다.

정답해설

戊의 나이가 23세이므로 甲, 乙, 丙, 丁의 나이는 각각 32세, 30세, 28세, 26세이다. 오디션 점수가 세 번째로 높은 丙만이 군의관 역할을 연기해 본 경험이 있고, 가장 나이가 많은 甲만 사극에 출연한 경험이 있다.

甲은 76−8+10=78점, 乙은 78−4=74점, 丙은 80−5=75점, 丁은 82−4=78점, 戊는 85−10=75점이다. 따라서 甲과 丁 중 기본 점수가 가장 높은 丁이 캐스팅된다.

36

정답 ④

다음 글과 〈상황〉을 근거로 판단할 때, 〈보기〉에서 옳은 것만을 모두 고르면?

2022년

甲 : 수면무호흡증으로 고생하고 있는데 양압기를 사용하면 많이 개선된다고 들었어요. 건강보험 급여 적용을 받으면 양압기 대여료가 많이 저렴해진다던데 설명 좀 들을 수 있을까요?

乙 : 급여 대상이 되려면 수면다원검사를 받으시고, 검사 결과 무호흡·저호흡 지수가 15 이상이면 돼요. 무호흡·저호흡 지수가 10 이상 15 미만이면 불면증·주간졸음·인지기능저하·기분장애 중 적어도 하나에 해당하면 돼요.

甲 : 그러면 제가 부담하는 대여료는 얼마인가요?

乙 : 일단 수면다원검사 결과 급여 대상에 해당하면 양압기 처방을 받으실 수 있어요. 양압기는 자동형과 수동형이 있는데 둘 중 하나를 선택해야 하고 중간에 바꿀 수는 없어요. 자동형의 기준금액은 하루에 3,000원이고 수동형은 하루에 2,000원이에요. 대여기간 중에는 사용 여부와 관계없이 대여료가 부과돼요. 처방일부터 최대 90일간 순응기간이 주어져요. 순응기간에는 기준금액 중 50%만 고객님이 부담하시면 되고, 나머지는 건강보험공단에서 저희 회사로 지급해요. 90일 기간 내에 연이은 30일 중 하루 4시간 이상 사용한 일수가 21일이 되면 그날로 순응기간이 종료돼요. 그러면 바로 그다음 날부터는 정식사용기간이 시작되어 기준금액의 20%만 고객님이 부담하시면 됩니다.

〈상황〉

수면다원검사 결과 甲의 무호흡·저호흡 지수는 16이었다. 甲은 2021년 4월 1일 양압기 처방을 받고 그날 양압기를 대여받았다.

〈보기〉

ㄱ. 甲은 불면증·주간졸음·인지기능저하·기분장애 증상이 없었더라도 양압기 처방을 받았을 것이다.

ㄴ. 甲이 2021년 4월 한 달 동안 부담한 양압기 대여료가 30,000원이라면, 甲은 수동형 양압기를 대여받았을 것이다.

ㄷ. 甲의 순응기간이 2021년 5월 21일에 종료되었다면, 甲은 해당 월에 양압기를 최소한 48시간 이상 사용하였을 것이다.

ㄹ. 甲이 자동형 양압기를 대여받았고 2021년 6월에 부담한 대여료가 36,000원이라면, 甲이 처방일부터 3개월간 부담한 총 대여료는 126,000원일 것이다.

① ㄱ, ㄷ
② ㄴ, ㄹ
③ ㄷ, ㄹ
④ ㄱ, ㄴ, ㄷ
⑤ ㄱ, ㄴ, ㄹ

실전 풀이법

ㄹ과 같은 경우 6월에 부담한 대여료가 $\frac{36,000원}{1,500원} \neq 30일$이라는 사실을 통해 4, 5월은 모두 순응기간임을 알았다면 쉽게 문제를 해결할 수 있었다. ㄷ과 같은 경우는 선지 중 유일하게 일수를 계산하기 때문에 이해하기 어렵고 실수가 발생할 수 있다. 이 경우 ㄱ, ㄴ, ㄹ을 먼저 판단하여 선지를 소거하는 전략을 취하는 것이 좋다.

정답해설

ㄱ. 甲은 수면다원검사 결과 무호흡 · 저호흡 지수가 16이다. 증상이 없었더라도 급여 대상이므로 양압기 처방을 받을 수 있다.

ㄴ.

구분	자동형	수동형
기준금액	3,000원	2,000원
순응기간	1,500원	1,000원
정식사용기간	600원	400원

4월 한 달 동안 수동형 양압기를 대여하고, 순응기간이었다면 대여료는 30일×1,000=30,000원이다. 자동형 양압기를 대여하였다면 순응기간을 21일만 계산해도 대여료는 21일×1,500원=31,500원이므로 자동형 양압기를 대여받아서 대여료가 30,000원이 나오는 것은 불가능하다.

ㄷ. 4월 1일 양압기 처방을 받은 이후 최대 90일간의 순응기간이 주어진다. 90일 기간 내에 연이은 30일 중 하루 4시간 이상 사용한 일수가 21일이 되면 그 날로 순응기간이 종료된다. 따라서 처방 후 90일 이전인 5월 21일에 종료되었다면 4월 22일부터 4월 30일까지 매일 4시간씩 9일간 사용하고, 5월 중으로 4시간씩 12일을 사용하였을 때 순응기간이 종료된다. 5월에는 양압기를 4시간×12일, 최소 48시간 이상 사용하였을 것이다.

오답해설

ㄹ. 6월에 부담한 자동형 양압기 대여료가 36,000원이라면 순응기간이 6월 중에 종료되었다는 것을 뜻한다$\left(\frac{36,000원}{1,500원} \neq 30일\right)$. 따라서 4월과 5월은 모두 순응기간이었다고 할 수 있고, 4, 5월의 대여료는 61일×1,500원=91,500원이다. 따라서 총 대여료는 127,500원이다.

37

정답 ④

다음 글과 〈상황〉을 근거로 판단할 때, 〈보기〉에서 옳은 것만을 모두 고르면?

2021년

제00조 ① 급식은 유아의 교육을 위하여 설립 · 운영되는 국립 · 공립 · 사립 유치원을 대상으로 실시한다.
② 제1항에도 불구하고 원아수 50명 미만의 사립 유치원은 급식 대상에서 제외한다. 다만 교육감이 필요하다고 인정하는 경우 급식 대상에 포함시킬 수 있다.
③ 교육감은 제2항에 따라 급식 대상에서 제외되는 유치원의 명칭과 주소를 매년 1월말까지 공시하여야 한다.
제00조 ① 유치원에 두는 영양교사의 배치기준은 다음 각 호와 같다.
1. 급식을 실시할 유치원에는 영양교사 1명을 둔다.
2. 제1호에도 불구하고 같은 교육지원청의 관할구역에 있는 원아수 각 200명 미만인 유치원은 2개 이내의 유치원에 순회 또는 공동으로 영양교사를 둘 수 있다.
② 교육감은 급식을 위한 시설과 설비를 갖춘 유치원 중 원아수 100명 미만의 유치원에 대하여 영양관리, 식생활 지도 등의 업무를 지원하기 위하여 교육지원청에 전담직원을 둘 수 있다. 이 경우 교육지원청의 지원을 받는 유치원에는 영양교사를 둔 것으로 본다.

〈상황〉

• 현재 유치원 현황은 다음과 같다.

유치원	분류	원아수	관할 교육지원청
A	공립	223	甲
B	사립	152	乙
C	사립	123	乙
D	사립	74	丙
E	공립	46	丙

〈보기〉

ㄱ. A유치원은 급식을 실시하기 위하여 영양교사 1명을 배치해야 한다.
ㄴ. B유치원과 C유치원은 공동으로 영양교사 1명을 배치할 수 있다.
ㄷ. 급식을 위한 시설과 설비를 갖춘 D유치원이 丙교육지원청의 전담직원을 통하여 영양관리, 식생활 지도 등의 업무를 지원받고 있다면, D유치원은 영양교사를 둔 것으로 본다.
ㄹ. E유치원은 급식 대상에서 제외되는 유치원으로 그 명칭과 주소가 매년 1월말까지 공시되어야 한다.

① ㄱ, ㄴ
② ㄱ, ㄹ
③ ㄷ, ㄹ
④ ㄱ, ㄴ, ㄷ
⑤ ㄴ, ㄷ, ㄹ

실전 풀이법

빠르게 읽다보면 공립유치원과 사립유치원을 분리해둔 이유인 ㄹ을 놓치는 경우가 생길 수 있다. 상황에서와 같이 얼핏 보기에 필요 없는 정보라도 일단 문제에서 구별해서 나눠놨다면 쓰일 수 있겠다는 생각을 가지고 법조문을 읽을 필요가 있다.

정답해설

ㄱ. 두 번째 조 제1항 제1호에 따르면 원아수가 200명 이상인 경우 다른 고려 없이 급식을 실시할 유치원에는 영양교사 1명을 둔다.

ㄴ. 두 번째 조 제1항 제2호에 따르면 같은 교육지원청의 관할구역에 있는 원아수 각 200명 미만인 유치원은 2개 이내의 유치원에 순회 또는 공동으로 영양교사를 둘 수 있다.

ㄷ. 두 번째 조 제2항에 따르면 교육감은 급식을 위한 시설과 설비를 갖춘 유치원 중 원아수 100명 미만의 유치원에 대하여 영양관리, 식생활 지도 등의 업무를 지원하기 위하여 교육지원청에 전담직원을 둘 수 있다.

오답해설

ㄹ. 첫 번째 조 제2항에 따라 원아수 50명 미만의 사립 유치원은 급식 대상에서 제외한다. 다만 교육감이 필요하다고 인정하는 경우 급식 대상에 포함시킬 수 있다.

38

정답 ⑤

다음 글을 근거로 판단할 때 옳은 것은? 2019년

- 가뭄 예 · 경보는 농업용수 분야와 생활 및 공업용수 분야로 구분하여 발령한다.
- 예 · 경보 발령은 '주의', '심함', '매우심함' 3단계로 구분하며, '매우심함'이 가장 심각한 단계이다.
- 가뭄 예 · 경보는 다음에서 정한 날에 발령한다.
  - 주의 : 해당 기준에 도달한 매 월 10일
  - 심함 : 해당 기준에 도달한 매 주 금요일
  - 매우심함 : 해당 기준에 도달한 매 일마다 수시

〈가뭄 예 · 경보 발령 기준〉

주의	농업용수	영농기(4~9월)에 저수지 저수율이 평년의 70% 이하 또는 밭 토양 유효수분율이 60% 이하에 해당되는 경우
	생활 및 공업용수	하천여유수량을 감량 공급하는 상황에서 현재 하천유지유량이 고갈되거나, 장래 1~3개월 후 하천 및 댐 등에서 농업용수 공급이 어려울 것으로 판단되는 경우
심함	농업용수	영농기(4~9월)에 저수지 저수율이 평년의 60% 이하 또는 밭 토양 유효수분율이 40% 이하에 해당되는 경우
	생활 및 공업용수	하천유지유량을 감량 공급하는 상황에서 현재 하천 및 댐 등에서 농업용수 공급이 부족하거나, 장래 1~3개월 후 생활 및 공업용수 공급이 어려울 것으로 판단되는 경우
매우 심함	농업용수	영농기(4~9월)에 저수지 저수율이 평년의 50% 이하 또는 밭 토양 유효수분율이 30% 이하에 해당되는 경우
	생활 및 공업용수	현재 하천 및 댐 등에서 농업용수, 생활 및 공업용수 공급이 부족하고, 장래 1~3개월 후 생활 및 공업용수 공급에도 차질이 발생할 것으로 판단되는 경우

※ 단, 상황이 여러 기준에 모두 해당되는 경우 더 심각한 단계에 해당되는 것으로 판단

① 영농기에 저수지 저수율이 평년의 50%라면 농업용수 가뭄 예 · 경보 기준의 심함에 해당한다.
② 영농기에 밭 토양 유효수분율이 70%일 경우 농업용수 가뭄 예 · 경보를 그 달 10일에 발령한다.
③ 하천유지유량을 감량 공급하는 상황에서 현재 하천 및 댐 등에서 농업용수 공급이 부족한 경우, 농업용수 가뭄 예 · 경보 기준의 심함에 해당한다.
④ 12월 23일 금요일에 저수지 저수율이 평년의 60% 이하이거나 밭 토양 유효수분율이 40% 이하이면 농업용수 가뭄 예 · 경보가 발령될 것이다.
⑤ 5월 19일 목요일에 생활 및 공업용수 가뭄 예 · 경보가 발령되었다면, 현재 하천 및 댐 등에서 농업용수, 생활 및 공업용수 공급이 부족하고, 장래 1~3개월 후 생활 및 공업용수 공급에도 차질이 발생할 것으로 판단되는 경우일 것이다.

실전 풀이법

가뭄 예경보 발령은 영농기(4~9월)에 이뤄지므로 영농기에서 벗어난 선지 ④는 오답이 된다. 조건적용의 경우, 해당 조건이 적용되기 위한 기본적인 전제를 제대로 충족하고 있는지를 살펴야 실수 없이 문제를 풀 수 있다.

정답해설

주의의 경우, 10일에만 발령될 수 있고 심함의 경우 금요일에만 발령될 수 있다. 따라서 5월 19일 목요일에 생활 및 공업용수 가뭄 예경보가 발령되기 위해서는 매우심함에 해당하여야 한다.

오답해설

① 영농기 저수지 저수율이 평년의 50% 이하일 경우 매우심함에 해당한다.
② 밭 토양 유효수분율이 70%일 경우, 농업용수 가뭄 예경보 발령이 이뤄지지 않는다.
③ 하천유지유량을 감량 공급하는 상황에서 현재 하천 및 댐 등에서 농업용수 공급이 부족한 경우, 심함에 해당한다.
④ 12월 23일은 영농기(4~9월)에 해당하지 않아 농업용수 가뭄 예경보가 발령되지 않을 것이다.

39

정답 ②

다음 글과 〈상황〉을 근거로 판단할 때, 2022년에 건강검진을 받을 직원이 가장 많은 검진항목은? 2022년

A기관은 직원들을 대상으로 건강검진 프로그램을 운영하고 있다. 직원들은 각 검진항목의 대상에 해당하는 경우 주기에 맞춰 반드시 검진을 받는다. 다만 검진주기가 2년인 검진항목은 최초 검진대상이 되는 해 또는 그다음 해에 검진을 받아야 한다. 예를 들어 2021년에 45세가 된 직원은 2021년 또는 2022년 중 한 번 심장 검진을 받고, 이후 2년마다 심장 검진을 받아야 한다.

〈A기관 건강검진 프로그램〉

검진항목	대상	주기
위	40세 이상	2년
대장	50세 이상	1년
심장	45세 이상	2년
자궁경부	30세 이상 45세 미만 여성	2년
간	40세 이상 간암 발생 고위험군	1년

〈상황〉

A기관 직원 甲~戊의 2020년 건강검진 기록은 다음과 같다. 2020년 검진 이후 A기관 직원 현황과 간암 발생 고위험군 직원은 변동이 없다.

〈2020년 A기관 직원 건강검진 기록〉

이름	나이(세)	성별	검진항목
甲	28	여	없음
乙	45	남	위
丙	40	여	간
丁	48	남	심장
戊	54	여	대장

① 위
② 대장
③ 심장
④ 자궁경부
⑤ 간

실전 풀이법

甲은 2022년에 자궁경부 검진을 받거나, 2023년에 받는다. 2년 주기의 검진항목은 해당 연도에 없다면 다음 연도에 받는다는 사실을 파악하였다면 표를 구성하기 수월하였을 것이다. 丁의 경우 대장 검진은 주기가 1년이기 때문에 50세가 된 그 해에 바로 대장 검진을 받아야 한다.

정답해설

제시된 조건을 표로 정리하면 다음과 같다.

이름	성별	2020년 (나이)	2021년 (나이)	2022년 (나이)
甲	여	없음 (28)	없음 (29)	선택(자궁경부) (30)
乙	남	위 (45)	심장 (46)	위 (47)
丙	여	간 (40)	간, 위, 자궁경부 (41)	간 (42)
丁	남	심장 (48)	위 (49)	심장, 대장 (50)
戊	여	대장 (54)	위, 심장, 대장 (55)	대장 (56)

2022년에 건강검진을 받을 직원이 가장 많은 검진항목은 대장이다.

40

정답 ⑤

다음 글을 근거로 판단할 때, 하이디와 페터가 키우는 양의 총 마리 수와 ㉠~㉣ 중 옳게 기록된 것만을 짝지은 것은?

2018년

• 하이디와 페터는 알프스의 목장에서 양을 키우는데, 목장은 4개의 구역(A~D)으로 이루어져 있다. 양들은 자유롭게 다른 구역을 넘나들 수 있지만 목장을 벗어나지 않는다.

• 하이디와 페터는 양을 잘 관리하기 위해 구역별 양의 수를 파악하고 있어야 하는데, 양들이 계속 구역을 넘나들기 때문에 양의 수를 정확히 헤아리는 데 어려움을 겪고 있다. 고민 끝에 하이디와 페터는 시간별로 양의 수를 기록하되, 하이디는 특정 시간 특정 구역의 양의 수만을 기록하고, 페터는 양이 구역을 넘나들 때마다 그 시간과 그때 이동한 양의 수를 기록하기로 하였다.

• 하이디와 페터가 같은 날 오전 9시부터 오전 10시 15분까지 작성한 기록표는 다음과 같으며, ㉠~㉣을 제외한 모든 기록은 정확하다.

하이디의 기록표			페터의 기록표		
시간	구역	마리 수	시간	구역 이동	마리 수
09:10	A	17마리	09:08	B → A	3마리
09:22	D	21마리	09:15	B → D	2마리
09:30	B	8마리	09:18	C → A	5마리
09:45	C	11마리	09:32	D → C	1마리
09:58	D	㉠ 21마리	09:48	A → C	4마리
10:04	A	㉡ 18마리	09:50	D → B	1마리
10:10	B	㉢ 12마리	09:52	C → D	3마리
10:15	C	㉣ 10마리	10:05	C → B	2마리

※ 구역 이동 외의 양의 수 변화는 고려하지 않음

① 59마리, ㉡, ㉣
② 59마리, ㉢, ㉣
③ 60마리, ㉠, ㉢
④ 61마리, ㉠, ㉡
⑤ 61마리, ㉡, ㉣

실전 풀이법

총 마리 수와 ㉠~㉣을 별개로 계산하면 편리하다. A, B, C, D의 시점별 마리 수가 모두 나오는 09:45를 기준으로 우선 총 마리 수를 계산하면 A는 22마리, B는 8마리, C는 11마리, D는 20마리로 총 61마리임을 알 수 있다. 이후 ㉠~㉣는 09:45의 마리 수를 기준으로 각각 계산해주면 편리하다. 이때, 해당 구역에 몇 마리가 들어왔고 몇 마리가 나갔는지 보면 되므로 위와 같은 표를 그릴 필요 없이 이후의 증감만 고려해주면 된다. 예컨대, ㉡은 22－4로 계산한다.

정답해설

	A	B	C	D
9:08	+3	−3		
9:10	17마리			
9:15		−2		+2
9:18	+5		−5	
9:22				21마리
9:30		8마리		
9:32			+1	−1
9:45			11마리	
9:48	−4		+4	
9:50		+1		−1
9:52			−3	+3
9:58				㉠마리
10:04	㉡마리			
10:05		+2	−2	
10:10		㉢마리		
10:15			㉣마리	

양의 총 마리 수는 61마리이다. ㉠은 22마리, ㉡은 18마리, ㉢은 11마리, ㉣은 10마리이다.

41

정답 ②

다음 글을 근거로 판단할 때, 甲과 乙이 콩을 나누기 위한 최소 측정 횟수는?

2020년

甲이 乙을 도와 총 1,760g의 콩을 수확한 후, 甲은 400g을 가지고 나머지는 乙이 모두 가지기로 하였다. 콩을 나눌 때 사용할 수 있는 도구는 2개의 평형접시가 달린 양팔저울 1개, 5g짜리 돌멩이 1개, 35g짜리 돌멩이 1개뿐이다. 甲과 乙은 양팔저울 1개와 돌멩이 2개만을 이용하여 콩의 무게를 측정한다. 양팔저울의 평형접시 2개가 평형을 이룰 때 1회의 측정이 이루어진 것으로 본다.

① 2
② 3
③ 4
④ 5
⑤ 6

실전 풀이법

돌멩이를 활용해 만들 수 있는 숫자는 돌멩이를 한쪽에 모두 올린 40g과 돌멩이를 각각 다른 쪽에 올린 30g임을 활용해서 400g을 만들면 된다. 문제의 난이도가 높고, 숫자를 활용한 아이디어를 요구하기 때문에 문제를 보자마자 풀이의 아이디어가 떠오르지 않는다면 풀지 않는 것이 최적의 전략이다.

정답해설

1회 : 1760g의 콩에 돌멩이 2개를 추가하여 1800g을 만든 후 양팔저울을 이용하여 900g과 860g의 콩으로 나눈다. 이때, 한쪽의 접시에는 콩만 올리고 다른 쪽의 접시에는 돌멩이 40g과 콩을 올린다.

2회 : 900g의 콩에 돌멩이 2개를 추가하여 940g을 만든 후 양팔저울을 이용하여 470g과 430g의 콩으로 나눈다. 이때, 한쪽의 접시에는 콩만 올리고 다른 쪽의 접시에는 돌멩이 40g과 콩을 올린다.

3회 : 양팔저울의 한쪽 접시에는 5g짜리 돌멩이를, 다른 쪽 접시에는 35g짜리 돌멩이를 올린 후 430g의 콩에서 30g을 빼서 평형을 이루게 만든다. 이렇게 나온 30g의 콩을 430g의 콩에서 제외하면 400g의 콩이 도출된다.

42

정답 ③

다음 글과 〈라운드별 음식값〉을 근거로 판단할 때, 음식값을 가장 많이 낸 사람과 그가 낸 음식값을 고르면? 2018년

- 甲, 乙, 丙이 가위바위보를 하여 음식값 내기를 하고 있다.
- 라운드당 한 번씩 가위바위보를 하여 음식값을 낼 사람을 정하며 총 5라운드를 겨룬다.
- 가위바위보에서 승패가 가려진 경우 패자는 해당 라운드의 음식값을 낸다.
- 비긴 경우에는 세 사람이 모두 음식값을 낸다. 단, 직전 라운드 가위바위보의 승자는 음식값을 내지 않는다.
- 음식값을 낼 사람이 2명 이상인 라운드에서는 음식값을 낼 사람들이 동일한 비율로 음식값을 나누어 낸다.
- 甲은 가위–바위–보–가위–바위를 순서대로 낸다.
- 乙은 1라운드에서 바위를 낸 후 2라운드부터는 직전 라운드 가위바위보에서 이긴 경우 가위를, 비긴 경우 바위를, 진 경우 보를 낸다. 단, 乙이 직전 라운드에서 음식값을 낸 경우에는 가위를 낸다.
- 丙은 1라운드에서 바위를 낸 후 2라운드부터는 직전 라운드 가위바위보에서 이긴 경우 보를, 비긴 경우 바위를, 진 경우 가위를 낸다.

※ 주어진 조건 외에는 고려하지 않음

〈라운드별 음식값〉

라운드	1	2	3	4	5
음식값(원)	12,000	15,000	18,000	25,000	30,000

	음식값을 가장 많이 낸 사람	음식값
①	甲	57,000원
②	乙	44,000원
③	乙	51,500원
④	丙	44,000원
⑤	丙	51,500원

실전 풀이법

라운드마다 甲, 乙, 丙이 내는 가위바위보의 규칙을 이해하고 전 라운드의 승패에 따라 다음 단계를 실수하지 않고 전개하는 것이 핵심이다. 이때 유의해야 할 점은 규칙의 단서이다. ① 비긴 경우 음식값을 나누어 내지만 직전 라운드의 승자는 음식값을 내지 않는 점, ② 乙의 경우 직전 라운드에서 음식값을 낸 경우 항상 가위를 내는 점을 항상 염두에 두고 게임을 전개한다. 이때 실수하지 않기 위해서는 해설처럼 표를 만들어서 게임을 기록하고, 라운드 별 승패에 따른 음식값을 바로 정리하는 것이 가장 좋은 방법이다. 마지막 라운드에서 30,000원을 낸 乙이 가장 많은 음식값을 지불한 것이 자명하고 금액의 마지막 단위가 500원으로 떨어지므로 ③을 정답으로 고른다면 계산 시간을 절약할 수 있을 것이다.

정답해설

〈라운드〉

구분	1	2	3	4	5
甲	가위	바위	보	가위	바위
乙	바위	가위	바위	가위	가위
丙	바위	보	바위	가위	바위

〈음식값〉

구분	1	2	3	4	5	합계
甲	12,000	15,000		×		27,000
乙		×	9,000	12,500	30,000	51,500
丙		×	9,000	12,500		21,500

우선 甲, 乙, 丙이 가위바위보를 내는 규칙을 게임의 승패에 따라 배열한다. 규칙에 따르면 첫 번째 라운드의 승자는 乙과 丙이다. 두 번째 라운드의 경우 비겼으나 乙과 丙이 직전 라운드의 승자이므로 음식값을 내지 않는다. 이후 세 번째 라운드의 경우 乙과 丙이 패배하였으므로 음식값을 나누어내고, 乙의 경우 다음 라운드에서 가위를 내게 된다. 네 번째 라운드의 경우 비겼으나 직전 라운드의 승자인 甲은 음식값을 내지 않으므로 乙과 丙이 음식값을 나누어낸다. 乙은 음식값을 지불하였으므로 다음 라운드에서 가위를 내고 다섯 번째 라운드에서 음식값을 낸다. 이때 라운드별 각자가 지불한 음식값을 모두 더하면 甲 : 27,000원, 丙 : 21,500원, 乙 : 51,500원으로 乙이 음식값을 가장 많이 낸 사람이 된다.

43

정답 ①

다음 글을 근거로 판단할 때, 甲～丁 4명이 모두 외출 준비를 끝내는 데 소요되는 최소 시간은? 2020년

甲～丁 4명은 화장실 1개, 세면대 1개, 샤워실 2개를 갖춘 숙소에 묵었다. 다음 날 아침 이들은 화장실, 세면대, 샤워실을 이용한 후 외출을 하려고 한다.

- 화장실, 세면대, 샤워실 이용을 마치면 외출 준비가 끝난다.
- 화장실, 세면대, 샤워실 순서로 1번씩 이용한다.
- 화장실, 세면대, 각 샤워실은 한 번에 한 명씩 이용한다.

〈개인별 이용시간〉

(단위 : 분)

구분	화장실	세면대	샤워실
甲	5	3	20
乙	5	5	10
丙	10	5	5
丁	10	3	15

① 40분
② 42분
③ 45분
④ 48분
⑤ 50분

실전 풀이법

샤워실이 2개이므로 화장실과 세면대 이용시간이 짧은 사람과 긴 사람으로 나누어 풀이를 시작한다. 이때, 샤워실 이용시간이 상대적으로 긴 丁이 최대한 빨리 샤워를 시작할 수 있도록 만드는 것이 핵심이다.

정답해설

소요되는 최소시간을 구하는 문제이다. 이를 위해서는 중간에 비는 시간을 최소로 하면서 이용시간이 가장 긴 사람부터 이용하게 해야 한다. 따라서 전반적으로 이용시간이 긴 샤워실을 기준으로 살펴보아야 하는데, 샤워실을 20분 이용하는 甲이 먼저 이용하도록 하고, 다음으로 丁, 乙, 丙 순서로 이용하도록 한다. 단, 샤워실은 2개가 있다는 점이 중요하다. 이를 바탕으로 인물별 상세 이용시간을 구해보면 다음과 같다.

甲	가장 먼저 사용하여 대기하는 시간이 존재하지 않는다. 5분+3분+20분=28분
乙	화장실을 이용하기 위해서는 甲이 화장실 이용을 마쳐야 하므로, 甲의 화장실 이용시간인 5분을 대기한 후 이용이 가능하다. 샤워실이 2개 있으므로, 이후로는 대기하는 시간 없이 이용할 수 있다. 5분(대기)+10분+3분+15분=33분
丙	화장실을 이용하기 위해서는 甲과 丁이 화장실 이용을 마쳐야 하므로, 두 사람의 화장실 이용시간인 15분을 대기한 후 이용이 가능하다. 15분 대기 후 화장실과 세면대는 대기 없이 이용할 수 있으나 대기시간을 포함하더라도 25분이 소요되므로, 샤워실 이용을 위해서는 대기시간이 존재한다. 甲이 샤워실까지 이용하는 데 소요되는 시간이 28분이므로, 乙이 샤워실을 이용하려면 추가로 3분을 더 대기해야 한다. 15분(대기)+5분+5분+3분(대기)+10분=38분
丁	丙은 가장 마지막에 이용하게 된다. 따라서 丙이 화장실을 이용하기 위해 서는 甲, 丁, 乙이 화장실 이용을 마쳐야 하므로, 세 사람의 화장실 이용시간인 20분을 대기한 후 이용이 가능하다. 20분 대기 후에는 추가 대기시간 없이 이용할 수 있다. 20분(대기)+10분+5분+5분=40분

따라서 甲~丁 4명이 모두 외출 준비를 끝내는 데 소요되는 최소시간은 40분이다.

44 정답 ⑤

다음 〈상황〉과 〈대화〉를 근거로 판단할 때 乙의 점수는? 2020년

〈상황〉

- 甲, 乙, 丙이 과제를 제출하여 각자 성적을 받았다.
- 甲, 乙, 丙의 점수는 서로 다른 자연수로서 세 명의 점수를 합하면 100점이 되며, 甲, 乙, 丙은 이 사실을 알고 있다.
- 甲, 乙, 丙은 자신의 점수는 알지만 다른 사람의 점수는 모르고 있다.

〈대화〉

甲 : 내가 우리 셋 중에 가장 높은 점수를 받았어.
乙 : 甲의 말을 들으니 우리 세 사람이 받은 점수를 확실히 알겠네.
丙 : 나도 이제 우리 세 사람의 점수를 확실히 알겠어.

① 1
② 25
③ 33
④ 41
⑤ 49

실전 풀이법

주어진 조건들을 순서에 따라 적용해야 한다. 대화 이전에 주어진 조건을 우선 정리한 후, 甲, 乙, 丙의 말을 통해 도출되는 조건을 순차적으로 적용한다. 이때 乙은 甲의 말만 듣고 바로 세 사람의 점수를 도출할 수 있다는 점이 풀이의 핵심이다.

정답해설

甲은 아무 정보도 없는 상태에서 본인이 가장 높은 점수를 받았음을 확신하고 있다. 그리고 乙, 丙은 모두 1 이상의 점수를 받았으므로, 甲의 점수가 50점 이상이라는 것을 알 수 있다. 그런데 乙은 甲이 50점 이상이라는 정보를 통해 바로 丙의 점수까지 추론해냈다. 사전적으로 주어진 정보는 丙의 점수가 1 이상이라는 것이므로 乙의 점수를 통해 바로 甲은 50점, 丙은 1점이 확정되어야 한다. 따라서 乙의 점수는 49점이다.

45 정답 ②

다음 글과 〈표〉를 근거로 판단할 때, 〈보기〉에서 세 사람 사이의 관계가 '모호'한 것만을 모두 고르면? 2018년

- 임의의 두 사람 사이의 관계는 '동갑'과 '위아래' 두 가지 경우로 나뉜다.
  - 두 사람이 태어난 연도가 같은 경우 초등학교 입학년도에 상관없이 '동갑' 관계가 된다.
  - 두 사람이 태어난 연도가 다른 경우 '위아래' 관계가 된다. 이때 생년이 더 빠른 사람이 '윗사람', 더 늦은 사람이 '아랫사람'이 된다.
  - 두 사람이 태어난 연도가 다르더라도 초등학교 입학년도가 같고 생년월일의 차이가 1년 미만이라면 '동갑' 관계가 된다.
- 두 사람 사이의 관계를 바탕으로 임의의 세 사람(A~C) 사이의 관계는 '명확'과 '모호' 두 가지 경우로 나뉜다.
  - A와 B, A와 C가 '동갑' 관계이고 B와 C 또한 '동갑' 관계인 경우 세 사람 사이의 관계는 '명확'하다.
  - A와 B가 '동갑' 관계이고 A가 C의 '윗사람', B가 C의 '윗사람'인 경우 세 사람 사이의 관계는 '명확'하다.
  - A와 B, A와 C가 '동갑' 관계이고 B와 C가 '위아래' 관계인 경우 세 사람 사이의 관계는 '모호'하다.

〈표〉

이름	생년월일	초등학교 입학년도
甲	1992. 4. 11.	1998
乙	1991. 10. 3.	1998
丙	1991. 3. 1.	1998
丁	1992. 2. 14.	1998
戊	1993. 1. 7.	1999

〈보기〉

ㄱ. 甲, 乙, 丙
ㄴ. 甲, 乙, 丁
ㄷ. 甲, 丙, 丁
ㄹ. 乙, 丁, 戊

① ㄱ, ㄴ
② ㄱ, ㄷ
③ ㄴ, ㄹ
④ ㄱ, ㄷ, ㄹ
⑤ ㄴ, ㄷ, ㄹ

실전 풀이법

모호한 관계가 되기 위해서는 세 사람 간의 관계가 동갑, 동갑, 위아래 관계로 구성되어야 한다. 이때, 戊는 태어난 연도도 가장 늦고 초등학교 입학년도도 다르므로 모호한 관계의 구성원이 될 수 없다. 따라서 ㄹ은 답이 될 수 없음을 알 수 있다. 만약 풀이시간이 부족하여 찍어야 한다면 여기까지만 파악하고 ①, ② 중에 찍는 것도 방법이다.
모호한 관계 구성의 핵심은 甲과 丙이다. 甲, 乙, 丙, 丁간의 관계는 甲과 丙을 제외하고는 모두 동갑 관계이다. 따라서 甲과 丙이 포함된 보기만 고르면 일일이 따져보지 않고서도 답을 고를 수 있다.

정답해설

태어난 연도가 같으면 '동갑' 관계이므로, 甲과 丁, 乙과 丙은 동갑이다. 초등학교 입학년도가 같고 생년월일의 차이가 1년 미만이라면 '동갑' 관계이므로, 甲과 乙, 乙과 丁, 丙과 丁은 동갑이다. 나머지 경우는 모두 '위아래' 관계가 된다.

ㄱ. 甲과 乙, 乙과 丙은 동갑 관계이나 甲과 丙은 위아래 관계이므로 세 사람의 관계는 모호하다.

ㄷ. 甲과 丁, 丙과 丁은 동갑 관계이나 甲과 丙은 위아래 관계이므로 세 사람의 관계는 모호하다.

오답해설

ㄴ. 甲과 乙, 甲과 丁, 乙과 丁은 모두 동갑 관계이므로 세 사람의 관계는 명확하다.

ㄹ. 乙과 丁은 동갑 관계이고 乙이 戊의 윗사람, 丁이 戊의 윗사람이므로 세 사람의 관계는 명확하다.

46

정답 ①

다음 글을 근거로 판단할 때, 〈보기〉에서 옳은 것만을 모두 고르면? 2019년

> A부족과 B부족은 한쪽 손의 손모양으로 손가락 셈법(지산법)을 사용하여 셈을 한다.
> • A부족의 손가락 셈법에 따르면, 손모양을 보아 손바닥이 보이면 펴져 있는 손가락 개수만큼 더하고, 손등이 보이면 펴져 있는 손가락 개수만큼을 뺀다.
> • B부족의 손가락 셈법에 따르면, 손모양을 보아 엄지가 펴져 있으면 엄지를 제외하고 펴져 있는 손가락 개수만큼 더하고, 엄지가 접혀 있으면 펴져 있는 손가락 개수만큼 뺀다.

〈보기〉

ㄱ. 손바닥이 보이는 채로, 손가락 다섯 개가 세 번 모두 펴져 있으면, 셈의 합은 A부족이 15이고 B부족은 12일 것이다.
ㄴ. B부족의 셈법에 따르면, 세 번 다 엄지만이 펴져 있는 것의 셈의 합과 세 번 다 주먹이 쥐어져 있는 것의 셈의 합은 동일하다.
ㄷ. 손바닥이 보이는 채로, 첫 번째는 엄지·검지·중지만이 펴져 있고, 두 번째는 엄지가 접혀 있고 검지·중지만 펴져 있고, 세 번째는 다른 손가락은 접혀 있고 엄지만 펴져 있다. 이 경우 셈의 합은 A부족이 6이고 B부족은 3일 것이다.
ㄹ. 세 번 동안 손가락이 몇 개씩 펴져 있는지는 알 수 없으나 세 번 내내 엄지는 꼭 펴져 있었다. 이를 A부족, B부족 각각의 셈법에 따라 셈을 하였을 때, 셈의 합이 똑같이 9가 나올 수 있다.

① ㄱ, ㄴ
② ㄴ, ㄷ
③ ㄷ, ㄹ
④ ㄱ, ㄴ, ㄹ
⑤ ㄱ, ㄷ, ㄹ

실전 풀이법

보기의 ㄱ, ㄴ, ㄷ은 시키는 대로 셈을 하면 비교적 간단히 풀 수 있지만, ㄹ은 판단에 사고를 요한다. 하지만 ㄱ, ㄴ을 옳다고 도출하더라도 ㄹ을 반드시 판정해야만 정답을 고를 수 있기 때문에 ㄹ 판단에 시간이 많이 소요될 것 같다면 포기하는 것도 전략이다.

정답해설

ㄱ. A부족의 셈법에 따르면 손바닥이 보이는 채로 손가락 다섯 개가 세 번 모두 펴져 있는 경우 펴져 있는 손가락 개수만큼 더하기 때문에 셈의 합은 15가 되고, B부족의 셈법에 따르면 세 번 모두 엄지가 펴져 있으므로 엄지를 제외하고 펴져 있는 손가락 개수만큼 더하기 때문에 셈의 합은 12가 된다.

ㄴ. B부족의 셈법에 따르면 세 번 다 엄지만 펴져 있는 경우 엄지를 제외하고 펴져 있는 손가락이 0개이므로 셈의 합은 0이 되고, 세 번 다 주먹이 쥐어져 있는 경우 엄지가 접혀 있고 펴져 있는 손가락이 0개이므로 셈의 합은 0이 된다.

오답해설

ㄷ. A부족의 셈법에 따르면 손바닥이 보이는 채로 세 손가락이 펴져 있고, 두 손가락이 펴져 있고, 한 손가락이 펴져 있으므로 셈의 합은 6이 된다. 그리고 B부족의 셈법에 따르면 엄지가 펴져 있을 때 나머지 두 손가락을 더하고, 엄지가 접혀 있을 때 두 손가락을 빼고, 엄지만 펴져 있을 때 0을 더하면 셈의 합은 0이 된다.

ㄹ. 세 번 내내 엄지가 펴져 있었다면 B부족의 셈법에 따르면 세 수를 더해서 9가 나와야 한다. 따라서 가능한 경우로는 엄지를 제외하고 펴져 있는 손가락 수가 (ⅰ) 1+4+4, (ⅱ) 2+3+4, (ⅲ) 3+3+3인 경우가 있다. 위의 경우들을 A부족의 셈법으로 계산해 보면 다음과 같다.

(ⅰ) 1+4+4인 경우 : 펴져 있는 엄지의 수를 고려하면 2±5±5가 된다. 이를 더하거나 빼서 9를 도출할 수 없으므로 제외한다.

(ⅱ) 2+3+4인 경우 : 펴져 있는 엄지의 수를 고려하면 3±4±5가 된다. 이를 더하거나 빼서 9를 도출할 수 없으므로 제외한다.

(ⅲ) 3+3+3인 경우: 펴져 있는 엄지의 수를 고려하면 4±4±4가 된다. 이를 더하거나 빼서 9를 도출할 수 없으므로 제외한다. 따라서 어떤 경우에도 A부족과 B부족 셈의 합이 똑같이 9가 나올 수 없다.

47

정답 ②

다음 글을 근거로 판단할 때, A시 예산성과금을 가장 많이 받는 사람은? 2021년

〈A시 예산성과금 공고문〉

• 제도의 취지
- 예산의 집행방법과 제도 개선 등으로 예산을 절감하거나 수입을 증대시킨 경우 그 일부를 기여자에게 성과금(포상금)으로 지급함으로써 예산의 효율적 사용 장려

• 지급요건 및 대상
- 자발적 노력을 통한 제도 개선 등으로 예산을 절감하거나 세입원을 발굴하는 등 세입을 증대한 경우
- 예산절감 및 수입증대 발생시기 : 2020년 1월 1일~2020년 12월 31일
- A시 공무원, A시 사무를 위임(위탁) 받아 수행하는 기관의 임직원
- 예산낭비를 신고하거나, 지출절약이나 수입증대에 관한 제안을 제출하여 A시의 예산절감 및 수입증대에 기여한 국민

• 지급기준
- 1인당 지급액

구분	예산절감		수입증대
	주요사업비	경상적 경비	
지급액	절약액의 20%	절약액의 50%	증대액의 10%

- 타 부서나 타 사업으로 확산 시 지급액의 30%를 가산하여 지급

① 사업물자 계약방법을 개선하여 2019년 12월 주요사업비 8천만 원을 절약한 A시 사무관 甲
② 제도 개선을 통해 2020년 5월 주요사업비 3천 5백만 원을 절약하여 개선된 제도가 A시청 전 부서에 확대 시행되는 데 기여한 A시 사무관 乙
③ A시 지역축제에 관한 제안을 제출하여 2020년 7월 8천만 원의 수입증대에 기여한 국민 丙
④ A시 위임사무를 수행하면서 제도 개선을 통해 2020년 8월 경상적 경비 1천 8백만 원을 절약한 B기관 이사 丁
⑤ A시장의 지시를 받아 사무용품 조달방법을 개선하여 2020년 9월 경상적 경비 1천만 원을 절약한 A시 사무관 戊

실전 풀이법

①과 같이 계산 이외의 조건을 적용해서 제외하는 대상이 없는지 먼저 파악 하자. 계산을 하나 더 하는 것이 조건을 찾아보는 시간보다 오래 걸리기 때문이다. 문제에서 제시된 '확산 시 가산 조건'과 같이 다른 선지와 구별되는 예외적 계산 사항에 대해 주의를 기울이자.

정답해설

乙은 주요사업비 예산을 3,500만 원 절약하였고, 乙의 기여는 전 부처로 확산되어 가산 지급 대상이다. 그러므로 乙의 예산성과금은 3,500×20%×1.3=910만 원이다.

오답해설

① 지급요건에 따르면 발생시기가 2020년 1월 1일부터 2020년 12월 31일까지인 예산절감 및 수입증대가 예산성과금 지급 대상이다. 甲의 예산절감은 2019년에 이루어졌다.
③ 丙은 수입증대항목을 8,000만 원 증대시켰다. 그러므로 丙의 예산성과금은 8,000×10%=800만 원이다.
④ 丁은 경상적 경비를 1,800만 원 절감했다. 그러므로 丁의 예산성과금은 1,800×50%=900만 원이다.
⑤ 戊는 경상적 경비를 1,000만 원 절감했다. 그러므로 戊의 예산성과금은 1,000×50%=500만 원이다.

48

정답 ①

다음 글을 근거로 판단할 때, 길동이가 오늘 아침에 수행한 아침 일과에 포함될 수 없는 것은? 2019년

길동이는 오늘 아침 7시 20분에 기상하여, 25분 후인 7시 45분에 집을 나섰다. 길동이는 주어진 25분을 모두 아침 일과를 쉼 없이 수행하는 데 사용했다.

아침 일과를 수행하는 데 정해진 순서는 없으며, 같은 아침 일과를 두 번 이상 수행하지 않는다.

단, 머리를 감았다면 반드시 말리며, 각 아침 일과 수행 중에 다른 아침 일과를 동시에 수행할 수는 없다. 각 아침 일과를 수행하는 데 소요되는 시간은 아래와 같다.

아침 일과	소요 시간
샤워	10분
세수	4분
머리 감기	3분
머리 말리기	5분
몸치장 하기	7분
구두 닦기	5분
주스 만들기	15분
양말 신기	2분

① 세수
② 머리 감기
③ 구두 닦기
④ 몸치장 하기
⑤ 주스 만들기

실전 풀이법

이런 유형의 문제를 빨리 풀기 위해서는 선지를 대입하면서 해당 선지가 가능한지를 보아야 한다. 또한 머리를 감은 경우 머리를 반드시 말려야 하기 때문에 사실상 두 개의 일과를 합쳐 소요시간을 8분으로 두고 문제를 풀어야 한다.

정답해설

세수(4분)를 할 경우 21분이 남는데, 나머지 것들을 조합했을 때 21이 되는 경우는 없다.

오답해설

② 머리감기(3분)를 할 경우 머리 말리기(5분) 역시 반드시 해야 하므로 17분이 남는다. 이때 샤워(10분)와 몸치장 하기(7분)를 한다면 남김없이 시간을 사용할 수 있다.
③ 구두 닦기(5분)를 할 경우 20분이 남는다. 이때, 머리 감기 (3분)와 머리 말리기(5분), 샤워(10분), 양말 신기(2분)를 한다면 남김없이 시간을 사용할 수 있다.
④ 몸치장 하기(7분)를 할 경우 18분이 남는다. 이때, 샤워(10분)와 머리 감기(3분), 머리 말리기(5분)를 한다면 남김없이 시간을 사용할 수 있다.
⑤ 주스 만들기(15분)를 할 경우 10분이 남는다. 이때, 샤워(10분)를 한다면 남김없이 시간을 사용할 수 있다.

49

정답 ④

다음 글과 〈상황〉을 근거로 판단할 때, 일반하역사업 등록이 가능한 사업자만을 모두 고르면? 2022년

〈일반하역사업의 최소 등록기준〉

구분	1급지 (부산항, 인천항, 포항항, 광양항)	2급지 (여수항, 마산항, 동해·묵호항)	3급지 (1급지와 2급지를 제외한 항)
총시설 평가액	10억 원	5억 원	1억 원
자본금	3억 원	1억 원	5천만 원

- 사업자의 시설 중 본인 소유 시설평가액 총액이 등록기준에서 정한 급지별 '총시설평가액'의 3분의 2 이상이어야 한다.
- 사업자의 하역시설 평가액 총액은 해당 사업자의 시설평가액 총액의 3분의 2 이상이어야 한다.
- 3급지 항에 대해서는 자본금이 1억 원 이상이면 등록기준에서 정한 급지별 '총시설평가액'을 2분의 1로 완화한다.

〈상황〉

- 시설 A~F 중 하역시설은 A, B, C이다.
- 사업자 甲~丁 현황은 다음과 같다.

사업자	항만	자본금	시설	시설 평가액	본인 소유여부
甲	부산항	2억 원	B	4억 원	○
			C	2억 원	○
			D	1억 원	×
			E	3억 원	×
乙	광양항	3억 원	C	8억 원	○
			E	1억 원	×
			F	2억 원	×
丙	동해·묵호항	4억 원	A	1억 원	○
			C	4억 원	○
			D	3억 원	×
丁	대산항	1억 원	A	6천만 원	○
			B	1천만 원	×
			C	1천만 원	×
			D	1천만 원	○

① 甲, 乙
② 甲, 丙
③ 乙, 丙
④ 乙, 丁
⑤ 丙, 丁

실전 풀이법

여러 선지 중 어느 선지가 조건을 충족하는지 묻는 조건적용 문제에서는 대부분 단서에 의해 조기에 소거되는 선지가 존재한다. 이 문제의 경우 甲은 첫 번째 조건(자본금)부터 충족시키지 못하여 바로 소거되었다. 이러한 점을 빠르게 파악하는 연습을 해두어야 한다.

정답해설

- 乙 : 1급지이고, 총시설평가액의 $\frac{2}{3}$(6.67억 원) 이상이 본인 소유 시설평가액(8억 원)이여서 가능하다. 두 번째 조건으로 하역시설 평가액 총액(8억 원) 역시 해당 사업자의 시설평가액 총액(11억 원)의 $\frac{2}{3}$(7.4억 원) 이상이므로 적정하다.
- 丁 : 3급지이고, 자본금이 1억 원 이상이므로 등록기준 총시설평가액은 5천만 원으로 완화된다. 총시설평가액의 $\frac{2}{3}$(3.34천만 원) 이상이 본인 소유 시설평가액(7천만 원)이므로 가능하다. 두 번째 조건 역시 하역시설 평가 총액(6천만 원)이 시설평가액 총액(9천만 원)의 $\frac{2}{3}$ 이상이므로 적정하다.

오답해설

- 甲 : 1급지이므로 총시설평가액의 $\frac{2}{3}$(6.67억 원) 이상이 본인 소유 시설평가액이어야 하지만 이는 6억 원으로 불가능하다. 또한 甲은 최소 등록기준의 자 본금에서부터 제외된다.
- 丙 : 2급지이고 총시설평가액의 $\frac{2}{3}$(3.34억 원) 이상이 본인 소유 시설평가액(5억 원)이므로 가능하다. 하지만 두 번째 조건의 하역시설 평가액 총액(5억 원)이 해당 사업자의 시설평가액 총액(8억 원)의 $\frac{2}{3}$(5.4억 원) 이상이 아니므로 적정하지 않다.

50

정답 ①

다음 글을 근거로 판단할 때 옳지 않은 것은? 2021년

A협회는 매년 12월 열리는 정기총회에서 다음해 협회장을 선출한다. 협회장의 선출은 ① 입후보자가 1인인 경우에는 '찬반투표'로 이루어지고, ② 입후보자가 2인 이상인 경우에는 '선거'를 통해 이루어진다.

'찬반투표'에 참여할 수 있는 회원의 자격은 투표일 현재까지 A협회의 정회원인 사람으로 한정한다. A협회의 정회원은 A협회의 준회원으로 만 1년 이상을 활동한 후 정회원 가입 신청을 하고 연회비를 납부한 자를 말한다. 기준에 따라 정회원 가입을 신청하고 연회비를 납부한 그 날부터 정회원 자격이 부여된다. 정회원은 정회원 자격을 획득한 다음해부터 매해 1월 30일까지 연회비를 납부하여야 그 자격이 유지된다. 기한 내에 연회비를 납부하지 않은 정회원은 그 자격이 유보되어 권리를 행사할 수 없고, 정회원 자격을 회복하기 위해서는 그 다음해 연회비 납부일까지 연회비의 3배를 납부하여야 한다. 2년 연속 연회비를 납부하지 않은 사람은 A협회의 회원 자격이 영구히 박탈된다.

한편 '선거'에 참여할 수 있는 회원의 자격은 선거일을 기준으로 정회원 자격을 얻은 후 만 1년을 경과한 정회원으로 한정한다. 연회비 미납부로 정회원 자격이 유보된 사람도 정회원 자격을 회복한 후 만 1년을 경과하여야 선거에 참여할 수 있다.

① 2019년 10월 A협회 정회원 자격을 얻은 甲은 '2020년 협회장' 선출을 위한 '선거'에 참여할 수 있었다.
② 2018년 10월 A협회 정회원 자격을 얻은 乙은 2019년 연회비 납부 여부와 관계없이 '2019년 협회장' 선출을 위한 '찬반투표'에 참여할 수 있었다.
③ 2017년 10월 A협회 정회원 자격을 얻은 丙이 연회비 미납부로 자격이 유보되었다가 2019년에 정회원 자격을 회복하였더라도 '2020년 협회장' 선출을 위한 '선거'에 참여할 수 없었다.
④ 2017년 10월 A협회 준회원 활동을 시작한 丁이 최소 요구 연한 경과 직후에 정회원 자격을 획득하였다면 '2019년 협회장' 선출을 위한 '찬반투표'에 참여할 수 있었다.
⑤ 2016년 10월 처음으로 A협회 정회원 자격을 얻은 戊가 2017년부터 연회비를 계속 납부하지 않았다면 협회장 선출을 위한 '선거'에 한 번도 참여할 수 없었다.

실전 풀이법

매년 12월에 다음해 협회장을 선출한다는 것이 선지 해결의 핵심이라고 할 수 있다. 이처럼 단순한 발문으로 보이는 지문에도 조건을 제시하는 경우가 최근 기출에서 많이 늘어나고 있는 추세이다. 선지의 각 선거 혹은 찬반투표가 언제 이루어지는지를 정확히 파악하는 것이 필요하다.

정답해설

'선거'에 참여할 수 있는 회원의 자격은 선거일을 기준으로 정회원 자격을 얻은 후 만 1년을 경과한 정회원으로 한정하며, 매년 12월 열리는 정기총회에서 다음 해의 협회장을 선출한다. 그러므로 '2020년 협회장' 선출을 위한 '선거'는 2019년 12월에 진행될 것이며, 2020년 10월이 지나야 만 1년이 경과하는 甲은 참여할 수 없을 것이다.

오답해설

② '찬반투표'에 참여할 수 있는 회원의 자격은 투표일 현재까지 A협회의 정회원인 사람이다. 그리고, '2019년 협회장' 선출을 위한 '찬반투표'는 2018년 12월에 진행될 것이다. 그런데, 2018년 10월 A협회 정회원 자격을 얻은 乙의 첫 연회비 납부는 2019년 1월 30일까지이므로 연회비 미납부로 정회원 자격이 유보될 가능성은 없을 것이다.

③ 연회비 미납부로 정회원 자격이 유보된 사람도 정회원 자격을 회복한 후 만 1년을 경과하여야 선거에 참여할 수 있다. 그러므로 '2020년 협회장' 선출을 위한 '선거' 진행시에 丙은 자격 회복 후 만 1년이 경과하지 않은 상태라고 할 수 있다.

④ A협회의 정회원은 A협회의 준회원으로 만 1년 이상을 활동한 후 정회원 가입 신청을 하고 연회비를 납부한 자를 말한다. 또한 정회원 가입을 신청하고 연회비를 납부한 그 날부터 정회원 자격이 부여된다. 그러므로 丁은 2018년 10월 정회원 자격을 획득했을 것이다. 2018년 12월에 진행될 '찬반투표'에 참여할 수 있는 회원의 자격은 투표일 현재까지 A협회의 정회원인 사람이다. 그러므로 丁은 참여할 수 있었다.

⑤ '선거'에 참여할 수 있는 회원의 자격은 선거일을 기준으로 정회원 자격을 얻은 후 만 1년을 경과한 정회원으로 한정한다. 戊는 2016년 10월 정회원 자격을 얻은 이후 2017년 1월 30일 이후부터 자격 유보 상태이므로, 만 1년을 유지하지 못해 '2017년 협회장' 선출을 위한 선거에 참여하지 못했을 것이다. 나아가 그 이후 선거에도 참여하지 못했을 것이다.

51

정답 ①

다음 글을 근거로 판단할 때, 사과 사탕 1개와 딸기 사탕 1개를 함께 먹은 사람과 戊가 먹은 사탕을 옳게 짝지은 것은? 2018년

사과 사탕, 포도 사탕, 딸기 사탕이 각각 2개씩 있다. 다섯 명의 사람(甲~戊) 중 한 명이 사과 사탕 1개와 딸기 사탕 1개를 함께 먹고, 다른 네 명이 남은 사탕을 각각 1개씩 먹었다. 이 사실만을 알고 甲~戊는 차례대로 다음과 같이 말했으며, 모두 진실을 말하였다.

甲 : 나는 포도 사탕을 먹지 않았어.
乙 : 나는 사과 사탕만을 먹었어.
丙 : 나는 사과 사탕을 먹지 않았어.
丁 : 나는 사탕을 한 종류만 먹었어.
戊 : 너희 말을 다 듣고 아무리 생각해봐도 나는 딸기 사탕을 먹은 사람 두 명 다 알 수는 없어.

① 甲, 포도 사탕 1개
② 甲, 딸기 사탕 1개
③ 丙, 포도 사탕 1개
④ 丙, 딸기 사탕 1개
⑤ 戊, 사과 사탕 1개와 딸기 사탕 1개

실전 풀이법

구분	사과, 딸기	사과	딸기	포도	포도
甲		×		×	×
乙	×	○	×	×	×
丙	×	×			
丁	×	×			
戊		×			

×인 상태에서 딸기 사탕을 먹은 사람 두 명을 모두 알 수 없는 상황을 도출해내면 된다. 戊가 사과 사탕과 딸기 사탕을 모두 먹었다면 甲은 딸기 사탕, 丙과 丁은 포도 사탕을 먹은 상황이 확정되므로 답이 될 수 없다. 戊가 딸기 사탕만을 먹었다면 甲은 사과 사탕과 딸기 사탕, 丙과 丁은 포도 사탕을 먹은 상황이 확정되므로 답이 될 수 없다. 따라서 戊는 포도 사탕을 먹었다.

정답해설

甲은 사과 사탕 1개와 딸기 사탕 1개, 乙은 사과 사탕 1개, 戊는 포도 사탕 1개를 먹었고, 丙과 丁이 먹은 사탕은 알 수 없다.

52

정답 ①

다음 글을 근거로 판단할 때, 〈보기〉에서 옳은 것만을 모두 고르면? 2021년

제00조 이 법에서 사용하는 용어의 뜻은 다음과 같다.
1. '임종과정에 있는 환자'란 담당의사와 해당 분야의 전문의 1명으로부터 임종과정에 있다는 의학적 판단을 받은 자를 말한다.
2. '연명의료계획서'란 말기환자 등의 의사에 따라 담당의사가 환자에 대한 연명의료중단결정 및 호스피스에 관한 사항을 계획하여 문서(전자문서를 포함한다)로 작성한 것을 말한다.
3. '사전연명의료의향서'란 19세 이상인 사람이 자신의 연명의료중단결정 및 호스피스에 관한 의사를 직접 문서(전자문서를 포함한다)로 작성한 것을 말한다.
4. '연명의료중단결정'이란 임종과정에 있는 환자에 대한 연명의료를 시행하지 아니하거나 중단하기로 하는 결정을 말한다.

제00조 ① 말기환자 등은 담당의사에게 연명의료계획서의 작성을 요청할 수 있다.
② 의료기관의 장은 작성된 연명의료계획서를 등록·보관하여야 한다.

제00조 ① 연명의료중단결정을 원하는 환자의 의사는 다음 각 호의 어느 하나의 방법으로 확인한다.
1. 의료기관에서 작성된 연명의료계획서가 있는 경우 이를 환자의 의사로 본다.
2. 담당의사가 사전연명의료의향서의 내용을 환자에게 확인하는 경우 이를 환자의 의사로 본다.

② 제1항에 해당하지 아니하여 환자의 의사를 확인할 수 없고 환자가 의사표현을 할 수 없는 의학적 상태인 경우 다음 각 호의 어느 하나에 해당할 때에는 해당 환자를 위한 연명의료중단결정이 있는 것으로 본다. 다만 담당의사 또는 해당 분야 전문의 1명이 환자가 연명의료중단결정을 원하지 아니하였다는 사실을 확인한 경우는 제외한다.
1. 미성년자인 환자의 법정대리인(친권자에 한정한다)이 연명의료중단결정의 의사표시를 하고 담당의사와 해당 분야 전문의 1명이 확인한 경우

2. 환자가족 중 다음 각 목에 해당하는 사람(19세 이상인 사람에 한정하며, 행방불명자 등 대통령령으로 정하는 사유에 해당하는 사람은 제외한다) 전원의 합의로 연명의료중단결정의 의사표시를 하고 담당의사와 해당 분야 전문의 1명이 확인한 경우
가. 배우자
나. 1촌 이내의 직계 존속 · 비속

〈보기〉

ㄱ. 17세 환자가 자신의 연명의료중단결정에 관한 전자문서를 직접 작성하였다면, 그 문서는 사전연명의료의향서에 해당된다.
ㄴ. 말기환자의 요청에 따라 담당의사가 의료기관에서 문서로 작성한 연명의료계획서가 등록 · 보관되어 있는 경우, 연명의료중단결정을 원하는 환자의 의사가 있는 것으로 본다.
ㄷ. 21세 환자가 의사를 표현할 수 없는 의학적 상태인 경우, 환자가 1년 전 작성해 둔 사전연명의료의향서가 있다면 담당의사의 확인이 없더라도 연명의료중단결정을 원하는 환자의 의사가 있는 것으로 본다.
ㄹ. 임종과정에 있는 환자에게 배우자, 자녀, 손자녀가 있는 경우, 그 환자에 대한 연명의료중단결정에는 이들 모두의 합의된 의사표시가 필요하다.

① ㄴ
② ㄹ
③ ㄱ, ㄴ
④ ㄴ, ㄷ
⑤ ㄷ, ㄹ

실전 풀이법

제1조에 각 용어의 정의는 무의미해 보일 수도 있으나 ㄷ 등의 해결을 위해 활용되는 만큼 주의가 필요하다. 하지만 일일이 정리하고 선지 해결에 들어가기에는 지나치게 유사하고 양이 많으므로 선지에 따라 돌아와 참고하는 수준으로 접근하는 것이 좋다.

정답해설

세 번째 조 제1항 제1호에 따르면 의료기관에서 작성된 연명의료계획서가 있는 경우 이를 환자의 의사로 보아 연명의료중단결정을 원하는 환자의 의사가 있는 것으로 볼 수 있다.

오답해설

ㄱ. 첫 번째 조 제3호에 따르면 '사전연명의료의향서'란 19세 이상인 사람이 자신의 연명의료중단결정 및 호스피스에 관한 의사를 직접 문서(전자문서를 포함한다)로 작성한 것을 말한다. 따라서 17세 환자가 작성한 문서는 사전연명의료의향서가 아니다.
ㄷ. 세 번째 조 제2항에 따르면 환자의 의사를 확인할 수 없고 환자가 의사표현을 할 수 없는 의학적 상태인 경우 어떤 방법이더라도 담당의사와 해당 분야 전문의 1명의 확인이 필요하다.
ㄹ. 세 번째 조 제2항 제2호에 따라 환자가족 중 배우자 및 1촌 이내 직계 존비속 전원의 합의로 연명의료중단결정의 의사표시를 하고 담당의사 등의 확인을 통한다면 해당 환자를 위한 연명의료중단결정이 있는 것으로 볼 수 있다. 그러나 손자녀는 1촌 이내 직계 비속이 아니다.

53

정답 ③

다음 글을 근거로 판단할 때, 〈보기〉에서 옳은 것만을 모두 고르면? 2020년

- A청은 업무능력 평가를 통해 3개 부서(甲~丙) 중 평가항목별 최종점수의 합계가 높은 2개 부서를 포상한다.
- 4명의 평가위원(가~라)은 문제인식, 실현가능성, 성장전략으로 구성된 평가항목을 5개 등급(최상, 상, 중, 하, 최하)으로 각각 평가하여 점수를 부여한다.
- 각 평가항목의 등급별 점수는 다음과 같다.

구분	최상	상	중	하	최하
문제인식	30	24	18	12	6
실현가능성	30	24	18	12	6
성장전략	40	32	24	16	8

- 평가항목별 최종점수는 아래의 식에 따라 산출한다. 단, 최고점수 또는 최저점수가 복수인 경우 각각 하나씩만 차감한다.

$$\frac{\text{평가항목에 대한 점수 합계}-(\text{최고점수}+\text{최저점수})}{\text{평가위원 수}-2}$$

- 평가결과는 다음과 같다.

구분	평가위원	점수		
		문제인식	실현가능성	성장전략
甲	가	30	24	24
	나	24	30	24
	다	30	18	40
	라	ⓐ	12	32
乙	가	6	24	32
	나	12	24	ⓑ
	다	24	18	16
	라	24	18	32
丙	가	12	30	ⓒ
	나	24	24	24
	다	18	12	40
	라	30	6	24

〈보기〉

ㄱ. ⓐ값에 관계없이 문제인식 평가항목의 최종점수는 甲이 제일 높다.
ㄴ. ⓑ=ⓒ>16이라면, 성장전략 평가항목의 최종점수는 乙이 丙보다 낮지 않다.
ㄷ. ⓐ=18, ⓑ=24, ⓒ=24일 때, 포상을 받게 되는 부서는 甲과 丙이다.

① ㄴ
② ㄷ
③ ㄱ, ㄴ
④ ㄱ, ㄷ
⑤ ㄱ, ㄴ, ㄷ

실전 풀이법

평가항목별 최종점수 식이 복잡하게 주어져 있지만 결국 평가항목별로 중간에 있는 두 점수를 더한 값만 비교하면 된다. 특히 분모로 주어진 '평가위원 수−2'는 모든 평가항목에 대해 동일한 값을 가지므로 무시하고 풀어도 된다.

정답해설

ㄱ. 문제인식 평가항목의 최종점수는 乙이 18, 丙이 21이다. 甲의 점수는 ⓐ가 24보다 작을 때 27, ⓐ가 54보다 클 때 $\frac{(30+ⓐ)}{2}$ 이므로 가장 높다.
ㄴ. ⓑ=ⓒ>16이라면 ⓑ와 ⓒ는 24, 32, 혹은 40이다. 그리고, ⓑ=ⓒ=24일 때 성장전략 평가항목의 최종점수는 乙이 28, 丙이 24, ⓑ=ⓒ=32일 때 성장전략 평가항목의 최종점수는 乙이 32, 丙이 28, ⓑ=ⓒ=40일 때 성장전략 평가항목의 최종점수는 乙이 32, 丙이 32이다. 따라서 성장전략 평가항목의 최종점수는 乙이 丙보다 낮지 않다.

오답해설

ㄷ. ⓐ=18, ⓑ=24, ⓒ=24일 때 甲의 최종점수 합계는 27+21+28=76이고, 乙의 최종점수 합계는 18+21+28=67, 丙의 최종점수 합계는 21+18+24=63이다. 따라서 포상을 받게 되는 부서는 甲과 乙이다.

54

정답 ③

다음 글을 근거로 판단할 때, 甲이 얻을 수 있는 최대 이윤과 이때 채굴한 원석의 개수로 옳게 짝지은 것은?(단, 원석은 정수 단위로 채굴한다) 2019년

보석 가공업자인 甲은 원석을 채굴하여 목걸이용 보석과 반지용 보석으로 1차 가공한다. 원석 1개를 1차 가공하면 목걸이용 보석 60개와 반지용 보석 40개가 생산된다.

이렇게 생산된 보석들은 1차 가공 직후 판매할 수 있지만, 2차 가공을 거쳐서 판매할 수도 있다. 목걸이용 보석 1개는 2차 가공을 통해 목걸이 1개로, 반지용 보석 1개는 2차 가공을 통해 반지 1개로 생산된다. 甲은 보석 용도별로 2차 가공 여부를 판단하는데, 2차 가공하여 판매할 때의 이윤이 2차 가공을 하지 않고 판매할 때의 이윤보다 큰 경우에만 2차 가공하여 판매한다.

〈생산단계별 비용 및 판매가격〉

- 원석 채굴 : 최초에 원석 1개를 채굴할 때에는 300만 원의 비용이 들고, 두 번째 채굴 이후부터는 원석 1개당 채굴 비용이 100만 원씩 증가한다. 즉, 두 번째 원석의 채굴 비용은 400만 원이 되어 원석 2개의 총 채굴 비용은 700만 원이다.
- 1차 가공 : 원석의 1차 가공 비용은 개당 250만 원이며, 목걸이용 보석은 개당 7만 원에, 반지용 보석은 개당 5만 원에 판매된다.
- 2차 가공 : 목걸이용 보석의 2차 가공 비용은 개당 40만 원이며, 목걸이는 개당 50만 원에 판매된다. 반지용 보석의 2차 가공 비용은 개당 20만 원이며, 반지는 개당 15만 원에 판매된다.

	최대 이윤	원석의 개수
①	400만 원	2개
②	400만 원	3개
③	450만 원	3개
④	450만 원	4개
⑤	500만 원	4개

실전 풀이법

판매를 위해서는 1차 가공은 반드시 해야 하므로, 2차 가공을 할 것인지 선택하는 것이 관건이다. 이때, 목걸이용 보석은 2차 가공을 할 때 양의 이윤을 얻고 반지용 보석은 2차 가공을 할 때 음의 이윤을 얻으므로, 목걸이용 보석은 2차 가공을 하여 판매하고 반지용 보석은 1차 가공을 하여 판매해야 한다는 결론을 얻을 수 있다.

정답해설

원석채굴 비용은 300만 원, 400만 원, 500만 원 순으로 증가한다. 원석 1개 당 1차 가공의 비용은 250만 원이고, 수입은 목걸이용 보석은 7×60=420만 원, 반지용 보석은 5×40=200만 원이다. 목걸이용 보석을 2차 가공하면 50−40=10만 원의 이익을 보고, 반지용 보석을 2차 가공하면 20−15=5만 원의 손해를 본다. 따라서 목걸이용 보석은 2차 가공하고 반지용 보석은 1차 가공하여 판매할 때 이윤이 극대화된다.

원석 1개를 가공할 때의 수입은 (60×50)+(40×5)=3,200만 원으로 일정하다. 원석 1개를 가공할 때의 비용은 300+250+(60×40)=2,950만 원, 3,050만 원, 3,150만 원으로 증가한다. 결론적으로 원석을 3개 가공하면 최대 이윤을 얻을 수 있고, 이때의 이윤은 250+150+50=450만 원이다.

55

정답 ②

다음 글과 〈상황〉을 근거로 판단할 때, 甲소방서에서 폐기대상을 제외하고 가장 먼저 교체대상이 될 장비는? 2022년

- 〈소방장비 내용연수 기준〉에 따라 소방장비 구비목록의 소방장비를 교체해야 한다. 사용연수가 내용연수 기준을 초과한 소방장비는 폐기하고, 초과하지 않은 소방장비는 내용연수가 적게 남은 것부터 교체해야 한다.

〈소방장비 내용연수 기준〉

구분		내용연수
소방자동차		10
소방용로봇		7
구조장비	산악용 들것	5
	구조용 안전벨트	3
방호복	특수방호복	5
	폭발물방호복	10

※ 내용연수 : 소방장비의 내구성을 고려할 때, 최대 사용연수로 적절한 기준 연수

- 내용연수 기준을 초과한 소방장비의 기한을 연장하여 사용할 필요가 있는 경우에는 다음 기준에 따라 1회에 한해 연장 사용할 수 있으며, 이 경우 내용연수 기준을 초과하지 않은 것으로 본다.
  - 소방자동차 : 1년(단, 특수정비를 받은 경우에는 3년까지 가능)
  - 그 밖의 소방장비 : 1년
- 위의 내용연수 기준과 연장 사용 기준에도 불구하고 다음 어느 하나에 해당하는 경우에는 내용연수 기준을 초과한 것으로 본다.
  - 소방자동차의 운행거리가 12만km를 초과한 경우
  - 실사용량이 경제적 사용량을 초과한 경우

〈상황〉

- 甲소방서의 현재 소방장비 구비목록은 다음과 같다.

구분	사용 연수	연장사용 여부	비고
소방 자동차1	12	2년 연장	운행거리 15만km 특수정비 받음
소방 자동차2	9	없음	운행거리 8만km 특수정비 불가
소방용로봇	4	없음	
구조용 안전벨트	5	1년 연장	경제적 사용량 1,000회 실사용량 500회
폭발물 방호복	9	없음	경제적 사용량 500회 실사용량 600회

① 소방자동차1
② 소방자동차2
③ 소방용로봇
④ 구조용 안전벨트
⑤ 폭발물방호복

실전 풀이법

정답이 아닌 선지를 빠르게 소거해나간다는 식으로 문제를 풀어가는 것은 조건적용 문제에서 항상 강조하는 내용이다. 이 문제에서는 마지막 조건을 보고 바로 소방자동차1과 폭발물방호복을 소거하여 그만큼 계산하여야 할 시간을 단축하였다.

정답해설

제시된 내용을 정리하면 다음과 같다.

- 소방자동차1 : 마지막 조건에 의해 운행거리가 12만km를 초과하여 내용연수 기준을 초과하므로 폐기한다.

- 소방자동차2 : 내용연수는 10년이고, 현재 사용연수는 9년이므로 교체대상까지 1년, 연장 사용한다면 2년이 남았다.
- 소방용로봇 : 내용연수는 7년이고, 현재 사용연수는 4년이므로 교체대상까지 3년이 남았다.
- 구조용 안전벨트 : 내용연수 기준으로 기본 3년이고, 1회 연장 사용시 최대 4년이므로, 내용연수 기준을 초과하여 폐기한다.
- 폭발물방호복 : 마지막 조건에 의해 실사용량이 경제적 사용량을 초과하여 내용연수 기준을 초과하므로 폐기한다.

따라서 가장 먼저 교체대상이 될 장비는 소방자동차2이다.

56

정답 ④

다음 글을 근거로 판단할 때, 다음 주 수요일과 목요일의 청소당번을 옳게 짝지은 것은? 2022년

> A~D는 다음 주 월요일부터 금요일까지 하루에 한 명씩 청소당번을 정하려고 한다. 청소당번을 정하는 규칙은 다음과 같다.
> - A~D는 최소 한 번씩 청소당번을 한다.
> - 시험 전날에는 청소당번을 하지 않는다.
> - 발표 수업이 있는 날에는 청소당번을 하지 않는다.
> - 한 사람이 이틀 연속으로는 청소당번을 하지 않는다.
>
> 다음은 청소당번을 정한 후 A~D가 나눈 대화이다.
>
> A : 나만 두 번이나 청소당번을 하잖아. 월요일부터 청소당번이라니!
> B : 미안. 내가 월요일에 발표 수업이 있어서 그날 너밖에 할 사람이 없었어.
> C : 나는 다음 주에 시험이 이틀 있는데, 발표 수업이 매번 시험 보는 날과 겹쳐서 청소할 수 있는 요일이 하루밖에 없었어.
> D : 그래도 금요일에 청소하고 가야 하는 나보다는 나을걸.

	수요일	목요일
①	A	B
②	A	C
③	B	A
④	C	A
⑤	C	B

실전 풀이법

요일을 나열한 후 확정적인 청소당번을 써 놓고, 당번이 불가능한 날 역시 모두 표시하면 실수를 줄일 수 있다. 예를 들어 월요일에 '~B', 화요일에 '~A' 등을 표시해 놓으면 더 쉽게 파악할 수 있다.

정답해설

A, B, C, D의 대화를 표로 정리하면 다음과 같다.

구분	월	화	수	목	금
당번	A				D

여기서 C는 청소할 수 있는 요일이 하루밖에 없다고 하였다. 시험 · 발표 당일과 그 전날은 청소를 할 수 없고, 한사람이 최소 한 번씩 청소당번을 하며 이틀 연속으로는 할 수 없기 때문이다. 그리고 C의 시험 · 발표 당일은 화요일과 금요일이므로 C가 청소할 수 있는 요일은 수요일밖에 없다.

이 조건을 다시 표로 정리하면 다음과 같다.

구분	월	화	수	목	금
당번	A	B	C	A	D

57

정답 ③

다음 글을 근거로 판단할 때, 〈보기〉에서 옳은 것만을 모두 고르면? 2020년

> 甲과 乙은 시계와 주사위를 이용한 게임을 하며, 규칙은 다음과 같다.
> - 1~12시까지 적힌 시계 문자판을 말판으로 삼아, 1개의 말을 12시에 놓고 게임을 시작한다.
> - 주사위를 던져 짝수가 나오면 말을 시계 방향으로 1시간 이동시키며, 홀수가 나오면 말을 반시계 방향으로 1시간 이동시킨다.
> - 甲과 乙이 번갈아 주사위를 각 12번씩 총 24번 던져 말의 최종 위치로 게임의 승자를 결정한다.
> - 말의 최종 위치가 1~5시이면 甲이 승리하고, 7~11시이면 乙이 승리한다. 6시 또는 12시이면 무승부가 된다.

〈보기〉

> ㄱ. 말의 최종 위치가 3시일 확률은 $\frac{1}{12}$이다.
> ㄴ. 말의 최종 위치가 4시일 확률과 8시일 확률은 같다.
> ㄷ. 乙이 마지막 주사위를 던질 때, 홀수가 나오는 것보다 짝수가 나오는 것이 甲에게 항상 유리하다.
> ㄹ. 乙이 22번째 주사위를 던져 말을 이동시킨 결과 말의 위치가 12시라면, 甲이 승리할 확률은 무승부가 될 확률보다 낮다.

① ㄱ, ㄷ
② ㄴ, ㄷ
③ ㄴ, ㄹ
④ ㄷ, ㄹ
⑤ ㄱ, ㄴ, ㄹ

실전 풀이법

주사위를 홀수 번 던질 경우 최종 위치는 홀수 시가 되고, 주사위를 짝수 번 던질 경우 최종 위치는 짝수 시가 된다는 점을 활용한다. 이때 ㄱ과 ㄴ은 계산 없이도 정오 판단이 가능하므로 우선적으로 판단하면 ㄷ과 ㄹ 중 하나만 풀어보아도 답을 도출할 수 있다.

정답해설

ㄴ. 말의 최종 위치가 4시가 되는 경우는 짝수가 4번 더 나오거나 16번 더 나온 경우, 홀수가 8번 더 나오거나, 20번 더 나온 경우의 4가지이며, 8시가 되는 경우는 홀수가 4번 더 나오거나 16번 더 나온 경우, 짝수가 8번 더 나오거나, 20번 더 나온 경우의 4가지이다. 4시와 8시는 대칭이므로 둘은 같을 수 밖에 없다.

ㄹ. 말의 위치가 12시일 때, 주사위를 2번 더 던질 경우 말이 2나 10에 위치하게 될 확률이 각각 $\frac{1}{4}$이고 12에 위치하게 될 확률이 $\frac{1}{2}$이다. 따라서 甲이 승리할 확률은 $\frac{1}{4}$로, 무승부가 될 확률인 $\frac{1}{2}$보다 낮다.

오답해설

ㄱ. 짝수 번 주사위를 던질 경우 말의 최종 위치는 짝수 시만 가능하다. 따라서 말의 최종 위치가 3시일 확률은 0이다.

ㄷ. 乙이 마지막 주사위를 던지기 전에 말의 위치가 1이나 11에 있었을 경우 짝수가 나오는 것이 甲에게 유리하다. 그러나 말의 위치가 5나 7에 있었을 경우 짝수가 나오는 것이 甲에게 불리하며, 3이나 9에 있었을 경우 무차별하다.

58

정답 ⑤

다음 글을 근거로 판단할 때, 〈보기〉에서 옳은 것만을 모두 고르면? 2018년

- 甲, 乙, 丙은 12장의 카드로 게임을 하고 있다.
- 12장의 카드 중에는 봄, 여름, 가을, 겨울 4가지 종류의 계절 카드가 각각 3장씩 있는데, 카드 뒷면만 보고는 어느 계절 카드인지 알 수 없다.
- 참가자들은 게임을 시작할 때 무작위로 4장씩 카드를 나누어 갖는다.
- 참가자들은 자신의 카드를 확인한 후 1대 1로 카드를 각자 2장씩 맞바꿀 수 있다. 맞바꿀 카드는 상대방의 카드 뒷면만 보고 무작위로 동시에 선택한다.
- 가장 먼저 봄, 여름, 가을, 겨울 카드를 모두 갖게 된 사람이 우승한다.
- 게임을 시작하여 4장의 카드를 나누어 가진 직후에 참가자들은 자신들이 가진 카드에 대해 아래와 같이 사실을 말했다.

  甲 : 겨울 카드는 내가 모두 갖고 있다.

  乙 : 나는 봄과 여름 2가지 종류의 계절 카드만 갖고 있다.

  丙 : 나는 여름 카드가 없다.

〈보기〉

ㄱ. 게임 시작 시 3가지 종류의 계절 카드를 받은 사람은 1명이다.

ㄴ. 게임 시작 시 참가자 모두 봄 카드를 받았다면, 가을 카드는 모두 丙이 갖고 있다.

ㄷ. 첫 번째 맞바꾸기에서 甲과 乙이 카드를 맞바꿔서 甲이 바로 우승했다면, 게임 시작 시 丙은 봄 카드를 2장 받았다.

① ㄱ

② ㄴ

③ ㄱ, ㄴ

④ ㄱ, ㄷ

⑤ ㄴ, ㄷ

실전 풀이법

게임의 규칙을 잘 읽고 불가능한 경우를 제외하면서 가능한 모든 경우의 수를 나열해야 한다. 가능한 경우를 빠뜨리지 않는 것이 중요하다. 규칙을 정리하면 다음과 같다. 甲은 겨울 카드를 3장 가지고 있으므로, 丙은 봄과 가을 2가지 종류의 계절 카드만 가지고 있을 것이다. 따라서 乙이 봄을 3장 받을 수는 없으므로 乙이 (ⅰ) 봄 2장, 여름 2장을 받는 경우, (ⅱ) 봄 1장, 여름 3장을 받는 경우로 나누어 다음 경우의 수를 정리하는 것이 좋다.

정답해설

ㄴ. 게임 시작 시 참가자 모두 봄 카드를 받았다면 甲은 겨울, 겨울, 겨울, 봄 카드를 받은 것인데, 乙은 가을 카드를 받을 수 없으므로, 丙이 가을, 가을, 가을, 봄이 될 것이다.

ㄷ. 乙은 봄과 여름 카드만 가지고 있으므로 甲이 첫 번째 맞바꾸기 이후 우승하려면, 甲은 게임 시작 시 가을 카드를 가지고 있었어야 한다. 乙은 가을 카드를 받을 수 없으므로, 丙은 게임 시작 시 가을 카드를 2장 가지고 있었을 것이다. 이때 丙은 여름 카드를 받을 수 없으므로 봄 카드를 2장 받았을 것이다.

오답해설

ㄱ. 모든 경우에 게임 시작 시 두 명 이상의 참가자가 3가지 종류의 계절 카드를 받게 된다.

59

정답 ⑤

다음 글과 〈진술 내용〉을 근거로 판단할 때, 첫 번째 사건의 가해차량 번호와 두 번째 사건의 목격자를 옳게 짝지은 것은? 2020년

- 어제 두 건의 교통사고가 발생하였다.
- 첫 번째 사건의 가해차량 번호는 다음 셋 중 하나이다.
  99★2703, 81★3325, 32★8624
- 어제 사건에 대해 진술한 목격자는 甲, 乙, 丙 세 명이다. 이 중 두 명의 진술은 첫 번째 사건의 가해차량 번호에 대한 것이고 나머지 한 명의 진술은 두 번째 사건의 가해차량 번호에 대한 것이다.
- 첫 번째 사건의 가해차량 번호는 두 번째 사건의 목격자 진술에 부합하지 않는다.
- 편의상 차량 번호에서 ★ 앞의 두 자리 수는 A, ★ 뒤의 네 자리 수는 B라고 한다.

〈진술 내용〉

- 甲 : A를 구성하는 두 숫자의 곱은 B를 구성하는 네 숫자의 곱보다 작다.
- 乙 : B를 구성하는 네 숫자의 합은 A를 구성하는 두 숫자의 합보다 크다.
- 丙 : B는 A의 50배 이하이다.

	첫 번째 사건의 가해차량 번호	두 번째 사건의 목격자
①	99★2703	甲
②	99★2703	乙
③	81★3325	乙
④	81★3325	丙
⑤	32★8624	丙

실전 풀이법

첫 번째 사건의 가해차량 번호는 두 번째 사건의 목격자 진술에 부합하지 않으므로, 결국은 참 거짓을 판단하는 문제이다. 그러므로 각 목격자 중 어느 사람이 두 번째 사건의 목격자일지 경우의 수를 나눌 필요 없이 바로 참 거짓을 판단하면 된다.

정답해설

첫 번째 사건의 가해차량 번호와 甲, 乙, 丙의 진술을 정리해 보면 다음과 같다.

구분	甲	乙	丙
99★2703	불일치	불일치	일치
81★3325	일치	일치	일치
32★8624	일치	일치	불일치

두 명의 진술은 첫 번째 사건의 가해차량 번호에 대한 것이고, 나머지 한 명의 진술은 두 번째 사건의 가해차량 번호에 대한 것이므로 두 목격자의 진술은 일치하지만 한 목격자의 진술은 불일치하는 32★8624가 첫 번째 사건의 가해차량 번호에 해당한다. 또한 甲, 乙은 첫 번째 사건의 목격자이고 丙은 두 번째 사건의 목격자가 된다.

60

정답 ⑤

다음 글을 근거로 판단할 때, ㉠에 들어갈 일시는? 2018년

- 서울에 있는 甲사무관, 런던에 있는 乙사무관, 시애틀에 있는 丙사무관은 같은 프로젝트를 진행하면서 다음과 같이 영상업무회의를 진행하였다.
- 회의 시각은 런던을 기준으로 11월 1일 오전 9시였다.
- 런던은 GMT+0, 서울은 GMT+9, 시애틀은 GMT−7을 표준시로 사용한다. (즉, 런던이 오전 9시일 때, 서울은 같은 날 오후 6시이며 시애틀은 같은 날 오전 2시이다)

甲 : 제가 프로젝트에서 맡은 업무는 오늘 오후 10시면 마칠 수 있습니다. 런던에서 받아서 1차 수정을 부탁드립니다.

乙 : 네, 저는 甲사무관님께서 제시간에 끝내 주시면 다음날 오후 3시면 마칠 수 있습니다. 시애틀에서 받아서 마지막 수정을 부탁드립니다.

丙 : 알겠습니다. 저는 앞선 두 분이 제시간에 끝내 주신다면 서울을 기준으로 모레 오전 10시면 마칠 수 있습니다. 제가 업무를 마치면 프로젝트가 최종 마무리 되겠군요.

甲 : 잠깐, 다들 말씀하신 시각의 기준이 다른 것 같은데요? 저는 처음부터 런던을 기준으로 이해하고 말씀드렸습니다.

乙 : 저는 처음부터 시애틀을 기준으로 이해하고 말씀드렸는데요?

丙 : 저는 처음부터 서울을 기준으로 이해하고 말씀드렸습니다. 그렇다면 계획대로 진행될 때 서울을 기준으로 (㉠)에 프로젝트를 최종 마무리할 수 있겠네요.

甲, 乙 : 네, 맞습니다.

① 11월 2일 오후 3시
② 11월 2일 오후 11시
③ 11월 3일 오전 10시
④ 11월 3일 오후 3시
⑤ 11월 3일 오후 7시

실전 풀이법

애초에 갑, 을, 병 모두 시차를 고려하지 않았다는 문제의 트릭을 알아채면 30초 만에도 문제를 풀 수 있지만, 시차의 함정에 빠져 계산을 일일이 하는 순간 절대로 시간 내에 풀 수 없는 고난도 문항이다. 해답이 빠르게 떠오르지 않는다면 뒤로 넘기고 다른 문제에 열중하는 것이 오히려 도움이 될 수 있다.

정답해설

갑, 을, 병 모두 하나의 지역을 기준으로 시각을 고려했다. 사실상 아무도 시차를 고려하지 않은 것이다. 갑이 말한 '런던 기준의 오후 10시'를 을은 '시애틀의 오후 10시'로 받아들였고, 13시간 후인 '시애틀의 오후 3시'에 업무를 마칠 수 있다고 판단한다. 하지만 모두 실제로는 처음에 제시된 기준인 런던의 시각이다. 즉, 을이 업무를 마치는 실제 시각은 '시애틀의 오후 3시'가 아니라 '런던의 오후 3시'인 것이다. 마찬가지로, 병이 모든 업무를 마친 시각은 실제로는 '런던의 모레 오전 10시', 즉 11월 3일 오전 10시이고 이것은 서울을 기준으로 11월 3일 오후 7시가 된다.

업무에 걸리는 시간을 계산해도 답은 같을 수밖에 없다. 업무 시간을 계산해 보면 갑은 오전 9시~오후 10시로 13시간, 을은 오후 10시~오후 3시로 17시간, 병은 오후 3시~오전 10시로 19시간이다. 총소요시간은 13+17+19=49시간으로, 회의 시각이 런던 기준으로 1일 오전 9시이므로 업무 종료 시간은 런던 기준으로 3일 오전 10시, 서울 기준으로는 3일 오후 7시가 된다.

61

정답 ⑤

다음 글을 근거로 판단할 때, 오늘날을 기준으로 1석(石)은 몇 승(升)인가? 2020년

옛날 도량에는 두(斗), 구(區), 부(釜), 종(鍾) 등이 있었다. 1두(斗)는 4승(升)인데, 4두(斗)가 1구(區)이고, 4구(區)가 1부(釜)이며, 10부(釜)가 1종(鍾)이었다.

오늘날 도량은 옛날과 다소 달라졌다. 지금의 1승(升)이 옛날 1승(升)에 비해 네 배가 되어 옛날의 1두(斗)와 같아졌다. 오늘날 4구(區)는 1부(釜)로 옛날과 같지만, 4승(升)이 1구(區)가 되며, 1부(釜)는 1두(豆) 6승(升), 1종(鍾)은 16두(豆)가 된다. 오늘날 1석(石)은 1종(鍾)에 비해 1두(豆)가 적다.

① 110승
② 120승
③ 130승
④ 140승
⑤ 150승

실전 풀이법

글의 전반부에 나오는 조건들은 문제의 풀이에 필요한 조건이 아니다. '오늘날을 기준으로' 1석(石)의 크기를 구하라는 문제이므로 오늘날의 도량형과 관련된 조건들을 우선 정리한 뒤, 필요한 경우에만 옛날 도량에 관한 조건도 고려한다.

정답해설

오늘날 4구(區)는 1부(釜)이고 4승(升)은 1구(區)이므로, 1부(釜)=4구(區)=16승(升)이다. 또한, 1부(釜)는 1두(豆) 6승(升)이므로, 1두(豆) 6승(升)=16승(升)이며, 이를 정리하면 1두(豆)=10승(升)이다. 이제, 1종(鐘)은 16두(豆)이고 1석(石)은 1종(鐘)에 비해 1두(豆)가 적으므로 1석(石)은 15두(豆)이다. 그러므로 1석(石)=15두(豆)=150승(升)이 된다.

62

정답 ③

다음 글을 근거로 판단할 때, <상황>의 ㉠과 ㉡을 옳게 짝지은 것은? 2022년

수액을 주입할 때 사용하는 단위 gtt는 방울이라는 뜻의 라틴어 gutta에서 유래한 것으로, 수액 용기에서 떨어지는 수액의 방울 수를 나타낸다. 일반적으로 20gtt/ml가 '기준규격'이며, 이는 용기에서 20방울이 떨어졌을 때 수액 1ml가 주입되는 것을 말한다.

<상황>

- 기준규격에 따라 수액 360ml를 2시간 동안 모두 주입하려면, 1초당 (㉠)gtt씩 주입하여야 한다.
- 기준규격에 따라 3초당 1gtt로 수액을 주입하면, 24시간 동안 최대 (㉡)ml를 주입할 수 있다.

	㉠	㉡
①	0.5	720
②	1	720
③	1	1,440
④	2	1,440
⑤	2	2,880

실전 풀이법

새로운 단위가 나오는 계산문제에서는 단위가 어떤 의미를 가지고 있는지 잘 파악하여야 한다. ㉡의 경우 3초당 1gtt로 수액을 주입하며, 기준규격에 따를 때 20방울이 1ml가 되는 것을 이해하면 1분당 1ml가 주입된다는 것을 알 수 있다.

정답해설

기준규격 20gtt/ml는 20방울이 떨어졌을 때 수액 1ml가 주입되는 것을 말한다.

㉠ : 수액 360ml는 7,200gtt와 같다. 2시간은 7,200초이므로 모두 주입하려면, 1초당 1gtt씩 주입하여야 한다.

㉡ : 기준규격에 따라 3초당 1gtt씩 수액을 주입하면 1분당 20gtt, 즉 1ml를 주입하는 것과 같다. 24시간은 1,440분이므로 최대 1,440ml를 주입할 수 있다.

63 정답 ①

다음 〈상황〉을 근거로 판단할 때, 〈보기〉에서 옳은 것만을 모두 고르면? 2018년

〈상황〉

• 체육대회에서 8개의 종목을 구성해 각 종목에서 우승 시 얻는 승점을 합하여 각 팀의 최종 순위를 매기고자 한다.
• 각 종목은 순서대로 진행하고, 3번째 종목부터는 각 종목 우승 시 받는 승점이 그 이전 종목들의 승점을 모두 합한 점수보다 10점 더 많도록 구성하였다.

※ 승점은 각 종목의 우승 시에만 얻을 수 있으며, 모든 종목의 승점은 자연수임

〈보기〉

ㄱ. 1번째 종목과 2번째 종목의 승점이 각각 10점, 20점이라면 8번째 종목의 승점은 1,000점을 넘게 된다.
ㄴ. 1번째 종목과 2번째 종목의 승점이 각각 100점, 200점이라면 8번째 종목의 승점은 10,000점을 넘게 된다.
ㄷ. 1번째 종목과 2번째 종목의 승점에 상관없이 8번째 종목의 승점은 6번째 종목 승점의 네 배이다.
ㄹ. 만약 3번째 종목부터 각 종목 우승 시 받는 승점이 그 이전 종목들의 승점을 모두 합한 점수보다 10점 더 적도록 구성한다면, 1번째 종목과 2번째 종목의 승점에 상관없이 8번째 종목의 승점은 6번째 종목 승점의 네 배보다 적다.

① ㄱ, ㄷ ② ㄱ, ㄹ
③ ㄴ, ㄷ ④ ㄱ, ㄴ, ㄹ
⑤ ㄴ, ㄷ, ㄹ

실전 풀이법

1~8번째 종목의 승점은 1번째, 2번째를 각각 a, b라고 했을 때 a, b, a+b+10, 2(a+b+10), 4(a+b+10), 8(a+b+10), 16(a+b+10), 32(a+b+10)이다. ㄱ을 판단하면서 4~5번째까지 계산해 보면 a+b+10에 2의 제곱수를 곱하는 규칙이 있다는 점을 파악할 수 있다.

정답해설

ㄱ. 1번째, 2번째 종목의 승점이 각각 10, 20점이라면 8번째 종목의 승점은 1,280점이므로 1,000점을 넘는다.
ㄷ. 6번째 종목의 승점은 1~5번째 종목의 승점의 합이다. 7번째 종목의 승점은 1~5번째 종목 승점의 합에 6번째 종목 승점의 합을 더한 것이므로 1~5번째 종목 승점의 합의 2배이다. 따라서 8번째 종목의 승점은 1~5번째 종목 승점의 합의 4배이다.

오답해설

ㄴ. 1번째, 2번째 종목의 승점이 각각 100, 200점이라면 8번째 종목의 승점은 9,920점이므로 10,000점을 넘지 못한다.
ㄹ. 10점을 더 주는 경우와 10점을 덜 주는 경우는 결국 본질에 있어서 같은 것이다. 따라서 8번째 종목의 승점은 6번째 종목의 승점의 4배이다.

64 정답 ④

다음 글과 〈상황〉을 근거로 판단할 때, 〈보기〉에서 옳은 것만을 모두 고르면? 2017년

국가공무원인재개발원은 신임관리자과정 입교 예정자를 대상으로 사전 이러닝 제도를 운영하고 있다. 이는 입교 예정자가 입교 전에 총 9개 과목을 온라인으로 수강하도록 하는 제도이다.

• 이러닝 교과목은 2017년 4월 10일부터 수강하며, 하루 최대 수강시간은 10시간이다.
• 필수Ⅰ 교과목은 교과목별로 정해진 시간의 강의를 모두 수강하는 것을 이수조건으로 한다.
• 필수Ⅱ 교과목은 교과목별로 정해진 시간의 강의를 모두 수강하고 온라인 시험에 응시하는 것을 이수조건으로 한다. 온라인 시험은 강의시간과 별도로 교과목당 반드시 1시간이 소요되며, 그 시험시간은 수강시간에 포함된다.
• 신임관리자과정 입교는 2017년 5월 1일이다.
• 2017년 4월 30일 24시까지 교과목 미이수 시, 필수Ⅰ은 교과목당 3점, 필수Ⅱ는 교과목당 2점을 교육성적에서 감점한다.

교과목	강의시간	분류
• 사이버 청렴교육	15시간	필수Ⅰ
• 행정업무 운영제도	7시간	
• 공문서 작성을 위한 한글맞춤법	8시간	
• 공무원 복무제도	6시간	
• 역사에서 배우는 공직자의 길	8시간	필수Ⅱ
• 헌법정신에 기반한 공직윤리	5시간	
• 판례와 사례로 다가가는 헌법	6시간	
• 공무원이 알아야 할 행정법 사례	7시간	
• 쉽게 배우는 공무원 인사실무	5시간	
계	67시간	

※ 교과목은 순서에 상관없이 여러 날에 걸쳐 시간 단위로만 수강할 수 있음

〈상황〉

신임관리자과정 입교를 앞둔 甲은 2017년 4월 13일에 출국하여 4월 27일에 귀국하는 해외여행을 계획하고 있다. 甲은 일정상 출·귀국일을 포함하여 여행기간에는 이러닝 교과목을 수강하거나 온라인 시험에 응시할 수 없는 상황이며, 여행기간을 제외한 시간에는 최대한 이러닝 교과목을 이수하려고 한다.

〈보기〉

ㄱ. 甲은 계획대로라면 교육성적에서 최소 3점 감점을 받을 것이다.
ㄴ. 甲이 하루 일찍 귀국하면 이러닝 교과목을 모두 이수할 수 있을 것이다.
ㄷ. '판례와 사례로 다가가는 헌법', '쉽게 배우는 공무원 인사실무'를 여행 중 이수할 수 있다면, 출·귀국일을 변경하지 않고도 교육성적에서 감점을 받지 않을 것이다.

① ㄱ ② ㄴ
③ ㄷ ④ ㄱ, ㄷ
⑤ ㄴ, ㄷ

실전 풀이법

글을 보고 모든 과목을 이수하기 위해 최소한으로 소요되는 시간을 정리하고, 상황을 보고 수강이 가능한 최대 시간을 정리한다. 교과목 이수를 위하여 필수 Ⅰ과목들은 총 36시간, 필수 Ⅱ과목들은 강의시간 31시간에 시험시간 5시간을 더하여 총 36시간이 소요된다. 따라서 모든 과목을 이수하기 위해서 72시간이 소요된다. 이때 甲은 여행기간을 제외하고 4월 10, 11, 12, 28, 29, 30일에 수강이 가능하므로 하루 10시간씩, 최대 60시간을 수강할 수 있다. 따라서 이를 활용하여 보기를 해결할 수 있다. 예를 들어 ㄱ의 경우, 12시간이 모자라므로 15시간이 소요되는 '사이버 청렴교육' 이수를 포기한다면 최소 3점 감점을 받을 것이다. 나머지 보기도 같은 방식으로 해결하면 된다.

정답해설

ㄱ. 甲은 사이버 청렴교육 과목 이수를 포기하면 나머지 과목은 시간 내에 모두 이수할 수 있으므로 최소 3점 감점을 받을 것이다.

ㄷ. '판례와 사례로 다가가는 헌법', '쉽게 배우는 공무원 인사실무'를 여행 중 이수할 수 있다면, 13시간을 절약할 수 있으므로 출·귀국일을 변경하지 않더라도 수강 가능 시간인 60시간 내에 다른 과목을 모두 이수할 수 있다.

오답해설

ㄴ. 모든 과목을 이수하려면 72시간이 필요한데, 甲이 하루 일찍 귀국해도 70시간만 수강이 가능하므로 2시간이 부족하여 이러닝 교과목을 모두 이수할 수 없다.

65

정답 ②

다음 〈상황〉을 근거로 판단할 때, 〈대안〉의 월 소요 예산 규모를 비교한 것으로 옳은 것은? 2018년

〈상황〉

- 甲사무관은 빈곤과 저출산 문제를 해결하기 위한 대안을 분석 중이다.
- 전체 1,500가구는 자녀 수에 따라 네 가지 유형으로 구분할 수 있는데, 그 구성은 무자녀 가구 300가구, 한 자녀 가구 600가구, 두 자녀 가구 500가구, 세 자녀 이상 가구 100가구이다.
- 전체 가구의 월 평균 소득은 200만 원이다.
- 각 가구 유형의 30%는 맞벌이 가구이다.
- 각 가구 유형의 20%는 빈곤 가구이다.

〈대안〉

A안 : 모든 빈곤 가구에게 전체 가구 월 평균 소득의 25%에 해당하는 금액을 가구당 매월 지급한다.

B안 : 한 자녀 가구에는 10만 원, 두 자녀 가구에는 20만 원, 세 자녀 이상 가구에는 30만 원을 가구당 매월 지급한다.

C안 : 자녀가 있는 모든 맞벌이 가구에 자녀 1명당 30만 원을 매월 지급한다. 다만 세 자녀 이상의 맞벌이 가구에는 일률적으로 가구당 100만 원을 매월 지급한다.

① A < B < C
② A < C < B
③ B < A < C
④ B < C < A
⑤ C < A < B

실전 풀이법

주어진 조건들을 묶어서 계산하면 더 빠른 풀이가 가능하다. 예컨대, C안은 한 자녀 가구와 두 자녀 가구를 묶어 30만 원×(600가구+500×2가구)×0.3으로 계산할 수 있다. 또한 맞벌이 가구와 빈곤 가구는 모든 가구 유형에 대해 동일한 비중을 차지하므로 0.3과 0.2는 가장 마지막에 곱해주면 계산이 편하다.

정답해설

- A안: 1,500×0.2=300가구에 200×0.25=50만 원을 지급하므로 총 300×50=15,000만 원이 든다.
- B안: 600가구에 10만 원, 500가구에 20만 원, 100가구에 30만 원을 지급하므로 총 6,000+10,000+3,000=19,000만 원이 든다.
- C안: 한 자녀 가구에 600×30×0.3=5,400만 원, 두 자녀 가구에 500×60×0.3=9,000만 원, 100×100×0.3=3,000만 원을 지급하므로 총 5,400+9,000+3,000=17,400만 원이 든다.

즉, A<C<B이다.

66

정답 ④

다음 글과 〈상황〉을 근거로 판단할 때, 甲과 乙에게 부과된 과태료의 합은? 2019년

A국은 부동산 또는 부동산을 취득할 수 있는 권리의 매매계약을 체결한 경우, 매도인이 그 실제 거래가격을 거래계약 체결일부터 60일 이내에 관할관청에 신고하도록 신고의무를 ㅇㅇ법으로 규정하고 있다. 그리고 이를 위반할 경우 다음의 기준에 따라 과태료를 부과한다.

ㅇㅇ법 제00조(과태료 부과기준) ① 신고의무를 게을리 한 경우에는 다음 각 호의 기준에 따라 과태료를 부과한다.

1. 신고기간 만료일의 다음 날부터 기산하여 신고를 하지 않은 기간(이하 '해태기간'이라 한다)이 1개월 이하인 경우
   가. 실제 거래가격이 3억 원 미만인 경우 : 50만 원
   나. 실제 거래가격이 3억 원 이상인 경우 : 100만 원
2. 해태기간이 1개월을 초과한 경우
   가. 실제 거래가격이 3억 원 미만인 경우 : 100만 원
   나. 실제 거래가격이 3억 원 이상인 경우 : 200만 원

② 거짓으로 신고를 한 경우에는 다음 각 호의 기준에 따라 과태료를 부과한다. 단, 과태료 산정에 있어서의 취득세는 매수인을 기준으로 한다.

1. 부동산의 실제 거래가격을 거짓으로 신고한 경우
   가. 실제 거래가격과 신고가격의 차액이 실제 거래가격의 20% 미만인 경우
      – 실제 거래가격이 5억 원 이하인 경우 : 취득세의 2배
      – 실제 거래가격이 5억 원 초과인 경우 : 취득세의 1배
   나. 실제 거래가격과 신고가격의 차액이 실제 거래가격의 20% 이상인 경우
      – 실제 거래가격이 5억 원 이하인 경우 : 취득세의 3배
      – 실제 거래가격이 5억 원 초과인 경우 : 취득세의 2배
2. 부동산을 취득할 수 있는 권리의 실제 거래가격을 거짓으로 신고한 경우
   가. 실제 거래가격과 신고가격의 차액이 실제 거래가격의 20% 미만인 경우
      : 실제 거래가격의 100분의 2
   나. 실제 거래가격과 신고가격의 차액이 실제 거래가격의 20% 이상인 경우
      : 실제 거래가격의 100분의 4

③ 제1항과 제2항에 해당하는 위반행위를 동시에 한 경우 해당 과태료는 병과한다.

〈상황〉

- 매수인의 취득세는 실제 거래가격의 100분의 1이다.
- 甲은 X토지를 2018. 1. 15. 丙에게 5억 원에 매도하였으나, 2018. 4. 2. 거래가격을 3억 원으로 신고하였다가 적발되어 과태료가 부과되었다.
- 乙은 공사 중인 Y아파트를 취득할 권리인 입주권을 2018. 2. 1. 丁에게 2억 원에 매도하였으나, 2018. 2. 5. 거래가격을 1억 원으로 신고하였다가 적발되어 과태료가 부과되었다.

① 1,400만 원　② 2,000만 원
③ 2,300만 원　④ 2,400만 원
⑤ 2,500만 원

실전 풀이법

상황이 주어진 법조문의 경우에는 먼저 상황을 읽은 후, 법조문을 처음부터 조금씩 읽어나가면서 법조문에 있는 용어로 상황을 재정의하는 것이 필요하다. 가령 이 문항에서는 甲과 乙은 매도인, 丙과 丁은 매수인, 5억과 2억은 실제 거래가격, 3억과 1억은 신고가격이 되는데, 이는 법조문을 읽고 상황을 재정의한 것에 해당한다. 상황을 법조문에 나타난 법용어로 재정의한 이후에는 법조문을 다 읽을 것이 아니라, 각 상황에 부합하는 항목을 찾아서 발췌하는 방식으로 읽는 것이 시간 절약에 바람직하다. 법조문의 길이가 길어 실전에서 시간압박이 상당하다는 점과 甲과 乙의 과태료 총계를 구해야 하기 때문에 둘 중 한 명이라도 계산 오류가 나면 답이 달라진다는 점을 고려해볼 때 일단 넘기고 와서 이후에 다시 푸는 것도 나쁘지 않다고 생각한다.

정답해설

甲과 乙에게 부과된 과태료는 각각 다음과 같다.

- 甲 : 매도인 甲은 2018.1.15. 매수인 丙에게 X토지를 5억 원에 매도하였고 그에 따라 甲은 5억을 2018.3.16. 이내에 관할관청에 신고할 신고의무를 부담한다. 하지만 2018.4.2.에 3억 원을 신고하였고 그에 따라 신고의무 해태에 따른 과태료와 거짓신고에 따른 과태료를 부담한다. 신고의무 해태에 따른 과태료는 제1항 제1호 나목에 해당하여 100만 원이다. 또한 거짓신고에 따른 과태료는 제2항 제1호 나목의 실제 거래가격이 5억 원 이하인 경우에 해당하여 취득세의 3배인 1,500만 원이다. 한편, 제3항에 따라 해당 과태료는 병과되어 甲은 총 1,600만 원의 과태료를 부담한다.
- 乙 : 매도인 乙은 2018.2.1. 매수인 丁에게 부동산을 취득할 수 있는 권리를 2억 원에 매도하였고 그에 따라 乙은 2억 원을 2018.3.31. 이내에 관할 관청에 신고할 신고의무를 부담한다. 하지만 乙은 2018.2.5.에 1억 원을 신고하였고 그에 따라 거짓신고에 따른 과태료만을 부담한다. 거짓신고에 따른 과태료는 제2항 제2호 나목에 해당하여 총 800만 원의 과태료를 부담한다.

따라서 甲과 乙에게 부과된 과태료의 합은 2,400만 원이다.

67　정답 ①

다음 글을 근거로 판단할 때 옳은 것은?　2022년

제00조 ① 자신의 생명 또는 신체상의 위험을 무릅쓰고 급박한 위해에 처한 다른 사람의 생명·신체 또는 재산을 구하기 위한 구조행위로서 다음 각 호의 어느 하나의 경우에 대해서는 이 법을 적용한다. 다만 자신의 행위로 인하여 위해에 처한 사람에 대하여 구조행위를 하다가 사망하거나 부상을 입은 행위는 제외한다.
1. 범죄행위를 제지하거나 그 범인을 체포하다가 사망하거나 부상을 입은 경우
2. 운송수단의 사고로 위해에 처한 다른 사람의 생명·신체 또는 재산을 구하다가 사망하거나 부상을 입은 경우
3. 천재지변, 수난(水難), 화재 등으로 위해에 처한 다른 사람의 생명·신체 또는 재산을 구하다가 사망하거나 부상을 입은 경우
4. 물놀이 등을 하다가 위해에 처한 다른 사람의 생명 또는 신체를 구하다가 사망하거나 부상을 입은 경우

② 의사자(義死者)란 직무 외의 행위로서 구조행위를 하다가 사망하여 ㅁㅁ부장관이 의사자로 인정한 사람을 말한다.
③ 의상자(義傷者)란 직무 외의 행위로서 구조행위를 하다가 신체상의 부상을 입어 ㅁㅁ부장관이 의상자로 인정한 사람을 말한다.

제00조 ① 국가는 의사자·의상자가 보여준 살신성인의 숭고한 희생정신과 용기가 항구적으로 존중될 수 있도록 서훈(敍勳)을 수여하는 등 필요한 조치를 할 수 있다.
② 국가와 지방자치단체는 의사자를 추모하고 숭고한 뜻을 기리기 위한 동상 및 비석 등의 기념물을 설치하는 기념사업을 수행할 수 있다.
③ 국가는 다음 각 호의 기준에 따라 의상자 및 의사자 유족에게 보상금을 지급한다.
1. 의상자의 경우에는 그 본인에게 지급한다.
2. 의사자의 경우에는 그 배우자, 자녀, 부모, 조부모, 형제자매의 순으로 지급한다. 이 경우 같은 순위의 유족이 2인 이상인 때에는 보상금을 같은 금액으로 나누어 지급한다.

※ 서훈 : 공적의 등급에 따라 훈장을 내림

① 의사자 甲에게 배우자와 자녀가 있는 경우, 보상금은 전액 배우자에게 지급된다.
② 지방자치단체는 의상자 乙에게 서훈을 수여하거나 동상을 설치하는 기념사업을 수행할 수 있다.
③ 소방관 丙이 화재 현장에 출동하여 화재를 진압하던 중 부상을 입은 경우, 丙은 의상자로 인정될 수 있다.
④ 물놀이를 하던 丁이 물에 빠진 애완동물을 구조하던 중 부상을 입은 경우, 丁은 의상자로 인정될 수 있다.
⑤ 운전자 戊가 자신이 일으킨 교통사고의 피해자를 구조하던 중 다른 차량에 치여 부상당한 경우, 戊는 의상자로 인정될 수 있다.

실전 풀이법

법조문 문제에서는 각 조항의 주어(주체)를 표시하면서 읽어야 한다. ②와 같은 선지는 법조문 유형에서 반드시 출제되는 매력적인 오답 장치이기 때문에 주의해야 한다.

정답해설

두 번째 조 제3항 제2호에 의하면 의사자의 경우 보상금은 배우자, 자녀, 부모, 조부모, 형제자매의 순으로 지급한다. 배우자와 자녀가 있는 경우 보상금은 더 높은 순위인 배우자에게 전액 지급된다.

오답해설

② 두 번째 조 제1항에 의하면 서훈 수여의 주체는 국가이므로, 지방자치단체는 서훈 수여가 불가능하다.
③ 첫 번째 조 제3항에 의하면 의상자란 직무 외의 행위로 구조행위를 하였어야 한다. 소방관의 행위는 직무행위이므로 의상자로 인정될 수 없다.
④ 첫 번째 조 제1항 제4호에 의하면 다른 사람의 생명 또는 신체를 구하다가 부상을 입었어야 한다. 애완동물의 구조는 의상자로 인정될 수 없다.
⑤ 첫 번째 조 단서에 의하면 자신의 행위로 인하여 위해에 처한 사람에 대한 구조행위는 제외한다고 하였으므로 戊는 의상자로 인정될 수 없다.

68

정답 ②

다음 글을 근거로 판단할 때, 甲이 조립한 상자의 개수는? 2020년

甲, 乙, 丙은 상자를 조립하는 봉사활동을 하였다. 이들은 상자 조립을 동시에 시작하여 각각 일정한 속도로 조립하였다. 그리고 '1분당 조립한 상자 개수', '조립한 상자 개수', '조립한 시간'에 대하여 아래와 같이 말하였다. 단, 2명은 모두 진실만을 말하였고 나머지 1명은 거짓만을 말하였다.

甲 : 나는 乙보다 1분당 3개 더 조립했는데, 乙과 조립한 상자 개수는 같아. 丙보다 10분 적게 일했어.

乙 : 나는 甲보다 40분 오래 일했어. 丙보다 10개 적게 조립했고 1분당 2개 적게 조립했어.

丙 : 나는 甲보다 1분당 1개 더 조립했어. 조립한 시간은 乙과 같은데 乙보다 10개 적게 조립했어.

① 210
② 240
③ 250
④ 270
⑤ 300

실전 풀이법

두 사람은 참을 말하고, 다른 한 사람은 거짓을 말하고 있는 상황에서 두 사람의 진술이 상충된다면 다른 한 사람은 반드시 참을 말하고 있다는 점을 활용한다. 이 문제는 참 거짓을 판별한 후 방정식까지 풀기를 요구하고 있으므로 풀지 않는 것이 좋다.

정답해설

乙은 丙보다 10개 적게 조립했다고 말했고, 丙은 乙보다 10개 적게 조립했다고 말했으므로 두 사람의 말은 상충된다. 따라서 甲은 모두 진실만을 말하였다.

甲이 乙보다 1분당 3개 더 조립했음에도 乙과 조립한 상자 개수는 같으므로 乙이 甲보다 더 오랜 시간 조립했다. 또한 甲은 丙보다 10분 적게 일했다.

丙은 자신이 乙보다 10개 적게 조립했다고 말했다. 甲과 乙이 조립한 상자 개수가 같으므로 丙의 말이 사실이라면 丙은 甲보다 10개 적게 조립했어야 한다. 그런데, 丙은 甲보다 1분당 1개 더 조립했고, 甲보다 10분 많이 일했다. 그러므로 丙은 甲보다 조립한 상자 개수가 더 많아야 한다. 따라서 丙은 진실을 말하고 있는 것이 아니다.

이제 甲과 乙의 말이 모두 진실임을 확인하였으므로, 1분당 조립한 상자 개수와 조립한 시간을 통해 조립한 상자 개수를 구하면 다음과 같다.

구분	1분당 조립한 상자 개수	조립한 시간	조립한 상자 개수
甲	x+3	y	(x+3)y
乙	x	y+40	x(y+40)
丙	x+2	y+10	(x+2)(y+10)

이때, 甲은 乙과 조립한 상자 개수가 같으므로 $(x+3)y=x(y+40)$이 성립하고, 乙은 丙보다 10개 적게 조립했으므로 $x(y+40)=(x+2)(y+10)-10$이 성립한다. 이를 풀면, $x=3$, $y=40$이고, 甲이 조립한 상자의 개수는 $6\times40=240$개이다.

69

정답 ⑤

다음 글을 근거로 판단할 때, 〈보기〉에서 옳은 것만을 모두 고르면? 2018년

- 甲회사는 A기차역에 도착한 전체 관객을 B공연장까지 버스로 수송해야 한다.
- 이때 甲회사는 아래 표와 같이 콘서트 시작 4시간 전부터 1시간 단위로 전체 관객 대비 A기차역에 도착하는 관객의 비율을 예측하여 버스를 운행하고자 한다. 단, 콘서트 시작 시간까지 관객을 모두 수송해야 한다.

시각	전체 관객 대비 비율(%)
콘서트 시작 4시간 전	a
콘서트 시작 3시간 전	b
콘서트 시작 2시간 전	c
콘서트 시작 1시간 전	d
계	100

- 전체 관객 수는 40,000명이다.
- 버스는 한 번에 대당 최대 40명의 관객을 수송한다.
- 버스가 A기차역과 B공연장 사이를 왕복하는 데 걸리는 시간은 6분이다.

※ 관객의 버스 승·하차 및 공연장 입·퇴장에 소요되는 시간은 고려하지 않음

〈보기〉

ㄱ. a=b=c=d=25라면, 甲회사가 전체 관객을 A기차역에서 B공연장으로 수송하는 데 필요한 버스는 최소 20대이다.

ㄴ. a=10, b=20, c=30, d=40이라면, 甲회사가 전체 관객을 A기차역에서 B공연장으로 수송하는 데 필요한 버스는 최소 40대이다.

ㄷ. 만일 콘서트가 끝난 후 2시간 이내에 전체 관객을 B공연장에서 A기차역까지 버스로 수송해야 한다면, 이때 甲회사에게 필요한 버스는 최소 50대이다.

① ㄱ
② ㄴ
③ ㄱ, ㄴ
④ ㄱ, ㄷ
⑤ ㄴ, ㄷ

실전 풀이법

버스 1대가 1시간 동안 수송할 수 있는 총 승객의 수를 구하면 이후의 풀이는 간단하다. 특히 ㄴ에서는 1시간 동안 운송해야 하는 승객의 수가 가장 큰 d=40만 고려하면 되고, a, b, c는 고려할 필요가 없다.

정답해설

ㄴ. d=40이므로 한 시간에 16,000명의 승객을 수송할 수 있어야 한다. 16,000÷400=40대가 필요하다.

ㄷ. 평균 1시간 동안 20,000명의 승객을 수송해야 하므로 20,000÷400= 50대가 필요하다.

오답해설

ㄱ. 버스 한 대는 1시간에 총 400명의 승객을 수송할 수 있다. a=b=c=d=25라면 1시간 동안 수송해야 하는 총 승객의 수는 10,000명이므로 10,000÷400=25대가 필요하다.

70

정답 ②

다음 글을 근거로 판단할 때 옳은 것은? 2017년

판옥선은 조선 수군의 주력 군선(軍船)으로 왜구를 제압하기 위해 1555년(명종 10년) 새로 개발된 것이다. 종전의 군선은 갑판이 1층뿐인 평선인 데 비하여 판옥선은 선체의 상부에 상장(上粧)을 가설하여 2층 구조로 만든 배이다. 이 같은 구조로 되어 있기 때문에, 노를 젓는 요원인 격군(格軍)은 1층 갑판에서 안전하게 노를 저을 수 있고, 전투 요원들은 2층 갑판에서 적을 내려다보면서 유리하게 전투를 수행할 수 있었다.

전근대 해전에서는 상대방 군선으로 건너가 마치 지상에서처럼 칼과 창으로 싸우는 경우가 흔했다. 조선 수군은 기본적으로 활과 화약무기 같은 원거리 무기를 능숙하게 사용했지만, 칼과 창 같은 단병무기를 운용하는 데는 상대적으로 서툴렀다. 이 같은 약점을 극복하고 조선 수군이 해전에서 승리하기 위해서는, 적이 승선하여 전투를 벌이는 전술을 막으면서 조선 수군의 장기인 활과 대구경(大口徑) 화약무기로 전투를 수행할 수 있도록 선체가 높은 군선이 필요했다.

선체 길이가 20~30m 정도였던 판옥선은 임진왜란 해전에 참전한 조선·명·일본의 군선 중 크기가 큰 편에 속한데다가 선체도 높았기 때문에 일본군이 그들의 장기인 승선전투전술을 활용하기 어렵게 하는 효과도 있었다. 이 때문에 임진왜란 당시 도승지였던 이항복은 "판옥선은 마치 성곽과 같다"라고 그 성능을 격찬했다. 판옥선은 1592년 발발한 임진왜란에서 일본의 수군을 격파하여 조선 수군이 완승할 수 있는 원동력이 되었다. 옥포해전·당포해전·한산해전 등 주요 해전에 동원된 군선 중에서 3척의 거북선을 제외하고는 모두가 판옥선이었다.

판옥선의 승선인원은 시대와 크기에 따라 달랐던 것으로 보인다. 『명종실록』에는 50여 명이 탑승했다고 기록되어 있는 반면에, 『선조실록』에 따르면 거북선 운용에 필요한 사수(射手)와 격군을 합친 숫자가 판옥선의 125명보다 많다고 되어 있어 판옥선의 규모가 이전보다 커진 것을 알 수 있다.

① 판옥선은 갑판 구조가 단층인 군선으로, 선체의 높이가 20~30m에 달하였다.
② 판옥선의 구조는 적군의 승선전투전술 활용을 어렵게 하여 조선 수군이 전투를 수행하는 데 유리하였을 것이다.
③ 『선조실록』에 따르면 판옥선의 격군은 최소 125명 이상이었다.
④ 판옥선은 임진왜란 때 일본의 수군을 격파하기 위해 처음 개발되었다.
⑤ 판옥선은 임진왜란의 각 해전에서 주력 군선인 거북선으로 대체되었다.

실전 풀이법

제시문을 읽고 모든 정보를 기억하기란 쉽지 않다. 따라서 선지를 먼저 읽고 정보가 주어진 부분을 찾아 정오를 판정하는 것이 시간을 줄이는 방법이다. 특히 숫자나 눈에 띄는 키워드가 제시되는 선지의 경우 제시문에서 해당 정보의 위치를 파악하기 용이하므로 먼저 판별한다. ①의 경우 선체의 높이가 아닌 길이가 20~30m임을, ③의 경우 125명을 격군으로 한정할 수 없음을 확인한 뒤 선지를 소거한다. ④에서 나타나는 "~위해"와 같은 인과 관계나 "처음"과 같은 단정적인 키워드는 판별하기 쉬운 경우가 많으므로 해당 정보를 찾는다. 이후 나머지 선지의 정보가 나타나는 부분을 찾으면서 정오를 판단한다.

정답해설

선체가 높은 판옥선의 2층 구조는 일본군의 승선전투전술 활용을 어렵게 하여 조선 수군 승리의 원동력이 되었다는 정보가 제시되어 있다.

오답해설

① 판옥선은 갑판 구조가 2층 구조이며, 선체의 길이가 20~30m에 달한다.
③ 판옥선의 사수와 격군을 합친 수가 최소 125명이다.
④ 판옥선은 왜구를 제압하기 위해 개발된 것이지 일본의 수군을 격파하기 위해 임진왜란 때 최초로 개발되었다고는 볼 수 없다.
⑤ 판옥선이 거북선으로 대체되었다는 정보는 나타나 있지 않다.

71

정답 ②

다음 글을 근거로 판단할 때, 왕이 한 번에 최대금액을 갖는 가장 빠른 달과 그 금액은? 2019년

- A왕국에서는 왕과 65명의 신하들이 매달 66만 원을 나누어 가지려고 한다. 매달 왕은 66만 원을 누구에게 얼마씩 나누어 줄지 제안할 수 있으며, 매달 그 방법을 새롭게 제안할 수 있다. 나누어 갖게 되는 돈은 만 원 단위이며, 그 총합은 매달 항상 66만 원이다.
- 매달 65명의 신하들은 왕의 제안에 대해 각자 찬성, 반대, 기권할 수 있다. 신하들은 그 달 자신의 몫에만 관심이 있다. 신하들은 자신의 몫이 전월보다 늘어나는 제안에는 찬성표를 행사하지만, 줄어드는 제안에는 반대표를 행사한다. 자신의 몫이 전월과 동일하면 기권한다.
- 찬성표가 반대표보다 많으면 왕이 제안한 방법은 그 달에 시행된다. 재투표는 없으며, 왕의 제안이 시행되지 않아 66명 모두가 돈을 갖지 못하는 달은 없다.
- 첫 번째 달에는 신하 33명이 각각 2만 원을 받았다.
- 두 번째 달부터 왕은 한 번에 최대금액을 가장 빨리 받기 위하여 합리적으로 행동한다.

	가장 빠른 달	최대금액
①	7번째 달	62만 원
②	7번째 달	63만 원
③	8번째 달	62만 원
④	8번째 달	63만 원
⑤	8번째 달	64만 원

실전 풀이법

직전 달에 반대표를 던진 신하는 다음 달에 기권표를 행사하게 된다는 점, 찬성표와 반대표가 한 표 차이가 되도록 설정해야 한다는 아이디어를 가지고 있었다면 쉽게 풀 수 있는 문제였으나, 아이디어가 생각나지 않는다면 넘겨도 좋은 문제였다.

정답해설

찬성표가 반대표보다 많으면 왕이 제안한 방법이 시행되며, 이제까지 왕의 제안이 시행되지 않았던 적은 없다. 따라서 항상 찬성표가 반대표보다 많도록 설계해야 한다. 이때, 찬성표가 많으면 왕이 가질 수 있는 몫이 줄어들게 되므로 왕이 최대금액을 갖기 위해서는 찬성표와 반대표가 한 표 차이가 되도록 설정해야 하며 반대표를 던지는 신하에게는 아예 돈을 배분하지 않아야 한다. 이를 표로 나타내면 다음과 같다.

첫 번째 달의 배분 : 33명 (2만 원), 32명 (0만 원)

구분	찬성	반대	기권
두 번째 달	17명(3만)	16명(0만)	32명
세 번째 달	9명(4만)	8명(0만)	(32+16)명
네 번째 달	5명(5만)	4명(0만)	(32+16+8)명
다섯 번째 달	3명(6만)	2명(0만)	(32+16+8+4)명
여섯 번째 달	2명(7만)	1명(0만)	(32+16+8+4+2)명
일곱 번째 달	3명(1만)	2명(0만)	(32+16+8+4+2+1−3)명

지난 달에 기권표를 던진 사람들에게 1만 원씩 주면 찬성표를 던지게 되는데, 이는 기존에 찬성표를 던진 사람들이 계속 찬성표를 던지게 하는 비용보다 낮다. 따라서 마지막 달의 경우, 기존 기권자들에게 1만 원씩 주어 기존 찬성자들을 대체할 필요가 있다.

최종적으로 왕은 일곱 번째 달에 3명의 신하에게 각 1만 원씩을 준 뒤, 남은 63만 원을 자신의 최대금액으로 갖게 된다.

72

정답 ②

다음 글을 근거로 판단할 때, 가장 먼저 교체될 시계와 가장 나중에 교체될 시계를 옳게 짝지은 것은? 2021년

> 甲부서에는 1~12시 눈금표시가 된 5개의 벽걸이 시계(A~E)가 있다. 그런데 A는 시침과 분침이 모두 멈춰버려서 더 이상 작동하지 않는 상태다. B는 정확한 시계보다 하루에 1분씩 느려지는 시계다. C는 정확한 시계보다 하루에 1시간씩 느려지는 시계다. D는 정확한 시계보다 하루에 2시간씩 느려지는 시계다. E는 정확한 시계보다 하루에 5분씩 빨라지는 시계다.
>
> 甲부서는 5개의 시계를 순차적으로 교체하려고 한다. 앞으로 1년 동안 정확한 시계와 일치하는 횟수가 적을 시계부터 순서대로 교체한다.

※ B~E는 각각 일정한 속도로 작동함

	가장 먼저 교체될 시계	가장 나중에 교체될 시계
①	A	C
②	B	A
③	B	D
④	D	A
⑤	D	E

실전 풀이법

고장난 시계도 하루에 두 번은 맞는다. 가장 나중에 교체될 시계를 바로 도출한다면 규칙성을 찾지 못하더라도 단순 비교를 통해 답을 도출할 수 있다. 느려지거나 빨라지는 기준이 모두 하루라는 점에 주목할 필요가 있다.

정답해설

고장난 시계가 정확한 시계와 일치하는 경우는 정확히 12시간의 오차가 발생하는 경우 뿐이다. 이를 바탕으로 각 시계가 1년 동안 각 정확한 시계와 일치하게 되는 횟수는 다음과 같다. A(하루 2회) : 730회, B(720일에 1회) : 0회, C(12일에 1회) : 30회, D(6일에 1회) : 60회, E(144일에 1회) : 2회. 따라서 가장 먼저 교체될 시계는 B이고, 가장 나중에 교체될 시계는 A이다.

73

정답 ⑤

다음 글을 근거로 판단할 때 옳지 않은 것은? 2021년

> 도시 O, A, B, C는 순서대로 동일 직선상에 배치되어 있으며 도시 간 거리는 각각 30km로 동일하다. (OA : 30km, AB : 30km, BC : 30km)
>
> A, B, C가 비용을 분담하여 O에서부터 A와 B를 거쳐 C까지 연결하는 직선도로를 건설하려고 한다. A, B, C 주민은 O로의 이동을 위해서만 도로를 이용한다. 도로 1km당 건설비용은 동일하다. 비용 분담안으로 다음 세 가지 안이 논의되고 있다.
>
> - I안 : 각 도시가 균등하게 비용을 부담
> - II안 : 각 도시가 이용 구간의 길이에 비례하여 비용을 부담
> - III안 : 도로를 OA, AB, BC로 나누어 해당 구간을 이용하는 도시가 해당 구간 건설비용을 균등하게 부담

① A에게는 III안이 가장 부담 비용이 낮다.
② B의 부담 비용은 I안과 II안에서 같다.
③ II안에서 A와 B의 부담 비용의 합은 C의 부담 비용과 같다.
④ I안에 비해 부담 비용이 낮아지는 도시의 수는 II안보다 III안에서 더 많다.
⑤ C의 부담 비용은 III안이 I안의 2배 이상이다.

실전 풀이법

구체적인 비용이 주어지지 않기 때문에 전체 공사비 대비 분수로서 각 비용 분담안별 비용을 비교해야 한다. Ⅱ안과 Ⅲ안의 경우 구간별 거리가 동일해서 두 분담안이 동일하다고 착각할 수 있으니 주의하기 바란다.

정답해설

C의 I안에서의 부담 비용은 전체 건설 비용의 $\frac{1}{3}$이다. C는 모든 도로 구간을 이용하므로 C의 Ⅲ안에서의 부담비용은 OA 건설 비용의 $\frac{1}{3}$, AB 건설비용의 $\frac{1}{2}$, BC 건설비용 전부이다. 도로 1km당 건설비용이 동일하고 각 구간의 길이가 동일하기 때문에 C의 부담비용은 전체 건설비의 $\frac{11}{18}$이다. 그러므로 C의 부담 비용은 Ⅲ안이 Ⅰ안의 2배 미만이다.

오답해설

① A는 도로 구간 중 OA, 즉 30km만 이용한다. A의 Ⅲ안에서의 부담비용은 OA 건설 비용의 $\frac{1}{3}$인 전체 건설비의 $\frac{1}{9}$이다. 이는 Ⅰ안의 경우 전체 건설비의 $\frac{1}{3}$, Ⅱ안의 경우 전체 건설비의 $\frac{1}{6}$보다 낮다.

② B는 도로 구간 중 OA, AB, 즉 60km만 이용한다. B의 Ⅰ안에서의 부담 비용은 전체 건설비의 $\frac{1}{3}$이다. B의 Ⅱ안에서의 부담비용은 $\frac{2}{6}$인 전체 건설비의 $\frac{1}{3}$이다.

③ A는 도로 구간 중 OA, 즉 30km만 이용한다. B는 도로 구간 중 OA, AB, 즉 60km만 이용한다. C는 모든 도로 구간을 이용해 90km를 이용한다. 따라서 각자의 부담 비율은 A:B:C=1:2:3 이다. 그러므로 A와 B의 부담비용의 합은 C의 부담비용과 같다.

④ 각 도시의 분배안별 전체공사비용 대비 부담비용의 비는 다음과 같다.

A(Ⅰ, Ⅱ, Ⅲ) : $\left(\frac{1}{3}, \frac{1}{6}, \frac{1}{9}\right)$

B(Ⅰ, Ⅱ, Ⅲ) : $\left(\frac{1}{3}, \frac{1}{3}, \frac{5}{18}\right)$

C(Ⅰ, Ⅱ, Ⅲ) : $\left(\frac{1}{3}, \frac{1}{2}, \frac{11}{18}\right)$

따라서 Ⅰ안에 비해 Ⅱ안에서 부담 비용이 낮아지는 도시 수는 1이며, Ⅰ안에 비해 Ⅲ안에서 부담 비용이 낮아지는 도시 수는 2이다.

74

정답 ⑤

다음 글을 근거로 판단할 때 옳은 것은? 2021년

제00조 ① 특별시장 · 광역시장 · 특별자치시장 · 도지사 또는 특별자치도지사(이하 '시 · 도지사'라 한다)는 아이돌보미의 양성을 위하여 적합한 시설을 교육기관으로 지정 · 운영하여야 한다.
② 시 · 도지사는 교육기관이 다음 각 호의 어느 하나에 해당하는 경우 사업의 정지를 명하거나 그 지정을 취소할 수 있다. 다만 제1호에 해당하는 경우 지정을 취소하여야 한다.
1. 거짓이나 그 밖의 부정한 방법으로 교육기관으로 지정을 받은 경우
2. 교육과정을 1년 이상 운영하지 아니하는 경우
③ 제2항 제1호의 방법으로 교육기관 지정을 받은 자는 1년 이하의 징역 또는 1천만 원 이하의 벌금에 처한다.
④ 아이돌보미가 되려는 사람은 시 · 도지사가 지정 · 운영하는 교육기관에서 교육과정을 수료하여야 한다.
⑤ 아이돌보미가 되려는 사람은 여성가족부장관이 실시하는 적성 · 인성검사를 받아야 한다.
제00조 ① 아이돌보미는 다른 사람에게 자기의 성명을 사용하여 아이돌보미 업무를 수행하게 하거나 수료증을 대여하여서는 아니 된다.
② 아이돌보미가 아닌 사람은 아이돌보미 또는 이와 유사한 명칭을 사용할 수 없다.
③ 제1항, 제2항을 위반한 사람에게는 300만 원 이하의 과태료를 부과한다.
제00조 ① 여성가족부장관은 아이돌봄서비스의 질적 수준과 아이돌보미의 전문성 향상을 위하여 보수교육을 실시하여야 한다.
② 제1항에 따른 보수교육은 전문기관에 위탁하여 실시할 수 있다.

① 아이돌보미가 아닌 보육 관련 종사자도 아이돌보미 명칭을 사용할 수 있다.
② 시 · 도지사는 아이돌보미 양성을 위한 교육기관을 지정 · 운영하고 보수교육을 실시하여야 한다.
③ 아이돌보미가 되려는 사람은 시 · 도지사가 실시하는 적성 · 인성검사를 받아야 한다.
④ 서울특별시의 A기관이 부정한 방법을 통해 아이돌보미 양성을 위한 교육기관으로 지정을 받은 경우, 서울특별시장은 200만 원의 과태료를 부과할 수 있다.
⑤ 인천광역시의 B기관이 아이돌보미 양성을 위한 교육기관으로 지정된 후 교육과정을 1년간 운영하지 않은 경우, 인천광역시장은 그 지정을 취소할 수 있다.

실전 풀이법

해당 문제처럼 여러 가지 행정절차가 나타나는 법조문 문제에서는 행정절차를 진행하는 주체와 각 행정절차를 섞어 오답 선지를 구성하는 경우가 많다. 그러므로 각 조항별 주체를 미리 표시해서 정리해 두고 선지를 해결한다면 보다 정확한 문제 풀이가 가능하다.

정답해설

첫 번째 조 제2항 제2호에 따르면 시 · 도지사는 '교육과정을 1년 이상 운영하지 아니하는 경우' 사업의 정지를 명하거나 그 지정을 취소할 수 있다.

오답해설

① 두 번째 조 제2항에 따르면 아이돌보미가 아닌 사람은 아이돌보미 또는 이와 유사한 명칭을 사용할 수 없다.
② 세 번째 조 제1항에 따르면 아이돌보미 양성을 위한 교육기관을 지정 · 운영하고 보수교육을 실시하는 주체는 시 · 도지사가 아닌 여성가족부 장관이다.
③ 첫 번째 조 제5항에 따르면 아이돌보미가 되려는 사람은 여성가족부장관이 실시하는 적성 · 인성검사를 받아야 한다.
④ 첫 번째 조 제2항 단서에 따르면 교육기관이 거짓이나 그밖에 부정한 방법으로 교육기관으로 지정을 받은 경우 필요적 취소 대상이다. 그러므로 선지의 '200만 원의 과태료를 부과'는 가능하지 않다.

75

정답 ④

다음 글과 〈상황〉을 근거로 판단할 때, 〈보기〉에서 옳은 것만을 모두 고르면? 2020년

여러 가지 성분으로 구성된 물질을 조성물이라고 한다. 조성물을 구성하는 각 성분의 양은 일정한 범위 내에 있고, 이는 각 성분의 '중량%' 범위로 표현할 수 있다. 중량% 범위의 최솟값을 최소성분량, 최댓값을 최대성분량이라고 한다.
다음 중 어느 하나에라도 해당되는 조성물을 '불명확'하다고 한다.
- 모든 성분의 최소성분량의 합이 100중량%를 초과하는 경우
- 모든 성분의 최대성분량의 합이 100중량%에 미달하는 경우
- 어느 한 성분의 최소성분량과 나머지 모든 성분의 최대성분량의 합이 100중량%에 미달하는 경우
- 어느 한 성분의 최대성분량과 나머지 모든 성분의 최소성분량의 합이 100중량%를 초과하는 경우

〈상황〉

조성물 甲은 성분 A, B, C, D, E만으로 구성되어 있고, 각각의 최소성분량과 최대성분량은 다음과 같다.

(단위 : 중량%)

성분	최소성분량	최대성분량
A	5	10
B	25	30
C	10	20
D	20	40
E	x	y

〈보기〉

ㄱ. x가 4이고 y가 10인 경우, 조성물 甲은 불명확하다.
ㄴ. x가 10이고 y가 20인 경우, 조성물 甲은 불명확하다.
ㄷ. x가 25이고 y가 26인 경우, 조성물 甲은 불명확하다.
ㄹ. x가 20이고 y가 x보다 크고 40보다 작은 경우, 조성물 甲은 불명확하지 않다.

① ㄱ, ㄴ
② ㄱ, ㄷ
③ ㄴ, ㄹ
④ ㄱ, ㄷ, ㄹ
⑤ ㄴ, ㄷ, ㄹ

실전 풀이법

첫 번째 조건은 보기와 관련이 없으므로 결국 세 번째 조건과 네 번째 조건을 정확하게 판단하는 것이 중요하다. 따라서 x>20이거나 y<20 혹은 y>40이면 조성물 甲을 불명확하다고 할 수 있다. 그러나 조건을 정리하기가 어렵다면 주어진 값을 대입해가며 풀어도 좋다. 세 번째 조건과 네 번째 조건을 적용함에 있어서는 어느 성분만 최소성분량 혹은 최대성분량을 적용해야할지 판단한다. 이 때, 성분별 최소성분량과 최대성분량의 차이가 가장 큰 것은 D 혹은 E이므로 D만 최소성분량 혹은 최대성분량을 적용하는 경우와 E만 최소성분량 혹은 최대성분량을 적용하는 경우로 나눠서 풀면 된다.

정답해설

첫 번째 조건을 적용해 보면, A~E의 최소성분량의 합은 60+x이므로 x>40일 때 조성물 甲을 불명확하다고 할 수 있다.
두 번째 조건을 적용해 보면, A~E의 최대성분량의 합은 100+y이므로 이 조건에 따라 조성물 甲을 불명확하다고 할 수는 없다.
세 번째 조건을 적용해 보면, 100+x<100 혹은 80+y<100이 성립해야 조성물 甲을 불명확하다고 할 수 있다. 전자는 성립할 수 없으므로, y<20이면 조성물 甲을 불명확하다고 할 수 있다.

네 번째 조건을 적용해 보면, 60+y>100 혹은 80+x>100이 성립해야 조성물 甲을 불명확하다고 할 수 있다. 따라서 y>40이거나 x>20이면 조성물 甲을 불명확하다고 할 수 있다.

ㄱ. y가 10인 경우 세 번째 조건에 따라 조성물 甲은 불명확하다.

ㄷ. x가 25이면 네 번째 조건에 따라 조성물 甲은 불명확하다.

ㄹ. x가 20이고 y가 20보다 크고 40보다 작으면 조성물 甲은 불명확하다고 할 수 없다.

오답해설

ㄴ. x가 20이고 y가 20이면 조성물 甲은 불명확하다고 할 수 없다.

76

정답 ④

다음 글을 근거로 판단할 때 옳은 것은?

2021년

> 제00조 ① 농림축산식품부장관은 채소류 등 저장성이 없는 농산물의 가격안정을 위하여 필요하다고 인정할 때에는 생산자 또는 생산자단체로부터 농산물가격안정기금으로 해당 농산물을 수매할 수 있다. 다만 가격안정을 위하여 특히 필요하다고 인정할 때에는 도매시장에서 해당 농산물을 수매할 수 있다.
> ② 제1항에 따라 수매한 농산물은 판매 또는 수출하거나 사회복지단체에 기증하는 등 필요한 처분을 할 수 있다.
> ③ 농림축산식품부장관은 제1항과 제2항에 따른 수매 및 처분에 관한 업무를 농업협동조합중앙회 · 산림조합중앙회(이하 '농림협중앙회'라 한다) 또는 한국농수산식품유통공사에 위탁할 수 있다.
> 제00조 ① 농림축산식품부장관은 농산물(쌀과 보리는 제외한다. 이하 이 조에서 같다)의 수급조절과 가격안정을 위하여 필요하다고 인정할 때에는 농산물가격안정기금으로 농산물을 비축하거나 농산물의 출하를 약정하는 생산자에게 그 대금의 일부를 미리 지급하여 출하를 조절할 수 있다.
> ② 제1항에 따른 비축용 농산물은 생산자 또는 생산자단체로부터 수매할 수 있다. 다만 가격안정을 위하여 특히 필요하다고 인정할 때에는 도매시장에서 수매하거나 수입할 수 있다.
> ③ 농림축산식품부장관은 제1항과 제2항에 따른 사업을 농림협중앙회 또는 한국농수산식품유통공사에 위탁할 수 있다.
> ④ 농림축산식품부장관은 제2항 단서에 따라 비축용 농산물을 수입하는 경우, 국제가격의 급격한 변동에 대비하여야 할 필요가 있다고 인정할 때에는 선물거래(先物去來)를 할 수 있다.

① 한국농수산식품유통공사는 가격안정을 위해 수매한 저장성이 없는 농산물을 외국에 수출할 수 없다.
② 채소류의 가격안정을 위해서 특히 필요하다고 인정되어 수매할 경우, 농림협중앙회는 소매시장에서 수매하여야 한다.
③ 농림협중앙회는 보리의 수급조절을 위하여 보리 생산자에게 대금의 일부를 미리 지급하여 출하를 조절할 수 있다.
④ 농림축산식품부장관은 개별 생산자로부터 비축용 농산물을 수매할 수 있다.
⑤ 농림축산식품부장관은 비축용 농산물 국제가격의 급격한 변동에 대비하여야 할 필요가 있다고 인정할 경우에도 선물거래를 할 수 없다.

실전 풀이법

이 문제의 조문 구조상 첫 번째 조문은 저장성 없는 농산물, 두 번째 조문은 비축용 농산물에 대한 내용임을 파악하는 것이 중요하다. 각 조문의 단서나 괄호의 예외사항은 ② · ③과 같이 선지로 자주 이용되기 때문에 특별히 주의해서 정리해야 한다.

정답해설

두 번째 조 제2항에 따르면 비축용 농산물은 생산자 또는 생산자단체로부터 수매할 수 있다. 그리고 동조 제3항에 따르면 이 수매의 주체가 농림축산식품부장관인 사실을 확인할 수 있다.

오답해설

① 첫 번째 조 제1항에 따르면 저장성이 없는 농산물의 가격안정을 위해 해당 농산물을 수매할 수 있다. 그리고 동조 제3항에 따르면 해당 사업을 한국농수산식품유통공사가 위탁받을 수 있다. 그러나 수출 제한에 대한 정보는 제시되어 있지 않다.
② 첫 번째 조 제1항에 따르면 채소류 등 저장성이 없는 농산물의 가격안정을 위해 해당 농산물을 수매할 수 있다. 그리고 동조 제3항에 따르면 해당 사업을 농림협중앙회가 위탁받을 수 있다. 그러나 첫 번째 조 제1항 단서에 따르면 도매시장에서 수매하는 것도 가능하다.
③ 두 번째 조 제1항에 따르면 수급조절과 가격안정을 위한 비축용 농산물의 수매 대상에서 쌀과 보리는 제외하고 있다. 그러므로 보리는 대상이 될 수 없다.
⑤ 두 번째 조 제4항에 따르면 농림축산식품부장관은 비축용 농산물을 수입하는 경우, 국제가격의 급격한 변동에 대비하여야 할 필요가 있다고 인정할 때에는 선물거래를 할 수 있다.

77

정답 ②

다음 글을 근거로 판단할 때, 18시에서 20시 사이에 보행신호가 점등된 횟수는?

2021년

> • A시는 차량통행은 많지만 사람의 통행은 적은 횡단보도에 보행자 자동인식시스템을 설치하였다.
> • 보행자 자동인식시스템이 횡단보도 앞에 도착한 보행자를 인식하면 1분 30초의 대기 후에 보행신호가 30초간 점등되며, 이후 차량통행을 보장하기 위해 2분간 보행신호는 점등되지 않는다. 점등 대기와 보행신호 점등, 차량통행 보장 시간 동안에는 보행자를 인식하지 않는다.

점등 대기	→	보행신호 점등	→	차량통행 보장
1분 30초		30초		2분

> • 보행신호가 점등되기 전까지 횡단보도 앞에 도착한 사람만 모두 건넌다.
> • 다음은 17시 50분부터 20시까지 횡단보도 앞에 도착한 사람의 수와 도착 시각을 정리한 것이다.

도착 시각	인원	도착 시각	인원
18 : 25 : 00	1	18 : 44 : 00	3
18 : 27 : 00	3	18 : 59 : 00	4
18 : 30 : 00	2	19 : 01 : 00	2
18 : 31 : 00	5	19 : 48 : 00	4
18 : 43 : 00	1	19 : 49 : 00	2

① 6
② 7
③ 8
④ 9
⑤ 10

실전 풀이법

보행신호 점등의 기준이 보행자가 도착한 시점에 따라 다르다는 점이 문제 해결의 핵심이다. 중요한 것은 보행신호인 만큼 점등 대기 시간과 차량 통행 보장 시간을 최대한 간단하게 처리할 방법이 필요하다. 최초 점등 시간을 구한 이후 2분 30초씩 더해 보면서 해당 시간 동안 보행자가 도착하는지 여부를 확인한다면 일일이 다 시간을 구하지 않고도 점등 횟수를 도출할 수 있다.

정답해설

처음 점등된 이후 2분 30초 내에 새로운 인원이 도착한다면 보행신호가 끝난 이후 3분 30초가 지나 다시 보행신호가 점등된다. 그리고 2분 30초 내에 도착 인원이 없다면 다음 도착 시각으로부터 1분 30초 후 새롭게 점등된다. 이에 따라 횡단보도는 다음의 시각에 보행신호가 점등된다. (18:26:30~18:27:00), (18:30:30~18:31:00), (18:34:30~18:35:00), (18:44:30~18:45:00), (19:00:30~19:01:00), (19:04:30~19:05:00), (19:49:30~19:50:00)의 총 7회에 점등된다.

78

정답 ④

다음 글을 근거로 판단할 때, 〈보기〉에서 옳은 것만을 모두 고르면? 2018년

- 평가대상기관은 甲, 乙, 丙, 丁 4개 기관이다.
- 평가요소는 국정과제, 규제개혁, 정책성과, 홍보실적 총 4개이다. 평가요소별로 100점을 4개 평가대상기관에 배분하며, 평가대상기관이 받는 평가요소별 최소 점수는 3점이다.
- 4개 평가요소의 점수를 기관별로 합산하여 총점이 높은 순서로 평가순위를 매긴다. 평가결과 2위 기관까지 인센티브가 주어진다.
- 4개 기관의 평가 결과는 아래와 같다.

(단위 : 점)

평가요소 / 기관	국정과제	규제개혁	정책성과	홍보실적
甲	30	40	A	25
乙	20	B	30	25
丙	10	C	40	20
丁	40	30	D	30
합계	100	100	100	100

※ 특정 평가요소에 가중치를 n배 줄 경우 해당 평가요소점수는 n배가 됨

〈보기〉

ㄱ. 丙은 인센티브를 받을 수 있다.
ㄴ. B가 27이고 D가 25 이상이면 乙이 2위가 된다.
ㄷ. 국정과제에 가중치를 2배 준다면 丁은 인센티브를 받을 수 없다.
ㄹ. 국정과제에 가중치를 3배 준다면 丁은 1위가 된다.

① ㄱ, ㄴ
② ㄱ, ㄹ
③ ㄴ, ㄷ
④ ㄴ, ㄹ
⑤ ㄴ, ㄷ, ㄹ

실전 풀이법

이러한 문제를 실수 없이 풀기 위해서는, 극단적인 상황을 가정하여 반례를 찾도록 해야 한다. 가령 선지 ㄱ의 경우, 丙에게는 최솟값을 할당하면서 동시에 다른 기관에게는 최댓값이 부여될 수 있도록 조작하여 풀어야 한다. 또한 가중치를 2배, 3배로 할 때, 계산을 처음부터 다시 하는 것이 아니라 가중치를 주는 항목의 점수를 한 번 더 더하는 방식을 통해 시간을 절약하도록 한다.

정답해설

ㄴ. B가 27점이고 D가 25점 이상이면 甲은 98~100점을 받게 되며 乙은 102점, 丙은 73점, 丁은 125~127점을 받게 된다. 따라서 乙은 2위가 된다.

ㄹ. 국정과제에 가중치를 3배 줄 경우, 이는 선지 ㄷ에서 구한 총점에 국정과제 점수를 한 번 더 더해주는 것과 동일하다. 그에 따라 총점은 다음과 같다.
甲 : 155+A, 乙 : 115+B, 丙 : 90+C, 丁 : 180+D
이 경우, 甲의 총점 최댓값은 182점이며 丁의 총점 최솟값은 183점이다. 따라서 丁이 1위가 된다.

오답해설

ㄱ. 현재까지의 총점을 구하면 다음과 같다.
甲 : 95+A, 乙 : 75+B, 丙 : 70+C, 丁 : 100+D
이때 A+D=30, B+C=30을 만족하면서 동시에 A~D까지는 3 이상이어야 한다. 그에 따라 丙은 B가 3이고 C가 27일 때, 총점 97점의 최댓값을 갖게 된다. 하지만, 甲의 최소 총점은 98점이며, 丁은 항상 丙보다 높은 점수를 갖게 된다. 따라서 丙은 인센티브를 받을 수 없다.

ㄷ. 국정과제에 가중치를 2배 줄 경우, 이는 기존 총점에 국정과제 점수를 한 번 더 더해주는 것과 동일하다. 그에 따라 총점은 다음과 같다.
甲 : 125+A, 乙 : 95+B, 丙 : 80+C, 丁 : 140+D
이때, 丁의 총점 최솟값은 143점이며, 이때 甲은 152점을 갖게 된다. 乙과 丙의 점수 최댓값은 각각 122점과 107점으로 丁의 총점 최솟값보다 작으므로 丁은 2위에 해당하여 인센티브를 받게 된다.

79

정답 ②

다음 글을 근거로 판단할 때, 甲이 잃어버린 인물카드의 수는? 2021년

甲은 이름, 성별, 직업이 기재된 인물카드를 모으고 있다. 며칠 전 그 중 몇 장을 잃어버렸다. 다음은 카드를 잃어버리기 전과 후의 상황이다.

〈잃어버리기 전〉

- 남성 인물카드를 여성 인물카드보다 2장 더 많이 가지고 있다.
- 가지고 있는 인물카드의 직업은 총 5종류이며, 인물카드는 직업별로 최대 2장이다.
- 가수 직업의 인물카드는 1장만 가지고 있다.

〈잃어버린 후〉

- 잃어버린 인물카드 중 2장은 직업이 소방관이다.
- 가수 직업의 인물카드는 잃어버리지 않았다.
- 인물카드는 총 5장 가지고 있으며, 직업은 4종류이다.

① 2장
② 3장
③ 4장
④ 5장
⑤ 6장

실전 풀이법

조건이 잃어버리기 전후의 상황으로 나누어져 제시된 만큼, 각 상황별로 조건을 조합해서 얻을 수 있는 정보를 찾아보는 것이 문제 해결의 핵심이다. 적어도 잃어버리기 전 조건 1을 통해 기존 인물카드의 수가 짝수이고 잃어버린 후 조건 3에 의해 홀수 장수가 됐다는 점에서 ② 혹은 ④로 선지를 압축할 수 있어야 한다.

정답해설

잃어버리기 전 조건 1에 따라 여성 인물카드 장수를 n이라고 할 때, 甲은 총 2n+2장을 가지고 있을 것이다. 잃어버리기 전 조건 2와 3에 따라 가능한 보유 장수는 5~9장이다. 그러므로 기존 인물카드 수로 가능한 것은 6장 혹은 8장이다.

잃어버린 후 조건 1과 3에 따라 모든 소방관 카드를 잃어버렸다는 것을 알 수 있고 그 장수가 2장이라는 것 역시 알 수 있다. 이때 기존 인물카드 수가 6장이라면 소방관 카드를 잃어버린 것만으로 잔여 카드 수가 4장이어야 하지만 잃어버린 후 조건 3에 따라 이는 조건에 위배된다. 따라서 기존 인물카드 수는 8장이며, 잃어버린 후의 카드 수는 5장이므로 잃어버리린 인물카드의 수는 3장이다.

80

정답 ③

다음 글을 근거로 판단할 때, 〈보기〉에서 옳은 것만을 모두 고르면? 2018년

> • 甲국의 1일 통관 물량은 1,000건이며, 모조품은 1일 통관 물량 중 1%의 확률로 존재한다.
> • 검수율은 전체 통관 물량 중 검수대상을 무작위로 선정해 실제로 조사하는 비율을 뜻하는데, 현재 검수율은 10%로 전문 조사 인력은 매일 10명을 투입한다.
> • 검수율을 추가로 10%p 상승시킬 때마다 전문 조사인력은 1일당 20명이 추가로 필요하다.
> • 인건비는 1인당 1일 기준 30만 원이다.
> • 모조품 적발 시 부과되는 벌금은 건당 1,000만 원이며, 이 중 인건비를 차감한 나머지를 세관의 '수입'으로 한다.

※ 검수대상에 포함된 모조품은 모두 적발되고, 부과된 벌금은 모두 징수됨

〈보기〉

ㄱ. 1일 평균 수입은 700만 원이다.
ㄴ. 모든 통관 물량에 대해 전수조사를 한다면 수입보다 인건비가 더 클 것이다.
ㄷ. 검수율이 40%면 1일 평균 수입은 현재의 4배 이상일 것이다.
ㄹ. 검수율을 30%로 하는 방안과 검수율을 10%로 유지한 채 벌금을 2배로 인상하는 방안을 비교하면 벌금을 인상하는 방안의 1일 평균 수입이 더 많을 것이다.

① ㄱ, ㄴ
② ㄴ, ㄷ
③ ㄱ, ㄴ, ㄹ
④ ㄱ, ㄷ, ㄹ
⑤ ㄴ, ㄷ, ㄹ

실전 풀이법

수익구조를 파악해야 한다. 검수율이 10% 증가함에 따라 벌금은 1,000만 원, 인건비는 600만 원 증가하므로 1일 평균 수입은 400만 원 증가하는 구조이다. 따라서 ㄷ은 당연히 옳지 않음을 알 수 있으며, ㄹ은 차이값을 이용하면 600<1,000이므로 옳다는 것을 쉽게 알 수 있다.

정답해설

ㄱ. 현재 검수율이 10%이므로 1일 평균 벌금은 1,000만 원이고, 1일 인건비는 300만 원이다. 따라서 1일 평균 수입은 1,000−300=700만 원이다.

ㄴ. 전수조사를 하는 경우의 평균 벌금은 1,000×10=10,000만 원이고, 인건비는 300+(20×9×30)=5,700만 원이다. 따라서 평균 수입은 4,300만 원이며, 인건비보다 작다.

ㄹ. 검수율을 30%로 하는 방안을 선택하면, 1일 평균 벌금은 1,000×3=3,000만 원, 인건비는 300+(20×2×30)=1,500만 원으로 1일 평균 수입은 1,500만 원이다. 벌금을 2배로 인상하는 방안을 선택하면 1일 평균 수입은 700+1,000=1,700만 원이 되어 더 높다.

오답해설

ㄷ. 검수율이 40%일 때 1일 평균 벌금은 1,000×4=4,000만 원이고, 인건비는 300+(20×3×30)=2,100만 원이므로 평균 수입은 1,900만 원이다. 검수율이 10%일 때의 평균 수입은 700만 원이므로 4배에 달하지 못한다.

인생의 실패는 성공이 얼마나 가까이 있는지도 모르고 포기했을 때 생긴다.

– 토마스 에디슨 –

좋은 책을 만드는 길, 독자님과 함께하겠습니다.

2024 SD에듀 5급 PSAT 킬러문항 공략집

초 판 발 행	2024년 01월 30일 (인쇄 2023년 12월 27일)
발 행 인	박영일
책 임 편 집	이해욱
저 자	SD PSAT연구소
편 집 진 행	김현철 · 한성윤
표지디자인	박종우
편집디자인	김예슬 · 채현주
발 행 처	(주)시대고시기획
출 판 등 록	제10-1521호
주 소	서울시 마포구 큰우물로 75 [도화동 538 성지 B/D] 9F
전 화	1600-3600
팩 스	02-701-8823
홈 페 이 지	www.sdedu.co.kr
I S B N	979-11-383-6516-1 (13350)
정 가	20,000원